村田晃嗣

銀幕の大統領 ロナルド・レーガン

現代大統領制と映画

Ronald Reagan, President of the Silver Screen

US Modern Presidency and Motion Pictures

有斐閣

目次

序　章

二十世紀アメリカの文化と政治

研究の視角

⬆「銀幕の大統領」ロナルド・レーガン（©CNP/時事通信フォト）

一　アメリカにおける映画と政治

本書は、アメリカ合衆国（以下、アメリカ）の第四十代大統領ロナルド・ウィルソン・レーガン（Ronald Wilson Reagan）の生涯（一九一一―二〇〇四年）を通じて、二十世紀アメリカにおける映画と政治の相互作用を分析する。言わば、レーガンという太く長い糸を用いて、アメリカの映画史と政治外交史を重ね合わせようとする試みである。

二十世紀はしばしば「アメリカの世紀」と呼ばれる。その「アメリカの世紀」を代表する大衆文化が、映画であった。そして、レーガンはハリウッドからホワイトハウスに転じた、現在のところただ一人の「銀幕の大統領」であり、その生涯は二十世紀全体とほぼ重なっている。

以下、アメリカにおける映画と政治の関係、文化と政治の関係を瞥見《べっけん》し、さらに、レーガン研究の現状について整理する。その上で本書の特徴を明らかにし、次いで本書の構成を示すとしよう。

「フィルム・ネーション」

映画の起源は一様ではない。一八九一年には、アメリカで発明王トマス・エジソン（Thomas Edison）がキネトスコープを発明したが、これは箱を覗き込むしくみで、一度に一人しか観られなかった。やがて、一八九五年にフランスのオーギュスト・リュミエール（August Lumière）とルイ・リュミエール（Louis Lumière）の兄弟が、パリでシネマトグラフを公開した。スクリーンに動画像を拡大投影して不特定多数の者が一緒に鑑賞するという意味では、これが映画の起源とされる(1)。いずれにせよ、映画は二十世紀の直前から歩み出したのである。

二十世紀のメディアたる映画は、特にアメリカでは「民主主義の申し子たる芸術《アート・チャイルド・オブ・デモクラシー》」と呼ばれた(2)。すでに一九三〇年代に、ドイツの思想家ヴォルター・ベンヤミン（Walter Benjamin）は、映画とファシズム、さらに、映画と精神分析の共通性を鋭く指摘していた(3)。ファシズムは民主主義の鬼子であったが、その民主主義も大衆を前提にしたイメージやシンボルの操作という営みである。民主主義も映画も、大衆への働き掛けと大衆からの支持なしには成立しない(4)。両者は集合的に生産され、集合的に消費される。しかも、民主主義も映画も、ストーリーを必要としている。

確かに、ナチス・ドイツは映画を巧妙に政治利用した(5)。イタリアの独裁者ベニート・ムッソリーニ（Benito Mussolini）も、しばしば「映画は最強の武器である」と論じていた。だが、アドルフ・ヒトラー（Adolf Hitler）の第三帝国もムッソリーニのイタリアも、第二次世界大戦を通じて瓦解した。

アメリカこそが二十世紀を代表し、そして、政治面で民主主義を、文化面で映画を代表している。これに先んじたのがフランスであり、政治的には自由・平等・博愛というフランス革命の理念を掲げ、文化的には映画の発祥の地となった。しかし、民主主義についても映画についても、その規模と影響力の両面で、アメリカはフランスをはるかに凌駕《りょうが》してきた。ある識者は「新しい芸術が人々の前に登場するために、新しい国民、しかもこれまで真に自分たちのものといえる芸術を持っていなかった国民を選ぶのは当然である」と述べ、別の論者は「アメリカ映画、この同語反復」とすら指摘している(6)。古代からの神話を欠くこともあり、映画を通じて社会的合意のイメージをリメイクするという意味で、アメリカはまさに「フィルム・ネーション」なのである(7)。

国内的にはナショナル・アイデンティティの確立と強化、対外的には普遍的な理念やイデオロギーの伝播という点で、民主主義と映画は共存関係にある。統合と発信という機能である。一九三〇年代以降のアメリカの映画史については次章以下で論述するが、主としてそれ以前の統合と発信の機能について簡略にふれておこう(8)。

国内的統合機能

先述のように、映画が誕生したのは十九世紀の末だが、アメリカにとって、それは南北戦争からわずか三十年ほど後のことであった。この間の一八九四年には、アメリカの工業生産力が、ついにイギリスを抜いて世界一になった。映画はアメリカの大国化と共に歩んできたのである。

さて、南北戦争は、アメリカ史上最大の犠牲をもたらした戦争であった。独立戦争と米英戦争、そして、この南北戦争を除いて、アメリカは主要な戦争をほとんど海外で戦ってきたからである。南北戦争の戦死者は六二万人(当時の人口の二パーセント)に上り、独立戦争から二度の世界大戦を経てベトナム戦争にいたる八つの戦争での、アメリカの戦死者数の合計五八万人を凌駕する。

合衆国が分裂の危殆に瀕したこの戦争を乗り越えて、アメリカではようやく本格的な国民意識、つまりナショナル・アイデンティティが芽生えた。この戦争以前には、アメリカ人も外国人も、この国を"The United States are ..."と複数形で呼んでいたという。戦後はこれが単数形で is になった。以後、一九六〇年代にベトナム戦争という別の戦争を経験してナショナル・アイデンティティが大きく動揺するまで、アメリカ史は一世紀にわたってナショナリズムの時代を過ごした(9)。

そもそも、イギリス国王の専制に反旗を翻した共和国のことである。強い国家元首は求められていなかった。しかし、二十世紀初頭から、アメリカの国際的な地位の向上と行政府の拡大が重なって、大統領の権限が拡大・強化され、大統領が積極的に政党を代表し、議会を指導するまでになる。いわゆる現代大統領制（modern presidency）である(10)。

二十世紀で最初に大統領に就任したセオドア・ローズヴェルト（Theodore Roosevelt）は、内政と外交の双方で強いリーダーシップを発揮し、現代大統領制の端緒となった。彼は米西戦争の際に義勇軍を率いて勇名を馳せたが、そのようすは記録映画で全米に伝えられた。つまり、映画がホワイトハウスに送った大統領の第一号である。後述のように、彼の親戚のフランクリン・D・ローズヴェルト（Franklin D. Roosevelt）も映画に強く支えられ、現代大統領制を確立した。また、彼らは歴代大統領の多くと血縁関係にあり、政治的セレブリティー（著名人、以下セレブ）でもあった。

同様に、一九二〇年代以前から六〇年ごろまで、古典的ハリウッド映画（classical Hollywood cinemas）が量産されてきた。映画会社が製作・配給・興行を独占する強力なスタジオ・システムと自己検閲制度に支えられ、観客の理解や感情移入の容易な物語（明確な因果関係や時空秩序）に特徴がある。端的に言えば、「過剰にわかりやすい映画」である(11)。

当然、古典的ハリウッド映画は、民主主義の象徴として大統領をしばしば描いてきた。さらに、古典的ハリウッド映画の時代をより狭くとれば、自己検閲制度が確立した一九三四年ごろからスタジオ・システムが動揺する五〇年代半ばまでとなる。後述のように、レーガンの出演作品の九割以上は、この時期のものである。そして、現代大統領制が動揺を来した時期に、レーガンは大統領を、しかも「強いアメリカ」の大統領をめざすのである。彼が追求したのは、視覚的で「過剰にわかりやすい政治」であった。現代大統領制の思想と古典的ハリウッド映画の表現を、レーガンは体現していたのである。

政治性の高いアメリカ映画の嚆矢《こうし》が、D・W・グリフィス（D. W. Griffith）監督による『國民の創生』（*The Birth of a Nation*）であったことは、象徴的である。南北戦争とその後の南部を描いた作品で、優れた映画技術を数多く導入しながらも、露骨な黒人差別を通じてナショナル・アイデンティティの確立、すなわち、国民の創生を描いている。グリフィス監督の父親は、南北戦争の勇者として知られた。この映画は、南北戦争の終結五十周年を記念して一九一五年に製作されており、ジョセフ・ヘナベリー（Joseph Henabery）演じるエイブラハム・リンカーン（Abraham Lincoln）大統領も、重要な登場人物の一人であった(12)。合衆国分裂の危機を救いながら凶弾に倒れた英雄性と悲劇性から、リンカーンは映画で最も頻繁に描かれる大統領である。そしてしばしば映画に登場するリンカーン記念堂も、一五年二月十二日（リンカーンの誕生日）に最初の石材が置かれている。

『國民の創生』は世界大恐慌までに一八〇〇万ドルを売り上げ、一九四六年までに通算で二億人もの人々が観賞したという。ウッドロー・ウィルソン（Woodrow Wilson）大統領はこの映画の原作者の旧友であり、『國民の創生』はホワイトハウス内で上映された最初の映画であった(13)。この作品は「明確な政治的メッセージを含んでおり、アメリカの知的エリートたちに、映画は単なる大衆娯楽以上のものであることを理解させたのである」(14)。十九世紀末から二十世紀初頭にかけて、アメリカに大量の移民が流入したため、いわゆるＷＡＳＰ（White, Anglo-Saxon, Protestant）層の危機感が強く、人種差別的なメッセージが受容されやすかった。同時に、『國民の創生』を含む初期の映画はサイレントであり、皮肉にも、英語に習熟しない新移民たちをも惹き付けたのである。映画は移民たちの同化装置でもあった(15)。

対外的発信機能

第一次世界大戦が勃発すると、ヨーロッパ諸国は敵国で映画の市場を失い、多くの映画関係者は戦場に赴き、さらに、映画の原材料も工場を軍事物資に奪われた。フランスやイタリア、ドイツといった映画大国も、もちろん例外ではない。他方、アメリカは無傷であり、海運業の発展は著しかった[16]。こうした中で、一九一五―一六年にかけて、アメリカの映画輸出は五倍増し、一七年に参戦するまでに、アメリカは世界の映画市場を席巻していった。先述のグリフィスは、民間人としてただ一人前線視察を許され、プロパガンダ映画『世界の心』(*Hearts of the World*, 1918) を撮影している。脚本家のアニタ・ルース (Anita Loos) によれば、「ハリウッドを生んだのは第一次世界大戦である」[17]。実際、この大戦が終わるころには、世界の映画上映の八割、アメリカ国内上映の九割がアメリカ映画になっていた。アメリカの左翼小説家アプトン・シンクレア (Upton Sinclair) は、「映画のおかげで世界は一つになる。つまりアメリカ化されるのだ」と予言している[18]。

こうして、映画をはじめジャズや自動車、ファッションなど、アメリカの大衆文化が世界に広がり、「アメリカナイゼーション」が喧伝されるようになった。第一次世界大戦後、アメリカは外交的には孤立主義に陥ったが、文化的にはむしろ影響力を増幅したのである[19]。

産業としても、アメリカ映画の成長は続いた。当時のある雑誌は、アメリカ映画を「戦時の好機をつかんだ結果、国の経済と産業にしっかりと根ざした国際主義という新しい精神の洗礼を受けた産業」と礼賛し、別の新聞は「いまや太陽は、大英帝国とアメリカ映画の上には沈むことがないようだ」とさえ宣言した[20]。「ハリウッド」はアメリカ的生活様式と資本主義の強力な記号となり[21]、一九三〇年までには、映画産業はアメリカで三番目に売り上げの高い産業に成長していった。実に三八年には、アメリカの長者番付の上位二五人中一九人が映画関係者であり、一位はＭＧＭ (Metro-Goldwyn-Mayer) 社長のルイス・

B・メイヤー（Louis B. Mayer）で、その年収は一二〇万ドルに上った(22)。

一九三三年にF・D・ローズヴェルトが大統領に就任するころから、ハリウッドは熱心に民主主義を語るようになる（もちろん、娯楽性と収益性を決して忘れずに）。ローズヴェルトこそ現代大統領制の確立者であった。ハリウッドのリベラルなプロデューサーや監督、脚本家、俳優たちも、ローズヴェルトの大衆的人気と彼の推進するニューディール政策に強く期待していた。また、二〇年代の末から、映画が音声を獲得したことも重要である。技術的にも、映画は雄弁に政治を語れるようになったのである(23)。

映画が民主主義を最も高らかに賛美した例は、フランク・キャプラ（Frank Capra）監督『スミス都へ行く』（*Mr. Smith Goes to Washington*, 1939）であろう(24)。この作品では、ジェームズ・スチュワート（James Stewart）演じる青年が、地元の有力者たちによって上院議員に擁立される。政治的に未経験な青年なら傀儡《かいらい》として操りやすいからである。しかし、青年はやがて信念のために、地元とワシントンの有力者の汚職と必死に戦うことになる。主人公の名前は、ジェファーソン・スミス（Jefferson Smith）であり、「建国の父祖」の一人トマス・ジェファーソン（Thomas Jefferson）の名前と一般人の代表的名前スミスが組み合わされている。のちにしばしば、アメリカ民主主義の教材とされる映画である。その意味で、内なる統合機能にも貢献したが、「多数の専制」に対する「万人」「普通の人」（common man）の勝利を描くことで、ヨーロッパにおけるファシズム勢力を批判するという対外発信機能も担っていた。当時のリベラルや左翼、そしてユダヤ人の映画関係者たちは、アメリカ世論を第二次世界大戦参戦に促そうと、多くの映画を製作していた。

このように、誕生から四十年ほどの間に、映画は国内的な統合と対外的な発信の両面で、アメリカ政治と密接に結び付くようになっていた。

二　文化と政治

もとより、映画は単独で存在するわけではなく、さまざまな文化と結び付いている。そして、より広く文化と政治の関係を分析する研究は、実に膨大である。

歴史社会学者の筒井清忠は、「政治→文化」と「文化→政治」の二つのアプローチを紹介している。

まず前者である。政治学では、政治文化論（political culture）と呼ばれる分野がある。アメリカの政治学者ガブリエル・アーモンド（Gabriel A. Almond）やシドニー・ヴァーバ（Sidney Verba）らは、ある社会の構成員の間に見られる、政治に対する心理的な指向、つまり、政治に対する態度や関心を「政治文化」ととらえた。その上で、アーモンドらは、五カ国の政治文化を未分化型、臣民型、参加型、混合型に分類した(25)。そこには米英の参加型民主主義を理想とする発想があり、「厳密な定義なしに漠然と政治的風土や特徴的な政治意識の類型の意味で用いられることも多い」(26)。一見すると科学的なようだが、説明しづらいものを文化的要因に還元し、逸脱や特殊例として閑却する傾向もあろう(27)。政治に対する文化的要因の考察は、「私たちになお未決の課題として残されている」と、筒井は指摘している(28)。

後者については、カルチュラル・スタディーズ（cultural studies）がある。日常生活や大衆文化を主たる対象にして、その背後にある権力関係や社会秩序を批判的に分析しようとするアプローチである(29)。日本では「カルスタ」と略称されることもある。カルチュラル・スタディーズは社会学や人類学を軸にしながら、歴史、文学、思想、精神分析、メディア論と、実に学際的な展開を示している。だが、「よほどのダイナミックな分析方法を持ち込まなければ……マルクス主義のイデオロギー論の焼き直しにしかならないことも危惧《きぐ》された」「やはり還元主義と相対化の呪縛を超えられず、やがて失速していった」と、筒井はその弱点を突いている(30)。価値の多様性を謳いながら、権力批判を急ぐあまりに、「カルスタ」が善悪二分論に陥る場合もある。「マルクス主義、あるいは別の反権威主義的な批評主義から発展した歴史を持つカルチュラル・スタディーズが、全体としてその中核に左派の政治目標を掲げていることはまちがいない」と、当のカルチュラル・スタディーズ専門家も認めるところである(31)。

さらに、政治と文化の関係を政策的な関心から分析する流れもある。

たとえば、一九八〇年代以降の日本では、物質的な豊かさから精神的な豊かさへの転換を求めて、文化政策がさかんに語られるようになった。文化政策とは、「創造環境を整備するための公共政策であり、地域社会や都市、あるいは企業や産業の中にある文化資源を再評価して、創造環境の中に位置づける」政策とされる(32)。

文化政策にとって文化は追求すべき対象だが、文化を政策の手段とする流れもある。国際政治学で言うソフトパワー（soft power）論や外交分野でのパブリック・ディプロマシー（public diplomacy）がそれである(33)。すでに一九七九年の米中国交正常化の段階で、歴史家の入江昭は二〇年代の国際関係史の業績を紹介しながら、国際政治を「パワー・ゲーム」としてとらえる視点を批判し、文化の重要性を強調していた(34)。冷戦の終焉に先立って、アカデミズムでは、合理性に基づく「大きな物語」や「客観的な世界」への疑念が着実に広がっていった。冷戦が終わると、アメリカの政治学者サミュエル・ハンチントン（Samuel P. Huntington）のように、「文明の衝突」を説く者も現れた(35)。冷戦期の軍事力とイデオロギーの対立から、文明や文化、宗教の対立に、国際政治の主軸が移行しつつあるように思われたのである。さらに、グローバル化の不幸な帰結として二〇〇一年九月十一日に同時多発テロが起こると、政策論としてソフトパワーやパブリック・ディプロマシーの重要性が強く認識されるようになった。最近では、冷戦研究にも文化的なアプローチがさかんに適用されるようになっている(36)。

こうした研究動向に照らして、本書では以下の点に注意しなければなるまい。

第一に、映画と政治の関係を、より広い文化と政治の文脈の中でとらえることである。

第二に、映画と政治、文化と政治を一方通行の関係としてではなく、相互作用として理解することである。

第三に、映画と政治の相互作用について、直接的な相互作用と間接的な相互作用、さらにこの二つの相互作用間の関係を意識することである。

直接的な相互作用とは、たとえば、一方で、政府の外交や産業政策、政党や政治家のメディア戦略が映画に影響を与え、他方で、映画産業が政府や政治家に働き掛けたり、映画関係者が自ら政治に進出したりする場合である。間接的な相互作用とは、たとえば、一方で政治現象や政治家が映画にテーマや素材を提供し、他方で映画が政治的メッセージを発したり政治を風刺したりすることである。あえて言えば、前者は政治学をはじめとする社会科学の、後者は映画学など人文科学の分析対象になることが多かろう。

アメリカ映画と政治の関係を分析したこれまでの書物には、映画の持つ政治的な意図と内容から分類したり、政治的映画を時代区分したりする、分類学的なアプローチのものがある(37)。また、映画やテレビが描く大統領像に特化した分析もある(38)。これらはいずれも映画学者による研究であり、政治的な分析が必ずしも充分ではない。本書は、より政治に軸足を置きながら、映画と政治の相互作用を探るものである。特に、単なる分類ではなくより構造的に、現代大統領制と古典的ハリウッド映画の関係に注目する。

両者がなぜ、どのように相互作用したのか――これが本書の中心的な問いである。

まさに、レーガンはこの相互作用の上に屹立《きつりつ》している。しかも、ラジオ、映画、テレビとより広い大衆文化の変遷の中で、政治的人格を形成していったのである。

三　レーガン研究の現状

アメリカでは、レーガンに関する研究や伝記は枚挙に暇がない。それらを用いて、筆者もすでに日本語でレーガンの簡略な伝記を著している(39)。ここであらためて、レーガン研究の現状を整理しておこう(40)。

基本的な資料

レーガンには二冊の自伝がある。一冊目はカリフォルニア州知事選挙をめざしたころ（一九六五年）に、そして、もう一冊は大統領退任後（一九九〇年）に出版されている(41)。彼の政治的人生の起点と終点である。前者には『僕の残り半分はどこだ?』という風変わりな書名が冠せられている。後述のように、これはレーガンが出演したサム・ウッド（Sam Wood）監督の映画『嵐の青春』（*Kings Row* 1942）での、彼の有名な科白《せりふ》である。この書名が示すように、レーガンはエンターテイナーから転じて、政治家として第二の人生を歩み出した。それは、リベラルから保守派への転向でもあった。彼の人生の前半、特にハリウッドでの政治活動については、前者が詳しい。ただし、事実関係はそれほど正確ではない。後者は大著だが、三〇年に及ぶエンターテイナーの時代については、わずか二割ほどしか割かれていない。

レーガンは書簡の人であった。その生涯を通じて、彼は一万通以上の手紙を書いたとされる。「書くことは他者と同様に自己とのコミュニケーションである。ほとんど必要上の問題として、巧みに書く人はよく考える人である」と、レーガン政権で国務長官を務めたジョージ・シュルツ（George P. Shultz）は、レーガンの知性を過小評価する向きを牽制している(42)。この膨大な書簡の中、レーガンが十一歳の時（一九二二年十一月二十一日付）のものから最期のもの（一九九四年十一月十四日付）まで一〇〇〇〇通以上を、保守系のシンクタンク、フーヴァー研究所の三人の研究者が編纂している（うち二人はレーガン政権に関与していた）(43)。レーガンの人物像と人間関係を理解する上で、貴重な一次資料である。また、この三人の編者は、レーガンの演説草稿をも編集・出版している(44)。大統領就任までは、彼はほとんどの演説を自ら起草していたのである。ラジオ用の原稿だけでも六七〇に上る。そのために、実務的、通俗的なものが中心ながらも、彼は読書を重ね、熱心にメモをとった。先哲や偉人の発言、気の利いたジョークなどを、彼は大量のカードに書き留めていた。彼の思想を明示するという意味で「ロゼッタ・ストーン」と呼ばれた膨大なカードが、レーガン生誕百周年記念事業の中で発見された。その一部が編集され出版されている(45)。

同様に、レーガンは日記の人であった。一九八一年の大統領就任当初から八九年の退任時まで、彼は丹念かつ継続的に日記をつけていた。歴史家のダグラス・ブリンクリー（Douglas Brinkley）がこれを編纂し、二〇〇七年に出版している(46)。一〇年には、ジミー・カーター（James Earl "Jimmy" Carter, Jr.）の大統領時代の日記も公刊された(47)。このように、二代続いた大統領の日記が編纂・公刊されたことによって、両者の比較研究の可能性も広がろう。レーガンの日記を一瞥すれば、世評とは異なり、彼がきわめて勤勉であり、さまざまな問題に思索をめぐらせているようすがうかがえる。しかも、複雑な出来事が簡潔に記されている。この点、カーターの日記ははるかに叙述的である。すでに、日記の一部は、レーガンの二冊目の自伝に頻繁に引用されていたが、ブリンクリー編纂の日記が刊行されたことで、それらが後知恵による自己正当化ではないことが確認できる。本書でも、この日記を頻繁に活用している。

さらに、デボラとジェラルド・ストローバー（Deborah Hart and Gerald S. Strober）夫妻が、レーガン政権の広範な関係者のオーラル・ヒストリーを編纂している(48)。より本格的なオーラル・ヒストリーは、カリフォルニア州知事時代についてはカリフォルニア大学バークレー校（Oral History Center, Bancroft Library, University of California, Berkeley）に、初期の政治活動をめぐっては同大学ロサンジェルス校（Department of Special Collections, the Charles E. Young Research Library, University of California, Los Angeles）に、そして、大統領時代に関してはヴァージニア大学（Ronald Reagan Presidential Oral History Project, Miller Center, University of Virginia）(49)に、それぞれオーラルヒストリーが所蔵されている。特に、ヴァージニア大学所蔵のものは広範にわたり、オンライン公開されている。また、非公開部分を含めて『レーガン日記』の全体は、カリフォルニア州シミ・ヴァレーにあるロナルド・レーガン大統領図書館（Ronald Reagan Presidential Library）(50)に保管されている。この図書館に併設されているミュージアムは、大統領専用機エアフォースワンの実物を展示するなど、数ある大統領図書館の中でも最もエンターテイメント性が高く、レーガンの人柄を象徴している。ウェブサイト上のアーカイブスとしては、「レーガン・ファイル」（The Reagan Files）も便利である(51)。本書では、これらのウェブサイトからレーガンの演説も頻繁に引用し、分析する。

また、映画と政治の関係という観点からレーガンを考察する以上、一九三七年から六四年にかけて、彼が出演した五三作の映画も貴重な資料となる（クレジットされていない作品も含めると五五作になる）(52)。そのほとんどは、米議会図書館映像部（Moving Image Department, Library of Congress）に所属されている。

二十世紀史の中のレーガン

さて、こうした基本文献や公文書、オーラル・ヒストリーや関係者とのインタビューに頼りながら、これまでに膨大なレーガン研究が蓄積されている。本書では、これらを時間的な射程から三種類に大別してみたい。

まず、単に大統領としてではなく、レーガンを二十世紀アメリカの歴史や政治、文化の中に位置づけようとする試みである。

ピュリッツアー賞受賞の歴史家ゲリー・ウィルズ（Garry Wills）による評伝『レーガンのアメリカ 内なる無垢《むく》』は、そうした試みの代表的な成功例であろう(53)。ラジオ・アナウンサー、映画俳優、組合運動指導者、大企業の広報マン、カリフォルニア州知事と、ホワイトハウスにいたるレーガンの多彩なキャリアを丹念に分析することで、ウィルズはレーガンの人物像を立体的に描いている。副題の「無垢」はアメリカ史のキーワードでもある。この著者らしく、同書にはレーガンとリンカーンの比較が随所に散りばめられている(54)。リンカーンが十九世紀アメリカの偶像なら、レーガンは二十世紀のそれであった。

実は、ウィルズは西部劇映画の大スター、ジョン・ウェイン（John Wayne）の評伝も著している(55)。レーガンもウェインもアイルランド系であり、前者は後者のように西部劇で活躍したかった。しかも、ウェインはレーガンより早くから、より強硬な保守的信条を明確にしてきた。ウェインこそ、政治化したセレブのアメリカ的原型であった。

ルー・キャノン（Lou Cannon）による一連の評伝も、アメリカの政治と歴史の幅広い文脈の中でレーガンを描いている(56)。キャノンはカリフォルニア州知事時代からレーガンを取材してきた古参のジャーナリストである。分析手法や叙述はオーソドックスだが、カリフォルニア時代を中心に、数ある伝記の中でも情報量は最も豊富である。二〇一〇年のクリスマス休暇には、支持率低迷に悩むバラク・オバマ（Barack Obama）大統領も、キャノンのレーガン伝を読んだという(57)。

レーガンが公認した評伝として、やはりピュリッツァー賞受賞作家のエドモンド・モリス（Edmund Morris）による『ダッチ』がある(58)。この公式評伝のために、レーガンは長時間のインタビューに応じている（ただし、すでに彼はアルツハイマー病を発病していたから、その記憶は失われつつあった）。「ダッチ」とはレーガンの子供時代のあだ名である。モリスもレーガンの生涯を包括的に扱っている。しかし、架空の人物がレーガンの生涯に何度も遭遇するという設定のために、伝記ではなく小説だとの批判を招いた。とはいえ、架空の人物設定とは、しばしばフィクションと現実を混同し、文化と政治の媒介（メディア）を果たしたレーガンには、うってつけかもしれない。

『ダッチ』以来最も本格的なレーガン伝を著した歴史家のH・W・ブランズ（H. W. Brands）も、レーガンをF・D・ローズヴェルトと並んで二十世紀で最も偉大な大統領と位置づけている(59)。ブランズによる評伝は、『ダッチ』とは好対照の正攻法である(60)。また、ジェーコブ・ワイズバーグ（Jacob Weisberg）による最新の伝記は、歴代大統領の評伝シリーズの一つで、小著ながら、レーガンの政治的転向と冷戦終焉への貢献、深層心理を要領よくまとめている(61)。

マイケル・ローギン（Michael Rogin）による「ロナルド・レーガン、映画」という論文も逸することができない。ローギンによれば、レーガンの世界観は単純化されたハリウッド映画によって形成されており、その大統領時代は彼が映画で演じた役柄の再演であるという(62)。さらに、アメリカ社会には「悪魔学」（demonology）の伝統があり、二分法を用いて、悪の陰謀や外部勢力の侵入を誇張するという。政治における共産主義者やスパイへの恐怖、西部劇における「インディアン」やホラー映画での吸血鬼やゾンビは、その産物である。もちろん、レーガンもこの伝統の一翼を担ったことになる。「大統領としてのレーガンの言動と映画を結び付ける特殊な手法は、時として疑わしいが、映画の力が政治的エリートたちを支配するというロ－ギンの論点は、傾聴に値する」との声もある(63)。ローギン自身は手練れの政治思想研究者である。しかし、ローギン的な表象解釈に頼りすぎると、レトリックの氾濫やテキストの深読み比べに陥り、政治学を欠いた「文化の政治学」になりかねない。たとえば、冷戦史や核抑止理論についての理解なしに、レーガンによる「スター・ウォーズ計画」(後述)を映画との関係だけで論じても意味はない。

レーガンの時代

さて第二に、レーガンを一九八〇年代の象徴として、レーガン以降の保守優位の時代とその終焉を論じる研究である。歴史家のギル・トロイ（Gil Troy）は、レーガンの個性にも着目して、彼を強硬な保守イデオローグとしてではなく、「幸福な戦士」（happy warrior）と位置づけている。ベトナム戦争とウォーターゲート事件で分裂したアメリカ社会を、八〇年代を通じて再統合することに、レーガンが成功したと、トロイは説く。彼が著書の書名に選んだ『アメリカの夜明け』（*Morning in America*）は、八四年のレーガン再選の際のキャッチフレーズであり、同年のロサンジェルス・オリンピックの成功こそ、レーガンによる社会統合の象徴であった(64)。

プリンストン大学教授のショーン・ウィレンツ（Sean Wilentz）は、より長期的に一九七四—二〇〇八年の時期を保守優位の時代、レーガンの時代と定義している。一九七四年はリチャード・ニクソン（Richard M. Nixon）がウォーターゲート事件で失脚し、共和党内でより保守的な勢力が台頭する契機となった。そして、二〇〇八年はリベラル派のオバマが大統領に当選した年である。ウィレンツによれば、善し悪しは別にして、アメリカ政治史の中で一時代を代表しうる政治家として、レーガンはジェファーソンやアンドリュー・ジャクソン（Andrew Jackson）、リンカーン、そして二人のローズヴェルトに比肩しうるという。しかし、やがてインフレーションが沈静化し、税率が下がり、しかも、ソ連が崩壊すると、レーガンに代表される保守主義は分裂し過激化していく。「保守運動は成功の犠牲者であった」「レーガン主義はより過激な形態をとって、二〇〇〇年の大統領選挙以降に生き残りを果たすことになった」と、ウィレンツは指摘している(65)。

ジャーナリストのジョナサン・ダーマン（Jonathan Darman）は、「貧困との戦い」を謳って「大きな政府」を志向したリンドン・ジョンソン（Lyndon B. Johnson）と、「小さな政府」をめざしたレーガンを対比し、一九六三―六六年をアメリカの新しい時代の夜明けと位置づけている。六四年の大統領選挙でジョンソンは圧勝したが、六六年にはレーガンがカリフォルニア州知事に当選し、来るべき「小さな政府」の時代に備え出したのである(66)。

リック・パールスタイン（Rick Perlstein）は共和党政治家の研究を得意とし、ニクソンの失脚がレーガンの台頭をもたらした経緯を分析している。ソ連の指導者ニキータ・フルシチョフ（Nikita S. Khrushchev）はニクソンに、「もし人々が幻の川を信じるなら、川がないと告げるのではなく、そこに幻の橋を架けるのが、政治家の仕事だ」と告げたという。分裂したアメリカ社会に保守優位の「橋」を架けたのは、ニクソンではなくレーガンであった(67)。民主党から共和党に転じても、レーガンが自らの出自を意識して「労働者階級の共和党員」を演じ続けた成果である(68)。

また、ジャーナリストのクリス・マシューズ（Chris Matthews）は、レーガン大統領と下院議長トーマス・オニール（Thomas P. O'Neill, Jr.）との関係から、一九八〇年代のアメリカ政治を描いている。前者は保守派と行政府を、後者はリベラル派と立法府を代表し、政策的には鋭く対立しながら、人間的には信頼し合い、しばしば協力してきた。二人にはアイルランド系という共通の文化的背景があった(69)。

先述のルー・キャノンとカール・キャノン（Carl M. Cannon）の親子は、力点をジョージ・W・ブッシュ（George W. Bush）に置きつつ、レーガンからブッシュへの保守派の流れを描き、ブッシュを「レーガンの弟子」と位置づけている。ブッシュはレーガンを模倣しようとした。しかし、「レーガンとたえず比較することは、ブッシュにとって結局は不利に働いた」、なぜなら自ら評価の基準を高く設定することになったからだと、キャノン親子は指摘している(70)。彼らもまた、ブッシュの退陣でレーガン以降四半世紀を越えた保守優位の時代の終焉を予見していた(71)。

冷戦の終焉とレーガン

第三の研究動向は、冷戦の終焉とレーガンの役割に着目するものである。冷戦終焉の最大の要因は、ソ連でのミハイル・ゴルバチョフ（Mikhail Gorbachev）の登場であって、レーガンの成功はソ連の社会的・経済的な疲弊というタイミングに恵まれただけだ、とする見方は根強い(72)。レーガンの時代に米ソの軍備管理交渉が停滞したこともあって、こうした見解を示す軍備管理の専門家は少なくない(73)。

これに対して、レーガンの一貫した対ソ戦略と反共主義に、冷戦の終焉の最大の要因を見出す保守派の論者もまた多い。思想史家のジョン・ディギンス（John Patrick Diggins）にいたっては、レーガンの反共主義をリンカーンの奴隷解放に比肩する偉業として、理想が歴史を切り開いた好例とみなしている(74)。

よりバランスのとれた見解として、ジャーナリストのジェームズ・マン（James Mann）は、「レーガンが冷戦に勝利したのではない。ゴルバチョフが冷戦を放棄したのだ」と述べている。ただし、「アメリカで他の多くの者がゴルバチョフの重要性を認識していなかった時に、レーガンはそれに気づき、冷戦の終焉への環境づくりに協力したのである」(75)。

もとより、冷戦を終わらせたのはレーガンかゴルバチョフかという二者択一は単純にすぎる。近年では、レーガンとイギリスのマーガレット・サッチャー（Margaret Thatcher）首相との協力関係を「政治的結婚」として重視する研究や(76)、この二人とローマ法王ヨハネ・パウロ二世（Johannes Paulo II）の協力に注目する研究も現れている(77)。さらには、冷戦の起源と終焉をめぐるハリー・トルーマン（Harry S Truman）とレーガンの役割、リーダーシップをめぐるレーガンとウィンストン・チャーチル（Winston Churchill）との比較研究もある(78)。

本書の関心は二十世紀アメリカのおける映画と政治の相互作用であるから、レーガンの大統領時代以前にも相当の紙幅を割いている。レーガン研究としては、第一の分類に属する。ただし、日本にはまとまったレーガン研究がないことから、第二、第三の分類の研究動向も反映させていきたい。当然、第一の分類に属する研究の多くは映画にも言及しているが、必ずしも映画と政治の相互作用を正面から扱っているわけではない。逆に、レーガンのハリウッド時代やレーガン政権期のハリウッドの動向に特化した研究もあるが(79)、本書の射程は彼の全生涯に及ぶ。

また、日本の映画研究の場合、レーガンに論及する際には、しばしばステレオタイプで断罪的であり、映画と政治の関係を論じる際にも、時に「アイデンティティの政治学」や「文化の政治学」と称しながら政治学的な知見に乏しいことがある(80)。他方で、レーガンに関する日本の政治学の研究や文献では、文化への射程が不足している(81)。映画研究と政治学との乖離《かいり》はアメリカ以上であり、「僕の残り半分はどこだ？」という叫びが当てはまる。本書では、この乖離にできるだけ架橋したい。

四　本書の構成

まず、第1章では、レーガンの誕生からハリウッドでの活躍までの半生をたどる。現代大統領制が確立し、古典的ハリウッド映画がそれを熱心に応援した時代である。『僕の残り半分はどこだ？』という最初の自伝のタイトルが示すように、それはエンターテイメントから政治へ、リベラルから保守へ、最初の結婚から二度目の結婚へという、彼の人生の変遷の前半部分に相当する。そして、ラジオから映画、テレビへというメディアの変遷にも呼応している(82)。

第2章は、主として一九五〇年代を扱う。政治的には、それはドワイト・アイゼンハワー（Dwight D. Eisenhower）政権下の保守優位の時代であり、冷戦の時代であった。国内的には、大統領もハリウッドも「赤狩り」に苦しんだ。「レーガンの時代」たる八〇年代は、政治的にも文化的にも、この五〇年代を模倣・再現した側面が多い。本書では、五〇年代と八〇年代の比較を意識してみたい。

第3章では、レーガンが「右派のFDR（F・D・ローズヴェルト）」として期待を集め、カリフォルニア州知事、さらには大統領候補になる軌跡をたどる。その背景には、公民権運動の高まりやベトナム戦争の深刻化、そして、ウォーターゲート事件による現代大統領制の動揺があり、さらには、政治のエンターテイメント化とセレブの政治化があった(83)。この間に、現代大統領制は深手を負い、古典的ハリウッド映画は終焉した。

第4章から第6章は、レーガンの大統領時代である。ただし、個別の政策を検証するのではなく、先述のように、映画を中心とした文化と政治の関係、そして、現代大統領制を再建しようとするレーガンの政治スタイルやコミュニケーション・スキルに注目する。

終章ではそれまでの分析をふまえて、レーガンの政治的リーダーシップのスタイルや映画と政治の関係について、縦軸と横軸の比較を通じて考察する。縦軸では、まず同じアメリカ大統領として、ニクソンとカーターを検証する(84)。次いで、ジョージ・W・ブッシュをはじめとする「レーガンの弟子たち」「レーガンの子供たち」の系譜を扱う。たとえば、映画俳優からカリフォルニア州知事に転じたアーノルド・シュワルツェネッガー(Arnold Schwarzenegger)は、レーガンの亜流と言えよう。もちろん、ドナルド・トランプ(Donald Trump)もレーガンを意識している(85)。横軸としては、同時代の他国の政治指導者の中からサッチャーと中曾根康弘を取り上げ、とりわけ、日本での研究として後者に注目する(86)。こうした比較を容易にするために、レーガンの人生をたどる過程にも、彼らには時々「出演」してもらうことになるだろう。

それでは、レーガンを案内役として、二十世紀アメリカの映画と政治の相互作用をめぐる旅に出るとしよう。

◆注

(1) これを「リュミエール的映画史観」とする批判もある。加藤幹郎『映画館と観客の文化史』(中公新書、二〇〇六年)四六―四八頁。

(2) ジャン＝ミシェル・フロドン／野崎歓訳『映画と国民国家』(岩波書店、二〇〇二年)一二六頁。

(3) ヴァルター・ベンヤミン／浅井健二郎編訳／久保哲司訳「複製技術時代の芸術作品」『ベンヤミン・コレクションI――近代の意味』(ちくま学芸文庫、一九九五年)。

（4）Dan Nimmo and James E. Combs, *Mediated Political Realities* (NY: Longman, 1983), p. 105.

（5）たとえば、飯田道子『ナチスと映画――ヒトラーとナチスはどう描かれてきたか』（中公新書、二〇〇八年）を参照。

（6）フロドン、前掲、九五頁。

（7）Robert Burgoyne, *Film Nation: Hollywood Looks at U. S. History*, Rev. ed. (Minneapolis: University of Minnesota Press, 2010), p. 1.

（8）アメリカ映画史の優れた概観としては、ロバート・スクラー／鈴木主税訳『アメリカ映画の文化史――映画がつくったアメリカ』上・下（講談社学術文庫、一九九五年）を参照。より簡略なものとしては、北野圭介『ハリウッド100年史講義――夢の工場から夢の王国へ〔新版〕』（平凡社新書、二〇一七年）がある。また、アメリカ映画と大統領の関係に特化した概論として、村田晃嗣『大統領とハリウッド（仮）』（中公新書、二〇一九年）が予定されている。さらに、大恐慌から冷戦期までのアメリカ政治と映画の関係について論じた研究として、Lary May, *The Big Tomorrow: Hollywood and the Politics of the American Way* (Chicago: University of Chicago Press, 2000) がある。

（9）サミュエル・ハンチントン／鈴木主税訳『分断されるアメリカ――ナショナル・アイデンティティの危機』（集英社、二〇〇四年）一七四―一七六頁。

（10）John Hart et al., ed., *The Modern Presidency: From Roosevelt to Reagan* (NY: Harper & Row, 1987). 日本語では、砂田一郎『アメリカ大統領の権力――変質するリーダーシップ』（中公新書、二〇〇四年）の第4章、待鳥聡史『アメリカ大統領制の現在――権限の弱さをどう乗り越えるか』（NHKブックス、二〇一六年）を参照。

（11）David Bordwell, Janet Staiger, and Kristin Thompson, *The Classical Hollywood Cinema: Film Style & Mode of Production to 1960* (NY: Columbia University Press, 1985); デイヴィッド・ボードウェル、クリスティン・トンプソン／藤木秀朗監訳／飯岡詩朗・板倉史明・北野圭介・北村洋・笹川慶子訳『フィルム・アート――映画芸術入門』（名古屋大学出版会、二〇〇七年）八六―八八頁、四五八―四六一頁。トマス・エルセサー、ウォーレン・バックランド／水島和則訳『現代アメリカ映画研究入門』（書肆心水、二〇一四年）五一―九六頁。

(12) Bryan Rommel-Ruiz, "Redeeming Lincoln, Redeeming the South: Representations of Abraham Lincoln in D. W. Griffith's *The Birth of Nation* (1915) and *Historical Scholarship*," in Peter C. Rollins and John E. O'Connor, eds., *Hollywood's White House: The American Presidency in Film and History* (Lexington, Kentucky: University Press of Kentucky, 2003), pp. 76–95.
(13) Terry Christensen and Peter J. Haas, *Projecting Politics: Political Messages in American Films* (NY: M. E. Sharpe, 2005), pp. 64–65.
(14) *Ibid.*, p. 67, p. 64.
(15) ただし、移民たちの中には、祖国から輸入された映画をアメリカで観賞し、本来のアイデンティティを保持してきた者も少なくなかったという。加藤、前掲、八九―九八頁。より詳細な研究としては、板倉史朗『映画と移民――在米日系移民の映画受容とアイデンティティ』（新曜社、二〇一六年）を参照。
(16) Kristin Thompson, *Exporting Entertainment: America in the World Film Market, 1907–34* (London: British Film Institute, 1985), p. 62.
(17) ポール・ヴィリリオ／石井直志・千葉文夫訳『戦争と映画――知覚の兵站術』（平凡社ライブラリー、一九九九年）一一〇頁に引用。
(18) フロドン、前掲、一九六頁に引用。
(19) Peter J. Taylor, "Izations of the World: Americanization, Modernization and Globalization," in Colin Hay and David Marsh, eds., *Demystifying Globalization* (Hampshire: Pelgrave, 2000), p. 53.
(20) スクラー、前掲、下、一一五頁、一一六頁。
(21) 「ハリウッド」のみならず「アメリカ」も記号である。「文芸批評家や哲学者、そしてポストモダン思想家を自称する連中から、今やアメリカを奪還すべき時である。彼らこそ、まさに「アメリカ」という言葉を、グロテスクで、淫猥で、怪物的で、無能で、矮小で、平板で、精彩を欠き、破壊的で、奇形で、根無し草で、無教養で、そして（つねに括弧つきの）「自由な」ものを示す、一つのシンボルに転化してきたのである」と、アメリカの政治学者ジェームズ・シーザー（James W. Ceaser）は説く。彼はこうしたアメリカ・イメージを「形而上学的なアメリカ」「シンボリックなアメリカ」と呼び、ヨーロッパで二世紀にわたって培われてきたという。ジェームズ・W・シーザー／村田晃嗣・伊藤豊・長谷川一年・竹島博之訳『反米の系譜学――近代思想の中のアメリカ』（ミネルヴァ書房、二〇一〇年）一頁、一一頁。
(22) Richard Maltby, *Hollywood Cinema: An Introduction* (MA: Blackwell, 1995), p. 79.
(23) Christensen and Haas, *op. cit.*, p. 71.
(24) このキャプラ作品の簡便な紹介としては、井上篤夫『素晴らしき哉、フランク・キャプラ』（集英社新書、二〇一一年）の第四章「アメリカと社会運動――「スミス都へ行く」」を参照。
(25) G・A・アーモンド、S・ヴァーバ／石川一雄ほか訳『現代市民の政治文化――五ヵ国における政治的態度と民主主義』（勁草書房、一九七四年）。
(26) 相内俊一「政治文化」大学教育社編『現代政治学事典〔新訂版〕』（ブレーン出版、一九九八年）五五九頁。
(27) 文化論的説明の問題点については、久米郁男『原因を推論する――政治分析方法論のすゝめ』（有斐閣、二〇一三年）を参照。
(28) 筒井清忠編『政治的リーダーと文化』（千倉書房、二〇一一年）の序論「現代における「政治」と「文化」」八頁。
(29) 映画に焦点を当てたカルチュラル・スタディーズも少なくない。たとえば、カーラ・フレチェロウ／ポップ・カルチャー研究会訳『映画でわかるカルチュラル・スタディーズ』（フィルムアート社、二〇〇一年）、本橋哲也『映画で入門 カルチュラル・スタディーズ』（大修館書店、二〇〇六年）などがある。また、アメリカ研究とカルチュラル・スタディーズの関係については、ニール・キャンベル、アラスディア・キーン／徳永由紀子・橋本安央・藤本雅樹・松村延昭・田中紀子・大川淳編訳『アメリカン・カルチュラル・スタディーズ――ポスト9・11からみるアメリカ文化〔第二版〕』（萌書房、二〇一二年）を参照。
(30) 筒井編、前掲、一〇頁。
(31) フレチェロウ、前掲、三五頁。
(32) 池上惇・端信行・福原義春・堀田力編『文化政策入門――文化の風が社会を変える』（丸善ライブラリー、二〇〇一年）一二頁。河島伸子・大谷伴子・大田信良編『イギリス映画と文化政策――ブレア政権以降のポリティカル・エコノミー』(慶応義塾大学出版会、二〇一二年)も参照。同書は、映画を軸にして文化と経済の関係に着目している。

(33) 前者については、ジョセフ・S・ナイ/山岡洋一訳『ソフト・パワー――21世紀国際政治を制する見えざる力』(日本経済新聞社、二〇〇四年)を、後者については、金子将史・北野充編『パブリック・ディプロマシー戦略――イメージを競う国家間ゲームにいかに勝利するか』(PHP研究所、二〇一四年)を参照。

(34) 入江昭「国際政治における文化と権力」『中央公論』一九七九年二月号。

(35) Samuel P. Huntington, "The Clash of Civilizations?," *Foreign Affairs*, vol. 72, no. 3 (Summer 1993). サミュエル・ハンチントン/鈴木主税訳『文明の衝突』(集英社、一九九八年)も参照。また、「国際関係そのものさえもが一つの文化であると考え、国際関係の全体を文化の視点で理解する試み」(ii頁)として、平野健一郎『国際文化論』(東京大学出版会、二〇〇〇年)がある。

(36) Patrick Major and Rana Mitter, "East Is East and West Is West?: Towards a Comparative Socio-Cultural History of the Cold War," in Rana Mitter and Patrick Major, eds., *Across the Blocs: Cold War Cultural and Social History* (London: Frank Cass, 2004), pp. 1–22. 最近の日本での優れた実証研究として、齋藤嘉臣『文化浸透の冷戦史――イギリスのプロパガンダと演劇性』(勁草書房、二〇一三年)がある。他にも、貴志俊彦・土屋由香編『文化冷戦の時代――アメリカとアジア』(国際書院、二〇〇九年)、村上東編『冷戦とアメリカ――覇権国家の文化装置』(臨川書店、二〇一四年)などがある。また、文化研究から冷戦の分析を試みた近著として、宮本陽一郎『アトミック・メロドラマ――冷戦アメリカのドラマトゥルギー』(彩流社、二〇一六年)がある。

(37) Christensen and Haas, *op. cit.*; Michael Coyne, *Hollywood Goes to Washington: American Politics on Screen* (London: Reaktion Books, 2008).

(38) Rollins and O'Connor, eds., *op. cit.*; Gregory Frame, *The American President in Film and Television: Myth, Politics and Representation* (Bern, Switzerland: Peter Lang, 2014).

(39) 村田晃嗣『レーガン――いかにして「アメリカの偶像」となったか』(中公新書、二〇一一年)。

(40) 詳細は、村田晃嗣「ロナルド・レーガン研究――政治的魅力の源泉を問う」『同志社法學』(梅津實教授古稀記念号)三四七号(二〇一一年六月)四一九―四四一頁。

(41) Ronald Reagan and Richard G. Hubler, *Where's the Rest of Me?* (NY: Karz-Segil Publishers, 1965); Ronald Reagan, *An American Life* (NY: Simon and Schuster, 1990). 後者の翻訳は、ロナルド・レーガン／尾崎浩訳『わがアメリカンドリーム――レーガン回想録』（読売新聞社、一九九三年）（以下、『回想録』）。

(42) Kiron K. Skinner, Annelise Anderson, and Martin Anderson, eds., *Reagan: A Life in Letters* (NY: Free Press, 2003), p. ix.

(43) *Ibid.*

(44) Kiron K. Skinner, Annelise Anderson, and Martin Anderson, eds., *Reagan in His Own Hand: The Writing of Ronald Reagan that Reveal His Revolutionary Vision for America* (NY: Free Press, 2001).

(45) Douglas Brinkley, ed., *The Notes: Ronald Reagan's Private Collection of Stories and Wisdom* (NY: Harper-Collins, 2011).

(46) Douglas Brinkley, ed., *The Reagan Diaries* (NY: HarperCollins, 2007)（以下、*Diaries*）.

(47) Jimmy Carter, *White House Diary* (NY: Farrar, Straus and Giroux, 2010).

(48) Deborah Hart Strober and Gerald S. Strober, eds., *The Reagan Presidency: An Oral History of the Era* (DC: Brassey's Inc., 1998).

(49) Miller Center, University of Virginia. 〈https://millercenter.org/〉

(50) Ronald Reagan Presidential Library. 〈https://www.reaganlibrary.gov〉

(51) The Reagan Files. 〈http://www.thereaganfiles.com/〉

(52) レーガンの出演作品については、Tony Thomas, *The Films of Ronald Reagan* (Secaucus, NJ: Citadel Press, 1980) に詳しい。なお、筆者が五三作品すべてを観賞しているわけではないことを「告白」しておかなければならない。また、これらとは別に、第二次世界大戦中に陸軍が製作した短編映画に、レーガンは九本出演しているが、そのうち六本はナレーターとしての出演であった。

(53) Garry Wills, *Reagan's America: Innocents at Home* (NY: Doubleday, 1988).

(54) ウィルズのピュリッツアー賞受賞作品は、リンカーンのゲティスバーグ演説を分析した研究である。ゲリー・ウィルズ／北沢栄訳『リンカーンの三分間――ゲティズバーグ演説の謎』（共同通信社、一九九五年）。

(55) Garry Wills, *John Wayne's America* (NY: Simon & Schuster, 1997).

(56) Lou Cannon, *Reagan* (NY: G. P. Putnam's Sons, 1982); *President Reagan: The Role of a Lifetime* (NY: Simon & Schuster, 1991); *Governor Reagan: His Rise to Power* (NY: PublicAffairs, 2003).

(57) *Economist*, January 8, 2011, p. 39.

(58) Edmund Morris, *Dutch: A Memoir of Ronald Reagan* (NY: Random House, 1999).

(59) H. W. Brands, *Reagan: The Life* (NY: Doubleday, 2015).

(60) Jeff Shesol, "The Unknowable Man: A New Biography Tries to Understand Our Elusive 40th President." *New York Times*, June 7, 2015, p. 14.

(61) Jacob Weisberg, *Ronald Reagan* (NY: Times Books, 2016).

(62) Michael Paul Rogin, *Ronald Reagan, the Movie and Other Episodes in Political Demonology* (Berkeley, CA: University of California Press, 1987).

(63) Christensen and Haas, *op. cit.*, p. 53.

(64) Gil Troy, *Morning in America: How Ronald Reagan Invented the 1980s* (Princeton, NJ Princeton University Press, 2005).

(65) Sean Wilentz, *The Age of Reagan: A History 1974–2008* (NY: Harper, 2008), pp. 450–451.

(66) Jonathan Darman, *Landslide: LBJ and Ronald Reagan at the Dawn of a New America* (NY: Random House, 2014).

(67) Rick Perlstein, *The Invisible Bridge: The Fall of Nixon and the Rise of Reagan* (NY: Simon & Schuster, 2014).

(68) Henry Olsen, *The Working Class Republican: Ronald Reagan and the Return of Blue-Collar Conservatism* (NY: Broadside Books, 2017).

(69) Chris Matthews, *Tip and the Gipper: When Politics Worked* (NY: Simon & Schuster, 2013).

(70) Lou Cannon and Carl M. Cannon, *Reagan's Disciple: George W. Bush's Troubled Quest for a Presidential Legacy* (NY: PublicAffairs, 2008), p. 54.

(71) *Ibid.*, pp. 320–325. レーガンからG・W・ブッシュにいたる時期を「二重の戦間期」ととらえた研究として、村田晃嗣『現代アメリカ外交の変容――レーガン、ブッシュからオバマへ』(有斐閣、二〇〇九年)がある。「二重の戦間期」とは、冷戦の終結から対テロ戦争の始まりまで、そして、湾岸戦争からイラク戦争までの期間である。前者を戦間期と見る研究として、Derek Chollet and James Goldgeier, *America Between the Wars: From 11/9 to 9/11: The Misunderstood Years Between the Fall of the Berlin Wall and the Start of the War on Terror* (NY: BBS PublicAffairs, 2008) を参照。

(72) David J. Rothkopf, *Running the World: The Inside Story of the National Security Council and the Architects of American Power* (NY: PublicAffairs, 2005), p. 212. 他にも、ジョセフ・S・ナイ・ジュニア、デイヴィッド・A・ウェルチ/田中明彦・村田晃嗣訳『国際紛争――理論と歴史〔原書第10版〕』(有斐閣、二〇一七年)二〇九―二一五頁。

(73) Raymond L. Garthoff, *The Great Transition: American–Soviet Relations and the End of the Cold War* (DC: Brookings Institution Press, 1994); Frances FitzGerald, *Way Out There in the Blue: Reagan, Star Wars and the End of the Cold War* (NY: Simon & Schuster, 2000).

(74) John Patrick Diggings, *Ronald Reagan: Fate, Freedom, and the Making of History* (NY: W. W. Norton, 2007), p. xx.

(75) James Mann, *The Rebellion of Ronald Reagan: A History of the End of the Cold War* (NY: Viking, 2009), p. 346.

(76) ジェフリー・スミス/安藤優子訳『ウーマン・イン・パワー――世界を動かした女マーガレット・サッチャー』(フジテレビ出版、一九九一年)。原題は *Regan and Thatcher* である。ニコラス・ワプショット/久保恵美子訳『レーガンとサッチャー――新自由主義のリーダーシップ』(新潮選書、二〇一四年)。他方で、両者の緊張関係を論じた最新の研究として、Richard Aldous, *Reagan & Thatcher: The Difficult Relationship* (London: Hutchinson,

2012)、経済政策に特化して二人の関係を分析したものとして、James Cooper, *Margaret Thatcher and Ronald Reagan: A Very Political Special Relationship* (Hampshire, UK: Palgrave Macmillan, 2012) がある。

(77) John O'Sullivan, *The President, the Pope, and the Prime Minister: Three Who Changed the World* (DC: Regnery History, 2005).

(78) James Bilsland, *The President, the State and the Cold War: Comparing the Foreign Policies of Truman and Reagan* (NY: Routledge, 2015). Steven F. Hayward, *Greatness: Reagan, Churchill, and the Making of Extraordinary Leaders* (NY: Crown Forum, 2006).

(79) 前者については、Stephen Vaughn, *Ronald Reagan in Hollywood: Movies and Politics* (NY: Cambridge University Press, 1994); Marc Eliot, *Reagan: The Hollywood Years* (NY: Three Rivers Press, 2008) などがある。後者については、Steve Vineberg, *No Surprise, Please: Movies in the Reagan Decade* (NY: Schirmer Books, 1993); Alan Nadel, *Flatlining on the Field of Dreams: Cultural Narratives in the Films of President Reagan's America* (NJ: Rutgers University Press, 1997); Chris Jordan, *Movies and the Reagan Presidency: Success and Ethics* (Westport, Conn.: Praeger, 2003) などがある。だが、いずれも対象とする時期が限定的で、二十世紀全体の映画と政治の関係を展望するものではない。

(80) 記号としての「レーガン」は批判されなければならないとの、「確証バイアス」(固定観念のために反証情報に目を閉ざす傾向) が働いている場合もあろう。たとえば、塚田幸光『シネマとジェンダー――アメリカ映画の性と戦争』(臨川書店、二〇一〇年) は示唆に富む研究だが、「それまでの緊張緩和《デタント》を否定して、ソ連を「悪の帝国」と名指しするレーガンの幼稚な善悪二元論」(一八〇頁) といった表現にしばしば遭遇する。デタントはレーガン政権の登場以前に破綻している。外交史や国際政治学を学ぶ者からすると、いささか粗野な記述であろう。同様に、宮本の前掲書も問題意識の鮮明な研究だが、「ミリタリズム」を「軍事行為をめぐる言説」と定義し、「軍事文化」全般と同義に扱っている。これでは語義が広すぎよう。政治学では「ミリタリズム」とは、「軍事にかかわる諸問題や価値が政治・経済・教育・文化など各領域において強い影響力を持ち、政治行政レベルで軍事第一主義の思想が優先される政治社会体制」を意味する。纐纈厚「軍国主義」(militarism)『現代政治学事典〔新訂版〕』二二三頁。イデオロギー性の強い術語の使用には、慎重でありたい。

(81) 日本でレーガンの政策に焦点を絞った数少ない本格的な研究として、五十嵐武士『政策革新の政治学――レーガン政権下のアメリカ政治』（東京大学出版会、一九九二年）がある。ただし、当然ながら映画や文化への言及は少なく、レーガンの代表作『嵐の青春』（*Kings Row*）が『王者の叱責』と訳されている（一二頁）。『回想録』でも、この作品は『王者の争い』となっている（一二五頁）。「キングス・ロウ」は物語の舞台となった町の名前である。

(82) アメリカのメディア、特に放送の変遷については、Christopher H. Sterling and John Michael Kittross, *Stay Tuned: A History of American Broadcasting*, 3rd ed. (Mahwah, N. J.: Lawrence Erlbaum Associates, 2001) が平易で包括的である。

(83) セレブの政治化については、Mark Wheeler, *Celebrity Politics* (Cambridge, UK: Polity, 2013) が詳しい。

(84) ニクソンと映画の関係については、Mark Feeney, *Nixon at the Movies: A Book about Belief* (Il.: University of Chicago Press, 2004) がある。後述のように、ニクソンはたいへんな映画ファンであった。カーター外交については、村田晃嗣『大統領の挫折――カーター政権の在韓米軍撤退政策』（有斐閣、一九九八年）を参照。また、カーターとレーガンの信仰と外交政策の関係を比較した研究として、William Steding, *Presidential Faith and Foreign Policy: Jimmy Carter the Disciple and Ronald Reagan the Alchemist* (NY: Palgrave Macmillan 2014) がある。

(85) トランプについては、ドナルド・トランプ、トニー・シュウォーツ／相原真理子訳『トランプ自伝――不動産王にビジネスを学ぶ』（ちくま文庫、二〇〇八年）、ワシントン・ポスト取材班、マイケル・クラニッシュ、マーク・フィッシャー／野中香方子・森嶋マリ・鈴木恵・土方奈美・池村千秋訳『トランプ』（文藝春秋、二〇一六年）を参照。

(86) レーガン、サッチャー、中曾根らが推進した「自由主義的改革」に焦点を当てた研究としては、法政大学比較経済研究所・川上忠雄・増田寿男編『新保守主義の経済社会政策――レーガン、サッチャー、中曽根三政権の比較研究』（法政大学出版局、一九八九年）、大嶽秀夫『自由主義的改革の時代――一九八〇年代前期の日本政治』（中公叢書、一九九四年）がある。また、「国家経営」に焦点を当てて、この三人とヘルムート・コール、ゴルバチョフ、鄧小平という一九八〇年代の指導者六人を比較分析したものに、戸部良一・寺本義也・野中郁次郎編『国家経営の本質――大転換期の知略とリーダーシップ』（日本経済新聞出版社、二〇一四年）がある。

第1章

「僕の残り半分はどこだ？」

メディアによる人格形成

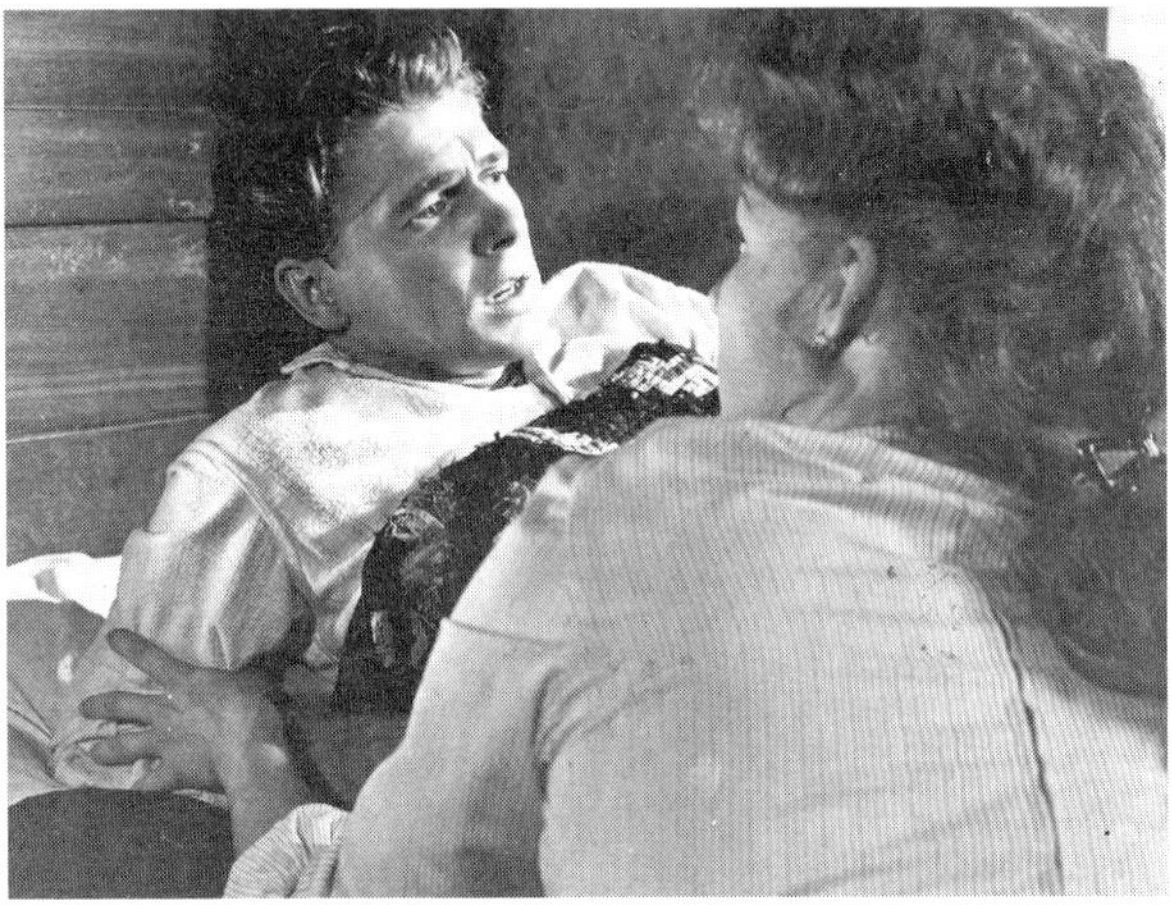

⬆「僕の残り半分はどこだ？」――レーガン，畢生の名科白（© Photo 12）

一　アイルランド

「ドゥオーリ」の末裔

ああ、父さん、ぼくはあなたがエーリンの島について語るのをいつも聞いている
その気高い風景、緑の谷、山々は人に馴れずに荒々しい
王子が住むほどの愛らしいところと人が言うのに
ああ、どうしてそこを捨てたの、わけを話してくれないかな

ヤング・アイルランダーズ（Young Irelanders）と呼ばれる詩人たちは、アイルランドの歴史をそう歌った(1)。一八四五年から四九年にかけて、この「エメラルドの国」を大飢饉が襲う。フハイカビの一種であるジャガイモ疫病菌がアイルランド人の主食を奪い、宗主国イギリスの拱手傍観《きょうしゅぼうかん》も手伝って発生した悲劇である。「この土地は呪われている」と言われたという。為政者の無為によって被害が拡大したという意味では、レーガン時代の後天性免疫不全症候群（Acquired Immune Deficiency Syndrome: AIDS. 以下、エイズ）を連想させる。この飢饉のために、アイルランドでは一八四六―五五年にかけて一一〇万から一五〇万人が餓死し、二一〇万人が故国を捨てて海を渡った。そのうち一五〇万人が大西洋を越えてアメリカに渡ったのである。彼らを運んだ貧弱で不潔な船は、しばしば難破し、また、乗員に飢餓と疫病をもたらした。「棺桶船」と呼ばれた所以《ゆえん》である。この「棺桶船」を「アイルランド人を大量虐殺するための道具」とみなす者すらあった(2)。

故国で多くの餓死者を目撃してきたアイルランド移民たちが、新天地で最初に入手したものの一つは、

墓であったという。この新天地で何とか受け入れられようと、彼らは南北戦争に数多く従軍して、命を落とした。南部の分離運動に、故国アイルランドのイギリスからの独立を投影する者もあった。他方で、金のために戦地に赴くアイルランド移民も少なくなかった。裕福な者は自らの徴兵を金で、貧乏人に肩代わりさせることができたからである。

それでも、アイルランドからの移民にとって、アメリカなら英語で生活できたし、オーストラリアほど遠くはなかった(3)。しかも、郷里ではかなわぬ土地の取得さえ可能であった。一八六二年に、西部開拓を促進すべく、ホームステッド法（Homestead Act）という自営農地法が制定されたからである。もとより、先住民の犠牲を前提にしてのことではあるが、独立自営農民こそがジェファーソン以来のアメリカ民主主義の根幹であった。

「ドゥオーリ」（deorai'）——ゲール語（アイルランド固有の言語）で、アイルランドを去る行為をさす言葉である。そこには宿命や強制という響きが含まれているという。実に、移民こそはアイルランド最大の「輸出品」であった(4)。

レーガンの曾祖父マイケル・オリーガン（Michael O'Regan）も、「ドゥオーリ」の果ての「輸出品」であった。彼は一八二四年にアイルランド南西部のマンスター州ティアペレアリー郡に生まれた。バリポリーンという村では、羊とともに土間で寝る赤貧の生活だったという。マイケルは地元の娘とイギリスのケントに移り、そこでアイルランド風のオリーガンからレーガン（Michael Reagan）に姓を改めた。五六年に念願のアメリカに渡り、八四年にイリノイ州フェアヘイヴンで亡くなっている。

「バリポリーンからの貧しい移民の曾孫が大統領になれるとは、何という信じがたいような国にわれわれは住んでいることだろう」と、レーガンは回想録で述懐している(5)。一九八四年にレーガンが大統領としてこの村を訪れた際、地元から家系図をプレゼントされたが、それによると彼はエリザベス二世(Elizabeth II)女王やジョン・F・ケネディ(John F. Kennedy)とも縁戚だったという(6)。

少なくとも、後者には多少の信憑性はあろう。ケネディ大統領の曾祖父パトリック・ケネディ(Patrick Kennedy)は一八二三年にアイルランドで生まれ、リヴァプールを経て四九年にボストンに到着している。やはり「ドゥオーリ」の果ての「輸出品」であった。ただし、ケネディ家はボストンで財を成していた。彼らのような成功は例外としても、十八世紀から二十世紀の間に、マイケル・レーガンやパトリック・ケネディのように、七〇〇万人ものアイルランド人がアメリカに移民し、その子孫は今日の全米で三六〇〇万人にも上る。

とりわけ、十九世紀半ばのアイルランドからの大量移民を受けて、アメリカではカトリックの「飲んだくれ」たちを同化するために禁酒運動が勢いづき、また、ドイツ系やアイルランド系の新移民排斥を叫ぶ通称「ノウ・ナッシング(Know Nothing)党」が台頭した。これは半ば秘密結社で、党員が活動について問われても、「知らぬ存ぜぬ」で通すことが期待されていた。「ノウ・ナッシング党」は南北戦争前に衰退する。そして、この戦争で多くのアイルランド系移民が血を流した。だが戦後も、「アイリッシュお断り」(No Irish need apply)が雇用の際の決まり文句になりさえした。

こうした差別や偏見が、アイルランド系アメリカ人を団結させた。やがて、彼らの中から、ニューヨークやシカゴ、ボストンなどの地方政治や警察機構で権力を握る者も現れた。何しろ、民主主義の国アメリカでは、数は力であった。しかも、彼らはかつて祖国でも、イギリスに対する熾烈《しれつ》な独立闘争を経験していた。権力闘争はお手のものだったのである。ちなみに、今でも大都市の警察や消防には、アイルランド系が少なくない。たとえば、二〇〇一年九月十一日の同時多発テロの際にも、殉職した警察官や消防士の名前には、オニールやオブライエン、マクマホンなどアイルランド系のものが多かった。映画の中でも、ドン・シーゲル（Don Siegel）監督『ダーティハリー』（*Dirty Harry*, 1971）の主人公はハリー・キャラハン（Harry Callahan）刑事、ジョン・マクティアナン（John McTiernan）監督『ダイ・ハード』（*Die Hard*, 1988）の主人公もジョン・マクレーン（John McClane）刑事と、いずれもアイルランド系である[7]。

「エメラルド島仲間」

また、多くのアイルランド系アメリカ人が、故国を美しい自然と文化、伝統の息づく島と理想化したことも、驚くにはあたるまい。民主主義と同様、映画でも数は力である。ハリウッドにとって、アイルランドは大きな商品価値を持っていた。しかも、初期の映画産業は大衆娯楽の「賤業」とみなされていたため、ユダヤ系ほどではないにせよ、アイルランド系の貧しい層も数多く参入していた。ケネディ大統領の父で駐英大使を務めたジョセフ・ケネディ（Joseph Kennedy）も一時はＲＫＯ（Radio Keith Orpheum Entertainment）という映画会社を経営し、女優のグロリア・スワンソン（Gloria Swanson）を愛人にしていたことは、よく知られている。

総じて、アイルランド系映画関係者の結束は固く、「エメラルド島仲間」と呼ばれていた。西部劇の名匠ジョン・フォード（John Ford）もその一人である。ゲール語ではショーン・アロイシャス・オフィーニー（Sean Aloysius O'Feeney）と言うと、本人は自慢していた。彼の父親も大飢饉の後にアイルランドで生まれ、一八七二年にボストンにたどり着いて、闇酒場で成功した。フォードは父の故郷を深く愛し、多くのアイルランド系の俳優を起用し、アイルランドを題材にした作品を手掛けた。

フォード監督作品の中では、『最後の歓呼』（*The Last Hurrah*, 1958）は、それほど知られていないかもしれない。やはり「エメラルド島仲間」の名優スペンサー・トレイシー（Spencer Tracy）が再選をめざす昔気質の市長を演じており、市長をはじめとするアイルランド系市民の団結とＷＡＳＰ上流階級の対立、テレビの普及による選挙戦の変貌などが背景に描かれている。結局、古風な市長はテレビを活用した若い候補に負けるが、敗北の弁を求められて、州知事選への出馬を表明する。しかし、その夜に心臓発作で倒れ、息を引き取るのである。この主人公は、ボストン市長やマサチューセッツ州知事を務めたジェームズ・カーリー（James M. Curley）がモデルとされる。彼が市長に転じたため、空席となった下院議員の補欠選挙で、若きケネディがやはりテレビを活用して政界入りを果たした。ケネディ大統領の就任式に詩を捧げた詩人ロバート・フロスト（Robert L. Frost）は、彼に「ハーヴァード卒よりアイリッシュたれ」とのちに進言したという(8)。

この『最後の歓呼』のように、レーガンものちにハリウッドで「エメラルド島仲間」に助けられるし、テレビを活用した大衆政治で成功する。アイルランド系アメリカ人と映画、そして大衆政治は強く結び付いている。

レーガン家の人々

マイケルの長男ジョン・マイケル・レーガン（John Michael Reagan）は一八五四年にケントで生まれ、八九年にイリノイ州フルトンで亡くなっている。マイケルがジョン・マイケルら家族を連れてイリノイ州にいたったのは、先述のホームステッド法によって、西部の未開発の土地が無償で払い下げられていたからである。

レーガン一家がたどり着いたころ、イリノイ州の北西部はまだ辺境（フロンティア）であったが、鉄道網が急速に発展して地方の景観は一変しつつあった。歴史家のフレデリック・ターナー（Frederick Jackson Turner）が有名な『アメリカ史におけるフロンティアの意義』を発表したのは、一八九三年のことである(9)。個人の自由を尊び、政府を悪とみなすフロンティア精神は、イリノイ州での一家の生活を通じて、レーガンにも流れ込んでいよう(10)。

フロンティアに達したものの、ジョン・マイケルは結核のために、わずか六日間の闘病生活で亡くなった。三十五歳の夭折であった。妻も一週間前に同じ病気で亡くなっていた。一八八三年に生まれた末子のジョン・エドワード・レーガン（John Edward Reagan）は、六歳にして孤児になった。のちの第四十代大統領の父である。

ジャックと呼ばれたこの少年は親戚を頼り、ミシシッピ川を渡ってアイオワ州に移り住んだ。歴史家のウィルズが指摘するように、この孤児の放浪生活は、マーク・トウェイン（Mark Twain）の小説『ハックルベリー・フィンの冒険』（*Adventures of Huckleberry Finn*）を髣髴《ほうふつ》させる(11)。ジャックが十代になるころには、鉄道網がいよいよ全米に広がり、アメリカの工業生産力は世界一になった。彼は十二歳で学校を中退し、さまざまな店舗の店員を経て、十六歳の時に故郷フルトンに戻った。ジャックはハンサムで勤勉、そして、美声の持ち主であった。「イエス・キリスト〔Jesus Christ〕は素足でしたが、主はイリノイの冬とは無縁でしたからね」――彼は言葉巧みに女性たちに靴を売り込んだ。しかし、多くのアイルランド移民と同様に、ジャックもアルコールの誘惑に打ち勝てなかった。彼が痛飲したのは、もちろん、アイリッシュ・ウィスキーであった。彼の兄ウィリアム・レーガン（William Reagan）にいたっては、放浪と過度の飲酒のために鬱病に陥り、イリノイ州立ディクソン病院に収容された。

やがて、ジャックもアメリカも、そして世界も、新世紀を迎えた。「アメリカの世紀」の開幕である。

レーガン出演映画の中で、最も評価の高い作品は、先述の『嵐の青春』である。「下馬評で私にアカデミー賞獲得の可能性があると騒がれた唯一の出演作だった」と、本人も認めている(12)。キングス・ロウという中西部の一見のどかな田舎町を舞台に、人間の暗部や不安、恐怖を描いた作品である。レーガン演じる金持ちのプレイボーイは、株で財産を失った上、交通事故の手術で必要もないのに両足を切断されてしまう。青年がかつて自分の娘と交際していたことを、サディスティックな医師が恨みに思っていたからである。意識を取り戻した青年は「僕の残り半分はどこだ？」と絶叫する。

ヘンリー・ベラマン（Henry Bellamann）の原作は一九四〇年代のベストセラーで、映画『嵐の青春』よりもさらに毒々しい内容であった。「バルザック〔Honoré de Balzac〕の弟子たちはそこかしこで、小さな町の表面は穏やかな暮らしの陰に、欺瞞《ぎまん》、堕落、裏切り、偽善、階級闘争、そして姦通、サディズム、同性愛、近親相姦など、ありとあらゆる抑圧された性の問題という狂乱地獄が隠されているのだということを示さんとした」(13)。

だが、一九〇〇年一月一日に、キングス・ロウの町はまだ平穏であった。レーガン演じる青年は積雪の上の「ハッピー・ニュー・イヤー」の文字を「ハッピー・ニュー・センチュリー」に改める（もとより、二十世紀は一九〇一年から始まる）。この幸せな新世紀が始まってしばらくすると、一九〇四年十一月にジャックは勤め先の商店で出会った同い年のネリ・ウィルソン（Nelle Wilson）と結婚した。朗読を愛し戯曲を草する才能豊かな女性で、女優を志したこともある。夫婦ともに二十一歳であった。ネリも六歳の時に父親に捨てられ、母親に育てられていた。不幸な子供時代を過ごした点で、アイルランド系カトリックの新郎とスコットランド系メソジスト（Methodist）の新婦は共通していた。二人はカトリック教会で結婚式を挙げた。

二年後の一九〇六年に、レーガン夫妻は同じイリノイ州のタンピコという小さな町に移り住んだ。そこはキングス・ロウのようにのどかな町であり、まだまだ十九世紀のエトスに覆われていた。当時のタンピコの人口は一〇〇〇人である（二〇一六年の調査では、わずか七五〇人）。それでも、この町はミシシッピ川に近く、シカゴへの交通の要衝として発展が期待されていた。町の周辺には広大なトウモロコシ畑が広がり、町の中ではどの家にも施錠の必要がなく、だれもが「われわれ」であって、「彼ら」ではなかった。ここがのちの大統領の出生地となる。

二　「ダッチ」

「ダッチ」誕生

一九〇八年に長男のニール（John Neil Reagan）が生まれると、ネリは夫の希望に従って、カトリックの幼児洗礼に同意した。やがて、この子は友達の間で「ムーン」と呼ばれるようになった。当時の人気漫画の登場人物ムーン・モリンズ（Moon Mullins）に、髪型が似ていたからだという。

だが、その二年後には、ネリはディサイプルス派（the Disciples of Christ）の熱心な信者になっていた。この教派は一八三二年に長老教会（Presbyterian Church）から分離して設立され、アメリカの中西部に広がった。キリスト教にとってほぼ一世紀ぶりの「第二次信仰復興」の産物であり、プロテスタントの中でも、いわゆる福音派（Evangelical）に属する。福音派とは、聖書に書かれた神の言葉はすべて文字通り真実であると信じ（聖書の十全霊感）、神の存在を実感して「生まれ変わった」（born again）体験を重視する人々である。ディサイプルス派は福音派としては穏健な方で、キリスト教徒を一大家族とみなして、社会奉仕や善行を奨励していた。女性の地位向上や教育の普及にも熱心であった。彼らにとって、個人の自由も重要な価値であり、これは明らかにレーガンの政治信条にも大きな影響を与えた(14)。他に歴代の大統領では、第二十代のジェームズ・ガーフィールド（James A. Garfield）と第三十六代のリンドン・ジョンソンが、この宗派に属した。

二十世紀初頭には、ディサイプルス派は、とりわけ熱心に禁酒運動を推進していた。アメリカでは、やがて一九二〇年に合衆国憲法修正第十八条を根拠とする禁酒法が発効して、酒類の製造・販売・運搬などが禁止される。こうした「高貴な実験」の時代背景があったことはまちがいないが、ディサイプルス派へのネリの傾倒ぶりは、夫の飲酒癖への反動でもあった。そして、ジャックが酒でつまずいた時には、社会奉仕を重視するディサイプルス派教会は、レーガン一家につねに支援の手を差し伸べてくれた。

ネリも社会に献身的に奉仕していた。彼女はしばしば病院を慰問し、時には刑期を終えた元囚人を「わが子」と呼んで家に泊めた。その時には、「ムーン」と「ダッチ」が一つのベッドで寝なければならなくなった。「なせばなる」（It CAN be done）が彼女のモットーであった。のちにレーガンはこの言葉をプレートにして、大統領執務室の卓上に飾っていた。彼の「小さな政府」への確信、否、信仰は、こうした慈善精神の時代に育まれていた。

ハンサムだがアルコールに溺れるアイルランド移民の末裔と、明るく献身的なディサイプルス派信者の間に、のちにラジオ・アナウンサー、映画俳優、カリフォルニア州知事、そして、アメリカ合衆国大統領となるべき男は生まれた。一九一一年二月六日の早朝のことである。場所は地方銀行の二階にあるアパートで、室内には水道もトイレもなかったという。

難産であった。何しろ、その赤ん坊は一〇ポンド（約四五〇〇グラム）もあったのである。この子が将来の大統領になることを最初に予見したのは、父親である。「こいつは太ったちっちゃなオランダ人といった感じだね。でも分かるもんか。いずれは大統領になるかもしれんぞ」と、ジャックは次男の誕生に軽口をたたいた(15)。この「太ったちっちゃなオランダ人」は、「ダッチ」(オランダ人)と呼ばれるようになった。

医師はネリにもう出産しないように勧めた。そこで、レーガン一家は四人になった。「ムーン」は妹を望んでいたので、弟の誕生に当初はかなり不満ではあった。カトリックの神父がやって来て、「ムーン」同様「ダッチ」への幼児洗礼を勧めたが、今や敬虔《けいけん》なディサイプルス派信者となったネリは固辞した。夫はさして熱心なカトリックではなく、難なく妻に同意した。

レーガンの生年、一九一一年には、フォード社が自動車のT型フォードの生産を開始した。大量生産時代の開幕である。二十世紀初めには、アメリカでは乗用車のことを「馬なし馬車」(horseless carriage)と呼んでいたという(16)。自動車の急速な普及は、アメリカ人の移動性を高め、地域と地域を結び付け、また、若者を大幅に自由にする。決して豊かとは言えないレーガン一家も、二年後にはこの車を購入している(当時のアメリカの自動車保有台数は、まだ五〇万台程度であった)。また、ネスター・フィルム社がハリウッドで最初の映画スタジオを設立したのも、一一年である。「ダッチ」が生まれたころ、グリフィス監督は物語性の高い短編映画を量産していた(17)。まさに、レーガンは映画とともに育った第一世代に属する。

一九一一年に生まれ、のちにレーガンの人生と交差する政治家としては、ソ連のコンスタンチン・チェルネンコ(Konstantin Chernenko)共産党書記長や日本の鈴木善幸首相がいる。同い年ながら、レーガンとチェルネンコの健康状態の差が、米ソ関係にも影響を与えた。また、レーガンが民主党から共和党に転じたように、鈴木も社会党から自由民主党に移った経歴を持つ。八一年の日米首脳会談の際には、鈴木が

「大統領と私はともに七十歳の若さを誇っている」と珍しくジョークを飛ばし、レーガンも「首相の方が二六日年上なので、これからは日本を兄貴と呼ぼう」と応じている(18)。

レーガンやチェルネンコ、鈴木が生まれた翌年の一九一二年には、アメリカで、セオドア・ローズヴェルト前大統領が、自分の後継者であるウィリアム・タフト（William Taft）大統領の保守的な政治に反発して共和党を離党し、革新党（Progressive Party）を結成して大統領選挙に出馬した。そのため共和党は分裂し、民主党のウッドロー・ウィルソンが漁夫の利を得て当選した。共和党内の保革対立の嚆矢《こうし》である。のちにレーガンもその一翼を担い、二十一世紀初頭の今日まで続く「百年戦争」の観を呈している(19)。

さて、両親は「ムーン」と「ダッチ」の兄弟に、さまざまな異なる影響を与えた。「父は皮肉屋で、人々の悪い面を見ようとしがちだったのに対し、母は全く反対だった」「私は父から勤勉と野心の価値、それにたぶん、ささやかながらも物語を聞かせるすべを学んだ」「そして母からは祈りの価値と、いかにして夢を持ち、またいかにしてそれを実現できると信じるかを学んだ」と、レーガンは回想している(20)。父は反面教師であり、母は心の故郷であった。ホワイトハウスでも、レーガンはしばしば「ネリならこれをどう考えただろう」と自問したという(21)。他方、レーガンの浩瀚《こうかん》な評伝を記したジャーナリストのルー・キャノンは、丸一日のインタビューで、レーガンが母について懐かしそうに語りながら、父について全く言及しないことに驚いたという。映画の中の医師のように、この父によって、レーガンは両脚（自由やプライド）を奪われそうになったのだと、マイケル・ローギンは読み込んでいる(22)。ジグムンド・フロイト（Sigmund Freud）らがウィルソン大統領の心理学的分析を行って以来、この種の心理分析は政治家の評伝では定番の一つになっている(23)。あくまで政治状況や社会状況に照らし合わせた上で、本書でも折にふれて紹介していこう。

兄の「ムーン」は野外とスポーツを愛する「父の子」であった。彼はやがて飲酒癖と放埒《ほうらつ》を父から相続する。弟「ダッチ」は父から美貌と美声と話術を相続しながら、より内省的な「母の子」であった。兄はのちにカトリックからディサイプルス派に移ったが、厳しい戒律（特に禁酒）を嫌ってカトリックに回帰した。弟は初めから母の教会に通った。

一九一三年の末になると、タンピコの町での商売は低迷するようになり、ジャックが働いていた商店は売却されてしまった。そこで、レーガン一家はシカゴに移った。それから五年の間に、一家はイリノイ州内で五つの町を転々とすることになる。ジャックは『ハックルベリー・フィンの冒険』さながらの少年時代を過ごしたが、セールスマンとしての彼の人生は、アーサー・ミラー（Arthur Miller）の戯曲『セールスマンの死』（*Death of a Salesman*）に登場するウィリー・ローマン（Willy Loman）を髣髴させる。のちにレーガンと比較するニクソンは、この年にロサンジェルス郊外にレーガンよりは豊かな家庭で生まれた。二人は同世代である。ニクソンも敬虔な母を愛し、転職を重ねる父に悩まされた。

消防車の騒音から、幼い「ダッチ」は将来消防士になることを夢見た。だが、シカゴでの生活は長くは続かなかった。飲酒のために、ジャックは解雇されてしまったのである。一九一五年五月に、一家はゲイルズバーグに向かい、ジャックは再び靴のセールスマンの仕事を得た。この町の人口は二万四〇〇〇人で、野球のチームや小さなオペラハウス、図書館、それにYMCA（Young Men's Christian Association）もあった。「ムーン」と「ダッチ」にとっての学校も、ジャックにとっての職場も、そしてネリにとっての教会も、みな徒歩圏内にあった。ゲイルズバーグでのレーガン一家の生活は、ノーマン・ロックウェル（Norman Rockwell）の絵画さながらであった。しかし、一八年にジャックはまたもや飲酒で解雇された。次の町はモンマスであった。ゲイルズバーグを縮小したような町である。そこにはモンマス大学があり、幼い「ダッチ」は大学生活に憧れの目を向けた。ジャックは百貨店で高級品を販売する機会を得た。一九一八年十一月には、第一次世界大戦がようやく終結した。祝勝の騒ぎの中で、「ダッチ」は初めて軍隊や軍人、そして華やかな軍楽隊に遭遇した。のちに「ダッチ」も、YMCAでマーチング・バンドに加わることになる。周知のように、YMCAは若い男性の信仰と健康を推進していた。キリスト教の信仰とともに健康や男らしさ、たくましさといったイメージも、その後のレーガンの人生に長い影を落とすことになる(24)。

終戦の直前から、インフルエンザ(当時はスペイン風邪と呼ばれた)が世界的に流行し始めていた。アメリカでの発祥地はボストンであった。十月だけで二十万人近いアメリカ人が亡くなっている。戦争よりも甚大な被害であった。特に、子育てにあたる女性が感染しやすかった。ネリは数日生死をさまよい、一命をとりとめた。彼女の信仰がいっそう深まったことは言うまでもない。この戦間期には、労働争議や社会主義という別の「疫病」も、アメリカ社会に広がっていた。疫病感染から身を守るという発想や比喩は、冷戦時代にも共産主義に対して広く用いられる(25)。

のちにレーガンと比較する中曾根康弘は、この一九一八年に群馬県高崎市の裕福な材木商の次男に生まれた。第一次世界大戦では日本は戦勝国となり、五大国の一員としてパリ講和会議に列する。レーガンも中曾根も、母国が大国となるころに生を受けたことになる。しかも、二人とも、都市部で大衆消費社会が広がりつつある中で、それとは距離のある地方で生まれ育った。そして、二人とも敬虔で献身的な母を深く愛した(26)。

さて、ジャックはかつての経営者に請われて、再びタンピコに戻った。ジャックの仕事ぶりは順調で、ネリもそれを手伝い、日曜学校で教えていた。一家はそれなりの貯金もできるようになった。一九二〇年五月に、九歳の「ダッチ」は教会の行事で初めて、「母について」という詩の朗読を披露した。こうして、少年は多くの人々から愛されることの喜びを知る。また、このころから「ダッチ」は水泳に親しむようにもなった。スポーツへの開眼である。だが、野球は苦手で、それが極度の近視のせいだとは、本人もまだ気づいていなかった。数年後に、家族で田舎にドライブに出かけた時に、いたずらで母の眼鏡をかけてみて、彼は自らの近視を初めて知る。

当時、「ダッチ」を夢中にさせたものが、もう一つあった。ラジオである。戦争で軍の無線技術を習得したアマチュア無線家たちが民間に戻り、すでにアマチュアのラジオ局が増殖していた。そうした中で、一九二〇年は大統領選挙の年にあたったことから、その開票日（十一月二日）に合わせて、ウェスティングハウス社がピッツバーグで商業用のラジオ局を開局した(27)。これは「ラジオの有用性＝速報性を印象づけるため」の企図であったという(28)。当選を果たしたのは、共和党のウォーレン・ハーディング（Warren G. Harding）である。ただし、ラジオの受信機は全米でまだ五〇〇〇台しかなかった。だが、二五年には、全米のラジオ受信機保有台数は二五〇万に達する。二九年には、全米の家庭の四割弱がラジオ受信機を保有するまでになっていた。「ダッチ」も多くの子供たちとともに、一台のラジオ受信機の周辺に集まり、ピッツバーグから送られてくるさまざまな番組に耳を傾けていた。

映画や自動車と同様に、ラジオ網の急速な拡大は、社会の統合と文化の標準化に大きく貢献した。実際、一九二〇年代には、「ナショナル」や「アメリカン」という言葉が多用されるようになった(29)。まさに「国民」が創生されつつあったのである。ただし、人種や性別、階級などの明確な区分は、まだまだ維持されていた。また、「大きな政府」を嫌うアメリカでは、ラジオが国営になることはなかったし、国土が広大なことから、少数のラジオ局による寡占や独占も生じなかった(30)。

この間、スポーツ中継が本格化したのは一九二三年のことである。グラハム・マクナミー（Graham McNamee）が、マイクを通じて野球のワールド・シリーズを鮮やかに伝えた。第一次世界大戦後には、プロ・ボクシングもスポーツとしての市民権を得た。二七年に「拳聖」ジャック・デンプシー（Jack Dempsey）とジーン・タニー（Gene Tunney）が激戦した時、マクナミーの実況中継で一二七人ものリスナーが心臓発作を起こしたという。マクナミーは少年のころにオペラ歌手を夢見たほどの美声の持ち主であった。ジャーナリストのフレデリック・アレン（Frederick L. Allen）は、彼を「いかなるアメリカ市民よりも民衆にとって親しい存在」と呼んだ(31)。

以後、マクナミーやテッド・ヒュージング（Ted Husing）ら、映画俳優並みに著名なスポーツ・アナウンサーも登場し、スポーツ・アナウンサーが映画に出演するようにもなる(32)。彼らはレーガンの将来を予兆していたのである。のちにレーガンは「グレート・コミュニケーター」と呼ばれるが、それは彼自身の資質と並んで、映画による国民統合やラジオによるコミュニケーションの飛躍的拡大という時代に生まれ育ったことに、大きく与っていよう。とりわけ、彼の生まれ育った中西部では、ラジオのスポーツ中継がさかんであった。

心の故郷

さて、「ダッチ」の父ジャックの働く店はタンピコの町で営業不振に陥った。そこで、店はディクソンという町に移転することになった。一九二〇年暮れのことである。ジャックたちの店は町で五番目の靴屋で、ジャックはマネージャーの肩書を得た。将来的に充分な収益が上がれば、彼も経営者に加えられることが暗黙の了解であった。しかし、これは実現しなかった。戦後の不況が足音高く迫っていたからである。

以後一六年間、レーガン一家はこの町で四回引っ越しを重ねた。そのたびに、彼らの借家は小さくなっていき、最後には靴屋の階上の狭いアパートにたどり着く。

このディクソンはシカゴから一五〇キロほど離れ、ロック川にまたがる、人口八〇〇〇人ほどの町であった。タンピコの八倍である。レーガン一家はようやく定住の地を得た。そして、「ダッチ」もすぐにこの町が好きになった。「だれにでも帰るべき場所がある。私にとっては、ディクソンがそれだ」と、レーガンはのちに記している。「このディクソン時代を振り返ってみると、私の生活はこれ以上もなく甘美で牧歌的だったし、少年として、マーク・トウェインが『トム・ソーヤーの冒険』で作り出した世界に、想像し得る限り最大限に近い生活を送っていたように思う」(33)

父がハックルベリー・フィンなら、息子はトム・ソーヤー(Tom Sawyer)であった。「ダッチ」の愛したロック川は「西のハドソン川」と呼ばれており、かつて孤児のジャックが渡ったミシシッピ川につながっていた。ハックやトムが冒険に出掛けたミシシッピ川である。ただし、ハックが文明から逃避しようとしていたのに対して、トムは文明の中に安住してフィクションの冒険を楽しんでいた(34)。同様に、ジャックは社会的落伍者として飲酒で現実逃避を繰り返し、「ダッチ」は文明を確信して成功を渇望する。

ディクソンに引っ越してから一年ほどして、「ダッチ」は衝撃的な事件に遭遇した。玄関先で泥酔した父を発見し、他人に気づかれないように寝室まで運び込まなければならなかったのである。雪の中に埋もれて、父は十字架にかけられたように倒れていた。「ダッチ」はほとんど見逃すところであった。それまでは次男に気づかれないように、母や「ムーン」が父の泥酔に対処していたのである。すでに一九一九年には、禁酒法が成立していた(ただし、飲酒自体は違法ではなかった。禁酒法は三三年まで続く)。

「責任を引き受ける最初の時が必ず訪れる。もし責任をとらなければ、成長せずに年を重ねてしまう」

と、レーガンは述懐している(35)。しかし、彼は決してこの父のようになりたくなかった。実際、彼は長じても、アナウンサー時代の一時期や離婚後を除いて、アルコールをほとんど口にしなかった。

また、子供の時のこうした体験が、レーガンに「選別的な記憶」を与えた。都合のいいことしか記憶しないことで、自己の一貫性を保つ術である。それはハリウッドの描くアメリカの歴史にも通じよう(36)。ある研究者は、彼を神話創造の巧みな術を持つ「錬金術師」と表現している(37)。

やがて、「ダッチ」は両親の諍《いさか》いの声をしばしば耳にするようになった。父が突然「蒸発」したり、母が子供たちを連れて親戚の家に数日滞在したりすることもあった。それでも、父は決して暴力はふるわなかった。この点では、同じアルコール依存症でも、ビル・クリントン（William J. Clinton）の義父と異なる。また、母も決して狭量ではなく、「病気」を理由に父を嫌ってはならないと、子供たちに諭していた。個人は魂を持つゆえに誤りも犯すが、なおかつ愛と救いの対象である。レーガンにとって、これが政府のような組織と個人との決定的な相違であった。政治家としても、レーガンは共産主義や「大きな政府」を批判しても、個人攻撃はめったにしなかった(38)。

また、ジャックは既成の権威を嫌う熱心な民主党員であり、狭量な禁酒運動やカトリックへの差別と戦い、黒人やユダヤ人への差別も憎んでいた。何しろ、彼自身がアイルランド人への差別の中で、孤児として育ったのである。ユダヤ人の宿泊を拒否するホテルに、父が毅然として宿泊を拒否し、自動車の中で真冬の一夜を過ごしたことは、レーガンにとって数少ない父の誇るべき思い出であった。だが、ジャックはほどなく肺炎に罹《かか》り、それが原因で心臓を患うようになる。

毎週金曜日の夜と土曜日の昼に、レーガン一家は映画を観に出掛けることになっていた。だが、グリフィス監督の『國民の創生』がディクソンで上映された時、ジャックは家族に観賞を禁じている。「だれがなんと言おうとクー・クラックス・クラン〔Ku Klux Klan: KKK〕はクー・クラックス・クランだし、シーツはシーツで、シーツを頭からかぶっているやつは、どいつもこいつもろくでなしだ」――これがジャックの言い分であった(39)。いくつかの州と都市では、この映画は上映禁止になっていた。一九一五年の最高裁判所判決は映画を商業とみなし、言論の自由の保護対象ではないとしていた。したがって、地方によって映画の上映拒否はもちろん、検閲もありえた。この判決が覆されるのは、五二年のことである。

しかし、すでに映画は庶民に圧倒的な影響を及ぼす文化になっており、権力の規制は追い付かなかった。「良かろうと悪かろうと、清潔だろうと汚かろうと、映画は砂の城に押し寄せる波のように、検閲の障壁を乗り越えていった」(40)。この時期にKKKが再び全米に広がったのは、グリフィス映画の影響であった(41)。実際、当時のディクソンの教会にも、KKKのメンバーがいたという。

それでも、グリフィスが『國民の創生』で映画に芸術性を持ち込み、スターという概念を誕生させたことはまちがいない。実は、スターの視点とカメラの視点、そして、観客の視点が統合されることも、古典的ハリウッド映画の重要な特徴である。「観客とは主人公が見たものを見る存在」なのである(42)。こうして、チャーリー・チャップリン（Charles Chaplin）やダグラス・フェアバンクス（Douglas Fairbanks）、リリアン・ギッシュ（Lillian Gish）といったスターやグリフィス監督の名前が、家庭の中でごく普通に語られるようになっていた。一九一七年にアメリカが第一次世界大戦に参戦すると、これらのスターたちは戦時国債の販売に大活躍した。やがて、スターたちは政治家をも「販売」するようになる。のちに映画俳優にもなる歌手のアル・ジョルソン（Al Jolson）は多くのスターを率いて、二〇年の大統領選挙で共和党のハーディングを、四年後には同じく共和党のカルビン・クーリッジ（Calvin Coolidge）を応援して、彼らの当選に貢献した(43)。

一九二二年までには、実に毎週四〇〇〇万人もの人々が映画を観賞するようになる。スターたちの社会的影響力は、増す一方であった。二八年には、クーリッジ大統領が、フェアバンクスとメアリー・ピックフォード（Mary Pickford）というスター・コンビをホワイトハウスの昼食に招待したほどである。「ダッチ」のお気に入りは、このピックフォードであった。そして、やがては「ダッチ」もスターをめざすのである。

さて、アルコールに溺れる父の傍らで、「ダッチ」は読書に現実逃避の場を求めた。当時、「一〇セント小説」（Dime Novels）として、ギルバート・パッテン（Gilbert Patten）によるフランク・メリウェル（Frank Merriwell）シリーズが飛ぶように売れていた。週に一三万五〇〇〇部もの売れ行きであった。主人公の名前は、実直（frank）と陽気（merry）、それに健康（well）という資質を表していた。「ダッチ」はこのイェール大学の学生に憧れたのである。「私の子供時代の夢は、本に出てくるあのかっこいい青年になることだった」(44)。彼はまた、エドガー・ライス・バローズ（Edgar Rice Burroughs）の『類人猿ターザン』（*Tarzan of the Apes*）シリーズも愛読した。そのため、週に一度は図書館に通って、二冊ほどの本を借り出していた。こうした面白い物語を好んで、「ダッチ」は抑揚をつけて朗読した。ラジオに耳を傾け、朗読に励む――この蓄積が彼を類い稀なストーリー・テラーにした。

バローズは、『火星のプリンセス』（*A Princess of Mars*, 1917）をはじめとする火星シリーズでも知られる。これは『スター・ウォーズ』（*Star Wars*, 1977）の原型の一つである。戦間期のアメリカでは、こうしたスペース・オペラが大いに花開いた(45)。

「ダッチ」により大きな影響を与えた書物は、ハロルド・ベル・ライト（Harold Bell Wright）による『ユーデルの印刷職人』（*That Printer of Udell's*）である(46)。これは母ネリの愛読書であった。主人公ディック・フォークナー（Dick Falkner）は貧困の中で育ち、父はアルコール依存症であった。しかし、彼は印刷職人ジョージ・ユーデル（George Udell）の下で勤勉に修業する。また、ディックはディサイプルス派の熱心な信者であり、同派の信者と幸せな結婚をする。やがて、彼は雄弁の才を活かして、国政にまで進出した。

ディック・フォークナーこそは、「ダッチ」のヒーローであった。この書物に、彼は有名大学の学生以上に具体的なロール・モデルを発見した。著者のライトは、かつてディサイプルス派の牧師を務めた。しかも、彼の父もアルコール依存症であった。ディックはライト自身だったのである。この本は「善が悪に打ち勝つという不変の信念を与えた」と、レーガンは後年述べている(47)。こうした通俗的な読書経験が、彼に向上心と大衆的な教養を与えたのである。

『ユーデルの印刷職人』を読み終えて数日後の一九二二年六月に、「ダッチ」はディサイプルス派教会で洗礼を受けた（同派は幼児洗礼を認めていなかった）。「蘇り、新たな命を歩め」と、時の牧師は「ローマの信徒への手紙」第六章四節を要約した(48)。

このディサイプルス派の教会で、「ダッチ」は新任のベンジャミン・クリーヴァー（Benjamin Cleaver）牧師一家とも出会う。「ダッチ」はこの牧師から楽観主義と進歩への確信を吸収する。彼にとって、クリーヴァー牧師は理想的な父親の代役でもあった。牧師の家に頻繁に出入りするにつれて、「ダッチ」は生涯で最初のガールフレンドをも見出した。牧師の娘、マグことマーガレット（Margaret Cleaver）である。楽観主義と社交性と向上心――アメリカ人のこよなく愛するこうした資質を、「ダッチ」は母と読書と教会での出会いを通じて体得していった。

アルコール依存症の父と転居を繰り返した、しかも近視の少年は、そうしなければならなかったのである。楽観的で社交的に振る舞わなければ、家庭の秘密をかかえた、視野の狭いよそ者は小さなコミュニティーでは受け入れられない（なにしろ、彼は六歳から十歳まで毎年違う学校に通っていた）。歴史家のウィレンツが指摘するように、その後もレーガンは華やかなハリウッドにあって中西部の純朴な青年、共和党保守派にあって元民主党員、そして、政界では元映画俳優と、つねに所属社会の「よそ者」であり続けた(49)。レーガンには同化が必要であり、そのための演技が必要だったのである。そして、楽観的に振る舞うためには、事実や記憶の歪曲も厭わなかった。

父のアルコール依存症、母の深い慈愛、そして、人生の不安や困難を打ち消すために他人を喜ばせる能力——この三つがレーガンの幼少期の人格を形成したといっても過言ではない(50)。

一九二〇年代の繁栄

さて、一九二〇年代のアメリカは、政治的には保守的で、外交的には孤立主義的、そして、社会経済的には繁栄と消費、享楽の時代であった。先述のように、全米レベルで文化的な統合が進んだ時代でもあった。のちに、フレデリック・アレンの名著『オンリー・イエスタディ』(*Only Yesterday*)が二〇年代の繁栄と退廃を活写し、陰鬱な三〇年代との対比で二〇年代のイメージを固定化した(51)。「ダッチ」にとって、それは思春期から青春期にあたる。

そして、この保守と繁栄の時代は、一九五〇年代と八〇年代にも再現される。しかも、二〇年代にはラジオが、五〇年代にはテレビが、そして、八〇年代にはケーブルテレビ、パーソナル・コンピューターやファクシミリ、家庭用ビデオなどによるニューメディアが登場して、大衆消費社会を支えた。十九世紀的な生産の文化を出発点としながら、やがてレーガンは消費文化を体現するようになる(52)。

一九二四年に、「ダッチ」はディクソン高校に入学した。のちにレーガンと大統領選挙を争うカーターは、この年にジョージア州のプレーンズという田舎町で生まれている。彼は病院で生まれた最初のアメリカ大統領である。のちにマーガレット・サッチャーとなるマーガレット・ロバーツ（Margaret Roberts）がリンカンシャー州グランサムの雑貨商の家に生まれたのは、翌二五年である。「ダッチ」とは逆に、彼女は父親を深く敬愛していた。カーターはバプティスト（Baptist）、サッチャーはメソジストと、いずれも宗教的な家庭に育った。

さて、「ダッチ」が進学したディクソン高校では、かつて憧れの先輩ガーランド・ワゴナー（Garland Waggoner）がフットボールの花形選手として活躍していた。十九世紀の末から、フットボール、とりわけ大学（カレッジ）間のフットボールは大衆的な人気を博していた（これが高等教育への大衆の関心をも喚起した）(53)。教育史家のフレデリック・ルドルフ（Frederick Rudolph）によれば、二十世紀初頭のアメリカにあって、「フットボールは、社会のエレベーターを動かし続けた。まもなく、フットボールは、ペンシルヴァニアの炭鉱の若者たちが、彼らの父親たちを雇っていた炭鉱から世代ごとそっくり出ていくことを可能にした」(54)。アメリカ文化史では、一九二〇年代は「近代スポーツの黄金時代」とも位置づけられている(55)。

早くも一九二一年には、大学間フットボールのラジオ中継も始まっていた。アメリカにとって、一九二〇年代にはスポーツとラジオの黄金時代が重なったのである。そして、両方が「ダッチ」に甚大な影響を与えた。彼は近視の上に、高校一年生の時には五フィート三インチ（一六〇センチ）、一〇八ポンド（四九キロ）と小柄だったため、花形選手にはほど遠かったが、それでもフットボールの練習に励んだ。選手たちの下敷きになった経験から、閉所恐怖症になってしまったほどである。アルツハイマー病でほとんどの記憶を失った晩年でさえ、彼は時おり「試合があるんだ」とつぶやいたという。

「ダッチ」にとって、先輩のガーランドは本物のフランク・メリウェルであった。レーガンの現存する最古の手紙（一九二二年十一月二十一日付）も、ガーランドの活躍に言及している(56)。「ダッチ」もガーランドのように、日曜学校で聖書を教えるようになった。この経験からますます、彼は大勢を前に話すことになじんでいった。この高校で、「ダッチ」はさらにバーナード・フレイザー（Barnard J. Fraser）という英語の教師に出会った。レーガン一家はもともと演劇好きであったが、彼が「ダッチ」をさらに演劇の世界に誘った。のちに大統領選挙が迫る中でも、レーガンはこの恩師の病床に手紙を認めている。手紙を書き、人前で話し、演技することを通じて、彼は多面的にコミュニケーション・スキルを磨いた。

憧れのガーランドはすでに、ディクソンから一八〇キロほど離れたユーレカ大学に進学していた。「ダッチ」の進路も半ば定まっていたのである。

三　ユーレカ大学

学長更迭運動

とはいえ、当時のアメリカ社会では大学進学率はわずか七パーセントにすぎなかった。

まず、「ダッチ」は学費を捻出しなければならなかった。また、一家の経済状態や当時の社会規範からしても、「ムーン」と「ダッチ」の兄弟が夏休みをアルバイトに費やすことは、当然であった。「ダッチ」は十六歳の夏から六年連続で、ローウェル公園の水難救助員を務めた。これは単なるアルバイトの域を超えて、「ダッチ」に使命感と充実感を与えた。この公園はほとんど教会の役割を果たしたのである。彼は週七日間一日一二時間働き続けた。しかも、どんなに暑い日でも、彼は水難救助の目的以外では泳ごうとしなかった。

このアイルバイトは、「ダッチ」にとって人間観察の訓練にもなったし、人目を惹く舞台ともなった。六年間に、「ダッチ」が独力で救助した水難者は、実に七七人にも上る。彼は救助者の数を丸太に刻んで記録していた。「私の人生で最も誇らしい数字」と、レーガンは回想している(57)。のちにレーガンが大統領として暗殺未遂事件に遭遇した際には、半世紀以上前に彼に救助された者からの励ましの手紙が届いた。アルツハイマー病を患ってなお、レーガンは七七という数字を記憶していたという。他方で、救助など不要だったと不満を述べる人も多かったことから、他者に依存することをよしとしない独立への希求を、多くの人々が持っていると、レーガンは実感したという。

レーガンの生涯には、この水難救助員の体験を原点にした「救済」ファンタジーがあったと、歴史家のロバート・ダレック（Robert Dallek）は指摘している。のちのハリウッドでも政界でも、レーガンは正義の味方であり、悪から無垢《むく》な人々や祖国を「救済」するという自己イメージが働いていたというのである(58)。レーガンの中には、父のアルコール依存症を「原罪」として、「よそ者」の疎外感と「救済」の情熱との妙なる均衡が成立していた。もちろん、この「救済」ファンタジーにだれよりも救われたのは、当の本人であったろう。

「ダッチ」は学業にそれほど時間を割かなかった。だが、彼には写真撮影のように書物を鮮やかに暗記できる記憶力があった（リンカーンもそうだったという）。「ダッチ」の成績はつねに「ムーン」を上回っていた。兄は高校を卒業すると早々に就職したが、「ダッチ」は進学を熱望していた。

一九二八年の秋に、「ダッチ」の恋人マグがユーレカ大学に進んだ。彼女の父や姉たちも、この大学で学んでいた。彼女の入学手続きに同伴して、「ダッチ」は初めてこの大学を訪ね、そのキャンパスの美しさに動転した。「ユーレカ」はギリシャ語で「私は見つけた」を意味する。古代ギリシャの哲学者アルキメデス（Archimēdēs）が浴槽で浮力の法則に思いいたり、「我、発見せり（ユリイーカ）」と叫んだとは、よく知られる逸話である。「そこに到着したときに私が感じた発見の感覚をみごとに表していた。ユーレカは私がそうあってほしいと夢見ていたもののすべて、いやそれ以上だった」と、レーガンは回想している(59)。幸い四〇〇ドルほど貯金があったが、まだまだ充分ではなかった。当時、ユーレカ大学はイリノイ州内の諸大学とスポーツのさまざまな交流を行っていた。そこで、「ダッチ」はバート・ウィルソン（Bert Wilson）学長とフットボールのコーチに予約もなしに面談を求め、自分のフットボールと水泳の技量を訴え出た。前者については誇張であったし、後者にいたっては意味をなさなかった。ユーレカ大学には水泳部がなかったからである。それでも、ウィルソン学長は入学を認めて「ダッチ」に奨学金を提供し、女子寮での皿洗いのアルバイトを斡旋してくれた。この若者の説得の技量こそ、特筆すべきであろう。女子寮でのアルバイトを、レーガンは後年「人生最良の仕事だった」と語っている。翌年には、兄の「ムーン」もユーレカ大学に入学した。学業とは異なり、フットボールでは、兄の方が注目されるようになる。

ユーレカ大学は、一八五五年にディサイプルス派教会によって設立された、リベラルアーツ（教養教育重視）の単科大学（カレッジ）である。創立の翌年にはリンカーンが講演しており、一九一五年には黒人の著名な教育者ブッカー・ワシントン（Booker T. Washington）が招かれている。当然、ユーレカ大学は早くから黒人学生を受け入れ、女性の権利向上にも熱心であった。レーガンの在学時には学生数は二五〇人以下で、学生たちは互いにファーストネームで呼び合っていたという。とりわけ、「ダッチ」と同期の新入生は、わずか一六人であった。この規模のゆえに、ほとんどの学生たちがさまざまな機会にリーダーシップを発揮することになった。まして、表現力と説得力に富む「ダッチ」ならなおさらである。

新入生の数からも明らかなように、ユーレカ大学は深刻な財政難に陥っていた。そこで、ウィルソン学長は専門の数を大幅に削減しようとした。これに教授会が反発して、学生や卒業生をも巻き込む大騒動に発展していった。十九世紀末から二十世紀初頭にかけて、大学運営の主導権が理事会から教授会に移行しつつあり、また当時の進歩主義（Progressivism）の潮流が、学生の自治組織を育んでいた(60)。「ダッチ」の属する学生寮は学長更迭運動の中心であった。しかも、「ダッチ」は経済学を専攻しようとしていたが、一人しかいない経済学の教授も解雇されようとしていた。おかげで、新入生の「ダッチ」までストライキを呼び掛ける演説をする次第となったのである。

この騒動は『ニューヨーク・タイムズ』（*New York Times*）紙にまで報じられた（一九二八年十一月二十九日）。にわかに、「ダッチ」はキャンパスのスターになった。「生まれて初めて私は、自分の言葉が聴衆に届き、その心をとらえるのを実感した。これは心を高揚させる経験だった」と、レーガンは回想している(61)。とはいえ、入学して間もない「ダッチ」は、自らが訴えている内容をそれほど知悉《ちしつ》しているわけではなかった。それでも、彼の演説は先輩たちを酔わせたのである。また、ウィルソン学長がコンセンサス形成に失敗した経緯は、のちの政治家レーガンにとって重要な教訓となった。学生たちが学長罷免要求を取り下げることを条件に、理事会は学長の辞表を受理した。こうしてキャンパスには平穏が回復した。

キャンパスで一時的に注目されても、「ダッチ」はフットボールで評価されることはなかった。それでも、「ダッチ」は課外活動に励んだ。彼は引き続き学生寮や学生自治会で活躍し、小説や詩の創作にもあたった。戦間期の若者らしく、「戦死」や「一九一八年十一月十一日」（第一次世界大戦の終戦の日）と題して、反戦の短編小説すらものしている。しかし、これは彼の反骨精神というよりは、当時の時代精神の反映であった。「ダッチ」は環境への順応に長けていた。さらに、彼は演劇にも精を出し、ノースウェスタン大学演劇学科主催のコンテストで、終幕近くに殺される羊飼いを好演して、主演男優賞を受賞した(62)。大学時代の最も輝かしい経験であり、生涯唯一の「オスカー」獲得でもあった。

「のちに私は世界でも最も高名な大学のいくつかを訪れる機会を得た。またカリフォルニア州知事として、全米で最も優秀と見なされている大学システムを統轄した。しかし、もう一度やらねばならぬということになったら、私は即座にユーレカか、他の同様に小さな単科大学《カレッジ》に戻るつもりだ」(63)。リベラルアーツの大学で学んだ多くの者と同様に、レーガンの母校への愛着は終生変わらず、大統領在任中を含めて、卒業後に彼はしばしばユーレカ大学のキャンパスを訪れている。一九七〇年には、レーガン兄弟はレーガン体育教育センターを大学に寄贈した。当然、母校もこの著名な卒業生を優遇し、五十年にレーガンに名誉博士号を授与し、八二年にはロナルド・レーガン奨学金を設立した。中曾根首相時代には、日本の企業もこの大学に寄付を競い、日本人留学生も少なくなかったという。また、これまでに、ウィリアム・バックリー・ジュニア（William Buckley, Jr.）やゴルバチョフ、ニュート・ギングリッチ（Newt Gingrich）、エドウィン・ミース（Edwin Meese III）、サンドラ・デイ・オコナー（Sandra Day O'Connor）ら、レーガンゆかりの著名人が次々にこの大学を訪れ、講演してきた。今日（二〇一七年十二月）、ユーレカ大学では、およそ一〇〇エーカー（四〇ヘクタール）のキャンパスに約七〇〇人の学生が学んでいる(64)。

大恐慌下の職探し

さて、「ダッチ」が入学早々に政治活動を体験したころ、父のジャックは民主党の大統領候補アル・スミス（Alfred E. Smith）を熱心に応援していた。何しろ、スミスは主要政党で最初のアイルランド系カトリックの大統領候補であり、禁酒法の撤廃論者でもあった。だが、彼は共和党のハーバート・フーヴァー(Herbert Hoover)に敗れた。スミスへの応援演説で注目されたのが、F・D・ローズヴェルトである。後年、レーガンやオバマも、敗れた候補者への応援演説で政治的な声望を高める。

このフーヴァー大統領の下で、一九二九年十月二十四日にニューヨーク株式市場で大量の売りが殺到し、株価が暴落し始めた。これが世に言う「暗黒の木曜日」であり、世界大恐慌の序曲であった。事態はその後悪化の一途をたどり、三三年にはアメリカの国民総生産(Gross National Product: GNP)は実質で二九年のピークの七割、名目で半分に減少し、四人に一人が職を失っていた。

しがない靴のセールスマンだったジャックも、一九三二年には失業者の列に加わった。やがて、彼はニューディール政策の一環として設置された就労促進局に職を得る。だが、後年のレーガンは、母の没頭した慈善事業には共鳴しても、父を救った社会事業や社会福祉が過剰拡大することを嫌った。

同じ一九三二年に、「ダッチ」はユーレカ大学を卒業した。経済学を専攻したことから、のちにレーガンは経済のわかる大統領と自称したこともあるが、その経済学の成績もCにとどまった。それでも、幸運と言うべきであろう。折からの不況で、二八年に同期入学した者のうち、卒業にいたったのは半分以下の七人であった。「ダッチ」は五年以内に年収五〇〇〇ドルを稼ぐと友人と賭《かけ》をしていたが、就職の当ては全くなかった。

同じくこの年、退役軍人たちが年金の即時全面支払いを求めて、首都ワシントンまで「ボーナス遠征軍」を組んでいた。一行はユーレカ大学のすぐ近くを通過していった。だが、ワシントンでは陸軍参謀総長ダグラス・マッカーサー(Douglas MacArthur)将軍が、彼らを苛烈《かれつ》に弾圧した。このため、フーヴァー大統領の人気の凋落《ちょうらく》は決定的となった。十一月の大統領選挙では、民主党のF・D・ローズヴェルトが圧勝した。彼は政府が経済活動にも積極介入するニューディール政策を次々に打ち出し、その恩恵を受けた広範な支持層によるニューディール連合を形成していく。

ひと夏の間、「ダッチ」は熱心にローズヴェルトのバッジを着け続け、生まれて初めての投票で彼を支持した。この時から、四回連続で「ダッチ」は彼に投票している。だが、当時の多くの人々と同様に、「ダッチ」は外交では孤立主義者であった。その後二〇年にわたる彼の政治的人生は、まず外交では国際主義、次いで内政で反ニューディールへと、二重の転向をとげていく(65)。

このように、一九三二年は、ジャックにとっては失業、「ダッチ」にとっては卒業、そして、ローズヴェルトにとっては大統領当選の年となった。彼らはかなり異なった人生を歩んだが、美しい声という共通の資質を持っていた。ローズヴェルトと「ダッチ」はその活用に成功する。

これまで夏休みには、「ダッチ」はローウェル公園でアルバイトを続けてきた。卒業後の夏にも、まずはこれを続けるしかなかった。兄「ムーン」の授業料も援助しなければならなかった。しかし、大恐慌の影響のため、ここで避暑を楽しむ富裕な家族の数は減っていた。そうした中で、カンザス州の実業家シド・アルツシュラー (Sid Altschuler) 一家は数少ない例外であった。夫人がディクソン出身だったからである。一九三二年の陰鬱な夏、失業率も株価もほぼ最悪の状況に達していた。大学卒業を目前にして進路に迷う「ダッチ」に、当面の職探しを越えて、自分が何をやりたいのか考えてみるよう、アルツシュラーは助言した。

フットボールか演劇かと、まじめな「ダッチ」は夜も眠らずにこの問いの答えを模索した。とはいえ、彼にはフットボールの資質はそれほどなかったし、ハリウッドやブロードウェイは「宇宙のようにかけ離れた世界に見えた」(66)。フットボールと演劇の両者に関係し、しかも夢のハリウッドにも通じる道——

「ダッチ」が発見したのは、ラジオのスポーツ・アナウンサーという職種であった。

先述のように、すでにラジオ網は急速に拡大し、一九三六年には自動車にラジオが装備され始めていた。しかも、ディクソンに近い最大の都市シカゴはラジオ産業の中心地であり、何十万もの人々がラジオに耳を傾けていた。アルツシュラーはラジオ業界に縁故を持たなかったが、「ダッチ」の着想に大いに賛意を示し、果敢に将来の扉を叩くよう励ましたのである。このように、父に代わる恩師や恩人、庇護者《ひご》を見出し、彼らの助言に忠実に従うことは、朗読や演劇と並んで、「ダッチ」の大きな才能と言ってもよかった(67)。

四 「心の劇場」——スポーツ・アナウンサー時代

デモインへ

「実際ラジオは魔術だった。心の劇場だった。それは人に想像力を使うよう促した。人は居間に座ったまま世界中の素晴らしい場所に運ばれ、ロマンスや冒険の物語に耳を傾けた。それを生み出したのは幾人かの俳優と電波に乗って運ばれてくる生き生きとした音響効果——きしるドア、荒野を駆ける馬のひづめの音だった。もうこれで数世代もの人たちが、われわれがしていたような形で想像力を使う機会に恵まれないままでいるのは悲しいことである」と、レーガンは表現豊かに回想している(68)。

大恐慌の最中に、否それゆえに、人々は映画やラジオという娯楽に逃避を求めた。レーガン一家も、ラジオの人気番組『エイモスとアンディ』(*Amos "n" Andy*)を楽しんでいた。これは、シカゴを舞台に、性格の対照的な黒人二人を描いたコメディである。他の登場人物もみな黒人だが、実際には白人が演じていた。奴隷制度があったころからの大衆演劇ミンストレル・ショー（minstrel show）の伝統である。『國民の創生』ほど露骨ではないが、このラジオ番組もかなり人種差別的な内容である(69)。

「ダッチ」はヒッチハイクで、ユーレカ大学から二五〇キロほど離れたシカゴへ向かった。そして、憧れのスポーツ・アナウンサー、マクナミーの著書を信じ、アルッシュラーの忠告に従って、次々にラジオ局の門を叩いた。しかし、未経験の若者を待っていたのは、にべもない拒絶ばかりであった。シカゴのような大都市でいきなり仕事を探しても無理だ、まずは「田舎」（the sticks）で職探しをすべきだ――あるラジオ局の女性担当者が焦る若者を諭した。のちに、レーガンは名前も知らないこの女性を「天使」と表現している。彼女も人生の恩人の一人となる。

再びヒッチハイクで、「ダッチ」は失意のうちにディクソンに戻ったが、気を取り直して「天使」の忠告に従うことにした。彼は父から家族用の中古車を借り受けて、「田舎」に向かった。イリノイ州との州境に近い、アイオワ州のダヴェンポートという町であった。かつて、トウェインが「丘の上の美しい町」と記した地方都市である(70)。「ダッチ」が地元のラジオ局に飛び込んだところ、昨日アナウンサーのオーディションが終わったところだという。

「やれやれ、ラジオ局の仕事さえもらえないのに、スポーツアナウンサーになどなれるわけはないよな」と、去り際に「ダッチ」は聞こえよがしにつぶやいた。すると、意外な問いが返ってきた。「君はフットボールについて少しは知っているかね？」。もちろんである。すると、「フットボール・ゲームの状況が目に見えるようにしゃべってみてくれるかね？　私が家でラジオを聞いているとしてだ」と、重ねて問われた。そう尋ねたのは、制作局長のピーター・マッカーサー（Peter MacArthur）である。初期のラジオ業界では珍しくなかったが、彼は寄席演芸（ボードビル）出身であった。「長く青い影がノィールドに伸び、うすら寒い風がスタジアムの端から端へ吹き抜けているのが感じられます」――持ち前の記憶力と話術を動員して、「ダッチ」はユーレカ大学と西イリノイ州立大学との試合を再現してみせた。おまけに、レーガンという名の選手の活躍も織り込んだ(71)。実際には、「ダッチ」は活躍とはほど遠かったのだが、それを大幅に脚色したのである。後年、この脚色はレーガン自慢のエピソードになる。自分を美化できるのなら、事実より脚色の方が重要だという政治的教訓を、彼はすでに体得していたのである(72)。

この巧みな話術が元寄席芸人を大いに喜ばせたことは、言うまでもない。もちろん合格である。フットボールは、「ダッチ」にとっても「社会のエレベーター」の役割を果たしたことになる。以後、半世紀以上にわたって、彼にとって声は重要な生計の糧となる。

さらに数カ月後には、「ダッチ」は州内のデモインという町に開設される、より大きな放送局に異動することになった。五〇キロワットの高出力局である。数あるラジオ局の中でも、この規模のものはまだ一五カ所しかなかった。ここで「ダッチ」は、給料の大幅な増額と念願のスポーツ・アナウンサーのポストを、同時に手に入れた。

ほどなく、兄の「ムーン」も大学を卒業してデモインにやって来た。長男の無軌道を恐れて、母が弟の下に送ったのである(73)。「ダッチ」は「ムーン」をラジオ番組にゲスト出演させ、それがきっかけで、兄は弟と同じ業界に入ることになった。

先述のように、父のジャックも六カ月の失業の末に、まずはイリノイ州の緊急救済委員会で、そしてのちに就労促進局のディクソン事務所で管理職を得た。これはニューディール政策の一環として設置された機関で、ジャックの民主党への忠誠が報われたのである。レーガン一家はラジオとニューディール政策に救われたことになる。しかし、ジャックが失業者に仕事を見つけてやると、失業手当がなくなり、かえって生活が苦しくなる事態も珍しくなかった。この熱心な民主党員も、ニューディール政策の矛盾に悩むことになる。

他方、「ダッチ」がデモインに移り住んだため、初恋のマグとは遠距離恋愛となり、やがては破局を迎える。全米の家庭での電話の普及率は、一九三三年当時でまだ三割ほどであり、遠く離れた若い単身者が愛を語り合うには不都合であった。こうした時代に生まれ育ったからこそ、レーガンは生涯にわたって手紙の人だったのであろう。ただし、初恋の破局は、距離だけの問題ではなかったようである。「彼には事実と空想を区別する能力がなかった」と、後年マグは昔の恋人について語っている(74)。政治家レーガンにとって、これは時として強味となり弱味ともなった。

ちなみに、「ダッチ」がこの町で職を得てから七五年後に、若い黒人の政治家がデモインで演説した。「彼らはこの日は決してやってこないと言っていた」「変革の時が来たのだ」「希望こそが私を今日ここに導いたのだ」。民主党のアイオワ州党員集会で圧勝したことで、バラク・オバマはホワイトハウスへの道を力強く歩み始めた(75)。レーガンもオバマも「やって来ない」はずの大統領であった。そして、二人とも美しい声を持ち、前者は親しみやすい話術を、後者は格調高い雄弁を武器としていた。チャーチルやF・D・ローズヴェルトの系譜を引き継いだのは後者であり、レーガンは雄弁にならずに巧みな話し手たりえた。

大恐慌の最中に念願の職を得たのだから、確かに「ダッチ」は幸運であった。しかし、それを支える努力も惜しまなかった。コマーシャルの朗読が平板だったため、失職しかかったこともあった。「ダッチ」にとって、これは「この世の終わり」(76)と思えたが、マッカーサーや同僚の助言と必死の訓練で乗り越えた。こうして、マッカーサーもレーガンの恩師のリストに加わった(後年まで、レーガンはこうした恩師や恩人たちとの親交を大切にした)。また、「アメリカン・スポーツライター界の長老」(Dean of American Sports Writers) グラントランド・ライス (Grantland Rice) の記事から、「ダッチ」は熱心に表現を学んでいた(77)。

現地に赴くことなく、多くの試合を実況中継したこともある。現地には電信技士が配されていて、モールス信号でラジオ局に情報を流す。それを受けて、「ダッチ」が実際に見たように語るのである。ところが、ある夏のこと、野球の「実況中継」中に電信が故障した。「私の想像力は極限のところまで試されることになった」と、彼は言う(78)。回線が回復するまで、投手の動きを引き延ばし、ファウルやホームランすれすれの惜しい当たりを繰り返した。「ダッチ」はミシガン大学とアイオワ大学との試合を「実況中継」したこともある。ここで大活躍したミシガン大学の選手が、のちの第三十八代大統領ジェラルド・フォード (Gerald Ford) である。

愛されることを愛する楽観主義者にとって、ラジオはうってつけの職場であった。レーガンの最初の職業がラジオのアナウンサーであったことは、のちの政治家としてのキャリアにとっても重要である。シナリオと演出・編集に頼る映画俳優の経験だけでは、機転や当意即妙の話術は、それほど育まれなかったであろう。多くのベテラン・アナウンサーが述べるように、ラジオは一対一の親密感を醸成するメディアであり、家庭や車内で会話しているような雰囲気が大切であった。アナウンサーは最初の五秒で聴衆の心をつかみ、時には語気強く、時には優しく、巧みに話題を展開しなければならない。「それではご説明しましょう」(Let me explain) と聴衆を誘導する「ダッチ」には、努力と並んで天賦の才すら感じられた(79)。実に、彼はシカゴ・カブスの試合を六〇〇回以上も中継した。「ダッチ」は自らの仕事を、「ヴィジュアライザー」(visualizer) と表現した。目に見えない事物をイメージとして思い描ける人のことである。それは「言葉で絵を描く」仕事であった(80)。

ラジオと映画

しかも、ラジオそのものが黄金時代を迎えていた。その内容も多様化した。とりわけ、ニュースは充実していた。チャールズ・リンドバーグ（Charles Lindbergh）にかかわる二つの事件、つまり、一九二七年の大西洋単独無着陸飛行と三二年の愛児誘拐事件の間に、ラジオによる毎日のニュースは新聞に対抗するまでになっていた。三三年までには、全米の家庭の半分以上がラジオ受信機を保有していたのである。ミステリーや小説を読み、ラジオを聞くことが、何千万人もの生活の習慣になっていた(81)。その後も、トミー・ドーシー（Tommy Dorsey）やグレン・ミラー（Glenn Miller）のトロンボーンが、ベニー・グッドマン（Benny Goodman）のジャズ・クラリネットが、大恐慌から抜け出そうとする人々を魅了した。そのようすはウディ・アレン（Woody Allen）監督『ラジオ・デイズ』（*Radio Days*, 1987）にノスタルジックに描かれている。やがて、三八年十月三十日に、オーソン・ウェルズ（Orson Welles）が火星人襲来のドラマを臨時ニュースとして放送し、全米に大混乱を巻き起こし、ラジオの社会的影響力を見せ付けた。

政治的にも、ラジオはますます影響を及ぼすようになっていた。すでにハーディング大統領が一九二二年二月にホワイトハウスに初めてラジオを導入し、六月にこれも初めて演説を放送した。二三年十二月には、彼の後任クーリッジ大統領が初めて一般教書演説をラジオで流した。およそ一〇〇万人がこれを聞いたという。二八年の大統領選挙になると、共和党と民主党の両候補は、ラジオに二〇〇万ドルを費やしていた。これが三二年の選挙になると、実に五〇〇万ドルに達する。

日本でも、普通選挙法が制定された一九二五年に、ラジオ放送が始まっていた。しかし同年末に、通信省から「政治ニ関スル講演議論ニ関スル事項ノ放送ヲ為サシメサルコト」との通達が出され、政治とラジオの距離は遠く、かつ、政府や軍部からの一方的な内容になってしまった(82)。

ラジオというメディアを政治的に最も効果的に活用したのは、ヨーロッパではドイツのヒトラーであり、アメリカではF・D・ローズヴェルトであった。小男の独裁者も車椅子の大統領も、ラジオではなくテレビの時代なら、権力の頂点に達しえなかったであろう。ラジオを使いこなすべく、ローズヴェルトは「ダッチ」同様に努力を重ね、声を鍛えて間合いを体得していった(83)。ローズヴェルトは先述のウェルズに対して、「われわれはアメリカで最良の二大俳優だ」と語り掛けたことがある(84)。

さて、一九三三年三月四日に、ローズヴェルトは大統領就任式に臨んだ。もちろん、その際の演説も全米にラジオ放送された。「われわれが恐れるべきものはただ一つ、恐怖心だけである」――大恐慌に打ちひしがれるアメリカ国民に向かって、黄金の声が力強くラジオから語り掛けた。

同年には、グレゴリー・ラ・カーバ（Gregory La Cava）監督の『獨裁大統領』（*Gabriel over the White House*）という映画が製作されている。腐敗した大統領（一九二〇年代の共和党の大統領たちの集合イメージ）が事故で一命を取り留めると、天使に乗り移られて一変し（原題は『ホワイトハウスに舞い降りた大天使ガブリエル』）、失業対策や犯罪対策、そして平和外交に、戒厳令まで発して、それこそ「独裁的」に奔走するという物語であり、政治の再生がテーマである。『獨裁大統領』という邦題は、現代大統領制の一面を端的に示していよう。これはハリウッド映画が架空の大統領を描いた、最初の作品である。清廉で平和愛好的だが、時には議会と対峙して強いリーダーシップを発揮する――以後、そうした大統領像をこの時期のハリウッドは描き続けた。それはリンカーンのイメージでもあった。作中の大統領は、ラスト・シーンで軍縮条約に調印しながら息絶える。これもリンカーンを想起させよう。

翌三四年には、ウィリアム・ウェルマン（William Wellman）監督『大統領消え去る』（*The President Vanishes*, 日本未公開）が登場した。ヨーロッパでの戦争にアメリカを参戦させようとする好戦的な議会やファシスト組織「灰色シャツ隊」（Grey Shirts）を前に、大統領が誘拐に見せかけて失踪し、世論を沈静化させる物語である。一九三〇年代のアメリカでは、実際に「新しいドイツの友」（Friends of New Germany）や「銀シャツ隊」（Silver Shirts）などのファシスト組織が活動していた。腐敗した政治機構に立ち向かう情熱的な一人の政治家という構図は、のちの『スミス都へ行く』と同じであり、超法規的な手段に出る大統領像は『獨裁大統領』の後半と同じである。『獨裁大統領』も『大統領消え去る』も、リベラルな社会派として知られたウォルター・ウェンジャー（Walter Wanger）がプロデューサーを務めており、前者は右翼の新聞王ウィリアム・ハースト（William R. Hearst）が出資していた。ウェンジャーがリベラルな政策と清廉な人格を、ハーストは超法規的なリーダーシップを、それぞれ大統領に求める同床異夢であった。ハーストは当初Ｆ・Ｄ・ローズヴェルトのリーダーシップに期待し、やがて、そのリベラルな政策に失望する。

『スミス都へ行く』に先立って、ジェームズ・クルーズ（James Cruze）監督『米国の暴露』（*Washington Merry-Go-Round*, 1932）という作品もあり、新米の下院議員がベテランの悪徳上院議員の不正を暴く。ここでも議会の腐敗がテーマだが、『スミス都へ行く』よりもはるかに醜悪である。何しろ、くだんの上院議員などは、ムッソリーニやヨシフ・スターリン（Iosif Stalin）を自らの英雄としている（ハーストもムッソリーニを崇拝していた）。

同様に、グリフィス監督が『世界の英雄』（*Abraham Lincoln*, 1930）、フォード監督が『若き日のリンカン』（*Young Mr. Lincoln*, 1938）を、そして、ジョン・クロムウェル（John Cromwell）監督が『エイブ・リンカーン』(*Abe Lincoln in Illinois*, 1940) を相次いで手掛けたことも、象徴的である。これらの作品では、リンカーンの清廉で無欲な人柄がことさらに強調されている(実際には、彼には強い権力欲があった)。特に、後二者の公開は第二次世界大戦勃発の前後であり、この大戦と南北戦争のイメージが重なる。また、『米国の暴露』や『スミス都へ行く』でも、リンカーン記念堂が厳かに映し出されている。腐敗した政治ボスやベテラン上院議員は、主人公の情熱に敗れる。民主主義の機能不全は「救済」される。しかも、『米国の暴露』や『スミス都へ行く』には大統領は登場しない(リンカーン記念堂を除いては)。つまり、大統領は「無垢」なのである。

現代大統領制と古典的ハリウッド映画

これらの作品はリンカーンの再来を予言し、また、宣言している。F・D・ローズヴェルトである(85)。リンカーン、セオドア・ローズヴェルト、ジョージ・ワシントン(George Washington)、ケネディに次いで、彼は最も頻繁に映画に描かれる大統領となる(86)。後述のように、アメリカが参戦するとハリウッドは全面的に戦争協力するが、リンカーンを通じて理想の大統領を描き、ローズヴェルトを支援していたという意味で、ハリウッドは現代大統領制の確立にも大きく寄与している。また、キング・ヴィダー(King Vidor)監督『麦秋』(*Our Daily Bread*, 1934)やジョン・スタインベック(John Steinbeck)原作/ジョン・フォード監督『怒りの葡萄』(*The Grapes of Wrath*, 1940)のように、大恐慌を背景にした急進的な映画(前者は「社会主義的」と批判された)も、ローズヴェルトによるニューディール政策の支持につながっている。

新大統領の就任式、『獨裁大統領』の公開(三月三十一日)に先立って、ローズヴェルト暗殺未遂事件

（二月十五日）が起こったために、この映画はさらに注目された。映画の内と外の双方で、大統領は九死に一生を得たことになる。この時、アントン・サーマク（Anton J. Cermack）シカゴ市長が流れ弾に当たって重傷を負った（のちに死亡）。ローズヴェルトは市長の頭を膝に抱えて励ました。危機に際しての、この落ち着いた態度が、多くの者を感動させた。同様のことがレーガンをめぐっても生じる。また、この『獨裁大統領』でも、大統領はラジオを巧みに利用している。ローズヴェルトはこの映画を大いに楽しんだという。

一九三三年の大統領就任演説が大好評であったため、ほどなくローズヴェルトはホワイトハウスの暖炉のそばからラジオを通じて国民に政策を語り掛けた（すでにニューヨーク州知事時代にも、彼はこの手法を用いていた）。大統領が直接世論に働き掛けて、議会を動かそうとするという、現代大統領制の手法である。十九世紀ならデマゴギーと呼ばれていただろうとの意見すらある(87)。

チャップリンが最初に手がけた発声映画（トーキー）『独裁者』（*The Great Dictator*, 1940）は、ヒトラーを風刺した映画だが、ラストの有名な演説で、「飛行機とラジオはわれわれを接近させた。人類の良心に呼び掛けて世界を一つにする力がある」と、主人公はグローバル化の本質を語っている。のちには、ヒトラー本人がチャップリンの『独裁者』を模倣したという説も生まれた(88)。ローズヴェルトは海軍次官のころからチャップリンと交流があり、大統領三選の祝典では、チャップリンにこの演説の再演を求めたという(89)。

当時ラジオは暖炉の上に置かれていることが多かったため、ローズヴェルトのスピーチは「炉辺《ろへん》談話」と呼ばれた。一九三三年三月から四四年六月の間に、この「炉辺談話」は三〇回行われている。ラジオ局の職員を相手に、「ダッチ」は時折「炉辺談話」をまねて聞かせた。「ラジオを通じた炉辺談話の際、彼の強く、優しい、自信に満ちた声は雄弁に国中に響きわたって、嵐でもみくちゃになった国民に活気と立ち直りへの力をもたらし、どんな難問にも打ち勝てるのだという自信をわれわれに植えつけた。この点だけからも決して彼を忘れることはあるまい」[90]と、レーガンはローズヴェルトへの崇拝の念を表明している。レーガンはのちに「右派のFDR」と呼ばれるが、ラジオと映画を駆使したイメージ造りという点でも、両者は共通している。三六年にデモインを訪問したローズヴェルトを、「ダッチ」は一度だけ目撃している。

この二人と同様に、リンカーンもバリトンの美声の持ち主だったという。ただし、リンカーンの声は残っていない。音声を残した最初の大統領は、十九世紀末のベンジャミン・ハリソン（Benjamin Harrison）である。

十九世紀末にアメリカが大国化したころから、行政府も拡大し、大統領の権限や権威が著しく強化されていった。とりわけ、F・D・ローズヴェルトは世界大恐慌に対処すべく、上述のように「炉辺談話」で世論に働き掛けた。また、最高裁判所がニューディール関連立法に違憲判決を出すと、大統領は最高裁判事の大幅増員さえ企てた。さらに、彼はホワイトハウスのスタッフを拡充し、一九三九年に行政組織再編法（Reorganization Act of 1939）に基づいて大統領府（Executive Office of the President）を設置している[91]。やがては第二次世界大戦に直面することで、ローズヴェルトは南北戦争時のリンカーンのように強力な大統領となる。

映画の誕生は現代大統領制の成立期と重なるし、古典的ハリウッド映画の時代は現代大統領制の全盛期とほぼ重複する。一九三〇年代の内外の危機の中で、世論は大統領に強いリーダーシップと清廉な人格を求めた。ハリウッドは両者を混合した大統領像を提供することで、F・D・ローズヴェルトの登場と現代大統領制の確立を助けた。そしてローズヴェルトは、それまでのどの大統領よりもメディアに習熟し、ラジオのみならず映画をも政治に利用した。大統領は、劇作家のロバート・シャーウッド（Robert Sherwood）をスピーチライターに起用し、「民主主義の武器庫」（Arsenal of Democracy）という標語を広めたほどである。学界でも、一九三九年にはイギリスの政治学者ハロルド・ラスキ（Harold J. Laski）が『アメリカの大統領制』（*The American Presidency: An Introduction*）を刊行するなど、大統領制への関心が高まった。その後のアメリカ政治と映画には、ローズヴェルトの長い影が差している。同時期にレーガンもラジオ、映画とキャリアを重ね、のちに現代大統領制を再生しようとする(92)。

さて、『ユーデルの印刷職人』をまねて、「ダッチ」は茶色のスーツに身を包んで勤勉に働いた。地元紙にスポーツのコラムを寄稿するようにもなる。後年のスピーチ原稿の執筆にとって、これは絶好の訓練となった。さらに幸運にも、「ダッチ」はアイオワのフットボール・チームの訓練キャンプに同行して、カリフォルニアに派遣された。こうして、憧れのハリウッドが近くに迫ってきた。マグとの婚約が破綻《はたん》したことで、仕事に対する彼の行動はより積極的になっていた。

かつてデモインのラジオ局で働いていたジョイ・ホッジス（Joy Hodges）は、今やハリウッドのキャバレーで歌手として成功していた。ラジオ番組の中で彼女にインタビューしたことで、「ダッチ」のハリウッドへの憧憬は再び激しく燃え上がっていった。

五　「夢の工場」――ハリウッド

ワーナー・ブラザーズのＢ級俳優

野球の取材の合間を縫って、「ダッチ」はハリウッドにホッジスを訪ねた。彼女は度の強い眼鏡を外すよう助言し、すぐに自分のエージェント（代理人）を「ダッチ」に紹介してくれた。今度はこのエージェントが、ワーナー・ブラザーズの担当者に紹介してくれた。「もう一人のロバート・テイラー（Robert Taylor）がぼくのオフィスに座ってるぜ」(93)。テイラーと言えば、マーヴィン・ルロイ（Mervyn LeRoy）監督『哀愁』（*Waterloo Bridge*, 1940）でヴィヴィアン・リー（Vivian Leigh）と共演した二枚目俳優である。「神様はロバート・テイラーを一人しか作らなかったさ」と、ワーナーの担当者はうそぶいた。

それでも、「ダッチ」は難なくスクリーン・テストにこぎつけた。もちろん、近視用の眼鏡を外していくことが条件である。当時、コンタクトレンズがアメリカで普及し始めていた。「ダッチ」は早くからその愛用者になる。後年、彼はコンタクトレンズを片目だけ付けるという奇策を編み出した。それゆえに、大統領時代のレーガンは右目で聴衆を見渡しながら、左目でテレプロンプター（演説用の字幕映写機）を読むことができたのである。

数日後のテストでは、「ダッチ」は得意の記憶力とアナウンサーとして磨きをかけた声を、またもや遺憾なく発揮した。とりわけ、声が重要であった。ワーナーの担当者は、「ダッチ」を第二のロバート・テイラーとは考えていなかったが、第二のロス・アレクサンダー（Ross Alexander）にしたかった。アレクサンダーは甘い二枚目の若手俳優として成功を嘱望されながら、同性愛者であるとの噂に苦しみ、ワーナーとの契約を失って、自殺したばかりであった。「ダッチ」の声は彼によく似ていたのである(94)。「ワーナーが七年契約を提示。オプション（選択権）一年間。初任給週二百ドル。いかがすべきや」――デモインで電報を受け取った「ダッチ」は直ちに返信した。「彼らの気の変わらぬうちに契約頼む。ダッチ・レーガン」(95)

一カ月後に、ベージュのナッシュ・コンパーティブルに乗って、「ダッチ」はリンカーン・ハイウェイを一路カリフォルニアに向かった。大枚六〇〇ドルの現金払いで手に入れた新車である。ベージュ色の車体は、彼の濃い髪の毛によくあっていた。「ダッチ」はツイードのスーツにパイプも購入した。『サタデー・イブニング・ポスト』(*Saturday Evening Post*)紙の「成功する若いアメリカ男性」の写真を模倣したのである(96)。弱冠二十六歳の春、「心の劇場」ラジオから「夢の工場」ハリウッドへの転身であった。レーガンの伝記作家ルー・キャノンは、次のように述べている。

二十六歳から五十歳まで、ハリウッドはレーガンの人生の中心であった。彼がそこを去ったのちも、ハリウッドは決してレーガンから去らなかった。暇さえあればレーガンは映画を観ていたし、彼にとって映画は話題と元気の源泉であった。彼は映画の中身を自らの必要に応じて転用したのである(97)。

ハリウッドに着くと、ワーナー・ブラザーズによる「ダッチ」改造計画が始まった。まず、彼の芸名は本名のロナルド・レーガンに決まった。「ダッチ」という名は中西部では広くラジオを通じて知られているると、本人は固執したが、却下された。「ダッチ」というニックネーム、そして、それまでの牧歌的な人生との決別である。

レーガンは全盛期のハリウッド、古典的ハリウッド映画の世界に到着した。テレビが本格化する前で、実にアメリカ人の六三パーセントが毎週映画館に通っていた。

ここで、当時のハリウッドとワーナー・ブラザーズについて、振り返っておこう。

映画はサイレントからトーキーに移行していた。これを先導したのが、ワーナー・ブラザーズである。同社は一九二〇年代を通じて拡張路線を採っており、二七年にはアラン・クロースランド(Alan Crosland)監督による、史上初のトーキー映画『ジャズ・シンガー』(*The Jazz Singer*)の大成功で映画市場を揺るがした。「ちょっと待って！　ちょっと待って！　まだ何も聞いてないじゃないか」という二行の科白《せりふ》（日本では「お楽しみはこれからだ！」と意訳された）に、観衆は歓声を挙げたのである。アル・ジョルソン演じる主人公は、敬虔なユダヤ人家庭に生まれ育ちながら、歌手としての成功を夢見て、顔に墨を塗り黒人ジャズ・シンガーになる。ユダヤ人も黒人も、アメリカへの同化に苦しんできた(98)。

すでに電話業界やラジオ業界がハリウッドに資金参入していたので、サイレントからトーキーへの流れは、いずれにせよ時間の問題であった。だが、映画のトーキー化に伴う投資コストのために、ハリウッドはいっそうウォール街と緊密になる。一方で、トーキーでは使用言語のために観客が限定されるが、他方で、電機産業界の国際的な資本がさらに映画界に流入することになった。つまり、トーキーは映画の国民化と国際化を同時にもたらしたのである。

また、経済的不況がハリウッドにトーキーへの移行を促したのだが、同時期のヨーロッパでは、より深刻な経済状況の下でファシズムが台頭した(99)。こうした国際情勢の変化は、ハリウッドでも大きな話題になった。しかも、サイレント以上に、トーキーなら複雑な国際情勢や政治問題を描くことができる。

ワーナー四兄弟の三男サム（Sam Warner）はトーキー実現に心血を注ぎ、『ジャズ・シンガー』の封切の前日に、過労のために脳溢血で急死している。ワーナー兄弟もポーランド系のユダヤ人で、もともとの名はヴァルネルという。一八八〇年から一九二〇年の間に、ロシアのポグロム（ユダヤ人迫害、ロシア語で破壊の意味）を逃れてアメリカに渡ったユダヤ人は、二〇〇万人を超えるという。ヴァルネル一家もそうであった。二三年に、四兄弟でワーナー・ブラザーズを設立した(100)。長兄のハリー（Harry Warner）が社長としてニューヨークから財政面を担当し、末弟のジャック（Jack Warner）が副社長としてハリウッドで映画製作を指揮した。ハリーは道徳家で、「よき市民とよき映画製作を結び付ける」を社訓にしていた。

『ジャズ・シンガー』の大ヒットで、一九二九年には二万五〇〇〇軒あったアメリカの映画館の半数以上が、トーキーに切り替えたという(101)。ワーナー・ブラザーズにとっても、傘下の映画館は二七年のわずか一軒から三〇年には実に七〇〇件に急増した。「ワーナー・ブラザーズは一夜にしてどこからともなく業界の最前列におどりでた」(102)。このワーナー・ブラザーズをはじめ、パラマウント、MGM、20世紀フォックス、RKOが「ビッグ5」としてハリウッドに君臨した。「ビッグ5」は製作から配給、興行までを連結させるスタジオ・システムを確立し、ワーナー兄弟のようなユダヤ系の「大立者」(モーグル)がこれを支配していた(103)。ある映画関係者によれば、彼らは実に辣腕《らつわん》の経営者だったが、「決して義理の父親にはしたくない人々」であったという(104)。この「ビッグ5」に、ユニヴァーサル、コロンビア、ユナイテッド・アーティスツの「リトル3」が続いた。ハリウッドで、この八社が寡占を維持し、「幸福な一族」を成していた(105)。

ほとんどの「大立者」は共和党支持者だったが、ハリーとジャックはF・D・ローズヴェルト大統領とも親しかった。したたかなジャックは、早くも一九三三年一月の芸能雑誌『ヴァラエティ』(*Variety*)誌に新時代の新しい指導者を求める広告を出したし、同年のロイド・ベーコン(Lloyd Bacon)監督によるミュージカル『フットライト・パレード』(*Footlight Parade*)でも、華やかなショー「上海リル」(Shanghai Lil)の一場面に、大統領の肖像をさり気なく登場させている(106)。このユダヤ人の兄弟はローズヴェルトの反ナチズムの姿勢に期待し(107)、全国産業復興法(National Industrial Recovery Act: NIRA)による不況カルテルの容認にも感謝していた。『獨裁大統領』の大統領のように、ローズヴェルトは世論と議会に強く働き掛けて、次々に改革を進めていった。だが、先述のように、三五年には最高裁判所がNIRAに違憲判決を下した。強すぎる大統領への司法の反撃であった。やがて三八年には、司法省がハリウッドの「ビッグ5」を反トラスト法違反で告訴することになる。ワーナー兄弟らハリウッドとローズヴェルト政権の関係は、不即不離の男女のような、「メロドラマ的な関係」にあった(108)。

ハリウッドは一九二〇年代にはスキャンダルにまみれ、三〇年代には大恐慌の世相を反映したギャング映画か、音楽を活用したミュージカル映画やホラー映画(原初的な音声でも、映像の恐怖を倍増できた)が全盛となった。とりわけ、ワーナー・ブラザーズはギャングものを得意とし、MGMはミュージカル、ユニヴァーサルはホラー映画、コロンビアはスクリューボール(screwball, 都会的でテンポの早いコメディで、もともとの意味は奇人、変人)で鳴らした。

ただし、犯罪映画が犯罪を生み出すという批判を、道徳家のハリーは恐れていた。そのため、ワーナー・ブラザーズの映画は社会規範にきわめて敏感で、得意のギャングものでは、犯罪者は必ず惨めな末路をたどることになっていた。

やがて、ギャングもののピークが過ぎると、ワーナー・ブラザーズは、警察や検察、軍隊をしばしば取り上げるようになる。そこで強調されたのは、法と秩序であり愛国心であった。スパイは摘発され、民主主義は擁護される。そして、政府機関は称賛される。同社が許容する唯一の「主義」(イズム)は、アメリカニズムであった。後述のように、レーガンも多くの映画で制服を着ることになる(109)。

また、暴力やセックスの描写が過度にならないよう、ジャックら「大立者」の仕切る全米映画製作者配給者協会(Motion Picture Producers and Distributors of America: MPPDA)が一九三〇年に製作倫理規定を設け、三四年からこれを厳格に実施した。ハリウッドの不道徳性に批判的な世論や教会(特にカトリック)への配慮であった。この年には、カトリックを中心にハリウッド映画に対する広範なボイコット運動が展開され、「一九三四年の嵐」と呼ばれた[110]。先述の『大統領消え去る』の政治的表現などは、早速修正を強いられた。

ハーディング政権で郵政長官を務めた長老教会派の大物ウィル・ヘイズ（William Hays）会長の名にちなんで、この規定はヘイズ・コードと呼ばれた。ヘイズは「最も偉大な検閲官――つまりアメリカの一般大衆」を代弁していると称し[111]、「ミスター禁止」（Mr. Prohibition）とあだ名されていた。彼の下で実際の検閲を取り仕切ったジョセフ・ブリーン（Joseph Breen）は、アイルランド系カトリックであった。ある映画史家によれば、アメリカ映画は「ユダヤ人が作り、カトリックが検閲し、プロテスタントが楽しむ」ようにできていた[112]。一九六八年にレイティング・システムにとって代わられるまで、ヘイズ・コードはハリウッドを縛り続けた。このヘイズ・コードの拘束も、現代大統領制の全盛期と重複している。また、ヘイズ・コードによって性や暴力が禁止され道徳が強調されたからこそ、ハリウッド映画は商品としてグローバルな流通性を獲得した。「コードとスタジオは、ハリウッド式フォーディズムという生産システムに連動し、紋切り型の映画の量産を促す。それはT型フォードの大量生産のデジャヴ〔既視感〕だろう」と、映画研究者の塚田幸光は指摘している[113]。

古典的ハリウッド映画の全盛期に、レーガンは「夢の工場」に到着した。カトリックの背景を持ちながら典型的なプロテスタントに見えるレーガンは、こうした時代潮流にうまく合致した。何しろ、彼は「アップルパイほどアメリカ的な」中西部の好青年だったのである。彼の端正な顔立ちと澄清《ちょうせい》なバリトン、中西部訛《なま》りという組み合わせは、およそギャングものやホラー映画には不向きであったし、ミュージカルをこなせるわけでもなかった。一九三〇年代の終わりには、これらのジャンルも全盛を過ぎていた。ラジオ・アナウンサーを経て、レーガンがこの時期にハリウッドに入ったのは幸運であった。

それでも、ジャック・ワーナーは、レーガンをB級映画に配することに決めた。レーガンは二枚目だが、これといった個性に欠けたからである。ジャックは、細長い口髭を蓄え高級スーツに身を包んだ暴君であった。この暴君は、ブロードウェイで成功したハンフリー・ボガート（Humphrey Bogart）をもB級映画に配置したことがある。ボガートの場合は、背が低く二枚目とは言い難かったからである。レーガンはジャック・ワーナーには一生頭が上がらなかった。

A級映画とB級映画はセットで公開されるが、レーガンの配された後者は、言わば添え物である。両者の差は予算、配役のみならず、脚本や演技にも及んだ。B級映画は大スター不在の低予算で、脚本も求められる演技も型にはまっていた。予算上の制約から、夜景シーンが多く現代ものが中心であった（昼間はA級映画がスタジオを使用していたし、衣装に金をかけるわけにもいかなかった）。B級映画は不況対策であり、映画館が必要とする映画の量産に応えるものであった。ワーナー・ブラザーズでは、B級映画に「いいものは必要ではなかった。公開が（週末前の）木曜日に間に合えばよかった」。B級映画からA級映画に這い上がるのは、アルカトラズ刑務所から脱獄するより難しいと言われた(114)。ボガートやジョン・ウェインは「脱獄」を果たした稀有な例である。

レーガンの最初の出演作は、ニック・グラインド（Nick Grinde）監督『愛は電波に乗って』（*Love Is on the Air*, 1937, 日本未公開）であった。予算は一一万九〇〇〇ドル、三週間で撮影され、六一分に編集された。典型的なB級映画である。タイトルからは恋愛映画かミュージカルのように思えるが、実は、ワーナー・ブラザーズお得意の犯罪映画であった。このデビュー作で、レーガンは町の犯罪を摘発する正義感の強いラジオ・アナウンサーを演じている。彼にとっては、最も演じやすい役柄であった。話題作にはならなかったが、業界紙はレーガンを好感をもって評価した。

まずは、好調な出だしと言えた。ハリウッドの業界人らしく、レーガンは早くも共演女優との情事も経験している。やがて、彼はハリウッドの生活に自信を持ち、両親を呼び寄せる。この親孝行がジャック・ワーナーにいたく気に入られた。

さらに、レーガンはルエラ・パーソンズ（Louella Parsons）やジュールス・スタイン（Jules Stein）、ルー・ワッサーマン（Lew Wasserman）ら業界の大物(115)、そして、パット・オブライエン（Pat O'Brien）やジェームズ・キャグニー（James Cagney）ら大スターとの知己を得た。パーソンズはレーガンにとってはディクソンの同郷で、ゴシップ・コラムニストとして強い影響力を持っていた。スタインはハリウッド最大級のタレント代理店ＭＣＡ（Music Corporation of America）の辣腕経営者で、ワッサーマンはその右腕であった。レーガンが当初所属していたタレント代理店も、このＭＣＡに吸収合併されたのである。ほとんど四半世紀にわたって、レーガンとワッサーマンは毎日電話で話し合ったという(116)。レーガンが大統領に就任する前日に昼食を共にしたのも、大統領退任の翌日に昼食を共にしたのも、ワッサーマンである(117)。オブライエンとキャグニーは、「エメラルド島仲間」の中心人物であった。レーガンはロイド・ベーコン監督のコメディ『男女の出会い』（*Boy Meets Girl*, 1938, 日本未公開）で両者と初共演し、再び平板な科白回しを改めるよう指導を受けた（この時も、ラジオ・アナウンサーの役）。こうして、有力者たちに忠誠を誓いながら、幾重ものネットワークを構築していく処世術を、レーガンは巧みに体得していった。

その後、何本か可もなく不可もない作品に出演した後、一九三八年にレーガンはウィリアム・ケイリー（William Keighley）監督のヒット作『ブラザー・ラット』（*Brother Rat*, 日本未公開）に出演の機会を得た。「南部のウェストポイント」と呼ばれるヴァージニア州立軍事学校を舞台にした青春コメディで、タイトルは士官候補生たちが仲間を呼ぶ表現である。レーガンは三人の士官候補生の一人を演じ、軽妙なコメディに役柄を広げる好機となった。彼にとっては、キャリア上の息継ぎとなった。だが、この作品で注目されたのは舞台出身のエディ・アルバート（Eddie Albert）であった。「エディ・アルバートにお株をさらわれたが、彼にはその値打ちがあった」と、レーガンは回想している[118]。以後、アルバートはレーガンの親友となる。彼は政治的にはかなりの左派で、その妻は共産党の同調者（シンパ）であった。レーガンは共産党への入党を考えたこともあり、アルバート夫妻に相談して翻意を促されたという噂すらある。ただし、レーガンはこの噂を強く否定している[119]。

スクリーンではアルバートの後塵を拝したものの、私的には、レーガンに大きな収穫があった。共演女優のジェーン・ワイマン（Jane Wyman）と恋に落ちたのである。彼女は二十一歳ながら二度目の夫と離婚訴訟中であり、レーガンはそれほど関心を払わなかった。ところが、映画の撮影が終わると彼女が急遽入院し、彼が見舞いに駆け付けたことから、二人は親密になった。一説によると、ワイマンはレーガンに結婚を迫るため、睡眠薬を大量に飲んだのだという。二人は共に中西部出身で、貧しい幼少年期を過ごしていた。

ベティ・デイヴィス（Bette Davis）がアカデミー主演女優賞にノミネートされた、エドマンド・グールディング（Edmund Goulding）監督『愛の勝利』（*Dark Victory*, 1939）で、レーガンは初めてA級映画に起用された。ここで彼は、ハンフリー・ボガートとの二度目の共演も果たしている。だが、出演者としては五番目にクレジットされながらも、レーガンの演じたプレイボーイの役は存在感が薄かった。彼がボガートの恋敵になるよう変更を求めると、「自分が主役のつもりか？」と監督はつれなかった[120]。しかも、デイヴィスは後年、彼と共演したことさえ覚えていなかったという。この映画を観た者なら、それほど驚きはしまい。

当たり役を求めて

やがて、レーガンは「B級映画のエロール・フリン（Errol Flynn）」と呼ばれるようになった。フリンはオーストラリア出身の甘い二枚目俳優で、冒険活劇（swashbuckler）などで活躍した。この二人はマイケル・カーティス（Michael Curtiz）監督の『カンサス騎兵隊』（*Santa Fe Trail*, 1940）とラオール・ウォルシュ（Raoul Walsh）監督『戦場を駆ける男』（*Desperate Journey*, 1942）で二度共演している。時代背景は異なるが、いずれも軍人の役である。

『カンサス騎兵隊』では、別の役者に用意されていた衣装が自分のために仕立て直されるようすを目の当たりにして、レーガンはハリウッドで地位を保つことの困難を痛感した。他方、『戦場を駆ける男』では、ナチス・ドイツの追跡を振り切ったレーガンらアメリカのパイロットが、「任務完了！」（mission completed!）と叫ぶ。この科白は彼の二冊目の自伝の末尾をも飾る。レーガンはしばしば、巧みに現実と映画を混同した。

両作品ともA級映画で、もちろん主役はフリンだが、レーガンにとってもそれなりの成功になった。ただし、彼ならではの役柄やイメージを確立するにはいたらなかった。むしろ、プロデューサーたちは、レーガンが毎朝しらふで仕事場に現れることを評価していた。

同様に、レーガンはディック・パウエル（Dick Powell）とも何度か共演している。パウエルは歌って踊れる青春スターとして鳴らした。ワーナー・ブラザーズは、レーガンにパウエルに次ぐ青春スターを期待していた。パウエルは共和党保守派で、のちに政治的立場からレーガンと強い絆で結ばれる。左派のアルバートから右派のパウエルまで、レーガンの政治的交流範囲はいたって広かった。

ハリウッドでレーガンが最も親しくした俳優仲間は、ウィリアム・ホールデン（William Holden）であり、ジェームズ・スチュワートであった。前者は「男の中の男」を、後者は「善良なアメリカ人」を、それぞれ得意の役柄としたスターである。ホールデンはレーガンの再婚時の新郎付添い人を務めたし、スチュワートはレーガンをホワイトハウスに何度も訪ねている。しかし、それほど友情を必要としないレーガンのことであり、ハリウッドという熾烈な競争社会のことである。彼らも言わば「表面上の親友」であったという。

封建的な身分制度を持たないアメリカ社会では、セレブたちは王侯貴族のような存在であった。こうしたセレブたちとの交流は、のちに政治家レーガンの大きな資産となったし、セレブたちも知事、大統領になった旧友の威光を活用しようとした(121)。

レーガンが最も愛した映画は、「親友」スチュワートが主演したキャプラ監督『素晴らしき哉、人生!』(*It's a Wonderful Life*, 1946) である。善良な青年が人生に絶望して、クリスマス・イブに自殺を図るが、自分の死後に家族や友人、町がどれほど悲惨なものになるかを天使に示されて、再起を図る。そして、家族や友人たちが青年を温かく迎え入れる。長らくクリスマス映画の定番であった。絶望ではなく救済とは、いかにもレーガン好みである。

また、家族やコミュニティーの未来の荒廃を知り、主人公がそれを救おうと奮起するという構図は、ロバート・ゼメキス (Robert Zemeckis) 監督『バック・トゥ・ザ・フューチャー PART2』(*Back to the Future Part II*, 1989) と同様である。こちらもレーガンお気に入りの作品であった。二作とも救済は達成されるが、それは個人の善意や努力の結果であり、背景にあるアメリカの社会経済システムの機能麻痺《まひ》は放置されている(122)。社会に対する無批判な楽観主義は、レーガンが演じてきた役柄とも重なる(123)。

レーガンは西部劇への出演を望んでいた。乗馬が好きだった上に、彼の肌はメイクが乗りにくく、むしろ野外での撮影に適していたからである。だが、レーガンは野性的というにはほど遠く、しかも衣装代の嵩《かさ》む野外撮影中心の西部劇は、この時期のワーナー・ブラザーズのB級映画には少なかった。当たり役が見つからないまま、出演作品で名前を"Regan"と誤記されたことも、一度や二度ではない。

そうした中で、ブラス・バンクロフト（Bras Bancroft）という名のシークレット・サービスの役を、レーガンは四回演じている。ヨーロッパで第二次世界大戦が勃発したために、外国からの脅威がより強く意識され出したのである(124)。実際、連邦捜査局（Federal Bureau of Investigation: FBI）によるスパイ捜査や市民からの通報は急増していた。また、ハリウッドでも、ユダヤ系や左翼を中心として、アメリカの参戦を促すために、「人民戦線」ならぬ「文化戦線」が形成されていた(125)。ナチスの迫害を逃れた亡命ユダヤ人も、ハリウッドに流入していた。バンクロフト・シリーズの第二作のラスト・シーンも、ヨーロッパでの危機をほのめかしながら、アメリカが義務を果たすことを呼び掛けている(126)。

こうした動きに対して、孤立主義者のジェラルド・ナイ（Gerald Nye）上院議員は、「映画はもはや娯楽ではなく、アメリカを破滅させる参戦に導くプロパガンダの道具と化した」と批判していた。同じく孤立主義者のリンドバーグも、イギリス人とユダヤ人とローズヴェルト政権がアメリカを戦争に引きずり込もうとしているとして、「わが国の映画、報道、ラジオ、政府における彼らの支配と影響力こそ、わが国にとって重大な危険だ」と、全米向けのスピーチで批判した(127)。バンクロフト・シリーズも、「好戦的」「戦争煽情《せんじょう》的」として、上院でナイらの調査対象となった(128)。

孤立主義者たちがそう恐れても無理はなかった。ワーナー・ブラザーズなどはイギリスに飛行機を二機寄付し、それぞれに「ローズヴェルト大統領」「コーデル・ハル（Cordell Hull）」と名づけたのである。後者はローズヴェルト政権の国務長官の名前である(129)。ただし、ナチスを過度に批判してドイツをはじめとするヨーロッパでの市場を失うことも、ハリウッドは恐れていた。

SDIの原型?

バンクロフト・シリーズ第三作のルイス・セイラー(Louis Seiler)監督『空中の殺人』(*Murder in the Air*, 1940, 日本未公開)は、のちにレーガン政権が推進した「スター・ウォーズ計画」こと戦略防衛構想(Strategic Defense Initiative: SDI)の原型をなしたのではないかと、しばしば論じられてきた。この映画の中で、主人公のバンクロフトは、電波を攪乱《かくらん》して飛行機や自動車を停止させてしまう秘密兵器「慣性投射器」(inertia projector)をスパイの手から守り抜く(130)。この「慣性投射器」は「アメリカを不敗にするのみならず、世界平和にとって、これまでにない最大の助けとなるはずだ」と、開発者は語っている。

ただし、この映画とSDIを結び付けるには、少なくとも次の三点に留意すべきであろう。まず文化的に、レーザー光線などで敵を撃退する内容のSF映画は、当時ほかにも多数製作されていたということである。映画だけではない。戦間期には、「パルプ」(pulps)と呼ばれる、けばけばしい表紙の通俗的な雑誌に、冒険活劇やSFの小説が氾濫しており、大衆的な人気を博していた(131)。もちろん、ジョージ・ルーカス(George Lucas)の『スター・ウォーズ』は、これらの影響を受けている。そもそも、アメリカが最初の植民地を獲得した一八九八年には、早くもギャレット・サービス(Garrett Putnam Serviss)によるSF小説『エジソンの火星征服』(*Edison's Conquest of Mars*)が登場し、アメリカの天才科学者がレーザー光線を備えた電気宇宙船を開発し、火星を征服しているのである(132)。次いで政治的に、ミサイル攻撃を無力化しようという試みは、戦略の歴史の中で繰り返し議論されてきた点である。古くは第二次世界大戦中に、ナチス・ドイツがV—2ロケットを開発し、イギリスは対策に苦慮した。一九五〇年代半ばにも、アイゼンハワー政権は全国的な弾道ミサイル防衛システムを開発しようとしたし、六〇年代には、ニクソン政権も弾道弾迎撃ミサイル（Anti-Ballistic Missile: ABM）システムの構築をめざした(133)。そして第三に、この映画とSDIの間には四〇年以上の歳月が流れており、直接の因果関係として論じるには、あまりにも距離があるということである。

このバンクロフト・シリーズはいずれも軽い作品で、レーガンをスターに押し出すには物足りなかった。また、このシリーズ撮影中に、共演者が彼の耳元で空砲を撃ったため、レーガンは右耳の聴覚を失ってしまった(134)。

こうした停滞期に、レーガンは映画俳優組合（Screen Actors Guild: SAG）への関与を深めていった。大恐慌が始まるまでに、映画はアメリカの一大産業になっており、毎年六〇〇本もの作品が製作され一〇億ドルを稼ぎ出していた。「大立者」たちは俳優や脚本家、監督、スタッフたちを疑似家族的な雰囲気に包みこみながら、搾取していた。そこで、MGMのメイヤーやワーナー兄弟らは、一九二七年に映画芸術科学アカデミー（Academy of Motion Picture Arts and Sciences: AMPAS）を設立し、俳優やスタッフを監視するとともに、アカデミー賞を制定して栄誉を与え、組合運動を阻止しようとした。しかし、労働者の多くがそれで満足するはずもなく、賃上げと職の安定を強く求めた。それまでにも、カメラマンや脚本家による組合はあったが、いずれもスタジオの承認するところではなかった。三三年に正式に全米脚本家組合（Writers Guild of America: WGA）が結成され、次いで、SAGも設立された。SAGは比較的無名の六人の俳優のみで出発したが、やがてはハリウッドのほとんどの俳優たちを網羅するようになった。これはアメリカの労働運動史上でも大きな成功となった（それゆえ、スタジオ側は最初の六人の組合員を決してスターにしようとしなかった）(135)。

レーガンは一九三九年にSAGに加入したが、これは周囲からの半ば強制によるものであった。民主党支持者でも、リベラルな「ローズヴェルト・デモクラット」を自称する彼にとっては、こうした強制ははなはだ不本意であった。しかし、やがて彼は組合活動に邁進することになる。

六　スターへの道

さて、マンネリ化したレーガンのキャリアにも、展望が開けてきた。一九四〇年にロイド・ベーコン監督『ニュート・ロックニー　理想のアメリカ人』(*Knute Rockne: All American*, 日本未公開)で大役を獲得したのである。主人公のロックニー(Knute Rockne)はノルウェー生まれで、ノートルダム大学のフットボール・コーチとして活躍した、実在の人物である。三一年に彼が飛行機事故で亡くなった際には、ノルウェー国王が騎士の称号を贈っている。この映画はスポーツものであるとともに、移民のアメリカへの同化をテーマにしていた。また、大学フットボールはビッグ・ビジネスであり、不況の最中にあって三八年には五〇〇〇万ドルもの興行収入を上げている。そのため、この時期には多くのカレッジ映画が製作されていた(136)。

ノートルダム大学の「闘うアイルランド人」(Fighting Irish)というチームに、ギッパーことジョージ・ギップ(George Gipp)というスター選手がいた。夭折《ようせつ》したが、こちらも実在の人物である。アイルランド系として、レーガンはかねてから「闘うアイルランド人」チームのコーチ、ロックニーを尊敬していた。そして、映画ではギップの役を切望していた。彼にとって、ギップはフランク・メリウェル、ガーランド・ワゴナーの系譜に連なるヒーローであった。本人の説明によると、わざわざ郷里のディクソンまで戻って、ユーレカ大学のフットボール部時代の写真を見つけ出し、プロデューサーに売り込んだのだという(137)。

事実はより複雑である。まず、「エメラルド島仲間」のオブライエンが主役のロックニーに決まったことが重要である。ほかには、ジェームズ・キャグニーやスペンサー・トレイシーが候補に挙がっていた。だが、前者はスペイン内戦で左翼勢力を公然と支持したことからカトリック教会に疎んじられていたし、後者は契約先のMGMからの出演許可が出なかった。そこに、オブライエンがギップ役にレーガンを強く推薦した。さらに、辣腕のワッサーマンがレーガンをオーディションにねじ込んだ。ここでレーガンは、ロックニーの日記まで読み込んでいると、強くアピールした。実は、ロックニーの日記など出版されていなかったが、この程度の「誤認」は、レーガンにとってもハリウッドにとっても些末《さまつ》な事柄であった。とにかく、ギップの役を彼よりうまく演じられる者はいても、彼ほど熱望した者はほかにはなかったのである。

この『ニュート・ロックニー』の成功の後、ワッサーマンはレーガンの週給を三〇〇〇ドル（それまでのほぼ倍額）に引き上げた。さらに、『嵐の青春』の後には、彼はさまざまな契約を組み合わせて、レーガンに一〇〇万ドル契約（七年間）をもたらしたのだから、まさに大恩人である(138)。

ただし、この一〇〇万ドル契約は、レーガン以上にワッサーマンに名声をもたらした。やがて、一九五八年にMCAがユニヴァーサルのスタジオを傘下に収めると、ワッサーマンはその社長として君臨し、一九六〇年代には「ハリウッドの帝王」と呼ばれた。のちにスティーヴン・スピルバーグ（Steven Spielberg）を見出したのも、彼である。七六年にソニーのビデオ・レコーダー（ベータ・マックス）がアメリカに進出すると、ワッサーマンはソニーの盛田昭夫会長と面談して、撤退するように恫喝《どうかつ》したことでも知られる（レーガン大統領時代の八四年にソニーが勝訴）。

「仲間に伝えてください。ギッパーのために勝ってくれと」――病床でギップはロックニーにこう訴えて、息を引き取る。『嵐の青春』での「僕の残り半分はどこだ？」と並んで、俳優レーガンの名科白である。カリフォルニアの試写会で、この科白に観客がすすり泣くようすを、レーガンは確認した。実は、もう一つ重要な科白があった。「僕は他人にあまり近寄られたくないんだ」と、ギップは言う。人々を愛しはしても、感情的に必要とはしない――これはレーガン本人の資質でもあった(139)。

出演時間こそわずか一〇分ではあったが、ここにようやくレーガンは「近くにいそうな爽やかなスポーツマン」という当たり役を得た。当たり役の獲得こそが、ハリウッドでスターになれる大前提であった。

さらに、ノートルダム大学で『ニュート・ロックニー』の試写会が開かれた際には、町には二〇万人が集まり、夜のパーティーでは、フランクリン・ローズヴェルト・ジュニア（Franklin D. Roosevelt, Jr.）が大統領のメッセージを代読した。ここでも、レーガンのスピーチは人々に感銘を与えた。レーガンは大統領になっても、「ギッパー」役について再三語ることになる。

この試写会は「スポーツとラジオ、映画、そして愛国心の合作」であった(140)。移民でも成功できる――この映画のメッセージはワーナー兄弟やレーガンの父ジャックら、多くの移民の子たちの心を揺すった(141)。『ニュート・ロックニー』以後、「ギッパー」がレーガン自身のあだ名になり、彼はB級映画という「アルカトラズ島」から一応の脱出を果たした。ただし、本人は冷静で、「不確かなA級」と的確に認識していた(142)。

一九四〇年は、レーガンにもう一つの転機をもたらした。ワイマンとの結婚である。レーガンが二十九歳になる直前であった。ようやく彼は初恋のマグの代理を見つけたのである。ジャック・ワーナーの意向を受けて、コラムニストのパーソンズがレーガン夫妻をハリウッドの理想のカップルに仕立て上げた。新郎は中西部人らしく、新婦に「丸鼻ちゃん」(Button-nose)いうあだ名をつけて慈しんだ(彼女はこのあだ名を嫌っていた)。だが、後述のように、この結婚は八年後に破綻を迎える。レーガンの二冊の伝記のうち、彼女に関する記述は、一冊目で三段落、さらに浩瀚《こうかん》な二冊目ではわずかに一行にすぎない(143)。

レーガンが結婚し、『ニュート・ロックニー』が成功してほどなく、一九四一年五月に、父のジャックが五十七歳で亡くなった。長年の飲酒癖で、彼の心臓はすっかり衰弱していた。ノートルダム大学での試写会に出席したことが、ジャックの最後の喜びとなった。もちろん、父は試写会でも泥酔したが、主演のオブライエンとすっかり意気投合して、飲み友達になってしまった。また、自慢の息子のおかげで、ジャックとネリは晩年に初めて持ち家で過ごすことができた。貧しいアイルランド移民にとって、念願の土地取得であった。

父と息子との役割を逆転させ、幸せを演じることで、レーガンは不遇だった幼少期の記憶を、映画のように編集しようとしていたという、フロイト的解釈さえある。父の葬儀で、レーガンは孤独と空虚に包まれていた。すると、父の声が聞こえた。「わしは大丈夫だ。とても幸せな所にいるんだ。不幸になるな」。そこで、レーガンは傍らの母に話し掛けた。「ジャックは大丈夫さ。とても幸せな所にいるんだ」。こうして、孤独と空虚は霧散したという(144)。見事な楽観主義であろう。さすがは「幸福な戦士」である。

父の死から二一年後に、最愛の母ネリも亡くなる。アルツハイマー病を長年患った末のことであった。擦り切れて書き込みだらけの聖書とこの宿痾《しゅくあ》を、息子は母から受け継いだ(145)。

父の死に先立って、レーガン家には長女モーリン(Maureen Reagan)が誕生していた。今度は彼が父になったのである。仕事も順調であった。一九四一年八月には、映画雑誌の読者による投票で、レーガンは

「急成長のスター」部門の五位に選ばれた。十二月三日には、彼はエロール・フリンに少し及ばないものの、ジェームズ・キャグニーより多くのファンレターを受け取っていると、ワーナー・ブラザーズは発表した(146)。もはやスターとしての確固たる地位を獲得したかに見えた。

だが、それからわずか四日後の十二月七日（日本時間は八日）、アメリカは「屈辱の日」（day of infamy）を経験する。日本海軍がハワイの真珠湾を奇襲攻撃したのである。多くのアメリカ人同様に、「急成長のスター」の人生は急変することになる。

七 「セルロイドの爆弾工場」——戦時下のハリウッド

郊外への従軍

太平洋に面し、航空機産業の拠点を要するロサンジェルスでは、とりわけ日本からの攻撃が危惧された。一九四二年二月には、日本海軍の潜水艦がカリフォルニアの製油所を攻撃していた。被害は軽微だったが、アメリカ本土への攻撃としては一八一二年の米英戦争以来初のことであった。その直後にも、日本によるサンタモニカ、ロサンジェルス空爆の誤報が流れ、米陸軍が対空砲火を実施し、西海岸、さらには全米をパニックに陥れた。いわゆる「ロサンジェルスの戦い」である。そのようすは、スティーヴン・スピルバーグ監督『１９４１』(*1941*, 1979) でコミカルに描かれている。もちろん、現実はコミカルとはほど遠く、やがてローズヴェルトは大統領令を発して、日系アメリカ人一二万人を全米一〇カ所の強制収容所に追いやった。

アメリカの参戦にともない、ハリウッドでもスターや監督、スタッフたちが、次々に召集されていった。

キャプラやフォードのような巨匠、ジェームズ・スチュワート、クラーク・ゲーブル（Clark Gable）、タイロン・パワー（Tyrone Power）といった大スターたちも軍服を着た。スチュワートは兵卒として陸軍航空部隊に入隊し、B―17やB―24爆撃機で合計一八〇〇時間、二〇回も出撃する危険を冒して、ついには大佐にまで昇進した。戦後は予備役の准将となり、さらに、レーガン大統領によって空軍少将に任ぜられた。ゲーブルは妻を飛行機事故で亡くした悲嘆から陸軍航空部隊に志願し、安全な慰問活動を拒否して、やはりヨーロッパ戦線で爆撃のために何度も飛び立った。彼が少佐で退官する際に、必要書類にサインしたのはレーガン大尉であった。パワーは妻や男性の恋人と別れて海兵隊に入り、太平洋戦線で輸送機のパイロットになった。戦後は進駐軍として来日して、一時は銀座で交通整理にあたった(147)。他方で、ジョン・ウェインやエロール・フリン、ケリー・グラント（Cary Grant）は従軍を免れた。もちろん、第一次世界大戦時以上に、多くのスターたちが戦時国債の販売に奔走した（そのための旅行中に、ゲーブルの妻は亡くなった）。

すでにレーガンはデモイン時代の一九三七年から陸軍で予備役将校になっていた。乗馬の機会を得るためであった。開戦となれば、召集は不可避である。ようやく四二年四月十八日に、妻子に見送られながらレーガンも召集された。『嵐の青春』が公開されて好評を博し、フリンとの共演作『戦場を駆ける男』の封切直前であった。それでもむしろ、ここまで徴兵が猶予されたのはジャック・ワーリーとリッサーマンの政治力による。

同じころに太平洋を挟んで、のちに盟友となる中曾根康弘は、海軍短期現役制度を経て海軍主計中尉に任官し、呉の鎮守府に勤務していた(148)。

召集はされたものの、レーガンはロサンジェルスの陸軍航空部隊情報部の第一映画部隊（First Motion

Picture Unit: FMPU）に配属され、訓練用の映画や戦意高揚映画の製作に携わることになった。彼の視力では戦闘任務は無理だったのである。「もし君が戦地に赴任すれば、米軍の将軍を撃ってしまうだろう」「そうだ。しかも、的を外すことだろう」と、医師たちは彼に告げた。

この映画班でのレーガンの上官は、何とジャック・ワーナー中佐であった。それもそのはずで、ワーナーが陸軍航空部隊司令官のヘンリー・アーノルド（Henry Arnold）将軍に働き掛けて、この第一映画部隊が設置されたのである。この班は、少なくとも四〇〇もの映画を製作した（ただし、ほとんどは三〇分以下の短編である）。ジャックはアーノルドと陸軍航空部隊のイメージ向上に努め、アーノルドはジャックと映画業界により多くの資源を投入した。持ちつ持たれつの関係である。一九四三年初頭の段階で、陸軍には一一、海軍には一〇、その他の政府機関にも八の映画班ができる。そして、ジャックのライバル、20世紀フォックスの「大立者」ダリル・ザナック（Darryl F. Zanuck）も影響力を拡張していた(149)。

先述のように、一九三〇年代にはいくつものリンカーン映画が製作され、ローズヴェルト大統領にエールを送ったが、ザナックも戦争末期の四四年にヘンリー・キング（Henry King）監督『ウィルソン』（*Wilson*）を手掛けた。第一次世界大戦後に国際連盟の創設を訴えた大統領を描くことで、第二次世界大戦後の国際主義を鼓舞し、アメリカの国際連合加盟を促したのである。大統領が議会を先導すべきだと主張した点で、ウィルソンは現代大統領制の先駆けでもあった(150)。その政治的メッセージはあまりに明確であり、軍隊での政治的宣伝を禁じた将兵投票法（Soldier Voting Act of 1942）に抵触するおそれがあるとして、陸軍省はこの映画の上映をしばらくの間は禁じたほどである(151)。

このような政府や軍と映画産業の濃密な関係を、コーポラティズム（利害を共有する政府と民間の諸組織が政策を練り上げる政治形態）と見る論者もある(152)。そもそも、ハリウッドと軍との協力関係は、第一次世界大戦時にグリフィスを戦場に派遣した公共情報委員会（Committee on Public Information）に遡《さかのぼ》り、それが第二次世界大戦では戦時情報局（Office of War Information）に発展する。こうして、ワシントンとハリウッドは、イメージのみならず実態としても連結していった。

さて、レーガンはハリウッド郊外からスクリーンを通じて、スタッズ・ターケル（Studs Terkel）が言うところの「よい戦争」(153)に参戦することになった。「諸君は高度三万フィートで本州に近づきつつある」と、彼は日本を爆撃するシミュレーション映画のナレーションを務め、太平洋戦線で戦う兵士たちの人気を博した。また、他の映画では、レーガンは憧れのローズヴェルト大統領と声の「共演」を果たしている。「何しろ彼自身が全く理解していない事柄なのに、彼が語ると信じがたい説得力を持ってしまうのだ」と、当時の同僚はレーガンのナレーションを絶賛している(154)。

ほぼ毎週末に、レーガンは家族の元に戻ることもできた。しかも、まとまった読書の時間も確保できた。少年のころから彼は読書好きだったが、撮影の待機時間や列車での長旅でさらに習慣化していた。とりわけ、レーガンは『リーダーズ・ダイジェスト』(*Reader's Digest*) 誌を愛読するようになり、その記事を熱心に暗記した。「レーガンから中身をすべて聞かされた」と、ある同僚は不平を述べている(155)。同誌は一九二二年に創刊された家族用の保守的な月刊誌で、二九年には二九万人の読者を有し、三八年からイギリスでも販売されるようになった。エリートと大衆の中間の読者層を中心に、部数と影響力を伸ばしていた。同誌に代表されるミドルブロウな文化は、「社会的エリートと一般大衆を明確に区別していた境界を侵食し、本物の文化を見せ掛けの文化商品に変えてしまう危険でいかがわしい現象として、一部の知的エリート層に忌み嫌われ激しく攻撃された」という(156)。とすれば、『リーダーズ・ダイジェスト』はレーガンそのものである。その後も、こうしたミドルブロウのニューメディアや通俗的な教養書が、彼の重要な情報源になった。

さて、一九四二年になると、二七〇〇〇人ものハリウッドの映画関係者が従軍していた。映画産業に携わる人口の、およそ一二パーセントにあたる。最終的には、その数は四〇〇〇〇人、全体の二二パーセントにいたる。映画評論家の筈見有弘によると、戦時下のハリウッドは「セルロイドの爆弾工場」と化して、戦意高揚映画を量産していた(157)。

すでに一九三九年四月のニューヨーク万博の開会式で、F・D・ローズヴェルト大統領のスピーチがテレビで生中継され、テレビへの関心が急速に高まっていた。ローズヴェルトはテレビに登場した最初の大統領である。また、先述のように、反トラスト法違反でスタジオ・システムも訴訟の対象になっていた。「セルロイドの爆弾工場」として政府との協力を推進する必要性が、ハリウッドには充分あったのである。戦争はハリウッドのために時を稼ぎ、新たな使命を与えた。「真珠湾は、ある者にとっては災厄だったが、ハリウッドにとっては恩恵であり、近くの飛行機工場にとっては福の神だった」(158)。レーガンにとって、アメリカ参戦はキャリアの深刻な中断になったが、その彼もハリウッド版コーポラティズムにしっかりと組み込まれていたことになる。

また、米軍は日本映画など敵国映画も、地形や建造物の位置確認、将兵の教育などに活用していた(159)。こうした戦時のさまざまな経験を活かして、第二次世界大戦後も、国防省は映画界に組織的に影響力を及ぼし続ける。いわば、「ハリウッド作戦」(Operation Hollywood) である。これに対して日本では、戦前は軍による一方的な映画への統制、戦時中は敵国映画の公開禁止、戦後も長らく、自衛隊による断続的で非組織的な映画製作への協力にとどまった(160)。

レーガン主演の戦意高揚映画としては、マイケル・カーティス監督による一九四三年のミュージカル映画『これが陸軍だ』(*This Is the Army*, 邦題は『ロナルド・レーガンの陸軍中尉』)がある。ジョージ・マーフィー(George Murphy)演じるブロードウェイのベテラン・スターが第一次世界大戦に徴兵されて陸軍でショーを演じ、その息子(レーガン)が第二次世界大戦に志願してミュージカルを成功させるという、親子二代の愛国物語である。「ホワイト・クリスマス」で知られるアーヴィング・バーリン(Irving Berlin)が作曲を担当している。

ここでも、レーガンは軍服姿の出演となった。実に、二十世紀の大統領の中で、職業軍人だったドワイト・アイゼンハワーを別にすれば、フィクションとはいえ、レーガンほど頻繁に軍服姿を大衆に示した者はいない(161)。レーガンの軍服姿と声は、アメリカの国力と愛国心に深く結び付いて人々に記憶された。彼にとって、これは大きな政治的資産となる。

『これが陸軍だ』には、無名の俳優の演じるローズヴェルト大統領も登場するが、作中の大統領は自分の足で歩いている。当時、ローズヴェルトが車椅子に乗っていることは秘密であり、ほとんど知られていなかったのである。また、この映画では、黒人兵も白人兵に混じってミュージカルに参加している。実際には、当時の米軍では黒人は職種や階級で厳しく差別されていた。だが、ナチスの人種差別を糾弾し、黒人を危険な戦地に動員するには、人種融合の演出が必要であった(162)。このように理想化されたアメリカで生きるのは、レーガンの得意技でもあった。

この作品を通じて、レーガンは二つのものを得た。一つは政治との邂逅《かいこう》である。共演者のマーフィーはやはり「エメラルド島仲間」で、MGMで「アイルランド系のフレッド・アステア」(Irish Fred Astaire)と呼ばれたほど、歌って踊る達者な俳優であった。同時に、彼はSAGの熱心な活動家だったが、MGMの「大立者」メイヤーに引き立てられて、民主党支持から保守派に転向していた。先述のように、レーガンもSAGの若手幹部であり、思想信条の異なるマーフィーと大いに政治的な議論を楽しんだ。やがて、メイヤー、マーフィー、先述のパウエル、それに、レーガンと、ハリウッドの保守派人脈が築かれる(163)。とりわけ、メイヤーは頑迷固陋《がんめいころう》な保守派で知られ、フーヴァー大統領と懇意であった。二人は「事実上同衾《どうきん》している」とまで、ある女優は語っている(164)。そのメイヤーは、政治に露骨に介入さえした。たとえば、一九三四年のカリフォルニア州知事選挙では、ノーベル文学賞受賞の社会風刺作家シンクレア・ルイス（Sinclair Lewis）が民主党候補になることを、スタジオを挙げて阻止している(165)。

もう一つ、レーガンは職業上の不安も募らせることになった。「戦争が終わったら、ショービジネスを仕事にすることを真面目に考えてみてはどうかね？」――映画が完成すると、作曲家のバーリンがレーガンにこう語り掛けたのである(166)。自分はそれほど無名だったのか？ それとも、早くも忘れ去られたのか？ プロの映画俳優として、レーガンにはこの言葉は心外であり衝撃であった。

『これが陸軍だ』の前年に、カーティス監督は『ヤンキー・ドゥードゥル・ダンディ』（*Yankee Doodle Dandy*, 1942）と『カサブランカ』（*Casablanca*）を撮り終えていた。『ヤンキー・ドゥードゥル・ダンディ』も戦意高揚のミュージカル作品だが、『これが陸軍だ』よりもはるかに評価が高い。『ヤンキー・ドゥードゥル・ダンディ』にも、劇中にリンカーン記念堂や、椅子にかけた後姿のローズヴェルト大統領が登場する。『カサブランカ』は映画史に残る名作で、主演はもちろんハンフリー・ボガートとイングリッド・バーグマン（Ingrid Bergman）である。実は、『嵐の青春』で共演したレーガンとアン・シェリダン（Ann Sheridan）が主役に抜擢《ばってき》されるという話もあった。芸能界ではよくあることだが、その後により有名なキャストを発表して注目を集めるためになされる、意図的な誤報であった(167)。後年、友人にこのことを問われると、レーガンはいつものように小首を傾けて笑みを浮かべ「さて（well）」と前置きした上で、「実はそうなんだ。しかし、最後にイングリッド・バーグマンに役をとられてね」と答えたという(168)。もしレーガンが『カサブランカ』に主演していたら、名作が凡作になっていたか、あるいは、のちにアメリカ政治史が変わっていたか、いずれも興味深い「歴史のイフ」である。

多彩な職人カーティスは、一九四三年に『モスクワへの密使』(*Mission to Moscow*, 日本未公開)も手掛けている。駐ソ大使を務めたジョセフ・デイヴィス(Joseph Davis)の書物をもとにして、ソ連を美化した作品である。スターリンをはじめとするソ連首脳や、やはり椅子にかけた姿のローズヴェルト、チャーチル、さらには日本の駐ソ大使だった重光葵までを、俳優たちが巧みに演じている。だが、その内容については、ソ連ですらここまで事実を歪曲したプロパガンダ映画は作れなかったろうとの批判もある。戦時下の米ソ協調路線の産物であり、こうした数々の親ソ容共映画の製作が、戦後にハリウッドが反共主義の標的にされる理由の一端でもある。

陸軍での経験

さて、従軍経験を通じて、レーガンの演技はともかく、その声と話術にはさらに磨きがかかった。さらに、レーガンは在郷軍人協会のために、戦時国債の販売のために、そして航空ショーのために語り続けた。いずれも、大衆の心をつかむ絶好の訓練となった。

他方で、レーガンは軍隊に巣食う官僚主義に嫌気がさしていた。「この戦時下のお役所体制に存在していた非能率、縄張り意識、マンネリズムは、どうにもいただけないものだと結論するのに、そう時間はかからなかった」と、彼は回顧している。あるポストの削減を提案すると、上司は「正気を失ったのかと言わんばかりの表情で」レーガンを見つめたし、不要な書類の廃棄処分を求めると、「廃棄する書類それぞれのコピーをとっておくことを条件に」、その申請は認められたという(169)。また、ワシントンから文民職員の人数を三五パーセント削減するよう指示が届くと、現場は頭数をごまかして逆に増員してしまった。これにはレーガンも驚愕した。「私の頑迷なリベラリズムが動揺した最初の機会だった」と、彼は言う(170)。レーガンの周囲にも、倦怠《けんたい》感が流れていた。後年、レーガンが知事や大統領として午後五時前後には職場を離れたのは、彼が怠惰だったからではなく、スタッフに無駄な時間を過ごさせない配慮だったという。

いよいよ戦争も末期に近づいた時、レーガンはさらに衝撃的な体験をする。

レーガンの所属する第一映画班がドイツのブッチェンバルド強制収容所の解放に立ち会い、ホロコーストの凄惨なようすを撮影した。そのフィルムが編集のため本国に送られ、幾人かの将校が試写に参加した。レーガンもその一人であった。「恐怖に襲われたわれわれが見守る中で、〝死体〟の一つがひじをついて身を起こし、手を差し伸べた。死体の海の中から出てきた一本の手は、必死に救いを求めているかのようだった」と、彼はその衝撃を記している(171)。のちに『決して忘れまい』(*Lest We Forget*, 1947)となるこの映像を見た経験から、自分がナチスの強制収容所の解放に立ち会ったと、レーガンは後年語った。しかも、相手はイスラエルの首相であった(172)。これはレーガン政権にとって大きな痛手となった。

これほど大打撃ではなかったものの、レーガンのお気に入りの戦争のエピソードも、メディアの失笑を招いた。フォードと共和党の大統領候補指名を争っていた時、彼は真珠湾奇襲攻撃について語った。調理しか担当できなかった黒人水兵が、敢然と機関銃で日本の爆撃機に応戦した。それ以来、米軍での人種による隔離が改まったというのである。米軍での人種による隔離は戦後まで続いたと反論されても、レーガンはその黒人兵の姿をはっきりと覚えていると主張したのである。おそらく、それはハワード・ホークス(Howard Hawks)監督『空軍　エア・フォース』(*Air Force*, 1943)でジョン・ガーフィールド(John Garfield）が演じたシーンとの混同であろう。そもそも、レーガンは真珠湾にはいなかったのだから(173)。だれにとっても記憶は選別的だし、現実と想像の混同も珍しくない。しかし、レーガンの場合はそれが著しかった。それが彼を楽観的にし、体制と順応させて、不愉快な現実（たとえば、戦地での経験の欠如）から保護した。ゲリー・ウィルズは、レーガンによる記憶のデフォルメをディズニーランドの建物にたとえている。あるいは、映画の編集作業にも似ている。自らの記憶や誇張についても、レーガンの手法は大衆文化的であった。

一九四五年七月十一日に、レーガンは大尉で陸軍を除隊した。のちの盟友も、当時は敵対していた。中曾根は海軍主計大尉で、そのころは高松に配属されていた。八月六日の朝に西の空から煙の立ち上るのを、彼はその地で目撃したという(174)。やがて、彼は復員して廃墟の東京に戻り、「茫然として立ちつくし、軍服を脱ぎながら考えましたよ。これからほんとうにこの国を建て直していけるのだろうか、国民生活はほんとうに回復できるのだろうかと」(175)。

レーガンにすれば、復員はわずか二〇キロばかりを移動して、ハリウッドに戻るだけのことではあった。それでも、第二次世界大戦は彼にさまざまな影響を与えた。まず、レーガンが俳優生活の頂点に達した時、戦争がそのキャリアを中断した。これまでのレーガンの映画出演数を整理すると、一九三八年公開は七（うち主演三）、三九年八（同四）、四〇年六（同二）、四一年四（同二）、四二年三（同一）となり、従軍中は陸軍による短編映画九本を除くと、四三年の『これが陸軍だ』のみとなった。

家庭にも変化があった。復員の四カ月前に、レーガン夫妻はマイケル（Michael Reagan）という、生後三日目の赤ん坊を養子に迎えた。他方で、妻は女優として急速に成功しつつあった。やがて、夫婦関係は危機を迎える。

さらに、「ローズヴェルト・デモクラット」としてのレーガンの政治的信念も、大きく揺らぎつつあった。すでに四月十二日には、ローズヴェルト大統領自身が忽然《こつぜん》と世を去っていた。メディア史的には、この黄金の声を持つ大統領の死は、ラジオの全盛時代の終わりをも予兆していた。

こうして、レーガンは第二次世界大戦後に、人生の「残り半分」を探さなければならなくなったのである。現代大統領制と古典的ハリウッド映画の融合が、それを可能にするのである。

◆注

（1）谷川冬二「大飢饉と移民」風呂本武敏編『アイルランド・ケルト文化を学ぶ人のために』（世界思想社、二〇〇九年）五五―五六頁。

（2）同書、六一頁。

（3）アイルランドからの移民の歴史については、Jay P. Dolan, *The Irish Americans: A History* (NY: Bloomsbury Press, 2008) が詳しい。

（4）カービー・ミラー、ポール・ワグナー／茂木健訳『アイルランドからアメリカへ――700万アイルランド人移民の物語』（東京創元社、一九九八年）二一七頁。

（5）ロナルド・レーガン／尾崎浩訳『わがアメリカンドリーム――レーガン回想録』（読売新聞社、一九九三年）（以下、『回想録』）四八六頁。

（6）同書、四八五頁。

（7）伊達雅彦「アメリカ映画に見るアイルランド系アメリカ人の表象――警察官・刑事と消防士の世界」結城英雄・夏目康子編『アイリッシュ・アメリカンの文化を読む』（水声社、二〇一六年）一五一―一五二頁。

（8）デイヴィッド・ハルバースタム／金子宣子訳『ザ・フィフティーズ――1950年代アメリカの光と影 第3部』（新潮OH!文庫、二〇〇二年）三七〇頁。

（9）渡辺真治・西崎京子訳『アメリカ古典文庫9 フレデリック・J・ターナー』（研究社出版、一九七五年）を参照。

(10) William Steding, *Presidential Faith and Foreign Policy: Jimmy Carter the Disciple and Ronald Reagan the Alchemist*（NY: Palgrave Macmillan, 2014), p. 88.

(11) Garry Wills, *Reagan's America: Innocents at Home*（NY: Doubleday, 1988), pp. 9–19.

(12)『回想録』一二五頁。

(13) オットー・フリードリック／柴田京子訳『ハリウッド帝国の興亡——夢工場の一九四〇年代』（文藝春秋、一九九四年）一二八頁。

(14) Steding, *op. cit.*, p. 91. レーガンの宗教観については、Paul Kengor, *God and Ronald Reagan: A Spiritual Life*（NY: Regan Books, 2004）も参照。

(15)『回想録』二五頁。

(16) 榊原胖夫・加藤一誠『アメリカ経済の歩み』（文眞堂、二〇一一年）三六頁。

(17) 加藤幹郎『映画とは何か——映画学講義』（文遊社、二〇一五年）二一八頁。

(18) この日米首脳会談については、藤本一美・浅野一弘『日米首脳会談と政治過程——1951年〜1983年』（龍渓書舎、一九九四年）五八六—六〇八頁を参照。

(19) Richard Viguerie, *Takeover: The 100-Year War for the Soul of the GOP and How Conservatives Can Finally Win It*（NY: WND Books, 2014).

(20)『回想録』二六頁、二七頁。

(21) Margot Morrell, *Reagan's Journey: Lessons from a Remarkable Career*（NY: Threshold Editions, 2011), p. 218.

(22) Michael Paul Rogin, *Ronald Reagan, the Movie and Other Episodes in Political Demonology*（Berkeley, CA: University of California Press, 1987), pp. 21–23.

(23) S・フロイト、W・C・ブリット／岸田秀訳『ウッドロー・ウィルソン——心理学的研究』（紀伊國屋書店、一九六九年）。他にも、自殺を遂げた初代米国防長官ジェームズ・フォレスタルを心理学的に分析した評伝として、Arnold A. Rogow, *James Forrestal: A Study of Personality, Politics, and Policy*（NY: Macmillan, 1963）が有名である。また、日本の心理学者が戦後アメリカの歴代大統領の心理を分析した概説書として、中西信男『アメリカ大統領の深層――最高権力者の心理と素顔』（有斐閣選書、一九八八年）がある。

（24） たとえば、Susan Jeffords, *Hard Bodies: Hollywood Masculinity in the Reagan Era* (NJ: Rutgers University Press, 1994) を参照。

（25） アメリカ外交における疫学的起源については、永井陽之助『冷戦の起源――戦後アジアの国際環境』（中央公論社、一九七八年）の第一章を参照。また、外部からの侵入をめぐる映画のメタファーを多角的に論じたものとして、西山智則『恐怖の君臨――疫病・テロ・畸形のアメリカ映画』（森話社、二〇一三年）がある。「米国最初の長編映画『国民の創生』（一九一五年）では、小屋に侵入してくる黒人の一群が描かれ、「侵入される家」の原型が誕生したが、それは西部劇に継承され、ゾンビ映画では、家のドアや窓を破り侵入してくるゾンビの手が恐怖をふりまいている。侵入者から侵入される被害者へと、本来の関係を逆転させる「物語の暴力」が、感染の猛威をふるっているのである」と、西山は論じている（一一五頁）。

（26） 服部龍二『中曽根康弘――「大統領的首相」の軌跡』（中公新書、二〇一五年）序章。

（27） 佐藤卓己『現代メディア史』（岩波書店、一九九八年）一四七頁。吉見俊哉『メディア文化論――メディアを学ぶ人のための15話』（有斐閣アルマ、二〇〇四年）一七二―一七三頁。また、アメリカにおけるラジオやテレビと政治の関係については、Ralph Engelman, *Public Radio and Television in America: A Political History* (Thousand Oaks, CA: Sage Publications, 1996), 日本語では、水越伸『メディアの生成――アメリカ・ラジオの動態史』（同文舘出版、一九九三年）を参照。

（28） 佐藤、同書、一四七頁。

（29） 榊原・加藤、前掲、四二頁。

（30） Michele Hilmes, *Only Connect: A Cultural History of Broadcasting in the United States*, 4th ed. (Boston, Mass., Cengage Learning, 2013), p. 57, p. 10.

（31） F・L・アレン／藤久ミネ訳『オンリー・イエスタディ――1920年代・アメリカ』（ちくま文庫、一九九三年）二二二頁。原著の初版は一九三一年である。

（32） Jules Tygiel, *Ronald Reagan and the Triumph of American Conservatism*, 2nd ed.（NY: Longman, 2006）, p. 36.

（33）『回想録』三六頁。

（34）亀井俊介『ハックルベリー・フィンのアメリカ――「自由」はどこにあるか』（中公新書、二〇〇九年）。

（35） Ronald Reagan and Richard G. Hubler, *Where's the Rest of Me?*（NY: Karz-Segil Publishers, 1965）, p. 7.

（36）不都合な記憶を隠蔽するために別の記憶を創造することを、フロイトは「隠蔽記憶」（screen memory）と呼んだ。これは個人の記憶だけでなく、集団による文化的記憶にも該当する。マリタ・スターケン／岩崎稔・杉山茂・千田有紀・高橋明史・平山陽洋訳『アメリカという記憶――ベトナム戦争、エイズ、記念碑的表象』（未來社、二〇〇四年）一九―二八頁。

（37） Steding, *op. cit.*, ch. 6.

（38） *Ibid.*, p. 92.

（39）ナンシー・レーガン／広瀬順弘訳『マイ・ターン――ナンシー・レーガン回想録』（読売新聞社、一九九一年）一四八頁。

（40）ロバート・スクラー／鈴木主税訳『アメリカ映画の文化史――映画がつくったアメリカ』上（講談社学術文庫、一九九五年）二五八―二五九頁。

（41）町山智浩『最も危険なアメリカ映画――『國民の創生』から『バック・トゥ・ザ・フューチャー』まで』（集英社インターナショナル、二〇一六年）二八頁。

（42）加藤幹郎『ヒッチコック『裏窓』ミステリの映画学』（みすず書房、二〇〇五年）四四頁。

（43） Ronald Brownstein, *The Power and the Glitter: The Hollywood-Washington Connection*（NY: Vintage Books, 1992）, p. 7.

（44）『回想録』四〇頁。

（45） John Cheng, *Astounding Wonder: Imagining Science and Science Fiction in Interwar America*（Philadelphia: University of Pennsylvania Press, 2012）.

(46) Harold Bell Wright, *That Printer of Udell's: A Story of the Middle West* (NY: Pelican, 1996). 初版は一九〇二年である。

(47) Andrew Helfer, with Art by Steve Buccellato and Joe Staton, *Ronald Reagan: A Graphic Biography* (NY: Hill and Wabg, 2007), pp. 12–13.

(48) アレン、前掲、一六五―一六六頁。

(49) Sean Wilentz, *The Age of Reagan: A History 1974–2008* (NY: Harper, 2008), p. 129.

(50) H. W. Brands, *Reagan: The Life* (NY: Doubleday, 2015), p. 9.

(51) アレン、前掲。

(52) Robert Dallek, *Ronald Reagan: The Politics of Symbolism, with a New Preface by the Author* (MA: Harvard University Press, 1999), pp. 6–10.

(53) 潮木守一『アメリカの大学』(講談社学術文庫、一九九三年)二五七―二五八頁。

(54) F・ルドルフ/阿部美哉・阿部温子訳『アメリカ大学史』(玉川大学出版部、二〇〇三年)三四七頁。

(55) 川島浩平『人種とスポーツ――黒人は本当に「速く」「強い」のか』(中公新書、二〇一二年)五五頁。

(56) Kiron K. Skinner, Annelise Anderson, and Martin Anderson, eds., *Reagan in His Own Hand: The Writing of Ronald Reagan that Reveal His Revolutionary Vision for America* (NY: Free Press, 2001), p. 3.

(57) 『回想録』五二頁。

(58) Dallek, *op. cit.*, p. xv, p. 19.

(59) 『回想録』五九頁。

(60) ルドルフ、前掲、三四〇頁。

(61) 『回想録』六二頁。

(62) Reagan and Hubler, *op. cit.*, p. 43.

(63) 『回想録』五九頁。

(64) Eureka College. 〈https:www.eureka.edu/〉

(65) Brands, *op. cit.*, p. 53.
(66) Reagan and Hubler, *op. cit.*, p. 44.
(67) Morrell, *op. cit.*, pp. 42–43.
(68) 『回想録』七六頁。
(69) Christopher H. Sterling and John Michael Kittross, *Stay Tuned: A History of American Broadcasting*, 3rd ed.（Mahwah, N. J.: Lawrence Erlbaum Associates, 2001), pp. 119–121.
(70) マーク・トウェイン／吉田映子訳『ミシシッピの生活――マーク・トウェイン コレクション②―B』下（彩流社、一九九五年）二三五頁。
(71) 『回想録』八二―八四頁。
(72) Roger Rosenblatt, “Out of the Past, Fresh Choices for the Future,” *Time*, 5 January, 1981, pp. 11–14.
(73) Reagan and Hubler, *op. cit.*, p. 61.
(74) Edmund Morris, *Dutch: A Memoir of Ronald Reagan*（NY: Random House, 1999), p. 12[illegible].
(75) デイヴィッド・レムニック／石井栄司訳『懸け橋（ブリッジ）――オバマとブラック・ポリティクス』上（白水社、二〇一四年）二五七―二五九頁。
(76) 同書、五七頁。
(77) ライスについては、川島、前掲、一二一―一二二頁。
(78) 『回想録』九四頁。
(79) Morrell, *op. cit.*, p. 54.
(80) Jacob Weisberg, *Ronald Reagan*（NY: Times Books, 2016), p. 18.
(81) Sterling and Kittross, *op. cit.*, pp. 122–125.
(82) 逢坂巌『日本政治とメディア――テレビの登場からネット時代まで』（中公新書、二〇一四年）七―八頁。
(83) Timothy Raphael, *The President Electric: Ronald Reagan and the Politics of Performance*（Ann Arbor: University of Michigan Press, 2009), pp. 93–94.

(84) Mark Feeney, *Nixon at the Movies: A Book about Belief* (Il.: University of Chicago Press, 2004), p. x.

(85) Ian Scott, *American Politics in Hollywood Film* (UK: Edinburgh University Press, 2000), p. 31.

(86) "List of Actors Who Played President of the United States" によると、リンカーンが三九回、セオドア・ローズヴェルトが二四回、ワシントンが二〇回、ケネディが一四回、そして、F・D・ローズヴェルトが一一回、アメリカ映画の中で俳優によって演じられている〈https://en.m.wikipedia.org/wiki/list_of_actors_who_played_President_of\the?United_States〉。

(87) Samuel Kernell, *Going Public: New Strategies of Presidential Leadership*, 3rd ed. (DC: CQ Press, 1997), p. 2.

(88) 『独裁者』をめぐるチャップリンとヒトラーの対立については、大野裕之『チャップリンとヒトラー――メディアとイメージの世界大戦』(岩波書店、二〇一五年)に詳しい。また、ヒトラーとメディアの関係については、高田博行『ヒトラー演説――熱狂の真実』(中公新書、二〇一四年)も参照。

(89) Terry Christensen and Peter J. Haas, *Projecting Politics: Political Messages in American Films* (NY: M. E. Sharpe, 2005), p. 95.

(90) 『回想録』八六頁。

(91) 待鳥聡史『アメリカ大統領制の現在――権限の弱さをどう乗り越えるか』(NHKブックス、二〇一六年)六五頁。

(92) William E. Leuchtenburg, *In the Shadow of FDR: From Harry Truman to Ronald Reagan* (Ithaca, NY: Cornell University Press, 1983); John Hart et al., ed., *The Modern Presidency: From Roosevelt to Reagan* (NY: Harper & Row, 1987), Introduction 参照。

(93) 『回想録』一〇三頁。

(94) Marc Eliot, *Reagan: The Hollywood Years* (NY: Three Rivers Press, 2008), pp. 45-46.

(95) 『回想録』一〇五頁。

(96) Eliot, *op. cit.*, p. 49.

(97) Lou Cannon, *President Reagan: The Role of a Lifetime* (NY: Simon & Schuster, 1991), p. 64.

(98) Michael Paul Rogin, *Blackface, White Noise: Jewish Immigrants in the Hollywood Melting Pot* (Berkeley,

CA.: University of California Press, 1996）を参照。

(99) ヴァルター・ベンヤミン／浅井健二郎編訳／久保哲司訳「複製技術時代の芸術作品」『ベンヤミン・コレクションI——近代の意味』（ちくま学芸文庫、一九九五年）六三〇頁。

(100) ワーナー兄弟については、*The Brothers Warner*, directed by Cass Warner（Warner Home Video, 2010）が参考になる。

(101) アンドレア・グローネマイヤー／豊原正智・犬伏雅一・大橋勝訳『ワールド・シネマ・ヒストリー』（晃洋書房、二〇〇四年）六五頁。

(102) スクラー、前掲、二九九—三〇〇頁。

(103) ハリウッドにおけるユダヤ人実業家の影響力については、ニール・ギャブラー／竹村健一訳『ユダヤの帝国』上・下（竹書房、一九九〇年）に詳しい。

(104) モーグルたちについては、エドワード・J・エプスタイン／塩谷紘訳『ビッグ・ピクチャー——ハリウッドを動かす金と権力の新論理』（早川書房、二〇〇六年）を参照。

(105) W・H・ヘルムス／登川直樹訳『映画産業』、ウォルター・アダムス編／藤瀬五郎ほか訳『アメリカの産業構造』（時事通信社、一九五八年）四六七頁。

(106) 蓮實重彦『ハリウッド映画史講義——翳りの歴史のために』（筑摩書房、一九九三年）二二頁。

(107) ワーナー兄弟の反ナチスの姿勢については、Michael E. Birdwell, *Celluloid Soldiers: The Warner Bros.'s Campaign Against Nazism*（NY: New York University Press, 1998）を参照。

(108) 内藤篤『ハリウッド・パワーゲーム——アメリカ映画産業の「法と経済」』（TBSブリタニカ、一九九一年）一四四頁。

(109) Stephen Vaughn, *Ronald Reagan in Hollywood: Movies and Politics*（NY: Cambridge University Press, 1994）, pp. 33–36.

(110) 木谷佳楠『アメリカ映画とキリスト教——120年の関係史』（キリスト新聞社、二〇一六年）五一頁。

(111) 宮本陽一郎『モダンの黄昏——帝国主義の改体とポストモダニズムの生成』（研究社、二〇〇二年）の第5章「ギャングスターと「最高の検閲官」——古典ギャング映画小史」を参照。

(112) 前掲 *The Brothers Warner* 内でのコメント。

(113) 塚田幸光「プロダクション・コードの性／政治学《ポリティクス》——ジェンダー、幽閉、「サンセット大通り」」杉田米行編『アメリカ観の変遷 上巻［人文系］』(大学教育出版、二〇一四年) 一三七頁。

(114) Eliot, *op. cit.*, p. 52.

(115) ワッサーマンについては、Dennis McDougal, *The Last Mogul: Lew Wasserman, MCA, and the Hidden History of Hollywood* (Mass.: Da Capo Press, 2001) を参照。

(116) Morrell, *op. cit.*, p. 80.

(117) Eliot, *op. cit.*, p. 9.

(118) Tony Thomas, *The Films of Ronald Reagan* (Secaucus, NJ: Citadel Press, 1980), p. 62.

(119) Tygiel, *op. cit.*, pp. 66-67.

(120) Rick Perlstein, *The Invisible Bridge: The Fall of Nixon and the Rise of Reagan* (NY: Simon & Schuster, 2014), p. 346.

(121) セレブと政治の関係については、たとえば、Mark Wheeler, *Celebrity Politics* (Cambridge, UK: Polity, 2013) を参照。

(122)『素晴らしき哉、人生!』の分析については、吉本光宏『陰謀のスペクタクル——〈覚醒〉をめぐる映画論的考察』(以文社、二〇一二年) 一三三—一四八頁。また、吉本は、一連のキャプラ映画のもつ「暗さ」についても鋭く分析している。一九四—二三五頁。

(123) Vaughn, *op. cit.*, p. 52.

(124) このシリーズとその時代背景については、*ibid.*, chapter 6 を参照。

(125) Michael Denning, *The Cultural Front: The Laboring of American Culture in the Twentieth Century* (NY: Verso, 1996), 特に chapter 10 and chapter 11.

(126) Vaughn, *op. cit.*, p. 94.

(127) マイケル・カジン「アメリカにおけるポピュリズムの歴史――ポピュリズムと政治的進化」『フォーリン・アフェアーズ・リポート』二〇一六年十一月号、二二頁。

(128) Weisberg, *op. cit.*, p. 20.

(129) *Ibid.*, p. 93, p. 100.

(130) この映画とSDIとの関係については、Rogin, *Ronald Reagan, the Movie and Ohter Episodes in Political Demonology*; Frances FitzGerald, *Way Out There in the Blue: Reagan, Star Wars and the End of the Cold War* (NY: Simon & Schuster, 2000).

(131) Cheng, *op. cit.*, chapter 1.

(132) この小説は以下で読むことができる。プロジェクト・グーテンベルク〈http://www.gutenberg.org/files/19141-h/19141-h.htm〉. なお、この小説は同年に発表されたH・G・ウェルズ（H. G. Wells）のSF小説『宇宙戦争』（*The War of the Worlds*）の続編を意図していた。ウェルズ作品は火星から地球への侵略であり、サービス作品は地球から火星への侵略である。

(133) Craig Eisendrath, Melvin A. Goodman, and Gerald E. Marsh, *The Phantom Defense: America's Pursuit of the Star Wars Illusion* (Conn: Praeger, 2001), pp. 4-5.

(134) "Reagan's Hearing Problem," *Newsweek*, September 19, 1983, p. 91.

(135) Eliot, *op. cit.*, pp. 85-90.

(136) 加藤幹郎『映画ジャンル論――ハリウッド的快楽のスタイル』（平凡社、一九九六年）三〇一頁。

(137) 『回想録』一一九―一二〇頁。

(138) Reagan and Hubler, *op. cit.*, p. 106.

(139) Weisberg, *op. cit.*, p. 21, p. 5.

(140) Vaughn, *op. cit.*, p. 86.

(141) フリードリック、前掲、八七頁。

(142) Morrell, *op. cit.*, pp. 77-78.

(143) レーガンとワイマンの関係については、Bernard F. Dick, *The President's Ladies: Jane Wyman and Nancy Davis* (Miss.: University Press of Mississippi, 2014) を参照。

(144) Eliot, *op. cit.*, p. 128.

(145) ネリがレーガンに与えた絶大な影響については、ボニー・アンジェロ／山村宜子訳『ファーストマザーズ――わが子をアメリカ大統領にした母親たち』(清流出版、二〇〇四年) の第九章に詳しい。

(146) Perlstein, *op. cit.*, p. 349.

(147) 他にも、ウィリアム・ホールデンやヘンリー・フォンダらも従軍した。ただし、フォンダは20世紀フォックスの「大立者」ダリル・F・ザナックの政治力で、ハリウッドに送り返されてしまった。当のザナックは陸軍通信隊大佐となり、戦意高揚映画の陣頭指揮をとった。フリードリック、前掲、一五五―一五八頁。

(148) 海軍短期現役制度については、市岡揚一郎『短現の研究――日本を動かす海軍エリート』(新潮社、一九八七年) を参照。

(149) Vaughn, *op. cit.*, p. 107, p. 104, pp. 111–112.

(150) 梅川健『大統領が変えるアメリカの三権分立制――署名時声明をめぐる議会との攻防』(東京大学出版会、二〇一五年) 五頁。

(151) Leonard J. Leff and Jerold Simmons, "Wilson: Hollywood Propaganda for World Peace," *Historical Journal of Film, Radio and Television*, vol. 3, no. 1 (1983), p. 12.

(152) 北村洋『敗戦とハリウッド――占領下日本の文化再建』(名古屋大学出版会、二〇一四年) 三一頁。

(153) スタッズ・ターケル／中山容訳『よい戦争』(晶文社、一九八五年) を参照。

(154) 上島春彦『レッドパージ・ハリウッド――赤狩り体制に挑んだブラックリスト映画人列伝』(作品社、二〇〇六年) 一一二頁。

(155) Perlstein, *op. cit.*, p. 350.

(156) 吉本、前掲、二三―二四頁。

(157) フリードリック、前掲、一五六頁、北島明弘『アメリカ映画一〇〇年帝国――なぜアメリカ映画が世界を席巻したのか?』(近代映画社、二〇〇八年)一一五頁。

(158) フリードリック、前掲、一七〇頁。

(159) 板倉史朗『映画と移民――在米日系移民の映画受容とアイデンティティ』(新曜社、二〇一六年)一四三―一四七頁。

(160) David L. Robb, *Operation Hollywood: How the Pentagon Shapes and Censors the Movies* (NY: Prometheus Books, 2004); 須藤遙子『自衛隊協力映画――『今日もわれ大空にあり』から『名探偵コナン』まで』(大月書店、二〇一三年)。

(161) Vaughn, *op. cit.*, p. 118.

(162) 「ホロコーストを活性化させたナチス・ドイツの苛酷な人種政策がなかったら、戦後のアメリカ国内の黒人差別も戦前の水準にとどまっていただろう」と、映画学者の加藤幹郎は指摘している。加藤『映画とは何か』二二七頁。

(163) Steven J. Ross, *Hollywood Left and Right: How Movie Stars Shaped American Politics* (NY: Oxford University Press, 2011), chapter 4.

(164) Feeney, *op. cit.*, p. ix.

(165) Barry Langford, *Post-Classical Hollywood: Film Industry, Style, and Ideology since 1945* (UK: Edinburgh University Press, 2010), p. 50.

(166) Reagan and Hubler, *op. cit.*, p. 122.

(167) Noah Isenberg, *We'll Always Have Casablanca: The Life, Legend, and Afterlife of Hollywood's Most Beloved Movie* (NY: W.W. Norton & Company, 2017), pp. 43–44.

(168) Eliot, *op. cit.*, p. 6.

(169) 『回想録』一三三頁。

(170) Reagan and Hubler, *op. cit.*, p. 123.

(171) 『回想録』一二九―一三〇頁。

(172) Wills, *op. cit.*, p. 199.

(173) Cannon, *op. cit.*, p. 20; Wills, *ibid.*, p. 196.
(174) 服部、前掲、二〇頁。
(175) 中曽根康弘/伊藤隆・佐藤誠三郎インタビュー『天地有情——五十年の戦後政治を語る』(文藝春秋、一九九六年)四四頁。

第2章

『バック・トゥ・ザ・フューチャー』

「赤狩り」と一九五〇年代

⬆アイク（中央右）とニクソン（中央左）——共和党の時代としての1950年代（1952年7月12日。© AFP＝時事）

一　「内通者T10号」――あるいは、「レーガン都に行く」

先述のように、ロバート・ゼメキス監督『バック・トゥ・ザ・フューチャー』シリーズは、レーガンのお気に入りの映画であった。その第一作（*Back to the Future*, 1985）では、一九八五年に生きる高校生マーティー（Marty）がタイム・マシーンに乗って五五年のアメリカにたどり着く。すると、街の映画館では、アラン・ドワン（Allan Dwan）監督『バファロウ平原』（*Cattle Queen of Montana*, 1954）が上映されている。もちろん、レーガンが主演であり、レーガン大統領夫妻がホワイトハウスで観賞した最後の映画でもある。八〇年代、つまりレーガン時代のアメリカが五〇年代に抱くノスタルジー――それが『バック・トゥ・ザ・フューチャー』の核をなしている。何しろレーガンは、「過去のアクセントで未来を語る人」（キャノン）だったのである。同様に、五〇年代は二〇年代の繁栄にノスタルジーを抱いていたと言えよう。

映画の中で、マイケル・J・フォックス（Michael J. Fox）演じるマーティーと、五〇年代に生きる天才科学者「ドク」は、次のような会話を交わす。

ドク「1985年のアメリカの大統領は？」

マーティー「ロナルド・レーガン」

ドク「ロナルド・レーガン？　俳優の？　副大統領はジェリー・ルイス〔Jerry Lewis〕か　大統領夫人はジェーン・ワイマンか　財務長官はジャック・ベニー〔Jack Benny〕だろ？　冗談はもう十分だ」

ルイスとベニーは共に、一九五〇年代の有名なコメディアンである。

確かに、一九五五年当時のアメリカ人にとって、レーガンを将来の大統領に想定するなど、冗談にすぎなかったであろう。彼は前年にテレビの司会に起用されて、ようやく長い低迷期を脱しようとしているころであった。まだ自分の「残り半分」を見出せていない。

事実上の失業

まずは、レーガンの低迷期に話を戻すとしよう。

すでに、彼はワーナー・ブラザーズと一〇〇万ドルの七年契約を結んでおり、最も収入の多い映画俳優の一人になっていた。実は、一九四六年の選挙で民主党から下院議員に立候補しないかとの話もあったが、彼にはハリウッドでの収入を捨てることはできなかった。もしこの時に政界に転じていれば、おそらく、早々に凡俗な政治家になり、大統領に登り詰めることはなかったであろう。その後も、レーガンは何度か政界進出を勧められたが、同じ理由で断っている。実は、オーソン・ウェルズも出馬を勧められたが、辞退した。離婚歴があり映画俳優だからである。後年、離婚歴のある元俳優がカリフォルニア州知事や大統領になろうとは、さすがのウェルズも夢にも思わなかったようである。彼が出馬を検討したのは、もちろん民主党で、選挙区はウィスコンシン州、上院議員のポストであった。結局、ジョセフ・マッカーシー(Joseph McCarthy)という、共和党の無名の新人が当選した。そう、ウェルズはのちの「赤狩り」の歴史を変えられたかもしれなかったのである(1)。

後述のように、リベラル派の女優のヘレン・ガハゲン・ダグラス(Helen Gahagan Douglas)は一九四四年にホワイトハウスに勧められてカリフォルニア州から民主党の下院議員に三回連続して当選したし、ジョージ・キューカー(George Cukor)監督『若草物語』(*Little Women*, 1933)などに出演したジョン・ロッジ(John Davis Lodge)も、四七年から二期にわたってコネティカット州選出の共和党下院議員を務めた。

彼は祖父、曾祖父らが上院議員を務めた有名な政治家一族の出身であった。「カントリー・ミュージックの王様」のロイ・エイカフ（Roy Acuff）も四八年にテネシー州知事選挙に共和党から出馬している（落選）。戦前のように政党マシーンが機能しなくなったために、スターたちに選挙の応援をさせるだけでなく、彼らを選挙に出馬させるようになったのである。

もちろん戦前にも、著名なコメディアンのウィル・ロジャーズ（Will Rogers）が大きな政治的影響力を持ち、一九二五年にビバリー・ヒルズの名誉市長になった例がある(2)。また、十八世紀、十九世紀、そして、二十世紀前半にも、有名な一族や軍人が知名度を活かして政界に進出してきた。たとえば、ローズヴェルト、アダムス（Adams）、ハリソン（Harrisons）の三つの一族だけで、六人の大統領を輩出している(3)。

しかし、本書でこれまでたどってきたラジオや映画、さらにテレビといったメディアと技術の発展が、政治とエンターテイメントを密接に結び付け、新たな「セレブ」の登場を可能にしたのである。もちろん、レーガンの政界進出も、この延長線上にある。

さて、ジャック・ワーナーは、適役が見つかるまでしばらくゆっくりするよう、レーガンに勧めた。しかし、レーガンはすでに三十代半ばに達し、青春スターを演じるには無理があった。本人は西部劇を希望したが、スタジオは彼に野性を認めなかった。もちろん、このジャンルで大成功したのは、もう一人の「エメラルド島仲間」、タカ派のジョン・ウェインである。彼はすでに消滅したアメリカの美徳を演じ続けた。ウェインとレーガンでは、個性もキャリアも大きく異なるが、アナクロニズムという点では共通している。

レーガンに適役はなかなか見つからない。事実上の失業状態である。一九四六年には、大手フィルム会社のデュポンとイーストマン・コダックが、それぞれ一三パーセントと一八パーセントの大幅値上げに踏みきり、B級映画に大打撃をもたらした。結果として、これも「不確かなA級」レーガンの活躍の場を狭めることになった(4)。レーガンが戦後最初の映画出演を果たすのは、ようやく四七年のことである。当初はハンフリー・ボガートとの共演が予定されていたが、ボガートは降板し、作品はカラーではなく白黒となった。しかも、翌年に再び出演作品がなくなってしまう。レーガンにとって、戦後の映画俳優としてのキャリア・パターンが、ここに定まった観がある。

戦費調達の必要もあり、一九四四―四五年の個人所得への最高税率は実に九四パーセントであった。実際には、スターたちは便宜的に会社を設立することで、かなりの「節税」を図っていた。だが、内国歳入庁(Internal Revenue Service: IRS)は、とりわけリベラル派の俳優たちの脱税には厳しかった。終戦後もレーガンの年収は二〇万ドルを超え、八四パーセントの課税対象になっていた。こうした個人的経験からも、彼は減税と「小さな政府」を唱導するようになる。レーガン政権発足時の八一年段階で、所得税の最高税率は依然として七〇パーセントであったが、八六年の改革で二八パーセントにまで下げられている。

レーガンに「失業」状態が続く中で、妻のワイマンは上げ潮に乗っていた。もっぱらB級映画専門だった彼女が、ワーナー・ブラザーズからパラマウントに貸し出されて、ビリー・ワイルダー(Billy Wilder)監督『失われた週末』(*The Lost Weekend*, 1945)で、アルコール依存症の主人公の恋人役を好演した。この映画はアカデミー監督賞、主演男優賞、脚本賞、それに作品賞を獲得した。さらに、ワイマンはMGMにも貸し出され、クラレンス・ブラウン(Clarence Brown)監督『小鹿物語』(*The Yearling*, 1946)でグレゴリー・ペック(Gregory Peck)との共演を果たし、アカデミー主演女優賞にノミネートされた。彼女は女優として、いわばアメリカ参戦前のレーガンに似た位置に立ったのである。しかも、夫と異なり、戦争にキャリアを妨げられる心配はなかった。業界紙は彼女を「ジェーン・ワイマン」ではなく、単に「ワイマン」と呼び出した。夫の方は依然として、「ロナルド・レーガン」のままであった。突出して有名ではなく、他の「レーガン」たちと区別する必要があったからである(5)。

その後、ジーン・ネグレスコ（Jean Negulesco）監督『ジョニー・ベリンダ』（*Johnny Belinda*, 1948）で、彼女は聾唖《ろうあ》のレイプ被害者を熱演して、ついにアカデミー主演女優賞を獲得する。この際、ワイマンは聾唖者の役柄に打ち込み、家庭でも耳栓をして、ほとんど口をきかなくなった。後年、離婚の原因は彼女にあったのかと問われて、レーガンは一言「ベリンダだ」と答えている。

政治への関心

さて、事実上の失業と妻の活躍という隘路《あいろ》の中で、レーガンは政治に活路を見出した。彼は「世界の再生」を志し、「そのためになると思った組織に闇雲《やみくも》に加入した」のである(6)。とりわけ、レーガンは二つの組織に積極的に関与した。一つは、ハリウッド独立芸術・科学・専門職市民委員会（Hollywood Independent Citizens Committee for the Arts, Sciences and Professions: HICCASP）で、もともとF・D・ローズヴェルト大統領の支援団体であり、著名人の集うリベラルな組織であった。大統領の子息ジェームズ・ローズヴェルト（James Roosevelt II）が委員長を務めていた。もう一つは、アメリカ退役軍人委員会（American Veterans Committee: AVC）で、退役軍人の団体としては例外的に、人種や宗教上の偏見を示していなかった。共産党による表向きの組織と疑われていたが、レーガンは役員まで務めていた。共産党員（Commies）も中にはいたが、AVCは愛国主義的な団体だったと、彼は語っている。レーガンが共産主義と最も接近した時期であろう。AVCは国際連合による原子力エネルギーの管理や連邦政府による完全雇用のための経済政策を支持し、労働組合の影響力を削ごうとする後述の「タフト＝ハートリー法」に反対した。

これらの団体で、レーガンは数多くの演説をこなした。一九四五年十二月、つまり真珠湾奇襲攻撃からわずか四年後に、早くも彼は日系の退役軍人の武勇を称賛した。アメリカは「人種ではなく生き方と理念に基づく国として、世界の中でユニークな地位を保持しており」「多言語の背景にもかかわらず、ではなく、それゆえに強力」なのだ、と彼は説いた(7)。同様に、レーガンは核戦争の危険に警鐘を鳴らし、国際協力を求めた。こうした姿勢は後年にも続く。レーガン大統領は移民問題には寛容だったし、核廃絶を真剣に模索していた。何も映画の影響だけではない。積年の信念の産物なのである。

レーガンは地元の共産党系の新聞で、蔣介石を批判する声明に名を連ねたこともあった。こうした彼の一連の言動に、ワーナー・ブラザーズはワッサーマンを通じて自制を求めた。また、FBIはレーガンを共産主義のシンパとして監視対象にした。

HICCASP（レーガンによれば、瀕死の病人の咳《せき》のような発音）は共産主義者の逃避場だという批判に対して、一九四六年中ごろに、アメリカでは共産主義は好ましくないという決議を出してはどうかとの声が、組織の内部で起こった。共産党系の脚本家ダルトン・トランボ（Dalton Trumbo）やジョン・ハワード・ローソン（John Howard Lawson）らは、これに激しく反発した。彼らによれば、アメリカ憲法よりもソ連憲法の方が民主的であり、米ソ間で戦争が起これば、ソ連を支援すると公言する者すらあった。先述の決議を支持すると、レーガンは「資本主義のクズ」「ファシスト」と罵《のの》られた。より穏健に、彼が委員会のすべてのメンバーによる投票を提案すると、共産党系はメンバーの政治的未成熟を理由に反対した。レーガンには驚きの連続であった。

今では信じ難いかもしれないが、一九三〇年代以降、一部のアメリカ人はソ連に大きな期待と愛着を抱いていた。資本主義が破綻《はたん》したかに見えた時に、共産主義は明るい未来を約束していたし、スペイン内戦で共和国政府を支持したのはソ連だけであった。ヨーロッパで一貫してナチスと戦ってきたのも、共産主義者たちであった。彼らは反ファシズムを大義に掲げて、労働運動に浸透していった。しかも、第二次世界大戦中には、アメリカのプロパガンダも、スターリンと赤軍を称賛してきたのである。

映画産業での労働争議の過激化も、レーガンに強い懸念を抱かせた。

一九三〇年代に、国際舞台勤労者連合（International Alliance of Theatrical Stage Employees: IATSE）は、ほとんどギャングの支配下にあった。そこで、元ボクサーの舞台装置塗装業者ハーバート・ソレル（Herbert Sorrell）が、対抗組織として一九四一年に撮影所組合協議会（Conference of Studio Unions: CSU）を設立した。アメリカ労働総同盟（American Federation of Labor: AFL）は戦時下にはストライキを控えると約束していたが、CSUは四五年一月にはストライキに突入した。やがて八月に日本が降伏して戦争が終わると、ハリウッドのストライキは拡大した。この対日勝利から一年の間に、五〇〇〇万人以上の労働者がストライキに関与し、その継続期間は戦時中の四倍になった(8)。

ハリウッドでも、ワーナー・ブラザーズを舞台に、一九四五年十月五日から二十九日まで、CSUとIATSEが激突した。世に言う「バーバンクの戦い」（バーバンクはメディアの集中するロサンジェルスの地名）である。武器はハンマーと鉄パイプ、催涙ガスと消防車の放水であった。こうした暴力の連鎖に、人々は共産主義勢力のハリウッド浸透を危惧するようになった(9)。とりわけレーガンにとっては、こうした暴力行為は衝撃的であった。従軍したとはいえ、彼には実戦経験はなかったし、共産主義勢力の攻撃的な体質や組織戦術に無知だったからである。反ファシズムで団結していたハリウッドの「文化戦線」は、早くも崩壊していた。

また、この流血の惨事は、労働組合の活動を厳しく監視する労使関係法（Labor Management Relations Act, 1947）、通称「タフト＝ハートリー法」に道を開くことになった。トルーマン大統領はこの法案を「言論の自由に対する危険な介入」「民主主義社会の根本原理に抵触する」と非難したが、大統領の拒否権を越えて成立した(10)。すでに一九四六年の中間選挙で、共和党が上下両院で一六年ぶりに多数を獲得していたのである（特に、下院は二四六議席と史上最多）。しかも、ストライキによる混乱を懸念する世論も、これを支持していた。だが皮肉にも、同法の成立に反発して、さらにストライキが多発することになる。

さて、一九四六年九月には、ＣＳＵが再び大規模なストライキを起こし、ワーナー・ブラザーズを含む主要なスタジオを封鎖した。そこで、ＳＡＧは総会を開いて、ＣＳＵによる封鎖を支持するか無視するかを討議した。レーガンが司会であった。彼にこの大役は務まらないと予想する者もあったが、レーガンは二七四八対五〇九の大差で見事にストライキへの中立宣言をまとめ上げた。その結果、多くの者が封鎖ラインを越えたのである。確かに、ＳＡＧは所得の高い有名スターが中心だったため、総じて保守的ではあった。それでも、左派の反対を抑えて中立宣言をまとめたことは、レーガンにとって、ユーレカ大学での学生ストライキ以来の政治的成功と言えた。

この後も、レーガンの政治力を過小評価する者は、しばしば後悔することになる。ただし、彼の政治力はもっぱら「スポークスマン」的なコミュニケーション・スキルや交渉力であって、マネージメントの力ではなかった(11)。

キャサリン・ヘップバーン（Katharine Hepburn）やエドワード・Ｇ・ロビンソン（Edward G. Robinson）ら、よりリベラルな俳優たちは、ＳＡＧの中立宣言に強く反発した。レーガンによれば、彼らは共産主義勢力の侵食を直視しようとせず、「ユートピア的楽園」に暮らしていた。それどころではなかった。「あんたの顔はもう二度と映画では見られなくなるだろうね」――レーガンはロケ地でこうした脅迫電話を受けたのである。そのため、彼はスミス・アンド・ウェッソン32口径の拳銃を携行するようになり、警察の警備対象にすらなった(12)。

SAG委員長に就任

その後、レーガンはSAGの代表団の一員として、シカゴで開催されたAFLの総会に出席し、労働運動の喧騒と傲慢《ごうまん》、攻撃性に愕然《がくぜん》とした。彼のニューディール・リベラリズムは再び大きく動揺した。CSUもさらに攻撃的になり、ソレルは「傷つく者や殺される者も出るかもしれない」と公言していた(13)。そして、アメリカ共産党は積極的にCSUを支持するようになった。

一九四七年三月に、友人のロバート・モンゴメリー（Robert Montgomery）の辞任を受けて、レーガンはSAGの委員長に就任した。当時、SAGは六〇〇〇人もの組合員を要していた。そのうち五〇人が任期三年の役員に選ばれ、さらにその互選で委員長が選出されるしくみであった。以後、レーガンは五期連続で委員長に選任される（五九年も再選）。それだけ、彼の雄弁と交渉術は高く評価されていたのである。後述のように、四八年の大統領選挙では、レーガンは現職のハリー・トルーマンを熱心に支持し、SAG委員長としてホワイトハウスにも招かれている。「少なくとも一度は、トルーマンも私の支援を認めなければならない。ただし、それが最後だったが」と、彼は述懐している(14)。レーガンはまた、ミネソタ州の上院議員選挙で、ミネアポリス市長のヒューバート・ハンフリー（Hubert Humphrey）民主党候補を応援した。ハンフリーの革新市政を高く評価していたからである(15)。この時、学生としてハンフリーの選挙を手伝ったウォルター・モンデール（Walter Mondale）と、レーガンは一九八四年の大統領選挙を争うことになる。

レーガンのSAG委員長就任からわずか二日後に、そのトルーマン大統領が、世界を自由陣営と共産陣営の二つに分けた上で、前者を後者から守ることがアメリカの使命だと宣言した。いわゆるトルーマン・ドクトリンである。本来は、ギリシャとトルコへの支援に四億ドルの支出を議会に求めるための特別教書であり、大統領の立法リーダーシップの行使であった。だが、大統領が議会を説得するために善悪二分論を用いたことが、共産主義の脅威を煽《あお》る結果になった。まず、大統領令によって、連邦政府が二〇〇万人に上る公務員への共産主義浸透度調査に着手し、やがて、アメリカ社会全体での「赤狩り」を誘発することになった。そして、「赤狩り」はハリウッドと大統領を苦しめるのである。

このように、ハリウッドはおろか、アメリカ内外でも緊張が高まっていた。国内的には、戦時経済が大恐慌を克服し、F・D・ローズヴェルト大統領も死去したことから、ニューディール政策は勢いを失いつつあった。しかし、不気味な米ソ冷戦が続くとすれば、戦時大統領の権限は継続されなければならない。一方で、トルーマン・ドクトリンと同時期に、連邦議会は合衆国憲法修正第二十二条を可決した（一九五一年二月に批准成立）。ローズヴェルトが四選され一二年以上大統領の職にあったことから、この修正条項は「何人も、二回を超えて大統領に選出されてはならない」と定めた（現職のトルーマンは適用外）。他方、四七年七月には、国家安全保障法（National Security Act of 1947）が成立していた。同法によって国家安全保障会議（National Security Council: NSC）やCIAが新設され、二年後の法改正では陸海空三軍が統合されて国防省（ペンタゴン）も設置された(16)。国内では長期政権を阻みながら、対外的に強い大統領を担保する制度設計が進んだのである。

レーガンは依然としてリベラルな民主党員であったが、共産主義への反発では保守派顔負けになっていた。「専制は専制であり、右翼であろうと左翼であろうと中道であろうと、それは悪である」と、彼は信条を表明している(17)。「専制」(tyranny) や「悪」(evil) は、政治家としてチャーチルやレーガンが後年多用し、ジョージ・W・ブッシュが継承する語彙である。

一九四七年四月十日のことであった。レーガン夫妻を三人のFBI職員が訪問した。SAG内部の共産主義勢力に関する情報提供を、レーガンに求めてのことであった。第一次世界大戦後にも、共産主義勢力への恐怖を煽って、FBIは組織を拡大した(18)。今回も「好機到来」であった。FBIはワーナー・ブラザーズの中に内通者を持っており、レーガンに対してもすでに戦時下に接触を試みていた。今回も、彼は最初に申し出を拒否した。すると、FBIの職員は、「レーガンの下衆野郎をどうしてやろうか」という共産党幹部の脅迫を伝えた。すでに兄のニールはFBIの内通者になっており、レーガンに左翼団体と手を切るように勧めていた。しかも、熱心な民主党員だった父はすでに亡くなっており、レーガンがリベラルな半生と決別する条件は整っていた。

ほどなくFBIのファイルに、レーガンの名前が「内通者T10号」と記されることになった。しかし、一年ほど前まではFBIの監視対象だった人物のことである。当面は別の「内通者T9号」が密かにレーガンを監視していた(19)。ハリウッドには、少なくとも一八人の内通者がいたという(20)。レーガンが映画の中で演じたシークレット・サービスのバンクロフトは、エージェント565号であった。彼は戦時中には戦意高揚映画の中でしか活躍しなかったが、ついに現実の世界で公安の一翼を担うようになったのである。

彼の大統領在職中の一九八五年に、この事実が明らかになった(21)。

FBIだけでなく、ワシントンの政界全体が、ハリウッドに注目していた。かつてハリウッドの左派やユダヤ系の有力者たちは、アメリカを早期の参戦に誘おうとした。やがて、アメリカが参戦すると、ハリウッドは戦意の高揚や戦時公債の募集に大きな影響力を発揮した。戦争が終わると、ワシントン政界の体制派とハリウッドの左派やユダヤ系との「同盟」は解体したが、体制派はハリウッドの政治的影響力を充分に認識していた。しかも、今度はファシストの代わりに共産主義者がアメリカを脅かしていた。そこに、ユダヤ人への差別意識が暗黙に重なる。とりわけ、ワーナーやメイヤーらユダヤ系の「大立者」には、戦時下にローズヴェルト大統領の肝煎りで、カーティス監督『モスクワへの密使』やグレゴリー・ラトフ(Gregory Ratoff)監督『ロシアの歌』(*Song of Russia*, 1944, 日本未公開)などソ連賞賛の映画を手掛けた「前科」があった。ところが、ハリウッドのリベラル派は懲りもせず、一九四八年の大統領選挙で民主党から進歩党に転じたヘンリー・ウォーレス(Henry Wallace)元副大統領を支持していた。ウォーレスはローズヴェルト以来の米ソ協調路線の代表格であった。

もちろん、経済界もハリウッドに注目していた。早くも一九四五年には、ウェッブ・ポメレンス輸出貿易法(Webb-Pomerence Export Trade Act of 1918)に基づいて映画輸出協会(Motion Picture Export Association: MPEA)が作られ、アメリカ映画の海外輸出が促進されていた。MPEAを編み出したのは、アメリカ映画協会(Motion Picture Association of America: MPAA)会長となった自由貿易重視の保守派エリック・ジョンストン(Eric Johnston)であった。ヘイズのMPPDAがMPAAとなり、ジョンストンが後を継いだのである。ジョンストンは全米商工会議所会頭も経験しており、ハリウッドを「アメリカの最も優秀なセールスマン」とみなしていた(22)。

「思索的な映画」

第二次世界大戦直後に、アカデミー作品賞を受賞した映画をいくつか検討してみよう。

まず、戦後最初の受賞作は、先述のように、ワイマンも出演した『失われた週末』で、アルコール依存症から脱却しようとする男の苦悩を描いている。

翌年の受賞作は、ウィリアム・ワイラー（William Wyler）監督『我等の生涯の最良の年』（*The Best Years of Our Lives*, 1946）である。戦争から帰還した三人の兵士が社会や家庭に復帰する葛藤がテーマである。原子爆弾の被害についても言及されている。復員兵の一人を演じたハロルド・ラッセル（Harold J. Russell）は本物の復員兵で、訓練映画の撮影中の事故で両手を失った。この映画にも、鉄カギつきの義手で登場し、素人ながらアカデミー助演男優賞を獲得した。一九四六年のアメリカでの映画の観客動員数は延べで実に四〇億六〇〇〇万人であったから、ハリウッドにとってもまさに最良の年（アナス・ミラビリス）となった。

さらに、その翌年の受賞作は、エリア・カザン（Elia Kazan）監督『紳士協定』（*Gentleman's Agreement*, 1947）である。グレゴリー・ペック演じる有名な作家が、反ユダヤ主義の記事を書くために自らユダヤ人と称し、社会のさまざまな偏見に直面するという物語である。もちろん、カザンもユダヤ人である。エドワード・ドミトリク（Edward Dmytryk）監督も同年の映画『十字砲火』（*Crossfire*）で、ミステリーの形式をとりながら反ユダヤ主義をテーマにし、アカデミー賞五部門にノミネートされた。ただし、カザンが「赤狩り」で仲間を裏切ったのに対して、ドミトリクはイギリスへの亡命を余儀なくされ、その作品も長らく上映禁止となった。

一九四八年の受賞作こそローレンス・オリヴィエ（Laurence Kerr Olivier）監督・主演の『ハムレット』

(*Hamlet*)だったが、翌四九年はロバート・ロッセン(Robert Rossen)監督『オール・ザ・キングスメン』(*All the King's Men*)がアカデミー作品賞など三部門を獲得した。地方政治家がデマゴーグとして権力の階段を駆け上がっていく物語で、ルイジアナ州知事や上院議員を務め、三五年に暗殺されたヒューイ・ロング(Huey Long)がモデルである。

これらはいずれも深刻な社会的テーマを扱った作品であり、ワイラー作品は反戦意識につながるし、カザンやドミトリクの作品は明確に人種差別を、ロッセン作品は最も直接的にポピュリズム政治家や「赤狩り」を批判している。こうした作品群を「思索的な映画」(thinking pictures)と呼ぶ者もいる(23)。勧善懲悪のギャング映画でさえ、より陰鬱で厭世的なフィルム・ノワール(film noir)が多くなってきた。共産主義勢力の浸透や暴力的ストライキの頻発に加えて、ハリウッド映画のこうした社会批判的な風潮が、共和党か民主党かを問わず、ワシントンやウォール街の体制派、既成の公序良俗を信じるWASPを苛立《いらだ》たせたことも、見逃してはならない。

HUAC

もちろん、事実上「失業中」の元「好青年」レーガンには、これら「思索的な映画」はもとよりフィルム・ノワールすら無縁であった。一九四五―四九年の五年間に彼が出演した映画はわずか七本(うち主演は五本)であり、いずれも古典的ハリウッド映画の枠内の駄作であった。

一九四七年夏に撮影を始めたピーター・ゴッドフリー(Peter Godfrey)監督『ハーゲン家の娘』(*That Hagen Girl*, 日本未公開)は、かつての天才子役シャーリー・テンプル(Shirley Temple)が初めて大人の役で主演したメロドラマである(彼女もすでに十九歳になっていた)。レーガンは男性側の主演とはいえ、実際よりもはるかに年上の役を与えられた。ラストシーンで、彼が娘ほど年の離れた設定のテンプルに「愛している」と語ると、試写会でいっせいにざわめきが起こった。公開時には、当然、この科白《ぜりふ》は削除された。しかも、テンプル演じる主人公を救うべく川に飛び込む演技のために、レーガンは肺炎を患って入院を余儀なくされた。まさにそのころ、すぐ近くの別の病院で、妻のワイマンは二人目の女の子を流産させてしまう。これが夫婦の関係を決定的に悪化させた。

ローズヴェルト大統領の誕生パーティーで、主賓の膝に抱かれるなど、テンプルも子供のころから政治に利用されてきた。後年、彼女は外交官として活躍し、ガーナやチェコスロヴァキアで大使を務めている。レーガン政権では、新設のアメリカ外交アカデミー（外交官の研修機関）の所長に任命される。早くから政治とかかわり、ハリウッドからワシントン（官界）に転じたという意味では、彼女も「セレブ政治家」の一種であり、「小さなレーガン」であった。

さて、キャリア上の不遇にあって、レーガンはますます政治に傾斜していった。一九四七年十月に、数十人のハリウッド関係者が下院非米活動委員会（The House Committee on Un-American Activities: HUAC）に証人として召喚された。レーガンもそのうちの一人であり、「スミス都へ行く」ならぬ「レーガン都へ行く」であった。実は、共和党から新たにこの委員会に加わったニクソン下院議員が、特にレーガンの召喚を望んだのである。

レーガンとニクソン――二人が出会ったのは、その年の夏、ちょうど凡作『ハーゲン家の娘』が撮影されているころであった。「カリフォルニア州で、三十四歳の新人議員が三十六歳の俳優と一緒に腰を下ろし、ふたりきりで会話を交わしたのだ。ニクソンは後援者から、映画俳優組合の委員長に就任したばかりのレーガンが共産主義者の組合への潜入を心配しているという話を聞いていた。下院労働委員会の新参委員だったニクソンとしては、当時国内の権力中枢における共産主義の影響を委員会として調査していたところだったので、確かめる価値のある情報だった。そこで、ニクソンは地元の州に帰ってきたときにレーガンに会いに行ったのだ」「レーガンはリベラル派なので、赤狩りの反動主義者とみなされることもなく、それが効果を発揮するはずだ」と、ニクソンは有力な支持者に語っている(24)。

両者にはいくつも共通点があった。共にアイルランド系の家庭に育ち、レーガンは敬虔《けいけん》な母親を尊敬して育った。二人は子供時代に大恐慌を経験し、小さな町の大学で学んだ。フットボールや演劇を愛好した点まで同じである。また、彼らは並外れた記憶力の持ち主でもあった。だが、ニクソンはレーガンと違って、有権者の怒りや憎しみを利用するタイプの政治家であり、個人的な魅力にも乏しかった。一九四六年にニクソンが下院議員に初当選した際、民主党の対抗馬は現職のジェリー・フォールヒス（Jerry Voorhis）であった。彼はフォールヒス少年学校を経営する社会事業家で、あの『スミス都へ行く』の主人公のモデルとされている。ニクソンはフォールヒスに共産主義者のレッテルを貼って勝利したのである(25)。そのニクソンは、レーガンを単純で「奇妙」な人物と見下していた。その後も、二人の政治的人生は複雑に交差する(26)。

こうして、「赤狩り」がハリウッドを襲うことになったが、「赤狩り」はアメリカの歴史上繰り返されてきたと、政治思想史家のローギンは言う。無秩序や文明の破壊、外部者による支配の象徴として、アメリカ史に最初に登場したのは「インディアン」であった。彼らの肌の色は赤とされてきた。「インディアン」への恐怖こそが最初の「赤の恐怖」であり、「赤狩り」の原点だったというのである(27)。「インディアン」を相手に映画の中で「赤狩り」を描いてきたハリウッドが本物の「赤狩り」の舞台となり、西部劇への出演を渇望していたレーガンが、本物の「赤狩り」で脚光を浴びることになったわけである。

さらに、トルーマン・ドクトリン以降のアメリカ外交では、ソ連に対する封じ込め（containment）がさかんに語られるようになった。すでに一九三七年十月に、F・D・ローズヴェルト大統領も日独伊三国を「世界的無法状態の流行病」にたとえ、その「隔離」（quarantine）を提唱していた。国内だけではなく国外に対しても、自らの「無垢《むく》」を前提にした「異物排除」の「疫病学的地政学」の発想が、アメリカには根強かったのである(28)。ただし、「封じ込め」戦略の唱道者だった外交官のジョージ・ケナン（George F. Kennan）は、「結局、ソビエト共産主義というこの問題と取り組むにあたり、われわれに降りかかりかねない最大の危険は、われわれが取り組んでいる当の相手のようになるのを、みずからに許すことであろう」と、早くから警告していた(29)。まさに、「赤狩り」はケナンの警鐘が正しかったことを示していた。

さて、HUACは慎重に、「友好的」な証人と「非友好的」な証人を区別していた。もちろん、レーガンは前者である。ほかにも、ジャック・ワーナーを先頭にメイヤーやウォルト・ディズニー（Walt Disney）らの「大立者」、そして、ゲイリー・クーパー（Gary Cooper）やロバート・テイラーらの大スターも、「友好的」証人として召喚された。

HUACの目的の一つは、共産党の違法化であった。しかし、レーガンはこれに異を唱えた。「私は共産主義者の哲学を嫌悪するが、それ以上に裏切りと不誠実による、彼らの戦術を嫌悪する。だが同時に、私はアメリカ市民として、共産主義への恐怖や怒りから、この国が民主主義の原則を歪めるようなことがあってはならないと思う」。彼は「きわめて雄弁で、大統領もかくやというふうだった」と、ジャーナリストのオットー・フリードリック（Otto Friedrich）は記している(30)。共産主義勢力からSAGを守り抜いたという自負が、滲み出ている。

HUACは証人に、共産主義者の名前を特定するように求めた。だが、レーガンはSAGへの共産主義勢力の介入を認めながらも、党籍を持つSAGメンバーを特定することはできないと、拒絶した。HUACにとって、彼の証言は予想の範囲のものであった。すでに、レーガンが「内通者T10号」として情報提供を重ねていたからである。ニクソンなどは退屈気に、一言も質問を発しなかった。HUACにすれば、公開の席上で具体的な名前を引き出すよりも、共産主義勢力の浸透の恐怖を示す、政治ショーの効果の方が重要であった。

「最良の策は、民主主義を機能させることです」「もしアメリカ国民がすべての事実を知れば、決して過ちを犯さないでしょう」と、ジェファーソンを引用して、レーガンは自らの証言をしめくくった。まさに、『スミス都へ行く』の主人公ジェファーソン・スミスさながらである。彼の態度は、リベラル派を含む多数の共感を得た。だからこそ、彼はSAGの委員長に連続五期も選出されたのである。

「非友好的」証人たちには、厳しい試練が待ち構えていた。共産党員か、過去に党員であったか、共産主義活動に参加したことがあるかなどを、彼らは執拗に詰問された。実際、彼らの多くは党籍を有していた。一方で、彼らは反共ヒステリーの被害者であったが、他方で、彼らは暴力的なストライキを容認してきたし、HUACの委員たちを「ナチ」と呼び、公聴会の正当性そのものを否認していた。アメリカ合衆国憲法修正第一条が保障する基本的人権を根拠に、証言を拒否する者もあった。いわゆる「ハリウッド・テン」である。この一〇人の中には、HICCASPでレーガンと対立したローソンやトランボ、ドミトリクも含まれている。彼らは議会侮辱罪で逮捕され、その後も長らく映画やテレビの世界で職を失った。

レーガンは共産主義に強い反発を抱きながらも、共産党員のブラックリスト作成には消極的であった。無関係な人々まで巻き込まれる可能性があるというのが表向きの理由だが、自ら共産党の影響の強い組織に積極的に参加した「前科」があったからであろう。自由の擁護は保身でもあった。ただし、興行への影響を考慮して、スタジオが共産党への関与が疑われる俳優や脚本家らを雇用しないことにまで、SAGは容喙《ようかい》しないというのが、彼の立場であった。この態度は、労働者の代表としては無為にすぎよう(31)。また、HUACでの発言とは異なり、彼は共産党の違法化という考えに傾いてもいた。この時期、レーガンは左派と右派との間で揺れ動いていたのである。先述のドミトリクは収監中に反共主義に転向し、出獄後に再びHUACで証言して、かつての仲間たちを裏切った。これはレーガンの勧めによる。彼はブラックリストに載った映画人の「救済」を使命と考えていたのである。「結局のところ、われわれは共産主義者のハリウッド侵入を完全に阻止した。しかしこの戦いには、暗い面もあった。不幸にも、それは悪者と同時に犠牲者も登場する物語だった」と、レーガンは回想している(32)。「いたのは犠牲者だけです」という、「犠牲者」の一人トランボの言葉はより深遠である。「犠牲者」の増大を避けるために、SAGの組合員が共産主義者でないことを「自発的」に宣誓することを、レーガンは一九五〇年に提案した。だが、それはほどなく「自発的」でなくなり、SAGは組合員に宣誓書への署名を求めるようになる。

実際、ブラックリストに載った「犠牲者」は数多く、その被害は深刻であった。たとえば、一九五二年五月に、俳優のジョン・ガーフィールドは三十九歳の若さで急死した。心臓麻痺《まひ》であった（自殺との説もある）。共産主義のシンパと目されて、HUACで追及されていたのである。「赤狩り」の標的が忽然と亡くなったのは、三カ月間で三人目であった。他にも、俳優のオーソン・ウェルズやエドワード・G・ロビンソン、ロイド・ブリッジス（Lloyd Bridges）、演出家のレオ・ペン（Leo Penn）、女優のリー・グラント（Lee Grant）、作家のアーウィン・ショー（Irwin Shaw）、ダシール・ハメット（Dashiell Hammett）、アーサー・ミラー（Arthur Miller）らの名前も、ブラックリストに掲載されていた。

この「赤狩り」のようすは、のちに映画でしばしば描かれた。たとえば、チャップリンは容共的であると繰り返し批判され、一九五二年にアメリカを出国した際に再入国を拒否された（彼の国籍はイギリス）。革命で国を追われた王様が共産主義のシンパと疑われて、HUACに召喚されるというコメディ『ニューヨークの王様』（*A King in New York*, 1957）で、彼は自らの体験を痛烈に風刺している。シドニー・ポラック（Sydney Pollack）監督の名作『追憶』（*The Way We Were*, 1973）は切ない主題歌で何よりも有名だが、ストーリーは「赤狩り」を時代背景にした男女の愛と別離である。また、マーティン・リット（Martin Ritt）監督『ウディ・アレンのザ・フロント』（*The Front*, 1976）は、ブラックリストに載った脚本家に素人が名前を貸して商売する話で（脚本のフロント・ページに名前を貸すというのが、タイトルの由来）、監督のリットも脚本のウォルター・バーンスタイン（Walter Bernstein）も「赤狩り」の被害者であった。さらに冷戦後の作品でも、アーウィン・ウィンクラー（Irwin Winkler）監督・脚本の『真実の瞬間《とき》』（*Guilty by Suspicion*, 1991）は、共産主義者との嫌疑をかけられた気鋭の映画監督の悲劇を赤裸々に描いている。実在の映画監督ジョン・ベリー（John Berry）がモデルとされる。

　レーガンは『バック・トゥ・ザ・フューチャー』のような明るい娯楽映画を愛した。後述のように、大統領時代の日記にも、多くの映画のタイトルが記されている。しかし、これら「赤狩り」をテーマにした映画についての記述はない。レーガンがこうした映画を観たのか、そして、もし観たとすれば、どのような感想を抱いたのかは、知る由もない。

二　離婚と再婚、そして「アイ・ラブ・アイク」

離婚

「ジェファーソン・スミス」よろしく、ロナルド・レーガンはワシントンから多くの自慢話を抱えて、ハリウッドに立ち戻った。だが、待っていたのは、妻の冷たい拒絶であった。「もううんざりだわ。出て行って！」と、ワイマンは叫んだ。「ロニー（レーガンの愛称）に時間を聞いちゃだめよ。時計の作り方を説明し出すから」と、後年、彼女は前夫の饒舌《じょうぜつ》を批判している。先の流産も尾を引いていた。しかも、当時ワイマンは、先述の「ジョニー・ベリンダ」の役作りに没頭していた。理想に燃える青年政治家「ジェファーソン・スミス」と聾唖《ろうあ》のレイプ被害者「ジョニー・ベリンダ」との距離は、あまりにも大きかった。

レーガンは「親友」のウィリアム・ホールデンの家に、一週間滞在することになった。離婚など、あくまで他人事だと思っていた。大晦日のパーティーで、レーガンは泣き濡れたという。「何事にもそれなりの理由があるのよ」と、母のネリは優しく、しかし毅然として息子を諭した。「世界を救うのは他のだれかに任せて、家庭を守るべきだった」と、レーガンは述懐している(33)。一九四八年六月に、レーガンとワイマンの離婚は正式に成立した。「私は離婚された」と、レーガンは語っている。人生の重要な転機に、彼はしばしば受動的であった。

その後もオスカーに二度ノミネートされるなど、ワイマンは女優として成功の道を歩んだ。しかし、私生活では再婚と離婚を繰り返し、一九六四年以降は独身を通した。二人の子供たちは母に引き取られたが、ワイマンの多忙のため、ほどなく寄宿舎に預けられた。ワイマンは二〇〇七年に九十歳で亡くなるが、レーガンとの結婚生活については口を閉ざし続けた。それでも、この前妻は前夫に三度投票し、その葬儀にも出席した。

離婚後、レーガンはヴィンセント・シャーマン（Vincent Sherman）監督『命ある限り』（*The Hasty Heart*, 1949）に出演した。彼にとっては久々の秀作となったが、注目を集めたのは、余命三週間のスコットランド兵を演じたイギリスの俳優リチャード・トッド（Richard Todd）であった。この作品は、一九四八年の秋にイギリスで撮影された。レーガンにとって、最初の海外経験であった。彼によると、「ロンドンに到着してみると、そこは百年来の濃霧で、ホテルのドアや窓からも霧が流れこんでくるほどだった。おまけに、緊縮政策のせいで看板やショーウィンドーの照明が消されていたので、町中が暗く、陰気くさかった」(34)。そもそも、戦後の荒廃に悩むイギリス政府が、イギリスで操業する外国企業に収益の国外持ち出しを禁じたため、ワーナー・ブラザーズはこの映画をイギリスで撮影したのである。

何もロンドンだけではない。戦後のヨーロッパは荒廃し、陰鬱なムードが漂っていた。そして、ソ連の脅威は間近に迫っていた。しかも、当時のイギリスは労働党政権下であり、レーガンは身をもって社会主義の経済政策を体験した。「政府が何もかもを所有することについて、私はそれまで抱いていた最後の希望を放逐した」と、彼は述べている(35)。戦時下の陸軍官僚組織に対する失望、組合活動を通じての左翼勢力との対立に次いで、このヨーロッパでの体験は、かつての「ローズヴェルト・デモクラット」に思想的転向を求める第三波となった。帰国後、レーガンはイギリスに規制緩和を求めるよう、ホワイトハウスに働き掛けている。「映画は大使であり、ハリウッドは国の繁栄に貢献している」と、彼は訴えている。ジョンストンMPAA会長ら資本家側の認識と酷似している(36)。

青年時代のレーガンは孤立主義者だったが、第二次世界大戦を経験してローズヴェルトと国際主義を共有するようになった。当時のアメリカ人にとって、これはごく一般的な経緯である。超大国となったアメリカが孤立主義に回帰してはならない――「ローズヴェルト・デモクラット」の信念は揺らぎながらも、レーガンはこの点を確信していた。「彼ほど自国の偉大さを深く信じているアメリカ人に会ったことがない」と、『命ある限り』の共演者トッドは後年に回想している(37)。

ナンシー・デイヴィス

結局、一九四八年にレーガンが出演した映画は一本も公開されなかった。四九年には五作が公開されたものの、戦前の人気を回復するにほど遠かった。生活は乱れ、珍しく酒量も増えた。しかし、彼は一人の女性と出会った。ナンシー・デイヴィス (Nancy Davis) という瞳の大きな、ほとんど無名の女優であった。十月二十八日の『ハリウッド・レポーター』(*Hollywood Reporter*) 誌に、彼女は自分の名前を発見した。有罪判決に直面した例の「ハリウッド・テン」の支持者の一人だというのである。もとより、身に覚えがない。しかし、HUACに多くの関係者が召喚されて以来、ハリウッドでも「赤狩り」旋風が吹き荒れていた。不安に駆られた彼女は、友人の映画監督マーヴィン・ルロイに相談した。「ロナルド・レーガンに電話した方がいいかもしれないな」と、彼は言った。「これはSAGが調査すべき問題かもしれない」ハリウッドには、「ナンシー・デイヴィス」が少なくともあと三人いた。くだんの「ナンシー・デイヴィス」は別人で、映画のエキストラにすぎなかった。それでも、ナンシーはレーガンの助力を求め、まずは夕食を共にすることになった。ただし、明日の早朝に用があるので、早めに切り上げなければならない、とレーガンは言った。まだ見ぬ相手との相性が合わなかった場合に、「安全を期するため」の方便であった。自分も早朝に予定があると、ナンシーは答えた。数カ月前のソフトボールの試合で骨折したレーガンは、松葉杖姿で将来の妻を迎えに行き、サンセット大通りのレストランに向かった。彼は彼女に「ナンシー・デイヴィス」という名前を改めてはどうかと提案したが、それは「私の名ですもの」と、彼女は拒絶した。ほどなく、二人は会食の本来の目的をすっかり失念して、その夜のデートを堪能した。互いに明日の早朝に用があることになっていたが、帰宅したのは夜の三時だったという。以後、レーガンとナンシーはしばしばデートを重ねた。

さて、ナンシー（Nancy Reagan）についてである[38]。彼女は一九二一年にニューヨークで生まれた。本名はアン・フランシス・ロビンズ（Anne Frances Robbins）で、ナンシーはあだ名である。彼女の母イーディス・ラケット（Edith Luckett）は舞台女優で、ナンシーが六歳の時に、シカゴの高名かつ裕福な外科医ロイヤル・デイヴィス（Loyal Davis）博士と再婚した。自分から母を奪う義父に、幼い娘は密かに嫉妬したという。のちに子持ちのレーガンと結婚して、彼女は逆の立場に立つことになる。また、母は女優を辞めてデイヴィス博士を支えたが、ナンシーも同様に夫に献身することになる。

母の交友関係は華麗であった。たとえば、ロシア出身の高名な女優アラ・ナジモヴァ（Alla Nazimova）は母の親友で、アン・フランシスの名づけ親でもあった。ナジモヴァは類い稀な美貌と演技力の持ち主として、サイレント期最大の女優と呼ばれたが、華美でバイセクシュアルであったことから、ゴシップやヘイズ・コードの標的にされた。あるいは、ナンシーが学校から帰宅すると、居間で名優スペンサー・トレイシーが新聞を読んでいたり、人気女優のリリアン・ギッシュが母とソファーで話し込んでいることも、珍しくはなかった。ナンシーは後年、ニューヨークで〝王様〟ことクラーク・ゲーブルと一週間にわたってデートしたこともある。これはトレイシーの紹介による。キャサリン・ヘップバーンも母の友人で、ナンシーを可愛がってくれた。しかし、共通の友人トレイシーが亡くなると、二人は疎遠になった。おそらく、ナンシーとレーガンとの結婚が一因であろう。レーガンが保守化していたのに対して、ヘップバーンはハリウッド随一のリベラル派だったからである。ナンシーの父デイヴィス博士も名だたる保守派で、この義父との出会いがレーガンの保守化の第四波となった。

華麗な家庭環境の中で、ナンシーは自然に演劇に興味を深めていった。女子高時代には、『ファーストレディ』という芝居で主役を演じている。おそらく、高校生には難題であったろう。大統領候補たちの妻と恋人の葛藤を描いた政治劇である。母の強い意向もあって、その後、マサチューセッツの名門女子大学、スミス大学に進み、そこでも英文学と演劇を学んだ。本人曰く、副専攻は「ボーイフレンド学」だったという。大学を卒業すると、彼女は自らもブロードウェイで舞台に立つようになった。もちろん、母の人脈が大きな助けとなった。やがて、ナンシーはMGMとオプション付の七年契約を結び、映画に転じた。一九四九年から五六年まで、彼女は一一本の映画に出演しているが、本人も認めるように、いずれも「忘れてしまった方がいいような駄作ばかり」であった。

レーガン夫妻の最初で最後の共演作品は、ネイザン・ジュラン（Nathan Juran）監督『勝利への潜航』（*Hellcats of the Navy*, 1957）という第二次大戦中の潜水艦の物語である。この映画で、夫は潜水艦の艦長を、妻はその恋人の看護婦を演じた。これがレーガン最後の主演作品になった。彼にとって、これは二年ぶりの映画出演だったが、結局この年はこの一作のみとなり、以後三年間も映画出演はかなわなかった。ナンシーはレーガンの妻、ファーストレディとしての役割を情熱的に演じたが、その出自にもかかわらず、俳優としては夫よりもはるかに資質に乏しかった。

ナンシーはレーガンに夢中であった。「私が初対面のときから気に入ったのは、彼が自分のことばかりしゃべるような人ではないという点だった」「彼は映画俳優協会について話し、その組合が彼にとってそれほど重要なのはなぜか、説明してくれた。また、彼は、サン・ファーナンド渓谷にある彼の小さな牧場のこと、馬とその血統のことを話した。彼は南北戦争マニアでもあり、ワインについても詳しかった」(39)。ラジオや映画と異なり、私生活でのレーガンの饒舌は多くの同僚や前妻を悩ませてきたが、ようやく熱心な聞き手を獲得したのである。

それでも、レーガンが離婚のトラウマを克服するには、相当の時間を要した。そのため、同時期に多くの女性と「回転ドアのように」デートを重ねていたという。しかも、仕事のために二人が遠く離れてしまうことも、しばしばであった。ロケ地のアリゾナから、レーガンは初めてナンシーに手紙を送った。以後、二人の文通はほぼ半世紀にわたって続く(40)。また、ナンシーはレーガンと趣味の共有に努めた。乗馬を学び、SAGの役員にもなった。一九五〇年十月には、レーガン委員長（President Reagan）がナンシー・デイヴィスを理事会に歓迎するという旨の手紙を送っている(41)。

結　婚

一九五二年三月四日に、レーガンとナンシーはようやく結婚した。七カ月後には、二人の最初の子供パトリシア・アン（Patricia Anne Reagan）が生まれた。通称はパティである。「どうぞ、遠慮なく日数を数えてくださいな」と、ナンシーは開き直っている(42)。実は、ナンシーの妊娠でレーガンは結婚を決意したのである。

先に紹介した二人の馴れ初めは、いわば公式見解である。いかに「赤狩り」を恐れたとはいえ、ナンシーには芸能界に母親の幅広い人脈があった。レーガンにそれほど頼る必要はない。二人の恋愛と結婚は、落ち目の俳優と芽の出ない女優のための、芸能界によくある話題づくりが目的だったと見る向きもある。たとえそうであっても、二人は深い愛情で結ばれていた。経済的に不安定な家庭に育ち、浮き沈みの激しいハリウッドで働き、最初の妻に捨てられたレーガンは、母以外に初めて全幅の信頼を置ける女性に出会ったのである。実際、レーガンはナンシーをしばしば「ママ」と呼んだ。彼に人生の意味を教えた実母がアルツハイマー病で過去を思い出せなくなるにつれて、妻は文字通り実母の代役として、夫に心の安らぎと保護を提供することになる。

レーガンは最愛の妻を評して「巣造りの担当者」「自分の家族の防衛者」と呼んだ。「私は、全般的にいって人々は生来善良であると信じ、彼らから最良の行動を期待しようとする。一方ナンシーは、もちろん人々のうちにある善良さを見て取れるものの、同時に欠陥があればそれを見抜くことができるもう一つの直観力をも持ち合わせている」。これはレーガンの両親と同じ相違であり、逆の組み合わせであった(43)。

政敵ですらレーガンを憎めなかったように、彼の支持者ですらナンシーを愛することはできなかった。二人は夫婦で「よい警官と悪い警官」を演じていた。否、単なる警官どころか、ナンシーはレーガンを守るためなら手段を選ばない、秘密警察ですらあった。先述のように、レーガンの二冊の自伝には、前妻のことはほとんどふれられていない。これはレーガン自身の「選別的記憶」のみならず、「秘密警察」による記録削除によるところが少なくあるまい。

ナンシーは全身全霊で夫を守り、夫の深い愛情に報いようとした。前妻とは異なり、彼女は夫の政治的立場を積極的に支持し賞賛した。「もしナンシーがレーガンを自分の生涯の事業にしていなければ、彼は偉大な事業に着手し維持することができなかったであろう」と、レーガンのスピーチ・ライターだったペギー・ヌーナン（Peggy Noonan）は回想している(44)。

しかし、そのナンシーですらレーガンについて、「彼ほど性懲りもない楽天家と暮らすのは、楽でない場合もある」「私はひとりでふたり分心配しているようなのだ」と述べている。また、「ロニーは人間が好きなのだが、とかくよそよそしく見え、どんな相手もあまり近くへは寄せつけない。彼のまわりには壁がある。彼はだれよりも私が近寄るのを許してくれるが、私でさえ、その壁の存在を感じることがある」とも記している(45)。既述のように、レーガンは母ネリの楽観主義を受け継ぎながらも、父ジャックの社会的失敗のゆえに、ことさら楽観的に振る舞いつつ、自己防衛のために「壁」を築く必要があったのであろう。いわば、人為的に補強された楽観主義であり、その意味でも、レーガンはアメリカの象徴と言えよう。のちに大統領として、レーガンはベルリンの壁の倒壊を呼び掛けるが、自らの心の「壁」を崩そうとはしなかった。

レーガン夫妻とは別に、レーガン一家は必ずしも幸せとは言えなかった。最初の結婚の際の二人の子供たちは、父親の物理的な不在に苦しみ、再婚による子供たちは、父親との心理的な距離に悩んだ。まず、レーガン夫妻は前妻ワイマンの子供たちと別居していた。長男（養子）のマイケルが母の異なる弟妹たちに会ったのは、高校生の時であった。彼がアリゾナの私立高校を卒業した時、カリフォルニア州知事たる父は来賓だったが、自分の息子に自己紹介したという(46)。ただし、これは彼の近視にも原因がある。「彼（レーガン）は全身全霊を祖国に捧げられたが、自分の子供たちを抱擁するのは苦手だった」と、マイケルは回想している(47)。彼はのちにラジオのパーソナリティーとして活躍し、現在（二〇一七年十二月）はレーガン・レガシー財団（Reagan Legacy Foundation）の理事長を務めている。

家族を捨てた実母への反発もあって、長女のモーリンはナンシーと仲がよかった。のちにモーリンは政治に深く関与し、カリフォルニア州から一九八二年には上院議員に、九二年には下院議員に立候補した

（いずれも落選）。父親ゆずりの雄弁家であった。また、人工中絶容認派であったものの、彼女は総じて父をはるかにしのぐ保守派でもあり、しばしば大統領を困惑させた。さらに、モーリンは時としてホワイトハウスの人事にも容喙《ようかい》し、レーガンの側近たちを震撼させた。父の母校ユーレカ大学の理事などを務め、二〇〇一年に両親に先立って六十歳で亡くなっている。

次女のパティはナンシーの娘だが、母の肉体的・心理的虐待と父の家族への無関心を糾弾し、のちに何冊もの著書を出版した(48)。政治的にも反核運動に加わって両親を困らせ、一九九四年七月号の『プレイボーイ』（*Playboy*）誌に四十一歳でヌードを披露したこともある。レーガンがアルツハイマー発症を公表する、数カ月前のことであった。彼女はまたロック歌手と同棲し、麻薬にも手を染めた。しかも、父の姓を拒否してパティ・デイヴィス（Patti Davis）と名乗った上、不妊手術までして両親の遺伝子を残さないようにしたのである。しかし、父の病状の進行につれて、彼女は両親と和解した(49)。

末っ子のロン・レーガン（Ronald Prescott "Ron" Reagan）は売れない俳優となり、長い間、両親に経済的に依存していたが、やがて公然と父の政策を批判するようになった。スティーヴ・マイナー（Steve Miner）監督のコメディ『ミスター・ソウルマン』（*Soul Man*, 1986）に端役で出演したこともある。白人が黒人になりすましてハーヴァード大学ロースクールで奨学金を得るという、これも現代版ミンストレル・ショーである。レーガン大統領の教育予算削減が、この映画でも揶揄《やゆ》されている。父の生誕百周年に際して、ロンは回顧録を著し、父がホワイトハウス在任中にアルツハイマー病を発症していた可能性を示唆した（これにはマイケルが反論している）。また、同書では、イラン・コントラ事件への父親の対応も厳しく批判している(50)。

もとより、芸能界から政界という生活環境の変化が子供たちを戸惑わせ、ベトナム戦争と若者による対抗文化（counter culture）が親子の断絶を助長したことは否めまい。だが、両親の責任は大きい。父は子供たちに対しても堅固な「壁」を築いたし、母が防衛しようとしたのは、もっぱら父であって家族全員ではなかった。それでも、レーガンは家族の価値を飽くことなく説き続けた。規範的でリスペクタブルな核家族がはらむさまざまな機能不全を隠蔽《いんぺい》しながら家庭信仰を保全する――それは映画におけるファミリー・メロドラマの本質でもあった(51)。

マッカーシーイズムへの道

レーガンの思想上の保守化については、すでに述べた。さらに、離婚から再婚までの四年間で、彼の投票行動にも変化が見られた。

ワイマンと離婚した一九四八年の大統領選挙では、レーガンは民主党のトルーマン候補を応援した。トルーマンは地味だが強い責任感と堅実な調整能力をもった、優れたリーダーであった。しかし、偉大な前任者の急死で大統領に昇格したため、前任者の影に覆われて過小評価されがちでもあった(52)。彼は当選したものの、五〇年に勃発した朝鮮戦争の長期化で、さらに支持率の低下に苦しんだ。アメリカには戦時と平時を峻別し、平時には巨大な常備軍を持たないという伝統があったが、すでに冷戦がそれを不可能にしていた。また、アメリカはいったん開戦すると全力で戦うことを旨としてきた。ところが、朝鮮戦争は目的も戦場も手段も限られた限定戦争であった。第二次世界大戦終結直後のこの限定戦争の長期化に、アメリカ人は苛立ちを隠せなかった(53)。

この戦争の最中に、トルーマン大統領はマッカーサー将軍を解任した。レーガンの回想を聞こう。「今日に至るまで、トルーマンは一つの例外を除いては傑出した大統領だったと思っている。彼には問題の核心をとらえることを可能にする良識があった。官僚に対して一歩も引かなかったし、必要とあれば厳しい決断も下した。そして〝たっぷり課税し、たっぷり使う〟タイプの民主党員ではなかった」。とはいえ、トルーマンがスターたちの「節税」を防止しようとしたことに、レーガンはすでに警戒的になっていた。その上、マッカーサーの解任である。「私の考えでは、ハリー・トルーマンが真の偉大さに到達できなかったのは、ダグラス・マッカーサー元帥を完全に支持し、朝鮮戦争に勝つ、という決断を下さなかったためだった」(54)

それも当然であろう。トルーマンはマッカーサーを心底嫌っていた。一九四八年の大統領選挙の際には、マッカーサーが共和党から立候補するなら、アイゼンハワーを民主党の大統領候補に擁立して、自分は副大統領候補に回ろうとしたほどである(55)。

マッカーサーはジョン・フォード監督の西部劇のファンであり、ジョン・ウェインを軍人の理想像とみなしていた(ただし、ウェインには軍歴はない)(56)。マッカーサーの「老兵は死なず、ただ消え去るのみ」という告別演説は、フォード監督『黄色いリボン』(*She Wore a Yellow Ribbon*, 1949) でのウェインの科白、「老兵たち――諸君はあの連中が理解できまい」を意識している。西部劇は軍の歴史やイメージの美化に、大いに貢献してきたのである(もとより、大衆文化が軍を美化するのはアメリカ固有の現象ではないし、それが直ちに「ミリタリズム」になるわけでもない)。また、マッカーサー将軍は国境を越えて中国を攻撃することを許されなかったが、『リオ・グランデの砦』(*Rio Grande*, 1950) の中の騎兵隊はメキシコとの国境を越えてインディアンを追撃できた(57)。ここでも、映画のインディアン(レッド)と国際政治の共産主義勢力(レッド)が重なる。とりわけ、朝鮮半島という辺境で不慣れな限定戦争を戦うアメリカにとって、西部劇は多くのものを想起させたであろう。

一九五〇年の中間選挙では、レーガンはまだ民主党に忠誠を誓っていた。カリフォルニア州での上院議員選挙で、彼は元女優の下院議員ヘレン・ダグラスを支援した。彼女はとりわけ女性の権利向上と軍縮問題に熱心な、リベラル派であった。ダグラスは「右派がハリウッドについて憎悪するすべてを兼ね備えていた。彼女の美貌は驚異的で、その上、育ちがよく富裕だった。また、ダグラスは文化的で、きわめて知的だった。貴族のような身のこなしとその声から発せられる発言はわかりやすく、人々の心をつかんだし、リベラルでもあった」(58)。彼女は軍縮問題ではかつてレーガンと行動を共にしたこともあり、二人は個人的な友人であった。すでにかなり保守化していたとはいえ、レーガンはまだリベラルな気風を残し、友情にも厚かったのである。

ヘレンは有名な映画俳優のメルヴィン・ダグラス（Melvyn Douglas）と結婚していたが(59)、同僚の下院議員リンドン・ジョンソンと公然たる不倫関係にもあった。彼女の立候補をめぐって、カリフォルニア州の民主党は割れていた。女性の自立と政党マシーンの機能低下、「セレブ政治」――先述のように、ヘレンはアメリカ政治の新しい動向を象徴していた。

共和党からは、同じく下院議員のニクソンが候補になった。彼はヘレンのことを「下着にいたるまでアカがかっている」と、執拗に攻撃した。そのため、彼は「狡猾なディック」（Tricky Dick）の異名を得た。レーガンですら、ニクソンのヘレン批判を「言いがかり」と呼んでいる(60)。HUACでの証言以降は、彼はニクソンとほとんど没交渉であった。

この中間選挙に先立つ一九五〇年二月九日に、ウィスコンシン州選出の共和党上院議員ジョセフ・マッカーシーが、ウェストヴァージニア州の共和党女性クラブという地味な場所で、しかし衝撃的な演説を行った。国務省内の共産党員またはそのシンパと思われる者たちのリストがあり、その数は実に二〇五人に及ぶというのである。その後、この数字は五七人、八一人と変転する。マッカーシーの主張は信憑性に乏しかったが、ローズヴェルト大統領の元側近アルジャー・ヒス（Alger Hiss）がHUACでソ連のスパイと疑われ、偽証罪で有罪判決を受けたばかりだったために、注目を集めた。ニクソンはこのヒス糾弾で名を上げたのである。

マッカーシーの爆弾発言から数カ月後には、先述の朝鮮戦争も勃発した。勢いに乗った彼は、一九五一年六月にジョージ・マーシャル（George C. Marshall）前国務長官を攻撃した。中国の共産主義化を防げなかったからである。マーシャルと言えば、トルーマン大統領が「最も偉大なアメリカ人」と呼んだ軍人政治家であった。だが、大統領の支持率は三割台に落ち込んでおり、マーシャルを守り抜くことも五二年の大統領選挙に出馬することもできなかった。「マッカーシーイズム〔マッカーシーの煽動《せんどう》した反共主義〕は真実の堕落であり、われわれがフェアプレーに歴史的に示してきた献身の放棄に他ならない」と、トルーマンは引退後にテレビで憤りを露《あらわ》にしている(61)。「赤狩り」はローズヴェルト、トルーマン両大統領周辺の威信をも脅かすようになったのである。

「銀のスプーンで育てられた若き秀才たちこそ、最悪の人びとであった」と、マッカーシーが攻撃の的にしたのは、ヒスのようなエリートやインテリであり、それが大衆の喝采を博した。《復讐心による国内統合》（revenge synthesis）である(62)。その意味で、マッカーシーイズムは映画やテレビと同じ消費者に支えられていた。マッカーシーこそ、テレビにより脚光を浴びテレビにより滅んだ最初の政治家であった。

「アイ・ラブ・アイク」

一九五二年は、大統領選挙の年であった。

同年六月に、ミズーリ州フルトン（そう、チャーチルが「鉄のカーテン」演説をした街である）にあるディサイプルス派の女子大学ウィリアム・ウッズ大学（William Woods College）の卒業式で、レーガンは祝辞を述べた。彼の数ある演説の中で、全文が記録されている最初のものである。「アメリカは神が約束の地として定めたものである」とレーガンは語り、「われわれの国は、地上での人類最後の、そして、最高の希望である」と締めくくった。この結びは、もちろん、一八六二年のリンカーンの議会演説を換言したものである。

母ネリの宗教的影響から、レーガンは奉仕や博愛精神を学んでいた。さらに、第二次世界大戦の経験を通じて、彼の宗教心は愛国心と強く結び付くようになっていた。アメリカは「約束の地」であり、アメリカ人は「選ばれた民」だという発想は、その後も一貫してレーガンを支配する。

また、この女子大学での祝辞に、レーガンは得意のエピソードをいくつも盛り込んでいる。独立宣言の署名をめぐって議論が白熱する中で、謎の声が署名を促したという話や、アメリカの爆撃機がドイツ軍に撃ち落された際に、操縦士は脱出せずに、「あとで勲章がもらえるさ」と、負傷した仲間と運命を共にしたといった話である。いずれも感動的かつ神秘的だが、何の根拠もない。だが、レーガンにはそのような「些事《さじ》」はどうでもよかった。宗教的な愛国心、巧みな引用と換言、感動的なエピソードと、その後のレーガンの演説の原型は、すでにここに表れていた(63)。

さて、大統領選挙では、レーガンはアイゼンハワーを民主党候補に擁立しようとした。宗教的な愛国心に駆られた彼にとって、自然な選択であろう。レーガンは他の民主党員と同調して、アイゼンハワーに出馬要請の電報を送っている。だが、アイク（アイゼンハワーの愛称）は共和党から出馬を決めた。「もし私が彼を民主党代表としてこの任に最適の人物と見なしていたのなら、たとえ共和党から出るにしても、や

は り彼は私の意中の人であるべきだ。そこで私はアイクのためにキャンペーンを展開し、投票した。私としては共和党候補への最初の投票だった」と、レーガンは言う(64)。

アイゼンハワーは歴戦の英雄であるのみならず、「一〇〇万ドルの微笑」を持つと言われるほどの大衆的人気を誇っていた。対する民主党の大統領候補アドレイ・スティーブンソン (Adlai Stevenson) イリノイ州知事は、副大統領を祖父に持ち「最後のインテリ」と呼ばれたリベラル派のエリートであった。アイクが選んだ副大統領候補は、反共主義で名を売った「俗物」ニクソンである。

同時代を生きた大統領の中で、レーガンが最も尊敬していたのはクーリッジとローズヴェルト、次いでこのアイゼンハワーであった。レーガンはクーリッジと「小さな政府」という信念を共有し、ローズヴェルトの美声とアイクの笑顔を兼ね備えていた。しかし、彼はローズヴェルトの構築した「ニューディール連合」を最終的に崩壊させたし、アイクの軍隊式のマネージメント・スタイルとは無縁であった。

かつて『これが陸軍だ』でレーガンと共演したジョージ・マーフィーは、より積極的にアイクの選挙戦にかかわった。すでに彼は一九四八年の大統領選挙で共和党のトマス・デューイ (Thomas Dewey) 候補のメディア対策を手伝っており、今回は共和党のテレビ対策に重きをなした。

一九四二年五月の戦時動員計画のために、テレビの免許は凍結されていたが、ヨーロッパで連合軍がノルマンディーに上陸し、太平洋で米軍がサイパン島を占領した後、四四年七月から二大ネットワークがテレビ放送を再開した。テレビ受信機の台数は、四五年には全米でわずか一万台足らずだったが、四七年には生産ラインが立ち上げられ、翌年には一般への販売が始まって、一〇〇万の家庭がテレビを視聴するようになった。当然、政治がこれを見逃すはずがない。四七年には、トルーマン大統領の一般教書演説が初めてテレビで実況中継された。四八年の選挙でも、共和党と民主党の党大会がテレビ中継されている。だが、すでにテレビは人気番組を擁するようにもなっていた。NBCなどは、『テキサコ・スター劇場』（*Texaco Star Theater*）の終了まで、同年十一月二日の大統領選挙の開票速報を遅らせたほどである(65)。

一九五一年にトルーマンがサンフランシスコ講和条約調印に際して行った演説は、初めて全米にテレビ放送された。そして、五二年の選挙時になると、全米のテレビ局を結ぶ同軸ケーブルが完成し、実に一五〇〇万もの家庭（全体の三五パーセント）にテレビは浸透していた(66)。共和党と民主党の党大会を実況中継するために起用されたキャスターが、ウォルター・クロンカイト（Walter Cronkite）であり、大会の会場から記者たちが寄せるさまざまな情報を集約して、一人でカメラに向き合うキャスターに「アンカーマン」という新語が当てられた。以後、クロンカイトは一九八〇年代までアメリカの政治報道の顔になる。

有名なコメディアンのフレッド・アレン（Fred Allen）は、テレビを「無能の輩《やから》を無為の輩に見物させる装置」と酷評したし(67)、建築家のフランク・ロイド・ライト（Frank Lloyd Wright）も、「暖炉は家の心臓である。テレビは目のチューインガムである」と唾棄《だき》した。しかし、テレビの影響力はとどまるところを知らなかった。一九四九年六月には、アレンが一八年も続けたラジオ・ショー『フレッド・アレン・ショー』（*The Fred Allen Show*）も閉幕に追い込まれた。レーガンのボス、ジャック・ワーナーはテレビの脅威を見抜いており、映画の中の茶の間のシーンに、決してテレビを登場させなかった(68)。

テレビの躍進を目の当たりにして、レーガンの旧友ロバート・モンゴメリーと共に、マーフィーはアイゼンハワーに特訓を施し、そのテレビ映りを改善した(69)。政治家や軍人を演じる俳優が歴戦の英雄を指導するという倒錯である。アイゼンハワー陣営は、「アイ・ラブ・アイク」と、テレビのスポット広告を選挙戦に活用した。同時に戦われた連邦議会選挙で、若きJ・F・ケネディは下院議員から上院議員に転じた。彼もテレビを通じて有権者のお茶の間に、「ケネディとコーヒーを」と働き掛けていた。

日本ではほぼ一〇年遅れで、一九五九年の皇太子成婚（いわゆる「ロイヤル・ウェディング」）でテレビの普及率が急増し、安保闘争後の政治でも無視できないものになった。池田勇人首相は組閣翌日（六〇年七月二十日）の記者会見をテレビで生中継させ、総選挙のテレビ・コマーシャルに自ら出演した上、NHK「総理と語る」の番組出演も定例化した。

アイク当選

さて、大統領選挙の結果はアイゼンハワーの圧勝であった。スティーブンソンは地元のイリノイ州ですら勝てなかった。西部（カンザス州）出身の大統領と西海岸（カリフォルニア州）出身の副大統領（ニクソン）が朝鮮戦争の最中に誕生したことは、アメリカ政治の主軸が西へ移動している証しであり、カリフォルニアを中心とした軍需産業に支えられた国際主義の確立を意味していた(70)。また同年の議会選挙でも、四年ぶりに上下両院で共和党が多数を制し、新大統領の権力基盤をさらに安定的なものにした。

翌一九五三年一月のアイゼンハワー大統領の就任式は、全米一一五のテレビ局で生中継された。それは政府がテレビを公認し、テレビと政治の関係が確立した、記念すべき日であった。F・D・ローズヴェルトの時代にラジオが果たした役割を、テレビが代替したのである。五五年には、アイゼンハワーは初めて閣議のようすをテレビに公開し（時には閣議のリハーサルまで行われた）、翌年には、テレビ報道への貢献により、アメリカテレビ芸術科学アカデミーからエミー賞を受賞した。今のところ、彼がエミー賞を受賞した唯一の大統領である(71)。しかし、個人的には、彼はテレビを毛嫌いしていた。軍人らしく、アイクが愛したのも西部劇であった。

この父親然とした元英雄は、一方で、儀式化を通じて大統領の権威を高めようとした。一九五四年に

「大統領頌歌《しょうか》」(Hail to the Chief) を大統領登場時の賛歌に指定したことなどは、その好例である。他方で、アイクは「舞台裏で仕事をする大統領」であり、「目に見える君主的スタイルを目に見えない首相的役割と組み合わせた」(72)。彼は威厳を備えた充分「絵になる」大統領であったが、テレビを重用したという点では、ハリウッドの味方にはならなかった。また、ハリウッドもアイゼンハワーを大統領としてよりも軍人として描いてきた。ハリウッドのリベラル偏重も働いていよう。

ただし、一九五〇年代のアイゼンハワーよりも六〇年代のケネディが、テレビを巧みに活用した。さらに、メディアを体現した共和党の大統領が登場するのは、二十世紀三度目の保守の時代たる八〇年代を待たねばならなかった。そして、五〇年代も八〇年代も、高齢の大統領が君臨した時代であり、繁栄を謳歌しながらも先の戦争(第二次世界大戦とベトナム戦争)の影を引きずる時代であった(73)。しかも、二人の老大統領は二期八年の任期を全うし(二人の間の大統領で二期八年務めた者はいない)、高い支持率を維持したまま去っていく。

あのニクソンは、四十歳の若さで副大統領の地位を手に入れた。だが、支持者からの資金援助を『ニューヨーク・ポスト』(*New York Post*) 紙に問題視され、副大統領候補から降ろされそうになったこともあった。そこで、ニクソンはテレビ演説で自己弁護を図った。自分の家族が贈り物を受けたのは、チェッカーズという名前の犬だけで、娘たちはこのスパニエル犬を愛している。「たとえどんな非難を受けても、この犬を手放すつもりはありません」と、彼は視聴者の情に訴えた。大成功であった。「この事件を通じた最大の勝利者は、ニクソンではなく、テレビであった。ニクソンはテレビの実力を大々的に宣伝した」、「昔ながらの政治ボスも数千人規模の聴衆を動員することはできる。だが、テレビは百万人単位の視聴者を動員できた。しかも、手厳しい質問を受けるリスクなしに」と、ジャーナリストのデイヴィッド・ハルバースタム（David Halberstam）は記している(74)。

そして、あのマッカーシーも再選され、上院政府活動委員会の委員長に就任した。そのため、大統領選に敗れたスティーブンソンは、共和党を「半分アイゼンハワー、半分マッカーシーの党」と批判した。HUAC、上院司法委員会の国内安全保障小委員会と並んで、マッカーシーの委員会は「赤狩り」の拠点となる(75)。ここでの証人喚問はテレビでも大人気であった。ニクソンはかつてHUACの一員であり、レーガンもそこで「友好的」証人に立っていた。そして、ケネディもマッカーシーと親しく、彼の下で政府活動委員会の委員を務めた。将来の三人の大統領が、直接間接に「赤狩り」に関係していたことになる。後述のように、彼らはみな映画と深くかかわり、現代大統領制に大きな影響を与える。また、同じアイルランド系ということもあり、ケネディの父ジョセフはマッカーシーに資金援助していたし、のちに司法長官となる弟のロバート（Robert Kennedy）はマッカーシーの小委員会で法律顧問の補佐を務めた。マッカーシーイズムは、反共主義と結び付くことで、カトリックの政治的影響力が拡大する契機ともなった。

三　『GE劇場』へようこそ！

ハリウッドの斜陽化

レーガンは再婚し、初めて共和党の大統領候補に投票した。私生活と政治の両面で、彼は自分の「残り半分」を探り当てようとしていた。しかし、彼の俳優人生は依然として低迷していた。レーガンにとっては、ワーナー・ブラザーズが西部劇に配役してくれないのが不満であった。「もしワーナー・ブラザーズが私を西部劇に出演させることがあるとすれば、東部から来た弁護士役だろう」と、彼は自嘲している(76)。

しかし、ワーナー・ブラザーズにも余裕がなくなっていた。戦前のピーク時には年間一〇〇本もの映画を製作していたが、一九五一年には二八本にまで減少していたのである。映画産業全体でも、映画館の年間入場者数は四六年に過去最高の約四一億人を記録したが、以後減少の一途をたどり、五〇年には三〇億人を割るようになっていた。銀幕の中のフィクションよりも、ブラウン管の中の「赤狩り」に、人々は心を奪われるようになっていた。ワーナーら「大立者」にとって、当初「赤狩り」は組合潰しには好都合だったが、結局はハリウッド全体を混乱に陥れたのである。

しかも、すでに一九四八年には、連邦最高裁判所による下級審への差し戻し判決で、大手映画会社（メジャー）八社が反トラスト法違反とされた。これを受けて、「ビッグ5」は製作部門と興業部門を分離せざるをえなくなっていた（「リトル3」は、そもそも興業部門、すなわち映画館を保有していなかった）。いわゆるパラマウント訴訟であり（同社が最大手だったため、こう呼ばれる）、スタジオ・システムの崩壊と古典的ハリウッド映画の終焉の端緒となった。以後、数々の独立プロダクションが台頭した。一九五七年までには「ビッグ5」は映画館を完全に手放し、ほとんどの「大立者」たちもハリウッドから退場を余儀なくされた(77)。この四八年判決は三五年のニューディール違憲判決に起因しているから、現代大統領制への反発が古典的ハリウッド映画の一角を崩したことになる。

折からの郊外住宅の発展と相俟って、メジャーと分離された映画館はドライブイン・シアターになっていった。一九五六年には、ドライブイン・シアターの入場者総数が通常の映画館のそれを超えた。ドライブイン・シアターなら子供連れで楽しめた。また、これは若者のデートスポットでもあり、のちに「僕たちはドライブイン・シアターでできた子だ」とうそぶく世代を生み出した。中でも、ＳＦとホラーの重なり合ったモンスター・ムーヴィーは人気であった(78)。「女の子たちが悲鳴をあげて男の子にしがみついて。車の中のようすを見ててやらないといけない時もありますよ……」と、あるマネージャーは語っている(79)。しかし、自動車から映画を観るドライブイン・シアターはいわば映画館の個室化であり、結果として、家庭でのテレビのさらなる普及につながった(80)。また、直営の映画館を手放すと、「ビッグ5」にとって、観客動員のために安手のB級映画を製作する必要がなくなった。そうなると、レーガンの映画出演の機会はいっそう厳しくなった。

そこで、辣腕のワッサーマンが、レーガンとワーナー・ブラザーズの間を仲介した。その結果、レーガンはワーナー・ブラザーズの専属契約から離れ、他社の映画にも出演できるようになった。同社との専属契約期間の通算一五年間に、彼は四一本の映画に出演したが、結局、西部劇は『カンサス騎兵隊』のみであった。その後も西部劇の出演は三作だけで、悲願の達成には遅きに失した。むしろ、レーガンが本領を発揮したのは、軽妙なラブ・コメディやスポーツものであろう。もちろん、後年テレビ西部劇の司会を務めたことはあるが、レーガンをB級西部劇俳優と論じ、その男性優位主義を強調してタカ派外交と結び付けるような議論は、あまりにも単純である。

専属契約がなくなると、大スターたちはより高い報酬を期待できたが、レーガンのクラスになると、安定的な生活基盤を失うことになった。作品を選んではいられない。そこで、レーガンはフレデリック・デ・コルドヴァ（Frederick De Cordova）監督『ボンゾの就寝時間』（*Bedtime for Bonzo*, 1951, 日本未公開）に出演した。ユニヴァーサル映画の作品で、出演料こそ七万五〇〇〇ドルと悪くなかったが、彼の映画俳優人生の大きな汚点となった。何しろ、事実上の主演はボンゾという名前のチンパンジーなのである。心理学の若い大学教授（レーガン）が学部長の娘と婚約していたが、亡父が犯罪者だったとわかって、婚約を解消されてしまう。そこで、遺伝よりも環境こそが人格形成に重要であるという自説を証明するために、チンパンジーを飼育するというドタバタ喜劇である。この映画に出演したことは、のちのちまでレーガンへのからかいの種になった。また、彼は「共演者」のチンパンジーを心から嫌っていたという(81)。フリーになった後、「中には二、三本、「ノー」といえばよかったと悔やまれるような映画もあった」と、レーガンは回想している(82)。

レーガン夫妻は三人の子供を抱え、その上、すでに広大な牧場を保有し、新たに高級住宅を購入していた。三六〇エーカー（一四五ヘクタール）もの牧場は、実にモナコ公国と同じ広さであった(83)。レーガンにとって、広大な牧場の所有は、西部劇への出演に恵まれなかった代償だったのかもしれない。マルホランド・ドライブに面した新たな豪邸の購入にいたっては、八万五〇〇〇ドルを要した。そのため、レーガン一家には現金が枯渇してしまった。寝室に家具を買うことさえできない有り様であった。ところが、ユニヴァーサルからは新規の出演を断たれてしまった。しかも、レーガンは依然として個人所得の最高税率のグループに属しており、内国歳入庁は彼に二万一〇〇〇ドルを課税してきた。まさに財政的危機であった。

かつてレーガンはSAGの委員長として会員に、「敵陣に走らないよう」呼び掛けていた。テレビのことである。一度出演すると、何度も再放送される可能性があったから、組合としては報酬問題について敏感にならざるをえなかったのである(84)。また、個人的にも、彼は映画俳優のテレビ出演を〝死の接吻〟と呼んでいた。役柄に安易なイメージが定着しやすい上に、お茶の間にいながら無料で観られる俳優の顔を、チケットを買ってまで映画館に観に来る客は少ないと考えていたからである(85)。しかし、そのレーガンもテレビのゲスト出演を繰り返し、借金の返済に充てなければならなかった。

レーガンの庇護者ワッサーマンは、早くからMCAに子会社を作ってラジオにショー番組を提供していた。しかし、テレビの台頭で、映画の観客数のみならず、競技場でのスポーツ観戦者数もラジオの聴取者数も激減していた。とりわけ、テレビのエンターテイメント分野の躍進は著しかった。当時は「テレフィルム」(テレビ用映画)や連続ドラマの名作が次々に生まれた。中でも、フィリップ・モリス社提供の『アイ・ラブ・ルーシー』(*I Love Lucy*, 1951–57)は絶大な人気を誇った。一九五三年一月十九日の視聴率は何と六八パーセント、視聴者数は四四〇〇万人で、翌日のアイゼンハワー大統領の就任式の視聴者数の二倍であった(86)。

ハリウッドは映画の三D化など、テレビへのさまざまな対抗策を講じた。史劇を中心としたシネマスコープの大作路線も、その一つである。その第一作がヘンリー・コスター(Henry Koster)監督『聖衣』(*The Robe*, 1953)で、古代ローマ帝国で暴君の迫害を受け殉教するキリスト教徒の物語であり、これも「赤狩り」への批判を含意しているとされる。製作費に四五〇万ドルも投じたが、北米だけで一七一〇万ドルの配給収入をあげた(87)。しかし、やがて巨額の製作費はハリウッドをさらなる窮地に追い込んでいく。

他方、テレビはその後も、『名犬ラッシー』(*Lassie*, 1954–74)や『パパは何でも知っている』(*Father knows Best*, 1954–60)、『弁護士ペリー・メイスン』(*Perry Mason*, 1957–66)など、連続ドラマの名作を生み出していった。また、映画界がテレビでの映画放送に消極的だったため、テレビは熱心に「テレフィルム」の製作にあたった。ライバルへの妨害がライバルをさらに強化させたことになる。さらに、テレビ西部劇の『拳銃無宿』(*Wanted Dead or Alive*, 1958–61)はスティーヴ・マックイーン(Steve McQueen)を、同じく『ローハイド』(*Rawhide*, 1959–65)はクリント・イーストウッド(Clint Eastwood)をスターにした。

後年、シークレット・サービスがレーガン大統領につけたコードネームは、この「ローハイド」（カウボーイが使用する皮製のムチ）であった。

これらのテレビ番組はさまざまなコマーシャルに支えられており、それがさらに消費を刺激した。一九五〇年には初のクレジットカードとしてダイナース・クラブが登場したし、五五年にはマクドナルドの一号店が開店した。五〇年代を通じて、広告費は倍増することになる。また、当時の連続ドラマのほとんどは、やがて日本でも放送され、アメリカのスターと大衆消費文化への憧れを視聴者にかきたてたのである。

ワッサーマンの慧眼《けいがん》が、このテレビを見逃すわけがない。だが、俳優の利害を代弁するエージェントが、彼らの出演するテレビ番組のプロデューサーを兼ねることは、利益相反を招き、反トラスト法に抵触するおそれがあった。また、それはSAGの規定にも違反していた。

そこで、MCAのスタインとワッサーマンは奇策を講じて、SAG幹部との会合に臨んだ。テレビ産業の中心はニューヨークであり、今後もそうだろう、と二人は言った。「わざわざ出向いていくことはない」。SAGの俳優たちさえ協力してくれるなら、MCAはロサンジェルスで多くのテレビ番組を製作する用意がある。そうすれば、俳優たちにとっても会社にとっても大儲けになるというわけである。MCAに協力するか、テレビ産業のお株をニューヨークに奪われたままにするか――SAG理事会では激論が続いた。レーガンは議長だったが、一言も発しなかった。やがて、ウォルター・ピジョン（Walter Pidgeon）が発言した。アカデミー賞にも二度ノミネートされ、「銀幕の調度のいい家具」と評された名脇役である。「われわれは（ハリウッドで）死につつある。他に選択肢があるかね？」。これで大勢が決した。一九五二年七月に、SAGはMCAと契約を結び、エージェントとプロデューサーの兼務を禁止する権利を一〇年間放棄した。ただし、契約内容の詳細は機密扱いであった(88)。この契約を決めた際のSAGの理事は六人だけで、そのうちの二人がレーガン夫妻であった。また、こうした契約がなくても、テレビ産業はカリフォルニアに進出しただろうとの見方も強い。

そのため、レーガンとワッサーマンとの間で闇取引があったとも噂された。何しろ、リッサーマンはレーガンの大恩人である。しかも、MCA側の弁護士はレーガンの離婚時の弁護士であった。だが、真実は藪の中である。この件に関しては、レーガンは終生沈黙を守った。一〇年後に、MCAはエージェント業とプロデューサー業のいずれかを選択するよう司法省に迫られ、後者に専念することになる。だが、すでにその一〇年間で、MCAはユニヴァーサルを合併するなどして、ワッサーマンは「ザ・オクトパス」の異名をとった。蛸《たこ》の足のようにショービジネスに勢力を拡張していったからである(89)。

『GE劇場』

さて、一九五三年になると、レーガンは西部劇を含めて二本の映画に出演できたものの、いずれもヒットしなかった。そのため、彼の年収は三万ドルと、数年前の半分以下になってしまった。そうした中で、MCAからラスヴェガスでの仕事の話があった。ラスヴェガスはリゾート地として急速に発展しつつあり、地元のホテルやカジノは知名度のある芸能人を求めていた。だが、最初の話はストリッパーたちと共演しないかというもので、さすがにレーガンは拒否した。二度目は、ナイトクラブの司会を務めるというものであった。レーガンは躊躇《ちゅうちょ》したが、一週間で前年の年収と同額の三万ドルという誘惑には抗しきれなかった。落ち目の地方巡業に、レーガン夫妻はスーツケース一杯の本を持ち込んだ。彼らは紫煙の立ち込める賭博場やナイトクラブを好まず、仕事以外では読書に没頭したのである。「このホテルには、芸能人の方が大勢泊まられますが、ラスヴェガスへ本を持って来たお客様なんて前代未聞ですね」と、ホテルのマネージャーは驚いてみせた。ナイトショーは好評で、シカゴやニューヨークでもとの誘いもあったが、レーガンは固辞している[90]。

さて、一九五四年の夏に、レーガンの元にMCAから、より魅力的な仕事の話が舞い込んだ。ゼネラル・エレクトリック社（GE）の提供するテレビ番組で司会役を務めるという提案で、レーガンがSAG委員長としてMCAと結んだ先の契約の、いわば果報であった。また、映画の中で特定のブランドの商品を取り上げて広告するプロダクション・プレイスメントで、レーガンの所属したワーナー・ブラザーズとGEはかねてより関係が深かった[91]。本人の意志はともかく、明朗で軽妙なレーガンの雰囲気は、大がかりな映画よりもテレビ向きだったかもしれない。テレビの普及で、政治にとっても、活動の中身よりスタイル、現実よりイメージ、分析よりドラマ性、知識より信念、理解よりも思い込みが重要になりつつあった[92]。テレビは、レーガンと政治の距離をいっそう短縮させるのである。

さらに、MCAがレーガンに提案した今回の出演料は、年間で一二万五〇〇〇ドルに上った（実際には、すぐに一五万ドルになる）。しかも、彼は年に一〇週にわたって全米一三九のGEの工場施設をめぐり、講演することになった。大企業の「移動親善大使」役である。GEも戦後の労働争議で多大なダメージを被っており、労使関係の改善が必要とされていた。テレビと労働争議――かつてレーガンを苦しめたものが、彼に次なる活躍の機会を提供したのである。

一八七八年にエジソンが新たな実験室を開き、エジソン電気照明会社を設立したのが、GEの端緒である。九二年には経営権がJ・P・モルガン（J. P. Morgan）とヘンリー・ヴィラード（Henry Villard）に移り、ゼネラル・エレクトリックという名称になった。九六年のダウ平均株価の算出が始まって以来、今日まで残存する唯一の企業である。映画といいGEといい、レーガンの前半生は、エジソンと深く結び付いていた。

「ゼネラル・エレクトリックにとってよいことはアメリカにとってよいことであり、アメリカにとってよいことはゼネラル・エレクトリックにとってよいことである」——こう豪語してGEに君臨したのが、チャールズ・E・ウィルソン（Charles Edward Wilson）社長である。ゼネラル・モーターズにはもう一人のチャールズ・ウィルソン（Charles Erwin Wilson）社長がおり、二人を区別するために、前者は「電気のチャーリー」（Electric Charlie）、後者は「エンジンのチャーリー」（Engine Charlie）と呼ばれた。

「電気のチャーリー」は戦時下に戦時生産委員会（War Production Board: WPB）の副委員長を務め、戦後はトルーマンによって新設の国防動員局長に起用されて、辣腕《らつわん》を振るった。その権限は広範に及び、メディアは彼を「共同大統領」とさえ揶揄した。他方で、「エンジンのチャーリー」はアイゼンハワー政権で国防長官を務めている。彼らのキャリアは、政府と軍と産業界が協力するコーポラティズムそのものであった。

熾烈な労働争議の経験から、「電気のチャーリー」は従業員との意思疎通の改善を図ろうとした。こうした労務対策もコーポラティズムの一環といえよう。GEの組合幹部の中にも、「電気のチャーリー」の信奉者は少なくなかった。彼が戦後再び政府に入って「共同大統領」になると、側近のラルフ・コーディナー（Ralph Cordiner）がその路線を継承した。そこで労務担当の副会長に起用されたのが、レミュエル・ボウルウェア（Lemuel Boulware）である。彼はWPBでウィルソンと出会い、戦後GEに入社した。このウィルソン、コーディナー、ボウルウェアのラインがレーガンの人生に大きな影響を与え、彼を政治の世界に誘うことになる。

ボウルウェアは労務担当重役として、レーガンはSAG委員長として、組合組織の問題点や弱点を熟知していた。ボウルウェアは、レーガンを通じて従業員の人心を掌握し、組合幹部を迂回して従業員とのパイプを構築しようとしていた。ボウルウェアはレーガン同様に、共産主義を「悪」と呼んではばからない反共主義者でもあった。さらに、ボウルウェアはGEの従業員を政治教育して、保守的な会社の方針に適う政治家を当選させ、立法させるために、利用しようとしたのである。何しろ、GE傘下の従業員は七五万人にまで上っていた。ボウルウェアによる労使関係の操作術は、しばしば「ボウルウェリズム」とさえ呼ばれた。それを「洗脳」と非難する者もあったが、本人は「教育」と信じていた。彼もまた、演説の名手であった。

レーガンが俳優から政治家へ、そして、リベラルから保守派に転じるに際して、このボウルウェアが重要な指南役を果たしたと、トマス・エヴァンズ（Thomas Evans）は論じている(93)。ハリウッドのワッサーマンからGEのボウルウェアへと、レーガンの指南役が交代した（ただし、ワッサーマンとの親密な交流はその後も続いた）。政治的にはワッサーマンは民主党員であり、ボウルウェアは共和党員であった。また、同世代の前者とは異なり、後者は一六歳も年長であり、レーガンにとって父性の代役でもあった。こうして、レーガンは思想的転向の最終波を迎えた。

一九五三年二月に、ボウルウェル指揮下の広報部は『ゼネラル・エレクトリック劇場』（*General Electric Theater*, 1953–62）（以下、『GE劇場』と略）というテレビ番組を立ち上げた。日曜日の夜九時というゴールデン・タイムであり、全社挙げての企画であった。しかし、最初の二シーズンは毎週のエピソードをつなぐ一貫性に欠けていた。そこで、番組にホストを置くことになり、レーガンに白羽の矢が立ったのである。SAGでもラスヴェガスでも、彼にとって司会はお手の物であった。五四年九月二十六日に、レーガンはこの番組にデビューを飾った。「ゼネラル・エレクトリックスでは、進歩こそが最も重要な製品です」と、番組の終わりごとにこの司会者は語った。彼の楽観主義とも合致しよう。

レーガンが司会に起用されてから三カ月ほどで、番組の視聴率はトップ10の一角を占めるほどになった。ほどなく、GEはパシフィック・パリセードにあるレーガンの豪邸に、最新の家電製品一式を備え付けた。「未来の家庭」について、レーガンとナンシーが三分間のテレビ・コマーシャルに出演することが条件であった。

さらに、レーガンは全米の三九州に広がるGEの工場施設を講演して回った。煙の充満した工場では、レーガンはコンタクト・レンズを装着できず、かといって、大勢の前でメガネをかけることもはばかられた。結果として、彼はほとんど何も見えない状態で工場の施設を視察し、従業員たちに笑顔を振りまき、握手を重ねた。一日で足が膨れ上がることもあった。しかも、ニューヨーク、クリーブランド、シンシナティ、ボストン、フィラデルフィアと、旅程は「ほとんど人間の限界を超えていた」(94)。

それでも、レーガンは倦むことなく、給料を上げるには会社が成功するしかないという単純なメッセージを説いて回った(95)。従業員たちは有名な映画俳優と身近に接し、彼のジョークとハリウッドの秘話に嬉々として耳を傾けた。「この世には強い結束を示す三つの偉大な組織がある。ローマ・カトリック教会とマフィア、そしてゼネラル・エレクトリックだ」と、ある社員は豪語している。それほどGEは社員の団結を重視していた。

GEの「移動親善大使」役は、レーガンにも大きな恩恵をもたらした。「八年間にわたり私はGEのため、汽車や自動車で国中をかけ回り、百三十九の工場のすべてを訪問した。中には数回訪問した工場もあった。この間、二十五万人以上のGE従業員に会い、単に握手するだけでなく、話しかけたり、彼らの心の内を聞いたりした」(96)。彼は閉所恐怖症のため、どんなに長距離でも飛行機では移動しなかった。結果的に、列車の旅を通じて、さまざまな地域の人々との接点が増えた。レーガンにとって、彼らは個性豊かな「人々」であって、決して抽象的な大衆ではなかった。また、マーク・トウェインの世界で育った彼には、中西部との再会でもあった。さらに、長旅に同伴したGEの広報担当幹部も、「大きな政府」の弊害をつねにレーガンに語り続けた。

妙なる「説教」

レーガンは多い時には一日に一四回も講演をこなしたという。ある時、数千人規模の教師の集会で講師が突然キャンセルになった。近くにレーガンが講演に来ていることが知れ、この集会はにわかに彼を講師に迎えた。これが大成功した。それ以降、レーガンはGEの施設のみならずさまざまな団体を相手にスピーチの腕を磨いた(97)。

レーガンは、決して大げさなジェスチャーをしなかった。だが、彼の声は肝心な個所で低く心地よく響き、いつまでも聞き手の耳に残った。小首をかしげながら「ウェル（さて）」と始める、レーガンの仕草と巧みな話術、声の組み合わせは、ほとんど「文学的」ですらあった(98)。のちにレーガン大統領のスピーチライターの一人も、彼のスピーチを書くことは「調律のいきわたったスタインウェイ（世界的に有名なピアノのブランドで、「神々の楽器」と呼ばれる）を弾くようなもの」であり、「彼は確固たる声を持っていた」と語っている(99)。幼少のころからの修練とラジオ・アナウンサー、映画俳優としての研鑽《けんさん》の賜物であった。「声の調子や目の表情には、言葉の選び方に劣らぬ豊かな雄弁がある」とは、十七世紀フランスのモラリスト、ラ・ロシュフコー（François VI, duc de La Rochefoucauld）の箴言《しんげん》である(100)。

十八世紀アメリカの信仰復興運動（リバイバリズム）の立役者の一人に、イギリス出身の伝道師ジョージ・ホワイトフィールド（George Whitefield）がいる。彼も各地を巡回し、時には「メソポタミア」という同じ言葉を四〇回も繰り返して聴衆を感動させたという。それゆえ、ホワイトフィールドは一方では「神の演出家」（Divine Dramatist）と尊敬され、他方では「神の行商人」（Peddler in Divinity）と非難された。彼もかつて俳優を志したという(101)。そのコミュニケーション力と大衆性、宗教的情熱において、レーガンもまた、この巡回伝道師の系譜に属そう。彼自身、演説を説教と呼んでいた。

しかも、レーガンは愛読の『リーダーズ・ダイジェスト』誌などからエピソードやジョーク、統計を拾い出しては丹念にメモにとり、自ら草稿を仕上げて、スピーチに磨きをかけていた。とりわけ、彼が好んだのは、「われわれには世界を最初からやり直す力がある」というトマス・ペイン（Thomas Paine）の言葉である。ジェファーソンやジェームズ・マディソン（James Madison）、アレクサンダー・ハミルトン（Alexander Hamilton）といった「建国の父祖」の言葉も、自らのスピーチに巧みに引用してみせた。『スミス都へ行く』をはじめとする映画が、リンカーン記念堂やワシントン・モニュメントを映し出して民主主義を描くのと同じ手法と言えよう。略語を駆使した手持ちのカード、例の「ロゼッタ・ストーン」も準備した。また、困難を克服する物語性という点でも、彼の演説は古典的ハリウッド映画を踏襲していた。さらに、彼は「私」より「われわれ」を多用し、聴衆の共感を誘った。これも観客に感情移入を促すハリウッドの手法である。その上、レーガンは聴衆の反応も精力的に取り入れていった。『私は人々が話してくれたことをメモし、家に帰ってから裏付け調査をし、そのあとそうした例のいくつかを、次のスピーチに盛り込むようにした』と、彼は言う(102)。

レーガンにとって、スピーチで伝えるべき政治的メッセージとは、反共主義であり、「小さな政府」であり、減税であった。GEの「移動親善大使」としての巡回を通じて、これらはより深い確信となった[103]。たとえば、課税額が国民所得の三分の一以上に達すれば、いかなる文明も滅亡するとさえ、レーガンは断言するようになる。もとより、何の科学的根拠もなかったが、繰り返すうちに本人は確信を深めていったのである。

俳優として落ち目だったとはいえ、セレブをこれだけ酷使できたのだから、GEにとってレーガンとの契約は「キャデラックをフォードの価格で買ったようなもの」であり、これほどの講演依頼のある者は、全米広しと言えども、アイゼンハワー大統領以外には他にいなかったであろう。

こうした経験から、レーガンは政治的な勘をも培っていった。本人曰く、それは「政治学の大学院コースに等しいもの」であった[104]。GE社員への政治教育の試みは、レーガンにとっていっそう効果的だったのである。

この時期の読書も、レーガンの政治教育を効果的にした。彼は実践的な経済学の本を繰り返し読み込み、ウラジーミル・レーニン（Vladimir Lenin）やルートヴィッヒ・フォン・ミーゼス（Ludwig von Mises）、フリードリヒ・ハイエク（Friedrich August von Hayek）の著作、孫子にまで触手を伸ばした[105]。特に、彼はハイエクの『隷属への道』[106]に強い影響を受けたようである。ハイエクはオーストリア出身の経済学者で、計画経済は「死に至る自惚《うぬぼ》れ」であり、必ず専制政治にいたると痛烈に批判し、徹底した自由主義を説いた。一九七四年には、ノーベル経済学賞を受賞している。サッチャーもオクスフォード大学在学時代に『隷属への道』を読んでおり、七五年に保守党党首になると、党内左派の会合で鞄からハイエクの『自由の条件』を取り出し、「これがわれわれの信念です！」と叫んだという[107]。

ハイエクの『隷属への道』は、一九四四年にイギリスとアメリカで出版された。ロシアで共産主義、イタリアでファシズム、ドイツでナチズムが権力を掌握したように、英米にも全体主義という「隷属への道」を選ぶ可能性があると、ハイエクは警告したのである。実際、英米も戦時下で統制経済を経験しており、戦後も部分的に継続する可能性があった。

大戦末期に『リーダーズ・ダイジェスト』誌に要約版が掲載されたことから、この本はベストセラーになった。要約版の掲載日は奇しくもローズヴェルト死去の日と重なり、ニューディール政策とその後の経済政策が話題になった(108)。「ほとんどの人は、その形であの本を読んだのです。マックス・イーストマン〔Max Eastman〕が要約したのですが、それは本当によくできていました。リーダーズ・ダイジェストの形で読んだ人は、完全な本を読んだ人の多分一二倍もいたはずです。当時それは、刑務所や戦場の基地にいた多数の人たちにさえ届いたのです」と、ハイエク本人も回想している(109)。

何しろ、『リーダーズ・ダイジェスト』誌はレーガンの愛読誌である。彼も最初はこの要約版を読んだのであろう。しかし、彼は講演旅行中にハイエクをあらためて熟読し、その議論を自分なりに消化していた。レーガンは「国家社会主義」や「慈悲深い君主制」といったハイエクの語彙をしばしば借用したし、政府による規制の増大や集権化を通じて、アメリカのような民主主義国にも共産主義が浸透する可能性があると、ハイエクと認識を共有していた。

レーガンは自らの体験から「小さな政府」や反共主義を確信していたが、全米での巡回講演とそのための読書や思索が、この確信に深みを与えた。彼は決して偉大な知性の人ではなかったが、ひとかどの読書人であり、実務的な知識や応分の教養を身につけていた。さもなければ、あれだけのユーモアのセンスを発揮できるはずがない。ジョージ・シュルツが指摘したように、レーガンの知性を過小評価するのは危険である。ただし、彼には、もっぱら自分の信念を確認し補強するために読書する癖があった。それがレーガンの知的限界でもあった。

一九五七年六月に、レーガンは母校ユーレカ大学の卒業式に招かれた。五年前のウィリアム・ウッズ大学での式辞と同様に、彼は神に選ばれた民としてアメリカを語った。だが今回は、「監視を受けなければ、いかなる政府も膨張を続ける」「政府のいかなる活動も個人の自由の犠牲の上に成り立っている」と、レーガンは政府批判を強めていた(110)。ＧＥによる「政治学の大学院コース」の影響が、ここにはっきりと読み取れよう。

四 『バック・トゥ・ザ・フューチャー』再び

ニクソン敗れる

映画『バック・トゥ・ザ・フューチャー』で主人公が一九五五年にたどり着いたころ、レーガンは『ＧＥ劇場』の司会として軌道に乗り出していた。五七年までには、『エド・サリバン・ショー』(*The Ed Sullivan Show*, 1948–71) と『アイ・ラブ・ルーシー』に次いで、この番組は全米のテレビで三番目の人気番組となっていた。レーガンの契約金も、二五万ドルに跳ね上がっていた。そして、五八年のある世論調査によると、彼は全米で最も顔の知れた人物の一人になっていたのである。こうした知名度の上昇も、レーガンにとって貴重な政治的資産となる。

ケネディは一九五六年の民主党大会で惜しくも副大統領候補を逃したものの、ジェファーソンから党の伝統を説き起こした宣伝用映画『幸福の追求』(*Pursuit of Happiness*) でナレーションを担当したことで、一躍脚光を浴びた。党派を問わず、政治家にとって、実績や手腕と並んで、容貌や声、話術が重要になりつつあった。このナレーションをケネディに仲介したのは、義弟で映画俳優のピーター・ローフォード

（Peter Lawford）だったという。やがて、ケネディが大統領になると、テレビの政治的影響力やセレブ政治はホワイトハウスでも本格化する。

一九五九年十一月に、レーガンは不承不承ながらSAG委員長を再び引き受けることになった。給与支払いに関する既存の労使契約の見直しや映像の再使用に関する再支払い、年金や福祉のための基金の創設などが、課題であった。GE幹部との交流から、労使交渉をめぐるレーガンの手腕は格段に向上していた。その結果、スタジオ側が年金基金に二六五万ドルを醵出《きょしゅつ》することになった。また、六〇年以降に製作された劇場映画がテレビで再使用される場合には、収益の六パーセントが俳優たちに支払われることになった(111)。六〇年四月に、レーガン委員長の提案は、組合総会で賛成六三九九、反対二五九の圧倒的多数で承認された。六月に彼は惜しまれながら委員長を辞任し、七月には役員会からも去っていった(112)。レーガンにとって、これが組合活動との永久の別れとなった。

また、レーガンはまだ公式には民主党員のままだったが、一九六〇年の大統領選挙では、ニクソンのために二〇〇回以上のスピーチをしている。レーガンは共和党への転向を示唆したが、ニクソンは民主党員のまま応援してほしいと依頼した。その方が政治的に効果的だという、ニクソンらしいしたたかな読みであった。レーガンはニクソンに、保守派のバリー・ゴールドウォーター（Barry Goldwater）上院議員を副大統領候補に推薦したが、これは聞き入れられなかった。レーガンとゴールドウォーターは五二年にナンシーの両親を介して知り合っており、以来友情を育んでいたのである。他方、ジョセフ・ケネディはレーガンに面会を求め、息子を応援するよう頼んだが、レーガンは断ったという。「乱れた若向きの髪形をしてはいても、ケネディはカール・マルクス〔Karl Marx〕に他ならない」と、レーガンは語っている(113)。彼は必ずしもニクソンに個人的な好意や親しみを感じていたわけではない（ニクソンに個人的な好意や親しみを感じる者は稀であった)。むしろ、リベラルなケネディを忌避したのである。

周知のように、一九六〇年の大統領選挙では、ニクソンはケネディに僅差で敗れた。こうして、ケネディと民主党の時代、六〇年代が開幕する。その前にもう一度、五〇年代の映画とテレビ、冷戦と「赤狩り」の関係を、レーガンを通じて整理しておこう。

テレビ対マッカーシー

「映画とラジオの関係は、かつての市電と自動車の関係と同じだった」と、映画史家のロバート・スクラー(Robert Sklar)は指摘している。一九三〇年代には、レーガンがラジオ・アナウンサーからハリウッドに転じたように、ビング・クロスビー(Bing Crosby)やボブ・ホープ(Bob Hope)らもラジオのスターから映画スターになっていた。音だけのラジオと映画の共存は容易で、映画俳優がラジオ番組に出演することは映画の宣伝にもなった。

しかし、テレビは「教養と収入の低い人びと」を中心に大量の顧客を映画から簒奪《さんだつ》した(114)。さらに、テレビはラジオの顧客をも奪った。両親の世代にとって「エド」とは、「こちらはロンドンです」と戦時下の時事問題をラジオで伝えるエドワード・R・マロー(Edward R. Murrow)を意味したが、自分たちにとってはテレビの『エド・サリバン・ショー』のことだったと、一九四六年生まれのベビーブーマーの一人は回想している。のちのファーストレディ、ローラ・ブッシュ(Laura Bush)である(115)。

そのマローも一九五一年からテレビのドキュメンタリー番組『これに注目』(*See It Now*)の司会者となり、五四年にはマッカーシーを公然と批判するようになった。三月九日に放送された「マッカーシー上院議員に関する報告」は、視聴率六一・五パーセントで二三九万四〇〇〇の家庭が視聴した(116)。マッカーシーの横暴を暴き、「これはだれのせいでしょう？」とマローは問うた。「カッシウス（Cassius Longinus）は正しかったのです。「過ちは星のせいではなく、われわれ自身の責任である」。グッドナイト&グッドラック」。カッシウスとはシーザー（Julius Caesar）暗殺の首謀者であり、「星のせい」とは運命の意味である。これを機に、メディアによるマッカーシー批判が広がった。マローのこの活躍は、ジョージ・クルーニー（George Clooney）監督『グッドナイト&グッドラック』（*Good Night, and Good Luck*, 2005）に描かれている[117]。ラジオ、テレビでの経験を活かして、マローはのちにケネディ政権で広報文化交流局（the United States Information Agency: USIA）長官を務めることになる。

すでに、一九五三年三月にソ連の独裁者スターリンが死去し、七月には朝鮮戦争も休戦を迎えていた。こうした情勢の変化にもかかわらず、マッカーシーは陸軍の容共姿勢を根拠なく糾弾して、いたずらに戦線を拡大していたのである。ついに一九五四年末に、「上院の品位を損ね、それへの批判を生む行動をした」として、上院は六五対二二で彼に対する譴責《けんせき》決議を可決した（選挙区のアイルランド系有権者に配慮して、ケネディは入院を理由に欠席）。上院でのこの公聴会の模様は三六日間、一八八時間にわたって全米のテレビで放送された。「あなたには品位というものがないのですか？」と冷静に畳みかける陸軍側の弁護士ジョセフ・ウェルチ（Joseph Welch）の姿は、テレビ史に記憶されている。後年、彼はオットー・プレミンジャー（Otto Preminger）監督『或る殺人』（Anatomy of a Murder, 1959）に判事役で出演したほどである。

こうして、軍の威信とテレビが共闘して、マッカーシーを打ち破った[118]。もちろん、アイゼンハワー大統領自身も元軍人で、テレビの政治利用に熱心であった。政治と政治家にとって、テレビはこの上なく有益かつ危険であり、よほどの習熟が必要となったのである。

アイゼンハワーは自ら手を汚さずに、このデマゴーグを葬り去ることができた。外交政策でも、大統領はジョン・ダレス（John F. Dulles）国務長官を反共主義の立役者に活用していた。敵対感情を超越したところに位置するのがアイゼンハワーの魅力であり、第二次世界大戦時に個性豊かな政治指導者の間の調整作業で習得した資質である(119)。「赤狩り」施風にさらされながらも、彼の人気と威厳、スタイルが、ローズヴェルトの確立した現代大統領制を守り抜いたのである。

マッカーシーが没落した後も、下火になったとはいえ「赤狩り」は続いたし、すでにハリウッドは「赤狩り」で大打撃を被っていた。才能豊かな多くの監督、脚本家、俳優が追放されただけでなく、業界にも社会全体にも疑心暗鬼が蔓延していた。

「ラヴェンダー色の脅威」

疑心暗鬼の中で、「赤狩り」と並んで「同性愛者狩り」もさかんであった。同性愛者であることで共産主義者から脅迫され、政府関係者が国家機密を漏洩《ろうえい》するかもしれない――これが「赤の脅威」ならぬ「ラヴェンダー色の脅威」である。ラヴェンダー色は同性愛者を意味する。そのため、一九五三年四月には、アイゼンハワー大統領が大統領令第一〇四五〇号を発し、アルコール依存症の者などと並んで同性愛者の連邦政府への就業が事実上禁止された（ただし、この大統領令には同性愛者への明示的な言及はない）(120)。「一九五〇年代から六〇年代にかけて、同性愛者の嫌疑をかけられて国務省を解雇された職員はおよそ一〇〇〇人に上るが、これは共産主義者として首を切られた人数をはるかに上回る。だが驚くにはあたらない。というのも、アメリカはいつでも、共産主義者をはるかに凌ぐ同性愛者を抱えてきたからだ」(121)

もちろん、ハリウッドも共産主義者を凌ぐ同性愛者を擁してきた。「ユダヤ資本がなければハリウッドがありえなかったように、同性愛の俳優、監督、脚本家、制作者がすべて追放されていたら、ハリウッドは存在しなかったであろう」。そもそも、「同性愛」という概念が生まれ流布したのは（行為そのものは古くからあった）、ハリウッドの黎明期と時期を同じくしていた。ヘイズ・コードの導入以来、ハリウッドはいっそう、「倒錯的」な同性愛を内に隠蔽しながら異性愛の伝道者を演じてきた。そこに異物排除の「赤狩り」が重なった。たとえば、一九五〇年代の名作でも、ニコラス・レイ（Nicholas Ray）監督『理由なき反抗』（*Rebel Without a Cause*, 1955）では、内面化した同性愛嫌悪（ホモフォビア）に傷つく少年たちの心は「理由なき反抗」と読み替えられた。また、ウィリアム・ワイラー監督の大作『ベン・ハー』（*Ben-Hur*, 1959）でも、主人公と旧友との同性愛的感情は、少年時代の友情と成人後の敵意に単純化された(122)。むしろ、この時期には、女性蔑視（ミソジニー）と同性愛嫌悪を前提に男同士の絆を描く、ホモソーシャルな西部劇が最後の輝きを放っていた(123)。

新冷戦と称せられた一九八〇年代には、レーガン政権の消極的対応もあって、エイズが同性愛者を中心に拡散した。「エイズ流行は、合州国において、ゲイ・レズビアン運動が新しいピークを迎えていた瞬間に、あるいはマージナリズムとアイデンティティ・ポリティクスが先鋭になり、宗教的権力が政治的権力を獲得し、道徳や芸術をめぐって文化戦争が開始された瞬間に発生したのである」(124)。このため、反共主義と共に同性愛者への反発もあらためて勢いを増した。これはハリウッドにも恰好のテーマを提供する。

「赤狩り」と映画

もとより、「赤狩り」に対して、ハリウッドも徒手空拳であったわけではない。「赤狩り」とその直後には、『オール・ザ・キングスメン』のような例外はあったものの、政治を直接のテーマにした作品はさすがに少なかったし、大統領が映画に描かれることも稀であった（リンカーンすらほとんど登場しない)。それだけ、ハリウッドも大統領も守勢に立たされていたのである。一九四八年にキャプラ監督が『愛の立候補宣言』(*State of the Union*)を制作し、現職(つまりトルーマン)に対抗して大統領選挙への出馬をめざす実業家を描いたが、これはラブ・コメディーであり、すでに巨匠のキャリアも傾きつつあった。トルーマンは映画好きではなかったが、この作品を大いに楽しんだという。

しかし、これまでもふれてきたように、「赤狩り」を暗喩する思索的な名作はいくつも作られた。一九五三年にアカデミー作品賞を受賞したフレッド・ジンネマン(Fred Zinnemann)監督『地上《ここ》より永遠《とわ》に』(*From Here to Eternity*)も、そうである。真珠湾奇襲攻撃直前のハワイの米軍基地を舞台に、組織内の陰湿ないじめがテーマになっている。他方、その翌年にアカデミー作品賞を獲得したカザン監督『波止場』(*On the Waterfront*)は、ギャングによる港湾労働者の搾取《さくしゅ》とその告発を描き、監督自身のＨＵＡＣへの「密告」を巧みに正当化している(125)。

また、「赤狩り」の背景にある米ソの冷戦を、映画をはじめとする文化は精力的に取り込んでいった。いわゆる冷戦文化の形成である。露骨な反共プロパガンダ映画も量産された。たとえば、Ｂ級映画ながら、アルフレッド・グリーン(Alfred Green)監督『原爆下のアメリカ』(*Invasion U. S. A.*, 1952)はよく知られる。アメリカが突如として共産主義勢力の核攻撃を受け、市民は愛国心に目覚めるがすでに手遅れである。実は、これは催眠術による幻影で、人々に国防の重要性を自覚させることが目的であった。一九五二年にはアメリカが、そして、五三年にはソ連がそれぞれ、水素爆弾の実験に着手していた。四七年に始まった原子力科学雑誌による世界終末時計(Dooms day Clock)では、四九—五二年には人類の終末まで残り三分、さらに五三—五九年には残り二分と、最悪を記録している。

戦間期と同様に、一九五〇年代はＳＦ映画の全盛期であった。経済的には、観客の多数を若年層が占めるようになったことが影響している。五七年の調査によると、映画館の観客の五二パーセントが二十歳以下であり、七二パーセントが二十九歳以下であった(126)。当然、映画は彼らの嗜好を反映する。政治的には、当時のSF映画の多くは冷戦を強く意識していた。

実際、冷戦は宇宙までも舞台にしつつあった。一九五七年に、ソ連は世界初の人工衛星スプートニク1号の打ち上げに成功した。そこで、翌年のブリュッセル万国博覧会に際して、アイゼンハワー大統領はウォルト・ディズニーなど錚々《そうそう》たる文化人や言論人、学者を集めて諮問委員会を設置し、コンピューターやテレビなど、アメリカの科学や文化の誇示に努めた(127)。また、同年には、米国防省は軍事技術開発のために高等研究計画局(Advanced Research Projects Agency: ARPA)を設置する。インターネットの原型を開発したのは、この組織である(128)。さらに、五八年には、航空宇宙局(National Aeronautics and Space Administration: NASA)が設立され、その宇宙飛行センター初代所長には、ナチス・ドイツの下でロケット開発にあたったヴェルナー・フォン・ブラウン(Wernher von Braun)博士が起用された。ブラウンはディズニーのテレビ映画の技術監督を務めたこともある。科学技術は夢と現実の間を往来していた。

SF映画の影で、西部劇は退潮しつつあった。一九二〇年代半ばから五〇年代末までに、西部劇は毎年生産されるアメリカ映画の四分の一前後を占めてきた(129)。だが、先住民を悪役に仕立てることには人権上問題があったし、テレビの連続西部劇が映画ファンを奪っていった。西部劇が過去にフロンティアを求める物語なら、SFは未来にフロンティアを探す物語である(130)。そして、SFに登場するエイリアンや怪物は、かつての「インディアン」(レッド)、当時の共産主義者(レッド)の投影であった。また、SFの描く宇宙や未来は、膠着《こうちゃく》した冷戦へのカタルシスを提供する舞台にもなっていた。レーガンは、俳優として西部劇への出演を渇望しながら満たされず、のちに政治家としてはSDIやスペースシャトルなどで宇宙へフロンティアを開こうとする。今日のアメリカ研究では、「SFのなかの西部劇のモチーフ」はむしろ脚光を浴びているという(131)。

さて、映画史的には有名だが、一般にそれほど知られていない一九五〇年代のSF作品、しかも、八〇年代にリメイクされたものを中心にいくつか紹介しておこう。

まず、ロバート・ワイズ（Robert Wise）監督『地球の静止する日』（*The Day the Earth Stood Still*, 1951）では、軍拡競争と戦争を繰り返す人類に対して、宇宙から平和の使者が訪れる。だが、政治指導者たちは耳を貸さない。そこで、宇宙からの使者は地球のすべての電気を止めてしまう。

この作品には、平和主義の科学者も登場するが、彼はアルバート・アインシュタイン（Albert Einstein）に酷似している(132)。アインシュタインは哲学者のラッセル（Bertrand A. W. Russell）らとともに、核兵器の廃絶と科学技術の平和利用を訴えたラッセル・アインシュタイン宣言を一九五五年に発出する。このきわめて平和主義的な映画は、実はレーガンのお気に入りの一つであった。二〇〇八年にはリメイクされている。

ドン・シーゲル（Don Siegel）監督『ボディ・スナッチャー　恐怖の街』（*Invasion of the Body Snatchers*, 1956）では、宇宙から飛来した豆のサヤが人間の複製を作り、寝ている間に本人と入れ替わってしまう。こうして、のどかな田舎町が数日にして感情のない宇宙人に乗っ取られていくのである。最後に生き残った主人公が、町を越える車道まで逃げて叫ぶ。「次は君だぞ」。共産主義の侵食という「冷戦の影響がはっきり見られるが、シーゲルはそれを確信犯的に盲目的な順応性——それをエーリッヒ・フロム（Erich Fromm）は「自由からの逃走」と呼び、産業化社会全般の傾向とする——の問題に置き換える。敵は彼らであると同時に、私たち自身でもある」と、ジャーナリストのデイヴィッド・スカル（David J. Skal）は評している[133]。つまり、この作品は共産主義だけでなく「赤狩り」の脅威をも告発している。実際、脚本のダニエル・メインウェアリング（Daniel Mainwaring）は、「赤狩り」でブラックリストに載せられた脚本家に名前を貸す「フロント」も務めていたという。また、プロデューサーは、リベラル派を代表するウォルター・ウェンジャーであった。タイトルの「ボディ・スナッチャー」とは死体盗人の意味で、この作品も三度にわたってリメイクされている。

カート・ニューマン（Kurt Neumann）監督『ハエ男の恐怖』（*The Fly*, 1958）では、科学者が物質電送機開発のために自らを人体実験するが、機械にハエが紛れ込んだため、ハエの頭と片腕を持つ人間と、人間の頭と片足を持つハエに分かれてしまう。まさにSF版「僕の残り半分はどこだ?」の観がある。科学技術の進歩への過信がテーマであり、一見平和そうな家庭の地下室での実験は、核シェルターによる核戦争の恐怖との共存を連想させる[134]。一九八六年には、デヴィッド・クローネンバーグ（David Cronenberg）監督『ザ・フライ』（*The Fly*）としてリメイクされている。時あたかも、SDIが米ソ交渉の主要争点になっていた。また、ハエとの混合による人体の醜い変容は、エイズ禍の暗喩とも憶測された（監督自身は否定している）[135]。その上、このリメイク版では、ハエ男の子供を妊娠してしまった女性の中絶問題も扱っている。

アーヴィン・S・イヤワース・ジュニア（Irvin S. Yeaworth, Jr.）監督『マックイーンの絶対の危機《ピンチ》』（*The Blob*, 1958）は、邦題の示すようにスティーヴ・マックイーンの初主演作である。田舎町に落下した隕石からゼリー状の怪物（原題の「ブロブ」はブヨブヨという意味）が現れ、人々を呑み込んでは成長していく。怪物はピンク色で、明らかに共産主義を象徴している。一九八八年にリメイクされたチャック・ラッセル（Chuck Russell）監督『ブロブ　宇宙からの不明物体』（*The Blob*）では、ブロブは新冷戦を背景に開発された生物兵器で、やはりエイズの暗喩と見る研究者もいる(136)。アメリカ社会にとって、「インディアン」や共産主義、そしてエイズは、しばしば互換可能な脅威なのである。

これら以外にも、フレッド・M・ウィルコックス（Fred M. Wilcox）監督『禁断の惑星』(*Forbidden Planet*, 1956）やネヴィル・シュート（Nevil Shute）原作／スタンリー・クレイマー（Stanley Kramer）監督『渚にて』(*On the Beach*, 1959）など、一九五〇年代にはSF映画の傑作が相次いで登場し、後年に大きな影響を与えた。『スター・ウォーズ』をはじめ、一九七〇年代後半から八〇年代にかけてのSF映画には、この時代の影響がはっきりと見て取れる。

モンローとマドンナ

さて、ハリウッドでは多くの人々が「赤狩り」の犠牲になったが、少数ながら、これに立ち向かい生き残った者もいた。マリリン・モンロー（Marilyn Monroe）とアーサー・ミラー夫妻は、その最も著名なケースであろう(137)。ミラーは一九五三年に戯曲『るつぼ』(*The Crucible*）を発表して、セイラム魔女裁判を素材に「赤狩り」を批判していた。五六年六月にこの二度目の夫がHUACに喚問された際に、モンローは夫に同伴した。さらに翌年、ミラーが議会侮辱罪に問われると、彼女は最後まで夫を守り抜いた。結果として、ミラーは無罪を勝ち取った。すでに「赤狩り」は下火になっていたし、ミラーが問われたのは罰金五〇〇ドルと執行猶予付の懲役三〇日という軽罪であった。それでも、彼にとって、モンローの人気が心強い盾だったことはまちがいない(138)。「実は、マッカーシズムを最終的に葬ったのはマリリンであったと言えるのだ。……あの時点で彼女がミラーを支えていなければ、マッカーシズムはもう少し長く続いていたかも知れない」と、著述家の福井次郎は大胆に述べている(139)。とすれば、まず、テレビのマローが実質的にマッカーシーを、そして、最後に映画のモンローが象徴的にマッカーシーイズムを追い詰めたことになる。

モンローをめぐっても、一九五〇年代と八〇年代との「バック・トゥ・ザ・フューチャー」が起こっている。モンローは五〇年代のセックス・シンボルであった。「そんなアメリカの「白い」夢を一九八〇年代、人々の政治的無意識に再度喚起し刷り込んだのが、「ライク・ア・ヴァージン」("Like A Virgin," 1984) のヒットでスターダムにのし上がり、「マテリアル・ガール」でその人気を決定的なものにしたマドンナ〔Madonna〕である。イタリア系移民の家族に生まれたこのポップスターが具現化するのは、まさに「白い」アメリカの夢そのものであり、その夢こそがレーガン政権の下、右傾化するアメリカ社会のもつ性差別的偏向＝セクシズムを隠蔽することにも寄与した」と、アメリカ文化・文学研究者の麻生享志は指摘している(140)。エイズ禍が五〇年代の「同性愛者狩り」を八〇年代に蘇生させたように、マドンナはモンローの「ボディ・スナッチャー」を果たしていたのである。

以上のように、直接的には、まず、「赤狩り」の攻撃とテレビの台頭、反トラスト法が映画を苦しめた。このため、スタジオ・システムは崩壊し、古典的ハリウッド映画の時代も終焉に向かった。さらに、テレビは消費を刺激して資本主義を強化しながら、政治への影響力を増大させ、ついには「赤狩り」にも痛打を加えた。この間、「赤狩り」は大統領やその周辺さえも脅かしたが、トルーマンは冷戦を戦い抜く制度設計をなしとげ、アイゼンハワーは現代大統領制の権威を守り抜いた。また、アイゼンハワーやニクソンはテレビを政治活用したことから、結果としては映画の没落を幇助《ほうじょ》したことになろう。

間接的には、映画はしたたかに冷戦や「赤狩り」をテーマに取り込み、時には批判し抵抗もしてみせた。そうした作品の多くが八〇年代にリメイクされ、保守的な五〇年代の政治や性のイメージを八〇年代に再生産する。

古典的ハリウッド映画と現代大統領制が明確に重なり合った最後の時代に、レーガンは反共主義を徐々に強めて民主党から共和党に近づき、労働組合での経験をもとに大資本に協力し、さらに映画からテレビへと活動の場を移していった。彼にとってそれは、人生の前半との決別、「僕の残り半分」の模索の時期であり、保守的な一九八〇年代への準備の時期、「バック・トゥ・ザ・フューチャー」でもあった。

◆注

（1）ウェルズの政治的関与については、Simon Callow, *Orson Welles: Hello Americans*（NY: Vintage Books, 2007）を参照。

（2）ロジャーズは民主党からオクラホマ州知事選挙への出馬を求められたが、断っている。一九二八年の大統領選挙ではロジャーズを候補に擁立しようとする動きがあったが、当選すれば直ちに辞任するというのが、彼の唯一の選挙公約であった。彼の長男ウィル・ロジャーズ・ジュニア（Will Rogers, Jr.）は、一九四三年一月から四四年五月までカリフォルニア州選出の連邦下院議員（民主党）を務めた。

（3）Darrell M. West and John Orman, *Celebrity Politics*（NJ: Prentice Hall, 2003）, p. 7.

（4）J. P. Telotte, *Voices in the Dark: The Narrative Patterns of Film Noir*（Il.: University of Illinois Press, 1989）, p. 23.

（5）James H. Broussard, *Ronald Reagan: Champion of Conservative America*（NY: Routledge, 2015）, p. 33.

（6）Ronald Reagan and Richard G, Hubler, *Where's the Rest of Me?*（NY: Karz-Segil Publishers, 1965）, pp. 161–163.

（7）Edmund Morris, *Dutch: A Memoir of Ronald Reagan*（NY: Random House, 1999）, p. 228.

（8）Bert Cochran, *Labor and Communism: The Conflict that Shaped American Unions*（NJ: Princeton University Press, 1979）, chapter 10.

（9）オットー・フリードリック／柴田京子訳『ハリウッド帝国の興亡――夢工場の一九四〇年代』（文藝春秋、一九九四年）三四六―三五〇頁。

（10）Harry S. Truman: 120-Veto of the Taft-Hartley Labor Bill, June 20, 1947, The American Presidency Project. 〈http://www.presidency.ucsb.edu/ws/?pid=12675〉

（11）レーガン自身、自らのリーダーシップのスタイルを「代表取締役会」的と称している。ロナルド・レーガン／尾崎浩訳『わがアメリカンドリーム――レーガン回想録』（読売新聞社、一九九三年）（以下、『回想録』）二一〇頁。ジョセフ・S・ナイ／藤井清美訳『大統領のリーダーシップ――どの指導者がアメリカの絶対優位をつくったか?』（東洋経済新報社、二〇一四年）八二―八八頁。William Steding, *Presidential Faith and Foreign Policy: Jimmy Carter the Disciple and Ronald Reagan the Alchemist* (NY: Palgrave Macmillan, 2014), p. 94.

（12）『回想録』一四一―一四二頁。

（13）Stephen Vaughn, *Ronald Reagan in Hollywood: Movies and Politics* (NY: Cambridge University Press, 1994), 139.

（14）*Ibid*., p. 157.

（15）William E. Leuchtenburg, "Reagan's Secret Liberal Past," *New Republic*, 188 (May 23, 1983), p. 20.

（16）村田晃嗣『米国初代国防長官フォレスタル――冷戦の闘士はなぜ自殺したのか』（中公新書、一九九九年）の第六章「三軍統合――〈安全保障国家〉の青写真」を参照。

（17）Jules Tygiel, *Ronald Reagan and the Triumph of American Conservatism*, 2nd ed. (NY: Longman, 2006), p. 98.

（18）Regin Schmidt, *Red Scare: FBI and the Origins of Anticommunism in the United States, 1919-1943* (Copenhagen: Museum Tusculanum Press, 2000), pp. 83-86.

（19）Broussard, *op. cit*., p. 35.

（20）H. W. Brands, *Reagan: The Life* (NY: Doubleday, 2015), p. 98.

（21）Scott Herhold, "Reagan Played Informant Role for FBI In '40s," *Chicago Tribune*, August 26, 1985.

（22）Vaughn, *op. cit.*, pp. 197–201. 北村洋『敗戦とハリウッド――占領下日本の文化再建』（名古屋大学出版会、二〇一四年）三八―三九頁。

（23）Barry Langford, *Post-Classical Hollywood: Film Industry, Style, and Ideology since 1945* (UK: Edinburgh University Press, 2010), p. 52.

（24）ナンシー・ギブス、マイケル・ダフィー／横山啓明訳『プレジデント・クラブ――元大統領だけの秘密組織』（柏書房、二〇一三年）二七九頁、二八〇頁。Irwin F. Gellman, *The Contender, Richard Nixon: Congress Years, 1946–1952* (NY: Free Press, 1999), p. 117.

（25）ブルース・カミングス／渡辺将人訳『アメリカ西漸史――《明白なる運命》とその未来』（東洋書林、二〇一三年）四四九―四五一頁。

（26）ギブス、ダフィー、前掲、Rick Perlstein, *The Invisible Bridge: The Fall of Nixon and the Rise of Reagan* (NY: Simon & Schuster, 2014).

（27）Michael Paul Rogin, *Blackface, White Noise: Jewish Immigrants in the Hollywood Melting Pot* (Berkeley, CA: University of California Press, 1996), p. 50.

（28）永井陽之助『冷戦の起源――戦後アジアの国際環境』（中央公論社、一九七八年）の第一章「序説 冷戦思想の疫学的起源」を参照。

（29）ジョージ・F・ケナン／新井康三郎訳「一九四六年二月二十二日のモスクワからの電報（抜粋）」ジョージ・F・ケナン／奥畑稔訳『ジョージ・F・ケナン回顧録――対ソ外交に生きて』下（読売新聞社、一九七三年）付録C、三三四頁。

（30）フリードリック、前掲、四三九頁。

（31）Garry Wills, *John Wayne's America* (NY: Simon & Schuster, 1997), p. 197.

（32）『回想録』一四九頁。

（33）Lou Cannon, *President Reagan: The Role of a Lifetime* (NY: Simon & Shuster, 1991), p. 64.

（34）ナンシー・レーガン／広瀬順弘訳『マイ・ターン――ナンシー・レーガン回想録』（読売新聞社、一九九一年）一三四頁。

（35）Morris, *op. cit.*, p. 271.

（36）Vaughn, *op. cit.*, p. 196.

（37）Richard Todd, *Caught in the Act: The Story of My Life* (London: Hutchinson, 1986), p. 234.

（38）ナンシーに関する以下の記述については、ナンシー・レーガン、前掲、Bernard F. Dick, *The President's Ladies: Jane Wyman and Nancy Davis*（Miss.: University Press of Mississippi, 2014）を参照。

（39）ナンシー・レーガン、前掲、一三四頁。

（40）二人の文通については、ロナルド・レーガン、ナンシー・レーガン／金原瑞人・中村浩美訳『世界でいちばん愛しい人へ――大統領から妻への最高のラブレター』（ＰＨＰ研究所、二〇〇一年）を参照。

（41）Broussard, *op. cit.*, p. 44.

（42）ナンシー・レーガン、前掲、一四四頁。

（43）『回想録』、一六一―一六二頁。

（44）Peggy Noonan, "Farewell to Nancy Reagan, a Friend and Patriot," *Wall Street Journal* March 11, 2016.

（45）ナンシー・レーガン、前掲、一五一頁、一四七―一四八頁。

（46）Michael Reagan with Joe Hyams, *On the Outside Looking In*（NY: Zebra, 1988）, p. 96.

（47）*Ibid.*, p. 33.

（48）邦訳されたものとしては、パティ・デイヴィス／矢倉尚子訳『大統領の令嬢』（集英社文庫、一九八六年）、パティ・デイビス／玉置悟訳『わが娘を愛せなかった大統領へ――虐待されたトラウマを癒すまで』（ＫＫベストセラーズ、一九九六年）がある。

（49）パティ・デイヴィス／青木純子訳『長い長いさようなら――アルツハイマーと闘った父、レーガン元大統領に捧げる手記』（竹書房、二〇〇五年）。

（50）Ron Reagan, *My Father at 100: A Memoir*（NY: Viking, 2011）.

（51）宮本陽一郎『モダンの黄昏――帝国主義の改体とポストモダニズムの生成』（研究社、二〇〇二年）二七〇―二七一頁。

（52）トルーマンの評価については、たとえば、ナイ、前掲、六四―七三頁、一八〇―一八五頁。トルーマンに「国際的な政治情勢に的確に対処し、国内に向かって指導力を発揮する能力も意志もなかったことは、多くの証言によって明らか」という映画研究の碩学の叙述（蓮實重彦『ハリウッド映画史講義――翳りの歴史のために』筑摩書房、一九九三年、三六頁）は、二十年以上前の出版であることを考慮しても、およそ根拠に乏しい。

（53）ゴードン・A・クレイグ、アレキサンダー・L・ジョージ／木村修三・五味俊樹・高杉忠明・滝田賢治・村田晃嗣訳『軍事力と現代外交――歴史と理論で学ぶ平和の条件』（有斐閣、一九九七年）二八九―二九一頁。

（54）『回想録』一七三―一七四頁。

（55）ギブス、ダフィー、前掲、九四頁。

（56）Wills, *op. cit.*, p. 12, p. 108.

（57）宮本陽一郎『アトミック・メロドラマ――冷戦アメリカのドラマトゥルギー』（彩流社、二〇一六年）四〇―四一頁。

（58）カミングス、前掲、四五一頁。

（59）夫のメルヴィンもレーガンの友人で、ダグラス夫妻は共にＨＵＡＣの活動を批判していた。

（60）『回想録』一七三頁。

（61）Thomas Doherty, *Cold War, Cool Medium: Television, McCarthyism, and American Culture*（NY: Columbia University Press, 2003), p. 14.

（62）永井、前掲、二四七―二四八頁。

（63）Davis W. Houck and Amos Kiewe, eds., *Actor, Ideologue, Politician: The Public Speeches of Ronald Reagan*（Westpoint, CT: Greenwood Press, 1993), pp. 6-8; Jacob Weisberg, *Ronald Reagan*（NY: Times Books, 2016), pp. 30-32; Vaughn, *op. cit.*, p.116.

（64）『回想録』一七五頁。

（65）The Editors of Time-Life Books with Richard B. Stolley, *The American Dream: The 50s*（VA: Time-Life

Books, 1998), p. 148.

(66) 佐藤卓己『現代メディア史』（岩波書店、一九九八年）二〇七頁、アンドレア・グローネマイヤー／豊原正智・犬伏雅一・大橋勝訳『ワールド・シネマ・ヒストリー』（晃洋書房、二〇〇四年）八七頁。

(67) デイヴィッド・ハルバースタム／金子宣子訳『ザ・フィフティーズ――1950年代アメリカの光と影 第1部』（新潮OH!文庫、二〇〇二年）三三二頁。

(68) The Editors of Time-Life Books, *op. cit.*, p. 124.

(69) Steven J. Ross, *Hollywood Left and Right: How Movie Stars Shaped American Politics* (NY: Oxford University Press, 2011), pp. 152-154.

(70) カミングス、前掲、四五四―四六〇頁。

(71) Craig Allen, *Eisenhower and the Mass Media: Peace, Prosperity, and Prime-Time TV* (Chapel Hill, NC: University of North Carolina Press, 1993).

(72) ナイ、前掲、七九頁。

(73) William J. Palmer, *The Films of the Eighties: A Social History* (IL: Sothern Illinois University Press, 1993), p. xii, p. ix.

(74) ハルバースタム、前掲、四三五―四三六頁。

(75) 黒川修司『赤狩り時代の米国大学――遅すぎた名誉回復』（中公新書、一九九四年）の第四章と第五章を参照。

(76) Vaughn, *op. cit.*, p. 231.

(77) 一九五〇年代のハリウッドについては、蓮實の前掲書が優れた分析を提供している。他に、福井次郎『マリリン・モンローはなぜ神話となったのか――マッカーシズムと1950年代アメリカ映画』（言視舎、二〇一二年）も参照。また、ハリウッドでの「赤狩り」については、上島春彦『レッドパージ・ハリウッド――赤狩り体制に挑んだブラックリスト映画人列伝』（作品社、二〇〇六年）、ヴィクター・S・ナヴァスキー／三宅義子訳『ハリウッドの密告者――一九五〇年代アメリカの異端審問』（論創社、二〇〇八年）が詳しい。

(78) Brian Murphy, "Monster Movies: They Came from Beneath the Fifties," *Journal of Popular Film* 1:1 (Win-

ter 1972). デイヴィッド・J・スカル／栩木玲子訳『モンスター・ショー――怪奇映画の文化史』（国書刊行会、一九九八年）第8章「ドライヴ・インは死霊と仲良し――五〇年代の恐怖映画」も参照。批評家のスーザン・ソンタグ（Susan Sontag）は、SF映画は科学ではなく惨劇を語るものだと論じている。スーザン・ソンタグ／高橋康也ほか訳「惨劇のイマジネーション」『反解釈』（ちくま学芸文庫、一九九六年）三三八頁。

（79） スカル、前掲、三〇七頁。

（80） 加藤幹郎『映画館と観客の文化史』（中公新書、二〇〇六年）一三八―一三九頁。

（81） ケリー・グラントとジンジャー・ロジャースも、ハワード・ホークス監督『モンキー・ビジネス』（*Monkey Business*, 1952）でチンパンジーと共演している。ただし、チンパンジーはあくまで脇役であった。しかも、グラントとホークス監督のコンビは、『赤ちゃん教育』（*Bringing Up Baby*, 1938）というスクリューボール・コメディを成功させた経験もある。こちらでは「赤ちゃん」という名前の豹が登場する。グラントの相手役はキャサリン・ヘップバーンであった。

（82） 『回想録』一六二頁。

（83） レーガン、ナンシー・レーガン、前掲、三五頁。

（84） Tygiel, *op.cit.*, p. 119.

（85） 『回想録』一六三頁。

（86） ハルバースタム、前掲、三五七頁。

（87） 当初、20世紀フォックスは初のシネマスコープ作品にハワード・ホークス監督『紳士は金髪がお好き』（*Gentlemen Prefer Blonds*, 1953）を想定していたが、「大作」のイメージを強調するために宗教色の強い『聖衣』が選ばれた。日本では、やはり「新東宝スコープ第一作」として、渡辺邦男監督『明治天皇と日露大戦争』（一九五七年）が製作された。ハン・アミ「『明治天皇と日露大戦争』（一九五七年）の「戦後」観客」ミツヨ・ワダ・マルシアーノ編『「戦後」日本映画論――１９５０年代を読む』（青弓社、二〇一二年）一九九―二〇〇頁。

（88） Weisberg, *op. cit.*, p. 33.

（89） Margot Morrell, *Reagan's Journey: Lessons from a Remarkable Career* (NY: Threshold Editions, 2011), pp.

107–110; Tygiel, *op. cit.*, pp. 121–122.

（90）『回想録』一六三頁。

（91）内藤篤『ハリウッド・パワーゲーム――アメリカ映画産業の「法と経済」』（ＴＢＳブリタニカ、一九九一年）一七〇頁。

（92）Robert E. Denton, Jr., *The Primetime Presidency of Ronald Reagan: The Era of the Television Presidency* (NY: Praeger, 1988), p. 24.

（93）Thomas W. Evans, *The Education of Ronald Reagan: The General Electric Years and the Untold Story of His Conversion to Conservatism* (NY: Columbia University Press, 2006), p. 4.

（94）Morrell, *op. cit.*, p. 119.

（95）*Ibid.*, p. 117.

（96）『回想録』一六七頁。

（97）Morrell, *op. cit.*, pp. 120–121.

（98）他方で、リンカーンやF・D・ローズヴェルト（さらには、オバマ）の文体とは異なり、レーガンのそれは格調高いというより平易であり、アメリカ文学の選集に収録される類のものではない。Paul D. Erickson, *Reagan Speaks: The Making of an American Myth* (NY: New York University Press, 1985), p. 5.

（99）Interview with Aram Bakshian, Jr., Ronald Reagan Presidential Oral History Project, Miller Center, University of Virginia. 〈https://millercenter.org/the-presidency/presidential-oral-histories/aram-bakshian-jr-oral-history-director-speechwriting〉

（100）ラ・ロシュフコー／二宮フサ訳『ラ・ロシュフコー箴言集』（岩波文庫、一九八九年）七八頁。

（101）ホイットフィールドについては、森本あんり『反知性主義――アメリカが生んだ「熱病」の正体』（新潮選書、二〇一五年）六九―七五頁を参照。

（102）『回想録』一六九頁。

（103）Evans, *op. cit.*, p. 24.

(104) 『回想録』一六九頁。

(105) Rowland Evans and Robert Novak, *The Reagan Revolution* (NY: E. P. Dutton, 1981), p. 229. フォン・ミーゼスはオーストリア出身の経済学者で、ハイエクにも影響を与えた。

(106) F・A・ハイエク／西山千明訳『隷属への道』(春秋社、一九九二年)。

(107) John Ranelagh, *Thatcher's People: An Insider's Account of the Politics the Power, and the Personalities* (London: HarperCollins, 1991), p. ix. ニコラス・ワプショット／久保恵美子訳『ケインズかハイエクか——資本主義を動かした世紀の対決』(新潮社、二〇一二年)の第十六章も参照。

(108) ワプショット、前掲、二三二頁。

(109) スティーヴン・クレスゲ、ライフ・ウェナー編／嶋津格訳『ハイエク、ハイエクを語る』(名古屋大学出版会、二〇〇〇年)一一七頁。マックス・イーストマンは、アメリカの急進的な著述家で、後に保守派に転向した。

(110) Commencement at Eureka College, Ronald Reagan Speech, June 7, 1957. 〈http://www.freerepublic.com/focus/f-news/913473/posts〉

(111) Dan E. Moldea, *Dark Victory: Ronald Reagan, MCA, and the Mob* (NY: Viking Press, 1986), p. 142.

(112) Morrell, *op. cit.*, pp. 123–124.

(113) ギブス、ダフィー、前掲、二八四頁。

(114) ロバート・スクラー／鈴木主税訳『アメリカ映画の文化史——映画がつくったアメリカ』下(講談社学術文庫、一九九五年)二一四頁、二一七頁。

(115) ローラ・ブッシュ／村井理子訳『ローラ・ブッシュ自伝——脚光の舞台裏』(中央公論新社、二〇一五年)六〇頁。

(116) 黒川、前掲、一八八頁。

(117) クルーニーは国連のピースメッセンジャーなどを務める、リベラル派の代表的なセレブである。Mark Wheeler, *Celebrity Politics* (Cambridge, UK: Polity, 2013), pp. 151–152, pp. 157–158. 彼は『スーパー・チューズデー 正義を売った日』(*The Ides of March*, 2011) でも、監督・主演している。民主党大統領予備選挙の物語で、原題は三月十五日、つまりシーザーが暗殺された日のことである。町山智浩『映画と本の意外な関係!』(インターナショナル新書、二〇一七年）の第5章を参照。

（118） Doherty, *op. cit.*, chapters 8 and 9.

（119） Robert Dallek, *Hail to the Chief: The Making and Unmaking of American Presidents* (NY: Oxford University Press, 1996), p. 145.

（120） David K. Johnson, *The Lavender Scare: The Cold War Persecution of Gays and Lesbians in the Federal Government* (Chicago, Il.: University of Chicago Press, 2004), pp. 123-124.

（121） ジェシー・ウォーカー／鍛原多惠子訳『パラノイア合衆国——陰謀論で読み解く《アメリカ史》』（河出書房新社、二〇一五年）一九六—一九九頁、一〇九—一一〇頁。

（122） 竹村和子『彼女は何を視ているのか——映像表象と欲望の深層』（作品社、二〇一二年）一〇頁、八—一五頁。

（123） 「男のホモソーシャルな欲望が意味するものは、男の同性愛でも、男だけの共同体でもなく、性差別的な文脈で女を性対象とすることによってつくられる男同士の強力な連帯意識である。したがってこの装置は同性愛的というよりも、同性愛嫌悪を必須の条件とする」。同書、一一一頁。ホモソーシャルな関係とホモセクシャルな関係の類似性から、前者は後者を差別し排除することで、自己確認をしなければならなくなる。森山至貴『LGBTを読みとく——クィア・スタディーズ入門』（ちくま新書、二〇一七年）一四四頁。

（124） マリタ・スターケン／岩崎稔・杉山茂・千田有紀・高橋明史・平山陽洋訳『アメリカという記憶——ベトナム戦争、エイズ、記念碑的表象』（未來社、二〇〇四年）三七—三八頁。

（125） Michael Coyne, *Hollywood Goes to Washington: American Politics on Screen* (London: Reaktion Books, 2008), p. 25.

（126） Jim Hiller, *The New Hollywood* (NY: Continuum, 1994), p. 14.

（127） 佐々木卓也『アイゼンハワー政権の封じ込め政策——ソ連の脅威、ミサイル・ギャップ論争と東西交流』（有斐閣、二〇〇八年）一五五—一五六頁。一九五九年夏にモスクワで開催されたアメリカ国家博覧会では、ニクソン副大統領とソ連のニキータ・フルシチョフ首相との間で、資本主義と社会主義の比較優位をめぐって、有名な「台所論争」が展開された。

(128) ＡＲＰＡは一九七二年に国防高等研究計画局（Defense Advanced Research Projects Agency: DARPA）に改称された。
(129) 川本徹『荒野のオデュッセイア――西部劇映画論』（みすず書房、二〇一四年）一〇頁。
(130) 同書、一七―二九頁。
(131) 同書、二九頁。同書も、レーガンを「カウボーイ俳優」と断定している。一一頁。
(132) Tony Shaw, *Hollywood's Cold War* (Edimburgh: Edimburgh University Press, 2007), pp. 140–144.
(133) スカル、前掲、二九三頁。
(134) 宮本『アトミック・メロドラマ』第八章「蝿男の館――冷戦家庭の設計図」に詳しい。
(135) 町山智浩『ブレードランナーの未来世紀』（洋泉社、二〇〇六年）一五頁。
(136) Jacqueline Foertsch, *Enemies Within: The Cold War and the AIDS Crisis in Literature, Film, and Culture* (IL.: University of Illinois Press, 2001), p. 183.
(137) モンローの評伝も枚挙に暇がないが、簡便な概観として、亀井俊介『マリリン・モンロー』（岩波新書、一九八七年）を参照。
(138) ナヴァスキー、前掲、三二一頁。
(139) 福井、前掲、一五三頁。
(140) 麻生享志『ポストモダンとアメリカ文化――文化の翻訳に向けて』（彩流社、二〇一一年）一一〇頁、一一一頁。確かに、知的刺激に満ちた指摘だが、文化の研究者の側から発せられる「右傾化」といった政治的用語の意味については、充分に精査する必要があろう。

第3章

「右派のFDR」

市民政治家の台頭

⬆「市民政治家」――レーガン知事の誕生（1967年。© Black Star/時事通信フォト）

一　「ザ・スピーチ」

「セレブ」の時代

一九五〇年代は、アイゼンハワーが絶大な人気を博したまま幕を閉じた。就任時より低下したとはいえ、退任時にも大統領は六割を超える支持率を享受していた。三割弱の支持率で政権を去ったトルーマンとは、大きな相違である。

一九六〇年の大統領選挙で、共和党はニクソン副大統領を候補に選んだ。しかし、シカゴでの党大会で、アイゼンハワーは過去八年間の実績を「空前の繁栄」「世界最強の安全保障制度」と力説したものの、ニクソンの名前は一度も口にしなかった。それどころか、ニクソン副大統領の重要な役割は何かと問われて、「一週間くれ。そうすればひとつくらい思いつくかもしれない」と答えたのである(1)。実際には、ニクソンは外交で大統領を助け、中間選挙では党派性を嫌う大統領の代わりに奔走し、しかも、大統領が三度も重い病に伏せった時に、その代行を務めた。ニクソンこそ現代副大統領制（Modern Vice Presidency）の嚆《こう》矢《し》だという見方もある(2)。

他方、民主党は若いケネディ上院議員を大統領候補に決めた。民主党大会はロサンジェルスで開かれ、ケネディの義弟ピーター・ローフォードをはじめ、フランク・シナトラ（Frank Sinatra）、サミー・デイヴィス・ジュニア（Sammy Davis, Jr.）、ジュディ・ガーランド（Judy Garland）、トニー・カーティス（Tony Curtis）らスターたちが、ケネディを応援した。「セレブ政治」の幕開けにふさわしく、大会前夜にシナトラがアメリカ国歌を斉唱してみせた。

この選挙では、大統領候補同士の討論会が史上初めてテレビ中継された。一九四〇年の選挙では、共和党のウェンデル・ウィルキー（Wendell Willkie）候補がF・D・ローズヴェルトに討論を呼び掛けたが、拒否されていた。この初のテレビ討論会は、両候補の合意声明と連邦議会の要請によって可能となったのである。これに先立って、テレビの側では人気のクイズ番組でのやらせが発覚して大問題となったため、社会的信頼の回復が急務であった。

四度にわたる討論会で、最も注目を集めたのが九月二十六日の初回であった。視聴者は八〇〇〇万人と推定されている。これは有権者の五割以上に相当する。これに対して、ラジオで討論会を聴いていた有権者は一割ほどであった。ケネディが充分な休養の上でテレビ映りのいい紺のスーツと白のシャツを着こなし、メイキャップを入念に施したのに対して、ニクソンは病み上がりで過密スケジュールに疲れており、メイキャップを拒否したため、白黒テレビに無精髭《ひげ》がきわだった。その上、スーツは灰色であった。「大衆の関心は、照明、メイキャップ、討論の規則、メモの使用の是非といった擬似イベントに集中した。大衆の関心は番組で実際に語られた内容よりも、演技そのものにそそがれた」と、歴史家のダニエル・ブーアスティン（Daniel J. Boorstin）は指摘している(3)。テレビを観た者の多くはケネディの勝利を、ラジオを聴いた者の多くはニクソンの勝利を感じ取ったという。もちろん、テレビの影響力が絶大であった。この討論会以前には、ニクソンへの支持率がケネディへのそれをわずかに上回っていたが、以後はそれが逆転した。かつて副大統領候補の際に、テレビ演説で難局を乗り切った経験が、ニクソンを過信させたのかもしれない。彼にレーガン並みのテレビ操作の術があれば、緒戦で勝利を収めていたかもしれないと見る者もいる(4)。

それでも、この一九六〇年大統領選挙は一六年以来の激戦となり、選挙人の獲得数では、ケネディが三〇三、ニクソンが二一九で、得票数の差は実にわずか一一万八五七四票（全体の〇・一六パーセント）にすぎなかった。それゆえ、ニクソンは敵陣の選挙違反を確信し、ケネディは〝118574〟と書かれた紙切れをポケットにしのばせて、いつも自戒していたという(5)。

ケネディの大統領就任式では、黒人オペラ歌手のマリアン・アンダーソン（Marian Anderson）が「百年に一度」の美声で国歌を斉唱して、新しい時代の到来を印象づけた。さらに、その後のパーティーは「ショー中のショー」と呼ばれ、再びシナトラが司会を務め、ハリー・ベラフォンテ（Harry Belafonte）やシドニー・ポワチエ（Sidney Poitier）ら黒人を含む多くのスターが参集した。ただし、ケネディ当選に尽力した黒人歌手のサミー・デイヴィス・ジュニアは、就任式に招待されなかった。彼はスウェーデン出身の白人女優メイ・ブリット（May Britt）と結婚しており、黒人男性と白人女性の夫婦が公式行事に登場すると、南部の保守派を刺激し、今後リベラルな政策を遂行する上で反対が強まると、ケネディが懸念したからである(6)。

やがて、ケネディはマフィアと関係の深いシナトラをも遠ざけるようになる(7)。司法長官となった大統領の実弟ロバートは、マフィアとの対決姿勢を鮮明にしていた。また、ジャクリーン・ケネディ（Jacqueline Kennedy）大統領夫人も、夫に対するシナトラの悪影響を嫌っていた。政治家とセレブとの交際は、華やかなだけにリスクも伴う。

それでも、ケネディの下でセレブ政治は宇宙にも拡大した。一九六一―六三年には、マーキュリー計画（アメリカ発の有人衛星飛行計画）が実施され、六二年二月にジョン・グレン（John H. Glenn）が地球を三周半した。彼はのちに上院議員（一九七四―九九年、民主党）になり、またさまざまな映画のモデルにもなった。この間、ケネディは大統領候補として米ソの「ミサイル・ギャップ」を煽り、六一年には大統領として「宇宙こそ最後のフロンティア」と宣言して、六〇年代中にアメリカ人を月に到達させると公約した。アポロ計画である(8)。アポロ計画で月に足跡を残したハリソン・シュミット（Harrison Schmitt）も、のちに上院議員（一九七七―八三年、共和党）になっている。宇宙開発の時代と華やかなケネディの登場が重なり、俳優やスポーツ選手と並んで、やがて宇宙飛行士もセレブ政治の一角を担うようになる(9)。

先述のように、この大統領選挙で、レーガンは民主党員のままニクソンを応援した（そのレーガンですら、ケネディのテレビ映りを気に入っていた）。さらに二年後の一九六二年に、ニクソンは再起を期してカリフォルニア州知事選挙に立候補した。しかし、カリフォルニアの共和党では保守派が勢力を伸ばしており、アイゼンハワー大統領に仕えた国際主義者のニクソンには厳しかった。そこで、ニクソンは再びレーガンに支援を求めた。レーガンによれば、民主党現職のエドマンド・G・ブラウン（Edmund G. "Pat" Brown）知事は、〝タックス・アンド・スペンド〟（高福祉・高負担）型リベラルの典型であった。レーガンは「自由の歴史は、政府権力の制限の歴史であって、拡大の歴史ではない」というウィルソン大統領の言葉を引きながら、民主党は「もはやトーマス・ジェファーソンやウッドロー・ウィルソンの党ではなかった」と断じるようになっていた。「小さな政府」や個人の自由を追求した点で、レーガンは基本的にはリベラルに近かったとする者や、彼こそ「最後のジェファーソン主義者」だったとする学者もいる(10)。

転向と低迷

レーガンは今回もニクソンを助け、スピーチに回った。パシフィック・パリセードの自宅近くの共和党の資金集めの集会で、レーガンはいつものように雄弁をふるっていた。すると、聴衆の一人の女性が立ち上がり、「あなたはもう共和党への登録を済ませましたか？」と問うた。「いや、まだですが、そうするつもりです」と彼が答えると、「私は登録係です」と彼女は応じ、登録簿へのサインを講師に求めた。レーガンはサインを済ませると、聴衆に向き直って尋ねた。「ところで、どこまで行ってましたかね?」(11)。こうして、長年にわたったレーガンの政治的転向は完了した。同様に翌年には、レーガンは母の属した福音派のディサイプルス派から主流派の長老教会に、静かに転向をとげた。彼の住むカリフォルニアの富裕層には、長老教会の信徒が多かった。

レーガンの努力にもかかわらず、ニクソンは再び敗れ、彼の政治生命は尽きたかに思われた。

そのころ、レーガンの職業上のキャリアにも転機が訪れた。彼が共和党の政治活動に関与を深めるにつれて、GEにはお荷物になっていった。すでにレーガンはごく平凡な納税者("Joe Taxpayer")として、テネシー渓谷開発公社(Tennessee Valley Authority: TVA)を政府による予算の無駄遣いの例に取り上げ、GE首脳を苛立《いらだ》たせていた。TVAはGEにとって年間五〇〇〇万ドルの取引先であった。やがて、レーガンはスピーチからTVA批判を「自主的に」削除した。

その上、ケネディ民主党政権が誕生したのである。一九六二年の契約更新で、GEはレーガンに、政治的主張ではなく自社製品の宣伝に専念するよう求めた。すでに、精力的なケネディ司法長官の下、司法省は反トラスト法違反の疑いでGEの捜査を進めており、GEの役員から逮捕者も出ていた。数千万ドルの罰金や和解金も必要であった。さすがの巨大企業も傷ついていた。さらに、司法省はかつてのMCAとSAGとの秘密契約をも捜査対象にし始めた。レーガンも法廷での証言を求められ、「思い出せません」と繰り返した。この訴訟自体は大事にいたらず収拾されたが、GEは企業イメージのさらなる悪化を恐れた。表面上は、『GE劇場』の視聴率低下を理由に、レーガンの契約は更新されなかった。これはロバート・ケネディの圧力のためだと、レーガンは疑った。

一九六四年には、ワッサーマンまでが、MCAとレーガンとのエージェント契約を打ち切った。俳優としての仕事が取れそうにないという理由であった。ワッサーマンはすでに、スタンリー・キューブリック（Stanley Kubrick）監督『スパルタカス』（*Spartacus*, 1960）の成功で、落ち目だったユニヴァーサルを再建し、かつての「大立者」に代わる地位をハリウッドで確立していた。それどころか、「ザ・オクトパス」は、エンターテイメント産業のほぼ六割を支配下に置くまでになっていた。MCAをめぐる先述の訴訟に懲りた彼は、民主党への巨額の寄付を通じて、本格的にケネディ兄弟に食い込もうとしていた。彼の上司スタインも、大統領夫人のジャクリーンに対して、高価なアンティークの家具をホワイトハウスに提供すると持ち掛けたりした（実現はしなかった）[12]。ケネディ批判を繰り返す売れないクライアントは、彼らには明らかにお荷物だったのである。

他方、「赤狩り」で投獄までされたトランボは、その『スパルタカス』でようやく脚本家として実名がクレジットされ復活を果たした。彼の半生は、ジェイ・ローチ（Jay Roach）監督『トランボ　ハリウッドに最も嫌われた男』（*Trumbo*, 2015）に詳細に描かれている。この映画では、「アメリカの理想を守るための映画同盟」（Motion Picture Alliance for the Preservation of American Ideals）の有力者として、ジョン・ウェインらがトランボをはじめとする「ハリウッド・テン」を迫害する。この同盟の一員として、レーガンも言及されている。トランボとレーガンの社会的立場は逆転しつつあった。

レーガンを苦境から救ったのは、兄の「ムーン」ことニールであった。彼は今や広告業界で成功していた。兄は弟に西部劇のテレビ番組『死の谷の日々』（*Death Valley Days*, 1952–70）の司会役を提供した。憧れの西部劇との予期せぬ再会であった。ただし、レーガンはこの番組も一年で降板する。後述の、カリフォルニア州知事選挙出馬のためである。後任は、やはり落ち目の二枚目俳優ロバート・テイラーであった。

「ダッチ」がハリウッドにたどり着いた時、最初のエージェントはワーナー・ブラザーズに彼を「もう一人のロバート・テイラー」と売り込んだ。当時は天と地ほど異なった二人の俳優のキャリアが、ここで交差した。テイラーはHUACの公聴会を「サーカス」と唾棄《だき》していたが、戦時中に親ソ的な映画に出演した引け目があり、共産主義の脅威について証言した。その後、彼のキャリアは振るわなくなってしまったのである。

レーガンは一時的に、映画の世界に舞い戻った。彼が出演した最後の映画は、アーネスト・ヘミングウェイ（Ernest Hemingway）原作／ドン・シーゲル監督『殺人者たち』（*The Killers*, 1964）で、五三本の映画出演の中で、彼が唯一悪役を演じた作品である。この映画は本来テレビ用だったが、その暴力的な内容から劇場公開になった。作中、レーガンは愛人役のアンジー・ディキンソン（Angie Dickinson）を殴打する。この悪役イメージが、やがて始まる彼の政治的キャリアに影響しなかったのは、幸いであった。それにしても、かつて「アメリカの好青年」を演じてきたレーガンが悪役に回り、テレビ用だった映画が劇場に回されたことは、古典的ハリウッド映画がすでに過去のものになったことを雄弁に物語っていた。結局、レーガンが戦後に出演した映画は二三本で、そのうち一九四〇年代が七本、五〇年代が一四本、そして、六〇年代はわずか二本にとどまった（しかも一本はナレーターであった）。五七年にナンシーと共演した『勝利への潜航』が、レーガンの最後の主演作品となった。それはB級映画製作の終焉と、ほぼ重なっている。

レーガンが再び失業の淵に立ったころ、共和党内の保守派が彼に接近してきた。アイゼンハワー政権がニューディール路線を事実上継承し、消極的な対ソ「封じ込め」政策をとったと、彼ら保守派はすでにいたく失望していた。新保守主義者（「ネオコン」）の始祖の一人ウィリアム・バックレー（William F. Buckley, Jr.）が雑誌『ナショナル・レヴュー』（*National Review*）を発行して、論壇に保守勢力を切り開いたのは、アイゼンハワー政権下の一九五五年のことであった。当時はまだ、保守主義は「過激な右翼」として知的エリートには侮蔑の対象であることが多々あった(13)。だが、レーガンは同誌を創刊当初から愛読していたという。

一九六一年にバックレーがカリフォルニアで講演した際に、レーガンが司会を務めた。ところが、マイクの電源が入っていなかった。管制室も施錠されている。レーガンは高窓によじ登って管制室に入り、スイッチを入れると会場に戻り、平然と講師を紹介した。以後、二人は生涯の友となる(14)。

共和党保守派からすれば、アイゼンハワーですら穏健にすぎたが、さらにリベラルな民主党のケネディ政権が登場したのである。そこで、共和党に転向してケネディ批判を強めるレーガンは、保守派の注目をいっそう集めることになった。

サンベルト(「太陽の輝く地域」という意味)と呼ばれる西南部・南東部では、保守勢力の台頭が著しかった。レーガンの暮らすカリフォルニアはサンベルトの中心であり、リベラル派が主流ながらも、徹底して「小さな政府」を志向するリバタリアン(国家の干渉に対して個人の不可侵の権利を擁護する自由論者)の風土も強かった。このサンベルトは、人口と経済力を急増させ、東部のエスタブリッシュメントへの対抗意識を強めていた。軍需産業が多く、新興地域であることから組合の組織率が低く、そして、進取の起業家精神が横溢していたことなどが、この地域の保守勢力を支えていた(15)。しかも、南部から中部にかけてのバイブル・ベルトから福音派が経済的理由で流入したことにより、サンベルトは宗教的にも保守化していた。このサンベルト、とりわけカリフォルニアでの保守勢力とセレブ政治の台頭なしに、レーガンの政治家への転身はありえなかったであろう。

ケネディ夫妻

レーガンが二十世紀アメリカの保守派の偶像になったように、ケネディはリベラル派の偶像であり、依然として国民的な人気を博している。彼の若さとセックス・アピールは一九五〇年代の二人の大統領にはないものであり、ハリウッドにとっては恰好の題材であった(16)。それればかりか、若い大統領はマリリン・モンローとも親密な関係にあった。彼女がパーティーで「お誕生日おめでとうございます、大統領!」とカメラを前に歌ったことはよく知られている。ハリウッドはようやく「赤狩り」から立ち直りつつあり、とりわけリベラル派はケネディの登場に、かつてのF・D・ローズヴェルトの出現の際のような期待を寄せていた。かつての「大立者」たちはほとんど共和党員だったが、ワッサーマンら次の世代の実力者たちはおおむね民主党員であった。また、リチャード・ニュースタット（Richard Neustadt）やジェームズ・バーバー（James Barber）ら政治学者が、大統領のイメージやスタイル、レトリックの研究に着手したのも、ケネディの台頭に触発されてのことである(17)。

政治的には、レーガンとケネディは対極にあったが、二人は共にF・D・ローズヴェルトを崇拝していた。ケネディにいたっては、ローズヴェルトの仕草や癖まで模倣しようとしたという。また、ローズヴェルトが種をまき、ケネディ夫妻が開花させた「ホワイトハウスのハリウッド化」――結果として、これがレーガンの政治的進出を大いに助けることになる。

ジョンとジャクリーンのケネディ夫妻のファッションと社交、言動は、全米、否、世界中の注目を集めた。たとえば、一九六二年のヴァレンタインデイに、ジャッキーことジャクリーンは全国放送のテレビカメラをホワイトハウスに招じ入れて、巨費を投じた室内改装を誇示した。このテレビ番組は世界一〇六カ国で放送され、同年のエミー賞を受賞した。国内だけで五〇〇〇万人が視聴したというから、大統領候補討論会並みである。そのようすは、パブロ・ラライン（Pablo Larraín）監督『ジャッキー ファーストレディ最後の使命』（*Jackie*, 2016）で再現されている。

また、ある田舎の高校生などは、ケネディと握手する機会を得て、将来の大統領を志した。ビル・クリントンである。さらに、ナンシー・レーガンですら、ジャッキーを崇拝していた。遠く時代を下ったローラ・ブッシュも、「どうしたってジャッキーには勝てない。彼女は、アメリカの中でも、ある種の優雅さや品位を育んできた社会の出身だった」と羨望の言葉を記している[18]。このように、ケネディ一家は、個人と公人、平凡と非凡のイメージを融合させた[19]。わずか数年前に、コロンビア大学の著名で戦闘的な社会学者Ｃ・Ｗ・ミルズ（C. Wright Mills）は、「権力エリート層は有名人のように目立たないし、また、多くの場合、目立つことを欲しない」と論じたが、そのような二分論は早くも時代錯誤になっていた[20]。

お洒落でハンサムなケネディのご贔屓《ひいき》は、西部劇の人気者ジョン・ウェインであり、００７ことジェームズ・ボンド（James Bond）であった。ただし、前者はハリウッドきってのタカ派であり、政治的におよそケネディと相容れなかった。他方、後者は一九六〇年代の「核心的イメージ」を形成しており、お洒落でハンサムなスーパーヒーローはケネディ自身のイメージにも重複した。若く、活力と知性にあふれ、独立心が強い（浮気症だという意味も含めて）――ケネディやボンドの体現する男性像こそ、ニューフロンティアの政治姿勢でもあった[21]。また、諜報機関への過大な期待も、ボンド映画とケネディ政権に共有されていたかもしれない。大統領就任早々に、ケネディがＣＩＡの進言を容れ、亡命キューバ人を支援してフィデル・カストロ（Fidel Castro）政権打倒をめざし、頓挫《とんざ》したことはよく知られる[22]。だが、実はケネディはそれほど映画好きではなく、よほどおもしろい作品でもなければ、上映から二〇―三〇分で席を立つのがつねだったという[23]。彼はそれほどセレブに関心がなかったのである。彼自身が一番のセレブであったから。

一九六三年十一月二十二日、そのジョン・F・ケネディはダラスで凶弾に倒れた。かつて、多くの国民はF・D・ローズヴェルトの死をラジオで知った。今回は、多くの国民が「最初のテレビジョン大統領」の死をテレビで知ることになる。テレビで、あるいはラジオで、この悲報に接したアメリカ人は、その時自分がどこで何をしていたかを、今でも記憶しているという。また、日米をつなぐ衛星放送で、日本に同時中継で最初にもたらされたニュースは、このケネディ暗殺であった。

また、ケネディ暗殺の二六秒間を、一市民が偶然に家庭用の八ミリカメラで録画しており、この映像が悲劇をいっそう鮮明にし、ケネディをさらに偶像化した（ただし、この動画は一二年間一般公開を制限されたため、当初はコマ送りの静止画像がイコン化した）(24)。

ケネディと映画

存命中から、リベラルで新鮮なケネディは、映画に恰好のイメージを提供してきた。しかも、劇的なキューバ・ミサイル危機も経験している。さらに、その悲劇的な最期によって、彼は第二のリンカーンになった。そのため、のちのちまで映画のテーマになっていく。

すでに一九六二年には、ジョン・フランケンハイマー（John Frankenheimer）監督が『影なき狙撃者』（*The Manchurian Candidate*）を手掛けていた。朝鮮戦争中に捕虜になり洗脳された米軍の元英雄が、大統領候補を暗殺するよう操られるという物語である。「洗脳」を通じて、共産主義のみならず「赤狩り」、そして拡大するテレビの政治的影響力を批判している。ケネディを暗殺したリー・ハーヴェイ・オズワルド（Lee Harvey Oswald）も元海兵隊員で、しかも、ソ連への亡命経験を持つことから、この映画は予言的ですらある。

ケネディ暗殺のわずか数週間前には、レスリー・マーティンソン（Leslie H. Martinson）監督『魚雷艇109』（*PT 109*, 1963）が公開されていた。クリフ・ロバートソン（Cliff Robertson）演じるケネディ中尉の、太平洋戦争での活躍を描いた物語である。存命中から、すでにケネディの偶像化が進んでいたのである。ケネディ本人は、リベラル派の俳優ウォーレン・ビーティ（Warren Beatty）の主役起用を切望していたという(25)。

一九六一年に、オットー・プレミンジャー監督も『野望の系列』（*Advise and Consent*）を制作している。ヘンリー・フォンダ（Henry Fonda）演じる主人公は、病弱な大統領から国務長官に指名され、上院の承認待ちである。だが、保守派は彼を容共的と攻撃し、上院の小委員会を舞台に左右両派の熾烈《しれつ》な駆け引きが展開する。周知のように、閣僚など重要人事で、上院は大統領に「助言と同意」を与える。これが原題の意味である。この作品には、本物の上院議員が三人も出演している上に、大統領の義弟ローフォードも出演しており、ケネディは製作者たちをホワイトハウスでもてなした。実は、マーティン・ルーサー・キング（Martin Luther King, Jr.）牧師もジョージア州選出の上院議員役で出演を依頼されたが、断っている。現実には、黒人の上院議員は当時一人もいなかったし、南部の人種差別主義者たちを刺激することを恐れたためである(26)。実は、ケネディもニクソンも、そしてレーガンも、この映画の原作を愛読していた。

また、フランクリン・シャフナー（Franklin Schaffner）監督『最後の勝利者』（*The Best Man*, 1964）がある。こちらは大統領予備選がテーマで、アドレイ・スティーブンソンまたはケネディを髣髴《ほうふつ》させるリベラル派の候補を、やはりフォンダが演じている。タカ派の対抗馬はニクソンをイメージさせる（これもロバートソンが演じている）。これもまた、両陣営の間で醜い戦いが繰り広げられる。ソ連の観客にアメリカ政治を誤解されると、国務省が危惧したほどである。だが、シャフナー監督は、ソ連には（選挙を前提にした）政治はわからないと、一笑に付したという(27)。

同年に公開されたフランケンハイマー監督『五月の七日間』（*Seven Days in May*）では、タカ派の将軍が軍縮を推進しようとする大統領に対してクーデタを画策する。観客は映画の中のリベラル派大統領の苦悩に、ケネディ大統領の悲劇を重ね合わせた。また、タカ派の将軍は、キューバ・ミサイル危機の際の空軍参謀総長でタカ派のカーチス・ルメイ（Curtis LeMay）将軍を連想させた(28)。実は、ケネディ自身がこの原作の映画化を切望しており、やはり、撮影にさまざまな便宜を図っていたという(29)。この映画の製作中に、上院では部分的核実験禁止条約（Partial Test Ban Treaty: PTBT）が審議されていたからである（一九六三年九月末に承認）。

このように、大統領を正面からテーマにした映画が次々に作られたのは、F・D・ローズヴェルト以来のことであった。「赤狩り」を乗り越えて、「ホワイトハウスのハリウッド化」に助けられながら、末期の古典的ハリウッド映画は再び現代大統領制との絆を深めたのである。また、フォンダが演じるリベラルで知的な政治家像もケネディに重なるし、熾烈な議会工作もケネディ時代の反抗的な議会を連想させる。フォンダは筋金入りの民主党員であり、一九六〇年の大統領選挙では、ケネディの海軍時代に的を絞ったコマーシャルに出演していた。フォンダ自身も第二次世界大戦で海軍に従軍しており、レーガンのようなスタジオ勤務を嫌って、駆逐艦に搭乗していた。ジェームズ・スチュワートがローズヴェルト時代の政治を最も象徴する俳優だとすれば、フォンダはケネディ時代の政治を最も連想させる俳優であろう。また、大統領暗殺の際にリムジンに同乗していた側近のジャック・ヴァレンティ（Jack Valenti）は、一九六六年にMPAA会長に就任している。この人事は、あのワッサーマンの勧めによる。ハリウッドがケネディを偶像化して描くのも、当然であろう。

ケネディの後を継いだジョンソンは、前任者とは対照的で、華やかさには欠けるが、議会工作に長けた老獪《ろうかい》な政治家であった。彼はケネディの実現できなかった公民権法を成立させ、やがては福祉政策を重視した「偉大な社会」(The Great Society)を説いた。ちなみに、ヴァレンティによると、ジョンソンはワッサーマンに商務長官就任を打診したが、「ザ・オクトパス」はハリウッドにとどまることを望んだという(30)。

ジョンソンは一九六〇年代に「大きな政府」を求め、レーガンは八〇年代に「小さな政府」を追求した。だが、二人はわずか三歳違いであり、楽観主義と反共主義では共通していた(31)。しかも、二人ともワッサーマンを重要な人脈としていた。また、ジョンソンの推進した公民権法によって、南部を中心とした黒人の投票権行使への妨害行為は違法化された。南部の保守的な白人層はこれに激怒して、民主党から離反していく。こうして、ローズヴェルトの構築した広範な「ニューディール連合」が瓦解し始めた。これがレーガンの政治的台頭に拍車をかけるのである。

「栄光ある惨劇」

さて、ほどなく一九六四年の大統領選挙が迫ってきた。

共和党の保守派が擁立したのは、アリゾナ州選出の上院議員バリー・ゴールドウォーターであった。ゴールドウォーターの祖父はロシア支配下のポーランドからポグロムを逃れてアメリカに渡ったユダヤ人で、アリゾナの州都フェニックスに定着した。この地で、上院議員の父は百貨店を経営して成功した。ゴールドウォーターはユダヤ人ながら、母の影響から監督教会(Episcopal Church)でキリスト教徒として洗礼を受けた。一九五二年のアイゼンハワー人気に便乗して、彼は民主党の現職を破って上院議員に当選した。だが、ゴールドウォーターは大統領に感謝するわけでもなく、むしろその内政を「安手のニューディール」と酷評した。そのため、アイゼンハワーは彼とほとんど口をきかなかったという。だが、その頑迷さが有権者の人気を誘い、五八年にゴールドウォーターは再選を果たした(32)。

一九六〇年の大統領選挙では、ゴールドウォーターは共和党への忠誠からニクソンを支持したが、ニクソンの敗北を受けて、党内で保守派が台頭することを予感した。とはいえ、六四年に共和党の大統領候補の指名を獲得するために、ゴールドウォーターはアイゼンハワーの穏健路線を継承するネルソン・ロックフェラー（Nelson Rockefeller）ニューヨーク州知事と激戦を展開しなければならなかった(33)。保守派はロックフェラーの離婚と再婚を執拗に攻撃した。のちにレーガンの側近となるキャスパー・ワインバーガー（Casper Weinberger）は、この時にロックフェラーを支持していたために、共和党保守派の中には、のちのちまで彼への反発が強かった。それほど両陣営の争いは熾烈だったのである(34)。

だが、カリフォルニア州を僅差で制したことから、予備選はゴールドウォーターの勝利となった。「自由を守る上で極端主義（extremism）は悪徳でないことを、思い起こしてもらおう。そして、公正を追求する上で穏健が美徳でないことも思い起こしてもらおう」と、彼はサンフランシスコでの党大会で喝破した。この発言は党内穏健派のさらなる反発と離反を招いた。アイゼンハワーも決して彼を応援しなかった。他方、このタカ派候補を応援する「ゴールドウォーター・ガール」たちもおり、当時まだ高校生だったヒラリー・クリントン（Hillary R. Clinton）もその一人であった。

党内で指名を獲得したものの、ゴールドウォーターは資金不足に悩み、現職のジョンソンとの戦いでは劣勢であった。ジョンソンは、ベトナムでは共産主義と戦う闘士、国内ではケネディの改革を継承するリベラル派の二つの顔を、巧みに使い分けていた。

さらに、ジョンソン陣営は、ゴールドウォーターの過激主義を有権者に印象づけるために、衝撃的なテレビ広告を放映した。少女がヒナギクの花びらを数えている。突如、不気味な男性の声がカウントダウンを始め、ゼロになると核爆発によるキノコ雲が現れる。そして、ジョンソンへの投票が呼び掛けられる。ゴールドウォーターならソ連との核戦争も辞さないと示唆しているのである(35)。実際、彼はベトナム戦争で戦術核兵器を使用する可能性に言及し、「クレムリンのトイレに一発（核兵器を）お見舞いすべきだ」と不用意な冗談を発したことがある。「ヒナギクの少女」と呼ばれるこの広告は、あまりに衝撃的であったために、九月七日にCBSテレビで一度放映されたにとどまる。だが、一九六二年十月のキューバ・ミサイル危機の記憶は、有権者にとってまだ鮮明であった。このたった一度のネガティブ・キャンペーンが、ゴールドウォーターの好戦的なイメージを有権者に充分に定着させたのである。

民主党から共和党に転向したばかりのレーガンは、他の民主党員を共和党候補に投票させるには適任であった。彼は「大きな政府」批判を繰り返して、カリフォルニアで旧知のゴールドウォーターの支持拡大に協力した。だが、ジョンソンを破るには、カリフォルニア州だけでは充分ではなかった。さらに公民権法に憤る、南部の保守的な民主党票を獲得する必要があったのである。そこで、レーガンに再び白羽の矢が立った。

今夜必見
ロナルド・レーガン『選択の時』
WNBCテレビ4チャンネル
九時三十分から十時まで

ゴールドウォーター委員会提供

一九六四年十月二十七日に、レーガンはゴールドウォーターのために、全米向けのテレビでスピーチに臨んだ。ゴールドウォーター陣営はロサンジェルスにあるホールを借りて、レーガンのアイディアで、数百人の支持者を聴衆として動員した。投票日のわずか一週間前である。『GE劇場』を降ろされたレーガンにとっても、社会的復活をかけた千載一遇の、そしておそらく最後の好機であった。とはいえ、洗剤や煙草のように政治家を商品化してテレビで宣伝することに、多くの選挙専門家たちはまだまだ戸惑っていた。

珍しくレーガンは緊張しており、最初のうちはゴールドウォーターの名前に言及することさえなかった。聴衆の反応も鈍かった。しかし、中盤からレーガンは落ち着きを取り戻した。一ドル当たり三七セントが税金になるなど、彼はさまざまな統計や逸話を挙げて、「大きな政府」や共産主義を攻撃し、個人の自由を賛美した。ヨットに二〇〇万ドルを費やすエチオピアの独裁者に、アメリカ政府は援助を提供している。「政府の官僚機構は、地上でも最も永遠の命に近い存在です」「われわれは何かに反対ばかりして決して賛成しないと批判されます。さて、われわれのリベラルな友人たちの問題は無知ではなく、ありもしないことばかりを知っている点です」。レーガンは聴衆の心をつかみ、そのようすがテレビを通じても伝わってきた。

「この選挙の争点は、われわれが自らの自治の能力を信じるか、あるいは、われわれがアメリカ革命の成果を放棄して、遠隔の首都にいる一握りの知的エリートが、われわれ自身よりもうまく、われわれの生活を設計できると告白してしまうか、という選択です」。まさに「選択の時」である。

レーガンはいつものように、パトリック・ヘンリー（Patrick Henry）やハミルトン、チャーチルの箴言《しんげん》を自在に繰り出した。さらに、彼は自らのかつての偶像、民主党のF・D・ローズヴェルトの言葉を引用し、「あなた方も私も運命と待ち合わせ（rendezvous with destiny）しているのです」と語った。そのローズヴェルトと共和党のリンカーンを、映画はしばしば重ね合わせてきた。もちろん、レーガンはリンカーンを引用することも忘れてはいない。「われわれは地上最後の希望を子孫のために残せます。さもなければ、数千年の暗黒への第一歩に、彼らを引き込むことになるのです」(36)

主義主張は同じようなものでも、しかめっ面で攻撃的なゴールドウォーターと笑顔で友好的なレーガンは、好対照であった。ローズヴェルトがラジオを通じて「炉辺《ろへん》談話」で国民に語り掛けたのと同様の効果を、レーガンはテレビを通じてこの演説で達成した。しかも、彼の語りにはつねに「物語」があった。派手な視覚効果よりも物語性を重視するのが、レーガンの育った古典的ハリウッド映画の、とりわけ予算と時間の限られたB級映画の特徴であった(37)。

数日のうちに、演説原稿のコピーを求める問い合わせは、五〇〇〇件に達した。しかも、レーガンの演説は、一〇〇万ドルの献金をもたらした。一つの政治演説の効果としては、それまでで史上最高の金額であった。そのため、皮肉にもゴールドウォーター陣営は、選挙後に一二〇万ドルもの黒字を残すことになった(38)。また、このレーガンの演説に歴史的意義を認め、一八六〇年にリンカーンが奴隷制を批判して東部で評価を固めたクーパー・ユニオン演説や、九六年の民主党大会でウィリアム・ジェニングス・ブライアン（William Jennings Bryan）が大統領候補の指名を獲得した際の演説に匹敵する、と評価する声もあった。しかも、レーガンはまだ政治家ですらなかったのである(39)。ブライアンが「グレート・コモナー」（Great Commoner）、つまり、良識と正義感を持った「偉大な一般人」と称されたように、やがて、レーガンも「グレート・コミュニケーター」と呼ばれる。

このレーガンの演説は、「ザ・スピーチ」と呼ばれるようになった。こうして、落ち目のスターから保守政治の希望の星に、レーガンは大きく一歩を踏み出した。ちなみに、資金難のゴールドウォーター陣営に対して、この放送料のかなりを醵出《きょしゅつ》したのは、ジョン・ウェインであった。二人のアイルランド系の映画俳優が、保守派の大統領候補を助けたことになる。「ザ・スピーチ」がシカゴでゴールデンタイムに再放送された際には、ウェインも三〇分にわたって「前座」を務めた。

しかし、ゴールドウォーターを勝利に導くには、この「ザ・スピーチ」も手遅れであった。十一月三日の選挙結果は、得票率でジョンソンが六一・一パーセント、ゴールドウォーターが三八・五パーセントであり、選挙人の獲得数では前者が四八六人、後者は五二人にすぎなかった。ジョンソンの得票率は、実に一八二〇年以降の大統領候補者として最高の数字となった。ジョンソン圧勝の影響で、同時に行われた連邦議会選挙でも、民主党は下院で二九五議席、上院で六八議席と、いずれも三分の二を超える圧倒的な多数を確保した。特に下院での議席数は、与党として一九三六年以来最大のものとなった。他方、共和党は下院で一四〇議席、上院で三二議席を得たにとどまった。

それでも、ゴールドウォーターは地元のアリゾナ州以外に、ルイジアナ、ミシシッピ、ジョージア、アラバマ、サウス・カロライナと、ディープ・サウスの五州で勝利した。南部で共和党がこれだけ善戦したのは、南北戦争後初めてのことであり、アメリカ政治の潮流の変化を予感させた。

ゴールドウォーターの選挙戦は、「栄光ある惨劇」(glorious disaster) と呼ばれた。候補者は惨敗したが、保守主義の大義を掲げ、しかも、レーガンを保守派のスターにしたからである。この結果に、「おそらく、レーガンは驚いていた。しかし、準備がなかったわけではない」と、歴史家のH・W・ブランズは指摘している。これまでの彼の人生すべてが、彼の演説の内容と技術に磨きをかけてきたのである。しかも、

「ザ・スピーチ」の原稿を熟読してみると、最も印象的な文章のほとんどは保守主義の大義に関するものであり、ゴールドウォーター個人とは何ら関係なかった(40)。後年、自らが大統領選挙に出馬する折に、レーガンは再び「選択の時」という演説を行う。その意味で、「ザ・スピーチ」は予行演習だったのである。

前回とは異なり、一九六四年の大統領選挙では、候補者同士のテレビ討論会は実施されなかった。その代わりに、「ヒナギクの少女」やレーガンの「ザ・スピーチ」がテレビを通じて大統領選挙に多大な影響を及ぼしたことになる。

一九六四年大統領選挙と映画

映画も核戦争の恐怖を煽《あお》りながら、大統領選挙に参入していた。

まず、スタンリー・キューブリック監督が名作『博士の異常な愛情　または私は如何にして心配するのを止めて水爆を愛するようになったか』(*Dr. Strangelove or: How I Learned to Stop Worrying and Love the Bomb*, 1964)を制作している。アメリカ空軍基地の司令官が精神に異常をきたし、戦略爆撃機にソ連への核攻撃を命じる。大統領ら米政府首脳は爆撃機を帰還させようとし、さらに、ソ連とも協力して爆撃機の撃墜に尽力する。しかし、一機だけが通信不能のまま、ソ連領内に侵入していく。実は、ソ連は自国が核攻撃を受けた場合に、自動的に爆発して地球全体に放射性降下物を撒き散らす「皆殺し」装置(Doomsday Device)を実戦配備していた。タカ派の米軍幹部は、「戦争は政治家たちに任せるにはあまりにも重大だ」と嘆息する。これは、第一次世界大戦時にフランスの首相ジョルジュ・クレマンソー(Georges Clemenceau)が述べた格言──「戦争は将軍たちに任せるにはあまりにも重大だ」──の正反対である。

元ナチスのストレンジラブ博士（Dr. Strangelove）は、大統領科学顧問として意見を求められる。優秀な男性と魅力的な女性を地下シェルターに避難させ、放射能の減少を一〇〇年待って人類の存続を図るよう、彼は提唱する。興奮した博士は、大統領をヒトラーと錯覚して車椅子から立ち上がり、「総統、私は歩けます！」と絶叫する。やがて、爆撃機はソ連上空から核爆弾を投下する。西部出身の機長は、ロデオのように核弾頭に跨《また》がって、叫び声をあげながら落ちていく。第二次世界大戦時の流行歌「また会いましょう」（We'll Meet Again）のメロディとともに、キノコ雲が出現して、映画は終わる。

映画の冒頭には、「この映画はフィクションであり、現実には起こりえない」と、わざわざアメリカ空軍の解説が付されている。ある批評家は、「これほど効果的な反米映画を世界中に広めることは、いかなる共産主義者にも不可能だろう」と論じている(41)。だが、ストレンジラブ博士がスクリーンの中で絶叫したころ、現実世界ではフォン・ブラウン博士がNASAでロケットを開発していた。

ほぼ同じテーマで、シドニー・ルメット（Sidney Lumet）監督は『未知への飛行』（*Fail-Safe*, 1964）を手掛けた。脚本は、かつて「赤狩り」でハリウッドを追われたウォルター・バーンスタインである。こちらは、技術的な事故から、アメリカの戦略爆撃機がモスクワ攻撃に向かう。これまたヘンリー・フォンダ演じる大統領は、ソ連と協力しながら事態の解決にあたるが、最終的には、アメリカの核兵器でニューヨークを破壊することによって、モスクワ壊滅と痛み分けにして、米ソによる核全面戦争を何とか回避する決断を下す。原題は、故障に備えた安全装置の意味である。

いずれも大統領に直接の責任はないものの、核兵器による惨禍が起こるという内容の映画が、ほぼ同時期に製作され、公開された。しかも、両作品とも空軍で事件が起こるが、ゴールドウォーターは空軍の予備役将校であった。つまり、これらは、好戦的なイメージの強いゴールドウォーターの大統領当選を阻止せんと意図しており、映画版「ヒナギクの少女」だったのである。ただし、両作品は危機の中の米ソ協力をも描いており、来るべきデタントを予言していたとも言えよう。『渚にて』や『未知への飛行』、『五月の七日間』のような映画とその原作は、核戦争の恐怖を描きながら、ソ連は平和への脅威でないかの如く説いていたと、ゴールドウォーターは憤慨している(42)。

こうして、ハリウッドがゴールドウォーターの追い落としに加担したころに、テレビは凋落した俳優をハリウッドから政界のスターへと、送り出そうとしていた。

二 「市民政治家」の誕生

カリフォルニア州知事選出馬

先述のように、一九六四年の連邦議会選挙でも、上下両院で民主党が大勝した。だが、カリフォルニア州では、共和党のジョージ・マーフィーが民主党現職のピエール・サリンジャー（Pierre Salinger）を破って上院での議席を獲得した。マーフィーはレーガンとも親しい映画俳優で、デューイやアイゼンハワーの選挙にも協力した人物である。レーガンと同様に民主党から共和党に転向し、政治への関与では一歩先んじていた。それほど著名ではない六十歳の映画俳優が上院議員に当選すると思った者は少なく、ラスベガスの賭博では二〇対一で彼の落選が予測されていた。このマーフィーやレーガンは、ゴールドウォーターのような政治のプロにできなかったことを達成した。つまり、保守主義を幅広い有権者に訴え掛け、さらには、保守派にも草の根運動の政治を巻き起こしたのである(43)。

マーフィーですら上院議員に当選できるのだから、より著名で魅力的なレーガンなら、もっと大きな可能性がある。元俳優で下院議員のジョン・ロッジが、一九五一年から一期限りとはいえコネティカット州知事を務めた先例もあった。「ザ・スピーチ」ののちに、ミシガン州ではレーガンを大統領にする委員会さえ発足した。より現実的には、レーガンをカリフォルニア州知事に擁立しようという声が起こっていた。レーガンに知事選への立候補を促す多くの手紙が連日届き、中には民主党員からのものもあったと、ナンシーは回想している(44)。

ゴールドウォーターの選挙を支えた南カリフォルニアの保守的な財界人たちが、これを見逃すはずはない。その中心となったのが、ロサンジェルスで手広く自動車のディーラーをしていたホームズ・タトル（Holmes Tuttle）である。一九六二年にも、彼はレーガンを上院議員に擁立しようとした。レーガンによると、タトルたちからは「私が良い知事になれるかどうかについての発言はなかった。彼らはただ、私が党を一本にできる唯一の人物だと言ったのである」。これに対してレーガンは、「候補者を決めてください。そうしたらそれがだれであろうと、間違いなく私は支持キャンペーンに打ち込みますよ」と答えたという(45)。だが、タトルらの要請は執拗であった。やがて、講演会などで州内をめぐり、世論の動向を探ることに、レーガンも同意した。タトルらは、「ロナルド・レーガンの友人たち」という組織を立ち上げた。以後、レーガンの大統領当選まで、タトルは一貫した支持者となる。

本書でも何度も引用したが、レーガンもこの時期に選挙を意識して、『僕の残り半分はどこだ？』と、自らの映画の名科白《せりふ》を表題にした自伝を出版している。「大多数の、いわゆるリベラル派はリベラルでないことに、残念ながら私は気づいた」「古典的なリベラル派は、個人が自らの運命の主人であると信じる人のことだったが、今や、それは保守派の立場である」と、彼はリベラル派への決別と保守派への転向をあらためて明確にしている。「人生で理解すべき最も重要なことは、人がドアに近づく時に、反対側ではだれかがその足音を聞いているということだ」――クラーク・ゲーブルのこの言葉を引用した上で、「私は人生の残り半分を見つけたのだ」と、レーガンは結んでいる(46)。ドアの向こう側で、タトルら保守派の支持者たちが、レーガンの政治的な足音に耳を傾けていたわけである。

次のカリフォルニア州知事選挙は、一九六六年十一月に予定されていた。現職のエドマンド・G・ブラウンはこれまでの選挙で上院院内総務まで務めたウィリアム・ノーランド(William Knowland)やニクソンという大物を破り、三期目をめざしていた。先述のように、レーガンはこの知事を〝ダックス・アンド・スペンド〟型リベラルの典型として忌避していた。六五年十二月に、レーガンはついに出馬を決意した。翌年一月四日には、テレビ放送で共和党の指名獲得をめざす意思を表明している。たちまち、「ロナルド・レーガンの友人たち」は組織を拡大させた。一部メディアの否定的な反応を考慮して、彼らは行動心理学の専門家まで雇い入れて選挙戦に臨んだ(47)。

まずは、共和党内の予備選挙である。党内穏健派の前上院議員トマス・クッチェル(Thomas Kuchel)と、同じく穏健派で前サンフランシスコ市長のジョージ・クリストファー(George Christopher)が対抗馬であった。最終的には、レーガンとクリストファーの一騎打ちになった。党内保守派対穏健派、カリフォルニア州の南部と北部との争いであった。クリストファーはつねづね、レーガンが共和党候補になれば「極右」と目されて、ゴールドウォーターのように惨敗すると唱えていた。レーガンは人種差別主義者だという誹謗中傷もなされた。レーガンは右翼団体のジョン・バーチ協会(John Birch Society)と結び付いているとクリストファーが非難すると、「私を支持する協会のメンバーがどのような思想を選ぼうと自由だが、私が同じ思想を選ぶわけではない」と、レーガンは巧みに反論した。こうして、レーガン陣営は北カリフォルニアでクリストファーの地盤を切り崩し、一九六六年六月の予備選挙で六五パーセントを得票して圧勝した。余裕のレーガンは敗れたクリストファーの健闘を称え、党内の団結を演出してみせた。「なんじ、兄弟なる共和党員をあしざまに言うことなかれ」――モーゼの十戒に次ぐ十一番目の戒めとして、政治家レーガンは以後もこれを堅持する(48)。

実は、共和党の保守派も、内部にさまざまな矛盾を抱えていた。経済的な保守の追求する自由な市場経済は、たとえば性風俗のように、宗教的な保守には耐えられない社会の荒廃をもたらしていた。また、保守派は「大きな政府」を批判しながら、国防予算には大きく依存していたし、それは反共主義とも連動していた。さらに、保守派は政府が個人の自由を制限することを恐れながら、大企業による個人の自由の制限や侵害には鈍感であった。レーガンもついに、こうした矛盾を解消できなかった。しかし、彼は経済的な保守と宗教的な保守、反共主義を兼ね備えていたし、これらの矛盾を包摂する魅力を有していた(49)。

さて、いよいよ民主党現職のブラウン候補との本選挙となった。知事として、ブラウンは数々の法律を成立させ、カリフォルニアの社会的・経済的発展にも貢献してきた。ブラウン陣営は、元映画俳優の共和党候補を御しやすい相手と過小評価していた。政治的素人であり、「極右」だからである。「私は俳優と選挙を戦っているが、リンカーンを暗殺したのがだれか知っているかね?」と、ブラウンは問うた。周知のように、暗殺犯のジョン・ブース(John Booth)はシェイクスピア俳優であった。「メーキャップをしたあのハリウッドの俳優」と、現職知事は対抗馬を攻撃した。実際には、レーガンは映画でメーキャップをしたことは一度もない。両候補がテレビ番組に共演した際、メーキャップをしていたのはブラウンの方であった(50)。レーガンはしばしば過小評価され、それゆえに予想以上の成果を上げて称賛される。一九六八年にレーガンが大統領になる可能性を問われて、かつてのハリウッドの「大立者」ジャック・ワーナーは鼻であしらった。「駄目だ。ジミー・スチュワートが大統領で、レーガンはその親友さ」(51)

予備選挙と本選挙を通じて、レーガン陣営は俳優というイメージを脱却しようと、組合指導者、企業の親善大使、政治活動家など、彼の幅広い経験を強調した。その結果、浮上したのが「市民政治家」(A Citizen Politician) というイメージであった。「私は政治家ではありません。普通の市民なのです」と、レーガンは有権者に語り掛け、政治的素人のイメージを巧みに利用していった。「建国の父祖たち」も職業政治家ではなかったのである。当然、映画『スミス都へ行く』の主人公ジェファーソン・スミスのイメージも意識されていた。さらに、レーガン陣営は、「創造的社会」(the Creative Society) を標榜した。こちらは、ケネディの「ニューフロンティア」やジョンソンの「偉大な社会」を意識してのことである。

もちろん、レーガンにむき出しの敵意を向ける者もあったが、彼は得意のユーモアで反撃した。オクシデンタル大学では、「レーガン打倒!」「ナンシー打倒!」「ボラクソ (Boraxo) なんかサクラメントにいらない!」という抗議のプラカードに取り囲まれた。ボラクソは大手の石鹸会社で、レーガンが司会を務めたテレビ番組『死の谷の日々』のスポンサーであった。サクラメントはカリフォルニアの州都である。充分な間をとってから、レーガンは応えた。「君たちにとっては、ただの石鹸だろうが、私はそれで暮らしの糧を得てきたんだよ」。また、ロサンジェルスのロータリー・クラブでは、数千人の聴衆の前で、「あなたの三つの弱みとブラウン知事の三つの強みを教えてください」という難問が飛び出した。やはり、レーガンはしばらく考えたのちに答えた。「最初に、後半の問いにお答えしましょう。まず、ブラウンにはすばらしい家族があり、美しい妻がいて、彼は家族に献身的です。彼の親戚のすべてが州政府から給料をもらっている事実に照らして、これは明らかです」(52)。このユーモアや気の利いた逸話に加えて、複雑な事象を明快に話す能力、そして恐るべき記憶力がレーガンの武器であった。

こうして、現職のブラウンは追い詰められていった。そもそも、民主党内も割れていた。公民権法成立後の、一九六五年八月にロサンジェルスのワッツ地区で起こった黒人の暴動は、三四人の死者と一〇三二人の負傷者、約四〇〇〇人もの逮捕者を出した。損害額は三五〇〇万ドルに及び、アメリカ史上最悪の暴動と呼ばれた。カリフォルニア大学バークレー校のキャンパスも、学生運動で揺れていた。党内の保守派は知事の弱腰を批判したし、リベラル派は知事がベトナム戦争を支持していることに反発していた。これに対して、レーガンは州立大学に巣食う過激なヒッピーたちを、「ターザンのように振る舞い、ジェーン（ターザンの妻）のような格好をして、チーター（チンパンジー）のように臭い」と酷評して、ブラウンにはない毅然とした態度を示した(53)。

レーガンのように大衆の心をつかむことが、ブラウンには到底できなかった。たとえば、プロ野球ファンを意識して、ロサンジェルス・ドジャーズとサンフランシスコ・ジャイアンツがワールドシリーズで対戦できることを祈ると発言してみせたが、両チームともナショナル・リーグの所属であった。大衆文化への感度という点で、二人の候補者には大きな隔たりがあったのである。投票を五カ月後に控えた一九六六年六月に、レーガンはブラウンを一一ポイント差でリードしており、この差は縮まることがなかった(54)。

俳優が現職の知事に圧勝した。一〇〇万票近くの大差で、カリフォルニア州内の五八郡のうち五五郡で、レーガンが勝利を収めた。保守的なオレンジ郡では、彼の得票率は七二パーセントにも達した(55)。時すでに、カリフォルニア州はニューヨーク州を抜いて、全米最大の一九〇〇万人の人口を擁していた。主権国家に比べても、その経済力は世界第六位に位置していた。日本より広大なこの州を、元俳優の「市民政治家」が治めることになった。カリフォルニア州では、下院議員、上院議員に次いで、ついには知事まで俳優経験者が務めることになったのである。

その上、レーガンはすでに富豪になっていた。一九五一年に八万五〇〇〇ドルで購入した牧場を、20世紀フォックスが実に一九三万ドルで買い上げてくれたからである。四万四〇〇〇ドルの知事の年俸だけでは、レーガン一家の華美な暮らしはとても維持できなかった。あのワッサーマンの上司であるスタインMCA会長が、この商談を仲介した。こうして、一時は生活にすら窮した俳優は、今や権力と富の双方を手に入れたのである。レーガンが売却した土地は、その後にジョージ・ロイ・ヒル（George Roy Hill）監督『明日に向って撃て！』（*Butch Cassidy and the Sundance Kid*, 1969）やテレビドラマ『マ☆ッ☆シ☆ュ』（*M*A*S*H*, 1972–83）などの舞台としても用いられた。いずれも、反体制、反戦という時代の風潮を強く反映した作品である。のちに20世紀フォックスは、この土地を五二万ドルでレーガン知事下のカリフォルニア州に転売する(56)。

権力と富を手にしたとはいえ、レーガン一家がみな幸せだったわけではない。父の州知事当選という報を受けて、反抗期の十四歳の次女パティは電話口で泣き崩れた。「ダークスーツに身を包んだずるがしこい男たちが父のまわりをうろつき、ひそひそ声で陰謀をささやき合っている」「こうして、私の力ではどうにもならないところですべては進み、私の人生を変えた」(57)

一九六六年の中間選挙では、カリフォルニアを含む一〇の州で、共和党が知事のポストを増やした。下院では四七議席、上院では三議席の増であった。のちにレーガン政権の副大統領となるジョージ・H・W・ブッシュ（George H.W. Bush）も、この選挙で初めてテキサス州から下院議員に当選している。既成の価値観に反抗し、フリーセックスや麻薬にまで及ぶ若者の「対抗文化《カウンターカルチャー》」、ベトナム反戦運動、政府の肥大化、公民権法の成立――これらに反発して、保守化の波が着々とアメリカ政治に押し寄せていたのである。

知事開業

翌一九六七年一月二日の実に午前〇時十分、ロナルド・レーガンは州庁舎で宣誓式に臨み、カリフォルニア州の第三十三代知事に就任した。ナンシー夫人ご贔屓《ひいき》の占星術師たちが、この時刻の星が新知事に幸運をもたらすと予言した、との推測もあった。レーガン自身も、時として神秘主義に傾倒していた。結果として、この深夜の宣誓式はブラウン知事による駆け込み人事を阻止した。

三二台のテレビカメラが新知事の顔をライトで照らし、南カリフォルニア大学のコーラス隊が、愛国歌「美しきアメリカ」を歌い上げた。真夜中にもかかわらず、一五〇人の人々が参集した。ベトナム戦争が激化し、人種間の対立が深まり、若者の反乱が巻き起こる中で、レーガンをはじめ、正装したこの場の紳士淑女は、過ぎ去った一九五〇年代の価値観やライフスタイルを体現しアナクロニズムそのものであった(58)。宣誓が終わると、新知事はマーフィー上院議員を振り返って、「さてジョージ、ここでまたレイトショーをやることになるね」と語り掛けた(59)。

同日の午後には、「ロナルド・レーガンの友人たち」は、カリフォルニア州史上最も豪華な就任パーティーを催した。レーガンにふさわしく、ウォルト・ディズニー・スタジオがこの企画を担った(60)。どんな知事になりたいかと問われて、「私は知事を演じたことがないので、わからない」と答えて、レーガンは余裕を示した。確かに、映画の中で彼が政治家を演じたことは一度もない。彼が最もしばしば演じた職業は軍人である。

三日後には、盛大な就任式が執り行われた。

「われわれの理解を超える複雑な問題に対して、簡単な答えなどないと、教えられてきました。簡単な答えはあるのです。ただ、それは容易なものではないのです」と、政府の限定的な役割や大学での秩序について、新知事は厳粛に語った。「建国の理念が退廃すると、いかなる政府も瓦解し始める」と、彼はフランスの思想家シャルル・モンテスキュー（Charles Louis de Montesquieu）を引用し、アメリカ合衆国憲法にとって最も重要な表現は冒頭の「われら人民」（We, the People）であると喝破した。

やがて、レーガンは得意のジョークや逸話を繰り出して、財政状況に言及した。「北大西洋経由でパリに向かうジェット機の次のような状況に、われわれの財政状況は似ています。いい知らせと悪い知らせを、操縦士が乗客に伝えた。まず、悪い知らせです。通信が途絶え、羅針盤も高度計も利かない。高度も方向もわからない。そして、いい知らせです。時速一〇〇マイルの追い風があり、予定より早く着きそうなのです」。さらに、「人は環境の産物ではない。環境が人の産物なのである」と、レーガンはイギリスの首相ベンジャミン・ディズレーリ（Benjamin Disraeli）をも引用して、「われわれが必要に応じた環境を作り出そう」と呼び掛けた。

次には感動的に、就任式ではためいている州旗がいつものものより小さいことを、新知事は指摘した。「理由があります。この小さな旗は、カリフォルニア州の若者たちがベトナムの戦場に持っていったものなのです。若者たちの多くは、戻ってこないでしょう」。しかし、「一人の若者がこの旗を持って戻ってきた。それが州都にあることを誇りたい。信じるべき大義と従うべき旗印があることを、子供たちに伝えたい」(61)。歴史上の偉人の引用に無名の市民の逸話を重ね、愛国心を喚起するのは、レーガンの得意の手法である。偉人と市民——それはジェファーソン・スミスという名前の組み合わせと同じであった。

厳粛な調子にジョークや逸話を挟み込み感動にいたる——このように緩急自在の演説を、レーガンは自ら書き上げたという。時に側近の助けを借りながらも、以後もスケジュールが許すかぎり、彼は自分で演説の原稿に筆をとり続けた。レーガンは有権者とのコミュニケーションを最も重視しており、演説はその最も有効な手段であった。これに応えて、メディアもそれまでの知事の時の二倍の規模の人員を、州都サクラメントに配置した。レーガンは大げさな身ぶりは用いず、声と理念が織り成す物語で人々を説得しようとした。また、聴衆の表情を確認するために、会場を暗くすることも嫌ったという(62)。

さらに、のちにシュルツ国務長官が外交政策に関する演説の草稿を示すと、レーガン大統領は「読みやすく書けている。実に適当だ」と褒《ほ》めながらも、「私は人々に話し掛けるのだ。目前の人々なのか、テレビカメラやラジオのマイクの向こう側の人々なのか。それで全く違ってくるんだ」と語ったという(63)。

そのレーガン知事も、ジャーナリストから今後どのような立法を進めていくかと問われると、側近たちを振り返って助けを求めた。レーガンには明確なビジョンはあったが、詳細な計画はなかった。「われわれは単に素人だっただけではなく、未熟な素人だった」と、当時の側近の一人は回想している(64)。レーガンが個別の政策の詳細に迷い込まないよう、側近たちは早くも警戒するようになった。「サクラメントに着いたとき、私は自分がロシア語で書かれた使用説明書一式を読まされているエジプト軍戦車兵のように感じた」と、新知事自身が述懐している(65)。レーガンの哲学とビジョンは強みであったが、他者への依存が弱点であった。

しかも、州政府の官僚機構は巨大かつ堅固であった。二十世紀初頭に州政府を担った進歩党が猟官制度(spoils system)を嫌って、専門性の高い官僚機構を構築したのである(66)。他方で、レーガンの側近たちの多くもまだ若く、経験不足であった。そこで、レーガンはビジネス・タスク・フォースを編成して、優秀な経営者と二五〇人もの州政府の官僚を動員し、半年間かけて一六〇〇項目もの提言をまとめさせた。SAGやGEで経験したコーポラティズムの手法と言えよう。レーガンにとっても若い側近たちにとっても、州都サクラメントでのこうした経験は首都ワシントンへの予行演習となった。

知事の首席補佐官ウィリアム・クラーク（William P. Clark）、のちにはエドウィン・ミースが中心になって数名の「内輪の閣議」が形成され、重要事項を取り仕切った(67)。前者はのちにレーガン大統領の下で、国務副長官、国家安全保障問題担当大統領補佐官、内務長官を歴任する。同様に、後者も大統領顧問、司法長官を務める。「判事」（Judge）ことクラークは、カウボーイ風の大農場主で、職場にコルト45口径の拳銃を置いていた。ジョン・ウェイン流のステレオ・タイプに合致するのは、レーガンではなくクラークの方であった(68)。

サクラメントでの公式の閣議では、各省の長官はわずか四段落から成る「ミニメモ」の提出を求められた。レーガン知事は、大企業の「取締役会長」の風であった。「私は最高責任者が、自分の組織内で行われていることの、あらゆる細部まで監督すべきだとは思わない。最高責任者は広範な政策、全般的な基本ルールを定め、部下の人たちに何をしてほしいかを言うべきだが、そのあとは彼らに任せればよい。……もし問題が起きたら、彼らと一緒になってそれに取り組めばよいし、必要なら政策を微調整すればよい」と、レーガンは述べている(69)。このスタイルもホワイトハウスに継承される。

知事にだれよりも大きな影響力を行使したのは、妻のナンシーである。彼女が頭を右に傾けて口元に笑いを浮かべれば、それは絶対的な拒絶を意味した。彼女は〝影の知事〟とか、のちには〝影の大統領〟とさえ呼ばれた(70)。しかし実際には、レーガンが「取締役会長」なら、ナンシーは「人事担当役員」であった。彼女は政策よりも人事に介入したのである。すべては夫を守るためであった。夫も妻を盾として活用した。だが、知事側近の多くは、彼女を恐れ嫌った。また、ナンシーはよく言えば華やか、有り体に言えば、派手で贅沢なライフスタイルを好んだ。

知事側近の中では、ワインバーガー州財務長官が州下院議員を三期六年務めており、数少ない政治のプロと言えた。彼はレーガンの「電撃的な笑顔」に魅せられた一人である。「その笑顔の効果を説明するのは難しいが、体験するのは簡単である」「ただし、レーガンを心底嫌っている者なら、彼に魅了されるには一〇分はかかるだろう」と、ワインバーガーは言う(71)。レーガンが大統領になると、ワインバーガーはさらに国防長官になる。

レーガンは前任者の放漫財政を批判し、「小さな政府」を標榜してきた。しかし、その彼がブラウン前知事の予算を引き継ぐことになったのである。明確な目標と計画の不在という、レーガンの両側面が問われることになった。多くの州と同様に、カリフォルニア州も憲法で各年の予算が均衡するよう定めていた。だが、これは虚構であった。ブラウン前知事による予算は、収税時ではなく課税時に起算し、一五カ月分の収入に一二カ月分の支出が均衡していた。実際には、カリフォルニア州では、一日一〇〇万ドルの赤字が続いていた。

大胆かつ乱暴にも、レーガンは州予算に一律一〇パーセントの削減を求めようとした。この削減で四六億ドルの経済的な予算が組めると、新知事は主張した。しかし、これでは効率的に働いている部局も、そうでない部局も、同じ扱いを受けることになる。つまり、だれもが損をし、だれもが得をしないのである。しかも、この削減でも予算が均衡することはなかった。

当然、州議会は猛烈に反発した。レーガンがまだ知事の職に慣れず、夕方六時に帰宅するなど私生活を重視したために、充分な議会工作ができなかったこともあろう。また、民主党古参の〝ビッグ・ダディー〟ことジェシー・アンルー(Jesse Unruh)下院議長は、一九七〇年の知事選出馬をめざしており、ことさらに対決色が強かった。「私の見方からすれば、アンルーは政府としてかんばしくない多くの点を代表する存在だった。一方アンルーの見方からすれば私は、税金を使う権限を独占的に認められた彼とその仲間の私的クラブに、無理やり入り込もうとしている未熟でものを知らぬエーリアン（異邦人）のように見えたに違いなかった」「時がたつにつれ、私は渋々ながら議会戦術家としての彼の手腕に、多少の敬意を払わざるを得なかった」と、レーガンは回想している(72)。

妥協の末に、七月一日に始まる新会計年度に向けて、レーガン知事は史上初めて五〇億ドルを超える規模の予算を提出することになった。そのためには、九億五〇〇〇万ドルもの増税が必要であった。確かに、レーガンをはじめとする保守派は増税を嫌ったが、赤字はさらに忌まわしいことであった。結局、レーガン知事の二期八年が終わるころには、カリフォルニア州の予算は一〇〇億ドルにも達していた（もちろん、それだけの人口増加もあった）。

人工妊娠中絶問題でも、レーガンは妥協的であった。一九六〇年代には、人工中絶問題は密かに語られる、一種の禁忌であった。『ロサンジェルス・タイムズ』(*Los Angeles Times*) 紙ですら、「人工中絶」(abortion) という言葉は用いず、「違法な医療手続き」(illegal medical procedure) と婉曲的に表現していた(73)。ところが、一九六七年にコロラド州が人工中絶に対する罰則規定の廃止に先鞭をつけた。そこで、カリフォルニア州議会も、強姦による妊娠や母体の生命に対して危険を伴う出産の場合、人工中絶を認める法案を可決したのである。七〇年までには、一〇の州が人工中絶を合法化した。さらに、七三年に連邦最高裁判所が人工中絶をめぐる女性の選択権を擁護した「ロー対ウェイド判決」(Roe vs. Wade) を下すと、全米の世論は大きく分裂する。

個人的には、レーガンは性の放埒《ほうらつ》と個人の無責任をもたらすとして、人工中絶にはかねがね批判的であった。しかし、彼の保守的な義父で医師のデイヴィス博士ですら、カリフォルニア州の人工中絶法案には賛成であった。共和党保守派のカリフォルニア州議会議員の中にも、賛成者は多かった。

そこで、レーガン知事は一点だけ法案に修正を求めた。身体に障害のある子供が生まれる可能性のある場合にも堕胎《だたい》できる、という条項の削除である。州議会は知事の要請に応えた。ローマ・カトリック教会のジェームズ・マッキンタイア（James McIntyre）ロサンジェルス大司教は知事に拒否権発動を求めたが、レーガンは苦慮しながらも約束通り法案に署名した。だが、この法律の下での医師の裁量範囲は広く、法律成立時のカリフォルニア州の人工中絶の件数はわずか五一八件であったものが、レーガンが大統領に就任する八一年には一九万九〇八九件にも達し、六八年から八〇年の累積件数は実に一四四万四七七八件にいたった(74)。レーガンは大いに後悔することになる。また一九六四年九月には、レーガン知事は家族法（Family Law Act）を成立させ、全米に先がけて不過失離婚を合法化した。そのため、離婚の急増を招いた。

人事面でも、レーガン知事は部下をなかなか解任できなかった。側近の同性愛行為が問題になった折も、知事はこれを無視しようとした。ナンシーの周辺にも、同性愛者は少なくなかった。のちにエイズ問題で、レーガンは同性愛者に冷淡だと非難されるが、無関心と言う方が正確であろう。結局、有力支持者のタトルがくだんの側近の解雇を決めた。「自分の馬を撃つ者はいないだろう。隣人が代わりにやってくれるさ」と、知事はクラーク首席補佐官に語っている。人事に関するこの受動性は、ホワイトハウスでも続く(75)。

バークレーでの対決

さまざまな妥協や受動性にもかかわらず、レーガンが有権者の支持を維持できた大きな理由は、大学紛争への毅然とした態度であった。すでに一九六六年の知事選を通じて、これが有権者の最大の関心事であることを、レーガンは察知していた。「ルールを守れ！　さもなければ退場しろ！」──これは彼が選挙中に繰り返した語った言葉であり、知事公室のドアにもこれが掲示されていた。

カリフォルニア大学システム、とりわけその頂点に位置するバークレー校に、州民は強い誇りを抱いており、それゆえ、そこでの暴力と混乱に眉をひそめていた。一九六四年九月にキャンパス内の一角で学生の政治活動を禁止する通達を大学当局が発したことに、バークレーでの騒動は端を発していた。全国的にも、教授団支配の時代はピークを過ぎ、市場支配力すら持った学生たちによる「学生中心主義」が大学を支配しようとしていた(76)。

知事として、レーガンはカリフォルニア大学理事会の一員であった。一月二十七日、知事就任早々の理事会に、彼は出席した。相手は、長年にわたりカリフォルニア大学全体の総長とバークレー校の学長を兼任するクラーク・カー（Clark Kerr）であった。カーは労使調停の専門家で、学問中心の大学（university）を多面的産業社会に適応した「マルティヴァーシティ」（multiversity）と再定義したことでも知られる(77)。知事が大学予算の削減や学生による授業料負担（従来は無償）を示唆したことから、カー総長は財政危機が解決するまで入学考査の延期を提案して、対決を露《あらわ》にした。その上、カーは常套《じょうとう》手段を用いた。キャンパスで騒動が起こるたびに辞任をほのめかして、理事会に信任投票を求めたのである。これまでは、混乱の中で責任を回避するために、理事会は総長信任を繰り返してきた。だが、レーガン知事はカー総長の挑戦を受けて立った。知事は世論の支持を確信していた。たとえば、授業料負担の件では、知事公室に届く手紙は三対一で知事の提案を支持していた(78)。強気の知事は、ＦＢＩに総長を攻撃するための情報の提供すら求めていたという。信任八対不信任一四で、カーは解任された(79)。レーガンにとっては、ユーレカ大学でウィルソン学長を辞任に追い込んで以来、二度目の学長放逐劇となった。

カリフォルニア大学サンタクルーズ校での過激派学生の抗議集会では、レーガンはテレビカメラを意識しながら、「彼らが掲げる標語は「戦争はいらない、もっと愛を」だが、彼らはどちらも実現できそうには見えない」と言い放った。学生たちが知事の公用車に詰め寄り、「われわれこそ将来だ」というプラカードを押し付けると、知事も手書きのメモを車窓に示して、「それなら、私は手持ちの株を売りに出すよ」と応戦した(80)。こんな輩《やから》がアメリカの将来を代表するなら、株価の暴落は必定だというわけである。また、彼は「ヤ・バスタ」(Ya basta)というスペイン語で、スピーチを結ぶことが多かった。「もうたくさんだ」という意味である。

さらに、州庁舎を訪問した学生代表団が知事を「即時通信、衛星、コンピューターの時代に育てられていない」と非難すると、「諸君は全く正しい」「だからわれわれがそれらを発明したんです」と、レーガンは素早く切り返した(81)。こうした反射神経は、アナウンサー時代以来の修練による。長髪にTシャツ、ジーンズの学生たちよりも、知事は文字通り役者が一枚上であった。

かつては自ら学生運動を経験したレーガンだが、少数の過激派が多数の勉学の機会を阻害することは許せなかった。何しろ、バークレー校だけで、一一カ月の間に八回の爆破と爆破未遂が起こり、警察は二〇〇丁以上の銃器と一〇〇〇本近いダイナマイトを押収していた。「六〇年代末のカリフォルニアのキャンパスで起こったことは、かつてユーレカ大学で、何十人という上級生から大学卒業資格を奪うことになりかねなかった大学当局の計画に対し、われわれが起こした穏やかな抗議運動とは何の類似点もなかった」と、レーガンは振り返っている(82)。

また、レーガンらしい「寛大な」経済政策もあった。一九六八年に、レーガン知事は州内の主要な映画スタジオが抱える在庫品に、各社三〇〇万ドルから四〇〇万ドルの減税措置を与えたのである。もちろん、別荘の購入で知事に恩恵をもたらした20世紀フォックスやMCA傘下のユニヴァーサルも含まれる。これはブラウン前知事が拒否権を発動した法案であった(83)。結果として、この減税措置を目当てに、多国籍企業がハリウッドに進出することになる。

ニクソンの勝利

一九六八年は、大統領選挙の年であった。当然、ジョンソンは再選をめざしていた。しかし、ベトナム時間一月三十日の午前零時から、旧正月(テト)の休戦合意を破って、北ベトナムが南ベトナムの首都サイゴンなどを奇襲攻撃した。いわゆるテト攻勢である。一時的とはいえ、アメリカ大使館までが占拠されるテレビ映像が、アメリカの家庭に届けられた。当時の米軍はメディアとの接触に長けておらず、混乱のようすを糊塗《こと》することもできないまま、テレビカメラにさらされることになった(84)。

その後、ジョンソンはニューハンプシャー州の予備選で予想外の苦戦を強いられると、三月三十一日に北ベトナムへの空爆を部分的に停止して対話を呼び掛け、同時に、大統領選挙で党の指名を求めないと表明した。それから数日後の四月四日には、公民権運動の指導者キング牧師が、テネシー州メンフィスで暗殺された。そのため、この日予定されていたアカデミー賞の授賞式は二日間延期された。さらには、民主党の大統領候補者指名選挙の最中の六月六日に、ロバート・ケネディ上院議員がロサンジェルスのアンバサダー・ホテルで撃たれて死亡した。この暗殺事件以後、大統領候補にもシークレット・サービスが配置されるようになった。フランケンハイマー監督は事件の直前にロバートと会っており、犯人をも目撃したという。

兄ほどではないまでも弟も偶像になり、やがて映画の題材となる。エミリオ・エステヴェス(Emilio Estévez)監督『ボビー』(*Bobby*, 2006)は、ロバート暗殺当日を群像劇として活写している。エステヴェスは一九八〇年代の青春群像劇のスターとして知られる。八〇年代のスターによる、六〇年代のスターへのオマージュであった。エステヴェスの父マーティン・シーン（Martin Sheen）はリベラル派の俳優で、テレビ・シリーズでケネディや彼に似た架空の大統領を演じて、人気が高い。いわば、彼らは芸能界のケネディ家であった。

実は、ロバートが暗殺される一年ほど前の一九六七年五月十五日に、レーガンはロサンジェルスから、ロバートはパリから、そして、さまざまな国籍の大学生たちがロンドンから、「アメリカのイメージと世界の若者」という生放送のテレビ番組に出演している。レーガンは『GE劇場』降板の件でロバートに遺恨を抱いており、ロバートは元俳優の知事を軽視していた。しかも、二人とも大統領選挙を意識している。ロバートはアメリカの外交政策の過ちについて謝罪したが、レーガンは毅然としてそれを拒否し、しばしば学生たちの不正確な情報を正し、たしなめた。番組が終わると、ロバートは側近に叫んだ。「二度と、あんな奴と共演するのはご免だ」

また、この折にレーガンはベルリンの壁を撤去するよう求めている。彼にとって、ベルリンの壁は自由の抑圧の象徴であり、デタント政策の失敗の証しであった(85)。同じく一九六七年の十月には、中曾根康弘もベルリンの壁を訪問し、「同じ人類がこんな愚劣なことをしているかと思うと見るに耐えないものがある。……正視するに忍びない」と感想を記していた(86)。二〇年後にも、レーガンは大統領として、ベルリンの壁を撤去するよう呼び掛けることになる。

さて、共和党では、当初は本命と目されていた穏健派のジョージ・ロムニー（George Romney）ミシガン州知事がニューハンプシャー州の予備選で敗北して、撤退を表明した。代わって、ニューハンプシャー州で大勝したニクソンが、本命になった。ただし、一九六〇年の大統領選挙、六二年のカリフォルニア州知事選挙と二度敗退しているから、背水の陣での戦いであった。そこで、ニクソン陣営は、混乱する社会を背景に「法と秩序の回復」を、ベトナム戦争の激化からの「名誉ある撤退」を、それぞれスローガンにした。保守的な南部の票も確保しなければならなかった。このニクソンに、リベラル派のロックフェラーが挑戦した。

レーガンも有力候補に目されていた。ゴールドウォーターを支持した「ザ・スピーチ」や、カリフォルニア州共和党の保守派と穏健派を融和させて知事に当選した力量が、高く評価されていたのである。かつて広範な「ニューディール連合」を形成したF・D・ローズヴェルトのように、明確なビジョンと魅力的な笑顔を兼ね備えたレーガンは、「右派のFDR」たることを期待され始めていた(87)。知事就任二年足らずのことであり、当初、本人は大統領選挙への出馬を否定していたが、徐々に可能性を探るようになってきた。そこで、ロムニーの撤退後に、彼はカリフォルニア州が推薦する特定州代表（favorite son）候補になることに同意した(88)。いわば、非公式の候補である。党大会の一次投票で、もしロックフェラーがニクソンの指名獲得を阻止できれば、自分にもチャンスが回ってくるという計算であった。

レーガンの強みは、知事として「法と秩序の回復」をだれよりも毅然と実践した点と、保守的な南部からの支持にあった。他方、彼の弱点は離婚歴、元側近の同性愛スキャンダル、そして共和党への転向が一九六二年と日の浅いことにあった。まず、ウィスコンシン州とネブラスカ州の予備選で、レーガンは好調に票を獲得した。カリフォルニアの隣州オレゴン州では、一九六二年にニクソンがブラウンに敗れたカリフォルニア州知事選挙と六六年にレーガンがブラウンを破ったそれを比較したコマーシャルを、レーガン陣営はテレビとラジオの双方で流した。ロバート・ケネディを論破した先の討論会の再放送もテレビ局に働き掛けた（これは実現しなかった）。まさにメディア戦である。それでも、オレゴン州でレーガンはニクソンに敗れ、指名獲得から大きく遠のいた。大票田のカリフォルニア州ではレーガンが勝利したものの、その夜にロバート・ケネディが暗殺されたため、ほとんど注目されなかった(89)。

八月五―八日にフロリダ州のマイアミビーチで、共和党大会が開かれた。レーガンはここで初めて公式に出馬表明したが、あまりにも遅きに失した。確かに、南部の保守派はレーガンを愛していたが、すでにニクソンはレーガンよりはるかに熱心に南部に食い込んでいた。ニクソンは六九二票を獲得して、過半数を制した。ロックフェラーは二七七票、レーガンは一八二票にとどまった。そこで、議長の許可を得てニクソン指名の動議を提出したのは、他ならぬレーガンであった(90)。大統領候補としては、レーガンは丸一日もたなかったことになる。「まだ大統領になる準備はできていなかった」と、彼は側近に洩らしている。レーガンを副大統領候補にとの声もあったが、ニクソンは全国的にほとんど無名の党内穏健派スピロ・アグニュー（Spiro Agnew）メリーランド州知事を選んだ。本選挙を戦う上で、レーガンにはタカ派イメージが強かったし、ニクソンよりも魅力的に見えるおそれもあった。それでも、その後再び、レーガンはニクソンのために全米二四州を遊説している。

対する民主党は八月二十六―二十九日にシカゴの党大会で、ヒューバート・ハンフリー副大統領を大統領候補に選出した。しかし、ハンフリーはそれまでの予備選に参加していなかった。これが党内主流派の横暴と見られた。会場では亡くなったロバート・ケネディの選挙キャンペーン用映画が追悼上映され、「ボビー・カムバック」の大合唱が起こっていた。また、ハンフリーはベトナム戦争に批判的であったが、ジョンソン政権の副大統領として責任は避けられなかった。その上、リチャード・デイリー（Richard J. Daley）シカゴ市長が、治安維持のために大規模な警察隊を投入した。そのため、ベーナム反戦派と警察隊との間で流血の騒動になってしまった。

さらに、人種差別主義者として知られるジョージ・ウォーレス（George Wallace）前アラバマ州知事が民主党と袂《たもと》を分かって、アメリカ独立党（American Independent Party）という第三政党を結成して立候補していた。彼の副大統領候補はルメイ将軍であった。このウォーレスも、「法と秩序の回復」を訴えていた。南部の保守票を意識しつつも、幅広い中間層を獲得するためには、ニクソンはウォーレスの人種差別主義とも一線を画さなければならなかった。

なお、この選挙戦では、タカ派の映画俳優ジョン・ウェインが、一九六〇年に続いてニクソンを応援した。そもそも、「法と秩序の回復」こそ、古典的ハリウッド映画の基調であり、西部劇のテーマであった。他方、ポール・ニューマン（Paul Newman）やウディ・アレン、バーブラ・ストライサンド（Barbra Streisand）、バート・ランカスター（Burt Lancaster）、ディック・ヴァン・ダイク（Dick Van Dyke）、レナード・ニモイ（Leonard Nimoy）、ロバート・ヴォーン（Robert Vaughn）ら多くの俳優が、民主党反戦リベラル派のユージン・マッカーシー（Eugene McCarthy）上院議員を応援していた。明らかに、ハリウッドの主流は中道から左寄りであった(91)。このマッカーシーがニューハンプシャー州の予備選で善戦したことが、先述のように現職のジョンソンの不出馬につながった。

一方で、民主党の混乱やウォーレスの出馬がニクソンを助け、他方で、ニクソンは巧みに政府への憤りを煽《あお》って支持を拡大した。共和党内に広範な連合を展開しようとした点で、彼も「ローズヴェルト連合」を意識しており、「右派のFDR」をめざしていたと言える(92)。そして、ニクソンの南部への食い込みは、「ニューディール連合」への挑戦であった。

十一月五日の大統領選挙は大接戦となった。一般得票率では、ニクソンとハンフリーの差はわずか一・二ポイントであった。票数でも五〇万票弱の差にすぎなかった。一九六〇年のケネディ対ニクソンの対決に次ぐ僅差であった（六〇年と六八年では、投票総数は四〇〇〇万票ほど増えている）。

こうしてニクソンは当選を果たしたものの、「法と秩序の回復」というスローガンとは正反対に、混乱と分裂のうちに一九六八年は過ぎていったのである(93)。

ニクソンはこれまでもイメージ戦略やメディア戦略で苦労しており、早速、ホワイトハウスに報道官とは別にコミュニケーション部長の職を設けた。それだけ政策領域が拡大し、社会的混乱の中で、多様なコミュニケーション対策が必要になっていた。

映画と世相

前述のように、セレブたちも選挙に熱心に参加したが、映画もこのような世相を敏感に反映していた。

一九六七年の暮れには、スタンリー・クレイマー監督『招かれざる客』（*Guess Who's Coming to Dinner*）とマイク・ニコルズ（Mike Nichols）監督『卒業』（*The Graduate*）が公開されて、大ヒットしていた。

前者では、リベラルな新聞社の社主夫妻（スペンサー・トレイシーとキャサリン・ヘップバーン）のもとに、愛娘が婚約者を連れてくる。彼は高名な医者だが、黒人であった。異人種間結婚の問題を理想主義的に描き、名優トレイシーの遺作ともなった。実は同年に、ディーン・ラスク（Dean Rusk）国務長官の娘が黒人と結婚したことも話題になっていた。

後者では、名門大学を卒業した若者が将来の目標を見出せず、年上の女性と不倫を重ねるが、やがて彼女の娘と恋に落ちる。別の男性と結婚の決まった花嫁姿の彼女を、教会から奪い去るラストシーンは有名である。しかし、二人の顔は不安に満ちている。

また、アーサー・ペン（Arthur Penn）監督『俺たちに明日はない』（*Bonnie and Clyde*）やノーマン・ジュイソン（Norman Jewison）監督『夜の大捜査線』（*In the Heat of the Night*）も、一九六七年の話題作であった。前者は大恐慌時代の銀行強盗を主人公にしたアウトロー映画の先駆であり、後者は都会の黒人エリート刑事と南部の白人警察署長が反目しながら友情を育む物語である。『招かれざる客』同様にシドニー・ポワチエが黒人のエリートを演じ、人種間の境界の揺らぎを描いていた。こうした異人種間の相棒もの映画は、一九八〇年代に隆盛をきわめる。六七年の推計によると、多くの映画館を擁する都市部では、黒人が観客の約三割を占めるようになっていた(94)。六六―六九年までテレビで放送された『宇宙大作戦』（*Star Trek*）でも、黒人女性やアジア系（日本人とフィリピン人のハーフ）の乗組員が登場し、人種の多様性を示していた。

いよいよ一九六八年には、フランクリン・シャフナー監督『猿の惑星』（*Planet of the Apes*）が登場する。原作はフランス人作家のピエール・ブール（Pierre Boulle）で、第二次世界大戦中にインドシナで日本軍の捕虜になった経験を持つ。その経験に基づいた小説が『戦場にかける橋』（*Aux Sources de lariviere Kwai*）で、こちらも五七年に映画化されてアカデミー最優秀作品賞を受賞した。『戦場にかける橋』と『猿の惑星』の双方で脚本を担当したマイケル・ウィルソン（Michael Wilson）も、「赤狩り」でハリウッドを追われた一人であり、前者では作品に名前がクレジットされなかった。

『猿の惑星』では、アメリカの宇宙飛行士が未知の惑星に不時着するが、そこは核戦争後の三九七八年の地球で、猿が人類を支配していた。この猿たちは、原作の観点では日本人の隠喩とも言われているが、当時のアメリカ社会の文脈では、公民権運動を展開する黒人のイメージに重なっていた(95)。

この映画で、チャールトン・ヘストン（Charlton Heston）演じる主人公が、「三十歳以上は信じるな」と叫ぶ。この科白は、当時の若者の心をつかんだ。ヘストンは、アンソニー・マン（Anthony Mann）監督『エル・シド』（*El Cid*, 1961）やニコラス・レイ監督『北京の五五日』（*55 Days at Peking*, 1963）などでも、繰り返し有色人種と戦ってきた。しかし現実には、彼は公民権運動に熱心で、一九六六—七一年まではSAG委員長も務めた。だが、そのヘストンも七〇年代には民主党から共和党に転向し、九八—二〇〇三年までは全米ライフル協会会長も歴任した。言わば、遅れてきたレーガンである。やがて、クリント・イーストウッドやシルベスター・スタローン（Sylvester Stallone）、チャック・ノリス（Chuck Norris）、アーノルド・シュワルツェネッガーら、他のアクション・スターも、一九七〇年代、八〇年代に共和党支持を鮮明にした(96)。社会の左傾化やハリウッド主流への反発であり、スクリーンの中の自己イメージとイデオロギーの融合でもあった。彼らもまた、遅れてきたジョン・ウェインであり、遅れてきたレーガンであった。

同じく一九六八年に公開されたジョージ・ロメロ（George A. Romero）監督『ナイト・オブ・ザ・リビング・デッド ゾンビの誕生』（*Night of the Living Dead*）は、ゾンビ映画の原点である。一九五〇年代に量産された低予算のホラー映画の系譜を継ぎつつ、のどかな田舎町に突然ゾンビが大量発生して人々を襲う恐怖は、テレビが茶の間に伝えたテト攻勢の恐怖にも似ていた。しかも、ラストシーンでは、ゾンビの襲撃から唯一生き残った黒人青年が、ゾンビとまちがえられて自警団に殺されてしまう(97)。観客たちは、半年前のキング牧師暗殺事件を想起した。

一九六〇年代末から七〇年代にかけて、この作品のように新しい流れのホラー映画が続出した。三〇年代に人気を博したドラキュラやフランケンシュタインは、第一次世界大戦でのヨーロッパ従軍経験の恐怖を反映して、ヨーロッパ産の怪物であった(98)。ところが、今やアメリカ国内で怪物が突如として現れ、若い男女（異性愛）や温かい家庭（一夫一婦制、家父長制）など既存の秩序を脅かす。しかも、結末にいたってなお、恐怖の根源は解消されない。公民権運動やベトナム戦争への不安の投影である(99)。より巨視的には、南北戦争以後一世紀にわたって続いた、素朴なナショナリズムの時代が終わろうとしていた。

一九六八年には、ジョン・ウェインが自ら製作・監督・主演して、ベトナム戦争で活躍する特殊部隊を称賛した『グリーン・ベレー』(*The Green Berets*)も公開された。一方で、進行中のこの戦争は、映画の直接のテーマとしてはあまりに生々しかった。他方で、戦場のようすはテレビを通じて連日報道されていた。この点で、第二次世界大戦や朝鮮戦争と大きく異なる(100)。そのため、ベトナム戦争を正面から描いた映画はまだほとんどなく、ウェインの作品はごく最初のものであった。だが、ウェインの作品は現実味に乏しかった上、戦争肯定の明確な立場に立っており、リベラル派から厳しく批判された(101)。興行的にも失敗に終わった。

むしろ、一九六〇年代前半に衰退した西部劇が、ベトナム戦争批判を含意し復活するようになっていた。たとえば、サム・ペキンパー(Sam Peckinpah)監督『ワイルドバンチ』(*The Wild Bunch*, 1969)は、白人ガンマンたちのメキシコでの暴虐がテーマである。また、アーサー・ペン監督『小さな巨人』(*Little Big Man*, 1970)は、シャイアン族に育てられた白人の目から、白人社会の欺瞞《ぎまん》が描かれている。これら一連の作品は「ベトナム西部劇」と呼ばれる(102)。ウェインはわざわざ西部劇から越境してベトナム戦争映画で失敗したが、西部劇がベトナム戦争を間接的かつ巧みに取り込んでいたのである。

さて、一九六九年になると、先述の『明日に向って撃て!』や『ワイルドバンチ』をはじめ、ジョン・シュレシンジャー(John Schlesinger)監督『真夜中のカーボーイ』(*Midnight Cowboy*)、そして、デニス・ホッパー(Dennis Hopper)監督『イージー・ライダー』(*Easy Rider*)など、既成の価値観に挑戦する虚無的で時として暴力的なアメリカン・ニューシネマが次々に登場した。一九六〇年代前半までの多くの

SF映画が核戦争の恐怖を直接的に描いたのに対して、この時期の作品群は人種間の対立やベトナム戦争の影の差す、若者の将来への不安をテーマにしていた。ハリウッドがこれほど多くの「不幸な結末」を描いたのは、フィルム・ノワールの流行以来のことであろう。一九六五年から六九年の間に、映画が一週間に動員する観客数は四四〇〇万人から一七五〇万人に激減しており、ベビーブーム世代の若い観客を取り戻すためにも、映画は「対抗文化」を反映するようになったのである。六五年のアカデミー作品賞受賞作がロバート・ワイズ監督による家族向けの『サウンド・オブ・ミュージック』(*The Sound of Music*) だったのに、六九年のそれが成人向け指定の『真夜中のカーボーイ』だったことは、象徴的である(103)。のちにカーター大統領はこの映画をホワイトハウスで鑑賞するが、成人向け指定映画がホワイトハウスで上映されたのはこれが最初である。

また、『イージー・ライダー』に関しては、内容もさることながら、低予算の独立プロダクション系映画が大手の映画会社 (コロンビア) で配給された点で、画期的であった。ホッパーと共同脚本・共演を果たしたピーター・フォンダ (Peter Fonda) は、「対抗文化」と反戦運動のヒーローになった。彼の姉で女優のジェーン・フォンダ (Jane Fonda) も過激な反戦運動家となり、一九七二年には北ベトナムを訪問して北ベトナム軍のヘルメットまで被ってみせたため、「ハノイ・ジェーン」と呼ばれることになる。二人はヘンリー・フォンダの子供であり、フォンダの名はハリウッド・リベラル派の象徴として、世代を超えて広く浸透していった(104)。

すでに、ハリウッド映画の検閲を主導してきたブリーンは、一九五四年に引退していた。さらに、一九六六年にヘイズ・コードそのものが抜本的に改定され、六八年には廃止された。こうして、映画の表現は豊かに、そして過激になったのである。レーガンがハリウッド入りしたトーキーの初期には、録音機材の質の問題もあって、単純でわかりやすい科白が求められていた。しかし、ヘイズ・コード後のアメリカン・ニューシネマの時代には、時に不明瞭で冗長、下品な言葉が使われるようになってきた。スタジオ・システムに次いでヘイズ・コードの消滅で、レーガンの活躍した古典的なハリウッドは名実ともに終焉したのである。たとえば、映画研究者の蓮實重彦は、ヘイズ・コードの消滅により、銃撃戦がスペクタクル化し物語の形式が失われたことで、西部劇は「意志的な自死」をとげたと述べている(105)。映画が「法と秩序」を放棄したころに、現実の政治で保守派はその回復を呼び掛けていたことになる。

このように、映画は社会の混乱を反映し、さらに、映画が若者の「対抗文化」の火に油を注いでいった。一九六九年二月に、過激派の学生がバークレー校の占拠を試み、暴力が激化していった。五月十五日には、学生たちと二五〇人の警察隊が衝突し、警察官が一人刺され、学生が一人死亡し、もう一人の学生が失明した。この騒動の報に接して、レーガン知事は直ちに州兵を派遣し、緊急事態を宣言した。その後も騒動は続き、知事の許可の下で、警察はヘリコプターから催涙ガスを散布した。

同年八月には、女優のシャロン・テート（Sharon Tate）がロサンジェルスの自宅でカルト信者たちに惨殺される事件が起こった。テートは映画監督ロマン・ポランスキー（Roman Polanski）の妻で、妊娠八カ月であった。しかも、彼女は人違いで殺されたのである。徐々に、人々は「対抗文化」の放埒を忌避するようになる。

「対抗文化」が盛り上がり、アメリカン・ニューシネマが開花する中で、すでに映画を引退したレーガンは、古典的ハリウッド映画風に物語を駆使して「法と秩序の回復」を謳い、家父長的リーダーを演じ続けようとしていた。しかめっ面のゴールドウォーターや陰気なニクソンよりも、そして男性をいたずらに誇示するジョン・ウェインよりも、確かに笑顔のレーガンは安心できる父親像にはるかに近かった（現実には、子供たちとの関係は破綻《はたん》していたが）。しかも、キャンパスから暴力を排除し秩序を取り戻す――この点では、共和党の保守派や穏健派、さらに幅広い中間層からも支持を得ることができた。彼はまさに「右派のＦＤＲ」になろうとしていたのである。

三　一九七六年大統領選挙――レーガンの挑戦と挫折

知事二期目

一九七〇年八月二十四日の未明、ウィスコンシン大学マディソン校のキャンパスで、過激派学生のしかけた爆弾が爆発した。陸軍数理研究センターが標的であった。被害は物理学科や天文学科にも及んだ。五人の教授の一生をかけた研究、それに二四人の博士課程の学生の研究が吹き飛んだ。さらに、三人が重傷を負い、三十三歳の大学院生が妻と三歳と一歳の子供を残して死亡した(106)。

カリフォルニアでも、レーガン知事の再選に合わせて、過激派学生の活動が活発化してきた。今回の震源地は、カリフォルニア大学サンタバーバラ校であった。学生たちはキャンパス周辺にあるバンク・オブ・アメリカの支店まで占拠した。レーガンは直ちに現地に向かい、過激派を「臆病で無力な怠け者」と呼んで、再び非常事態の下に州兵を動員した。のちに、一人の学生が警官に撃たれて亡くなった。オハイオ州のケント州立大学でも、州兵の発砲で四人の学生が死亡し、ミシシッピ州のジャクソン州立大学でも警官が二人の学生を射殺した。

当然、こうした混乱は知事選にも影響した。それでも、レーガンは幸運であった。民主党の対抗馬が、「ビッグ・ダディー」ことアンルー下院議長だったからである。彼は議会の暴君というイメージを払拭できず、選挙資金集めにも苦労していた。

レーガンは予算の均衡と法の擁護を一期目の成果とし、あらためて「小さな政府」を公約に掲げた。側近の一人マイケル・ディーヴァー（Michael Deaver）はのちに、レーガンはまるで自分の州政府に反対しているかのように選挙を戦った、と述べている[107]。環境問題に消極的なように見えながら、レーガンは州立公園を大幅に拡張した。知事はまた、カリフォルニア大学の予算削減でも大学側に妥協し、その見返りとして、授業料の導入に成功している[108]。「敵対的な議会を相手にしても、要求の七割は実現できる」と、彼は語っている[109]。「右派のＦＤＲ」は、「実際的なイデオローグ」（pragmatic ideologue）でもあった[110]。前回の反動で共和党が苦戦する中、レーガンは再選を果たした。それでも、得票率は前回の五八パーセントから五三パーセントに下がり、僅差の勝利となった[111]。

二度目の就任演説では、レーガン知事はカリフォルニア州の行政と経済について多くの数字を挙げて実績を誇った上で、「無精者と怠け者はカリフォルニアには来なかった。彼らは故郷にとどまったのだ」というマーク・トウェインの言葉を引用し、「正しいことに集中しよう。われわれの力と潜在性がどれほど大きく、恐れるべきことがいかに少ないかに」と呼び掛けた[112]。（時には不正確だが）詳細なデータ、巧みな引用と楽観主義——レーガンの演説の定番である。その後のパーティーでは、シナトラは五〇〇〇人を前に熱唱し、一組五〇〇ドルもするチケットを売りさばいた。ジェームズ・スチュワートやジョン・ウェインも出席している[113]。この知事選挙からシナトラは共和党支持に転向し、レーガンと親密な関係を構築していく。カリフォルニアの政治は着実にセレブ化していった。

さて、二期目の最重点政策は、福祉制度の改革であった。カリフォルニア州では、福祉手当の受給率が全国平均の一〇パーセントをはるかに超える一六パーセント以上に達していた。レーガン知事の二期目には、一九七一年の福祉改革法の成立で、実に三〇万人が受給対象から排除された。それでも、一人当たりの受給額は増加した。また、受給率が低下したのは、皮肉にも、人工中絶が増えたことの副次効果でもあった。レーガン知事の業績の多くは、保守とリベラルの奇妙な混合であり、彼にはそれを可能にする現実感覚があった。「われわれはお互いに嫌いだが、一緒に仕事をするのに愛し合う必要はない」――ボブ・モレッティ（Bob Moretti）州下院議長は、知事にこう語っている(114)。

ワシントンでは、ニクソン大統領が虎視眈々《こしたんたん》と一九七二年の再選をめざしていた。ニクソンも保守的に語りながら、レーガン以上にリベラルに行動した。それどころか、分野によってはほとんど保守的に振舞うことすらなかった。彼はセオドア・ローズヴェルト以来最も熱心に環境保護に取り組んだ大統領であり、七〇年には大気浄化法（Clean Air Act）の成立に尽力し、環境保護庁（Environmental Protection Agency）も新設した。また、彼は人種に関する差別撤廃措置（affirmative action）を連邦政府の方針として推進した最初の大統領でもあった。さらに、ニクソン政権による家族支援計画は貧困層をより効率的に支援するものであり、数百万もの人々、とりわけ子供たちに受給範囲を拡大した。カリフォルニア州では、知事は民主党多数の議会と妥協しつつ、受給額を増やしながら受給範囲を限定していた。つまり、福祉政策に関しては、大統領とカリフォルニア州知事はほぼ正反対のことをしていたのである。後者は前者に批判的発言を抑えるように求め、見返りに、カリフォルニア州での試みが容易になるよう、連邦政府による規制を緩和した。二人とも「実際的なイデオローグ」だったわけである(115)。

外交面でも、一九七一年七月には、ニクソン大統領は翌春の訪中を発表して、世界を驚かせた。より危険なソ連を牽制するために米中接近を図る――レーガンを含む保守派にとっては、それほど得心のいく理屈ではなかった。それでも、知事は大統領の求めに応じて、台湾の国家祭典に代理出席している。権威や体制への順応は、レーガンの変わらぬ資質の一つであった。「大統領に頼まれたのだから」と、レーガンは側近に語っている(116)。

大統領にとっては、反共主義で鳴るレーガン知事やゴールドウォーター上院議員らを中国問題で味方につける政治的意義は大きかったし、レーガンにとっても国際政治の武者修行になった。「ニクソンはレーガンに四回も海外旅行をプレゼントした。空軍のジェット機を使い、シークレット・サーヴィスに護衛させた。……レーガンお得意の話は、ポケットに数ドルしか入れずにヨーロッパまで出かけ、各国の首都を歩きまわった、というものだ」(117)。実際、レーガン夫妻は、ヨーロッパとアジアの一八カ国で国家元首と面会している。一九七〇年の大阪万国博覧会も訪れ、東京では国家元首以外で昭和天皇と公式に会った最初の外国の賓客となった。

一九七二年の大統領選挙では、ウォーレスが民主党から出馬し有力視されたが、予備選の遊説中に狙撃され、下半身不随になってしまった。無職の若者が犯人で、キューブリック監督『時計じかけのオレンジ』(*A Clockwork Orange*, 1971) の暴力性に触発されたという。犯人はニクソン大統領を狙っていたが警備が厳重で果たせず、ウォーレスを標的にしたのである。後述のように、この事件は十重《とえ》二十重《はたえ》に映画と絡み合い、やがては、レーガンの人生にも大きな影響を与える。

結局、民主党の大統領候補は、リベラル派のジョージ・マクガヴァン (George McGovern) に決まり、ウォーレン・ビーティやジャック・ニコルソン (Jack Nicholson) らアメリカン・ニューシネマを代表する俳優たち、さらに、すでに活動を停止していた歌手のサイモン&ガーファンクル (Simon & Garfunkel) までもがマクガヴァンを熱心に応援した。しかし、ニクソンの圧勝であった。この選挙戦では、両陣営ともコンピューター技術を駆使して有権者の動向を探った上で、テレビを活用して彼らに働き掛けていた。

一九七二年ごろには、アメリカの家庭の実に九六パーセントがテレビ受信機を保有しており、人口の六四パーセントが主としてテレビのニュースから情報を得ていたという。現職のニクソンは自在にニュースを生み出しテレビの関心を惹いたが、マクガヴァンには無料でテレビに登場する術は乏しかった(118)。

「帝王的大統領」の失脚

レーガン知事は、三選をめざさないと決めていた。一九七五年一月に、彼は二期八年を全うした。この間、知事は四度にわたって税金を州民に還付し、その総額は五〇億ドルに達した。それだけ州政府の財政事情が改善したのである。「歴史は明らかだ。税率が低いほど自由は大きくなり、わが国はよりよくなる」と、レーガンはこの成果を誇っている。だが実際には、レーガン知事の在任中に、個人の所得税の上限は七パーセントから一一パーセントに、法人税五・五パーセントから九パーセントに、そして、相続税は一〇パーセントから一五パーセントに上がっていた。レーガンにとって、それはもっぱら民主党主導の議会の責任なのであった。こうした自己正当化は、ホワイトハウスでも繰り返される。

その後、レーガンは毎日ラジオのコメンテーターを務め、毎週コラムを寄稿し、月に八―一〇回も五〇〇〇ドルという高額のスピーチを全米で重ねて、年間に八〇万ドルを稼ぎ出した(119)。次期大統領選挙に向けて、レーガンは資金力と知名度と自己主張の維持に努めたのである。また、一九七四年一月に第一回の保守政治活動協議会(Conservative Political Action Conference: CPAC)で演説した際、彼は「われらは丘の上の輝く町(a City upon a Hill)たらん」という聖書(マタイによる福音書第五章一四節)由来の表現を用いて、以後これがレーガンの政治的キャッチフレーズになる。彼らしい、ノスタルジアと楽観主義の混合である。

レーガンの後任となったジェリー・ブラウン（Gerald "Jerry" Brown, Jr.）はパット・ブラウン元知事の子息で、一八六三年以来一一一年間で最年少のカリフォルニア州知事（三十六歳）となった。二〇一一年には、彼はもう一人の俳優出身知事アーノルド・シュワルツェネッガーの後任として、再び知事に就任する。今度は史上最高齢のカリフォルニア州知事（七十二歳）である。

ニクソンが圧勝した一九七二年に、マイケル・リッチー（Michael Ritchie）監督『候補者ビル・マッケイ』（*The Candidate*）という政治映画が公開された。ロバート・レッドフォード（Robert Redford）演じる理想主義的な若い弁護士が、カリフォルニア州で民主党から上院議員に立候補する物語である。選挙参謀による権謀術数の末に主人公は当選するが、そのころには当初の理想を失っていた。ラストシーンで、「これから、どうすればいい？」と、当選者は参謀に尋ねる。政治の大局ではなく、選挙戦の詳細を描き重ねることで、この映画はドキュメンタリー風の効果を挙げていた。

実際に、ジョン・タニー（John Tunney）というケネディ風の若くハンサムなカリフォルニア州選出の民主党上院議員が、ビル・マッケイのモデルであった(120)。一九七〇年の中間選挙の際、タニーは民主党の予備選でジェリー・ブラウンを破り、本選挙ではレーガンの盟友ロバート・マーフィーから議席を奪った。だが、映画では主人公の父親は元カリフォルニア州知事という設定であり、多くの観客はジェリー・ブラウンこそビル・マッケイだと思った。しかも、元知事である父親を演じたのは、メルヴィン・ダグラスである。前章で述べたように、彼の妻ヘレンはニクソンと上院議員の議席を争ったことがある。この政治映画が大統領選挙に不利に働かないよう、ニクソン陣営は公開を遅らせようと政治的に介入したが失敗したという(121)。また、この映画には女優のナタリー・ウッド（Natalie Wood）が本人の役で登場し、マッケイへの支持を語っている。カリフォルニア州におけるセレブ政治を示すエピソードである。

さて、レーガンの知事退任から二年後の一九七七年一月には、ニクソンも大統領二期八年を全うするはずであった。だが、アメリカの建国二百周年にも当たる七六年の大統領選挙時には、レーガンはすでに六十五歳になっている。ホワイトハウスをめざすには、彼にとって、これが最大で最後の好機に思われた。

しかし、レーガンの知事退任以前に異変が起きていた。一九七二年六月十七日の深夜に、首都ワシントンを流れるポトマック川沿いのウォーターゲート・ビルで五人の男が不法侵入で逮捕された。当初は単なる窃盗かと思われた。しかし、主犯格の男はCIAの元工作員で、ビル内の民主党本部に侵入しようとしていた。やがて、彼らがニクソン大統領側近の指示を受けていたことが明らかになり、大統領自身も証拠隠滅を図った。このウォーターゲート事件をめぐる捜査と公聴会、裁判は連日報道され、かつての「赤狩り」以上に国民的な関心を独占した。「赤狩り」とウォーターゲート事件では、ニクソンの立場は追う者から追われる者に変わっていた。この事件のために司法への関心が高まり、七三―七四年には、全米のロースクール出願者が前年比で一〇パーセント、六〇年代との比較では一・五倍も増加したという(122)。ホワイトハウスを取り囲むデモ隊は、「大統領に刑務所を!」(Jail to the Chief!) と叫んでいた。「大統領頌《しょう》歌《か》」(Hail to the Chief) をもじったものである。現代大統領制の、否、大統領制の危機であった。かつての「赤狩り」での協力者レーガンは、大統領の無実を信じ、ウォーターゲート事件を「集団リンチ」だと称していた(123)。やがて、連邦議会による大統領弾劾は必至となり、七四年八月八日にニクソンは辞任を表明し、翌日の正午にホワイトハウスを去った。任期途中で政権を去った史上初の(そして現在のところただ一人の)大統領である。この年から二年連続で、アメリカ経済はマイナス成長となり、大統領のみならず超大国アメリカの凋落を感じさせた。

一九七六年には、日本でもロッキード事件(航空機売り込みをめぐる贈収賄事件)をめぐる国会の証人喚問や質疑応答が、テレビで連日放送された。こちらも、七月には田中角栄前首相の逮捕にいたった。

大統領のリーダーシップや影響力への大きな期待と制度的な権限の弱さというギャップを、ニクソンはしばしば連邦議会を軽視することで乗り越えようとした。だからこそ、「帝王的大統領」(Imperial Presidency) とさえ呼ばれたのである(124)。それはリーダーシップのスタイルの問題である。だが、ウォーターゲート事件は政敵たちを違法に盗聴し監視する、大統領による権力の濫用であり、犯罪であった。それほど、ニクソンは再選に固執していた。だからこそ、映画の公開にまで干渉しようとしたのである。米中接近や米ソ関係の安定など外交で大きな業績を上げながら、この「帝王的大統領」は二期目の半ばで失脚し、建国二百周年を寿《ことほ》ぐことも、米中国交正常化を実現することもできなかった。

二十世紀初頭以来の現代大統領制は、ここに大きな転換期を迎えた。一九七三年の戦争権限法 (War Power Act) の制定や七四年の議会予算局 (Congressional Budget Office) の新設など、すでに議会の復権も始まっていた。レーガンは古典的ハリウッド映画の時代に銀幕で活躍し、そのイメージや手法を駆使して政界に転じた。そして、現代大統領制が大きく動揺する中でホワイトハウスをめざし、強いアメリカと強い大統領の復活をめざす。いわば、二重のアナクロニズムである。

確かに、ウォーターゲート事件はアメリカ政治の危機であった。とりわけ、共和党にとっては一〇年前のゴールドウォーターの惨敗以上の危機であった。共和党員を自称する者は、有権者の四分の一以下になっていた。だが、今回はニクソンという事実上のリベラル、プラグマティストの失脚である。保守派の中には、内心これに喝采を叫ぶ者も少なくなかった。とりわけ、一九六〇年代以降の政治に反発し、ダイレクトメールなど新たな大衆的手法を駆使するニューライトが、そうであった。彼らは宗教的な保守派を政治活動に積極的に誘い込んだ。

フォード――「偶然による大統領」

ニクソンに先立ってアグニュー副大統領も、自身の汚職で辞任に追い込まれていた。後任は大統領の指名と議会の承認で決まる。実は、ニクソンはレーガンも副大統領の最終候補四人のうちの一人に数えていた。しかし、レーガンでは保守的すぎて共和党の分裂につながるかもしれないことや、議会の支持が得にくいことから、穏健派で議会に幅広い支持を持つ下院共和党院内総務のジェラルド・フォードを選んだ。レーガンがラジオのアナウンサーだったころ、ミシガン大学のフットボールの花形選手だった、あのフォードである。こうして、ニクソン政権でのレーガン副大統領の可能性は、再び排除された。

「この国で一番の仕事は副大統領だ。朝起きて、「大統領は元気にしているか?」と尋ねさえすればいい」――ウィル・ロジャーズのジョークである。ところが、ニクソンの辞任で、フォードが今度は大統領に昇格した。「偶然による大統領」の誕生であり、「ポスト帝王的大統領」の嚆矢《こうし》であった(125)。「国家的な悪夢は終わりました」と、フォード新大統領はテレビを通じて国民に語り掛けた。内にあってはウォーターゲート事件の傷跡、外にあってはベトナム戦争の泥沼化とそこからの撤退と、内憂外患の状況の中で、フォードの最大の政治的課題は「癒《いや》し」であった(126)。

フォードは穏健派ながらニクソンよりは保守的で、ジョンソン民主党政権の「偉大な社会」計画にはきわめて批判的であった。ニクソンのデタント政策にも距離を置いていた。他方、フォードは日曜ごとに教会に通う敬虔《けいけん》なクリスチャンであったが、「寝室にまで政府は介入すべきではない」と、社会規範や道徳では個人の自由を尊重する立場にあった。また、フォード大統領の下で、ニクソン政権の全閣僚は留任した。それどころか、新大統領は党内リベラル派の代表格ネルソン・ロックフェラーを副大統領に起用した。とりわけ、ニューライトはロックフェラーを蛇蝎《だかつ》のごとく嫌っていた。しかも、フォードは「癒し」の一環として、ベトナム戦争の徴兵忌避者や脱走兵に恩赦を与えたのである。レーガンを支持する党内保守派からは、およそ看過できない事態であった。

「私はリンカーン（高級車）ではなくフォード（大衆車）だ」と、新大統領は自らの大衆性をアピールして世論の好感を得たし、議会の同僚たちからも幅広く信頼されていた。しかし、フォードの人気は大統領就任からわずか一カ月で急落した。ニクソンが大統領在任中に犯した、または犯した可能性のあるすべての犯罪行為に対して、全面的な大統領特別恩赦を与える、と発表したからである。フォードはウォーターゲート事件に幕を引くことで、やはり「癒し」を図ろうとしていた。しかも、ニクソンがこの恩赦を受け入れれば、事実上罪を自白したことになると、弁護士である新大統領は判断していた。だが、当時のメディアや世論は、そうは受け取らなかった。フォードはこの恩赦を交換条件にニクソンから大統領職を禅譲されたのではないかとの根拠のない噂が、まことしやかに語られたのである(127)。

その上、十一月の中間選挙では、ウォーターゲート事件の影響から共和党は上下両院で惨敗した。とりわけ、下院では民主党が四九議席増の二九一議席を獲得し、全体の三分の二を制した。上院でも民主党は三議席増の六〇議席で、共和党の三八議席を大きく引き離していた。こうして、フォード政権はますます窮地に陥った。ホワイトハウスが民主党主導の議会に譲歩するたびに、保守派の怒りは募り、レーガンへの期待が高まった。共和党の中には党名を変更すべきだという議論すらあったが、レーガンはこの種の意見に反対した。むしろ、党は旗幟《きし》を鮮明にすべきだと、彼は論じた。州知事を退任して民主党との妥協の必要がなくなった分、レーガンはより右寄りの態度をとれるようになっていたのである。

レーガンは、フォードのことを「リーダーではない」と親しい者に洩らしていた。議会に長く在籍しすぎて「単なる世話役」になってしまったというわけである(128)。フォードが連邦政府の赤字を増大させたことも、レーガンには不満であった。他方、多くの政敵がそうであったように、フォードもレーガンを過小評価していた。レーガンは単純で頑固、その上怠惰だと思っていたのである。「映画俳優組合の団交委員としての経験が、世界情勢の処理に役に立つと本気で信じているのだろうか」と、フォードは回想している(129)。ベテラン・コラムニストのジェームズ・レストン（James Reston）などは、レーガンの出馬を「マスコミ、そして、大統領までがレーガンの愉快なだけで軽薄な夢物語を真に受けるとは驚くべきことだ。ニュース性は大いにあっても、大した意味はない」と酷評していた(130)。それでも、大統領はライバルを取り込むために、運輸長官か商務長官、駐英大使のポストを提供しようとした。レーガンにとってこれはむしろ侮辱であり、二人の関係はさらに悪化した(131)。

フォード対レーガン

一九七三年に副大統領に就任した際には、フォードは七六年の大統領選への出馬を否定していた。しかし、大統領に昇格して数週間すると、彼は「おそらく」出馬すると前言を翻した。そして十一月には、他の候補に先んじて次期大統領選への出馬を表明した。少し遅れて十一月二十日に、ワシントンのナショナル・プレスクラブで、レーガンも立候補を公にした。齢六十四歳である。「国民所得の四四パーセントが政府のために費やされている」（実際には三〇パーセント）、「私見では、諸問題の根幹はまさにここ、ワシントンにある」と、彼は喧伝した。レーガンこそが、「政府機構に対峙する人々を代表する市民」なのであった(132)。共和党の同志を攻撃しないという、レーガン自身の「十一戒」に反すると、フォードは憤った。同年五月には失業率が八・九パーセントを記録したが、年末までには景気は回復基調にあった。十一月の感謝祭のギャラップ社の世論調査では、フォードはレーガンに五八パーセント対二六パーセントと優勢であった。

一九七六年の予備選の緒戦となるニューハンプシャー州で、レーガンはわずか一三〇〇票という僅差でフォードに敗れた。投票の二日前に、ニューハンプシャーを離れるという戦術的失敗を犯したのである。レーガン陣営が勝利の期待を高めていただけに、緒戦の敗北はメディアに大きく報じられた。その後のフロリダ州、イリノイ州では、フォードが余裕の勝利を収めた。レーガン陣営は資金も不足し、このままでは撤退かと思われた。だが、三月のノースカロライナ州での戦いで、レーガンは初めてフォードを下した。現職の大統領が予備選を行う州で敗れたのは、史上三度目であった。

レーガンはフォード政権の対ソ政策を手厳しく批判した。「デタントとは、感謝祭まで農民が七面鳥と一緒にいるだけのことだ」（感謝祭になれば、七面鳥は料理されてしまう）と、彼は揶揄《やゆ》した。また、彼はつねづね、ローレンス・ベイレンソン（Laurence Beilenson）の著書『条約の罠』（*The Treaty Trap*）を、知人たちに推奨していた。ベイレンソンは弁護士で、レーガンのSAG時代からの友人であった。国家が他国との約束に拘束されるのは国益に適う時だけであり、平和条約は平和をもたらさないと、同書は説いていた[133]。レーガンは古くからの友人を大切にし、自らの魅力にも自信を持っていたが、国家間の信頼関係、特にソ連のような体制との信頼関係には懐疑的であった。具体的なものへの信頼と抽象的なものへの不信でもある。彼の対ソ戦略は単純明快で、「われわれが勝ち、彼らが負ける」（We Win, They Lose）というものであった。

また、フォードがソ連から追放されたノーベル賞作家のアレクサンドル・ソルジェニーツィン（Aleksandr Solzhenitsyn）との面会を拒否したことを、レーガンは批判していた。保守派への配慮よりも米ソ関係を、大統領は優先したのである。レーガンにとっては、ソルジェニーツィンの描く政治犯の収容所グラーグ（Gulag）こそ、ソ連共産主義体制の邪悪を象徴していた。だが、このノーベル賞作家は記している。「善悪を分ける境界線が通っているのは国家の間でも、階級の間でも、政党の間でもなく、一人一人の人間の心の中、すべて人々の心の中なのである」と(134)。レーガンにも彼の代表するアメリカにも、このような自己懐疑は不向きであった。

さらに、ノースカロライナ州での選挙戦の最中に、聴衆の一人がパナマ運河返還問題を問うと、これまでほとんど話題になっていなかった争点の有効性に、レーガンは気づいた。「われわれが造り、われわれが金を払って買った以上、われわれのものであり、手放すつもりはない！」(135)。聴衆は喝采で応えた。何かと反抗的な高校生の次男ロンですら、父親のこの決め科白をしばしば模倣していたという(136)。

加えて、レーガンはベトナムからの撤退を批判した。「この戦争で戦った人々に伝えよう。政府が勝とうとしていないような戦争に、われわれは二度と再び若者を送って死なせたりはしないと」。やがて、レーガンはベトナム戦争を「高貴な大義」とすら評した。ジョン・ウェインが映画『グリーン・ベレー』で示したことを、レーガンは現実の政治で表現したのである。フォードの「癒し」とは対極の姿勢であり、ベトナム戦争に関するレーガンの言動には賛否が分かれた(137)。

シカゴの「福祉の女王」についても、レーガンは繰り返し語った。彼女は八〇の名前と三〇の住所、一五の電話番号を持っており、実在しない四人の亡夫の軍人年金を受け取っていた。その結果、彼女は無税で一五万ドルもの年収を得ていたというのである。「大きな政府」の欠陥を暴くには、恰好のエピソードであった。これはほぼ実話である。ただし、レーガン自身も白人・中産階級の聴衆も、この悪質な「福祉の女王」を黒人と想定していたが、本当は白人であった(138)。

その後も、フォード、レーガン両陣営の戦いは熾烈をきわめた。だが、レーガンが演説の名人であるのに対して、フォードはテレビ映りが悪く、ブラウン管の中ではロボットのようにぎこちなく、しばしば言葉に詰まった。「フォードはいい男だが、ヘルメットをつけずにフットボールをやりすぎたんだ」と、大統領の知性を揶揄するジョークが流布し、コメディアンのチェビー・チェイス（Chevy Chase）が執拗に大統領を模倣した。

　そんなフォードが、レーガンに一矢報いたこともある。「レーガン知事と私は一つだけ似ているものがあります。フットボールをすることです。私はミシガンを代表する選手でしたが、彼は映画会社ワーナー・ブラザーズの選手でした」。つまり、真贋は明らかだというわけである。だが、レーガンも負けてはいない。「私はヘルメットをつけていたさ」

　また、レーガンが戦火のローデシアへの米軍派遣を語ると、フォード陣営は直ちに、「よく覚えておいてください。知事のロナルド・リーガン《〔ママ〕》なら戦争は始められませんが、大統領のロナルド・リーガンには可能だということを」と、テレビ広告を展開した(139)。フォード陣営に新たに加わった若い選挙参謀は、驚くほど敏腕であった。のちの国防長官、副大統領ディック・チェイニー（Dick Cheney）である。

　やはり、現職は有利である。とりわけ、建国二百周年の諸行事は、大統領の威信を示す絶好の機会であった。支持の定まらない共和党の有力者たちを、フォードはイギリス女王エリザベス二世歓迎の晩餐会にまで招待した。また、フォード陣営は大統領の人柄や家庭を強調してキャンペーンを展開した。

　レーガンは自らが大統領候補に指名されてもいないのに、副大統領候補を発表するという奇策に出た。しかも、党内リベラル派のリチャード・シュワイカー（Richard Schweiker）上院議員を指名したのである。二人はほとんど面識すらなかった。リベラル派とシュワイカーの地元ペンシルヴァニア州の票を得ようという意図であった。しかし、ペンシルヴァニア州では、フォード陣営のアンドリュー・ルイス（Andrew

Lewis）がしっかりと票を固めていた。また、シュワイカーの指名は一部の保守派の離反を招いた。

フォードとレーガンの一騎打ちは、ついに八月にカンザス・シティで開かれた共和党大会にまでもつれ込んだ。両陣営の票の奪い合いは熾烈をきわめ、最終的にはフォードの一一八七票に対して、レーガンは一〇七〇票にまで肉薄した。敗北を認めたレーガンは、百年後の建国三百周年に自由と平和を失っていないよう最善を尽くそうと呼び掛けた。やはり、彼は「政治的タイムマシーン」であった。「勝利に代わるものはない」と、レーガンはマッカーサー将軍を引用して、勝者以上の注目を集めた。最後まで善戦した末の即興のスピーチのように見えたが、レーガンは密かに練習を繰り返していたという(140)。泣き崩れるシュワイカー夫人に、レーガンは優しい声で語り掛けた。「大丈夫だよ。すべては神の御業だ」(141)。実際に、彼はそう信じていたのであろう。苦難にあっても、レーガンは「幸福な戦士」であり続けた。

党内融和のために、フォード陣営はレーガンに副大統領候補を提供することも検討したが、受諾の意思はないと、レーガンは自らの選挙参謀に洩らした。おそらく真意ではなかったろうが、それは額面通りフォード陣営に伝えられた。そこで、フォードはレーガンにも近いボブ・ドール（Robert J. "Bob" Dole）上院議員を副大統領候補に指名した(142)。

レーガンの政治生活の中で、これは事実上唯一の敗北であった（一九六八年大統領選挙では、実質的な選挙活動はなく、ほとんど不戦敗であった）。かつてニクソンが大統領選挙とカリフォルニア州知事選挙に相次いで敗れた時、だれもがニクソンの政治生命は終わったと思った。同様に、六十五歳で挑戦に敗れレーガンは引退するだろうと、多くの者が予想した。ところが、彼は捲土重来《けんどちょうらい》を約束したのである。「十年間の生活をわれわれの信ずるものに捧げてきたあと、『もうあとは知らないよ』と言って立ち去るわけにはいかなかった」と、レーガンは回想している(143)。「では、もしも彼が一九七六年の大統領選挙で副大統領候補に指名されていたら？　また、ひょっとして大統領候補に指名されたとしたら？　カーターを破ることができただろうか？　たぶん、できなかっただろう。少くともこれは、彼の顧問団や政治専門家の一致した意見であった。その時点では、まだ条件が満ちていなかった」(144)

四　「ジミーって、だれ？」

カーターの政治的人格

ジミー・カーターはジョージア州の上院議員と知事をそれぞれ一期務めただけで、全国的には全く無名の政治家であった(145)。実際、彼が大統領選挙への出馬を告げた時には、彼の母ですら訝《いぶか》しげにこう尋ねた。「どこの会長（プレジデント）に立候補するって？」。そのカーターがニューハンプシャー州での予備選を制して、その後もウォーレス、ハンフリー、マクガヴァンといった元大統領候補たちを下していった。人種差別とは無縁のカーターは「ウォーレスに代わる南部のよき選択肢」を自称し、「人生にとって最も大事な存在はイエス・キリストです」と自らの宗教心を直截に語った(146)。カーターは「ボーン・アゲイン」の南部バプティストである。

他方、カーターはウェールズの詩人ディラン・トーマス（Dylan Thomas）の詩やフォーク歌手ボブ・ディラン（Bob Dylan）の歌詞を引用し、気軽にジーンズを愛用していた。実際、彼はボブ・ディランをアトランタの知事公邸に招待したこともある。その後に大統領となる人物が、ロックンロール以後の音楽への愛着を示したのは、初めてのことである。このように、カーターは一世代若いベビーブーマーたちの心をつかんだのである。否、それだけではない。実際に多くのレコード会社やロックグループが、彼を支持し献金していた(147)。

また、カーターは権威主義とはほど遠く、アイゼンハワーが導入した「大統領頌歌」の演奏やニクソンが取り入れた衛兵のプロイセン風軍服の廃止を公約した。「帝王的大統領」やホワイトハウスの権威に対する人々の反発を、これも敏感に汲み取っていたと言えよう(148)。だが、これは現代大統領制を支えてきたイメージをも傷つけることになる。

そして何よりも、カーターはワシントン政治のアウトサイダーであり、ベトナム戦争にもウォーターゲート事件にも無縁であった。カーター陣営は「ジミーって、だれ?」という選挙用フィルムを制作し、キャンペーン・ソングでも「ジミーって、だれ?」を連呼した(149)。

のちにカーターとレーガンは一九八〇年の大統領選挙を争うし、両者は好対照の政治家と見られがちである。しかし、二人ともワシントン・アウトサイダーを前面に押し出して人気を博した。「カーター都へ行く」という学術論文も登場した(150)。カーターやレーガンのような実在の政治家が『スミス都へ行く』の架空の政治家のイメージを利用しただけではなく、架空の政治家のイメージが実在の政治家のイメージに影響を及ぼしてもいるのである。

また、カーターとレーガンは共に、敬虔なクリスチャンとして道徳を語り、宗教保守勢力の支持を集めた。この時期のカーターは、反戦リベラルと宗教保守派の双方に訴えることができたのである。「「ジミー・カーター」という器は、新旧勢力に分裂し多元化しつつある民主党のいずれの側面をも受容しうる曖昧さを含んでいたといえる」との評価もある。しかも、カーターはハンフリー元副大統領の側近ウォルター・モンデール上院議員を副大統領候補に選び、反エスタブリッシュメントを代表しながら、党内エスタブリッシュメントとも妥協する姿勢を示していた(151)。カーターとレーガンの政治的距離は、意外と近いのである。

聖書を一語一句信じる宗教保守派は、しばしば福音派と呼ばれ、彼らの多くはカーター同様に「ボーン・アゲイン」である。従来、彼らは南部を中心に政治とは無縁に暮らしてきた。しかし、彼らも一九六〇年代以降の社会や道徳の変化に危惧を抱き始めた。人工中絶や麻薬、同性愛、公立学校での礼拝問題に、彼らは敏感に反応した。一九七六年のギャラップ調査では、五〇〇〇万人が自らを福音派と認めており、同年は「福音派の年」と呼ばれた(152)。共和党はこの「偉大な眠れる巨人」の票田に手を伸ばし、とりわけ、ニューライトは彼らを巧みに動員しようとした。著名なテレビ伝道師（テレヴァンジェリスト）の果たした役割も大きい。こうして福音派の中で政治化した人々が、宗教右派（キリスト教原理主義者）と呼ばれる。結果として、彼らはアメリカの参加型民主主義を拡大・活性化させることにもなった(153)。

本来なら、福音派や宗教右派は共和党現職のフォードを支持するところであろう。しかし先述のように、彼は社会規範や道徳では個人の自由を尊重する立場にあった。人工中絶をめぐる「ロー対ウェイド判決」の興奮冷めやらぬ時期でもあった。福音派や宗教右派の危機感は高かった。そうした中で一九七五年八月に、大統領夫人のベティ・フォード（Betty Ford）がテレビの報道番組に出演して、十八歳になる娘から性体験を告げられても「驚かない」と答え、四人の子供たちはマリファナを経験しているだろうと語った上で、「ロー対ウェイド判決」を「世界最高」「偉大な決定」と絶賛したのである(154)。福音派や宗教右派が猛反発したのは、当然である。とりわけ、南部バプティストの比較的貧しい層は、カーター支持に流れた(155)。

カーター個人は「すべてのリアリストの父」と呼ばれた神学者ラインホルド・ニーバー（Reinhold Niebuhr）を尊敬していた。「正義を求める人間の能力が民主主義を可能にし、不正に陥る人間の傾向が民主主義を必要とする」というこの先哲の言葉を、カーターは座右の銘にしていた。レーガンもこれをしばしば引用している。本来、政治と宗教の関係についてのこうした冷徹な認識は、宗教右派の熱狂とは一線を画するものであろう(156)。だが、選挙は選挙である。奇しくも、カーターの頭文字であるJCはイエス・キリストのそれと同じであった。「JCはアメリカを救える」と、彼の選挙ポスターは煽情《せんじょう》的に呼び掛けていた。

宗教とメディアの関係では、カーターも大きな失敗を犯している。一九七六年九月発売の『プレイボーイ』誌上のインタビューで、彼は新約聖書から「淫《みだ》らな思いで他人の妻を見る者はだれでも、すでに心の中でその女を犯したのである」(マタイによる福音書第五章二八節)という言葉を引いて、自らの「姦淫の罪」について語った。これはインタビュー終了後の会話だったという。しかし、一方で、敬虔な大統領候補が「姦淫の罪」を語ったことは、かなりの有権者には衝撃であった。他方で、カーターがこの程度のことを「姦淫の罪」と語るようすは、より多くの有権者にとっては驚きでもあった(157)。若い世代に人気の雑誌を利用しようとしたことが、かえって仇になった。

カーターの大統領当選

フォードは「自分の宗教上の信仰を宣伝することは適切でないと考えていた」という(158)。また、彼は現職の貫禄を示すべく、選挙戦の終盤までホワイトハウスを離れず、執務に専念してみせた。だが、カーター陣営は「ニクソン・フォード政権」を連呼して、フォードのイメージを傷つけた。

そこに、一九六〇年以来初の大統領候補同士の討論会が行われた。フォードはホワイトハウスのファミリー・シアターに本番そっくりのセットを組んでリハーサルを重ね、大統領の威厳を示すべくスリーピースに身を包んで、フィラデルフィアでの初回の討論に臨んだ。対するカーターは早口で落ち着きがなく、中身はBだが表現はFとメディアに酷評された。しかし、二度目の討論会でフォードは、ユーゴスラヴィアやルーマニア、ポーランドはソ連に支配されておらず自立的だ、と語り、大方の失笑を買うと同時に、東欧系有権者の怒りを招いた(159)。アメリカはソ連の東欧支配を外交的に受け容れるつもりはない、というのが大統領の真意であった。しかし、彼は頑なに発言の訂正を拒み、ようやく訂正して謝罪した時には、遅きに失した(160)。やはり、フォードにはテレビは鬼門であった。しかも、副大統領候補のドールまでが、「二つの世界大戦と朝鮮戦争は民主党による戦争であり、その死傷者の合計は一六〇万人に達しデトロイトの人口に匹敵する」と、党派性むき出しの発言をして、世論の反発を買った(161)。

さて、レーガンである。彼にすれば、ウォーターゲート事件さえなければ、自分が共和党の大統領候補になっているはずであった。それでも、レーガンはフォードのために、全米二〇州を遊説した。しかし、それはさして精力的なものではなかった。激戦のミシシッピ州やウィスコンシン州、ミズーリ州などをレーガンが遊説していれば、戦局は異なっていただろうと、フォードはカーター以上にレーガンを恨んだ(162)。

かくして、フォード対カーターの戦いは、投票日前日まで大接戦となっていた。一九七六年十一月二日の大統領選挙の結果は、実に僅差であった。一般得票では、カーターがかろうじて五〇・一パーセントを獲得したが、得票数では、カーターが四〇八三万票でフォードが三九一五万票と、その差は一六八万票であった。選挙人獲得数では、カーターの二九七人に対してフォードの二四〇人であり、州単位ではむしろ、フォードが二七州を制し、カーターは二三州と首都ワシントン特別区で勝利を収めたにすぎない（大統領選挙に際して、民主党がテキサス州で勝利したのは、今のところこれが最後である）。投票日があと一週間ほど遅ければ、フォードが逆転していたであろうと分析する専門家も少なくなかった。ちなみに、ワシントン州選出の大統領選挙人の一人は、候補者ではないレーガンに一票を投じた。

それにしても不吉な選挙であった。この選挙を戦った正副大統領候補は、すべてその後の大統領選挙で敗れる経験をする。フォードはこの選挙で敗れ、カーターは次の選挙で敗れる。モンデールはその次の選挙で敗れ、ドールは一九九六年の選挙でビル・クリントンに敗れるのである。

寒い冬が続き、その日はマイアミですら雪が降っていた。一九七七年一月二十日、カーターはアメリカの第三十九代大統領に就任した。ディープ・サウス出身の大統領としては、実に十二代（在任一八四九—五〇年）のザカリー・テイラー（Zachary Taylor）以来のことであった。そして、カーターのジョージア州もサンベルトに属する。以後、二十世紀の終わりまで、カリフォルニア州、テキサス州、アーカンソー州と、サンベルト出身者がホワイトハウスの主になる。フーヴァー以前の、したがって現代大統領制が確立する以前の、すべての大統領がミシシッピ川以東で生まれたことと好対照である。一九七〇年代を通じて、アメリカの政治、経済、そして文化でも、サンベルトの重要性が増し、社会の「南部化」が進行して、宗教勢力が増大していた(163)。ニクソン後のアメリカは新鮮なカーターを必要としたが、リベラル派退潮への道も同時に準備されていたのである。

「アメリカの夢は続く。もう一度われわれは祖国と、そしてお互いを信じなければならない——近い過去に犯した誤りを、われわれの国の基本的な原則に対する新たな取り組みのきっかけとしようではないか。おのれの政府をさげすむ国民に将来はないのだから」

「人権に対するわれわれの取り組みは絶対的なものでなければならず、われわれの法令は公正でなければならず、われわれの国が持つ美しさは保存されなければならない」

「今年われわれは地球上からすべての核兵器をなくすという最終目標へ向けて一歩前進するであろう」(164)

このように、ベトナム戦争とウォーターゲート事件を乗り越えて、人権と正義と軍縮の実現をめざすよう、カーターは大統領就任演説で呼び掛けた。彼はウィルソンのように理想主義的に、ベトナム戦争のみならず冷戦をも乗り越えようとしていた。外交史家のギャディス・スミス（Gaddis Smith）によると、カーターは、ウィルソンの亡霊（外交における道徳の重視）と冷戦リアリズム、そしてベトナム戦争という三つの「歴史のこだま」に直面していた(165)。

また、内政面では、カーターは「三つのE」に取り組んだ。エネルギー（energy）と環境（environment）、経済（economy）である。大統領就任から二週間後に、カーターはエネルギー問題への対処を呼び掛けた。「私はホワイトハウスの書斎にある暖炉に薪をくべ、その傍らにカーディガンを着て坐り、われわれアメリカ国民が一緒になって何をしなければならないかを、テレビとラジオを通じてできるだけ判りやすく語りかけたのである」(166)。さらに、四月十八日には、大統領は中東への石油依存度を引き下げる計画を発表し、国民に忍耐を求めた(167)。カーターによれば、エネルギー問題は道義的には戦争に等しかった。

こうした国民への直接の語り掛けは、もちろん、F・D・ローズヴェルトの「炉辺談話」を意識したものである。また、カーターはカジュアルな姿でテレビカメラに向かい、室温を下げても快適に過ごせる見本になろうとした（のちにエネルギー危機が深刻化すると、ホワイトハウスの室温を一八度に設定してカーディガンを着るカーターの姿は、もの笑いの種になった）(168)。

すでに、大統領就任式後のパレードの際にも、カーター夫妻はリムジンを降りて、ホワイトハウスに歩いて向かい、人々を驚かせていた。五月には、フーヴァー以来の歴代大統領が愛用したヨット「セコイヤ号」（USS Sequoia）も、政府支出抑制の象徴として二八万六〇〇〇ドルで売却してしまう。移動の折にも、大統領はしばしば自ら鞄を運んだ。「大統領の独裁的な性格やイメージを払拭しようとしながら、私は当初過剰に反応しすぎてしまったようだ」と、カーターは反省している。数カ月後に、先述の「大統領頌歌」は特別な機会にだけ演奏されるようになった(169)。

強い大統領のイメージを嫌ったものの、カーターはメディア戦略の重要性を充分に認識していた。現代大統領制以前のフーヴァー政権では、ホワイトハウスには報道担当者は一人しかいなかったが、カーター政権ではそれが四六人にまで膨れ上がっていた。

だが、カーターが三つの「歴史のこだま」に応えられず、「三つのE」にも成功しないだろうことを、レーガンは期待し予見していた。一見情熱的に「ベストを尽くそう」と呼び掛けながら、新大統領が繰り返しアメリカの限界を示唆していたからである。カーター・スマイルの奥の瞳は暗く冷たかった(170)。確かに、レーガンも道徳の重要性を信じ、核廃絶を希求していた。カーターとレーガンの相違は、政策の目標よりもアプローチであり、イデオロギーや信念以上に性格やイメージ、表現力、熟練度、そして時代との適合性を維持・発展させる資質であった。

レーガンはカーターを批判して、次のように述べている。

「われわれはアメリカには〝不安感〟が広まっており、この国は最盛期を過ぎたのだと教えられた。われわれはもっとつましさに慣れなければならないし、今、直面している問題についてはアメリカ国民自身に責任があるのだ、と」

「また、われわれはもっと期待感を低めねばならないと教えられた。アメリカがかつてのような繁栄を見ることは二度とあるまいし、輝かしい未来もあるまい、と」

「しかし私はこうした考えに同意できなかった」(171)

楽観主義を旨とする「幸福な戦士」としては、当然の反応である。そして、アメリカの有権者はつねに、悲観主義より楽観主義を好んだのである(172)。

しかも、カーターは細部にこだわりすぎて、しばしば大局観を失った。早くも一九七七年三月には、テレビのコメディー番組『サタデー・ナイト・ライブ』(*Saturday Night Live*)で、喜劇俳優のダン・エイクロイド(Dan Aykroyd)がカーターに扮し、何でも知っているが何も解決できない大統領を揶揄している(173)。やがて、ホワイトハウスのスタッフによるテニスコート使用の順番まで、大統領が自分で決めていたことが明らかになった。カーターは記者会見でこれを否定したが、その説明はユーモアを欠いた上に詳細にわたっており、彼のミクロ・マネージメントをかえって浮き彫りにした(174)。

さらに、ジョンソン政権以降初めて与党が連邦議会で多数を制しているにもかかわらず、大統領はその議会と良好な関係を構築できなかった。ジョージア州知事時代に州議会と対立した時に、地元の有権者に直接訴えて問題解決を図ったとカーターが語ると、「大統領閣下。とんでもないことです」「合衆国の下院とジョージアの州議会と同じように考えていられるわけではないでしょうな」と、オニール下院議長は諭している(175)。また、カーターは上院での数少ない有力支持者を伴って彼の選挙区に赴いた際も、演説でその議員の名に一度もふれず、「あれが支持者の扱い方か」と周囲を唖然《あぜん》とさせたという(176)。カーターは自らの変革志向に固執し、連邦議会を既得権益の代弁者として敵視する傾向があった(177)。政治機構としての連邦議会、個人として議員に対するカーターの態度はほとんど侮辱に近く、彼との対比で、のちにレーガンは大いに点数を稼ぐ(178)。

先述のように、一九七〇年代に入ると、議会は政府に対して攻勢をかけるようになっていた。しかも議員の中には、俳優をはじめ、スポーツ選手や宇宙飛行士などから転じたセレブ政治家が増えていた。当然、彼らは注目されることに巧みであった。また、七七年三月には、議会の透明性を増すというオニール議長の意向で、下院の審議そのものが試験的にテレビカメラにさらされるようになった。七九年三月以降は、これが全面的に稼動する。C—SPAN（Cable-Satellite Public Affairs Network）である。より権威ある上院ではテレビカメラ導入に抵抗が強かったが、ここでも八六年七月に実施が決まる。こうした議員のセレブ化、議会の再活性化、可視化という潮流に、カーターはおよそ鈍感だったのである。

やがて、カーターは宗教右派からの支持も失う。聖職者や中絶反対派の登用など、宗教右派の喜ぶような人事も行わなかったからである。また、一九七九年に大統領は保険教育福祉省から教育省を独立させたが、これは州権への連邦政府の介入と受け止められた。

他方、必ずしも明確な自覚のないまま、カーター政権はその後の通信産業、そして、アメリカ政治全体にも大きな影響を与える決定を下している。連邦通信委員会（Federal Communications Commission: FCC）がケーブルテレビの規制を緩和し、直接衛星放送や多点配信システム、小電力テレビ局など、新たな放送サービスの育成にあたったのである。通信産業の規制緩和は参加型民主主義を強化し、放送文化の中身の多様化につながると、リベラル派は期待した。だが、レーガン政権になると、通信産業での影響力拡大のために、大企業がロビー活動を活発に行い、テレビ局の政治化や放送内容の分極化をもたらすことになる(179)。

ほぼ時を同じくして、日本では一九七五年にソニーが家庭用ビデオテープレコーダーのベータマックスを、翌年には松下電器産業傘下の日本ビクターがVHS（Video Home System）を開発し、「ビデオ戦争」

を展開した。後者がこの争いを制し、八八年にはソニーさえVHSの併売に踏み切ってアメリカの市場に参入し、ワッサーマンの築いたメディア帝国をも脅かすことになる。ユニヴァーサルとディズニーはソニーを訴えたが、七九年には第一審で、ビデオレコーダーの個人使用は著作権侵害にあたらないとの判決が下される。この間、七七年には、ジョージ・アトキンソン（George Atkinson）という実業家がロサンジェルスでビデオ・レンタル業を始め、瞬く間に全米に広がった。

「短い七〇年代」

さて、ニクソンの登場からレーガンの登場までを保守台頭の「長い七〇年代」と見るのではなく、共に短命・弱体だったフォード、カーター両政権の時代を「短い七〇年代」ととらえるべきだと、唱える者もいる。「ニクソン退陣後五年間で、彼の穏健な後継者たちのリーダーシップの不足と保守派の勢力拡大により、すべてが変わってしまった」と、歴史家のローラ・カルマン（Laura Kalman）は指摘している(180)。一九七六年の大統領選挙には予備選段階で敗北したものの、レーガンはこの「短い七〇年代」に着々と力を培っていった。

ニューディール以来、アメリカの政治では保守派は少数派にとどまり、特に「赤狩り」の凋落以降はしばしば極端な勢力として異端視されてきた。しかも、先述のように、保守派は内部矛盾を抱えていた。反共主義から軍事力の増大に向かえば、「大きな政府」につながる。社会的な秩序や道徳を重視しすぎれば、共産主義と同様に個人や企業の自由を圧迫することにもなりかねない。

反共主義と「小さな政府」と社会的な秩序や道徳――レーガンはこれらの重要性をそれぞれ確信してはいたが、体系的な思想、信条や政策を持っていたわけではない。むしろ、具体的な政策への関心は乏しい。

だからこそ、自由や民主主義を救済するというファンタジーで、彼はそれらの矛盾を映画のように編集し、「ハッピー・エンド」を描くことができた。古典的ハリウッド映画が描く大統領の手法でもある。それは、憤りを背景にしたニクソンの連合とは明らかに異なる。人と人、人と情報が出会う場をメディアと言うなら、レーガンは保守政治にとってのメディアにほかならなかった。それゆえ、彼は自信に満ちながらも、柔軟で妥協も辞さなかった。彼のコミュニケーションと交渉の能力、そして人気に、保守派は統合機能を期待し、「右派のＦＤＲ」を歓迎したのである。

「右派のＦＤＲ」は、一九七八年に地元カリフォルニアで二つの政治運動に直面した。

まず六月六日に、固定資産税の引き下げのために、カリフォルニア州憲法の修正提案が可決された。提案一三号である。固定資産税を資産評価額の一パーセントに抑え、所有者が変わらないかぎり評価の変更はないという内容で、これにより固定資産税が六割引き下げられた。地価高騰のために、一九七四―七八年の間に、ロサンジェルスの家族用住宅の平均価格は三万七八〇〇ドルから八万三二〇〇ドルに跳ね上がっていた。この資産価格に課税されてはたまらないと、上位中流階級が立ち上がったのである。悪性のインフレーションが続く中で、提案一三号は全米での「納税者の叛乱《はんらん》」の先駆けとなった(181)。

この動きをアメリカ独立の契機となったボストン茶会（ティーパーティー）事件にたとえて、レーガンは絶賛した。彼の周辺には、減税による企業の設備投資などで供給を高めれば経済成長を促せるという、アーサー・ラッファー（Arthur Laffer）らサプライサイド（供給面重視）派の経済学者たちが参集していた。彼らは減税ではなく課税がインフレーションをもたらすと主張し、これを「タックスフレーション」と呼んだ。とりわけ、ラッファーはレストランで紙ナプキンにベル状の曲線を描き、減税が景気を刺激して結果的に税収を増大させると図示したことで有名である。この単純で怪しげなラッファー曲線は、専門家の間では「笑える（ラッファブル）曲線」と揶揄されたが、レーガンと彼の側近たちのお気に入りとなる。彼がサプライサイド経済学をどこまで理解していたかはわからない。だが、その読書習慣と同様に、レーガンは自分の信念を補強する情報や理論を都合よく吸収していった。

同年十一月には、カリフォルニア州上院議員ジョン・ブリッジス（John Briggs）による提案が、住民投票によって大差で否決された。同性愛者の教師を教室から追放しようという、過激な提案であった。これにはカーターもレーガンも反対した。とりわけ、地元の保守派を代表するレーガンの反対は、投票結果に大きな影響を与えた。そのため、彼は州内保守派の一部から恨みを買うことになる。だが、こうした柔軟性ゆえに、レーガンは保守層を超えた支持を調達できたのである。

この住民投票の三週間後には、ゲイの活動家でサンフランシスコ市会議員だったハーヴェイ・ミルク（Harvey Milk）と、ミルクに理解を示すジョージ・マスコーニ（George Moscone）市長が、市庁舎で殺害された。犯人はサンフランシスコを「ソドムの市」と感じたと言い、彼を支持する宗教勢力もあった。人種間対立だけではなく、ジェンダーや宗教をめぐる深刻な対立が、アメリカ社会にはっきりと表出してきたのである(182)。ミルクについては、ロバート・エプスタイン（Robert Epstein）監督によるドキュメンタリー映画『ハーヴェイ・ミルク』（*The Time of Harvey Milk*, 1984）や、ガス・ヴァン・サント（Gus Van Sant）監督『ミルク』（*Milk*, 2008）がある。

この一九七八年には、中間選挙もあった。民主党の優位は揺るがなかったものの、共和党が下院では一五議席、上院で三議席増やし、知事選挙でも六州で新たに勝利を収めた。しかも、彼らの多くは前任者よりも保守的であった。

五　一九七〇年代の映画

ハイ・コンセプトの時代

「短い七〇年代」の映画も、政治的な潮目の変化を反映していた。

建国二百周年を前にして、アメリカで大ヒットしたのが、スピルバーグ監督『ＪＡＷＳ　ジョーズ』（*Jaws*, 1975）である。巨大な人喰いザメがのどかな浜辺の観光地を襲うが、七月四日（独立記念日）の海開きに向けて、市長は観光客の減少を恐れて事件を隠蔽《いんぺい》しようとし、さらなる悲劇を生む。つまり、一つのテーマは支配体制への不信である。他方、主人公の警察署長は家族との関係を再構築しようとし、そして、家族をサメの脅威から守ろうとする。富豪の海洋学者が襲われ、叩き上げのサメ狩りのプロも殺されるが、最後にはこの署長が人喰いザメを倒す。つまり、スピルバーグらしい中産階級の価値観の勝利である。また、水面下の恐怖という点で、この映画はジャック・アーノルド（Jack Arnold）監督『大アマゾンの半魚人』（*Creature from the Black Lagoon*, 1954）と同じ系譜にあり、そのオマージュにあふれている。人喰いザメが海中に没する際には、ゴジラの咆哮《ほうこう》も用いられている(183)。すでに一九五〇年代回帰が表れていた。

さらに、『ＪＡＷＳ　ジョーズ』の興行的成功は、多額の製作費をかけ大々的な広告と多数の映画館での公開を行うという、ブロックバスター方式による。七〇万ドルのテレビ広告に支えられて、この映画は公開直後の週末に七一〇万ドルを稼ぎ出した。かつての仇敵テレビは、映画の広告にとって不可欠な存在になっていた。また、ブロックバスター方式を成功させるには、映画はスピーディーで視聴覚に依存し、大衆の望むテーマを簡潔に表現しなければならない。そのような手法をハイ・コンセプト（high concept）

と呼ぶ。こうした新しい営業形態を指揮したのがワッサーマンである(184)。つまり、この映画では、体制批判という水面の下に、中産階級的価値観と保守回帰、さらに新たな商業主義が潜んでいたのである。古典的ハリウッド映画とは異なり、ハイ・コンセプトは物語性や通俗的な社会規範を必ずしも重視しないが、その簡潔性や単純化、商業的保守性はやはり、レーガンの政治に通底している。しかも、ホワイトハウスでは、大統領の側近たちがハイ・コンセプト的な視覚効果を導入して、これを補強する。

日本でも、巨額の製作費を投じて大量宣伝で出版とメディアミックスさせる角川映画の時代が、始まろうとしていた。市川崑監督『犬神家の一族』の大ヒットが一九七六年で、大林宣彦監督『彼のオートバイ、彼女の島』(八六年)(185)のころまで、一〇年にわたって全盛期が続く。その後半は、レーガンの盟友・中曾根首相の時代と重なる。

ホラーとベトナム、そして陰謀

アメリカ建国二百周年の一九七六年にヒットした映画に、リチャード・ドナー(Richard Donner)監督『オーメン』(*The Omen*)がある。エリート外交官が悪魔の子を養子にしてしまうというホラー映画で、養子が養父の権力や財産、名声を継承していく。当時のアメリカの体制不信が、やはりここでも背景になっている(186)。

ある映画批評家は、一九七〇年代のアメリカ映画にはホラー映画の進化とベトナム戦争の影響という二つの特徴があるとしている。そして、両者を顕著に兼ね備えた作品が、マーティン・スコセッシ(Martin Scorsese)監督『タクシー・ドライバー』(*Taxi Driver*, 1976)である(187)。主人公は、ベトナム戦争の体験から不眠症になったタクシー・ドライバーである。「すべての動物は夜に徘徊する」——真夜中にタクシーでニューヨークをめぐりながら、主人公はそう独白する。彼は銃器のコレクションを唯一の趣味にしており、お気に入りの銃で人気の高い大統領候補を暗殺しようとする。これは一九七二年のウォーレス暗殺未遂事件がモデルになっている。こうして、『時計じかけのオレンジ』が実際の暗殺未遂事件を誘発し、この事件が再び『タクシー・ドライバー』のエピソードに回収された。また、この映画の最後には、ジョディ・フォスター（Jodie Foster）演じる十二歳の売春婦を犯罪組織から救い出すべく、主人公は銃を乱射する。彼はベトナム戦争が生んだ「モンスター」なのである。このような「モンスター」が生き残るとすれば、アメリカはいかなる社会になってしまったのかという不安で、この映画は終わる(188)。

これに先立って一九七四年のアラン・J・パクラ（Alan J. Pakula）監督『パララックス・ビュー』（*The Parallax View*）も、大統領候補に有力視されている上院議員の暗殺に始まる陰謀の連鎖を描いている。また、ロバート・アルトマン（Robert Altman）監督『ナッシュビル』（*Nashville*, 1975）でも、大統領候補の暗殺未遂事件というエピソードが挿入されている。当時、ナッシュビル発のカントリー・ミュージックは全米を、世界を席巻しつつあり、まさにアメリカ社会の「南部化」を象徴していた。これらも、ウォーレスの災難やウォーターゲート事件に触発されている。

この時期には他にも、ケネディ暗殺をテーマにしたデイヴィッド・ミラー（David Miller）監督『ダラスの熱い日』（*Executive Action*, 1973）やフランシス・フォード・コッポラ（Francis F. Coppola）監督『カンバセーション…盗聴…』（*The Conversation*, 1974）、シドニー・ポラック監督『コンドル』（*Three Days of the Condor*, 1975）など、暗殺や盗聴、陰謀を扱った作品が多い。パクラ監督『大統領の陰謀』（*All the President's Men*, 1976）のように、ウォーターゲート事件を直接のテーマにした映画も登場した。この作品では、一九七二年の共和党大会で当時下院議員だったフォードがニクソンを大統領候補に推薦する記録映像が流れ、七六年の大統領選挙でフォード自身のイメージ・ダウンにつながった。以後、ニクソンは映画の中で頻繁に描かれるようになる(189)。

また、ロバート・アルドリッチ（Robert Aldrich）監督『合衆国最後の日』（*Twilight's Last Gleaming*, 1977）では、元空軍大佐らが米軍の戦略空軍基地を占拠して、アメリカのベトナム介入に関する機密文書の公開を迫る。大統領はこれに応じようとするが、元空軍大佐と共に殺されてしまう。機密文書の暴露はペンタゴン・ペーパーズ事件（国防省内の機密文書が一九七一年に『ニューヨーク・タイムズ』紙にスクープされた事件）を連想させる。映画の中でフィクションの大統領が殺されるのは（しかも、米政府に）、初めてのことであろう。ベトナム戦争批判と「弱い」大統領イメージは、カーター時代を象徴している。ウィリアム・リチャート（William Richert）監督『大統領の堕ちた日』（*Winter Kills*, 1979）でも、一九年前に暗殺された大統領の弟が真相を探ると、次々に関係者が謎の死をとげていき、やがて、兄弟の実の父親が黒幕であると判明する。この映画はわずか数日で上映打ち切りとなり、そのことも憶測を呼んだ。一九七〇年代のアメリカ映画は、陰謀論の全盛期であった。

一九六四年には、政治学者のリチャード・ホフスタッター（Richard Hofstadter）が「アメリカ政治のパラノイド・スタイル」という論文を発表していた。共同体の内外から「われわれ」を破壊しようとする「陰謀」が企てられると、陰謀論は繰り返すのである(190)。アメリカ史における異物排除の伝統やケネディ暗殺のトラウマがウォーターゲート事件と融合して、七〇年代半ばに陰謀論が再び勢いを得たのである(191)。

一九七〇年代後半には、ハル・アシュビー（Hal Ashby）監督『帰郷』（*Coming Home*, 1978）、マイケル・チミノ（Michael Cimino）監督『ディア・ハンター』（*The Deer Hunter*, 1978）やフランシス・コッポラ監督『地獄の黙示録』（*Apocalypse Now*, 1979）など、ベトナム戦争を正面から描いた作品群が相次いで登場し、数々のアカデミー賞を受賞した。『地獄の黙示録』については、公開に三カ月も先だって、カーター大統領がコッポラ監督ら大勢をホワイトハウスに招いて、観賞している(192)。

「フィール・グッド・ムーヴィ」

しかし、『JAWS　ジョーズ』に潜伏していた保守的な価値観も、顕在化してきた。すでに一九七六年には、ジョン・アヴィルドセン（John G. Avildsen）監督／シルヴェスター・スタローン主演『ロッキー』（Rocky）が、そして、翌七七年にはジョージ・ルーカス監督『スター・ウォーズ』が登場している。ある映画研究者は、この二作をレーガン時代に先行する「レーガン的エンターテイメント」と呼んでいる。基調は「再保証」（reassurance）にある(193)。

『ロッキー』の舞台は、かつて独立宣言が起草された最初の首都、「友愛の街」、しかし、今や失業者があふれ治安の悪化したフィラデルフィアである。この地で、落ち目の白人ボクサー、ロッキーがよき恋人とコーチを得て、黒人のヘビー級世界チャンピオンに挑戦する物語である。しかも、スタローン自身が三日で脚本を書き上げ自ら主役を演じることで、困窮を脱してスターダムにのし上がった。映画と現実の双方で敗者復活のドラマであり、ここでは人種差別、女性差別、資本主義の利益追求がすべて肯定され「再保証」される。主人公が敗れるという意味では、アメリカン・ニューシネマの屈折の跡を残すものの、それは主人公にも周囲にも納得のいく善戦である。その結果、観客が安心して幸福な気持ちになれる映画、「フィール・グッド・ムーヴィ」（feel good movies）なのである。レーガン同様、ロッキーも「幸福な戦士」であった。

また、白人と黒人が対立しながら互いを理解し始める点で、『ロッキー』も異人種間の相棒もの映画の変種であった。一九七七年にはテレビでも、親子三代の黒人奴隷の物語を描いた、アレックス・ヘイリー（Alexander Haley）原作の『ルーツ』（*Roots*）が大ヒットした。公民権運動を経て、黒人の権利が拡大し自己主張が強まるにつれて、白人優位を所与としながら、それらを微温的に体制内に回収する必要が生じたのである。

そして、『スター・ウォーズ』である。帝国の支配から共和国を守る物語は、アメリカ独立戦争のそれである。もちろん、冷戦の文脈から、銀河帝国をソ連と解釈することもできるし、そこにナチス・ドイツの影を読み取ることもたやすい。しかも、ライトセーバーを振るっての戦いは、往年の冒険活劇の再来である。ジョン・フォードの西部劇や黒澤明の時代劇の要素もある。ベトナム戦争やウォーターゲート事件で、アメリカにとっての善悪の境界が曖昧になったことが、勧善懲悪のドラマをことさら魅力的にした。さらに、『スター・ウォーズ』は親子（特に父子）の絆の再発見をもテーマにしている。アメリカの正義と家族の絆の「再保証」である(194)。ただし、この勧善懲悪のドラマにすら、ゲリラ戦という形でベトナム戦争の影が差している。何しろ、ルーカスは『地獄の黙示録』の監督を務めるはずだったのだから。

『スター・ウォーズ』で自身もスターになったハリソン・フォード（Harrison Ford）は、同じくスピルバーグ監督『インディ・ジョーンズ／レイダース 失われたアーク《聖櫃》』（*Raiders of the Lost Ark*, 1981）でも主役を演じ、ナチス・ドイツと戦った。この映画も戦間期の「パルプ」雑誌を源流としている。『スター・ウォーズ』と『インディ・ジョーンズ』の共通点はノスタルジアであり、前者がさまざまな宇宙人の登場する文化人類学的映画だとすれば、後者は考古学的映画である。また、スタローンと並んで、フォードは一九八〇年代を代表するスターとなり、彼らの意図とは別に、スタローン、フォード、スピルバーグ、ルーカスは、ハリウッドにおけるレーガン政治の「共謀者」となった（スタローン以外は民主党支持者(195)）。実際、一九八〇年代の興行収入上位一〇作品のうち七本までが、スピルバーグとルーカスが監督または製作したものである。さらに、『スター・ウォーズ』のデス・スターやジェダイ騎士団が駆使するフォース、『インディ・ジョーンズ』に登場する《聖櫃》は、いずれも最終兵器であり、核戦争による終末論を連想させる(196)。

ジョン・バダム（John Badham）監督『サタデー・ナイト・フィーバー』（*Saturday Night Fever*）も、一九七七年の公開である。ジョン・トラボルタ（John Travolta）演じるイタリア系の若い労働者は、土曜の夜だけディスコでヒーローになれる。カーターがのちに「信頼性の危機」を憂いたように、この映画は人種や階級の対立を背景に暗い世相を描いている。だから、主人公は社会に背を向けて一夜の自己陶酔に身を委ねる。そのディスコ・シーンはハイ・コンセプトそのものである。音楽がもっぱら科白の役割を果たす、かつてのミュージカル映画とは大きく異なる。レコードやラジオ、テレビなどメディアの複合化による映画音楽の宣伝も効果的で、この作品は一九八〇年代のミュージック・テレビジョン・ビデオ（Music Television Video: MTV）の先駆けとなる。また、トラボルタはテレビで人気を得た俳優であり、テレビから映画に進出するスターたちがその後も続出する。ラジオから映画へ、また、映画からテレビへというレーガンの世代とは異なるキャリア・パターンが生じていた(197)。

一九七八年には、リチャード・ドナー監督『スーパーマン』（*Superman*）が登場する。これも、一九三〇年代の「パルプ」雑誌で活躍した英雄である。大恐慌時代に「超人」（現実の政治ではF・D・ローズヴェルト）が求められたように、混迷するアメリカに彼は帰って来た。たとえば、スーパーマンは遭難中の大統領専用機エアフォースワンを救う。以後、クリストファー・リーブ（Christopher Reeve）主演で四作作られ、リチャード・レスター（Richard Lester）監督による第二作『スーパーマンⅡ／冒険編』（*Superman II*, 1980）でも、スーパーマンは宇宙人に破壊されたホワイトハウスに星条旗を戻しに行き、「遅くなって申し訳ありません、大統領。二度とお待たせしません」と語る。まさに「救済ファンタジー」である。ただし、リーブはレーガンの金持ち優遇の政治には批判的であった。レーガンもそれは承知であり、このスターをホワイトハウスに招待したこともある。「私は充分に楽観主義者だから、彼が考えを改めたかもしれないと思う」と、大統領は日記に記している(198)。

翌一九七九年には、ロバート・ワイズ監督『スタートレック』（*Star Trek: The Motion Picture*）が公開された。一九六〇年代のテレビドラマ『宇宙大作戦』の映画化であり、これも以後シリーズになる。惑星連合とクリンゴン帝国の対立は米ソ冷戦を、そしてクリンゴン帝国とロミュラン帝国との対立は中ソ対立を下敷きにしている(199)。

先の『ＪＡＷＳ ジョーズ』や『スター・ウォーズ』同様、これらは特殊撮影を駆使して大ヒットした商品であり、ハリウッドをいっそうビジュアル優先で投機的な路線に誘った。やがて、レーガノミックスによる規制緩和が、この路線にさらに拍車をかける。

また、『スーパーマン』は一九四一—四三年にアニメーション映画化されたし、ルーカスは同じく一九三〇年代の連続活劇『フラッシュ・ゴードン』（*Flash Gordon*）のリメイクを果たせず、『スター・ウォーズ』を製作した（『フラッシュ・ゴードン』は一九八〇年にマイク・ホッジス〈Michael Hodges〉監督によってリメイクされた）。先述のように、『ＪＡＷＳ ジョーズ』も『大アマゾンの半魚人』の影響を受けている。つまり、いずれもかつてのＢ級映画がブロックバスター方式で大作として蘇ったものである。古典的ハリウッド映画、中でも、Ｂ級映画が持つ勧善懲悪の物語性と道徳性、それに、ブロックバスター方式の簡潔性と商業主義を大々的に用いて、現代大統領制の復活を図る――これこそレーガンによる政治の真髄であった。

このように、ベトナム戦争とウォーターゲート事件による自信喪失と政治不信の背後で、古い価値観の「再保証」による自信回復と幸福感の醸成を基調とする商業映画が、大ヒットを重ねていた。政治が「右派のFDR」を求めていたように、大衆文化も「救済ファンタジー」による「幸福な戦士」を待望していたのである。レーガンは一人二役を演じる、政治と文化のメディアでもあった。サッチャーのイギリスでも、大英帝国をノスタルジックに描く「ヘリテージ映画」が、やがて全盛を極めるようになる(200)。朴訥《ぼくとつ》で深刻な南部人の大統領は、こうした大衆文化とムードの変調を感知できなかった。

◆注

(1) ナンシー・ギブス、マイケル・ダフィー/横山啓明訳『プレジデント・クラブ――元大統領だけの秘密組織』(柏書房、二〇一三年)一五七頁。

(2) Joel K. Goldstein, *The White House Vice Presidency: The Path to Significance, Mondale to Biden* (Lawrence, Kansas: University Press of Kansas, 2016), p. 27.

(3) ダニエル・J・ブーアスティン/後藤和彦・星野郁美訳『幻影《イメジ》の時代――マスコミが製造する事実』(東京創元社、一九六四年)五〇頁。

(4) Thomas W. Evans, *The Education of Ronald Reagan: The General Electric Years and the Untold Story of His Conversion to Conservatism* (NY: Columbia University Press, 2006), p. 159.

(5) ギブズ、ダフィー、前掲、一五一頁。

(6) James Kaplan, *Sinatra: The Chairman* (NY: Doubleday, 2016), p. 365.

(7) Mark Wheeler, *Celebrity Politics* (Cambridge, UK: Polity, 2013), p. 46.

(8) SF映画と宇宙開発、冷戦の関係については、長谷川功一『アメリカSF映画の系譜――宇宙開拓の神話とエイリアン来襲の神話』(リム出版新社、二〇〇五年)が詳しい。

(9) スポーツ選手では、ジャック・ケンプがアメリカン・フットボールから下院議員(一九七一―八九年、共和党)へ、ビル・ブラッドリーがバスケットボールから上院議員(一九七九―九七年、民主党)に転じている。David T. Canon, *Actors, Athletes, and Astronauts: Political Amateurs in the United States Congress* (Chicago: University of Chicago Press, 1990).

(10) Dennis McDougal, *The Last Mogul: Lew Wasserman, MCA, and the Hidden History of Hollywood* (Mass.: Da Capo Press, 2001), p. 285.

(11) ロナルド・レーガン/尾崎浩訳『わがアメリカンドリーム――レーガン回想録』(読売新聞社、一九九三年)(以下、『回想録』)一七七―一七八頁。

(12) Wheeler, *op. cit.*, p. 41.

(13) リー・エドワーズ/渡邉稔訳『現代アメリカ保守主義運動小史』(明成社、二〇〇八年)九一頁。

(14) William F. Buckley, Jr., *The Reagan I Knew* (NY: Basic Books, 2008), pp. 3-5.

(15) 泉昌一・中野博明・山本武彦編『アメリカ政治経済の争点』(有斐閣選書、一九八八年)。

(16) Michael Coyne, *Hollywood Goes to Washington: American Politics on Screen* (London: Reaktion Books, 2008), p. 27.

(17) Richard E. Neustadt, *Presidential Power: The Politics of Leadership* (NY: Wiley, 1960); James Barber, *The Presidential Character: Predicting Performance in the White House* (London: Prentice Hall International, 1970).

(18) ローラ・ブッシュ/村井理子訳『ローラ・ブッシュ自伝――脚光の舞台裏』(中央公論新社、二〇一五年)二一〇頁。

(19) Fred Inglis, *A Short History of Celebrity* (Princeton, NJ: Princeton University Press, 2010), p.177.

(20) C・W・ミルズ/鵜飼信成・綿貫譲治訳『パワー・エリート』下(東京大学出版会、一九五八年)五九二頁。

(21) K. A. Cuordileone, *Manhood and American Political Culture in the Cold War* (NY: Routledge, 2005), pp.

198–201.

（22） Terry Christensen and Peter J. Haas, *Projecting Politics: Political Messages in American Films* （NY: M. E. Sharpe, 2005）, p. 134. なお、００７シリーズ第一作は、テレンス・ヤング（Terence Young）監督『００７／ドクター・ノオ』（*007 Dr. No*, 1962）である。日本公開は一九六三年で、その当時の邦題は『００７は殺しの番号』であった。一九六〇年代には、００７シリーズを意識したスパイ映画が数多く製作されていた。たとえば、シドニー・J・フューリー（Sidney J. Furie）監督『国際諜報局』（*The Ipcress File*, 1965）やダニエル・マン（Daniel Mann）監督『電撃フリントGO！　GO作戦』（*Our Man Flint*, 1965）、ゴードン・ダグラス（Gordon Douglas）監督『電撃フリント・アタック作戦』（*In Like Flint*, 1967）などがある。

（23） Arthur M. Schlesinger Jr., *A Thousand Days: John F. Kennedy in the White House* （Boston: Houghton Mifflin, 1965）, p. 666. ただし、これは当然といえば当然である。ケネディは華やかな女優たちと交際することで、映画のファンタジーを実現させていたのである。

（24） マリタ・スターケン／岩崎稔・杉山茂・千田有紀・高橋明史・平山陽洋訳『アメリカという記憶――ベトナム戦争、エイズ、記念碑的表象』（未來社、二〇〇四年）五五頁。

（25） Coyne, *op. cit.*, p. 68.

（26） Willi Frischauer, *Behind the Scenes of Otto Preminger* （London; Michael Joseph, 1973） pp. 201–202.

（27） Christensen and Haas, *op. cit.*, p. 132.

（28） Ian Scott, *American Politics in Hollywood Film* （UK: Edinburgh University Press, 2000）, p. 118.

（29） ジェシー・ウォーカー／鍛原多惠子訳『パラノイア合衆国――陰謀論で読み解く《アメリカ史》』（河出書房新社、二〇一五年）二三二―二三三頁。

（30） Ronald Brownstein, *The Power and the Glitter: The Hollywood–Washington Connection* （NY: Vintage Books, 1992）, p. 195.

（31） Jonathan Darman, *Landslide: LBJ and Ronald Reagan at the Dawn of a New America* （NY: Random House, 2014）.

（32） 日本でのゴールドウォーター研究としては、西川賢『分極化するアメリカとその起源――共和党中道路線の盛衰』（千倉書房、二〇一五年）の第4章「二重の敗戦――ゴールドウォーターと穏健派の戦い（一九六四年）」がある。
（33） この時期の共和党内の対立については、西川、同書が詳しい。
（34） Garry Wills, *Regan's America: Innocents at Home*（NY: Doubleday, 1988）, p. 358.
（35） H. W. Brands, *Reagan: The Life*（NY: Doubleday, 2015）, pp. 135–136.
（36） "A Time for Choosing," October 27, 1964. Miller Center, University of Virginia. 〈https://millercenter.org/the-presidency/presidental-speeches/october-27-1964-time-choosing〉
（37） 蓮實重彦『ハリウッド映画史講義――翳りの歴史のために』（筑摩書房、一九九三年）第二章「豪華絢爛を遠く離れて――「B級映画」をめぐって」を参照。
（38） Margot Morrell, *Reagan's Journey: Lessons from a Remarkable Career*（NY: Threshold Editions, 2011）, p. 138.
（39） Brands, *op. cit.*, p. 137.
（40） *Ibid.*, p. 6.
（41） Mason Wiley and Damien Bona, *Inside Oscar: The Unofficial History of the Academy Awards*（NY: Ballantine Books, 1986）, p. 368.
（42） Barry M. Goldwater, *With No Apologies: The Personal and Political Memoirs of United States Senator Barry M. Goldwater*（NY: William Morrow and Company, 1979）, p. 149.
（43） Steven J. Ross, *Hollywood Left and Right: How Movie Stars Shaped American Politics*（NY: Oxford University Press, 2011）, pp. 131–132.
（44） ナンシー・レーガン／広瀬順弘訳『マイ・ターン――ナンシー・レーガン回想録』（読売新聞社、一九九一年）一八一頁。
（45）『回想録』一八九頁。
（46） Ronald Reagan and Richard G. Hubler, *Where's the Rest of Me?*（NY: Karz-Segil Publishers, 1965）, p. 297,

p. 301.

（47） Ken Holden, *The Making of the Great Communicator: Ronald Reagan's Transformation from Actor to Governor* (Conn.: Lyons Press, 2013).

（48） 『回想録』一九四―一九五頁。

（49） Philip Abbott, *Political Thought in America: Conversations and Debates*, 3rd ed. (Long Grove, Illinois: Waveland Press, 2005), pp. 280–288.

（50） 『回想録』一九九―二〇〇頁。

（51） Ross, *op. cit.*, p. 131.

（52） Morrell, *op. cit.*, p. 162, p. 168.

（53） Jules Tygiel, *Ronald Reagan and the Triumph of American Conservatism*, 2nd ed. (NY: Longman, 2006), p. 167.

（54） Brands, *op. cit.*, p. 152.

（55） ブルース・カミングス／渡辺将人訳『アメリカ西漸史――《明白なる運命》とその未来』（東洋書林、二〇一三年）四六一頁。

（56） Dan E. Moldea, *Dark Victory: Ronald Reagan, MCA, and the Mob* (NY: Viking Press, 1986), pp. 268–269.

（57） パティ・デイビス／玉置悟訳『わが娘を愛せなかった大統領へ――虐待されたトラウマを癒すまで』（ＫＫベストセラーズ、一九九六年）九二頁。

（58） Bill O'Reilly and Martin Dugard, *Killing Reagan: The Violent Assault That Changed a Presidency* (NY: Macmillan, 2015), p. 75. ちなみに、この二人の著者は、歴史上の人物に関する大胆な「殺害」シリーズを手掛けている。レーガンについても、後述の暗殺未遂事件がアルツハイマー発病の原因だったとしているが、根拠に乏しい。

（59） Lou Cannon, *Governor Reagan: His Rise to Power* (NY: PublicAffairs, 2003), p. 171.

（60） Tygiel, *op. cit.*, p. 171.

（61） Reagan Inaugural Address as Governor, January 5, 1967, Ronald Reagan Presidential Library. 〈https://

www.reaganlibrary.gov/sites/default/files/archives/speeches/govspeech/01051967a.htm〉

（62） Morrell, *op. cit.*, pp. 193–194.

（63） Kiron K. Skinner, Annelise Anderson, and Martin Anderson, eds., *Reagan, In His Own Hand: The Writings of Ronald Reagan that Reveal His Revolutionary Vision for America* (NY: Free Press, 2011), p. x.

（64） Cannon, *Governor Reagan*, p. 184.

（65） 『回想録』二一五頁。

（66） Cannon, *Governor Reagan*, p. 162. 進歩党は二十世紀に入ってから三度の大統領選挙の際に登場し、いずれも社会改革を主張する立場に立った。

（67） Paul Kengor and Patricia Clark Doerner, *The Judge: William P. Clark, Ronald Reagan's Top Hand* (San Francisco, CA: Ignatius Press, 2007), p. 63.

（68） *Ibid.*

（69） 『回想録』二〇九頁。

（70） 同書、二三九頁。

（71） キャスパー・W・ワインバーガー／角間隆監訳『平和への闘い』（ぎょうせい、一九九五年）一九頁。

（72） 『回想録』二〇七頁。

（73） Cannon, *Governor Reagan*, p. 208.

（74） *Ibid.*, p. 215.

（75） Richard Reeves, *President Reagan: The Triumph of Imagination* (NY: Simon & Schuster, 2005), p. 117.

（76） D・リースマン／喜多村和之・江原武一・福島咲江・塩崎千枝子・玉岡賀津雄訳『高等教育論――学生消費者主義時代の大学』（玉川大学出版部、一九八六年）、特に9を参照。同書はクラーク・カーに捧げられている。

（77） Clark Kerr, *The Uses of the University* (Boston: Harvard University Press, 1963).

（78） "Mail Backs Reagan 3-1 on Tuition," *Los Angeles Times*, January 24, 1967.

（79） *Los Angeles Times*, January 24, 1967.

（80） Tygiel, *op. cit.*, p. 179.
（81）『回想録』二三三―二三四頁。
（82） 同書、二三四頁。
（83） Wills, *op. cit.*, p. 360.
（84） マーク・カーランスキー／来住道子訳／越智道雄監修『1968――世界が揺れた年』（ソニー・マガジンズ、二〇〇六年）前編、一〇一頁。
（85） Romesh Ratnesar, *Tear Down This Wall: A City, a President, and the Speech that Ended the Cold War* (NY: Simon & Schuster Paperbacks, 2009), p. 28; O'Reilly and Dugard, *op. cit.*, p. 77–80.
（86） 服部龍二『中曽根康弘――「大統領的首相」の軌跡』（中公新書、二〇一五年）一〇七頁。
（87） 二人の大統領の比較については、以下を参照。John W. Sloar, *FDR and Reagan: Transformative Presidents with Clashing Visions* (Lawrence, KS: University Press of Kansas, 2008).
（88）『回想録』二二九―二三〇頁。
（89） ギブス、ダフィー、前掲、三〇九頁。
（90）『回想録』二三二頁。Jonathan Darman, *Landslide: LBJ and Ronald Reagan at the Dawn of a New America* (NY: Random House, 2014), pp. 357–358.
（91） Wheeler, *op. cit.*, pp. 47–48.
（92） Garry Wills, *Nixon Agonistes: The Crisis of the Self-Made Man* (Boston: Houghton Mifflin, 1969), pp. 67–69.
（93） 一九六八年のアメリカについては、土田宏『アメリカ一九六八――混乱・変革・分裂』（中央公論新社、二〇一二年）がある。また、一九六〇年代に保守主義復調の背景をたどる研究として、David Farber and Jeff Roche, eds., *The Conservative Sixties* (NY: Peter Lang International Inc. Academic Publishers, 2003) が詳しい。右翼団体として、一九五八年にジョン・バーチ協会が、そして、六〇年代にはミニットマン（Minuteman）や自由のためのアメリカの若者（Young Americans for Freedom）などが、相次いで創設された。一九六八年の大統領選挙については、Lewis L. Gould, *1968: The Election That Changed America*, 2nd ed.（Chicago: Ivan R. Dee, 2010）を参照。

（94） Chris Jordan, *Movies and the Reagan Presidency: Success and Ethics*（Westport, Conn.: Praeger, 2003）, p. 77.

（95） 『猿の惑星』については、エリック・グリーン／尾之上浩司・本間有訳『《猿の惑星》隠された真実』（扶桑社、二〇〇一年）がある。

（96） Ross, *op. cit.*, chapter 7.

（97） ゾンビ映画の国際政治学的な解釈については、ダニエル・ドレズナー／谷口功一・山田高敬訳『ゾンビ襲来——国際政治理論で、その日に備える』（白水社、二〇一二年）が詳しい。

（98） Joseph Maddrey, *Nightmares in Red, White and Blue: The Evolution of the American Horror Film*（Jefferson, NC: McFarland & Co., 2004）.

（99） Robin Wood, *Hollywood from Vietnam to Reagan...and Beyond*（NY: Columbia University Press, 2003）, p. 71.

（100） 加藤幹郎『映画ジャンル論——ハリウッド的快楽のスタイル』（平凡社、一九九六年）一五四頁。

（101） Christensen and Haas, *op. cit.*, pp. 138–139.

（102） Barry Langford, *Post-Classical Hollywood: Film Industry, Style, and Ideology since 1945*（UK: Edinburgh University Press, 2010）, p. 165.

（103） Michael Medved, *Hollywood vs. America: Popular Culture and the War on Traditional Values*（NY: HarperCollins, 1992）, p. 282.

（104） Ross, *op. cit.*, p. 234.

（105） 蓮實、前掲、一七八頁。

（106） Morrell, *op. cit.*, p. 188.

（107） Interview with Michael Deaver, Ronald Reagan oral History, September 12, 2002, Miller Center, University of Virginia. 〈https://millercenter.org/the-presidency/presidential-oral-histories/michael-deaver-oral-historydeputy-chief-of-staff〉

(108) Cannon, *Governor Reagan*, p. 296.

(109) Kenneth W. Thompson, ed., *Leadership in the Reagan Presidency, Part II: Eleven Intimate Perspectives* (Madison Books 1992), p. 155.

(110) Robert M. Collins, *Transforming America: Politics and Culture during the Reagan Years* (NY: Columbia University Press, 2009), chapter 2.

(111) Brands, *op. cit.*, pp. 176–177.

(112) Ronald Reagan, 33rd Govenor, Republican 1967–1975, Second Inaugural Address, January 4, 1971. 〈http://governors.library.ca.gov/address/33-Reagan0.2html〉

(113) Kaplan, *op. cit.*, p. 834.

(114) Cannon, *Governor Reagan*, p. 356.

(115) Brands, *op. cit.*, pp. 178–181.

(116) Steven F. Hayward, *The Age of Reagan: The Fall of the Old Liberal Order, 1964–1980* (NY: Three Rivers Press, 2001), p. 283. 9gat.

(117) ギブス、ダフィー、前掲、四五四頁。

(118) Joanne Morreale, *The Presidential Campaign Film: A Critical History* (CT: Praeger, 1993), p. 91.

(119) James H. Broussard, *Ronald Reagan: Champion of Conservative America* (NY: Routledge, 2015), p. 87.

(120) Christensen and Haas, *op. cit.*, p. 146.

(121) Scott, *op. cit.*, pp. 77–78.

(122) Laura Kalman, *Right Star Rising: A New Politics, 1974–1980* (NY: W. W. Norton, 2010), p. 3.

(123) Jacob Weisberg, *Ronald Reagan* (NY: Times Books, 2016), p. 52.

(124) 待鳥聡史『アメリカ大統領制の現在——権限の弱さをどう乗り越えるか』(ＮＨＫブックス、二〇一六年)七四頁。

(125) Tony Shaw, *Hollywood's Cold War* (Edinburgh: Edinburgh University Press, 2007), p. 295.

(126) フォードについては以下を参照。ジェラルド・R・フォード／関西テレビ放送編『フォード回顧録――私がアメリカの分裂を救った』（サンケイ出版、一九七九年）、Douglas Brinkley, *Gerald R. Ford* (NY: Times Books, 2007). なお、フォードの回顧録の原題は「癒しの時」（*A Time to Heal*）である。

(127) ボブ・ウッドワード／新庄哲夫訳『権力の失墜――大統領たちの危機管理』上（日本経済新聞社、二〇〇〇年）第一章。

(128) Cannon, *Governor Reagan*, p. 402.

(129) フォード、前掲、四二三頁。

(130) ナンシー・レーガン、前掲、二四五頁。

(131) ギブス、ダフィー、前掲、四五四頁。

(132) Ronald Reagan Announcement for Presidential Candidacy, November 20, 1975, Ronald Reagan Presidential Library. 〈https://www.reaganlibrary.gov/sites/default/files/archives/reference/11.20.75.html〉

(133) Laurence W. Beilenson, *The Treaty Trap: A History of the Performance of Political Treaties by the United States and European Nations* (DC: Public Affairs Press, 1969).

(134) ソルジェニーツィン／木村浩訳『収容所群島 1918–1956 文学的考察』4（新潮社、一九七六年）六〇六頁。

(135) Morrell, *op. cit.*, pp. 198–199.

(136) ナンシー・レーガン、前掲、二四四頁。

(137) Cannon, *Governor Reagan.*, p. 479.

(138) Josh Levin, "The Welfare Queen," *Slate*, December 19, 2013.

(139) フォード、前掲、四三〇頁。

(140) Ron Reagan, *My Father at 100: A Memoir* (NY: Viking, 2011), p. 176.

(141) Broussard, *op. cit.*, p. 90.

(142) ナンシー・レーガン、前掲、二六二―二六三頁。

(143) 『回想録』二六四頁。

(144) ヘインズ・ジョンソン／山口正康監修／岡達子・小泉摩耶・野中千恵子訳『崩壊帝国アメリカ――「幻想と貪欲」のレーガン政権の内幕』上（徳間書店、一九九一年）一〇五―一〇六頁。

(145) カーターについては以下を参照。Gaddis Smith, *Morality, Reason and Power: American Diplomacy in the Carter Years* (NY: Hill and Wang, 1986); Peter G. Bourne, *Jimmy Carter: A Comprehensive Biography from Plains to Post-presidency* (NY: Scribner, 1997); Betty Glad, *An Outsider in the White House: Jimmy Carter, His Advisors, and the Making of American Foreign Policy* (NY: Cornell University Press, 2009); Julian E. Zelizer, *Jimmy Carter* (NY: Times Books, 2010). ジミー・カーター／日高義樹監修／持田直武　平野次郎・植田樹・寺内正義訳『カーター回顧録』上・下（日本放送出版協会、一九八二年）、村田晃嗣『大統領の挫折――カーター政権の在韓米軍撤退政策』（有斐閣、一九九八年）。

(146) Margaret C. Thompson, ed., *President Carter: Timely Reports to Keep Journalists, Scholars and the Public Abreast of Developing Issues, Events and Trends* (DC: Congressional Quarterly Inc., 1979), p. 82. また、南部での彼の人格形成については、ジミー・カーター／飼牛万里訳『少年時代』（石風社、二〇〇三年）を参照。

(147) Darrell M. West and John Orman, *Celebrity Politics* (NJ: Prentice Hall, 2003), pp. 37–38.

(148) Burton I. Kaufman, *The Presidency of James Earl Carter, Jr.* (Lawrence: University of Kansas, 1993), p. 31.

(149) Morreale, *op. cit.*, pp. 123–124.

(150) Allen Rostron, "Mr. Carter Goes to Washington," *Journal of Popular Film and Television*, vol. 25, no. 2 (Summer 1997), pp. 57–67.

(151) アメリカ学会編『原典アメリカ史　第八巻　衰退論の登場』（岩波書店、二〇〇六年）所収の古矢旬「第一部　概説」二七頁。

(152) Sara Diamond, *Spiritual Warfare: The Politics of the Christian Right* (NY: South End Press, 1989), p. 55.

(153) 福音派や宗教右派などの定義はさまざまである。たとえば、森孝一『宗教からよむ「アメリカ」』（講談社メチエ、一九九六年）を参照。

(154) フォード、前掲、三四六頁。

(155) Oran P. Smith, *The Rise of Baptist Republicanism* (NY: New York University Press, 1997), p. 96.

(156) Don Winter, "The Carter――Niebuhr Connection, the Politician as Philosopher," *National Journal*, vol. 10, February 4, 1978, pp. 188–192; Douglas Brinkley, ed., *The Note: Ronald Reagan's Private Collection of Stories and Wisdom* (NY: HarperCollins, 2011) p. 143.

(157) Zelizer, *op. cit.*, pp. 49–50; Kalman, *op. cit.*, p. 174.

(158) フォード、前掲、四六二頁。

(159) 同書、四六七―四七〇頁。

(160) Rick Hampson, "When 'Ford Freed Poland': Debate Lessons from 1976," *USA Today*, September 14, 2016.

(161) Brinkley, *Gerald R. Ford*, p. 143.

(162) フォード、前掲、四六九頁。ギブス、ダフィー、前掲、四六六頁。

(163) Bruce J. Schulman, *The Seventies: The Great Shift in American Culture, Society, and Politics* (NY: Free Press, 2001), pp. 255–256 nikuso.

(164) カーター『カーター回顧録』上、四七頁。

(165) Smith, *Morality, Reason and Power*, pp. 15–27.

(166) カーター『カーター回顧録』上、一五七頁。

(167) Schulman, *op. cit.*, p. 125; Zelizer, *op. cit.*, p. 61.

(168) ジョンソン、前掲、一九―二〇頁。

(169) カーター『カーター回顧録』上、五九―六〇頁。

(170) ジョージア州知事時代以来、風刺漫画家はカーターを「スマイルを浮かべた虎」と表現してきた。中西信男『アメリカ大統領の深層――最高権力者の心理と素顔』(有斐閣選書、一九八八年) 一一五頁。

(171) 『回想録』二八六頁。

(172) Martin E. P. Seligman, *Learned Optimism* (NY: Knopf, 1991), pp. 187–198.

(173) Collins, *op. cit.*, p. 20.

(174) Hayward, *op. cit.*, pp. 514–515.
(175) ティップ・オニール、ウィリアム・ノバック／土田宏・鬼頭孝子訳『下院議長オニール回想録――アメリカ政治の裏と表』（彩流社、一九八九年）四五五―四五六頁。
(176) 泉昌一『現代アメリカ政治の構造』（未來社、一九八五年）二〇六頁。
(177) 待鳥、前掲、一五六頁。
(178) Broussard, *op. cit.*, p. 115.
(179) Jordan, *op. cit.*, pp. 33–34.
(180) Kalman, *op. cit.*, p.xx.
(181) *Ibid.*, pp. 232–235.
(182) *Ibid.*, p. 249.
(183) 西田博至「スピルバーグの戦争と肯定の炎」南波克行編『スティーブン・スピルバーグ論』（フィルムアート社、二〇一三年）一五五頁。酸素ボンベの爆発により、人喰いザメはキノコ雲をあげて水没する。「映画が公開された一九七五年は泥沼化したベトナム戦争が終結した年であり、核ミサイルをもって両陣営が睨み合いを交わした東西冷戦の最中だった」と、ある映画研究者は指摘している。西山智則『恐怖の表象――映画／文学における〈竜殺し〉の文化史』（彩流社、二〇一六年）八八頁。興味深い解釈だが、冷戦は四〇年以上にわたって続いたのであり、説明要因としてはいささか一般的である。むしろ、七五年は米ソも参加した全欧安全保障協力会議でヘルシンキ宣言がまとまり、地球を周回中のソ連の宇宙船ソユーズ19号とアメリカの宇宙船アポロ18号が史上初の国際ドッキングを果たすなど、デタントの時期に該当する。世界終末時計でも、七四―七五年の間は人類滅亡まで九分前となっており、冷戦期の中ではかなり安定していた。ちなみに、二〇一五年は三分前とされた。映画研究と外交史・国際政治学との対話が必要である。
(184) Langford, *op. cit.*, pp. 154–156.
(185) 中川右介『角川映画 1976–1986――日本を変えた10年』（KADOKAWA、二〇一四年）を参照。
(186) Michael Ryan and Douglas Kellner, *Camera Politica: The Politics and Ideology of Contemporary Hollywood*

Film (Bloomington: Indiana University Press, 1988), p. 171.

（187） Wood, *op. cit*., pp. 45–49.

（188） Schulman, *op. cit*., p. 149.

（189） Mark Feeney, *Nixon at the Movies: A Book about Belief* (Il.: University of Chicago Press, 2004), “Epilogue: Nixon in the Movies.”

（190） Richard Hofstadter, “The Paranoid Style in American Politics,” in *Harper's Magazine*, November 1964. 吉本光宏『陰謀のスペクタクル――〈覚醒〉をめぐる映画論的考察』（以文社、二〇一二年）八―一八頁も参照。

（191） アメリカ史における陰謀妄想については、ウォーカー、前掲を参照。

（192） Matt Novak, “Every Single Movie That Jimmy Carter Watched at the White House,” September 15, 2015. 〈https://paleofuture.gizmodo.com/every-single-movie-that-jimmy-carter-watched-at-the whi-1728538092〉

（193） アンドリュー・ブリトン（Andrew Britton）の表現。Wood, *op. cit*., p. 144 から引用。

（194） 他方、銀河帝国の人工惑星デス・スターを軍産複合体ととらえ、この作品を反米映画と解釈する者もいる。また、イギリスの名優ピーター・カッシング（Peter Cushing）演じる総督はニクソン大統領をイメージしているともいう。長谷川、前掲、一四七―一四八頁。『スター・ウォーズ』についての文献は枚挙に暇がないが、小野俊太郎『スター・ウォーズの精神史』（彩流社、二〇一五年）がよくまとまっている。Wood, *op. cit*., pp. 144–155.

（195） ある文化人類学者たちは、ルーカス原案／スピルバーグ監督／フォード主演の『インディ・ジョーンズ／魔宮の伝説』（*Indiana Jones and the Temple of Doom*, 1984）を取り上げ、その帝国主義と家父長主義、セクシズムなどを分析し、「レーガンのアメリカが「新たに獲得した自信」は陳腐だ」と批判している。Moishe Postone and Elizabeth G. Traube, “The Return of the Repressed: Lucas and Spielberg's Temple of Doom,” in Elizabeth Traube, *Dreaming Identities: Class, Gender, and Generation in 1980s Hollywood Movies* (Boulder, CO.: Westview Press, 1992), pp. 28–38.

（196） Wood, *op. cit*., p. 150.

（197） Jordan, *op. cit*., p. 9.

(198) Douglas Brinkley, ed., *The Reagan Diaries* (NY: HarperCollins, 2007), p. 159.

(199) 長谷川、前掲、一六〇―一七三頁。

(200) 大谷伴子・松本朗・大田信良・加藤めぐみ・木下誠・前協子編『ポスト・ヘリテージ映画――サッチャリズムの英国と帝国アメリカ』(上智大学出版会、二〇一〇年)を参照。

第4章

レーガンの時代の始まり

⬆レーガン大統領暗殺未遂事件——現実と映画の融合（1981年3月30日，ワシントンD. C. © AFP＝時事）

「最良の時代にして、最悪の時代だった。知恵の時代であって、愚昧の時代だった。確信の時代ながら、懐疑の時代だった。晴明の季節でありつつも雲霧の季節、希望の春にして絶望の冬だった」

——チャールズ・ディケンズ『二都物語』(1)

一　一九八〇年大統領選挙

カーターの「アナス・ホリビリス」

「この国はジミー・カーターを必要としたのだ」と、レーガン知事の報道官を務めたリン・ノフチガー(Lyn Nofziger)は記している。「ロナルド・レーガンを正しく評価するために」(2)

一九七八年二月に、大統領の別荘キャンプ・デーヴィッドで、カーターはエジプトのアンワル・サダト(Muḥammad Anwar al-Sādāt)大統領と『スター・ウォーズ』を観賞していた(3)。この映画こそレーガンの時代の到来を告げていることを、中東和平に心血を注ぐ当時のカーターが気づくはずもなかった。やがて九月には、彼はサダトとイスラエルのメナヒム・ベギン(Menachem Begin)首相との間で平和条約、いわゆるキャンプ・デーヴィッド合意を斡旋し、外交上の成功の頂点に立つにいたる(4)。

だが、時代はカーターを見放そうとしていた。大統領選挙を翌年にひかえた一九七九年は、彼にとって「アナス・ホリビリス」(annus horribilis, ひどい年の意)にほかならなかった。一月初旬に中国の最高指導者・鄧小平をワシントンに迎えて、ニクソンやフォードの悲願だった米中国交正常化を実現した。順調だったのは、ここまでである。同じ月にはイランで、アヤトラ・ホメイニ(Ayatollah Ruhollah Khomeini)率いるイスラーム原理主義勢力が、パーレビ(Muḥammad Riḍā Pahlawī)国王を放逐した。次いで三月には、ペンシルヴァニア州のスリーマイル島で原子力発電所の深刻な事故が発生した。両者が相俟って、エネルギー危機を引き起こした。

スリーマイル島での事故の一二日前に、ジェームズ・ブリッジス（James Bridges）監督『チャイナ・シンドローム』（*The China Syndrome*）が公開されていた。原子力発電所でのメルトダウン（炉心溶融）の危険をテーマにした作品である（被害が地球の反対側の中国にも及ぶというのが、タイトルの意味）。本来は医学用語であった「シンドローム」（症候群）が、これ以降、社会現象にも広く用いられるようになった。「ベトナム・シンドローム」や「エイズ・シンドローム」はその好例である。

「アナス・ホリビリス」も半ばにいたった六月末に東京での先進国首脳会議から戻ると、カーターは予定していたハワイでの休暇をキャンセルして、キャンプ・デーヴィッドに直行した。歴史家のロバート・コリンズ（Robert M. Collins）によれば、レーガンの時代はここで始まった。当初はエネルギー危機について五度目になるテレビでのスピーチ準備のためだったが、彼はより根本的な問題を問うことにした。そこで、一〇日にわたって一三〇人もの人々が呼び寄せられ、意見を求められた。「私は全体の時間の九〇パーセントを皆の話を聞くのに費やした。その一週間私は働きづめで、私の人生でもこんなに集中的に働いたことはなかった」と、大統領は七月九日の日記に記している(5)。

七月十五日に、カーターはキャンプ・デーヴィッドからホワイトハウスに戻り、テレビから国民に語り掛けた。彼は市民相互間の信頼、将来への信頼、政治制度や社会制度への信頼が揺らいでいると指摘し、「信頼が失われることは、アメリカの社会と政治の基本構造が破壊されることにつながりかねない」と語った。「私が何を言うだろうかという興味も手伝っておよそ一億人の人々が演説を聞いた」とカーターは言うが、これは過大であろう。それでも、彼が「一度に獲得した聴衆の数としてはおそらく最高であった」(6)。この「信頼の危機」(Crisis of Confidence)演説には、「不安」(malaise)という言葉は使われていないが、そう思わせるほど悲観的な論調であった(7)。「彼は明らかにチャーチルではなく、ルーズベルトやケネディ、マーティン・ルーサー・キングでもなかった。カーターによる米国のみじめな状況の描写は、憂鬱《ゆううつ》で敗北主義的なものに思われた」(8)。モンデール副大統領は、否定的になりすぎると国民の離反を招くと警告していたが、実際にその通りになってしまったのである(9)。

この「信頼の危機」演説に先立って、六月にはあのジョン・ウェインが癌《がん》で亡くなっている。ウェインは「大きな政府」による「軟弱な愛国心」(flabby patriotism)を批判していたが、今や彼の体現してきたアメリカの自信が大いに揺らいでいた(10)。彼がジンギスカン(Genghis Khan)を演じた、ディック・パウエル監督『征服者』(*The Conqueror*, 1955)は、ネバダ州の核実験場の一〇〇マイル(一六〇キロメートル)風下で撮影された。この映画の関係者の多くが癌で亡くなっていることから、「死の灰」が発癌の原因だったとする説もある(11)。だとすれば、この愛国者にとっては、実に皮肉な最期であった。ネバダ州をはじめとする西部の各地では、核実験が繰り返されてきた。「一方に機関車の走る一九世紀のアメリカ西部(オールド・フロンティア)があり、他方に核爆弾の炸裂する二〇世紀のアメリカ西部(ニュークリア・フロンティア)がある。われわれはふだん、このふたつを切り離して記憶しているが、これらはアメリカ西部という同一空間の二側面なのである」(12)。ウェインの死がその二側面をつなぎ合わせた。

カーターは病床のウェインを見舞ったし、レーガンもその死に深い哀悼の意を表した。全米で半旗が掲げられた。

いくら政治的でも、ウェインのように俳優として成功した者は公職を求めず、レーガンのように成功しなかった者が公職に打って出る。これは保守派に限らない。むしろ、左派の俳優の方が絶対数が多く、したがって、成功している者も多いから、彼らは争点ごとの政治活動には熱心でも、やはり公職を求めようとはしない(13)。銀幕の「ミスター・アメリカ」が亡くなったころに、銀幕で決して「ミスター・アメリカ」になれなかった者が政界でその座に近づく、レーガンの時代が始まったことになる。

カーターの試練は、さらに続いた。十一月には、イランでアメリカ大使館がイスラーム原理主義の学生たちに占拠され、五二人の大使館員が人質になった。イラン人学生の中には、のちにイラン・イスラーム共和国の大統領となるマフムード・アフマディーネジャード（Maḥmūd Aḥmadīnezhād）もいた。実は、この五二人とは別に、占拠の直前に六人が大使館から脱出し、カナダ大使公邸などに匿われた。CIAは架空のSF映画の撮影を装い、六人をスタッフに擬装させて救出した。この実話をもとにして、ベン・アフレック（Ben Affleck）監督・主演で『アルゴ』（*ARGO*, 2012）が制作された。『アルゴ』は架空の映画の題名である。

『アルゴ』作戦は成功したものの、大使館人質事件は長期化していった。毎晩テレビで、ニュース・キャスターたちが事件発生からの日数と人質の数を告げた。しかも、黒人と白人女性は解放されたため、人質は白人男性のみとなり、白いアメリカの男らしさを侮辱するものとなった(14)。国民はベトナム戦争の挫折を思い起こして超大国の無力を嘆き、危機の中でいったん上昇した大統領の支持率も確実に低下していった。人質の一人の妻が、自宅の前庭の木に黄色いリボンを結び付け、これが全米で人質の安全な解放を願う印となった(15)。『黄色いリボン』に主演したウェインを悼《いた》んでいるかのようでもある。少なくとも、彼の代表していた「強いアメリカ」を悼むものであろう。

人質たちに配慮して、ホワイトハウスではクリスマス・ツリーに点灯しなかった。陰鬱なクリスマスの二日後に、今度はソ連がアフガニスタンに軍事侵攻した。年明けには、八万五〇〇〇人ものソ連兵がアフガニスタンに雪崩れ込んでいた。明らかにアメリカの苦難につけ込んだ拡張主義であった。「ソビエトの行為はまさにむちゃくちゃだった」と、カーターは回想している(16)。こうして、彼はソ連にも裏切られ、米ソのデタント路線は完全に破綻《はたん》して、新冷戦と呼ばれる事態を迎えた。大統領は対ソ経済制裁や国防予算の五パーセント純増、緊急展開部隊（のちの中央軍）の創設などに踏み切るが、軟弱外交のイメージを払拭できなかった。内政でも外交でも、カーターは強気であるべき時に優柔不断で、（在韓米軍撤退政策のように）柔軟であるべき時に強硬に振る舞い、貴重な機会と政治的資源を逸していったのである。

先に亡くなったウェインとフォードのコンビによる中期の傑作に、『捜索者』（*The Searcher*, 1956）がある。ウェイン演じる西部の男が、コマンチ族に誘拐された親戚の白人娘を捜し求める。レーガンのお気に入りの西部劇でもある。今まさに、カーターはイランで人質の救出に失敗し、ウェインとは異なることをあらためて証明した。

こうして、激動の一九七九年は、カーターにとって「アナス・ホリビリス」として幕を閉じた。社会主義が大幅に後退し、宗教が政治的に復権を果たす――一九七九年は進歩史観の否定、反革命の年だったと、あるジャーナリストは説いている(17)。

サッチャーとの出会い

さて、進歩的で生真面目な南部人が苦境に陥る一方で、太陽の降り注ぐカリフォルニア州さながらに、保守的で高齢のレーガンは意気軒昂《けんこう》であった。彼の声は全米二八六のラジオ局に流れ、彼のコラムは全米二二六の地方紙に掲載された。レーガンは合計で二〇〇〇万人もの聴衆と読者を得たのである。

また、レーガンは選挙準備の合間を縫って、ヨーロッパを歴訪していた。イギリスでは、首相就任を控えたジェームズ・キャラハン（James Callaghan）外相は、多忙を理由に元俳優の前カリフォルニア州知事との面会を断った。イギリスの高官たちは「レーガンが大統領になる可能性を大幅に過小評価していた。このため、レーガンは外務省で未来の大統領として歓迎されるどころか、我慢して付き合わねばならない年寄りの親戚が来たかのような、戸惑いを隠せない雰囲気のなかで迎えられた」。

だが、保守党党首となったばかりのマーガレット・サッチャーとは、レーガンは二時間にわたって会談した[18]。田舎の子供時代に、サッチャーは「ハリウッドのロマンチックな世界にうっとりとなって」おり、彼女の両親は「よい」映画を観に行くことを認めていた。そこにはフレッド・アステアやジンジャー・ロジャーズ（Ginger Rogers）のミュージカルも含まれていた。また、彼女は「〝映画で学ぶ〟政治」も大切にしており、『スミス都へ行く』などを楽しんだという[19]。しかし、B級映画を中心としたレーガンの映画やテレビ番組は知らなかった。それでも、二人は共に信仰心の篤い家庭で育ち、小売業者を父に持ち、政策面でも「小さな政府」や経済の規制緩和で完全に意気投合した。「あの人はすばらしい首相になりますよ」と、レーガンはイギリス人の知人に語り、相手を驚かせている。

レーガンもサッチャーも、ハイエクを崇拝していた。このハイエクを中心にして、一九四七年にモンペルラン・ソサエティー（Mont Pelerin Society）が設立されていた。スイスの保養地を拠点とし、自由主義を標榜する経済学者や政財界の指導者が集う経済政策団体である。とりわけ、ロンドン・スクール・オブ・エコノミクス、シカゴ大学、ウィーン大学から、多くの知識人が集まった。このメンバーには、ノーベル経済学賞受賞のミルトン・フリードマン（Milton Friedman）や、レーガン政権で長らく経済問題担当国務次官を務めるアレン・ウォリス（Allen Wallis）、サッチャーの経済顧問アラン・ウォルターズ（Alan Walters）らがいた。レーガンもサッチャーもメンバーではなかったが、この協会は二人の政治的信念を補強し、大西洋を越えた知的ネットワークを提供したのである(20)。否、大西洋だけではない。吉田茂のブレーンを務めた木内信胤《のぶたね》はアジア人初のメンバーとなり、のちに副会長を務めている。他にも、政治活動家の田中清玄、立教大学教授の西山千明(一九八〇―八二年に同協会会長)らがいた。

その日本でもこの時期には、中曾根が自由民主党の幹事長(一九七四年)、総務会長(七七年)とキャリアを重ね、七八年には自民党総裁選挙に初出馬していた。また、鈴木善幸内閣から中曾根内閣に続く第二次臨時行政調査会では、木内が第一専門部会長の任に就く。

サッチャーは一九七九年五月に総選挙に勝利して、レーガンより一足早く政権を獲得した。「不一致のあるところには調和を、誤りのあるところには真実を、疑いのあるところには信頼を、絶望のあるところには希望を」と、新首相はテレビカメラを前にアッシジの聖フランチェスコ(Francesco d'Assisi)を引用した。ただし、彼女の力点は二番目にあった(21)。

予備選始まる

さて、すでに一九七六年の大統領選挙の直後から、レーガンは選挙戦の残余の資金一〇〇万ドルを基礎に政治活動委員会を立ち上げていた。その彼が大統領選挙への再挑戦を公式に表明したのは、一九七九年十一月十三日、イランでの米大使館人質事件の直後であった。アメリカの苦難は国民精神の失敗ではなくリーダーシップの失敗にあると、レーガンは難じた。そして、「丘の上の輝く町」になるべく、アメリカは「運命とのランデブー」を続けなければならないと、彼はあらためて説いたのである(22)。数週間後、レーガンはGE時代の友人に手紙を送り、「表現を少し変えながら、私は依然として同じメッセージを唱え続けている。だから、謳い続けられるのだ」と語っている(23)。

まずは、共和党内の予備選である。レーガンが最有力ではあったが、保守的すぎて一九六四年のゴールドウォーターの二の舞になると恐れる向きもあった。レーガンはゴールドウォーターよりも大きな笑顔と小さな脳みそを持っているにすぎない、というわけである。ただし、一九六四年には、マサチューセッツ州からイリノイ州にいたるラストベルト（Rust Belt, 工業化の進んだ赤さび地帯という意味）の選挙人数がサンベルトのそれよりも一一人多かった。ところが、八〇年の選挙ではサンベルトの選挙人数がラストベルトのそれを三二人上回る。この人口動態の変化は、レーガンに微笑《ほほえ》みかけていた(24)。

それでも、共和党上院院内総務ハワード・ベーカー（Howard H. Baker, Jr.）とコナリー（John Connally, Jr.）元テキサス州知事、ジョージ・H・W・ブッシュ前CIA長官、それにジョン・アンダーソン（John Anderson）下院議員らが、レーガンに挑んだ。緒戦はアイオワ州であった。レーガンにとって、かつてラジオ・アナウンサーとして最初に職を得た土地である。そのため、レーガン陣営はこの地での彼の知名度を過信して、充分なキャンペーンを行わなかった。その結果、一九七九年十一月には支持率二パーセントにすぎなかったブッシュが、アイオワを僅差で制したのである。彼はニクソンやフォードと同様に党内穏健派に属し、国連大使や初代米中連絡事務所長（事実上の駐中国大使）を歴任するなど、外交を得意とする典型的なエスタブリッシュメントであった。レーガンは国防費の増額を説きながら、減税による景気刺激と経済成長を提唱していたから、ブッシュはこれを「お呪《まじな》いの経済学」（voodoo economics）と揶揄《やゆ》していた。

四年前には、無名の候補だったカーターがアイオワで勝利して、勢いを得ている。最有力候補として、レーガンは次のニューハンプシャー州を落とすわけにはいかなかった。彼は側近たちを再結集して、陣営を立て直した。責任を負わされて解任されたのは、若くて有能だが傲慢《ごうまん》な選挙参謀ジョン・シアーズ

(John Sears）であった。彼は候補者を「売り物」とみなし、レーガンの才能を過小評価していた。「候補者は私だ。君じゃない」と、珍しくレーガンが激怒することさえあったという(25)。シアーズに代わって以後の選挙戦の指揮をとったのが、ニクソン政権で国務次官を務めたウィリアム・ケーシー（William Casey)、のちのCIA長官である。

さらに、ニューハンプシャーでの予備選直前に「事件」が起こった。地元の新聞社がレーガンとブッシュの討論会を企画した。当初は、最有力のレーガンとブッシュの一騎打ちの予定であった。だが、他の候補者から抗議が起きた。そこで、レーガン陣営が経費を全額負担することにし、すべての候補者を密かに招いた。事情を知らないブッシュは一驚を喫した。会場の動揺を鎮めようと、くだんの地元紙の編集長がレーガンのマイクを切るよう音声係に命じた。「私がこのマイクのお金を払っているんですよ、グリーンさん！」とレーガンが言い放った。六十九歳にして、恐るべき反射神経と言うべきであろう。これはキャプラ監督『愛の立候補宣言』で、スペンサー・トレイシー演じる大統領候補が発した科白《せりふ》なのである。しかも、実にレーガンらしいことに、編集長の名前はグリーンではなくブリーンであった。この間、ブッシュの表情は、「知らない人の誕生パーティーにまちがって来てしまった子供のように」凍て付いていた(26)。

この小さな「マイク戦争」は「ハンマーの一撃のような効果をもたらし」、緒戦の勝利で過信気味だったブッシュ陣営は惨敗した。ニューハンプシャー州での得票率は、レーガンの四九・七パーセントに対して、ブッシュは二二・九パーセント、ベーカーは一二・九パーセントにすぎなかった。ほどなくベーカーが脱落し、ブッシュも五月末にはほぼ力尽きた。ニューハンプシャーこそ「全予備選挙キャンペーンの天王山だった」と、レーガンは回想している(27)。七月十四―十七日にデトロイトで開催された共和党大会では、レーガンが全体の九七・四四パーセントに相当する一九三九票を獲得した。アンダーソンは三七票、ブッシュは一三票であった。コナリーにいたっては一票にすぎず、歴史上最も割高な選挙戦を戦ったことになる。アンダーソンはその後離党して、独立系の候補に転じる。

〝ドリーム・チケット〟？

次は副大統領候補である。すでにキッシンジャー（Henry A. Kissinger）元国務長官らは、フォード前大統領の擁立を画策しており、レーガンも早くからフォードに接触していた。共和党大会時には、両者の〝ドリーム・チケット〟が熱く語られるようになっていた。

七月にはまだ、現職の強みでカーターの支持率がレーガンのそれを上回っていた。〝ドリーム・チケット〟が実現すれば、レーガンの人気をフォードの経験が補完し、共和党の保守派と穏健派の連合が成立する。二人の政治的距離が最も近づいた瞬間であった。レーガンの回想を聞こう。

> フォードの一部顧問たちは、彼が一種の〝共同大統領〟になるよう、つまり外交などの分野で通常副大統領に任されるものより、はるかに広範な責任を担えるよう主張していたのである。
> ……ちょっと待てよ、と私はそのとき思ったことを覚えている。彼が言っているのは、実のところ大統領二人制にほかならないのではないか、と(28)。

フォードの側も、それほど乗り気ではなかった。何しろ、彼はレーガンのことを「私的な会話よりも公的なスピーチの方が魅力的な、数少ない政治指導者の一人」と呼んでいた(29)。つまり、レーガンの私的な会話は魅力や説得力に乏しいということである。

こうして、〝ドリーム・チケット〟をめぐる密議は不発に終わった。

そこで、副大統領候補になったのが、ブッシュである。「あいつは絶対に選ばない。私の政策について嘘をついたんだぞ」と、レーガンは数日前には語っていたという(30)。また、「マイク戦争」で見られたように、ブッシュは機転が利かないと、大統領候補は判断していた。それでも、党内の団結のためには穏健派の起用が必要であった。しかも、ブッシュはレーガンの対抗馬として善戦してきた。外交にも強い。

党大会の最終日に、レーガンは共和党の大統領候補指名受諾演説に臨んだ。まず、「プライムタイムに登場するのは久しぶりだ」と、彼はジョークで会場を沸かせた。やがてレーガン候補は、現下の経済危機に対するカーター政権の「直接の政治的、個人的、道徳的責任」を厳しく問うた。次いでレーガンは、ソ連の脅威を指摘し、「自由の力の強い時ではなく、それが弱く専制が貪欲になると」戦争が起こると説いた。そして、彼はアメリカの建国の理念を語り、「われわれの国が頂点を過ぎた」という議論を否定して、いつものようにノスタルジーと愛国心に訴えた。さらにレーガンは、「静かな祈りの中でわれわれの聖戦を始めよう」と、宗教心を喚起した。しかも、トマス・ペインやリンカーンを引用し、民主党からもF・D・ローズヴェルトを「盗用」して、「右派のFDR」を誇示してみせた(31)。そのため、彼は「F・D・レーガン」とさえ呼ばれた。レーガンの演説は、拍手喝采で何度も遮《さえぎ》られた。最後に、レーガン候補は聴衆に黙禱《もくとう》を求め、「アメリカに神のご加護を」と演説を結んだ。

ローズヴェルトの模倣者レーガンの演説に会場が沸き立つ中に、父の選挙運動を手伝ってきたジョージ・W・ブッシュの姿もあった。「私はレーガンの持っていた楽観主義は感嘆に値すると思う。彼は明るく陽気な精神の持ち主であり、この国を信じる彼の信念は、どの人にも伝染するようだった」と、彼は回想している(32)。彼もまた、政治的には実父よりもレーガンを模倣し、後年「レーガンの子供たち」の一人になる。

同じころ、レーガンのお膝元ロサンジェルスにあるオキシデンタル大学では、ハワイから進学した黒人の青年が、政治への関心を深めるようになっていた。バリーというその若者は、やがて国際黒人運動で雄弁を振るい、自分の人種的背景を自覚して、バラク・フセイン・オバマと名乗るようになった。「レーガンは秩序を求めるアメリカ人の願いに訴えかけ、勤勉や愛国心や個々の責任や楽観主義や信仰といった伝統的な価値を認識しなおす必要を訴えた」「一生懸命働いて、法を守り、家族を大事にし、国を愛した人たちに味方するという約束によって、レーガンはアメリカの国民に、自由主義者〔リベラル――筆者注〕がもはや奮い起こすことのできなくなっていた〝共通の目的〟という感覚を提供した」と、オバマは冷静に分析している(33)。イデオロギーや政策は異なるが、〝共通の目的〟を掲げてバリトンの美声で雄弁に語るという点では、オバマもまた「レーガンの子供たち」の一人であった。

レーガン対カーター

イランでの人質を救出するため、一九八〇年四月にカーター政権は陸海空三軍と海兵隊を総動員した「イーグルクロー作戦」(Operation Eagle Claw)を敢行したが、ヘリコプターの事故で無残に失敗した。この政権が四年間で実施した、これが唯一の対外軍事行動であった。五年前にサイゴンのアメリカ大使館の屋根から人々がヘリコプターで脱出した屈辱的な映像を、この挫折は容易に連想させた。さらに、作戦に反対だったサイラス・ヴァンス(Cyrus Vance)国務長官が抗議辞任して、政権はいっそう求心力を失った。前年末のソ連によるアフガニスタン侵攻と相俟って、国防力の増強を訴えるレーガンには、いっそうの追い風となった。ある学者の表現を借りれば、カーターは「永遠の反マッチョ」であった(34)。庶民性をアピールしようとマラソン大会に出場したものの、息を切らして顔を歪めながら走り続けるカーターの姿が想起されよう。

カーターは現職でありながら、よりリベラルなエドワード・ケネディ（Edward Kennedy）上院議員（元大統領の弟）の執拗な挑戦を受け、かなり消耗していた。「アメリカを大恐慌以来の経済危機に陥れたのは、この人です」というナレーションに、カーターの笑顔を大写しにするテレビ広告で、ケネディ陣営は大統領を追い詰めていた。ニューヨークでの民主党大会で、カーターの大統領候補受諾演説の後、ケネディは壇上で彼としぶしぶ握手したものの、厳しい表情を崩さなかった。「われわれのキャンペーンはこれで大きく阻害され、長い間われわれを悩ませたのである」と、カーターは回想している(35)。現職の大統領が党内でより過激なイデオローグに肉薄される図式は、四年前のフォードとレーガンの関係の再現であった。

経済も不調であった。有権者の実に八割が、カーターの経済政策を失敗だったと考えていた。イラン革命が惹起した原油価格の高騰もあり、一九八〇年初頭の失業率は七・一八パーセントの高さで、しかも、さらに上昇を続けていた。前回の大統領選挙で、カーター陣営は〝窮乏指数〟なるものを主張した。インフレ率と失業率の合計である。フォード政権ではこれが一二パーセントに達すると、批判したのである。ところが、八〇年の夏にはこれが二二パーセントに達してしまった。当然、カーター政権は〝窮乏指数〟に沈黙を守ったが、レーガン陣営はこれを攻め立てた(36)。さらに、カーターはテレビのインタビューに答えて、生真面目にも、自らのリーダーシップをB、外交政策をBマイナス、内政をCと採点してみせた。深刻な事態を認識している証として、選挙戦中にカーターは自慢の「カーター・スマイル」を封印した。

先の大統領候補受諾演説でも、理知的なカーターは、この選挙を「二つの将来をめぐる厳しい選択」と述べていた。つまり、彼自身が代表する「大きな政府」による「公正」の追求と、レーガンが代表する「小さな政府」による「自由」の追求である。おそらく、この分析にはレーガンも同意したであろう。

カーターにとって幸いなことに、その後レーガンは相次いで失敗を犯した。一九六四年に公民権運動家三人が殺害されFBIが出動したミシシッピ州の町の近くで、彼はわざわざ「州権」の重要性について語った。これは六四年当時の共和党大統領候補ゴールドウォーターと同じ発想である。二人とも人種差別論者ではなかったが、州権に連邦政府が介入することに反対であった。先の事件は、アラン・パーカー（Alan Parker）監督『ミシシッピー・バーニング』（*Mississippi Burning*, 1988）で映画化されている。また別の機会には、レーガンはベトナム戦争をあらためて「高貴な大義」と呼び、さらに台湾防衛の必要に言及して中国を苛立《いらだ》たせた。いずれも彼の信念に由来するが、集票上は失敗であった。

またレーガンは、記者たちから環境問題について質問を受けて、樹木や植物こそ大気汚染の元凶だと発言した。彼の知性を疑うメディアには恰好の材料であり、「（大気汚染で）枯れ果てる前に切り倒してくれ」というプラカードが、多くの樹木に吊るされることになった。またある時には、政府は梯子《はしご》の昇降に一四四もの規制を設けていると、レーガンは主張した。カーターがアラバマ州で選挙戦を本格化させた折にも、レーガンはアラバマをKKKの発祥の地だと誤って語り、側近たちを愕然《がくぜん》とさせた。

そこで、カーター陣営はレーガンへの個人攻撃を強めた。レーガン候補は高齢で好戦的、単純な女性蔑視者、人種差別論者であり、貧困層から金を巻き上げて富裕層にばらまく「逆ロビン・フッド」（reverse Robin Hood）だというイメージを流布しようとしたのである。共和党大会後は、レーガンがカーターを大きくリードしていたが、初秋には互角に近い状況になってきた。ただし、こうしたネガティブ・キャンペーンは、カーターの誠実なイメージにも傷をつけた。

レーガン陣営は、まず、その日のスピーチや広報、広告を一つの争点に集中させる、「今日の争点」戦略で対抗した。候補者が政策に明るいことをアピールし、候補者のイメージを定着させていく戦略である。テレビ広告では、レーガンは「平和」という言葉を最も頻繁に繰り返した。

さらに、レーガンはいくつもの決まり文句でカーターを攻撃した。

その代表が「あなたの生活は四年前に比べてよくなりましたか?」という問いである。これに肯定的に答えられる者はほとんどいなかった。「あなたの隣人が失業すれば不況、あなた自身が失業すれば恐慌、そして、ジミー・カーター氏が失業すれば景気回復にあたる」とも、レーガンは語った。レーガン陣営の経済学者たちは「恐慌」という表現は過激にすぎると警告したが、レーガンは怯《ひる》まなかった。むしろ、F・D・ローズヴェルトと自らを重ね合わせる上で、好都合の表現だったのである。「アメリカ人の人質はもうご免だ！ 利率が上がるのはもうご免だ！ インフレはもうご免だ！ そして、ジミー・カーターはもうご免だ！」と、レーガンはエドワード・ケネディの演説からも引用してみせた。また、「この国はアメリカの夢に再び献身できる新政権を必要としている。この夢に新たな命を与え、アメリカを再び偉大にする政権である」と、レーガンは労働祝日（九月一日）の演説で語った(37)。以後、「アメリカを再び偉大に」（make America great again）も、レーガン陣営の決まり文句になる。後年、ドナルド・トランプがこの科白を援用することになる。ある選挙参謀によると、「同じことを一一〇回繰り返しながら、一一〇回目も初回と同様に新鮮に語る」能力が、レーガンにはあった(38)。

アメリカの有権者は大統領に、自分たちを代弁する資質（representation）と強さ（strength）を同時に求める。一方で、レーガンは自らを「メイン・ストリート・リパブリカン」（Main Street Republican）と呼んだ。「ウォール・ストリート・リパブリカン」（Wall Street Republican）に対して、「ごく普通の地方都市出身の共和党員」という意味である。彼は富裕層に応援され、本人も富裕層に属したが、党派を超えて庶民性に訴えることができた。他方で、経済状態が悪い時には強い大統領が求められる。一九三〇年代のローズヴェルトも、八〇年代のレーガンも、これに合致していた(39)。

やがて、南西部から西部にかけてのサンベルトでのレーガンの優位が固まり、勝敗は東部と中西部のラストベルトに移った。この地域で、レーガンは本来民主党支持のカトリックの肉体労働者に支持を広げていった。福音派や宗教右派の支援を得て、レーガンは南部でもカーターを脅かした。南部民主党の分裂の種を蒔いたのはジョンソンであり、それを育んだのはウォーレスである。南部バプティストのカリスマ伝道師ジェリー・ファルエル（Jerry Falwell）らの組織する保守的宗教組織「モラル・マジョリティ」（Moral Majority）も、レーガンを積極的に支持していた。このころまでには、南部バプティストは、プロテスタントの中で最大の教派になっていた。

この時期、アメリカでの福音派や宗教右派の台頭や、イランでのイスラーム革命、そしてヨーロッパでのローマ・カトリック教会の政治的関与など、宗教、とりわけ一神教が政治に大きな影響を与えつつあった。近代の政教分離の原則に対する「宗教の復讐」である(40)。こうした「宗教の復讐」にも助けられて、レーガンはローズヴェルトの構築した広範な「ニューディール連合」を破壊しつつあった。

追い詰められたカーターはさらに個人攻撃を強め、レーガンを公民権法に反対する人種差別論者と決め付けて、黒人の支持に頼った。

わずか三ポイント差で現職がリードする中で、大統領候補同士による公開討論会が決定的に重要となった。婦人団体の呼び掛けで、アンダーソンを除いて、カーターとレーガン二人のたった一度の討論会がオハイオ州クリーブランドで開かれたのは、投票日のわずか一週間前であった。政策の詳細に自信を持つカーターがレーガンとの一騎打ちを望み、調整が遅れたためであった。この間、アンダーソンの側近だったデイヴィッド・ストックマン（David Stockman）下院議員を相手に、レーガンは討論の練習を重ねていた。著名なコミュニケーション専門家も、レーガン陣営に雇い入れられた。そのため、レーガンは自信にあふれ、他方で、カーターは神経質に映った。カーターはここでも政策の詳細を語り、レーガンの無知やイデオロギー性、好戦性を際立たせようとした。

「そら、また間違ってる……」を連呼して、レーガンは聴衆を沸かせた。カーターはレーガンの軍拡路線を批判して、「(末娘の)エイミーによると、今の世界で一番重要な課題は核拡散防止だ」と語り、「大統領は小学生の娘を国家安全保障問題担当補佐官にしている」「エイミーを国防長官に」と、逆に嘲笑《ちょうしょう》の的にされてしまった。かつてジョンソン大統領がゴールドウォーター相手に一度だけテレビ・コマーシャルで用いた「ヒナギクの少女」を、カーターは無意識に連想していたのかもしれない。彼から見れば、レーガンはゴールドウォーター並みのタカ派だったし、エイミーは「ヒナギクの少女」によく似ていた。

多くの政敵たちがそうであったように、カーターはレーガンに対して、自らの知性と知識の優越を確信していた。だが、勝負を決したのは知性や知識ではなく、自信とビジョン、そして表現力だったのである。「この国は世界で最も偉大な国だ。われわれには才能も意欲も想像力もある。今われわれに必要なものはリーダーシップなのだ」と、レーガンは訴えている。

アメリカ国内だけで、実に八〇六〇万人がこの討論会を視聴したという。二〇一六年九月二十六日に民主党のヒラリー・クリントンと共和党のドナルド・トランプの間で行われた大統領候補討論会(国内で八四〇〇万人が視聴)まで、この記録が破られることはなかった。

さらに、レーガンが候補者だっただけあって、共和党は数多くのセレブをこの選挙に動員した。フランク・シナトラ、ディーン・マーティン(Dean Martin)、パット・ブーン(Pat Boone)、「ミスター・ラスベガス」と称された歌手のウェイン・ニュートン(Wayne Newton)に加えて、往年の大スター、ジェームズ・キャグニーまで登場して、「ベガスのクリスマス・スペシャル」さながらであった。

だが、民主党も負けてはいなかった。

予備選挙段階で、ウォーレン・ビーティ、アンジー・ディキンソン、ゴールディー・ホーン（Goldie Hawn）、マーティン・シーン、ベティ・デイヴィス、ジャック・レモン（Jack Lemmon）、シェリー・ウィンターズ（Shelley Winters）らは、こぞってエドワード・ケネディを応援していた。ケネディ元大統領と親交のあった者が多い。その中で、ディキンソンやデイヴィスは、レーガンのかつての共演者である。

カーターを支持したセレブも多彩であった。シンガーソングライターのジョニー・キャッシュ（Johnny Cash）、コメディアンのメリー・タイラー・ムーア（Mary Tyler Moore）、ボクシングのモハメッド・アリ（Muhammad Ali）、劇作家のニール・サイモン（Neil Simon）、テレビドラマ『六〇〇万ドルの男』（*The Six Million Dollar Man*, 1973–78）で人気を博したリー・メジャーズ（Lee Majors）、同じく『奥様は魔女』（*Bewitched*, 1964–72）のエリザベス・モンゴメリー（Elizabeth Montgomery）たちである。先述のように、モンゴメリーの父ロバートはレーガンの旧友で、熱心な共和党支持者であった。

ジョン・Ｆ・ケネディ夫妻が推進したセレブ政治が、二十年の歳月を経て、超党派でここまでに開花した。この間、一九七一年の連邦選挙運動法（Federal Election Campaign Act）によって、個人の献金は一候補者に対して一〇〇〇ドルまで、すべての候補者に対して年間で二万五〇〇〇ドルまでと規制された。個人献金を広範に募るためには、セレブの影響力がますます必要になっていたのである。

だが、上述の顔ぶれを見ればわかるように、実はレーガンを支持するセレブよりカーターを支持するセレブの方が多かったし、レーガン支持者たちは旧世代に属していた。ハリウッドの主流派は依然としてリベラルであり、とりわけ若い世代はそうであった。当時のＳＡＧ委員長エドワード・アズナー（Edward Asner）などは、レーガン批判の急先鋒で、政権発足後もレーガンの中南米政策やＳＤＩ政策を非難し、

「遅れてきたレーガン」の一人、チャールトン・ヘストンと論争を繰り返す。これまでの多くの政敵と同様に、カーターもレーガンを「元俳優」として攻撃しようとした。しかし、有権者の多くはそれを気にしておらず、すでにレーガンを経験豊かな候補者とみなしていた。「元俳優」に最も冷淡な産業界は、他ならぬハリウッドだったのである。映画、テレビ、出版業界に支持を求める手紙を二〇〇〇通出したが、一〇〇通しか返事はなく、しかも、九割は拒否回答だったと、レーガン陣営の一人が述べている(41)。

レーガンに対するこのハリウッドの冷淡は、現代大統領制の確立者ローズヴェルトの場合の熱狂と、大きく異なっていた。一九八〇年代を通じて、ハリウッド映画が大統領を積極的・肯定的に描いた例はほとんどない。この時代に最も熱心に大統領を演じたのは、他ならぬ「銀幕の大統領」自身である。その後も、映画にレーガンが登場する場合は、他の俳優が演じることより、本人の記録映像が示威的・断片的に用いられることの方が多い。大統領とハリウッドがメディア的華やかさを共有しながら、イデオロギー的に対立する構図は、トランプ政権の誕生で繰り返される(42)。

ハル・アッシュビー(Hal Ashby)監督『チャンス』(*Being There*, 1979)は、知的障害のある庭師チャンスが賢人と誤解され、テレビにも出演するようになって国民的人気を博し、やがて次期大統領候補に擬される物語である。もともとは、フリードリッヒ・ニーチェ(Friedrich Nietzsche)『ツアラトゥストラはかく語りき』(*Also Sprach Zarathustra*)のパロディなのだが、主人公の無知な発言が格言として受け止められ、テレビによって人気が高まるようすはレーガンそっくりだ、という意見もある。否、それはレーガンの実像ではなく、イメージにそっくりなのである。もちろん、政治に闖入《ちんにゅう》する素人としてチャンスはあのジェファーソン・スミスの変種でもあった。

一九八〇年にアメリカで公開された映画で、大統領をテーマにしたおそらく唯一の作品を紹介しておこう。ジョージ・メンデルック（George Mendeluk）監督『大統領の誘拐』（*The Kidnapping of the President*, 日本未公開）である。ハル・ホルブルック（Hal Holbrook）演じる大統領はエネルギー危機に対処しようとするが、カナダ訪問中にラテンアメリカの過激派に誘拐され人質になってしまう。大統領を監禁した車両には爆弾が仕掛けられており、シークレット・サービスが必死に大統領を救出しようとする。ウォーターゲート事件以降、久々に映画に描かれた大統領が、誘拐され人質になる――これも現代大統領制の衰退を象徴していよう。リベラルで知的な大統領は、もちろん、カーターのイメージを投影しており、作中の事件はイラン大使館の人質事件を連想させる。この映画では、爆弾の爆発寸前に大統領は救出される。

実際、討論会で圧勝したレーガン陣営が最後まで恐れたのは、この映画での爆弾の起爆装置のように、テレビが連日報じるイランでの人質事件発生からの日数が突然止まり、人質が解放されるという「十月の不意打ち」が起こることであった。カーター政権は人質解放に向けて全力投球しており、解決は間近と思われた。しかし、「十月の不意打ち」はついに起こらなかった。

投票前の最後のテレビ演説では、レーガンは旧友の「デューク」ことジョン・ウェインを引用した。「数百万人の人々にとって、デューク・ウェインはわが国の象徴でした。わが国が歴史のゴミ箱に捨てられるなど、彼は信じていませんでした。死の直前に、彼は持ち前の率直さでこう言ったのです。『アメリカ人によき大義を与えよ。そうすれば、乗り越えられないものなど何もない』と」(43)。これまた、カーターの悲観論への痛烈な一撃である。

圧　勝！

十一月四日の大統領選挙は、文字通りレーガンの「地すべり的」（ランドスライド）な圧勝となった。レーガンは四四州を制し、選挙人では四八九票を獲得した。一九六四年のゴールドウォーターの惨敗とは、まさに好対照であった。得票率では五一パーセント対四一パーセントで、一般投票数で八〇〇万票近い大差がついた。労働組合員の三分の一までが、共和党の大統領候補に投票していた。また、かつて民主党の地盤だった南部も、カーターの地元ジョージア州以外は共和党の赤色に染まった。南部の保守的な民主党員までもが、レーガンに投票したのである。彼らを「レーガン・デモクラット」と言う。かつて、レーガンは民主党から共和党に転向した。南部の民主党員の多くが、これを集団で追体験したのである。保守的な南部の白人が転向したことで、民主党はますますリベラルに、共和党はますます保守的にと、イデオロギーによる分極化が進むことになる(44)。

これに対して、カーターは六州と首都ワシントンで勝利したのみで、選挙人ではわずか四九票しか獲得できなかった。現職の大統領としては世界大恐慌中のフーヴァー以来の大敗であった。独立系候補のアンダーソンは、一般投票率では七パーセントを得たものの、選挙人を一人も獲得できなかった。

まだ西海岸やハワイ州ですべての開票結果が出ていないうちに、カーターは敗北宣言を発した。ロサンジェルスのセンチュリー・プラザ・ホテルで待機していたレーガンは、外出前のシャワー中に大統領からの祝意の電話を受けた。ホテル内の会場で、レーガンは熱気にあふれる支持者たちを前に挨拶に立った。「さて、みなさんの苦労はこれで終わりです。これからは私の苦労が始まります」と、次期大統領は例によってリンカーンを引用してみせた。「リンカーンは自らが大統領になった困難な時代を憂慮したかもしれませんが、恐れてはいなかったと思います」「私は将来に横たわるものを恐れていませんし、アメリカ国民が恐れているとも思いません。一致団結して、われわれはなすべきことをなそうとしているのです」。共和党大会での指名受諾演説と同様に、レーガンは二つの故郷タンピコとディクソンに感謝してスピーチを閉じた(45)。

この日の選挙では、共和党は上院でも五三議席を獲得した。現職の共和党上院議員は一人も落選しなかった。共和党が上院で多数派になるのは、アイゼンハワーが大統領に初当選した一九五二年以来である。アーカンソー、ミズーリ、ノースダコタ、ワシントンの諸州では、共和党は州知事選挙にも勝利を収めた。

では、一九八〇年の選挙は保守派の大勝と言えるのか。実は、それほど簡単ではない。まず、一般投票ではレーガンはわずかに過半数を制したのみであり、しかも、全体の投票率も第二次世界大戦以降では四八年に次いで低いものであった。

確かに、民主党は上院で三四の改選議席のうち一二議席を守ったにすぎないし、外交委員長のフランク・チャーチ（Frank Church）や元民主党大統領候補のマクガヴァンのようなリベラル派の大物議員が、落選の憂き目を見た。だが、民主党候補者の獲得票数の合計は、共和党の対抗馬のそれを四〇〇万票上回っていた。下院では、民主党は三四議席を失いながらも、二四三議席を確保して共和党の一九二議席を制した。ここでも民主党の獲得票数の合計は共和党のそれを二〇〇万票上回っている。つまり、新大統領が政権を安定的に運営するには、南部の保守的な民主党下院議員の協力が不可欠であった。州のレベルでも、共和党が勢力を伸ばしたが、知事の数で民主党は共和党に優越し、議員数では四四〇〇人対二九〇〇人と圧倒していた。

総じて、この選挙はレーガンや保守派の勝利と言うよりも、カーターの敗北であり、民主党リベラル派の敗北であった(46)。カーターは大きな原理と細かい目を持ってワシントンに赴いたが、両者を繋ぐ政策を具体化できなかった。そのため、四年前に評価された素人らしさや誠実さ、実直さといった美徳は、今や場当たり的、優先順位の欠如、頑迷、狭量という欠点に変わった。「カーター以外ならだれでも」（All but Carter: ABC）という空気が、有権者の間で支配的になったのである。

一九七〇年代を通じてアメリカの政治と社会の保守化は静かに進行していたし、レーガンの当選でその傾向はいっそう顕著になった。レーガン革命と呼ばれる所以《ゆえん》である。しかし、繰り返すが、この段階で明らかになったのはリベラルの敗北であって保守の勝利ではなかった。それゆえ、一九八〇年代を通じて、レーガンは時には大胆に、しかししばしば「革命」とはほど遠い慎重さで、政治と社会の保守化を推進していく。彼は第二のゴールドウォーターであるよりも、第二のニクソンになるかもしれなかった。やがて、保守派の一部はレーガンに裏切られたと感じることになる。

二　レーガン政権の発足

大統領就任

大統領当選に酔いしれる暇もなく、レーガンの政権移行チームは動き出した。エド・ミースはいくつもの政策タスク・フォースを編成し、また、カリフォルニア州知事時代以来の「衛兵」たちが参集した。側近たちによる非公式の人事委員会に、レーガンは要職ごとに三人の候補者を挙げるよう依頼した。準備不足のままサクラメントに赴いた折とは、大きな相違である。

準備が過ぎると見られた点もあった。オリヴァー・ストーン（William Oliver Store）監督『サルバドル 遥かなる日々』（*Salvador*, 1986）は、エルサルバドルの内戦と政府軍の残虐行為を取材しようとしたアメリカ人ジャーナリストの物語である。この作品では、一九八〇年の米大統領選挙にレーガンが勝利したことで、政府軍が勢いづき、早くもレーガン陣営の特使が彼らと接触しているようすが描かれている。政府軍は反政府勢力に共産主義者のレッテルを貼って、レーガン新政権の支援を取り付けたのである。先述のSAG委員長のアズナーは、レーガンのエルサルバドル政策を「正当化しがたい内政干渉」と批判し続けた(47)。

一九八一年一月二十日の午前十一時過ぎに、新旧の大統領を乗せたリムジンがホワイトハウスから大統領就任式の行われる連邦議会議事堂に向かった。車内で、レーガンはハリウッドでボスだったジャック・ワーナーの思い出(一九七八年に死去)を語った。自らの大統領就任に際して、彼は古典的ハリウッド映画の時代を回想していたのである。しかし、カーターはほとんど一言も発せず、レーガンの顔を直視することすら避けたという。「リムジンの中の空気は冷え冷えとしていた」と、レーガンは回想している。「ジャック・ワーナーとはだれのことだ?」と、カーターはのちに側近に問うた。イランからほどなく解放される予定のアメリカ大使館の人質たちのことで、彼の頭は一杯であった。この重大事に陽気にジョークを連発する後継者を、カーターは軽蔑していた。

この二人の冷め切った関係は、フーヴァーとF・D・ローズヴェルトのそれを連想させる。ローズヴェルト大統領の登場にハリウッドは歓喜し、「強い大統領」を応援する映画を数々世に送り出した。他方、フーヴァーもカーターも一期限りの大統領であり、現職として大敗を喫した。その不完全燃焼を補うために、両者は退任後も熱心に公共への奉仕を続けた。特にカーターは、国際紛争の平和的解決や民主主義と人権の発展に尽力し、二〇〇二年にはノーベル平和賞を受賞した。しばしば「史上最高の大統領経験者」と呼ばれる(48)。

いよいよ正午である。歴史的に、大統領就任式は議事堂の東側で行われてきたが、レーガン陣営の要請で、改修の終わったばかりの西側ファサード前で行われた。そのため、ワシントン、ジェファーソン、そしてリンカーンの記念堂が眺望できた。『スミス都へ行く』の衣鉢《いはつ》を継ぐ「銀幕の大統領」にとっては、絶好の舞台であった。もちろん、そのはるか彼方にはカリフォルニアが控えている。ラジオ仕込みのレーガンは言葉による視覚イメージの喚起を得意としたが、大統領は言葉に合致した舞台を選べた。以後、屋外での大統領就任式は、すべてこの場所で行われるようになった。

ウォーレン・バーガー（Warren Berger）最高裁判所長官の司式で、大統領就任の宣誓が始まった。映画の特殊効果よろしく、雲の切れ間から陽光が新大統領を照らし出した。レーガンが手を置いた聖書は、亡き母ネリが愛用したものであった。その母に連れられて朗読の初舞台に立った日を、あるいは彼は思い起こしていたかもしれない。ただし、今レーガンを見つめる観衆の数は、五〇万人に上っていた。

そして、全米で、世界中でおびただしい数の人々が、テレビを通じてこのようすを見ていた。すでにテレビの保有者数は電話のそれを上回り、世界中で日々生産されるテレビの台数は一日に生まれる子供の数に匹敵した。世界一六〇カ国で、およそ二五億人がテレビを見ていた。アメリカでは全家庭の九九パーセントがテレビを持ち、成人は平均して一日約七時間をテレビの前で過ごしていた。そうした中で、今回の大統領就任式は、イランでの人質解放のクライマックスと重なっていたのである。アメリカ人がテレビにこれほど注目したのは、ケネディ暗殺事件以来のことであった。しかも、主役の「ロナルド・レーガンとテレビはアメリカの社会に、プラグがソケットにはまりこむようにうまく適合していた」(49)。

「わが名をもて称《とな》えらるるわが民、もし自ら卑《ひく》くし、祈りてわが顔を求め、その悪《あ》しき道を離れなば、われ天より聴きてその罪を赦し、その地をいやさん」――旧約聖書の「歴代志」下第七章十四節が開かれていた。ソロモン王が神殿と王宮を建設したことを了として、神がイスラエルの民を赦すくだりである。そして、レーガンかつてアイゼンハワーが大統領に就任する際も、母親の希望でこの節が開かれていた。

の聖書には、「国民の病をいやすための最もすばらしい言葉」という、母ネリの手書きの言葉が添えられていた(50)。確かにアメリカは病んでおり、癒《いや》しと救済を必要としていた。

こうして、アイルランド移民の末裔、アルコール依存症の靴のセールスマンの次男、元B級映画俳優は、アメリカ合衆国の第四十代大統領に就任した。あと二週間で七十歳を迎える、史上最高齢の大統領の誕生である。愛妻ナンシーが寄り添い、久しぶりに家族も集まっていた。ただし、長女のパティは前年の大統領選挙で父に投票してはいなかった。

五二人のアメリカ人を乗せた飛行機がイランの領空を離れたのは、この宣誓直後の午後〇時三十五分であった。実に四四四日ぶりの解放である。レーガン陣営がイランと内通して、解放を引き延ばしたのではないかとの憶測もあるが、もちろん証明されていない。むしろ、最後までカーターに屈辱を与えようとする、イラン側の作為であった可能性が高い。

わずか二〇年の間に、暗殺と辞任によって、選挙によらない大統領の交代をアメリカは二度も経験してきた。民主的で秩序だった政権交代を「奇跡以外のなにものでもない」と呼んで感謝しながら、レーガンの大統領就任演説が始まった。カリフォルニア州からワシントンDCに向かう機内で、自ら推敲を重ねた演説である。

「現在の危機において、政府なるものはわれわれの抱える問題に対する解決策とはならない。政府こそが問題なのである」と、レーガンは自らの政治信条を明確にした。七〇年前にレーガンが生まれたころ、アメリカの連邦政府は「問題」にも「解決」にもならないほど小さかった。さらに、「連邦政府が諸州を作ったのではなく、諸州が連邦政府を作ったのだということを思い出す必要がある」と、ノスタルジーの政治家、政治的タイムマシーンらしく、新大統領は過去に未来の規範を照らし出そうとした。もとより、レーガンが知事を務めた全米最大のカリフォルニア州は、米墨戦争の結果アメリカがメキシコから譲り受けた土地であり、一八五〇年に連邦政府が州として認めたのである。しかし、そのような「些事《さじ》」は新大統領にとって問題ではなかった。

「われわれには壮大な夢を見る権利がある。われわれが英雄なき時代にいるという人々は、どこに目をむければいいのかわかっていない。……（英雄たちは）己の税金で政府を支え、己の才能で教会、慈善事業、文化、芸術、教育を支える者であり、その家族である。彼らの愛国心は静かだが深い」

「われわれは立ちはだかる諸問題を解決できるだろうか？　答えは当然「イエス」である。ウィンストン・チャーチルの言葉を言い換えれば、私は今、世界最強の経済を崩壊させるために宣誓したのではない」

チャーチルはかつて、「私は大英帝国を清算するために首相になったのではない」と語った。大統領在職中に、レーガンはチャーチルを一五〇回も引用している。

「自由の敵や潜在的な敵には、平和こそアメリカ国民にとって最高の希望であることを思い起こしてもらいたい。われわれはそのために交渉し、献身するが、屈服はしない――現在も、そして今後も」

「われわれの自制心を、決して誤解してはならない。……必要とあらば、われわれは勝利するに十分な軍事力を維持する。そうすることで、軍事力を行使する必要がなくなる可能性が最大化されることを知っているからである」

「小さな政府」と「強いアメリカ」という目標が、明確に謳われている。いわば、政治的ハイ・コンセプトである。

ワシントン、ジェファーソン、リンカーンの記念堂に言及しながら、レーガンは第二次世界大戦に従軍して西部戦線で戦死した若いアメリカ兵について語った。彼が残した日記には、祖国への献身の情が切々と綴られていた。ポトマック川の対岸にあるアーリントン国立墓地に、この若者も眠っている。実は、スピーチライターたちの調査によって、この若い兵士の遺体はウィスコンシン州に埋葬されていることが明らかになったが、視覚効果を重視するレーガンは、やはりこのような「些事」を無視した(51)。こうして、歴史上の偉人たちと一市民、そして、現前に広がるワシントンの光景が融合する。この歴史と光景の遠近法は、レーガンの、そして古典的ハリウッド映画の得意とするところであった。

今日、「われわれには自らを信じ、善をなす自らの能力を信じ、神の助けを借りて共に問題を解決すると信じる、最高の努力と意志が求められている」。

「結局、なぜそう信じなければならないのか？　われわれはアメリカ人だからである」(52)

明確な課題の設定、巧みな引用やエピソードの挿入、そして、国難を克服する愛国心の喚起――これまで繰り返された定型だが、カリフォルニア州知事の就任演説と比べても、さらに完成度が高い。

「お楽しみはこれからだ！」――すでに、フランク・シナトラの企画で前夜祭が盛大に行われていた（彼は二〇年前にもケネディのために同じ役割を果たした）。シナトラのほか、お馴染みのボブ・ホープ、ディーン・マーティン、ジェームズ・スチュワート、チャールトン・ヘストンらが集い、司会はコメディアンのジョニー・カーソン（Johnny Carson）が務めた。『スミス都へ行く』どころか『ハリウッド都へ行く』である。ホープは新大統領のハリウッド時代をからかい、彼は「嘘もつけない、法螺《ほら》も吹けない、騙《だま》しもできない。彼はいつも使い走り（agent）だったのさ」と言い放った(53)。聞きようによっては、笑えないジョークではある。何しろ、新大統領はハリウッドでワッサーマンの、そしてFBIの「使い走り」だったのだから。

一月二十日の夜には、さらに多くの政財界の有力者やハリウッドのセレブが集った。ワシントンでは、正式のパーティー会場だけで一〇カ所も開設され、一枚五〇〇ドルのチケットが飛ぶように売れた。ホワイトハウスでの晩餐会には八〇〇万ドルが、そのための陶器に二〇万ドルが、そして、ナンシー夫人のドレス一着に二万五〇〇〇ドルが投じられた。就任式の費用総額は、実に一九四〇万ドルに達した。四年前には、カーターはパーティー・チケットの上限を二五ドルに定めていた。就任式の費用総額も、三五〇万ドルにすぎなかった。

ニューヨークをはじめ各地からつめかけた大量のリムジンで、首都は交通渋滞に陥ったほどである。いや、それどころではない。ワシントンの空港までが、セレブたちの自家用機で一杯になっていた。レーガンお気に入りのジェリー・ビーンズが、赤白青と色とりどりに三・五トンも運び込まれた(54)。

ここで、レーガン大統領誕生の背景を整理しておこう。

まず、個人的な経験であり資質である。F・D・ローズヴェルトはラジオを活用して現代大統領制を確立し、『独裁大統領』をはじめとする映画が大統領を応援した。今度は二十世紀のメディアの変遷を体現した「銀幕の大統領」が、動揺する現代大統領制を再建しようとする。レーガンは、ラジオ、映画、テレビと、二十世紀を代表するメディアで活躍した。彼はラジオで絶妙な声と当意即妙の技を、映画では魅力的な笑顔と物語への自己投影の術を、それぞれ身につけた。その上、テレビを通じて、より広範な知名度を獲得したのである。

より広い意味で、現代大統領制の下で進行した政治とメディア、エンターテイメントの相互作用、そして、ケネディ以降に本格化したセレブ政治が、歴史的な背景をなしている。また、アメリカの人口分布や経済、政治の中心がラストベルトからサンベルトへと移行し、その中心にカリフォルニア州が位置したこと、そのカリフォルニアで共和党保守派が勢いを増し、ハリウッドの影響もあってセレブ政治が進展していたこと――これらがいわば地理的な要因である。何しろ、ある辛辣《しんらつ》なジャーナリストによれば、「サンベルトにはテレビとショッピング・センターよりも古い政治的伝統はない」というのである(55)。

こうした歴史的・地理的な要因ゆえに、映画と政治の距離は接近していた。レーガン以降の大統領も、レーガン的にならざるをえなくなる。「アメリカ全体が、レーガン大統領に似てカリフォルニア的になってしまった。元俳優、元カリフォルニア州知事たるレーガンは、アメリカのさまざまな側面に、西部の人工パラダイスがもつ、映画的で幸せに満ち、外向的《エクストラヴェルティ》で広告的な見方を広めた」と、フランスの思想家ジャン・ボードリヤール（Jean Baudrillard）も指摘している(56)。

このような個人的・歴史的・地理的な要因が重なって、レーガンは包括性において「右派のFDR」に、楽観性において「幸福な戦士」に、柔軟性において「実際的なイデオローグ」に、そしてノスタルジーにおいて「政治的タイムマシーン」に成り果《おお》せた。これらの複合的な政治的人格が、レーガンを「銀幕の大統領」にしたのである。

そこに、リベラルの退潮という政治的趨勢《すうせい》が重なった。人々は自信を回復したいと願っていた。しかし、「小さな政府」と「強いアメリカ」を実現するレーガンの時代の幕開けか、それとも強欲と競争と技術とスピード感覚から成る軽佻浮薄《けいちょうふはく》な時代の到来なのか――それはまだだれにも判然としていなかった。

こうしてレーガン政権が発足した。

新政権の陣容

新大統領が閣議室に最初に搬入を命じたのは、「サイレント・キャル」ことカルヴィン・クーリッジ大統領の肖像画であった。クーリッジは戦間期に大統領を務め、「アメリカの本務（ビジネス）はビジネスである」と述べたことで知られる。いわば、一九二〇年代の繁栄と「小さな政府」の象徴であり、もちろん、共和党員であった。彼は増税なしに第一次世界大戦後の債務を清算しているのに、歴史的に過小評価されていると、レーガンは感じていた(57)。レーガンとクーリッジ――「二人は個性と気質においては異なっていたが、知性と人生観では共通のものを多くもっていた。レーガンにもともと備わっていた《オリジナル》ものは、クーリッジと同じように、断固とした非独創性《アンオリジナリティ》だった」「もっと重要なことは、レーガンはクーリッジと同じように、時代の気質と完璧に一致していた」と、辛口のコラムニスト、ヘインズ・ジョンソン（Haynes Johnson）は述べている(58)。逆に、取り外されたのはジェファーソンとトルーマンの肖像画である。レーガンはかつて前者を尊敬し、しばしば引用してきたし、後者を熱心に応援したこともある。だが、二人とも民主党の大統領であった（前者はその始祖とみなされている）。

　また、カーターが特別な機会に限定していた「大統領頌歌《しょうか》」の演奏が再開された。レーガンは「小さな政府」を希求したが、現代大統領制の強さと威厳は保持しようとしていた。ただし、「この歌が私のために演奏されることに心安らかだったことはない」と語るように(59)、彼は制度的な権威を重視したのであり、個人的には庶民的に振る舞った。この威厳と庶民性の融合がレーガンの魅力であり、リーダーシップと代表制こそ世論が大統領に求めるところであった。もとより彼は現代大統領制などという専門用語を知らなかったが、彼の慣れ親しんだ古典的ハリウッド映画では、大統領は力強く自由と民主主義を体現していたのである。

　レーガン政権の主な陣容について、瞥見《べっけん》しておこう。

　まず、ジェームズ・ベーカー（James A. Baker III）が大統領首席補佐官に起用されたことは、保守派にとっては衝撃であった。ベーカーはフォード政権で商務次官を務め、ワシントン政治に通じた、名うての実務家であった。だが、彼はフォード、ブッシュと、二度にわたってレーガンの対抗馬の選挙を陣頭指揮したのちに、レーガン陣営に合流していた。つまり、ベーカーは新参者であり、また、イデオロギー的には穏健派であった。それだけに、この人事はレーガンのプラグマティズムを反映していたといえる。カリフォルニア州知事時代に、レーガンは民主党が多数を占める州議会対策に悩まされた。今回も、連邦議会下院は民主党が多数を握っている。実際、カリフォルニア州知事の経験などワシントンでは二軍の経験にすぎないと、オニール下院議長は早くも新大統領を牽制していた(60)。新大統領が最初にホワイトハウスの夕食に招いたのは、そのオニール夫妻であった。この議会対策を含めて、ホワイトハウスには堅実な運営が求められた。国政経験のないカーターは、ジョージア・マフィアと呼ばれた地元の側近たちを重用して、失敗していた。

カリフォルニア州時代からの側近ミースとディーヴァーはそれぞれ、大統領顧問と大統領次席補佐官に回った。実は、ミースは大統領首席補佐官の職を欲していたが、情報の管理と処理の能力が杜撰《ずさん》にすぎた。「彼はいつも中身のつまったブリーフケースを持っていた」「その奥には、おそらく一九六七―六八年ごろの書類が詰まっている」と、同僚の一人は回想している。また、首席補佐官として毅然と振る舞うにも、ミースは不向きであった。「エドが女性に生まれなくてよかった。彼はノーと言えないんだから」(61)。ただし、彼はレーガンのイデオロギーをほぼ完全に共有していた。

ディーヴァーはナンシー夫人の信頼が厚く、大統領の日程を管理していた。また、彼は「魔術師マイク」「映像の伝道師《ビガー・オブ・ビジュアルズ》」と呼ばれるほど、メディア対策に習熟していた。たとえば、レーガンが大統領執務室からテレビ演説する際には、窓のカーテンを開け放し、外の庭から窓に照明を当てることを、ディーヴァーは考案した。自然光のような照明は大統領を若々しく見せることができるからである。この照明装置には二万ドルが投じられた(62)。かつてレーガンが出演したB級映画は予算上の制約から視覚効果に重きを置けなかったが、ホワイトハウスではそれが可能であった。ディーヴァーはレーガンをA級に昇格させたのである。こうしてホワイトハウスは「東のハリウッド」になった。だが、それは有権者を視聴者にしてしまうことでもあった。

また、ディーヴァーとベーカーは、『ニューヨーク・タイムズ』紙と『ワシントン・ポスト』(*Washington Post*)紙に情報をリークして朝刊に掲載させ、ニュース価値を高めて三大テレビの夜のニュースに取り上げさせるという情報操作の手法を編み出した。『ニューヨーク・タイムズ』紙ではヘドリック・スミス(Hedrick Smith)が、『ワシントン・ポスト』紙ではルー・キャノンが優遇された(63)。

ミース、ディーヴァーにベーカーを含めて、この三人が「トロイカ」と呼ばれた。彼らは毎朝七時半に打ち合わせをした。この三人のうちだれか一人が同席しなければ、閣僚や補佐官でも大統領執務室に入れなかったという。もとより、どの政権でも「門番」は重要である。だが、とりわけ新大統領は都合のいいことを何でも信じてしまう傾向にあった。ディーヴァーによると、部下が提供した情報は「すべて大統領の頭のコンピューターに入力され、将来いつ何時飛び出してくるかわからない」のであった(64)。また、「トロイカ」は、大統領の行動が夜のニュースで一、二分のスポットに収まるよう、デザインすることを日々心掛けていた。これも政治版ハイ・コンセプトである。レーガンはカーターほど政策の中身には通じていなかったが、カメラを前にした存在感は前任者よりもはるかに大きかった(65)。

「トロイカ」に比べれば、国家安全保障問題担当大統領補佐官は、およそ無力であった。レーガン政権の八年間で、六人がこの職に就くことになる。初代のリチャード・アレン(Richard Allen)はミースに実権を握られ、大統領に直接報告する機会を持たず、オーヴァル・オフィスからも隔てられていた。「アレンのスタッフは、文書を綴《と》じること以外はほとんど何もしなかった」と揶揄されている。最初の記者会見でレーガン大統領は、「ソ連は犯罪に手を染め、嘘をつき、他者を欺く権利をつねに担保している」と発言して、並み居る記者団を驚かせた[66]。「そうだろう、ディック?」と大統領に問われて、アレンは「その通りです」と答えるしかなかった。「そうだと思ったよ」と、大統領は笑みを浮かべた[67]。

こうしたようすから、ベテランの駐米ソ連大使アナトール・ドブルイニン(Anatoly Dobrynin)は、レーガンを「カーターよりもはるかに悪く、はるかに危険」と評価していた[68]。ソ連に関するこの発言で、レーガンは数カ月後にテレビキャスターのウォルター・クロンカイトにあらためて詰問されたが、「彼らのイデオロギーに神はいません。宗教的な意味でわれわれの道徳感がないのです」と堂々と言ってのけた。

閣僚では、筆頭たる国務長官に、アレクサンダー・ヘイグ(Alexander M. Haig, Jr.)将軍が起用された。彼はニクソン、フォード政権で大統領首席補佐官を務め、その後は北大西洋条約機構(North Atlantic Treaty Organization: NATO)のヨーロッパ連合軍司令官に任じた。ヘイグを推薦したのはニクソンである。失脚した元大統領は、側近を通じて新政権に影響力を行使しようとしていた。確かに、ヘイグの経歴は申し分なかったが、彼は自己顕示欲が強く、大統領と決して親しくはなかった。しかも、ヘイグは「トロイカ」中心の政権運営にも批判的であった。「内閣の政府なのか、それともトロイカの政府なのか?」と、初回の閣議からヘイグは疑念を抱いたという[69]。国務省には、ヘイグのお目付け役として、レーガン側近の「判事」クラークが副長官で配された。だが、「判事」は外交問題には全く無知であった。

大統領と国務長官とのより本質的な相違は、政策の優先順位にあった。レーガンは長年デタントを批判してきた。カーター政権が締結した第二次米ソ戦略兵器制限条約(Strategic Arms Limitation Talks-II:

SALT-II）についても、「塩（salt）が効きすぎて身体に悪い」と冗談の種にしてきた。そのＳＡＬＴ－Ⅱは、ソ連のアフガニスタン侵攻のために、連邦議会上院で批准《ひじゅん》されないまま、それこそ「塩漬け」になっていた。交渉再開を求めるソ連のレオニード・ブレジネフ（Leonid Brezhnev）書記長からの親書を、新大統領は受け取った。だが、これは明らかに観測気球である。レーガンは交渉には乗らず、しかし、ヘイグの助言を容れて、ＳＡＬＴ－Ⅱの枠組みを遵守するバランス感覚を示した。

そこまではよかった。だが、レーガンにとっても「トロイカ」にとっても、新政権の最優先の政策課題は経済であり、インフレと失業問題への対応であった。ニクソンもそう助言していたし、それは世論調査の示すところでもあった。他方、ヘイグは対ソ外交の巻き返しを最重視していた。時として国務長官は大統領よりも過激で、キューバについて「あのいまいましい（f＿＿g.）島を駐車場にしてやろう」と語ることすらあった(70)。

国防長官はワインバーガーである。彼はかつてレーガン知事の財務長官を務め、ニクソン政権でも行政管理予算局長として大胆な予算削減策を実施して、「キャップ・ザ・ナイフ」（Cap the Knife）の異名をとった。しかし、彼はレーガン以上の対ソ強硬論者であり、国防予算の大幅増額に務める。ワインバーガーはしばしば色鮮やかな図表を用いて説明し、大統領の理解と支持を得た。これに対抗すべく、国家安全保障問題担当大統領補佐官はハリウッド風の短編映画を制作して、各国首脳についての大統領の理解を促す。ワインバーガー国防長官はヘイグ国務長官とは権限をめぐって、後述のストックマン行政管理予算局長とは予算をめぐって、激しく対立する。

そのストックマンは回想している。国防予算についての大統領への説明に、ワインバーガーは「尊大な漫画を持ってきていた。三人の兵士が描かれている。一人は何も武器を持たないピグミーだった。カーター予算を象徴していた。次の男はウッディ・アレンのような顔をした、四つ目のいかにも弱虫の感じで、小銃を持っている。これは――私かも？――ＯＭＢ（Office of Management and Budget, 行政管理予算局）の防衛予算だ。最後の一人はまさにＧＩジョーで、体重が一九〇ポンドもありそう。ヘルメットと防弾チョッキを着こみ、Ｍ―60マシンガンを威嚇するように――またも私に向けて？――構えている。この堂々とした兵士は、そう、国防総省の予算案を表していた」「あまりにも幼稚で卑しくて、ハーバード出の閣僚が、よくこんなものを合衆国大統領に見せられたなと、私は信じられない気持ちだった。彼は、ホワイトハウスがセサミ・ストリートに出演中だ、とでも思ったのだろうか？」(71)。ストックマンは皮肉たっぷりに語っているが、映画やテレビと融合したレーガン政治の本質を期せずして描写しているのである。

大統領選挙で陣頭指揮をとったケーシーは、待望の国務長官ではなくＣＩＡ長官の職に就いた。彼も対ソ強硬論者であり、アフガニスタンやポーランドで秘密工作を重ねる。「ビル・ケーシーのＣＩＡは、レーガン大統領に客観的な情報を報告するどころか、大統領を喜ばせるための情報をとりそろえた。だが、それは単にレーガンの政策を支援するための情報ではなく、ビル・ケーシーの政策選好を支えるＣＩＡのデータであった」(72)。彼は辣腕《らつわん》だが、言語不明瞭で日ごろから謎めいていた。のちに、ケーシーもワインバーガーも、イラン・コントラ事件で重大な責任を問われることになる(73)。

財務長官には、ドナルド・リーガン（Donald Regan）が起用された。ウォール街の大手証券会社メリル・リンチの会長兼最高経営責任者（Chief Executive Officer: CEO）として、辣腕を振るった人物である。彼はサプライサイド経済学に基づいて、後述のように「レーガノミックス」を推進した。政権二期目にはベーカーと交代して大統領首席補佐官となり、「首相」のあだ名を進呈されたが、政敵が多く、とりわけ大統領夫人のナンシーと対立する。

先述のストックマン行政管理予算局長は弱冠三十四歳、過去百五十年間で最も若い閣議出席メンバー（閣僚級）となった。彼はハーヴァード大学神学部を卒業しただけあって原理・原則にうるさく、レーガン以上にレーガン的に予算削減を徹底しようとした。社会保障費を守り国防費を増やし、予算均衡よりも景気回復を優先する大統領の姿勢を、彼は理解できなかった。また、ヘイグ同様、ストックマンも「トロイカ」を中心としたホワイトハウスの運営に反発する。

ストックマンは大統領候補だったアンダーソンの元側近であり、ベーカーはフォード、ブッシュ陣営にいた。運輸長官に起用されたルイスも、一九七六年の大統領選挙に際してペンシルヴァニア州でレーガンの勝利を阻んだ人物である。八〇年の大統領選挙でコナリー候補の陣営で報道官を務めたジェームズ・ブレディ（James Brady）は、大統領報道官に任じられた。リンカーンが有力な政敵を四人までも主要閣僚として政府に迎えた故事は、「チーム・オブ・ライバルズ」（team of rivals）としてよく知られている(74)。実は、レーガンも同様の人事を行っていたのである。

いかにもレーガンらしい人事もあった。一九七六年の共和党予備選挙で副大統領候補に選んだシュワイカーを、保健福祉長官に起用したのである。負け戦に付き合った返礼である。また、長身の二枚目俳優ジョン・ギャビン（John Gavin）がメキシコ大使に任命された。彼はジェームズ・ボンド役にキャスティングされたこともある（実現はしなかった）。レーガン同様、ギャビンもSAGの委員長を務めていた（七一―七三年）。大使としては、彼は麻薬対策に尽力し、メキシコでの反米感情に対峙した。

ただし、関心の乏しい分野の人事では、レーガンは側近たちの助言に頼った。たとえば、サミュエル・ピアース（Samuel Pierce）住宅都市開発長官である。彼はレーガン政権の閣僚の中で、唯一の黒人であった。だが、レーガンとピアースの関係は、相棒もの映画とはほど遠かった。ピアース長官が黒人の市長たちの一団をオーヴァル・オフィスに連れて行った時、別れ際にレーガンは彼にまで「さよなら、市長」と声をかけたのである。これは人種差別的な態度ではなく、無関心の発露であった。

レーガンはのちにヒスパニック系を史上初めて閣僚に起用するし、八年間で三人の女性を入閣させてもいる。その一人が民主党の対ソ強硬論者ジーン・カークパトリック（Jeane Kirkpatrick）で、女性として初めて閣僚級の国連大使の職に就いた。また、大統領はサンドラ・オコナー（Sandra Day O'Connor）を、これも女性として初めて最高裁判所判事に指名している。女性票やマイノリティー票の獲得が少ないことを、それだけ意識していたのである。

明らかに失敗の人事もあった。レーガンは教育省の廃止を選挙公約にしていたが、果たせず、テレル・ベル（Terrel Bell）を長官に据えた。だが、ベルは議会の一部や教職員組合とも連合して省益の拡大を図る。また、保守派の意向を受けて、ジェームズ・ワット（James Watt）を内務長官にしたものの、彼は環境保護に反対し、規制緩和を極端に進めたため、議会共和党の支持さえ得られなかった。「私は民主党員と共和党員という表現を用いない。リベラルとアメリカ人とだ」と彼は公言し、民主党を侮辱しさえした。ワットは二年足らずで退任に追い込まれる。こうした人事の失敗は保守派の失望を招き、「レーガンらしくしろ」と憤る者も少なくなかった。

また、レーガンの地元カリフォルニア州のスタンフォード大学にあるフーヴァー戦争・革命・平和研究所（Hoover Institution on War, Revolution, and Peace）や、アメリカン・エンタープライズ公共政策研究所（American Enterprise Institute）、ヘリテージ財団（Heritage Foundation）といった保守系のシンクタンクが、新政権に豊かな人材とアイディアを提供した。ヘリテージ財団などは、一六〇〇人もの学者の名前をコンピューターに登録して、政策論争やイデオロギー論争に備えていた。F・D・ローズヴェルト政権やケネディ政権で東部の名門大学の教授たちが果たした役割を、レーガン政権ではこれらのシンクタンクが担ったのである。

このように、カリフォルニア州以来の譜代か外様か、イデオロギー重視の保守派か実務重視の穏健派か、内政優先か外交重視かと、レーガン政権の人間関係は幾重にももつれ合って対立し、映画さながらの宮廷劇が展開される。そのため、情報漏洩は日常茶飯事となる。

迷宮の中の日常

この迷宮の中で、レーガンは国家元首としての象徴的な機能を巧みに果たしながらも、行政府の長としては効果的な統治にいたらなかった。「われわれの右手は左手が何をしているのかをつねに知っているわけではない」と彼自身が語ったように、政権内の混乱が顕著であった。多くの場合、レーガンは政策の詳細には習熟せず、いったん決断すると、部下たちにその実行を全面的に委ねた。大統領の関心と直感が連動すればうまくいくが、そうでないと時として悲劇を招くことになる。だが、「実際的なイデオローグ」として、レーガンは基本的に柔軟で現実的であったし、彼に最も大きな影響力を持つ妻ナンシーも、夫の評判を守るためにイデオロギーではなく現実に基づいて対処しようとした。

知事夫人時代と同様、否、それ以上に、ホワイトハウスでもナンシーは華美で贅沢だと批判された。一九八二年三月に著名なジャーナリストたちの晩餐会で、彼女は中座し、黄色のブーツなど奇抜な品々に身を包んで再登場して、「古い洋服、古い洋服ばかり」と当時の流行歌の替え歌を歌って満座を沸かした。華美という日ごろの批判へのお返しであった。また、政権二期目になると、ナンシーは『ホワイトハウスでのパフォーマス』というテレビ番組の司会を務め、若手の芸術家たちを世に紹介した。彼女もファースト・レディーとして、ハリウッドでの経験を巧みに活用したのである。これもジャクリーン・ケネディを意識した結果であろう。

レーガンには、怠惰だという批判がしばしば向けられた。たとえば、高齢の大統領は毎日昼寝の時間をとり、あまり働かなかったと批判されるが、正確ではない。彼は昼寝をしなかったし、オーヴァル・オフィスを去る時には通常多くの書類を持ち帰り、夜遅くまで原稿を書き日記を綴った。「緊急時にはいつでも私を起こすようにと命じてある。たとえ閣議の最中でも例外ではない」――レーガンは力んで反論するより、得意のジョークで批判をかわした。

レーガンは大統領職に敬意を示し、オーヴァル・オフィスではつねにネクタイとジャケットを身につけていた。だが、ホワイトハウスを離れることにも熱心で、可能なかぎり週末はキャンプ・デーヴィッドで過ごした。そこでの夜に、レーガン夫妻は往年のハリウッド映画や時には最近の映画を楽しんだ。一九八一年一月三十一日にボブ・クラーク（Bob Clark）監督／ジャック・レモン主演のコメディ『マイハート・マイラブ』（*Tribute*, 1980）を観賞してから、八九年一月十四日に自らが出演した『バファロウ平原』を堪能するまで、大統領夫妻が観賞した映画は確認できるだけで三六〇本を超える。自分の出演作では、「ギッパー」を演じた『ニュート・ロックニー』が一番のお気に入りであった(75)。

だが、意外にも在職中に最も頻繁に映画を見た大統領は、カーターである。その数は、四年間で四〇〇本である(76)。レーガン大統領はコメディを最初に観賞したが、カーターがホワイトハウスで最初に観た作品は、『大統領の陰謀』であった。「私はリチャード・ニクソンがかつて身をおいたこの場所と責任が、今は自分のものである現実に奇妙な感じを抱いた」と、彼は一月二十二日の日記に綴っている(77)。

そのニクソンも映画愛好家で、大統領在職中の五年七カ月間に観賞した映画は五〇〇本を数える。とりわけ、一九七〇年のカンボジア侵攻の際には、彼は公開直後のフランクリン・シャフナー監督『パットン大戦車軍団』(*Patton*, 1970) を三度も観賞している。大統領はかつての「よい戦争」に思いを馳せ、昔の上司アイゼンハワーを回想したであろう。ニクソンやカーターのような内省的政治家の方が、映画との対話を必要としたのかもしれない(78)。

さて、レーガン夫妻はしばしばカリフォルニア州の牧場にも帰った(大統領としての八年間のうち、夫妻は通算で一年をカリフォルニアで過ごしている)。そこでシャツを腕まくりしてジーンズをはき、乗馬を楽しむ大統領の姿は、彼の健康を示すとともに、フロンティア精神に満ちた過去とアメリカの未来を結び付けるイメージ戦略でもあった(79)。他方で、これがレーガンをかつての「カウボーイ俳優」や「西部劇俳優」とする誤解や、それをタカ派イメージに結び付ける曲解の一因ともなっていよう。

ホワイトハウスでの端正なスーツ姿とカリフォルニアでのジーンズ姿は、威厳と庶民性というレーガンの包括性を示している。

レーガンはリラックスした姿勢で、滅多に激昂することはなかった。老眼鏡を机の上に投げ捨てるのが、彼の最も強い怒りの表現であった。また、他人の話を遮ることもほとんどなかったが、会議中に大統領がジェリー・ビーンズを食べ出すと、それは退屈の合図であった。

初年の諸政策

まずは経済政策である。レーガンの計画は単純であった。インフレを抑え、国防費を除く予算を削減し、規制緩和と減税を行い、予算を均衡させるというものである。リベラル派はこの矛盾の多い政策を「レーガノミックス」と呼んで揶揄した(80)。

大統領就任の当日に、レーガンは連邦政府による新規雇用と備品購入を凍結し、その直後に旅費とコンサルタント料の削減を命じた。こうした象徴的な行動の後、二月五日に大統領はテレビで演説して、「アメリカは大恐慌以来、最悪の経済的混乱にある」と訴えた(81)。何しろ、連邦政府の財政赤字は八〇〇億ドルに達し、インフレ率一二パーセント、失業率七・五パーセント、金利は二〇パーセントであった。レーガンによれば、七〇〇万人に上る失業者が三フィート間隔で並べば、メイン州の海岸からカリフォルニア州にいたることになる。得意の視覚的イメージの喚起である。ラジオの術と言えよう。また、このテレビ演説の際に、大統領はわかりやすい図表を使って、巧みに説明を展開した。これは彼が求める説明スタイルでもあった。こうした重要なテレビ演説とは別に、毎週土曜日に大統領はラジオを通じて国民に語り掛けた。レーガンのラジオへの愛着と信頼がうかがえる。

こうした世論への働き掛けの上で、二月十八日にレーガンは議会に赴いた。大統領はここで、①六年間で五四九三億ドルの財政支出削減、②三年にわたる個人税の一律一〇パーセント削減、③環境問題などの社会的規制を含む、政府規制の大幅な撤廃、④安定的な金融政策の運営を柱にした「経済再生計画」を発表した。一九八一年の段階で、アメリカが抱える累積債務は一兆ドルに近づきつつあり、ドル紙幣で積み重ねると六七マイルに達すると、ここでもレーガンはわかりやすい視覚的比喩《ひゆ》を繰り出した。ただし、①に関しては、国防支出は六年間で一六九二億ドルの増額を見込んでいる上、支出削減は具体性に欠けた。有権者は原則として政府の支出削減には賛成だが、具体的には自らにかかわる予算の削減には反対である。つまり、「理論的には保守派」であり「運用上はリベラル派」なのである(82)。当然、減税は支出削減よりも容易である。レーガンは減税を優先させることによって、「経済のルビコン川」を渡るよう有権者に呼び掛けたと、歴史家のブランズは指摘している(83)。

もちろん、ブッシュ上院議長（副大統領）はもはや、これを「お呪いの経済学」とは呼ばなかった。しかし、下院で多数を握る民主党は難色を示した。とりわけ、オニール下院議長は手ごわかった。彼はレーガン同様に陽気なアイルランド系で、おそらくカーターとよりはレーガンとの方が、個人的には気心が知れていた。レーガンとオニールの間には、午後六時以降には政争はしないとの合意すらあった。しかし、オニールは百戦錬磨の、しかも党派心剝き出しの政治家であり、『最後の歓呼』の市長のように義理人情としたたかな駆け引きの世界で育ってきた。下院議長は大統領を「逆ロビン・フッド」として描こうとしていた(84)。

外交面では、レーガン政権は一月二十八日に最初の国賓として韓国の全斗煥《チョンドファン》大統領をワシントンに迎え、米韓関係の改善を図った。同盟関係強化のためには、軍事クーデタで権力を掌握した者も歓迎し、カーターのように人権問題をふりかざさないという意思表明であった(85)。二月二十五日には、イギリスのサッチャー首相がやって来た。米英両首脳は対ソ関係やポーランド情勢、中南米での共産主義勢力の進出、経済問題などを議論し、あらためて意気投合した。ホワイトハウスの会議室では、レーガンが机の上のジェリー・ビーンズに三〇もの風味があることを指摘し、「ピーナッツ味をどける時間がまだなくてね」とジョークを発した。ピーナッツ農園の経営者だったカーターへの皮肉である。イギリス大使館でのパーティーでは、サッチャーが「夜の二時に目を覚まして、自分が直面しているすべての課題を思い出しても、それに耐えるだけの勇気」が必要だと挨拶した。レーガンはこれにいたく感動したという(86)。レーガンのリラックスした姿勢とサッチャーの生真面目な態度は好対照だが、二人は強い信念と使命感を共有していた。サッチャーは支持率の低下に悩んでいたが、この訪米の成功は、少なからず彼女を助けた。また三月の世論調査では、六六パーセントのアメリカ人がレーガンの経済政策を支持しており、レーガン政権も好調な出だしとなった。

三　大統領撃たれる

『タクシー・ドライバー』の再演

ところが、深刻な試練がレーガンを襲った。

リンカーン以来、二〇で割り切れる年に当選した大統領は、在任中に不遇の死を遂げるというジンクスがあった。「テカムセの呪《のろ》い」(Tecumseh's curse)と呼ばれる(テカムセは呪いをかけたとされる先住民の酋長の名前)。レーガン大統領の当選は一九八〇年であり、実際に大統領暗殺未遂事件が発生したのである。

一九八一年三月三十日の夜には、アカデミー賞の授賞式が予定されていた。「銀幕の大統領」は、すでに祝辞のテープ録音を終えていた。アカデミー賞に大統領がメッセージを贈った最初は一九四〇年で、F・D・ローズヴェルトによる。午後二時十五分前にホワイトハウスを出て、二時からワシントン・ヒルトン・ホテルでアメリカ労働総同盟・産業別組合会議(American Federation of Labor and Congress of Industrial Organizations: AFL-CIO)の建設業部門全国大会で演説し、二時三十五分にホテルを出てホワイトハウスに戻り、三時十分から下院歳入委員会の共和党メンバーと懇談するという、あわただしいスケジュールであった。かつてハリウッドで労働組合の委員長を務めたレーガンは、AFL―CIOの会員だったことのある、現在のところただ一人の大統領である。もちろん、AFL―CIOは共和党を支持していなかったが、トラック運転手の組合など一部はレーガンを支持しており、大統領はブルーカラー層に「レーガン・デモクラット」を拡大する必要を感じていた。そこで、彼は古い組合員証まで帯同した。レーガンは例によってAFLの創立者サミュエル・ゴンパース（Samuel Gompers）を引用し、「人が自分でできることやしなければならないことを、代わりにやってしまうのは、危険なことだ」と、個人の責任を重視し、過度の社会福祉を批判した。

二時二十七分のことである。ホテルを出てリムジンに乗り込もうとした時、レーガンはポン、ポン、ポンという花火のような、小さな破裂音を耳にした。「いったい何だ、これは？」と、大統領は振り向いて尋ねた。ブレディ大統領報道官とシークレット・サービスが一人、警官が一人、倒れていた。犯人らしい青年に、シークレット・サービスと警官が何人も覆い被さった。この衝撃的な動画は、事件直後から繰り返し放映された。ケネディ暗殺の際に、動画が規制され長らく静止画像が用いられていたこととは、大きく異なる。

シークレット・サービスの責任者ジェリー・パー（Jerry Parr）が、大統領を強引にリムジンに押し込んだ。「ローハイドは無事」と、彼は大統領のコードネームを用いて、シークレット・サービスの本部に無線連絡した。だが、レーガンはそれまでに経験したことのない激痛を感じていた。「君は私の肋骨《ろっこつ》を一本折ったらしいぞ」と、大統領はパーに文句を言った。そうではなかった。すでにレーガンの白いシャツは真っ赤に染まって、流れ出た血があわ立っていた。呼吸も困難になってきた。パーはとっさに目的地をホワイトハウスから変更して、近くにあるジョージ・ワシントン大学病院に急行させた。

リムジンが病院に到着すると、瀕死のレーガンは何とズボンのしわを伸ばし、ジャケットのボタンをとめて、立ち上がった。そして、シークレット・サービスに挟まれながらも、彼は急患用の入り口まで自ら歩いていった。院内に入るや否や、大統領は崩れ落ちた。女性看護師は脈拍を確認できなかった。「死んだ」と、シークレット・サービスの一人が思わずつぶやいた。だが、担架で運ばれている最中に、大統領は意識を半ば取り戻した。受付のインターンが患者の名前を尋ねた。「レーガン。R―E―A―G―A―N」と、同行したディーヴァー大統領次席補佐官が呆れながら答えた。「ファースト・ネームは？」、「ロン」。「住所は？」、「ペンシルヴァニア通り一六〇〇番」。インターンは絶句した(87)。

ナンシーは病院に急行した。レーガンは酸素マスクを外して、「ハニー、頭を下げてかわすのを忘れてたよ」とささやいた。一九二六年にボクシングの世界チャンピオンを奪われた夜、ジャック・デンプシーが妻に語った言葉である。青春時代の記憶であり、スポーツ・アナウンサーとして繰り返してきた話題でもあろう。ナンシーの方こそ、「お願い、話をしないで」と言うのがやっとであった。

少し遅れて駆け付けたベーカーとミースを見ると、「だれが留守番をしてるんだ？」と、レーガンは問い掛けた。また、手術室に運ばれる途中、患者の手を握る女性看護師に、「ナンシーには内緒だよ」と瀕死の老人はつぶやいた。さらに、麻酔をかけられる前には、大統領は医師たちを見回して、「あなた方がみな共和党員だといいんですがね」と語り掛けた。答えた医師も気が利いていた。「大統領閣下、今日われわれは全員共和党員ですよ」(実は、彼は民主党員であった)。

生死の境にあってなお、レーガンはユーモアを失わなかった。これを元俳優の習性とみなすことは容易だし、これまでもブラウン知事やニクソン、フォード、カーターの各大統領ら、数々の政敵が彼を元俳優と過小評価してきた。しかし、今回の事件で、多くのアメリカ人はレーガンに政治家の雅量、指導者の胆力を看取した。ケネディ大統領やキング牧師の暗殺に匹敵しうる事件を、レーガンはまるで映画のエピソードのように演出したのである。そう、流行のハイ・コンセプトのように明確に、古典的ハリウッド映画のようにハッピーエンドに。「近年にこのような（人格の）誇示を目撃したことはない。われわれの大統領を誇りに思う」と、民主党リベラル派のダニエル・パトリック・モイニハン（Daniel Patrick Moynihan）

上院議員ですら語っている(88)。

もちろん、その後もレーガンへの過小評価は続いた。民主党の長老クラーク・クリフォード（Clark Clifford）などは、ディナーでの私的な会話とはいえ、レーガンを「愉快な間抜け」（amiable dunce）とまで酷評した(89)。同じく民主党の長老ウィリアム・フルブライト（J. William Fulbright）元上院議員も、「他人が用意したせりふカードがなければ何もしゃべれない。そんな男が立派な政治指導者になれるはずがない」と回想している(90)。だが、ほとんどの場合、カードの科白はレーガン自身によって推敲が重ねられていた。旧世代によるこうした党派的な酷評は、大方の共感を得るところではなくなった。

さて、いよいよ手術が始まった。リムジンに当たって跳ねた弾丸が大統領の左脇から入り、心臓近くで止まっていた。ホテルを出てからリムジンまでの距離が近かったため、シークレット・サービスは大統領に防弾チョッキの着用を求めていなかったのである。弾丸の射入孔が小さく、医師たちは発見に手間取った。手術は四時間に及び、大量の輸血を要した。やがて意識を回復したレーガンは、看護師に言った。「もしハリウッドでこれほど注目されていたら、ずっとあそこにいただろうね」(91)。本人はジョークのつもりだったかもしれないが、これは正鵠《せいこく》を射ている。

犯人はジョン・ヒンクリー・ジュニア（John Hinckley, Jr.）という二十五歳の若者で、精神を病んでいた。彼は女優のジョディー・フォスターに多くの手紙を送り、彼女と交際していると思い込んでいた。すでに述べたように、そのフォスターが十二歳の娼婦役を衝撃的に演じたのが映画『タクシー・ドライバー』であった。そして、この作品の中で、主人公が大統領候補を暗殺しようとする。ヒンクリーはこの映画を一五回以上も観ており、フォスターの関心を惹くために、自ら実際の大統領の暗殺を企てたのである。当初の目標はカーター大統領であったという。ブッシュ副大統領も、ヒンクリーから脅迫状を受け取ったことがある。

　これまで述べてきたように、『タクシー・ドライバー』のエピソードは、一九七二年大統領選挙でのウォーレス暗殺未遂事件を下敷きにしており、この暗殺未遂事件は映画『時計じかけのオレンジ』の暴力性に触発されていた。映像から現実へ、そして現実から映像へと、映画と政治の関係が循環していた。その上、撃たれたレーガンは元映画俳優であり、彼は事件を映画のように演出してみせた。さらに言えば、彼を救ったジェリー・パーは、子供のころにレーガン主演のシークレット・サービスの映画を観て、この特殊な職業を志したのである。さらに、これらの映画をシークレット・サービス経験者が監修していた。当夜に予定されていたアカデミー賞の授賞式も、この事件のために一日延期された。キング牧師暗殺の時と同じである。そして、この授賞式で主演男優賞に輝いたのは、スコセッシ監督『レイジング・ブル』(*Raging Bull*, 1980) に主演したロバート・デ・ニーロ (Robert De Niro) であった。あの『タクシー・ドライバー』でも、この二人がコンビを組んでいる。レーガン暗殺未遂事件には、映画が幾重にも関係していたのである。

　「リンカーンを撃ち抜いた弾丸がガーフィールドを、マッキンレー〔William McKinley〕をも貫通したあげくに、一九世紀から二〇世紀への扉をこじあけ、シオドア・ローズヴェルトの華々しい登場を用意したことは、疑いようがない」(92)と、アメリカ文学者の巽孝之はかつて記した。この顰《ひそみ》にならえば、キューブリックの解き放った暴力がウォーレスの一命を狙い、スコセッシによって銀幕に回収された上で、「銀幕の大統領」の華々しい活躍を用意したことも、ほとんど疑いを容れない。この間に、ニューディール連合が崩壊して、南部でレーガン・デモクラットが誕生し、レーガン革命の地ならしがなされたのである。さらに、映画的なイメージが現実に影響を与えたという意味では、この暗殺未遂事件の延長線上に、二〇〇一年九月十一日の同時多発テロを置くことができよう(93)。「政治は現実であり、映画は虚構の世界だ」とフルブライトは批判するが(94)、そのように単純な二分法は当たらない。

もちろん、この事件ものちに、サイラス・ノーラスティ(Cyrus Nowrasteh)監督『レーガン大統領暗殺未遂事件』(*The Day Reagan Was Shot*, 2001)としてテレビ映画化されている。『ランボー』(*Rambo*)シリーズの常連リチャード・クレンナ(Richard Crenna)がレーガンを演じた。また、クラーク・ジョンソン(Clark Johnson)監督『ザ・センチネル 陰謀の星条旗』(*The Sentinel*, 2006)の冒頭には、レーガン暗殺未遂事件の映像が配されている。この事件で自ら被弾して大統領を守ったベテランのシークレット・サービスが、この映画の主人公である。ただし、くだんのシークレット・サービスは、今ではこともあろうに大統領夫人と不倫している。レーガンは現代大統領制の威信を再建しようとしたが、その後のクリントンの不倫騒動などで、それは再び大きく傷ついてしまうのである。

回復と余波

七十歳という高齢にもかかわらず、レーガンの回復は早かった。さすがは乗馬を愛する元水難救助員である。翌日の夜には、延期されたアカデミー賞授賞式のテレビ中継を、病室でナンシーと楽しんでいる。レーガンの受難と回復は、『ロッキー』のそれを、さらにはキリストのそれさえ想起させたと、コミュニケーション研究者のクリス・ジョーダン(Chris Jordan)は指摘している。また、スタローン自身が監督まで務めた『ロッキー3』(*Rocky III*, 1982)では、主人公は筋肉を増し肉体改造している。高齢だが健康でスポーツを愛する大統領のイメージも手伝って、一九八〇年代のアメリカはフィットネス・ブームを迎え、逞《たくま》しく引き締まった肉体が上昇志向の中産階級のイコンになる(95)。それは一九二〇年代のスポーツ・ブームの再来でもあった。

だが、ナンシーは精神的打撃から容易には回復できなかった。この事件以降、彼女はますます占星術師の占いに幻惑されていく。レーガン暗殺未遂事件の六週間後にはローマで法王ヨハネ・パウロ二世が暗殺未遂事件に遭遇し、五カ月後にはエジプトでサダト大統領が暗殺された。ナンシーにとって、これらは偶然ではなかった。しかも事件の一週間前には、レーガン夫妻はオニール下院議長夫妻と共に、フォード劇場に観劇に赴いていた。リンカーンが暗殺された、あの劇場である。一九七〇年代にヒットしたウィリアム・フリードキン（William Friedkin）監督のオカルト映画『エクソシスト』（*The Exorcist*, 1973）や『オーメン』を連想した者もいる。

さて、権力とは難儀なものである。多くの者が大統領を見舞ったが、患者の容態を気にするよりも、自分と大統領との親密な関係をメディアに誇示することが目的の者も少なくなかった。こうした連中を容赦なく排除するのが、ナンシーの仕事であった。共和党の長老ストロム・サーモンド（Strom Thurmond）上院議員が許可なく見舞いに来たことに彼女は激怒し、以後、大統領の病室前には二四時間の監視態勢が敷かれた。大統領を公式に見舞う最初の来訪者は、政敵であるべきだと、戦略家のベーカー首席補佐官は考えた。そこでオニールに白羽の矢が立った。彼はベッドの脇に跪《ひざまず》き、患者の手をとりながら、「主はわたしの牧者であって、わたしには乏しいことがない」という旧約聖書の詩篇第二十三篇を朗読した(96)。

当然、この暗殺未遂事件は、いくつもの政治的波紋をもたらした。

まずは、事件当日のことである。

大統領遭難の報に、ホワイトハウスは蜂の巣をつついたような騒ぎになっていた。ブッシュ副大統領はテキサスに遊説中で、留守であった。憲法の修正第二十五条を根拠に、副大統領を大統領代理にすることも可能ではあった。だが、保守派はブッシュを信用していなかった。ベーカー首席補佐官は、そのような決定がブッシュとベーカーによるクーデタとみなされることを恐れた。この躊躇《ちゅうちょ》が権力の不在を現出させてしまった(97)。

ブレディ報道官も撃たれていた（一時は、誤って死亡と報じられた）。押し掛ける記者たちに、ラリー・スピークス（Larry Speaks）副報道官が定例記者会見室で必死に対応した。「米軍は緊急配備についたのか」という質問に、スピークスは「聞いていません」と答えた。報道官の常套《じょうとう》文句である(98)。

だが、その後もスピークスの応答は要を得なかった。シチュエーション・ルーム（危機管理室）で、ヘイグ国務長官とアレン補佐官はこのようすに苛立っていた。「彼を降ろさなくては」と前者が言い、後者も同意した。二人は定例記者会見室に赴き、ヘイグが「どけ」と文字通りスピークスを押しのけ、「現在のところ、……私がホワイトハウスの指揮をとっている」と大見得を切った。副大統領がテキサスからワシントンに戻る途次だったからである。「わが国民はもちろん、全世界に対して実効力のある政府が存在していることを示さなくてはならないのだ」と、ヘイグは考えたという(99)。しかし、当のヘイグは顔を赤らめ息を荒げており、とても他者に平静を呼び掛けるようすではなかった。しかも、大統領の職務継承順位では、国務長官は副大統領のみならず、下院議長と上院仮議長（慣例として、多数党の長老議員が務める）に次ぐ第四位であった。「とんでもない」とワインバーガー国防長官が、「気でも狂ったか」とリーガン財務長官が反発した。陰謀渦巻くレーガン宮廷のことである。これがヘイグ失脚の第一歩となる。先述のテレビ映画『レーガン 大統領暗殺未遂事件』も、このエピソードを中心にしている。

スピークスはまだ知らなかったが、ワインバーガー国防長官はすでに、戦略空軍を緊急配備につけていた。大統領を狙った人物がソ連の手先かも知れないと、疑ったからである。ソ連の潜水艦が東海岸に接近しているとの情報もあった。アレン補佐官も恐れをなして、核兵器の発射コードを手元に持ってこさせた。ただし、正副大統領不在の中で、国防長官の命令の法的根拠は定かではなく、逆にヘイグ将軍はこれに立腹した。

ブレディ報道官も九死に一生を得たが、車椅子の人となった。のちには銃規制運動の象徴となる。このため、先のスピークスが後任に昇格したが、ブレディに敬意を表して、その肩書きは最後まで報道官代理であった。大統領の配慮である。事件当日の午後には、大統領暗殺事件にどう対応するかをめぐって、報道官室とシークレット・サービスの間で会議が予定されていた。本来なら、ブレディが司会をしたはずの会議である(100)。

より大きな政治的影響があった。四月の世論調査では、民主党支持者の五一パーセント、無党派の七〇パーセント、そして、共和党支持者の実に九二パーセントが、大統領を支持していた(101)。大統領就任直後の議会との蜜月(ハネムーン)期間はすでに終わっていたが、民主党主導の下院も大統領に歩み寄らざるをえなくなっていた。レーガンは政治的にも蘇ったのである。そして、現代大統領制も蘇ろうとしていた。

四月十一日に、レーガンは歩いて退院した。この日、彼は犯人のヒンクリーを「迷える羊」と呼んで彼のために祈り、「何が起ころうとも、今や私の命は神から借りたものであり、可能なあらゆる方法で神への奉仕に努めるようにしたい」と、日記に記している(102)。ただし、この事件以降、レーガンは外出時に必ず「鉄のTシャツ」、つまり、防弾チョッキを着用しなければならなくなり、警護がいっそう強固になったため、ますます教会に行きづらくなった。

こうして、レーガンの「救済ファンタジー」はさらに補強された。ヨハネ・パウロ二世もサッチャー首相も暗殺未遂事件を経験し、レーガンと同様の確信にいたる。のちの一九八四年十月十二日に、サッチャーはアイルランド共和軍（Irish Republican Army: IRA）に宿泊中のホテルを爆破され、側近を失う(103)。

また、レーガンが退院した直後には、スペースシャトル「コロンビア」が処女飛行を終えて帰還した。「アメリカ国民が再び誇りと愛国心を感じたがっていることを、これまで以上に私に確信させた」と、大統領は回想している(104)。

レーガノミックスからレーガン不況へ

それから二週間後の四月二十八日の夜には、レーガン大統領は議会に赴いて演説した。議員たちは総立ちして、万雷の拍手で大統領を迎えた。「撃たれた甲斐があった」。何度も微笑み頷いた後に、暗殺未遂事件を芝居にたとえて、「私にアンコールを求めるつもりではないでしょうね」と、レーガンはジョークで拍手を制した。彼は数々の激励に謝意を表し、ニューヨークの小学生から届いた手紙を紹介した。「早くよくなってください。さもないと、パジャマを着たまま演説することになりますよ」「追伸　もしそうなっても、僕はちゃんと注意しましたからね」

さて、かつてのカーターの見立てのように、そして、レーガンを狙った若者のように、アメリカは病んでいるのか。否、と大統領は言う。「まさにそれがなすべき義務だと感じて、私と銃を持った男の間に身をさらした、シークレット・サービスのティム・マッカーシー（Tim McCarthy）のような人物を、病んだ社会が生むことはない」「トム・デラハンティ（Tom Delahanty）のような献身的な警察官を、あるいは、ジム・ブレディのような有能で献身的な公僕を、病んだ社会が産むことはない」と、レーガンは畳みかけた。テレビカメラが聴衆の中にいるブレディ夫人を映し出した。「病んだ社会が、われわれのような者にアメリカ人であること、市民であることを、これほど誇りに思わせることなどない」。拍手は鳴り止まなかった。

「きわめて優れた人々のおかげで、私の健康は改善している。経済の健康状態についても、同じように言えたらと思う」と、大統領は本題の経済政策について語り出した。ほぼ八〇〇万人が失業し、実質賃金は低下している。にもかかわらず、「われわれの政府は大きすぎ、支出しすぎている」、とレーガンは選挙戦の時と同じ呼び掛けを行った(105)。この演説の効果は絶大で、ギャラップの調査によると、大統領の職務状況への支持率は六八パーセントに上り、政権発足以来最高となった(106)。演説がしばしば支持率の上昇に直結するという意味で、レーガンは稀有の政治家であった。

このため、「レーガノミックス」への超党派の、とりわけ南部の保守的な民主党議員からの協力が得られた。オニール率いる下院の、予算委員会も折れざるをえなかった。七月末に、まず減税法案で、一九八四年までに三段階に分けて二三パーセントの個人所得の減税が決まった。さらに予算調整法案では、八二年度三五〇億ドル、三年間で一三〇〇億ドルの支出削減も決まった。下院の歴史上、最大の予算削減であった。「過去半世紀で最大の政治的勝利」と、レーガンは『日記』に記している(107)。

レーガンは「おそろしく浅薄だ」と酷評しながらも、「彼の政治手腕には舌を巻く」「私にはとても真似できない」と、政敵の民主党下院院内総務ジム・ライト（Jim Wright）ですら認めざるをえなかった(108)。何しろ、大統領は四七九人もの連邦議会議員と個人的に会って話し合っていた。カーターが四年間で会った議員の数よりも四〇〇人ほど多い、と言う者すらあった。レーガンの議会への働き掛けは、現代大統領制を確立したF・D・ローズヴェルトの手腕を髣髴《ほうふつ》させた。また、支出削減と減税を大筋で合意するためには、大統領は利益誘導も辞さなかった。たとえば、ルイジアナ州選出の民主党下院議員の四票を得るために、カーターが削除した砂糖への補助金を、レーガンは復活させた。「買収されたのか？」との問いに、くだんの議員の一人は「票を貸すだけだ」と答えた(109)。「小さな政府」をめざすレーガン革命は、さほど革命的ではない手法で推進されたのである。レーガンは「政府の役割を抜本的に再構築することで自分への政治的な支持を危うくするようなことはしなかったし、既存の社会的諸制度に劇的な変革を強いようともしなかった」と、歴史家のジョン・エーマン（John Ehrman）は指摘している(110)。

予算成立のわずか一週間後に、全米航空管制官組合（Professional Air Traffic Controllers Organization: PATCO）が全面ストライキに突入した。PATCOは前年の大統領選挙でレーガンを支持した、数少ない労働組合の一つであった。しかし、これは公務員による違法ストライキであり、空の安全に対する挑戦であった。しかも、一〇〇パーセントの賃上げや週の労働時間の大幅削減など、PATCOの要求は過大にすぎた。その上、ストライキの間に航空業界は毎日一〇〇〇万ドルの損害を被っていた。そこで司法省はPATCOを訴え、PATCO側にもストライキ解除までは毎日一〇〇万ドルの罰金が科されることになった。我慢比べである。大統領はルイス運輸長官を全面的に支持し、組合員たちに対して四八時間以内の職場復帰を命じた。三八パーセントがこれに応じた。「自分が法律を守らずに、子供にそうしろとは言えない」と語る管制官もいた。

「何人もいついかなるところでも、公共の安全に反する権利はない」――レーガンの尊敬するクーリッジが、マサチューセッツ州知事時代にボストンの警察官のストライキに対して発した言葉である。元SAG委員長の大統領は、あくまでも職場復帰を拒んだすべての管制官を解雇した。リベラル派は彼の「変節」を非難した。

だが、「このストは、わが新政権にとっては、重要な転機だったと言ってよかろう。それは、私が言ったことは実行するということを、半信半疑だった人たちに納得させたように思う」と、レーガンは自信を持って回想している(111)。実際、世論の三分の二は大統領の決断を支持した。あるコラムニストたちの表現を借りれば、これは大統領にとって「天国が企てた危機」、つまり天恵となったのである(112)。予算での勝利と相俟って、このスト封じは毅然とした大統領のイメージを確立した。それはソ連に対するメッセージでもあった。また、この事件を契機に、ヨーロッパの財界人たちがアメリカに資金を注入するようになったと見る向きもあった(113)。

ただし、解雇された管制官の母親からの手紙やスト破りに応じた管制官からの手紙には、レーガンは親身に返信している(114)。これはハリウッド時代からの習慣でもあった。助けを求める手紙には、彼は時として自分の小切手を送った。ここにレーガンのもう一つの顔があり、それが彼を一般に思われているよりも重厚な指導者にしていたのである。

さらに数週間後、レーガンはノートルダム大学の卒業式に臨んだ。レーガンの代表作『ニュート・ロックニー』の舞台である。大統領のうしろには、かつての共演者パット・オブライエンが座っていた。もちろん、「ギッパーのために勝ってくれ」という自身の名科白を、レーガンは嬉々として引用した。暗殺未遂事件後に大統領がワシントン周辺を離れるのは、これが初めてであった。「今後の数年はわが国にとって偉大な年月になる」「西側は共産主義を封じ込めようとしているのではない。変容させようとしているのだ」と、大統領は呼び掛けた(115)。

雇用問題の会合に出席した際、レーガンはキャプラ監督の往年の名作『オペラハット』(*Mr. Deeds Goes to Town*, 1936)に言及している。田舎暮らしの詩人が巨万の遺産を相続することになり、ニューヨークで強欲の渦に巻き込まれながら、その財産を農民救済のために寄付しようとする物語である。『スミス都へ行く』の経済版と言ってよい。大統領にとって、失業や貧困の問題は、政府の介入ではなく、このような民間の慈善に多くを期待すべきなのであった(116)。政策としてはおよそ時代錯誤だが、レーガンはこうしたキャプラ的アメリカ人像を倦《う》まず語り続けた。

ほどなく、『ニューヨーク・タイムズ』紙のウィリアム・サファイヤ(William Safire)は、レーガンの雄弁なスピーチを危険視して、大統領を「グレート・コミュニケーター」と名づけた。やがて、経済学者のレオナルド・シルク(Leonard Silk)もこの表現を援用して、議会は「グレート・コミュニケーターの世論操作術に心すべきだ」と警鐘を鳴らした。さらに一九八三年には、コロラド州選出の民主党下院議員パトリシア・シュローダー(Patricia Schroeder)が、レーガンを「テフロン大統領」と呼ぶようになる。いかなる批判にも傷つかないという揶揄である(117)。しかし、批判や揶揄が愛称になってしまうところが、レーガンの魅力であった。

一〇パーセントに近いインフレーションにも、レーガンは毅然と対処しようとした。大統領は高いインフレ率を「最も残酷な税金」と呼んでいた。そこで、連邦準備制度理事会(Federal Reserve Board: FRB)は厳しい金融引き締めを断行したが、それは高金利につながった。インフレは抑制されたが、今度は景気が後退した。一九八一年だけで一万七〇〇〇社が倒産している。三三年以降二番目に多い倒産件数である。やがて、それは「レーガン不況」と呼ばれるようになり、大統領支持率も八一年末には五〇パーセントにまで低下してしまう。しかも、先の予算削減で、四〇万人が生活保護の対象から外され、二七万九〇〇〇人が手当てを減額された上、数百万人が食料割引券を失っていた(118)。学校給食の費用を下げるために、農業省がケチャップを野菜に分類し直したニュースなどは、レーガン政権が庶民の生活にいかに冷淡であるかの好例として報じられた。大統領はラジオでローズヴェルトを引用し、「われわれの最大の問題は恐怖だ」と呼び掛けなければならなかった(119)。

しかも、十一月にはストックマン行政管理予算局長が『アトランティック・マンスリー』（*Atlantic Monthly*）誌の取材に応じて、議会に提出した経済指標は著しく楽観的で、減税は富裕層を大幅に利するために中間層にも若干の恩恵をもたらす「トロイの木馬」にすぎない、などと発言したのである(120)。ミースとディーヴァーはストックマンを解任すべきだと主張したが、ベーカーは彼の能力を高く買って、譴《けん》責《せき》にとどめるべきだと、かばった。レーガンも部下を解任することを嫌った。「デーヴ〔ストックマン〕は裏切り者だ。だが実際には、彼がいつも親友だと思っていた者の犠牲になったのだ」と、レーガンは日記に綴っている(121)。大統領はストックマンの辞表を受け取らず、メディアに向けて自らの過失を告白するよう諭した。ストックマンは一九八六年までその地位にとどまるが、その後は厳しい政権批判を繰り返した。レーガン政権にとっては、ストックマンこそ「トロイの木馬」だったことになる。だが、彼の批判はレーガノミックスの本質的な矛盾を突いていた。

外交上の難問

このように、レーガンはもっぱら経済問題に関心と時間を集中していたが、一九八一年に三つの外交問題が進行していた。

まず、核戦略をめぐる米ソ関係である。

ソ連の中距離核ミサイルSS—20に対抗すべく、レーガン政権が新型の中距離核ミサイルを西ヨーロッパに配備しようとしたため、ボンやロンドン、パリ、マドリッドで「死より赤がましだ」（Red is better than Dead）と、市民による反対運動が高まった。そして、ヨーロッパがヒロシマになる恐怖、「ユーラシらく必要以上にソ連の工作を読み取っていた(122)。

マ」がさかんに語られた。一九五〇年代には、しばしば逆に「赤より死がましだ」(Dead is better than Red) と言われていた。ハリウッドでの組合運動の経験から、レーガンはこうした反核市民運動に、おそらく必要以上にソ連の工作を読み取っていた(122)。

自らの信念とCIAの情報の双方から、レーガンはソ連経済の弱体化を確信していた。「ロシア人は鼠の肉を市場で売っている」と、彼は共和党上院院内総務のハワード・ベーカーにまことしやかに伝えている(123)。しかし、米ソ関係の悪化がハルマゲドン(世界の破局)をもたらすことを、レーガンは真剣に恐れてもいた。それはハリウッドがしばしば描いてきたテーマでもあった。

キリスト教に「千年王国」という考えがある。この世と歴史が裁かれたのちに「千年王国」が実現すると見るのが、悲観的な「前千年王国説」(premilennialism) であり、教会と人間の努力で「千年王国」は徐々に実現しており、さらに「神の国」にいたるというのが、楽観的な「後千年王国説」(postmilennialism) である。ジャーナリストのフランシス・フィッツジェラルド (Frances FitzGerald) によると、レーガンは核戦争によるハルマゲドンを恐れる点で「前千年王国説」に立っており、ハルマゲドンを克服できると楽観する点で「後千年王国説」に基づいていた(124)。とすれば、政治的のみならず宗教的にも、レーガンはタイムマシーンのように時空を移動していたことになる。

一方で、レーガンはソ連に厳しい言説を繰り返し、軍拡を通じてソ連を交渉の場に導こうとしたし、アフガニスタンの反政府軍やポーランドの「連帯」運動を支援するなど、ソ連の勢力圏にも干渉しようとした。特に後者については、「われわれが手をこまねいて、共産主義に対するこの革命を失敗させるわけにはいかない」と、レーガンは高揚気味に日記に綴っている(125)。ポーランドについては、共産主義を「恐れるな」と呼び掛けるローマ法王が、レーガンの盟友であった。

だが他方で、レーガンはソ連のアフガニスタン侵攻後にカーターが科した対ソ穀物禁輸を、早くも一九八一年四月に解除し、また、今度は自らブレジネフ書記長に親書を認め、米ソ関係の改善を呼び掛けた。国務省が親書を起草すべきだとヘイグは反対したが、レーガンは「自分の直感に従う」と、国務省の官僚主義的な文章を修正して、クレムリンに二通の手紙を送った。公式の一通目では、ソ連の軍事力拡大を非難しながら、手書きの二通目では、カリフォルニア州知事時代にブレジネフと会った個人的な思い出に言及し、平和への希望を語った(126)。かつて組合指導者としてハリウッドの「大立者」を相手にしたレーガンには、クレムリンの指導者たちがジャック・ワーナーよりも手ごわいとは思えなかったのである。

十一月には、レーガン政権はソ連に新たな戦略兵器削減交渉（Strategic Arms Reduction Talks: START）を呼び掛け、また、ソ連がSS―20を撤去するならアメリカは新型の中距離核ミサイルを西ヨーロッパに配備しないと提案した。「ゼロ・オプション」である。イギリスやフランスの核戦力を除外した上、すでに配備されたものとまだ配備されていないものとを取引する呼び掛けに、ソ連が応じるわけはない。それを百も承知の提案であり、こうなると、核戦争ではなく、核兵器をめぐるイメージ戦争であった。民主党のエドワード・ケネディ上院議員は、これを「お呪《まじな》いの軍備管理」と酷評した。側近たちによると、地上発射の核ミサイルと潜水艦発射のそれ、さらに、核弾頭を空から投下する戦略爆撃機という「核の三本柱」の相違について、大統領は理解していないようであった。確かに、これでは「お呪いの軍備管理」だが、レーガンにとって「核は核」なのであった(127)。

第二の外交問題は、ニカラグアであった。同国では一九七九年に共産主義勢力が政権を獲得し、国内で民主主義を求める動きを弾圧し、ソ連やキューバの援助をエルサルバドルの共産主義ゲリラに横流ししていた。そのニカラグアに、コントラという名の反政府ゲリラが誕生したのである。そこで、CIAのケーシー長官が彼らへの秘密援助を提案した。ヘイグは大胆な行動を求めたが、ワインバーガーはベトナムの二の舞を恐れた。妥協の結果、ケーシーの路線に落ち着き、一九八一年十二月にレーガンはコントラへの秘密支援を承認した。これがのちに政権への大打撃になる。

第三の外交問題は、中東であった。六月には、イスラエルがイラクの核施設を空爆した。「まちがいなくハルマゲドンは近づいている」と、レーガンは日記に綴っている(128)。翌月にも、イスラエルはレバノンのパレスチナ解放機構(Palestine Liberation Organization: PLO)の本部を攻撃し、多くの民間人を殺傷した。人種差別を嫌う両親の下で育ち、ユダヤ人中心のハリウッドで活躍したレーガンは、一貫して親イスラエル派であった。また無関心も手伝って、彼はめったに他人を嫌わなかった。そのレーガンですら、イスラエルのベギン首相の頑迷固陋《がんめいころう》には辟易《へきえき》としていた。レーガンが他にこれほどだれかを嫌ったのは、かつて映画で共演したボンゾという名のチンパンジーだけだったという。十月に、イスラエル・ロビーの猛反対を乗り越えて、レーガンがサウジアラビアに五機の空中警戒管制システム(Airborne Warning and Control System: AWACS)を供与すると、イスラエルとの関係はさらに悪化した。そのため、十二月にイスラエルが占領下のゴラン高原を正式に併合し、レバノンにさらなる空爆を加えても、レーガン政権は非難声明を出すことしかできなかった。

そしてその年末には、先述のように、経済の低迷のため、レーガンの人気ははっきりと翳《かげ》り始め、相次ぐ政治的妥協で、保守派の期待したレーガン革命の行方も怪しくなっていた。「ブッシュやフォードの取り巻きが幅を利かせている。レーガンの側近たちは何をしているんだ」と保守派は憤っていた(129)。カリフォルニア州知事時代からの側近ノフチガーの辞任は、彼らの不満と不安を象徴していた。大統領暗殺未遂事件への見事な対応で、レーガンの時代は「希望の春」を予測させたが、年末には「絶望の冬」を痛感する人々も少なくなかったのである。

また、この間に恐るべき病が拡散し、社会を不安に陥れていく。この年の六月に、ロサンジェルスで五人の若い男性同性愛者（ゲイ）がカリニ肺炎になった例が報告され、七月にはニューヨークとロサンジェルス、サンフランシスコで二六人のゲイがカポジ肉腫を罹患した例が報告された。のちにエイズと呼ばれる感染症である。やがて、ゲイを中心にこの病は急増して拡散し、翌年には「ゲイ関連免疫不全」（Gay-related immune deficiency: GRID）、さらには「ゲイの癌《がん》」とさえ呼ばれるようになる。一九五〇年代に「赤の脅威」と並行して「ラヴェンダー色の脅威」が広がったように、八〇年代にレーガン政権が反共主義を強める中で、ホモフォビアが再び高まり、同性愛者たちの放埓《ほうらつ》な性生活が批判される。エイズの拡散が最も深刻になった一九八四―八五年に、ホワイトハウスの主治医によると、大統領はこの病を「麻疹《はしか》」であり、やがて治まる」と考えていたという(130)。また、ホモフォビアは異性愛の「自然さ」を強調し、アメリカ的な「男らしさ」を補完する効果を果たしてきた(131)。これもレーガンの追求したイメージや価値観と連動している。

一九八一年の映画

さて、レーガンの時代のハリウッド映画の潮流についてはあらためて分析するとして、ここでは一九八一年公開の作品をいくつか紹介して、その前後の文脈から特徴を指摘しておこう。

まず、ジョン・カーペンター（John Howard Carpenter）監督『ニューヨーク1997』（*Escape from New York*）である。第三次世界大戦を経た一九九七年に、ニューヨークのマンハッタン島全体が重警備の刑務所になっている。米中ソ首脳会談に向かう大統領専用機がそこに墜落し、大統領が凶悪な囚人たちの人質になってしまう。そこで、元特殊部隊の英雄が、大統領救出のために単身派遣される。一九八〇年代に数多く作られた、近未来のディストピア映画の一つである。レーガンはハルマゲドンを恐れていたが、レーガン政権の発足は多くの人々にハルマゲドンの恐怖をあらためて抱かせた。また、この映画に登場する大統領は、卑怯で身勝手である。すでに、『合衆国最後の日』で大統領が自らの政府に殺されている。今度は卑劣な大統領像である。ウォーターゲート事件による大統領の権威失墜がなければ、映画が大統領をこのように描くことはなかったであろう。マンハッタンに墜落したのは、何よりも大統領の権威であった。レーガンはこれを回復しようとしていた。

ブライアン・デ・パルマ（Brain De Palma）監督『ミッドナイトクロス』（*Blow Out*, 1961）では、次期大統領選挙の有力候補である知事が暗殺される。一九七〇年代の一連の陰謀映画と同様に、ケネディ兄弟やウォーレスらの受難を連想させるが、特にこの映画の公開は、レーガン大統領暗殺未遂事件の四カ月後であった。また、くだんの知事は娼婦と同乗した車を狙撃され、川に転落する。これはエドワード・ケネディ上院議員のチャパキディック事件に直結している。一九六九年にマサチューセッツ州のチャパキディック島で、エドワードが女性と同乗した車で海に転落し、本人は助かったが女性が溺死した事件である。しかもエドワードは飲酒運転をしており、警察に通報もしなかった。くだんの女性との不倫関係も疑われた。そのため彼は大きな非難を浴び、一九七二年、七六年の大統領選挙に出馬することができなかった。さらにこの映画では、作業中の映画の音響担当者が事件を偶然に録音してしまう。作中で繰り返される録音や盗聴は、もちろんウォーターゲート事件を想起させる。

このように大統領や政治への不信を背景にした映画が作られる一方で、先述のように一九八一年には『インディ・ジョーンズ／レイダース　失われたアーク《聖櫃》』や『スーパーマンII』も公開されている。

いずれもノスタルジックなアクション冒険ものであり、ハリウッドのスタジオ時代を想起させ、レーガンによるノスタルジーの政治とも共鳴している。この時期のアクション冒険物語は、秘宝探し、侵略の撃退、そして人質の救出に大別できる(132)。『インディ・ジョーンズ』シリーズは秘宝探し、『スーパーマン』シリーズは侵略の撃退であり、『ランボー』シリーズが人質の救出にあたる。秘境で悪の手にある秘宝や人質を奪還するという物語は、レーガン政権の軍拡や第三世界政策に通じると読み解く者もいる(133)。

そして、ローレンス・カスダン（Lawrence Kasdan）監督『白いドレスの女』（*Body Heat*）も挙げておこう。往年のフィルム・ノワールの再現であり、ファム・ファタール（破滅を誘う魔性の女）が登場する。男性弁護士が若く魅力的な悪女と出会い、彼女の夫殺しに加担し没落していく。無垢《むく》なホワイトカラーの男性や家族の価値観が、野心的な女性の脅威にさらされる。女性の社会的進出と家庭での役割が両立困難であるという保守的なメッセージと解することもでき、一九八〇年代の数多くのヤッピー（yuppie）映画につながっていく(134)。ヤッピーとは、大都市に暮らす若い知的専門職（young urban professional）の意味である。

一九八二年以降、レーガンは不況を乗り越えて再選をめざす。そして、ハリウッド映画も一九八〇年代の特徴をより顕著に示すことになる。

◆注

（1）ディケンズ／池央耿訳『二都物語』上（光文社古典新訳文庫、二〇一六年）九頁。

（2）Lyn Nofziger, *Nofziger* (DC: Regnery Gateway, 1992), p. 207.

（3）Matt Novak, "Every Single Movie That Jimmy Carter Watched at the White House," September 15, 2015.

〈https://paleofuture.gizmodo.com/every-single-movie-that-jimmy-carter-watched-at-the wh:-1728538092〉

（4） Robert M. Collins, *Transforming America: Politics and Culture during the Reagan Years* (NY: Columbia University Press, 2009), p. 21.

（5） ジミー・カーター／日高義樹監修／持田直武・平野次郎・植田樹・寺内正義訳『カーター回顧録 上――平和への闘い』（日本放送出版協会、一九八二年）一九七頁。Jimmy Carter, *White House Diary* (NY: Farrar, Straus and Giroux, 2010), p. 342.

（6） カーター、同書、二〇三頁。

（7） "Crisis of Confidence" Speech, July 15, 1979, Miller Center, University of Virginia. 〈https://millercenter.org/the-presidency/presidential-speeches/july-15-1979-crisis-confidence-speech〉

（8） ニコラス・ワプショット／久保恵美子訳『レーガンとサッチャー――新自由主義のリーダーシップ』（新潮選書、二〇一四年）一五六頁。

（9） Steven M. Gillon, *The Democrats' Dilemma: Walter F. Mondale and the Liberal Legacy* (NY: Columbia University Press, 1992), p. 262.

（10） Chris Jordan, *Movies and the Reagan Presidency: Success and Ethics* (Westport, Conn. Praeger, 2003), p. 2.

（11） 広瀬隆『ジョン・ウェインはなぜ死んだか』（文春文庫、一九八六年）を参照。

（12） 川本徹『荒野のオデュッセイア――西部劇映画論』（みすず書房、二〇一四年）九二頁。

（13） Steven J. Ross, *Hollywood Left and Right: How Movie Stars Shaped American Politics* (NY: Oxford University Press, 2011), p. 413.

（14） マリタ・スターケン／岩崎稔・杉山茂・千田有紀・高橋明史・平山陽洋訳『アメリカという記憶――ベトナム戦争、エイズ、記念碑的表象』（未來社、二〇〇四年）二〇九―二一〇頁。

（15） 同書、二三三―二三四頁。

（16） ジミー・カーター／日高義樹監修／持田直武・平野次郎・植田樹・寺内正義訳『カーター回顧録 下――キャンプ・デービッドとイランの影』（日本放送出版協会、一九八二年）二六三頁。

(17) クリスチャン・カリル／北川知子訳『すべては1979年から始まった――21世紀を方向づけた反逆者たち』（草思社、二〇一五年）を参照。
(18) ワプショット、前掲、一三二―一三六頁。
(19) マーガレット・サッチャー／石塚雅彦訳『サッチャー 私の半生』上（日本経済新聞社、一九九五年）三一―三二頁。
(20) ジェフリー・スミス／安藤優子訳『ウーマン・イン・パワー――世界を動かした女マーガレット・サッチャー』（フジテレビ出版、一九九一年）五〇―五四頁。
(21) カリル、前掲、二四三頁。
(22) Ronald Reagan for President 1980 Announcement, New York, Hilton, November 13, 1979. 〈http://www.4president.org/speeches/reagan1980announcement.htm〉
(23) Margot Morrell, *Reagan's Journey: Lessons from a Remarkable Career* (NY: Threshold Editions, 2011), p. 201.
(24) James H. Broussard, *Ronald Reagan: Champion of Conservative America* (NY: Routledge, 2015), p. 92.
(25) Craig Shirley, *Rendezvous with Destiny: Ronald Reagan and the Campaign that Changed America* (Wilmington, DE: Intercollegiate Studies Institute, 2009), p. 108.
(26) Lou Cannon, *Governor Reagan: His Rise to Power* (NY: PublicAffairs, 2003), p. 462.
(27) ロナルド・レーガン／尾崎浩訳『わがアメリカンドリーム――レーガン回想録』（読売新聞社、一九九三年）（以下、『回想録』）二七七―二八〇頁。
(28) 同書、二八一頁。
(29) Helen Thomas, *Thanks for the Memories, Mr. President: Wit and Wisdom from the Front Row at the White House* (NY: Simon & Schuster, 2003), p. 128.
(30) Shirley, *op. cit.*, p. 336.
(31) Remarks Accepting the Presidential Nomination at the Republican National Convention in Dallas, Texas,

August 23, 1984, Ronald Reagan Presidential Library. 〈https://www.reaganlibrary.gov/sites/default/files/archives/speeches/1984/82384f.htm〉

（32） ジョージ・W・ブッシュ／藤井厳喜訳『ジョージ・ブッシュ——私はアメリカを変える』（扶桑社、二〇〇〇年）一九一頁。

（33） バラク・オバマ／棚橋志行訳『合衆国再生——大いなる希望を抱いて』（楓書店、二〇〇七年）三五—三六頁。

（34） Abouali Farmanfarmaian, "Sexuality in the Gulf War: Did you Measure Up?" *Genders*, vol. 13, 1992), p. 17.

（35） カーター『カーター回顧録』下、三八五頁。

（36）『回想録』二八八頁。

（37） Labor Day Speech at Liberty State Park, Jersey City, New Jersey, September 1, 1980, Ronald Reagan Presidential Library. 〈https://www.reaganlibrary.gov/sites/default/files/archives/reference/9.1.80.html〉

（38） Ronald Brownstein, *The Power and the Glitter: The Hollywood–Washington Connection* (NY: Vintage Books, 1992), p. 275.

（39） Jeffrey E. Cohen, *Presidential Leadership in Public Opinion: Causes and Consequences* (NY: Cambridge University Press, 2015), pp. 11–16, p. 100.

（40） ジル・ケペル／中島ひかる訳『宗教の復讐』（晶文社、一九九二年）「はじめに」を参照。

（41） Brownstein, *op. cit.*, pp. 275–292.

（42） 村田晃嗣「トランプ対ハリウッド——アウトサイダーの新大統領は「第二のレーガン」になれるか」『Ｖｏｉｃｅ』二〇一七年三月号を参照。

（43） Kathleen Hall Jamieson, *Packaging the Presidency: A History and Criticism of Presidential Campaign Advertising* (NY: Oxford University Press, 1984), p. 444.

（44） 梅川健『大統領が変えるアメリカの三権分立制——署名時声明をめぐる議会との攻防』（東京大学出版会、二〇一五年）二二七頁。

（45） Election Night Victory Speech in Los Angeles, November 4, 1980, The American Presidency Project. 〈http://

www.presidency.ucsb.edu/ws/?pid=76115〉

（46） Broussard, *op. cit.*, p. 101.

（47） Brownstein, *op. cit.*, p. 288.

（48） 大統領退任後のカーターの活躍については、Douglas Brinkley, *The Unfinished Presidency: Jimmy Carter's Journey Beyond the White House* (NY: Viking Books, 1998) を参照。

（49） ヘインズ・ジョンソン／山口正康監修／岡達子・小泉摩耶・野中千恵子訳『崩壊帝国アメリカ――「幻想と貪欲」のレーガン政権の内幕』上（徳間書店、一九九一年）二九頁、一六五頁。

（50） 『回想録』二九三―二九四頁。

（51） Jacob Weisberg, *Ronald Reagan* (NY: Times Books, 2016), p. 68.

（52） First Inaugural Address, January 20, 1981, Miller Center, University of Virginia. 〈https://millercenter.org/the-presidency/presidential-speeches/january-20-1981-first-inaugural-address〉

（53） Bill O'Reilly and Martin Dugard, *Killing Reagan: The Violent Assault that Changed a Presidency* (NY: Macmillan, 2015), p. 144.

（54） "Jelly Belly Jelly Beans and Ronald Reagan," Ronald Reagan Presidential Library. 〈https://www.reaganlibrary.gov/sites/default/files/archives/reference/jellybellies.html〉

（55） Kevin Phillip. David T. Canon, *Actors, Athletes, and Astronauts: Political Amateurs in the United States Congress* (Chicago: University of Chicago Press, 1990), p. 1 から引用。

（56） ジャン・ボードリヤール／田中正人訳『アメリカ――砂漠よ永遠に』（法政大学出版局、一九八八年）一七八頁。

（57） Kenneth Franklin Kurz, *The Reagan Years A to Z: An Alphabetical History of Ronald Reagan's Presidency* (LA: Lowell House, 1996), p. 79.

（58） ジョンソン、前掲、一九七頁。

（59） Jim Kuhn, *Ronald Reagan in Private: A Memoir of My Years in the White House* (NY: Sentinel, 1984), p. 81.

（60） John A. Farrell, *Tip O'Neill and the Democratic Century* (Boston, MA: Little, Brown, 2001), p. 558.

（61） Lyn Nofziger interview, Ronald Reagan Oral History Project, Miller Center, University of Virginia. 〈https://millercenter.org/the-presidency/presidential-oral-histories/lyn-nofziger-oral-history-assistant-president-political〉

（62） ヘドリック・スミス／蓮見博昭監訳『パワー・ゲーム――変貌するアメリカ政治』下（時事通信社、一九九〇年）三五頁。

（63） 佐々木伸『ホワイトハウスとメディア』（中公新書、一九九二年）一三三頁。

（64） Michael K. Deaver, *A Different Drummer: My Thirty Years with Ronald Reagan* (NY: HarperCollins, 2001), p. 35.

（65） H. W. Brands, *Reagan: The Life* (NY: Doubleday, 2015), pp. 278–279.

（66） First Press Conference, January 29, 1981, Miller Center, University of Virginia. 〈https://millercenter.org/the-presidency/presidential-speeches/january-20-1981-first-press-conference〉

（67） Richard V. Allen interview, Miller Center, University of Virginia. 〈https://millercenter.org/the-presidency/presidential-oral-histories/richard-allen-oral-history-assistant-president-national〉

（68） Anatoly Dobrynin, *In Confidence: Moscow's Ambassador to America's Six Cold War Presidents, 1962–1986* (NY: Times Books, 1995), p. 484.

（69） アレクサンダー・M・ヘイグ・Jr／住野喜正訳『ヘイグ回想録《警告》――レーガン外交の批判』上（現代出版、一九八四年）一三五頁。

（70） Lou Cannon, *President Reagan; The Role of a Lifetime* (NY: Simon & Schuster, 1991) p. 163.

（71） デイヴィッド・A・ストックマン／阿部司・根本政信訳『レーガノミックスの崩壊――レーガン大統領を支えた元高官の証言』（サンケイ出版、一九八七年）三四五―三四六頁。

（72） John Prados, "The Wave Maker: Bill Casey in the Reagan Years," in Anna Kasten Nelson, ed., *The Policy Makers: Shaping American Foreign Policy from 1947 to the Present* (Lanham, MA: Rowman & Littlefield

Publishers, 2009), p. 139.

（73） この点については、ボブ・ウッドワード／池央耿訳『ヴェール――ＣＩＡの極秘戦略 1981―1987』上・下（文藝春秋、一九八八年）に詳しい。

（74） ドリス・カーンズ・グッドウィン／平岡緑訳『リンカーン 大統領選』上（中公文庫、二〇一三年）を参照。

（75） Films President and Mrs. Reagan Viewed, Ronald Reagan Presidential Library. 〈https://www.reaganlibrary.gov/sites/default/files/archives/reference/filmsviewd.html〉

（76） Novak, *op. cit.*

（77） カーター『カーター回顧録』上、五九頁。

（78） Mark Feeney, *Nixon at the Movies: A Book about Belief* (Il.: University of Chicago Press, 2004), chapter 3.

（79） Broussard, *op. cit.*, p. 110.

（80） 「レーガノミックス」については、土志田征一『レーガノミックス――供給経済学の実験』（中公新書、一九八六年）を参照。

（81） Address to the Nation on the Economy, February 5, 1981, The American Presidency Project. 〈http://www.presidency.ucsb.edu/ws/?pid=43132〉

（82） Broussard, *op. cit.*, p. 118.

（83） Brands, *op. cit.*, p. 264.

（84） レーガンとオニールの関係については、Chris Matthews, *Tip and the Gipper: When Politics Worked* (NY: Simon & Schuster, 2013); ティップ・オニール、ウィリアム・ノバック／土田宏・鬼頭孝子訳『下院議長オニール回想録――アメリカ政治の裏と表』（彩流社、一九八九年）を参照。

（85） 村田晃嗣『大統領の挫折――カーター政権の在韓米軍撤退政策』（有斐閣、一九九八年）二五〇頁。

（86） Brands, *op. cit.*, pp. 276–277.

（87） Michael K. Deaver with Mickey Herskowitz, *Behind the Scenes: In Which the Author Talks about Ronald and Nancy Reagan... and Himself* (NY: William Morrow, 1988), p. 19.

(88) Matthews, *op. cit.*, p. 67.

(89) Marilyn Berger, "Clark Clifford, a Major Advisor to Four Presidents, Is Dead at 91," *New York Times*, October 11, 1998.

(90) J・W・フルブライト／勝又美智雄訳『権力の驕りに抗して——私の履歴書』（日本経済新聞社、一九九一年）一二〇頁。

(91) Bill O'Reilly, *The Day the President Was Shot: The Secret Service, the FBI, A Would-Be Killer, and the Attempted Assassination of Ronald Reagan* (NY: Henry Holt, 2016), p. 154.

(92) 巽孝之『リンカーンの世紀——アメリカ大統領たちの文学思想史〔増補新版〕』（青土社、二〇一三年）二〇五頁。

(93) 四方田犬彦『テロルと映画——スペクタクルとしての暴力』（中公新書、二〇一五年）iii頁。木谷佳楠『アメリカ映画とキリスト教——120年の関係史』（キリスト新聞社、二〇一六年）一六一—一六二頁。

(94) フルブライト、前掲、一二一頁。

(95) Jordan, *op. cit.*, p. 64, p. 67. また、レーガン時代のハリウッドにおける「男らしさ」の強調について、フェミニズム研究からの批判的に分析した書物として、Susan Jeffords, *Hard Bodies: Hollywood Masculinity in the Reagan Era* (NJ: Rutgers University Press, 1994) がある。

(96) Matthews, *op. cit.*, pp. 73-74.

(97) James A. Baker III, with Steve Fiffer, *"Work Hard, Study... and Keep Out of Politics!": Adventures and Lessons from an Unexpected Public Life* (NY: G. P. Putnam's Sons, 2006), p. 146.

(98) ラリー・スピークス、ロバート・パック／椋田直子・石山鈴子訳『スピーキング・アウト——レーガン政権の内幕』（扶桑社、一九八八年）二四頁。

(99) ヘイグ、前掲、二五六—二五七頁。

(100) スピークス、前掲、二〇頁。

(101) John P. Avlon, "What Changed After the Reagan Shooting," March 30, 2011. 〈http //edition.cnn.com/2011/OPINION/03/30/avlon.reagan.shooting/index.html〉

(102) Douglas Brinkley, ed., *The Reagan Diaries* (NY: HarperCollins, 2007)(以下、*Diaries*), p. 12.

(103) John O'Sullivan, *The President, the Pope, and the Prime Minister: Three Who Changed the World* (DC: Regnery History, 2005), chapter 3: Did God Guide the Bullets?

(104) 『回想録』三四三頁。

(105) Address on the Program for Economic Recovery, April 28, 1981, Miller Center, University of Virginia. 〈https://millercenter.org/the-presidentcy/presidential-speeches/april-28-1981-address-program-economic-recovery〉

(106) Brands, *op. cit.*, p. 300.

(107) *Diaries*, p. 34.

(108) Farrell, *op. cit.*, p. 561.

(109) Ward Sinclair and Peter Behr, "Reagan Triumphs in House Budget Vote, Horse Trading," *Washington Post*, June 27, 1981.

(110) John Ehrman, *The Eighties: America in the Age of Reagan* (New Heaven, Con.: Yale University Press, 2005).

(111) 『回想録』三六八頁。

(112) Brands, *op. cit.*, p. 312.

(113) ジョンソン、前掲、一八三頁。

(114) Kiron K. Skinner, Annelise Anderson, and Martin Anderson, eds., *Reagan: A Life in Letters* (Free Press, 2003), pp. 328–329.

(115) Address at Commencement Exercises at the University of Notre Dame, May 17, 1981 , Ronald, Reagan Presidential Library. 〈https://www.reaganlibrary.gov/sites/default/files/archives/speeches/1981/51781a.htm〉

(116) Remarks at the Annual Meeting of the National Alliance of Business, October 5, 1981, Ronald Reagan Presidential Library. 〈https://www.reaganlibrary.gov/sites/default/failes/archives/speeches/1981/100581a.htm〉

(117) Morrell, *op. cit.*, pp. 219–220.

(118) Gareth Davies, "The Welfare State," in W. Elliot Brownlee and Hugh Davis Graham, eds , *The Reagan Presidency: Pragmatic Conservatism and Its Legacies* (Lawrence: University Press of Kansas, 2003), p. 211.

(119) *Diaries*, p. 106.

(120) "The Education of David Stockman," *The Atlantic*, December 1981.

(121) *Diaries*, p. 48.

(122) Weisberg, *op. cit.*, p. 101.

(123) Farrell, *op. cit.*, p. 607.

(124) Frances FitzGerald, *Way Out There in the Blue: Reagan, Star Wars and the End of the Cold War* (NY: Simon & Schuster, 2000), p. 36.

(125) *Diaries*, p. 58.

(126) 『回想録』三四八―三五四頁。

(127) Don Oberdorfer, *The Turn: From the Cold War to a New Era: The United States and the Soviet Union, 1983–1990* (NY: Poseidon Press, 1991), p. 100.

(128) *Diaries*, p. 24.

(129) Nofziger interview.

(130) Cannon, *President Reagan*, p. 814.

(131) Vito Russo, *The Celluloid Closet: Homosexuality in the Movies*, Rev. ed. (NY: Harper & Row, 1987), p. 6.

(132) Gina Marchetti, "Action-Adventure as Ideology," in Ian Angus and Sut Jhally, eds., *Cultural Politics in Contemporary America* (NY: Routledge, 1989), p. 189.

(133) Jordan, *op. cit.*, p. 68. ジョーダンも明確な定義なしに「レーガン時代の軍国主義」(Reagan-era militarism) という表現を用いている。軍事力を増強したからといって、「軍国主義」と呼ぶことはできない。

(134) *Ibid.*, p. 70.

第5章 再選をめざして

⬆ロサンジェルス・オリンピック――「レーガンのアメリカ」の象徴（1984年8月4日。Ⓒ時事通信フォト）

一　レーガン不況から攻勢へ

一九八二年一月二十六日、レーガン大統領は初めての一般教書演説のために、連邦議会議事堂に臨んだ。一七九〇年に初代大統領が一般教書演説を始めた伝統にふれて、「正確を期するメディアの友人諸君のために言うと、私が直接ジョージ・ワシントンの演説を聞いたわけではない」と、レーガンは得意のジョークで冒頭から議員たちを沸かせた。彼は自らの経済再生計画の成果を誇り、さらに連邦政府による事業と課税を州政府に移譲する「新連邦主義」を提唱した。その上で、「われわれは歴史から逃げられない」と、大統領はリンカーンも引用して、連邦議会に協力を呼び掛けた(1)。リンカーンもジョークや警句、寓話、逸話を好んだが、そこには自らの鬱病対策という意味合いもあった。レーガンにとって、それらは「基本的なコミュニケーション形態」だったのである(2)。

また、この一般教書演説で、大統領はナンシー夫人の横に座っている男性を指さした。議会予算局の一職員で、数週間前に墜落した飛行機の生存者を救出すべく、真冬のポトマック川に飛び込んだ人物である。レーガンは彼を「英雄」と呼んだ。一般教書演説に際して、社会的に著名な「英雄」が招かれることは、これまでにもあった。だが、レーガンは市井の人物を「英雄」にして物語を紡ぎ出していったのである(3)。

現実は甘くはない。レーガンの努力にもかかわらず、四月には失業率が九・四パーセントに達し、戦後最悪を記録した。十一月には、さらに二桁を超える。これは世界大恐慌以来、最悪の数字である。子供の貧困率も二〇パーセントに達し、路上にはホームレスがあふれていた。オニール下院議長は早速これを

「レーガン不況」と名づけた。民主党の選挙戦略専門家たちは、失業率ではなくインフレ率の上昇が、大統領の支持率低下に直結していると分析していた。これに対して大統領は、カーター民主党前政権と民主党主導の連邦下院に責任を求めた。「あなたには責任はないのですか?」とテレビの司会者に問われて、レーガンは答えた。「もちろん、あります。私も昔は民主党員でしたから」。楽観主義者として、レーガンは経済状況の悪化を一時的なものと呼び、メディアによる悲観論は国民の信頼を害して不況を長引かせるだけだと批判した。だれよりもテレビに習熟しているはずの大統領が、テレビの経済報道に悩まされるようになっていた(4)。

さらに、財政赤字解消のために、レーガン政権は高速道路やガソリンなどへの新たな課税を認めなければならなくなった。そのため、今度は中間選挙を控えた共和党の下院議員たちから反発が起こった。のちの副大統領候補ジャック・ケンプ (Jack Kemp) やのちの下院議長ニュート・ギングリッチらは、その急先鋒であった。

こうした中、レーガンは外交により積極的になっていく。カリフォルニアのような大きな州の知事経験者は、人事や予算、議会対策、メディア対策では、大統領になる準備を積んでいる。だが、外交政策は別である。この点では、条約の批准《ひじゅん》にあたる上院議員の方が、経験豊富かもしれない。一九七六年と八〇年の大統領選挙を戦った経験から、レーガンは国際問題にも多少の知見を有していた。それでも、大統領は外交政策を慎重に学んでいった。そもそも、彼は用心深い人なのである。ラジオから映画に転じるには数年を、そして映画から政界に転じるには一〇年を要した。ナンシーとの再婚を決断するにも、歳月をかけた。外交政策に関して、レーガン大統領はNSCで学習を重ねていった。通常、彼は参加者たちの議論に静かに耳を傾けていたという(5)。

一九八二年五月には、国防省が一九八四―八八年にわたる五カ年の防衛計画指針（Defense Planning Guidance）を極秘で策定した。もし抑止が破綻《はたん》して、米ソの戦略核戦争が起これば、アメリカには自国に有利に早期の終戦を導く能力があると、この指針は分析していた。ほどなく、この極秘文書は意図的にリーク（漏洩）される。ソ連を威嚇するためである(6)。

さらに五月には、ポーランド情勢の悪化と米ソ交渉へのソ連の冷淡な姿勢を受けて、NSCで「国家安全保障防衛決定令（National Security Defense Directive: NSDD）三二号」がまとまった。この文書は、ポーランドでの「連帯」支援やソ連への制裁強化、さまざまな秘密活動までカバーした国家安全保障戦略である。すでに、宇宙を舞台にした新型兵器の開発による、技術的優位の確保も提唱されていた(7)。在任中に、レーガン大統領は三二八の「極秘」指令を発した。中でも、このNSDD三二号を含む、一九八二年五月から八三年一月までの三つの指令が、レーガン政権の基本認識を広く示している。NSDD三二号は冷戦を勝ち抜く青写真であり、NSDD六六号がNATO同盟国への政策、NSDD七五号が文化や経済を含む対ソ政策に関するものである(8)。レーガン政権初期の対ソ政策に関するこれらの文書の起草には、NSCに出向中のハーヴァード大学教授リチャード・パイプス（Richard Pipes）が中心的役割を果たした。タカ派のロシア専門家で、ポーランドから逃れてきたユダヤ人である。

イギリスと日本の絆

六月には、レーガンはヴェルサイユで開かれた先進国首脳会議（サミット）出席のためフランスに渡り、他の西ヨーロッパ諸国をも歴訪した。あまりに過密な旅程のため、ヴァチカンでローマ法王と初めて会見した際、レーガンは居眠りをしてしまった。メディアはこれを大々的に取り上げた。しかし、ポーランドこそソ連帝国崩壊の第一歩であるとの認識で、大統領と法王はすでに一致していた。ポーランド問題で、レーガンはズビグニュー・ブレジンスキー（Zbigniew Brzezinski）まで顧問に迎えていた。カーター前大統領の国家安全保障問題担当補佐官を務めた国際政治学者である。彼はポーランドの亡命外交官の子息で、対ソ強硬論者として知られていた。ケーシーCIA長官やブレジンスキーらは、法王との会見を重ねてきた。この二人をはじめ、ポーランド問題をめぐる大統領の側近にはカトリックが多かったし、レーガンの父もカトリックであった。さらに、「連帯」を支援するために、レーガンはAFL―CIOやヨーロッパの労働組合にも協力を求めていた。文字通り、労働組合同士の「連帯」を活用しようとしたのである。しかも、ポーランド問題は、レーガン政権が広く西ヨーロッパで支持を得られる、数少ない政策であった(9)。

ポーランド問題に関しては、すでにUSIAも有効活用されていた。レーガンの発言をタイトルにした『ポーランドを（本来の）ポーランドに』（*Let Poland be Poland*）という特別番組を一月末に製作して、世界に配信したのである。世界で二億人が見たとされる。これにはレーガン大統領をはじめ、サッチャー首相や鈴木首相ら各国首脳、亡命ポーランド大使のほかに、おなじみのシナトラやホープ、ヘストン、イギリスの女優グレンダ・ジャクソン（Glenda Jackson）、スウェーデンの名優マックス・フォン・シドー（Max von Sydow）らスターたちも登場した。レーガンの長年の友人チャールズ・ウィック（Charles Wick）がUSIA長官を務め、セレブたちをも活用して積極的な広報外交を展開した。政府によるプロパガンダを避けるため、USIAの番組を国内で放送することは制限されていたが、上下両院の共同決議で、この番組は全米一四二の放送局で放送された(10)。

さて、ロンドンでは、レーガンはイギリス議会（ウェストミンスター）の演壇に立った。アメリカの大統領としては、史上初めてのことであった。彼はウェストミンスターを「民主主義の殿堂」と呼び、繰り返しチャーチルを引用した。ブレジネフが訪米して、テレビでアメリカ国民に自由に語ってもよい。自分がソ連で同じことをしてよいのなら。戦後しばらくの間、アメリカは核兵器を独占しながら、それを領土拡張の野望に用いることはなかった。このように、レーガンは自らの信念を力強く語ることで、ポーランド問題をめぐってソ連を牽制しようとしていた。また、大統領はきわどいジョークも発した。ソ連は共産党一党体制だが、多党制にしても同じことだ。なぜなら、ほとんどの者が野党に流れるから。さらに、「自由と民主主義は前進を続け、マルクス・レーニン主義は歴史の灰燼《かいじん》に埋もれる。自由を窒息させ、人々の自己表現を封じ込めんとする他の専制がそうなったように」と、レーガンは「自由のための十字軍」を呼び掛けた。ウィリアム・バックレーの薫陶を受けたスピーチ・ライター、アンソニー・ドーラン（Anthony Dolan）の意欲作である。「歴史の灰燼に埋もれる」とは、ロシアの革命家トロツキー（Lev Trotsky）が一九一七年に第二回の全ロシア・ソヴィエト会議で反対派に向かって用いた有名な表現であり、この部分はレーガンの筆による。これまでにも、彼は「崩壊」（collapse）という単語を多用してきた。レーガンにとって、ソ連の劣悪な体制は崩壊すべき運命なのである。

サッチャーは称賛したものの、労働党の議員の中には、レーガンの演説を嫌って欠席した者もいた。また、出席した議員たちの反応もおおむね冷淡であった。レーガンの軍拡路線への反発と反核世論への配慮、そしてレーガンの盟友「鉄の女」への不信からである。

レーガンはヨーロッパの各地でも、「ノー・ニュークス！」（核廃絶）という群集の叫びに直面することになった。ニューヨークでも三〇万人以上の核凍結運動が展開され、『ニューヨーク・タイムズ』紙は、これを「アメリカ史上最大の政治的示威行為」と呼んだ(11)。レーガンの次女パティも参加している。こうした中で、六月末にようやく、ジュネーヴで米ソのSTART交渉が開始された。八月には、アメリカの連邦下院で、核凍結決議がわずか二票差で否決される（中間選挙後の一九八三年五月には、圧倒的多数で可決される）。

実は、ウェストミンスターでのレーガンの演説は、当時それほど注目されなかった。イギリス軍がフォークランド諸島に迫っていたからである。経済失政で苦境に立ったアルゼンチンの軍政が、四月に突如この諸島を占領した。フォークランド諸島はアルゼンチンの海岸線から四八〇キロ離れた大小二〇〇ほどの群島で、十九世紀以来イギリスとアルゼンチンが領有権をめぐって対立していた。ただし、この紛争当時、イギリス人の六〇パーセントはこの島がスコットランド北西部に位置すると誤解していた。

一方でイギリスのサッチャー首相はレーガンの盟友であり、他方でアルゼンチンはラテンアメリカにおける反共の砦であった。ヨーロッパの同盟諸国はイギリスを、そしてラテンアメリカ諸国はアルゼンチンを支持した。レーガンはアルゼンチンの大統領に電話し、四〇分にわたって説得したが不発に終わった。「どうしようもない」と、彼は日記に綴っている(12)。政権内には、ヘイグ国務長官のように中立の調停者の立場に立とうとする者や、カークパトリック国連大使のようにアルゼンチンを支持する者もいるにはいたが、大勢はイギリス支持であった。一九三〇年代にナチス・ドイツが小国をサラミのように切り刻んで侵略していった歴史や、ドイツに徹底抗戦したイギリスの貢献——こうした記憶がレーガンたちの世代を支配していた。「マギー（サッチャー）が必要なものを何でも与えよ」とレーガンはイギリス支持を決断し、情報や補給で協力したのみならず、水陸両用艇の提供さえ申し出た(13)。イギリスは駆逐艦シェフィールドと二〇名の人命を失ったものの、軍事力でフォークランド諸島を奪還した。

イギリス軍がフォークランド諸島に迫るころ、サッチャーは首相別邸チェッカーズでヒュー・ハドソン

(Hugh Hudson) 監督『炎のランナー』(*Chariots of Fire*, 1981) を特別上映したという。一九二四年のパリ・オリンピックで活躍したイギリス人選手たちの物語で、愛国心を鼓舞するには最適であった。しかも、アメリカ人選手との友情も描かれている。大英帝国を美化するヘリテージ映画の嚆矢《こうし》でもある。「鉄の女」もしたたかに、映画を政治に活用していたのである(14)。

さて、この紛争の仲介外交に失敗したヘイグ国務長官は、辞任に追い込まれた。ホワイトハウスのスタッフたちは、傲慢《ごうまん》で独善的なヘイグのことを「世界最高司令官」(Commander in Chief, World: CINC-WORLD) と揶揄《やゆ》していた(15)。彼はこれまで何度も辞任するとレーガンを脅かしてきたが、ついに辞表が受理されたのである。ヘイグは記者会見を開き、外交政策をめぐる大統領との不一致で辞任すると語った。しかし、大統領によれば、「実際には唯一の見解対立は、私が外交政策を決めるのか、国務長官が決めるのかをめぐるものだった」(16)。

後任には、より穏健で実務的なジョージ・シュルツが起用された。シュルツは国務省内で高く評価され、大統領との関係も良好であった。国務長官がヘイグからシュルツに代わり、やがてNSCからクラークが転出し、パイプスもハーヴァード大学に戻った。こうした布陣の中で、ソ連の崩壊を確信しながらハルマゲドンを恐れる大統領は、より対ソ交渉重視にシフトしていく。

シュルツ国務長官とワインバーガー国防長官は、かつて民間企業で上司と部下の関係にあったにもかかわらず、昼食のメニューですら対立する犬猿の仲であったという。対ソ交渉をめぐっても、二人は鋭く対立した。次官補レベルでも、デタント派のリチャード・バート (Richard Burt) 政軍問題担当国務次官補と対ソ強硬派のリチャード・パール (Richard Perle) 国際安全保障問題担当次官補の「二人のリチャード」が、代理戦争を展開した。特に後者は、「暗黒の王子」と呼ばれた。

国務長官と国防長官が合意する数少ない政策領域が、日米関係の強化であった。レーガンをはじめ、シュルツもワインバーガーもカリフォルニア州から政権入りを果たした。彼らにとって、アジア太平洋の重要性は明らかであった。

しかも、東京にはマイケル・マンスフィールド（Michael Mansfield）大使がいた。民主党の上院院内総務も務めた大物政治家で、カーター大統領によって大使に任命されたが、レーガンにも留任を求められた。日本で信頼され、連邦議会共和党にも幅広い人脈を有していたからである。さらに、敵の多いヘイグを国務長官に指名した際、上院民主党の支持を取り付けるという意味合いもあったという(17)。そのマンスフィールドはつねづね、日米関係を「世界で最も重要な二国間関係」と呼んでいた。マンスフィールドの大使在任期間が長くなるにつれて、ワシントンでは彼の後任をめざす者の蠢動《しゅんどう》も見られた。ある国務省高官がマンスフィールドの高齢を理由に駐日大使の交代を大統領に進言すると、レーガンは自分も高齢だとして、これに応じなかったという(18)。

シュルツは財界出身者として、とりわけ強力な日本経済に注目していた。彼は中曾根内閣で四年近く外務大臣を務めた安倍晋太郎と緊密な信頼関係を築いた。この関係が、「世界で最も重要な二国間関係」、そしてレーガンと中曾根との「ロン・ヤス」関係を支えたのである(19)。ただし、そのシュルツですら、回顧録の中で「ロン・ヤス」関係を「ロン・ヤズ」関係と誤記している(20)。

中東では、六月にイスラエルがついにレバノンに侵攻した。イスラエルの駐英大使が狙撃されたことへの報復行動であった。この直後に、ヒズボラが結成された。その後レバノンでは大統領選挙が実施され、アメリカは平和維持のために海兵隊を派遣したが、新大統領は九月に爆殺されてしまう。そして、海兵隊のレバノン駐留はその後に大きな悲劇を惹き起こす。

中間選挙とブレジネフの死

十一月の中間選挙が迫っていた。失業率は一〇・八パーセントにまで上昇していた。楽観的なレーガンは厳しい世論調査や細かいデータを意に介せず、選挙参謀にただ「リードしているか、それとも後れをとっているか」と問い続けた。しかし、勢いに乗る民主党は「これは公正ではない、共和党だ」をスローガンにして、攻め立てた。そのため、「レーガン不況」に核凍結運動が重なって、共和党は下院で二六議席を失った。「レーガンの子供たち」の一人、ジョン・マケイン（John McCain）はこの時、アリゾナ州から下院議員（共和党）に初当選している。

この選挙について、「これは予期されたところ。もっと悪くてもおかしくなかった。上院は五十四対四十六で優勢を保持。……しかしハイライトのカリフォルニアでは知事、上院議員とも勝った。バイ・バイ、ブラウン！」とレーガンは日記に綴っている。翌日の日記にも「ローズガーデンで、選挙結果について記者会見。彼らは私が上機嫌なので困ったようだ」とある(21)。しかし、上院の改選三三議席の一般得票数の合計では、民主党が五〇〇万票も多かった。州のレベルでも、共和党は七つの知事選で敗れ、五〇州のうち共和党の州知事は一六人となり、州議会で共和党が多数を占めるのはわずか一一州となった。レーガンの再選を危ぶむ声も出始めた。

連邦議会、とりわけ下院はますます大統領に厳しく向き合うようになる。ジェームズ・ジョーンズ（James R. Jones）予算委員長は、大統領との協調路線を「過去二年間にわたる議会の過ち」と呼び、ストックマン行政管理予算局長は、支出削減を求める大統領の予算教書を「到着時に死亡」（dead on arrival: DOA）と呼ぶようになった(22)。レーガン革命をめぐって、共和党と民主党のイデオロギー対立が強まるにつれて、現代大統領制の前提になってきた往年の超党派的協力は困難になっていたのである。

また、選挙までに実施された住民投票では、全米一〇州とワシントン特別区、三七市町村で核凍結への支持が過半数を超えた。その総数は一一三〇万票に達していた。地方政府の決議であり、連邦政府の国防政策を拘束するものではないが、これは無視できない数字であった(23)。

現に、大幅な国防予算の増強路線も抑制され、一九八三年一月から向こう五年間に予定されていた軍事力増強計画中五五〇億ドルが削減された。アメリカのミサイルの老朽化とソ連のミサイルの命中精度の向上に対応すべく開発された、新型のMXミサイル（missile experimental）も、大きな争点になった。高額な上に米ソの相互抑止を揺るがす可能性があるとして、民主党はこれに反対した。十一月二十二日の感謝祭の宵に、レーガンはテレビを通じて、このミサイル・システムは米ソ軍縮交渉の有力な材料になると、得意の引用や図表を用いて国民に呼び掛けた(24)。MXミサイルをめぐって、レーガンはその後もオニール下院議長と鋭く対立する。

そんなレーガンも娘パティの求めに応じて、核凍結運動の女性指導者とホワイトハウスで面談した。「彼女は事実と異なる数多くの事柄を知っていた」と、レーガンは日記に記している。こうした「嘆かわしい輩」に娘が心奪われている事態を、父親は憂慮していた(25)。

この中間選挙の直後に、クレムリンから訃報が届いた。ブレジネフ書記長が死去したのである。弔問団に関して、ソ連は三人までと指定してきた。大統領が一団を率いてソ連の次期指導者と会見するよう、シュルツ国務長官は進言した。それはイギリス王室の国葬にこそふさわしいと、レーガンは考えた。敵対していたブレジネフにそれほどの敬意を表するのは「偽善」だ、「ブッシュに行かせよう」と大統領は言った。その結果、西側同盟諸国の首脳はだれも葬儀に出席しなかった。

葬儀委員長こそが次期ソ連共産党書記長である。シュルツによると、ユーリー・アンドロポフ（Yury

Andropov）は「埋葬されたばかりのブレジネフ以上に死骸のように見えたが、彼の精神力は室内に充満していた」「彼はシャーロック・ホームズ（Sherlock Holmes）の宿敵モリアーティ教授（Professor Moriarty）を連想させた」。アンドロポフはソ連の国家保安委員会（Komitet Gosudarstvennoi Bezopasnosti: KGB）の前議長であり、ブッシュは元CIA長官である。「われわれには共通点がある。両国のスパイの頂点にいた」と副大統領が冗談を言ったが、アンドロポフは笑わなかった[26]。

レーガンはナンシーを伴って、ワシントンのソ連大使館を弔問した。「この場所には奇妙な感じがある。だれも――つまりドブルイニン大使を除けば、だれも――笑顔を見せなかった」と、レーガンは日記に記している[27]。その後、大統領は大使をホワイトハウスに招き、また、アンドロポフに手書きの親書を送ったが、クレムリンの反応は冷たかった。

ブレジネフの死去から二週間後に、日本では前述の中曾根康弘内閣が成立した。「はるけくも　きつるものかな　萩の原」――組閣に際して中曾根が心境を詠んだ一句である。彼は以後五年にわたって首相の座にあり、レーガンの盟友となる。二人ともパフォーマンスに長けた政治家であったが、レーガンはあくまで大衆的であり、中曾根にはエリートの自負が強かった。そのため、前者は充分に老獪《ろうかい》だが、そうは見られず、後者はおそらく実際以上に老獪に見られた。それでも、二人はリーダーシップに乏しい（少なくとも、そう見られていた）前任者を持ち、そのイメージと路線を変更しようとする点で、明確に共通していた。両首脳はしばしば電話をかけ、手紙を書いて、互いの意思疎通を図った。両者をつないだのが、中曾根の旧友でNSCアジア担当上級スタッフ（のちに東アジア担当国務次官補）のガストン・シグール（Gaston Sigur）であった[28]。

一九八三年一月には、インフレ率が前年の六・一六パーセントから三・一六パーセントと大幅に改善した。

これはポール・ボルカー（Paul Volcker）FRB議長の手腕によるところが大きい。二月には、失業率も前月の一〇・八パーセントから一〇・四パーセントへと、若干とはいえ改善に向かった。「レーガン不況」に終息の兆しが表れたのである。とはいえ、この時期のレーガン大統領の支持率は四〇パーセント前後で、政権三年目のカーター大統領のそれよりも低く、過去四〇年の最低水準にあった。レーガンは依然として楽観的であったが、同時にきわめて慎重でなければならなかった。

ところが、レーガンは外交面で大きく攻勢に転じたのである。

二 「悪の帝国」と「スター・ウォーズ計画」

核凍結運動はソ連の軍拡を利するばかりだと、レーガンは考えていた。しかも、ソ連はアメリカ世論を操作して、米ソ関係で優位に立とうとしていた。そこで、レーガンは反撃の機会をうかがい、適当な時と場所、聴衆を見出した。時は一九八三年三月八日、場所はフロリダ州オーランド、聴衆は福音派キリスト教徒全国大会（National Association of Evangelicals）の出席者たちであった。日曜日は教会よりもキャンプ・デーヴィッドや牧場で過ごすことを好むなど、レーガンの信仰への姿勢はカーターのそれほど明示的ではなかった。だが、彼は日記に繰り返し自らの信仰を記している。カーターにとって神に祝福されるべきは敬虔《けいけん》な個人であり、レーガンにとってはアメリカであった。そこで彼は、演説を必ず「アメリカに神の祝福を」（God bless America）と結び、以後の歴代大統領もこれを踏襲するようになる。しかも、カトリックの司教たちが反核声明を発していた（彼らはレーガン政権の中南米政策にも批判的であった）。強力な宗教勢力には、別の宗教勢力で対抗しなければならなかった。

熱烈な歓迎の拍手の後、レーガンは話し始めた。「ある日、福音派の牧師と政治家が一緒に天国の門にたどり着いた。一連の儀式の後に、聖ペテロ（Petros）が二人を住まいに案内した。椅子と机とベッドしかない狭い個室が、牧師に用意されていた。自分のはどうなるのかと、政治家はやや心配になった。ところが、多くの使用人付の豪邸が、彼には用意されていた。政治家は驚いて、聖ペテロに尋ねた。「お待ちください。何かのまちがいでしょう。善良で敬虔な聖職者があの一室で、私にこのような豪邸が与えられるわけがありません」。すると、聖ペテロが答えた。「天国の事情を理解なさい。これまで何千人もの聖職者がここにやって来ましたが、政治家はあなたが初めてなのです」」。会場が爆笑と拍手に包まれたことは言うまでもない。

続いて、レーガンはいつものように、立て続けに偉人や先哲たちの言葉を引用した。「もしわれわれが神に統治されるのでなければ、われわれは暴君に支配されよう」とは、ペンシルヴァニア植民地の創設者ウィリアム・ペン（William Penn）の言葉である。また、「われらに命を与えた神は、同時にわれらに自由を与えた」とトマス・ジェファーソンは言い、「政治的な繁栄をもたらすあらゆる気質や習慣の中で、宗教と道徳は不可欠の支柱である」とジョージ・ワシントンは語った。さらに、フランスの思想家アレクシス・ド・トクヴィル（Alexis de Tocqueville）が引用される。「アメリカの教会に行き高潔な説教を耳にして初めて、私はアメリカの偉大さと天分を知った。アメリカは善である。もしアメリカが善でなくなるなら、アメリカは偉大でなくなるであろう」。このように、大統領はアメリカの政治にとって宗教がいかに重要であるかを、繰り返し語ったのである。

次いで、レーガンは公立学校での祈禱《きとう》を奨励し、人工中絶の制限を支持した。これだけでもリベラル派には充分に挑発的であったが、さらに大統領は核凍結運動を「きわめて危険な誤り」と非難した。「全体主義の暗闇に生きているすべての人々の救済のために祈りましょう。彼らが神を知る喜びを見出すよう祈りましょう。しかし、それまでは、たとえ彼らが国家の優越を説き、個人に対する国家の全能を宣言し、地球上のすべての人々を最終的に支配すると予言しても、彼らが現代社会における悪の力であることを忘れずにいましょう」。「歴史の事実や悪の帝国の攻撃的な衝動を意に介さず、軍拡競争は大きな誤解によると割り切ってしまい、正と邪、善と悪との戦いの前線から離脱して、無分別にも自ら超越的な立場をとる誘惑――こうした自惚《うぬぼ》れの誘惑に心しましょう」と、大統領は言い放ったのである。「アメリカの軍事力は重要ですが、私がつねに主張してきたことを、ここで付け加えておきましょう。世界で今進行している戦いは、爆弾やロケット、軍隊や軍事力によって決せられるようなものでは全くありません。今日われわれが直面している真の危機は精神的なものです。根源的に、それは道徳心と信仰の試練なのです」。のちに「悪の帝国」演説として知られるこのスピーチで、レーガンは「悪」という言葉を八回用いている(29)。

「レーガン大統領の「悪」ということばの用い方で同時代人にとって耳ざわりな点は、その文化的な傲慢さであり、何が善であるかを知っているのは彼レーガン氏でありアメリカである、という臆断であった」と、政治哲学者のアラン・ブルーム(Allan Bloom)は言う。だが、もちろんブルームはこの「臆断」に同調しない。「もろもろの価値に深く傾斜《コミット》している人物は称賛される。彼らの強い信念、その気遣いや関心、何かをよしとするその思い、それは自律性と自由と創造性の証しである。そうした人物の生き方は気楽さとは正反対であり、そこには規範がある」と、彼は続けている(30)。

そもそも、道徳を説き邪悪を排したのは、古典的ハリウッド映画を支えたヘイズ・コードという規範であった。「悪の帝国」演説は、レーガン政治のヘイズ・コードなのである。また、政治的なインパクトという点では、この演説はチャーチルの「鉄のカーテン」演説に匹敵するかもしれない。

重要な演説の前には、レーガンはいつも入念な練習を重ねた。それは「ベーブ・ルース（Babe Ruth）の打撃の訓練を見ているようなもの」（ディーヴァー）であった(31)。レーガンはスピーチ・ライターたちにつねに簡潔性を求めた。この演説もドーランが起草し、大統領が承認したもので、国務省やホワイトハウスの専門家たちには容喙《ようかい》の機会がなかった。

先のノートルダム大学の卒業式での演説、ウェストミンスターでの演説から一九八七年のベルリンの壁を前にした演説まで、レーガンの対ソ認識は一貫している。ある歴史家はこの演説を「アメリカ史上最悪の大統領演説」と酷評した。南アフリカのアパルトヘイト政策を「悪の制度」と非難するのは容易だが、核武装したソ連を「悪の帝国」と呼ぶのは危険だという声もあった(32)。その後、「悪の帝国」という表現は人口に膾炙《かいしゃ》するが、実はレーガン自身がこの表現を用いたのは、この時一回限りである。

この「悪の帝国」演説で、レーガンが意図した聴衆は数千キロのはるか彼方にいた。クレムリンである。「ナンシーを含めて一部の人は、私がもう少し修辞の過激性を和らげるよう説得に努めたものの、率直に言って私は、この狙いが、成功したように思う。私はナンシーに、私がこんな物言いをするのには理由があるのだと説明した。つまり私はロシア人に、私が彼らのシステムや、それが体現するものを理解していることを知ってほしかった」(33)。「故意の犯意」をもって、彼は「悪の帝国」という表現を選んだのである(34)。また、ソ連の刑務所やグラーグでは、レーガンの言葉が希望を伴って静かに拡散していった(35)。

だが、「実際的なイデオローグ」は、「悪の帝国」との対話を拒否したのではない。彼は米ソ交渉の必要性を痛感していた。その意味では、「悪の帝国」演説を称賛した保守派も非難したリベラル派も、レーガンを誤解していた。

そのレーガンにも、三つの誤算があった。第一に、ソ連の軍事力も経済力も、実際にはレーガンの認識よりもはるかに弱体化していた。第二に、ソ連指導部は高齢化して硬直し、レーガンとの交渉に応じにくくなっていた。そして第三に、レーガンの強硬姿勢とソ連のプロパガンダに刺激されて、反核運動が予想以上に高まり、レーガン政権をさらに拘束するようになったのである。

国内でMXミサイル論争が続く中、三月二十三日の夜に再びテレビを通じて、レーガンは国家安全保障について国民に語り掛けた。抑止戦略に変更はないとしながらも、「アメリカが核兵器を圧倒的に保持している時の抑止戦力と、ソ連がアメリカの地上配備ミサイルをほぼ全滅できるだけの正確かつ強力な核戦力を持つようになった今日のそれとは、異なっています」と、大統領は説いた。「アメリカが即時に報復すると威嚇することでソ連の攻撃を抑止するよりも、ソ連の戦略弾道ミサイルがアメリカや同盟国の領土に届く前に遮断、破壊されることで、自らの安全が保障されるなら、自由主義陣営の人々はどれほど安心して暮らせるでしょうか」「これは二十一世紀、私たちの子供たちに、新たな希望をもたらす決定です」「核兵器を開発した、わが国の科学者のみなさん、今度はそのすばらしい才能を人類の大義、世界の平和のために役立ててほしいのです。核兵器を無力で時代遅れのものとする手段を開発してほしいのです」(36)。SDIである。つまり、核の相互抑止について、「王様は裸だ」とレーガンは叫んだのである(37)。

敵からの長距離ミサイル攻撃をレーザー光線やミサイルで迎撃する——このSF的な計画には一七〇億ドルを要する上、成功する科学的・技術的な根拠に乏しかった。しかも、仮に成功するにしても、移行期に相互抑止を不安定化させることは明らかであった。時あたかも『スター・ウォーズ』シリーズ第三弾の『スター・ウォーズ／ジェダイの帰還』(*Star Wars: Episode VI Return of the Jedi*, 1983)で、銀河帝国皇帝が鉄壁の防御を誇る第二デス・スターを建造しようとしていた(ジョージ・ルーカスによると、この皇帝には「帝王的大統領」ニクソンのイメージが投影されている)(38)。このシリーズで、人々はレーザー光線やライトセーバーで殺されるが、決して出血しない。これも放射能による「きれいな死」のイメージであろう(39)。エドワード・ケネディ上院議員は、このSDI計画を「共産主義への恐怖を煽《あお》る戦術と無謀なスター・ウォーズ計画」と揶揄した。米ソ関係の悪化を憂うケネディは、さらにアンドロポフに会おうとして、KGB幹部とも接触していた(40)。

三　SDIの背景は何か

SDIの起源をかつてレーガンが出演した映画に求める説もあるが、第1章でも述べたように、宇宙戦争やレーザー光線に関する大衆文化ははるかに根深いし、攻撃と防御をめぐる戦略的議論も長らく繰り返されてきた。そこに、レーガンの「救済ファンタジー」も働いていよう。彼のお気に入りの映画の一つ、アルフレッド・ヒッチコック（Alfred Hitchcock）監督『引き裂かれたカーテン』（*Torn Curtain*, 1966）でも、ポール・ニューマン演じる亡命物理学者が「すべての核兵器を無力なものにする防衛兵器」について熱弁をふるっている。

直接の背景

一九六七年のことである。レーガン知事はローレンス・リバモア国立研究所（Lawrence Livermore National Laboratory）を訪問した。この研究所は核兵器の研究開発のために一九五二年に設立され、カリフォルニア大学も運営に携わっていた。この訪問で、飛来する敵のミサイルを迎撃する術がないことを、レーガン知事は知った。「この国を守れないと言うのですか？」と、レーガンは絶句した。この折、知事は

「水爆の父」と呼ばれたエドワード・テラー（Edward Teller）博士にも会っている。博士は宇宙に配備するレーザー光線を開発中で、これが完成すれば敵のミサイルを空中で破壊できると、知事に告げた。第二次世界大戦時にも、イギリスがレーダーを開発したことで、ドイツの空爆を大幅に押さえ込んだのである。宇宙配備のレーザー光線は、原子爆弾、水素爆弾に次ぐ、第三世代の兵器となるはずであった（原爆も水爆も「最終兵器」だったはずだが）(41)。この可能性は、レーガンの脳裏にしっかりと根を張った。また、一九七〇年代初頭までには、SFテレビドラマ『宇宙大作戦』シリーズを通じて、宇宙での軍事行動のイメージがアメリカ人の日常生活に浸透していた(42)。こうした中で、かつて主演したシークレット・サービス映画が、あるいはレーガンの脳裏にも蘇ってきたのかもしれない。七七年五月には、「明らかに、ロシアは空中でミサイルを破壊するレーザー光線を持っている」とさえ、彼は発言している。しかも、ソ連はリスクを恐れないであろう。「人類の四分の三が滅んでもかまわない。大事なことは、残る四分の一が共産主義者だということだ」と、レーニンは豪語していたのだから(43)。ただし、このレーニンの引用は出典が不明である。おそらく、ナチスによる作り話の転用であろう。ソ連のアメリカ専門家ゲオルギー・アルバートフ（Georgi Arbatov）などは、だれかが意図的に大統領に誤った情報を提供していると考えたほどである(44)。

さらに一九七九年七月三十一日、大統領選挙の初期に、レーガン候補はコロラド州にある北米航空宇宙防衛司令部（North American Aerospace Defense Command: NORAD）を訪問した。ここでも、アメリカが核ミサイル攻撃を受けても防衛は不可能で、核全面戦争にいたる報復あるのみと、レーガンは説明を受けた。「これほど金を使って、これほどの設備を持っても、核ミサイル攻撃から逃れる術はないのか？」と、彼は再び衝撃を受けた(45)。

一九八〇年十一月にレーガンが大統領に当選した一〇日後に、ローレンス・リバモア国立研究所はテラー博士の指示でX線装置を用いた極秘の核実験をネヴァダ州で行った。翌八一年の秋には、NASAの長官が文民から空軍のジェームズ・エイブラムソン（James Abrahamson）将軍に交代した。彼はやがてSDIの陣頭指揮をとることになる。八二年になると、空軍は宇宙軍（Space Command）を新設した。さらに同年三月には、「アイヴィー・リーグ」という暗号名のコンピューターの戦争ゲームが五日にわたって実施され、レーガン大統領も参加した。この種の戦争ゲームに大統領が参加するのは、実に四半世紀ぶりのことであった。このゲームでは、ウィリアム・ロジャーズ（William P. Rogers）元国務長官が大統領役を務めたが、「大統領」はソ連の核攻撃で死亡してしまう(46)。九月には、テラー博士がX線レーザーによる宇宙防衛の研究を加速化させ、「どんな武器も防衛を生むのだ。剣の次に盾のように」と、レーガンを感服させた(47)。科学者も軍部も、大統領の思い込みに便乗しようと、必死に働き掛けていたのである。

さらに、辣腕《らつわん》の元海兵隊中佐ロバート・マクファーレン（Robert McFarlane）が、国家安全保障問題担当の大統領次席補佐官に就任した。アレン、ウィリアム・クラーク（前国務副長官）、マクファーレンと、すでに国家安全保障問題担当大統領補佐官は三人目であった。外交・安全保障問題でのホワイトハウスのマネージメントの不安定性を示している。

一九八三年二月十一日に、マクファーレンは大統領と軍部首脳との会合を設定した。統合参謀本部（Joint Chiefs of Staff: JCS）議長のジョン・ヴェッシー（John Vessey）将軍が、「アメリカ市民のあだ討ちをするより、彼らを守るほうがよいのではないでしょうか」と問うた。「それこそ、私の望んできたものだ」と、大統領は答えた。ただし、マクファーレンにも予想外の点があった。彼はミサイル防衛を対ソ交渉のカードとしか考えていなかったが、大統領は本気だったのである。こうして、「史上最も刺激的な作戦」（マクファーレン）が開始された(48)。

文化面でも、一九八〇年代を通じて、マイクロコンピューター（今日のパソコン）やビデオゲームが普及し、子供たちは「スペース・インベーダー」に興じていた(49)。スティーブン・リズバーガー（Steven Lisberger）監督の映画『トロン』（*Tron*, 1982）は、コンピューター・グラフィックスを全面的に導入し、ゲームソフトをめぐるコンピューター・プログラム内部での戦いを美麗に描いていた。そこはマスター・コンピューター・プログラムに支配されており、バーチャルな「悪の帝国」である。一九八三年になると、ビーン・ブックス（Bean Books）という軍事SF専門の出版社も誕生した。

レーガンの宗教的恐怖心と「救済ファンタジー」を補強する材料を、映画は提供し続けていた。一九八二年には、反核運動家でジャーナリストのジョナサン・シェル（Jonathan Schell）が『地球の運命』（*The Fate of the Earth*）で核戦争後の生態系を描き、ベストセラーになった(50)。また同年には、テレ・ナッシュ（Terre Nash）監督『もしあなたがこの惑星を愛するなら』（*If You Love This Planet*）という映画がカナダで製作され、短編ドキュメンタリー部門のアカデミー賞を受賞した。だが、レーガン政権の司法省は、この作品を「外国の政治プロパガンダ」に指定した。『候補者ビル・マッケイ』の公開を延期するよう、ニクソン政権が圧力をかけたエピソードを連想させる。そして、ケヴィン・ラファティ（Kevin Rafferty）ほか監督『アトミック・カフェ』（*The Atomic Cafe*, 1982）も公開されている。これはアメリカのニュース映画や反共プロパガンダ映画を編集したドキュメンタリーで、核攻撃を受けたら「しゃがんで隠れる」（duck and cover）よう、一九五〇年代にアメリカ政府が広報していたようすなどが紹介されている。

こうして、SDI登場の政策的・文化的背景が着々と整えられていったのである。

SDI発表のテレビ草稿作成に、レーガンは心血を注いだ。「そのほとんどは、官僚的な会話を普通の人々のそれに置き換えることだった」と、大統領は日記に記している。当日、彼はテラー博士ら多くの専門家をホワイトハウスに呼び集め、彼らの反応を探った。「大丈夫のようだ。彼らはみなこの構想を絶賛し、しばらくの間、論争の的になると考えているようだ」(51)。大統領に感想を聞かれて、テラーは答えた。「なあに、わずか一七年待っただけのことです」

これまでもそうだったが、レーガンは重要な政策を提起する際にテレビを活用した。それはローズヴェルトの「炉辺《ろへん》談話」に相当しよう。カーターもこれを模倣し、失敗した。現代大統領制の入り口と出口近くに立つ二人、ローズヴェルトとレーガンは、「大きな政府」をめぐっては立場を異にしたが、朗らかな声と楽観主義を共有していた。「歴史の可能性の幅を拡大するには、夢想家──現状を打破する人々が必要であった」と、冷戦史の大家ジョン・L・ギャディス（John L. Gaddis）は論じている(52)。

ただし、SDIの発表に関しては、シュルツやワインバーガーらも充分に関与しておらず、特に前者は強い危惧の念を抱いていた(53)。国防省関係者が大統領の演説草稿を見たのは、発表の前夜のことであった。もちろん、同盟諸国も議会指導者たちも、何の相談も受けていなかった。推進派のマクファーレンですら、この段階での発表は時期尚早と考えていた。だが、レーガンは待てなかったのである。

反核映画

SDI公表後、映画やテレビはいっそうハルマゲドンの恐怖を煽るようになった。レーガンもそれらに影響されている。早くも一九八三年六月には、ジョン・バダム（John Badham）監督『ウォー・ゲーム』（*WarGames*）が公開された。主人公の高校生がコンピューターをハッキングし、そうとは知らずにNORADの人工知能を作動させたことで、核戦争の危機が生じるという物語である。脚本家の一人が友人だったこともあり、レーガンはこの映画を観賞し、議会関係者や側近、JCS幹部らと議論した。「こんなことが起こりうるのかね？」と、大統領はJCS議長のヴェッシー将軍に尋ねた。一週間後に、将軍は答えを携えてホワイトハウスを訪問した。「大統領閣下、事態はご想像よりも深刻です」(54)。この一件もあって、八四年九月には初めてサイバー・セキュリティーについて分析したNSDD一四五号が発せられた(55)。

クローネンバーグ監督『デッドゾーン』(*The Dead Zone*, 1983) も、核戦争の恐怖を描いている。交通事故の後遺症で、主人公は身体に触れた相手の過去や未来を知覚できる超能力を持ってしまう。彼がある若手政治家と握手した際、この政治家が将来大統領になり、無謀にも核ミサイルの発射ボタンを押す瞬間を予知してしまう。「もしヒトラーが台頭する前のドイツに行けたなら、どうするか」と主人公は自問し、ついに命がけでくだんの政治家の暗殺を企てるのである。先述の『ニューヨーク1997』の大統領と並んで、映画が描いた最も醜悪な大統領像の一つである。レーガンも時に、反対派からヒトラーやドラキュラにさえ喩《たと》えられた。

さらに一九八三年十一月二十日には、ニコラス・メイヤー (Nicholas Meyer) 監督のテレビ映画『ザ・デイ・アフター』(*The Day After*) がABCネットワークで全米に放送された。ソ連からの核攻撃の後のカンザス州ローレンスのようすを描いた物語で、視聴者は一億人を超え、視聴率は四〇パーセントに達した。「もしもし、こちらカンザス州ローレンスです。だれかいますか？ だれか？ だれも？」と、生存者の一人が手製のラジオで必死に呼び掛ける。映画に登場する大統領の声は、明らかにレーガンを真似ている。レーガン政権の国防政策への支持が低下したことは言うまでもない。しかし、この映画に最も衝撃を受けた者の一人は、まちがいなく大統領自身であった。放送の一カ月前に、彼はキャンプ・デーヴィッドでこの作品の録画を観ている。「たいへん効果的で、おそろしく憂鬱になった」「「反核」勢力を助けるつもりかどうかは、わからない。抑止を維持し、核戦争が起こらないように、できることなら何でもしなければならない、というのが私の感想だ」と、レーガンは日記に綴っている(56)。

『ザ・デイ・アフター』は単なる夢想ではなかった。同年六月に、国防大学が二週間かけた図上演習を実施した。全面核戦争を避けようとする「ブルー」チームと「レッド」チームの懸命の努力にもかかわらず、演習は大規模な核攻撃の応酬で終わった。しかも、この演習にはワインバーガー国防長官とヴェッシーＪＣＳ議長が参加していた。「われわれの戦略は破綻している」と、ヴェッシー将軍は洩らしたという。この演習は二〇〇八年まで極秘にされた(57)。

相次ぐ危機

レーガンならずとも、ソ連を「悪の帝国」と思わせるような事件が発生した。一九八三年九月一日の未明、ニューヨーク発アンカレッジ経由ソウル行きの大韓航空機００７便が、サハリン沖上空で領空侵犯を理由に、ソ連戦闘機に撃墜されたのである。計器の誤作動、近くにソ連のミサイル基地があることへの無知、そして、ソ連側の猜疑心が重なり合った悲劇であった。二六九人の乗員と乗客全員が犠牲になった。その中には、ジョン・バーチ協会の会長も務める民主党タカ派、ラリー・マクドナルド（Larry McDonald）下院議員らアメリカ人六二人が含まれていた。当初、ソ連は事実を認めなかったが、自衛隊がソ連側の交信を傍受していた。「目標は撃墜された」――三時二十六分二十一秒に、ソ連のパイロットは手短にそう語っている(58)。

あるいは、レーガンなら、この事件からヒッチコック監督『海外特派員』（*Foreign Correspondent*, 1940）

を連想したであろうか。この映画のラスト近くで、イギリスからアメリカに渡る民間航空機をナチス・ドイツの軍艦が撃墜するのである。ただし、映画では主人公たちは一命を取り留める。撃墜された飛行機は、「悪の帝国」ならぬ「ショートエンパイヤ」という機種の飛行艇であった。大英帝国からアメリカへの覇権移行の符号であろう。

もちろん、大韓航空機撃墜事件も、デイヴィッド・ダーロウ（David Darlow）監督『大韓航空機撃墜事件 FLT.NO.007便・応答せよ』（*Tailspin: Behind the Korean Airliner Tragedy*, 1989）として、のちにテレビ映画化されている。この作品では、対ソ協調を模索する国務省と強硬派のNSC、空軍の官僚主義的な争いが詳細に描かれている。

この衝撃的な事件は、レーガン政権に二つのことを告げた。一つは、ソ連の指導部と軍部が硬直化し、的確な判断力を失いつつあることである。二つ目は、東アジアでの日米同盟の重要性である。日ごろは日本に厳しい連邦議会でも、上院は日本の情報提供に対して、満場一致で感謝決議を可決している。「人道に対する犯罪」「蛮行」と、レーガンはソ連を糾弾した。今回も、大統領はテレビ演説を巧みに用いた。また、彼はわずか数日前に死去した民主党の対ソ強硬派ヘンリー・ジャクソン（Henry Jackson）上院議員の言葉を引用して、MXミサイル開発への支持を訴え掛けることも忘れなかった(59)。実は、シュルツに慫慂《しょうよう》されて、大統領はアンドロポフとの首脳会談を決意し、クレムリンに手書きの招待状を送っていた。その矢先の「蛮行」であった。「この人類に対する犯罪は、クレムリンとの〝静かなる外交〟を目指す私の努力を後退させただけでなく、事実上、米ソ関係改善へのすべてのわれわれの努力を休止状態に追い込んだ」と、レーガンは回想している(60)。ニューヨーク州知事とニュージャージー州知事がソ連のアエロフロート特別機のニューヨーク付近への着陸を拒否したため、国連総会に向かうソ連のアンドレイ・グロムイコ（Andrei Gromyko）外相はカナダ経由で入国しなければならなくなったほどである(61)。

この事件直後に、レーガン大統領は関係各省庁の担当者を集め、NSDD一〇二号を策定した。そこで、事件への対処として三つの目標が掲げられた。第一は、国際社会に正義を叫び続けることである。第二は、アジアの同盟国に対するソ連の威嚇に毅然として対抗することである。そして第三は、ソ連の言動の不一致への理解を高めることである(62)。

とはいえ、言動の不一致は、レーガンの側にも顕著であった。確かに、彼は本当に憤っていた。しかし、大統領は保守派の求めるKGB要員のアメリカからの追放を見送ったし、シュルツにはグロムイコ外相との会見を認めたのである。レーガンはソ連の「崩壊」を確信していたが、ソ連との対決を望んでいたわけではない。ハリウッドから共産主義者を駆逐したように、自らを傷つけずに彼らを追い詰めていけると、彼は信じていた(63)。

さらに、中東である。先述のように、治安維持のために、レバノンにはアメリカを中心とした国際監視軍が駐留していた。十月二十三日にはベイルートで、米海兵隊司令部とフランス軍宿舎が自爆テロに遭い、米軍二四一人、フランス軍五八人の死者を出したのである。この悲報に接した時、レーガンは「胸に一撃を受けた七十二歳の老人に見えた」、老人は「なぜそんなことになったのだ」とつぶやいた——マクファーレンは、そう回想している(64)。

レーガンはベイルートを東西冷戦の最前線と誤解して、海兵隊を派遣していた。大統領がこの派遣を決めた際、理由が不明確として、下院では二六人の共和党議員が反対した。ベトナム戦争の英雄ジョン・マケインもその一人である。彼は忠実な「レーガンの子供たち」の一人であり、彼が「父」に背いたのはこの一度きりであった。翌八四年二月には、米軍はベイルートから撤退する。しかし、レーガンはあくまで

「撤退」という表現を避けて、これを「再配置」と呼んだ。しかもこの「再配置」は、金曜日の夜という、最もニュースにしにくい時間帯に簡単に発表された。

この悲劇の直後に中米でも騒動が起こっていた。カリブ海の小島、人口わずか一一万人のグレナダで起きた革命からアメリカ市民を保護すべく、レーガンは七〇〇〇人の米軍を派遣し、人民革命政府を打倒した。一方で、革命の波及を恐れる東カリブ海諸国機構（Organization of Eastern Caribbean States: OECS）の諸国からは、アメリカの介入を求める声が上がっていた。他方で、国連総会は軍事干渉を批判する決議を可決している（安全保障理事会では、同様の決議案がアメリカの拒否権によって葬られている）。

レーガン大統領が救出作戦に要する時間を問うと、JCSは四八時間と回答した。「よし。それで行こう」と、レーガンは許可した。作戦名は「アージェント・フューリー」（Urgent Fury）、つまり、抑え難い憤怒である。ベイルートでの惨劇から、わずか二日後のことであった。イランでの人質事件の二の舞だけは、絶対に避けなければならなかった。大統領は作戦遂行に必要な兵力数をヴェッシーJCS議長に尋ね、その二倍の投入を命じた。驚く将軍に大統領は言い放った。「カーターが九機ではなく一八機のヘリコプターをイランでの人質救出作戦に充てていれば、君は今でも私ではなく彼に報告を上げていただろうさ」。ワインバーガーやサッチャーの反対すら、むだであった（グレナダはイギリス連邦の一員である）。作戦開始直前に連邦議会の指導者たちを招集した折も、オニール下院議長が「これは協議ではなく通告ではないか」といきり立つと、「その通り」と、レーガンは平然と答えている。この作戦遂行にあたって、レーガン政権は徹底した報道管制を行った。「グレナダが〝新たなベトナム〟になりそうだという予言」やリークを防ぐためである(65)。フォークランド紛争の際のイギリス政府の対応が、手本になったという。そのため、スピークス副報道官ですら「アージェント・フューリー」作戦について何も知らされておらず、

「グレナダ侵攻迫る」との報道を一蹴していた。

アメリカ軍は一九人の犠牲者を出したが、戦闘は数日で終息し、アメリカの圧勝となった。キューバが建設中だった空港も制圧された。現地には八〇〇人の武装キューバ人がおり、一万人分相当の武器やロケット砲、戦車が発見された（グレナダの成人男性の数は三万人にすぎなかった）(66)。黒人やリベラル派の議員たちはこの侵攻を批判したが、救出されたアメリカ人の医学生たちは地面にひれ伏して感謝の意を表した。そのため、一時的には大統領支持率は二〇パーセントも上昇し、オニール議長ですら大統領の決断を称賛せざるをえなくなった。また、USIAがアメリカのグレナダ介入を正当化するテレビ番組を、世界二〇六カ国にケーブル配信した(67)。こうして、レーガンの「救済ファンタジー」は満たされた。そして、グレナダ侵攻は第二のイラン人質事件や新たなベトナム戦争にはならず、アメリカにとってのフォークランド紛争となったのである。

このグレナダ侵攻については、クリント・イーストウッド監督・主演の映画『ハートブレイク・リッジ勝利の戦場』(*Heartbreak Ridge*, 1986) で、海兵隊のベテラン軍曹を通じて美化されている。ただし、主人公はベトナム戦争の体験を引きずって苦しみ、「傷心」（ハートブレイク）している。そのため、この作品はレーガン政権からは評価されなかったという(68)。

グレナダ侵攻のわずか一週間後のことである。十一月二―十一日にかけて、NATOが「エーブル・アーチャー83」(Able Archer 83) という軍事演習を実施した。例年よりも大規模で、スカンディナヴィア半島から地中海までの範囲で、総勢三〇万人の軍人と文官が関与した。レーガンは参加しなかったが、サッチャー首相や西ドイツのヘルムート・コール (Helmut Kohl) 首相も参加している。KGBはこれを西側による核先制攻撃のカモフラージュと疑い、KGB出身のアンドロポフもそう信じそうになった。これを

「一九六二年秋のキューバ危機以来、世界が経験した最も危険な出来事」と呼ぶ識者もいる。「私は多くのソ連当局者がわれわれを、単なる敵対者としてだけでなく、彼らに第一撃で核兵器を投げつけかねない潜在的侵略者として恐れていることを理解するようになった」と、レーガンは記している(69)。テレビ映画『ザ・デイ・アフター』、大韓航空機撃墜事件、そしてこの「エーブル・アーチャー83」をめぐる騒動で、レーガンは偶発的な核戦争を避けるために対ソ政策を穏健化する必要性を強く感じるようになったという(70)。しかも、国務省やNSCから対ソ強硬論者の多くが去っていた。

さらに、当時は知られていなかったことだが、九月末にもソ連で深刻な事態が発生していた。ソ連の人工衛星がアメリカからの核攻撃を察知したのである。しかし発射されたのがわずか二回にわたって計五発のミサイルであったことから、担当将校が誤報と見破ったのである。世界がその詳細を知ったのは、一九九九年二月十日の『ワシントン・ポスト』紙の報道によってであった。

米ソ間で緊張が高まる中で、コロンビア大学のある学生も、学生新聞に「戦争思考を打破する」という素朴なエッセーを寄せていた。バラク・オバマである(71)。雄弁を武器に、核廃絶を希求する点で、オバマも「レーガンの子供たち」の一人であった。

もちろん、オバマはそれ以上に「キング牧師の子供たち」の一人であった(72)。一九八三年八月二日に下院が三三八対九〇の圧倒的多数で、次いで上院でも七八対二二で、キング牧師の誕生日（一月十五日）を国民の祝日にする法案が可決された。キングを共産主義者と呼ぶ保守派もいたし、レーガンも祝日増設に伴う費用を気にしていた。しかし、たとえ拒否権を発動しても覆される。十一月二日に、大統領は法案に署名した。八六年から一月の第三月曜日がキング牧師記念日となる。

「今年の人」

十一月には、レーガンは日本と韓国を公式訪問した。前年のイギリスと同様に日本でも、彼はアメリカの大統領として初めて国会で演説した。レーガンは「日米の友好は永遠です」とたどたどしい日本語で切り出し、次いで福沢諭吉とリンカーンを引用して、平等という価値を日米が共有していると説いた。また、「草いろいろ　おのおの花の　手柄かな」という松尾芭蕉の句を紹介して、大統領は日本文化の多様性を賞賛してみせた。さらに、レーガンは「日本には『おしん』の精神がある」と、当時人気だったNHKの朝の連続テレビ小説にまで言及した。大衆文化への敏感な反応である。政策面では、大統領は核廃絶を訴え、保護主義への反対を表明している(73)。レーガン大統領の演説は、拍手で二五回も遮られたという。

中曾根首相も、レーガン夫妻を東京郊外の日の出山荘で歓待した。警備のための警察官三六〇〇人が、この小さな町に押し寄せた。「レーガンさんは馬が好きで、牧場でよく馬に乗っていたから、田舎に連れていってもいいだろうと思ったわけです」と、中曾根は回想している(74)。レーガンも個人外交に信を置いたが、中曾根も「手づくり外交」を自負していた。続くソウルでも、レーガンは韓国の「死活的重要性」を再確認し、厳戒態勢の中で自ら非武装地帯を視察した。レーガンは厳しい表情で、双眼鏡から北朝鮮を臨んだ。冷戦の最前線に立つ最高司令官の姿である。非武装地帯を背景に最も凜々《りり》しい姿に映るよう、大統領が立つ位置にはあらかじめ足型が描かれていた(75)。さすがは「魔術師マイク」の采配である。

アメリカ経済は「レーガン不況」を脱し、それにつれて大統領支持率も回復してきた。一九八三年の経済成長率は、四・六パーセントに達した(翌八四年は、さらに七・二パーセント)。ヨーロッパでの反核運動も下火になってきた。世相も明るかった。八三年末には、黒人ポップ歌手マイケル・ジャクソン（Michael Jackson）が特殊効果を多用し、ムーンウォークを披露したミュージックビデオ『スリラー』（*Thriller*）が、二四時間放送のケーブル・テレビ、MTV（Music Television）で公開され、大きな話題を呼んだ。もはやミュージックビデオはレコード販売の単なる手段ではなくなった。「ロックとテレビが結婚し、別れられなくなった」のである(76)。黒人スター、ミュージックビデオ、ケーブルテレビ――レーガンの推進する規制緩和がエンターテイメント産業にも波及し、往年のハリウッドとは異なる、ダイナミズムと多様性を示すようになっていた。疑いなく、マイケルは一九八〇年代のアメリカ大衆文化を代表する偶像の一人である。この黒人スターは八〇年代を通じて白人社会に同化し、自らの肌の色まで徐々に白くなっていく。

こうした中で、『タイム』（*TIME*）誌はレーガンを一九八三年の「今年の人」に選んだ。大統領当選時の八〇年に続いて二度目のことである。だが今回は、ソ連のアンドロポフと共に選ばれ、二人が睨《にら》みあう形で表紙を飾った。十一月には、アメリカはイギリスに巡航ミサイルの配備を始め、次の西ドイツ配備も決まっていた。これを受けて、ソ連はアメリカとの核軍縮交渉を無期延期した。一四年ぶりに、米ソは「無条約・無交渉」時代に突入したのである。一九八四年の大統領再選に向けて、この米ソ関係の悪化が当面の最大の障害であった。

四　「アメリカの朝」

「平和攻勢」

「平和」「交渉」「軍縮」――一九八四年に入ると、レーガン大統領はこれらの言葉を多用するようになった。すでに前年のクリスマス・イブに、大統領はアンドロポフに親書を送っていた。さらに新年一月十六日には、レーガンはホワイトハウスのイーストルームから、例によってテレビで全米と世界に語り掛けた。「平和攻勢」の始まりである。レーガンは、この年を「平和にとっての機会の年」と呼んだ。小説『一九八四年』で、ジョージ・オーウェル（George Orwell）が専制と戦争の世界として描いた年である(77)。このディストピア小説は、二〇一六年十一月の大統領選挙でトランプが当選して以来、アメリカで再び人気となった(78)。

危険な一九七〇年代に、アメリカは自己不信に陥り防衛を怠った。だが今や、ソ連の指導者もアメリカの力と決意を過小評価することはない。アメリカも「ソ連を脅かしていない」。両国は互いに戦ったことがない。そうする必要はどこにもない」「自由は脅威をもたらさない」と、大統領は呼び掛けた。さらに、レーガンはいかにも彼らしく、ロシア人のイワンとアニャがアメリカ人のジムとサリーに出会うようすを語り、国家間とは異なり、「人々の間では戦争は起こらない」と訴えたのである(79)。「誰が、この下らんものを書いたのだ」と、あるホワイトハウス・スタッフは声を荒げたという(80)。実は、このイワンとアニャ、ジムとサリーのエピソードは、レーガン自身が草稿に書き加えたものであった。

九日後の一般教書演説でも、「核戦争に勝利はないし、核戦争を決して起こしてはならない」ことを「ソ連国民に話したい」と、大統領は語った(81)。ホワイトハウス中枢のベーカー、ディーヴァー、国務省のシュルツ、そしてナンシーも、こうした「平和攻勢」を支持していた。

しかし、クレムリンの反応は冷たかった。ジムはおそらく失業中で、サリーも困窮のためにソ連の新しい友人をスープの配給に招待せざるをえないだろうとまで、ソ連共産党の機関紙『プラウダ』（*Pravda*）は酷評した。レーガンに宛てた書簡で、アンドロポフも「率直に言おう、大統領閣下。もはや何ごとも起こらなかったかのように、物事を取りつくろう方法はない。……核兵器制限のプロセスそのものに、重大な打撃が加えられた」と認めた(82)。

さらに数日後の一月二十九日に、レーガンは再びホワイトハウスからテレビで国民に語り掛けた。今度は、大統領再選に向けた出馬表明である。それにしても、日曜日の午後十時五十五分という不思議な時間帯であった。ナンシーが占星術師に相談した結果だという。「私がこの場からみなさんに最初に語り掛けた折、おそらく、政府が国民の勇気と性格を信頼できなかったために、わが国の防衛は危険なまでに脆弱で、われわれはイランで辱めを受け、国内で漂流していました」、それから三年半が経ち、アメリカは「回復し、毅然と立ち上がっています」(83)。老人は意気軒昂《けんこう》であった。

さて、クレムリンの老人である。大韓航空機撃墜事件のころから、アンドロポフは公の場に姿を現さなくなっていた。そして、レーガン宛の冷淡な手紙から一二日後には、今度は彼の訃報が届いた。再び、ブッシュ副大統領が葬儀に派遣された。後継者のコンスタンチン・チェルネンコは、レーガンと同い年ながらアンドロポフより三歳年上で、やはり病弱に見えた。「来年の今ごろまた会おう」と、副大統領はモスクワのアメリカ大使館員たちに不謹慎な軽口を叩いた(84)。

「われわれが抱える諸問題について、彼と一対一で話し合ってみたい」「われわれが焦っているように見られたくない」「彼をオリンピック開会式の賓客として招きたい」と、レーガンは希望と不安の入り混じった心境を日記に残している(85)。だが、ほどなくして、チェルネンコも頑迷固陋《がんめいころう》であることが明らかになった。一九八〇年のモスクワ・オリンピックへのアメリカのボイコット（ソ連のアフガニスタン侵攻による）に対する報復として、ソ連は一九八四年のロサンジェルス・オリンピックへのボイコットを決めたのである。「彼らは全くもって非協力的だ」と、レーガンは珍しく苛立《いらだ》ちを露《あらわ》にした(86)。だが、クレムリンもレーガン政権をそのように見ていたであろう。ミラー・イメージである。しかも、チェルネンコは重い肺気腫を患っており、重大な決断を下せる状況にはなかったのである。

候補者モンデール

国内の政敵も苦悩していた。民主党の大統領候補には、エドワード・ケネディが不出馬を決めたため、モンデール前副大統領が最有力視されていた。「ノルウェー的カリスマ」と揶揄されるほど、彼は生真面目だが無表情で冷淡に見えた。また、労働組合や既得権益団体を背景にした、古いタイプの民主党指導者とも目されていた。「モンデールにとって政治とは、党や好意的な利益団体を媒体として利用し、有権者と関係を構築することだった」(87)

そのモンデールは、党内の予備選挙でコロラド州選出のゲイリー・ハート(Gary Hart)上院議員と黒人のキリスト教指導者ジェシー・ジャクソン(Jesse Jackson)師、オハイオ州選出で元宇宙飛行士のジョン・グレン上院議員らの挑戦に遭っていた。

グレンは民主党版セレブ候補者で、一九八三年に公開されたフィリップ・カウフマン(Philip Kaufman)監督『ライトスタッフ』(*The Right Stuff*)が追い風になっていた。マーキュリー計画にかかわった宇宙飛行士たちの物語で、作中ではエド・ハリス(Ed Harris)がグレンを演じていた。だが、グレンはレーガンのような明確なアジェンダを持たず、早々に予備選挙から撤退した。

ハートは、一九七二年の大統領選挙でマクガヴァンの参謀を務めた経験がある。四十七歳と若く独創的で、党内の改革派の期待を集めた。当初は知名度が低かったが、八四年一月のアイオワ州での党員集会で一六パーセントの支持を集めて注目され、次いで、ニューハンプシャー州での予備選挙で大本命のモンデールを大差で下し、党の主流派とメディアを驚かせた。モンデールにとっては、「ハリケーンに見舞われたようなもの」であった(88)。このハートを熱心に支援したのがリベラル派の映画俳優ウォーレン・ビーティである。ビーティはレーガンの再選阻止に燃えていたが、その彼のハートに対する助言は「もっともっと単純に」、レーガンのような「グレート・コミュニケーター」になれというものであった(89)。

他方、ジャクソンはかつてキング牧師の側近の一人であった。ジャクソン候補の健闘は、民主党が黒人票に大きく依存しているという事実を、あらためて浮き彫りにした。予備選挙でモンデールやハートが獲得した六〇〇万票には遠く及ばなかったものの、ジャクソンは黒人を中心に三〇〇万票を集めたのである。最終的には、組織力と集金力に勝るモンデールが予備選挙を勝ち抜いたが、彼の得票率は全体の四〇パーセントで、全米五〇州のうち二三州で勝利したにすぎない。

そこで、この人には珍しく、モンデールは賭《かけ》に出た。ニューヨーク州選出の下院議員ジェラルディン・フェラーロ（Geraldine Ferraro）を副大統領候補に指名したのである。アメリカ史において、女性が主要政党の正副大統領候補になったのは、これが初めてであった。共和党、特にレーガンは女性票に弱い。議員歴は五年とまだ浅かったが、フェラーロはイタリア系のカトリックであり、北東部で民主党が失った層の支持回復につながることも期待された。だが、いざという時に女性が核兵器のボタンを押せるのかといった批判も、最後までつきまとった。ハリウッドでは、反戦派の女優ジェーン・フォンダらが、モンデールとフェラーロのコンビのための資金集めに熱心に協力していた(90)。

七月十六日からサンフランシスコで開かれた民主党大会で、モンデールは大統領候補の指名受諾演説を行った。「（当選すれば）一期目の終わりまでにレーガン氏の生み出した財政赤字を三分の二にまで削減する。正直に言おう。やらなければならないのだ。やらなければならないのだ。レーガン氏は増税するだろうし、私もそうする。彼はそれを語らないだろうが、私ははっきりと語ったのだ」(91)。モンデールの意図は予算均衡と財政赤字の対比、正直と嘘の対比であり、いずれも自らは前者を代表しているとの主張である。とはいえ、民主党大統領候補が増税について語ったのである。レーガン陣営は、この「敵失」に「恍惚となった」という。のちの大統領候補の公開討論会でも、レーガンはモンデールの列挙する具体的な数字は無視して、「モンデール氏が予算均衡計画を持っているとは思えない。彼が持っているのは増税計画だ」と言い放った(92)。

この大統領選挙の直後に、有名なホラー映画が公開される。ウェス・クレイヴン（Wes Craven）監督『エルム街の悪夢』（*A Nightmare on Elm Street*, 1984）である。高校生たちが夢に登場する殺人鬼フレディに次々に殺されていく。彼は小児性愛者で、そのため、過去に高校生の親たちに惨殺されたのである。親の世代の罪を子供たちが背負うという意味で、レーガン時代の財政赤字を次世代が負うことの隠喩《いんゆ》だという(93)。この殺人鬼は夢の中では不死身だが、現実の世界では弱体化する。イメージに強く、実際の政策でつまずくという点でも、フレディはレーガンの反転像である。

内外での演出

さて、現職の大統領として、レーガンは共和党内の予備選挙で消耗する必要はなく、大統領としての貫禄を示しながら、愛国心を喚起していった。

まずは、外交である。米ソ関係に展望が開けない中で、レーガンはアジアで攻勢に出た。四月二十六日に、レーガンはアメリカの大統領として、一九七九年の米中国交正常化後初めて中国を訪問した。一月に中国の趙紫陽首相が訪米したことへの、答礼であった。レーガンにとっては、初めての共産主義国訪問でもある。

長らくレーガンは明確な親台派であり、そのためアメリカの台湾への武器供与をめぐって、米中間で摩擦が生じていた。レーガン訪中を前にして、二人の共和党の先輩政治家が助言を寄せてきた。ニクソンとゴールドウォーターである。もちろん、前者は国際政治における米中関係の重要性を熱心に説いた。後者は台湾を訪問したところで、大統領の訪中に懸念を示していた。「これまでも中国の指導者たちにきわめてはっきりと示してきたところだが、新しい友人を得るために古い友人を捨てるつもりはない」と、レーガンは日記に記している(94)。米中関係をあくまでも戦略的に考えるニクソンやキッシンジャーと、レーガンは異なる。ニクソンは政治的に反共主義を利用したが、レーガンは政治を志す前から反共主義者になっていたのである。それでも、この訪中で、アメリカは中国の進める「四つの近代化」を、中国はアメリカの軍事力増強を、それぞれ支持した。アメリカのアジア政策が対日重視にシフトしていることにも、中国政府は異を唱えなかった。中国はレーガンの訪問を「顕著な前進」と呼び、レーガンは「新たなレベルの理解」に達したと自賛した。米中原子力協定も仮調印された。

中国政府は、北京でのレーガンの演説を全国に生放送すると約束していた。しかし実際には、彼が宗教的信念や自由、民主主義に言及した箇所は編集されていた。レーガンがテレビでインタビューに応じた際も、同様の発言はカットされた。だが、レーガンはあきらめなかった。上海の名門・復旦大学で学生を前に、「われわれは一人一人の男女、子供の尊厳を信じている」「人民の投票によって、われわれは自らの政府を選ぶ」と、大統領はあらためて人権や自由を語った(95)。演説の出来栄えに、レーガンは大いに満足した。しかも、中国政府はついに干渉しなかった。

しかし、この訪中でレーガンの最大の収穫となったのは、おそらく万里の長城見学であったろう。古代文明の偉大な遺跡を背景にした写真撮影とテレビ中継は、レーガンを世界史的な指導者として映し出した。古都・西安でも、始皇帝のために造られた等身大の数千もの戦士の陶器像（兵馬俑）を前にして、大統領は「解散！」と敬礼する余裕を示した(96)。民主党予備選挙の泥仕合とは好対照である。一九七二年の大統領選挙の折も、ニクソンが訪中を巧みに政治利用した。ニューハンプシャー州での予備選挙の直前に、彼は毛沢東や周恩来と会談し、万里の長城を見学している。

さらに、大統領には世界史的な舞台が用意されていた。第二次世界大戦の運命を決した、あのノルマンディー上陸作戦決行日（Dデイ）の四十周年にあたる六月六日に、かつてアメリカのレンジャー部隊が上陸したポワント・デュ・オックで、レーガンは生存する六二人の戦闘経験者たちを前にしていた。Dデイでは、彼らの部隊は一〇〇人以上の死傷者を出しながら、三〇メートルの断崖をよじ登り、ドイツの砲台を制したのである。この日この場所こそ、レーガン周辺が数年にわたって周到に準備を重ねた晴れ舞台であった。例によって、大統領は格調高く愛国心を鼓舞した。「ここにポワント・デュ・オックの青年たちがいます。この断崖をよじ登った人々です。大陸を解放するのに貢献した英雄たちです」と、レーガンは生存者たちに語り掛けた。「あなたがたはみな、命を賭けるに値するものがあることを知っていました。祖国は命を賭するに値するし、民主主義は命を賭するに値する。というのも、人類がこれまでに作り出した政府の形態の中で、それは最も誉れあるものだからです。あなたがたはみな、自由を愛しました。あなたがたはみな、専制と戦いました。そして、祖国の人々が背後にいることを、あなたがたは知っていました」。さらにレーガンは、イギリス人、カナダ人、ポーランド人、フランス人の勇気を称え、ナチス・ドイツ打倒についてのソ連の貢献にも言及した。西ヨーロッパの同盟諸国の団結、そしてソ連との和解に向けたメッセージである。ペギー・ヌーナンの手による出色の原稿を、彼は感動的に表現した(97)。ヌーナンもラジオ出身で、レーガンの語り口や「普通の人々」の感性を見事に把握していた。

その後、レーガンはオマハ・ビーチでも演説した。そこには九〇〇〇人以上のアメリカ将兵が埋葬されていた。スピルバーグ監督の大作『プライベート・ライアン』（*Saving Private Ryan*, 1998）でも、この共同墓地が物語の起点と終点をなしている。レーガン大統領は従軍経験者の娘から届いた手紙を引用し、「われわれはいつまでも忘れない。われわれは、いつまでも誇りに思い続けるだろう。そしてわれわれは常に自由でいられるよう、常に備えを怠るまい、と」としめくくった(98)。ドーバー海峡には、アメリカ海軍の空母アイゼンハワーが停泊しており、テレビカメラがそのようすを収めていた。「魔術師マイク」の仕込みであった。

アメリカの大統領がDデイの記念式典に出席したのは、これが初めてである。二十年後のDデイには、ジョージ・W・ブッシュ大統領がノルマンディーに赴いた。実にその前日にレーガンが死去しており、以後、Dデイのたびにレーガンの演説が想起される。

さて、モンデールがあの増税発言をした一週間ほど後のことである。七月二十八日から、アメリカでオリンピックが開催された。当然、愛国心が高揚した。それも、レーガンの地元ロサンジェルスが舞台である。ただし、懸念材料もあった。七二年のミュンヘン・オリンピックは大規模なテロに遭遇したし、七六年のモントリオール・オリンピックは深刻な赤字に終わった。そして、八〇年のモスクワ・オリンピックはアメリカをはじめとする多くの国々のボイコットに直面した。今回もソ連をはじめとする東側一五カ国はボイコットし、しかも、ロサンジェルスではかなりの交通渋滞が予想されていた。

結果として、この大会は民営化の下で二億ドルもの黒字を出し、バスケットボールのマイケル・ジョーダン（Michael Jordan）や陸上競技のカール・ルイス（Carl Lewis）ら多くのスターをも輩出した。ジョーダン効果で一億ドル相当の運動靴が売れたという。ロサンジェルスには、世界一四〇の国と地域から七〇〇〇人近くの選手が集まり、オリンピック史上最大規模の盛会となった。ここでも、ソ連の劣位が明らかになった。しかも、ソ連や東欧の有力選手が欠席したため、アメリカは八三個もの金メダルを獲得した。

金・銀・銅を合わせても、これ以上の数のメダルを得た国はない。アメリカの獲得したメダルの総数は一七四個に上り、二番目の西ドイツの五九個を大きく引き離した。

星条旗が翻り、人々が「U・S・A！　U・S・A！」と連呼するオリンピックを、あるジャーナリストは一九三六年のベルリン・オリンピックと対比している(99)。一九八四年のオリンピックがジョン・ウィリアムズ（John Williams）のテーマ曲で始まったレーガンのオリンピックだとすれば、三六年のそれは女性監督レニ・リーフェンシュタール（Leni Riefenstahl）がドキュメンタリー映画『オリンピア』（*Olympia*, 1938）に威風堂々と記録したヒトラーのオリンピックであった。

「アメリカの朝」

このオリンピック直後の八月二十―二十三日に、テキサス州のダラスで共和党の全国大会が開かれ、現職のレーガンとブッシュのコンビは難なく正副大統領候補の指名を獲得した。レーガンによれば、民主党は悲観主義と過去を代表しており、共和党は楽観主義と未来を代表していた。彼はブッシュを「史上最高の副大統領」と称賛することで、巧妙にモンデール前副大統領を批判した。「もう四年！　あと四年！」「U・S・A！　U・S・A！」という連呼に、演説は何度も遮られた(100)。

ここで、レーガンは「アメリカの朝」を高らかと謳い上げた。アメリカの再生に関する彼のお気に入りの話は、三段論法であった。第一に、一九六〇年代と七〇年代にアメリカは不幸にして停滞した。第二に、レーガンが登場して、そこに変化をもたらした。第三に、その結果として「アメリカに再び朝がやって来た」のである。フォードは自分がカーターと同列に扱われる議論に反発して、レーガン政権に仕えるかつての側近二人に抗議の手紙を送っている。ブッシュとベーカーである(101)。レーガンは共和党穏健派を取り込み、政策の立案と遂行に活用したが、政治の象徴的なレベルでは彼らと一線を画し、時に揶揄することも辞さなかった。

こうして、かつては共にF・D・ローズヴェルトを崇拝し、ハンフリーの上院議員選挙を応援したレーガンとモンデールが、雌雄を決することになった。現職優位とはいえ、民主党の組織票は侮れない。

レーガン陣営の選挙戦略には、二つの核があった。まず、モンデールを失敗に終わったカーター政権のイメージに縛り付け、彼を既得権益追求のリベラルで国防に軟弱と印象づけることである。第二に、レーガンは平和と強さと伝統的価値、アメリカの将来を語り続け、大統領への批判はアメリカの理想への批判であるかのように思わせることである(102)。

そこで、レーガン陣営は草の根の共和党支持者を開拓すべく、テレビ広告に巨額を投じた。「アメリカに再び朝がやって来た。レーガン大統領の指導力の下で、わが国はより強く、より気高く、よりよくなっている。四年ほど前の状況に引き戻す必要などあろうか？」――レーガン陣営が用いた、有名なテレビ広告の一節である。「あなたの生活は四年前に比べてよくなりましたか？」――四年前にカーター相手に発した問いに対する回答であり、反復でもあった。財政赤字を膨らませながらも、実際に景気は回復し、失業率はレーガン大統領就任時とほぼ同じ七パーセントにまで減少していた。金利が一九八一年六月の二〇・五パーセントから八四年六月には一三パーセントにまで低下したため、企業活動が旺盛になり、インフレ率も四パーセントほどに押さえ込まれた。政府支出と財政赤字の拡大が経済成長をもたらしたとすれば、それはケインズ経済政策の成功と言えよう。にもかかわらず、「レーガノミックス」の成功と喧伝されたのである。

あと二つ、レーガン陣営のテレビ広告を紹介しよう。「森には熊がいる。熊を容易に見つける者もいれば、全く気づかない者もいる。熊はおとなしいという者もいれば、熊は獰猛《どうもう》で危険だという者もいる。だれが正しいかがだれにもわからないのなら、熊と同じように強くあることが賢明ではないか。もし熊がいるのなら」。もちろん、熊とはソ連のことである。

レーガンが語り掛ける。「私の人生を通じて、二つの世界大戦がありました。子供たちが次の世界大戦に決して遭遇しないようにしなければなりません。大統領の最も重要な仕事は、平和を確保することです。単に一時ではなく、子供たちの人生を通じての平和です。しかし、平和を永続させるためには、アメリカが強くなければなりません」(103)

人気のロック歌手ブルース・スプリングスティーン（Bruce Springsteen）のヒット曲「ボーン・イン・ザ・U・S・A」（*Born in the U. S. A.*）を、レーガン陣営は勝手にテーマ曲にさえした。この曲がベトナム帰還兵の苦悩を歌っているにもかかわらず、である。

これに対して、モンデール陣営はＳＤＩを危険な「スター・ウォーズ計画」、大統領を「原始人」とさえ呼び、フーヴァー以来、ソ連首脳と会談したことのない大統領はレーガンだけだと非難した。だが、一般の多くのアメリカ人にとっては、敵の攻撃からアメリカを守るシステムはよいものであり、むしろレーガン支持が強まった。

人々が愛国心に駆られ、レーガン陣営が「アメリカは戻ってきた！　強く、より誇りをもって、よりよくなって！」と連呼する中、モンデール陣営は財政赤字について語っていた。モンデールのスポークスマンによれば、「それは候補者が語るべきこと」だったが、「このエリート主義的で非民主主義的な計算が民主党の敗北の種を蒔いた」(104)。

それでも、モンデールがレーガンを一〇ポイント差以内に追い詰めたことが三度ある。一度目はフェラーロを副大統領候補に指名した時である。二度目は八月十一日のことで、毎週のラジオ演説で、レーガンがマイクのテストにきわどい冗談を飛ばした。「国民のみなさん、うれしいお知らせがあります。私はただいまソ連を永久に葬り去る法案に署名しました。爆撃は五分後に開始されます」。それほど、大統領はソ連のオリンピック不参加を恨みに思っていたのである。ところが、これは世界中に放送されてしまった。そして、三度目は第一回の大統領候補者同士の討論会後である。

ケンタッキー州ルイヴィルで行われた十月七日のこの討論会では、先述のように、レーガンは巧みにモンデールの増税発言を攻撃した。司会者から中所得者への増税の可能性を問われて、レーガンは答えた。「そんなことは言っていません。だが、仕方がない。ほら、またまちがっている」。四年前にカーターに繰り返し発した決め科白《ぜりふ》である。だが、聴衆の反応は鈍かった。しかも、モンデールは反撃を用意していた。「あなたがメディケア〔高齢者と障害者向けの公的医療保険制度〕を削減しようとしていると、カーター大統領が指摘した時、あなたは「またまちがっている」と言いました。当選後どうなったと思いますか？　あなたはメディケアを二〇〇億ドル削減しようとしたのです。あなたがいくら「またまちがっている」と言ったところで、人々はこのことを覚えているのです」

モンデールの予期せぬ「ホームラン」に、レーガン陣営はパニックに陥った。「ロニーの政治的人生における最悪の夜の出来事だった」と、ナンシーも回想している(105)。以後、レーガンの高齢や老化の問題が争点になってきた。何しろ、モンデールが五十六歳であるのに対して、レーガンはすでに七十三歳になっていた。実は、夫の健康を気遣うナンシーは再選出馬に反対していたほどである。次男のロンも、テレビ討論会での父のようすを見て、意気消沈したという。

もう失敗は許されない。初回の討論会では、有権者の六一パーセントがモンデールに軍配を上げており、ある世論専門家によれば、二回目のそれが「真昼の決闘」になるはずであった(106)。十月二十一日のカンザスシティでの討論会で、高齢問題に対処するようスタッフたちはレーガンに求めた。「やってみせる」と、候補者は答えた(107)。案の定、司会者が年齢は大統領職遂行の障害になるかと尋ねた。「私には政治的目的のために、ライバルの若さや経験不足を利用するつもりはありません」――レーガンの答えに聴衆は爆笑し、モンデールですら苦笑せざるをえなかった。「私がこの十四語のせりふによって大統領当選を確実にした」と、レーガンは回想している(108)。そもそも、あのチャーチルも異端児とみなされながら、齢を重ねて、祖国救済のために権力の座に就いたのではなかったか(109)。対するモンデールによれば、「私も笑っているように見えただろう。だが近くから見れば、私が涙を流していたのに気づいたはずだ。というのも、これでやられたと悟ったからだ」(110)。「テレビは実質よりイメージに報いるごまかしの道具である」と、彼は考えてきた。敗北は避けられないと知ったモンデールは、優雅に身を引き、レーガンの能力や政策を時に口汚く攻撃することをやめた(111)。

クレムリンはモンデールよりも早くから、レーガン再選が避けられないと予想していた。それなら、たとえ「原始人」でも勝ち馬に恩を売った方がいい。チェルネンコは病室で執務する状態であったから、グロムイコ外相が九月に訪米し、レーガンとの会談に臨んでいた。「重大な日だ。アンドレイ・グロムイコが来た」と、レーガンは日記に記している。会談は昼食を挟んで三時間に及んだ。「彼がわれわれの立場を充分に理解して帰路に着くだろうと、わが方はみな思っている」(112)。グロムイコはノンシー夫人の影響力を熟知しており、大統領の耳元で毎晩「平和」と囁くよう頼んだ。「そうしましょう。ついでにあなたの耳にもささやいてあげますわね」と、彼女はソ連外相の耳元で「平和」と囁いてみせた(113)。

それでも、終盤まで気を緩めるわけにはいかない。レーガンには、年齢から来る肉体的制約と現職大統領としての時間的制約があった。そこで、十月から十一月の選挙本番の間には、盟友のシナトラが募金大使（fund-raising ambassador）となって、シカゴ、シンシナティ、クリーブランド、ハートフォード、ウェストミンスター、ニューヨーク、ワシントンDC、サクラメント、サンディエゴを、文字どおり駆け巡った。選挙戦の最後には、劣勢にある共和党の上下両院議員候補者を応援すべく、レーガン自身がボストンを訪れた。市庁舎前に着くと、「あと四年！　あと四年！」の歓呼が彼を包んだ。政敵ケネディやオニールのお膝元である。

十一月六日の大統領選挙の結果は、四年前をしのぐレーガンの圧勝であった。全米五〇州で、レーガンは実に四九州を制した。モンデールは地元ミネソタ州と首都のワシントン特別区（民主党支持の黒人人口が圧倒的に多い）で勝利したにとどまる。選挙人の獲得数では五二五対一三、得票数では五四四五万票対三七五七万票、得票率では五八・八パーセント対四〇・六パーセントあった。この五四四五万票という歴代最高得票数は、二〇〇四年のブッシュ再選（六二〇〇万票）まで更新されることはなかった。レーガンの圧勝ぶりは、民主党やソ連の予想をはるかに上回っていた。「新聞は圧勝ではなかったと言いたげだ。では、信任を得たと言えばいいのか？」「ティップ・オニールが個人的に語ったところでは、私が投票の五九パーセントを得た事実を、彼は大いに意識しているそうだ」と、レーガンは嬉々として日記に綴っている(114)。

だが、レーガンは黒人投票者の九パーセントしか獲得できなかった（前回は一四パーセント）。こちらは史上最低の数字である。黒人有権者の多くは、レーガン政権の南アフリカ政策は微温的にすぎると思っていた。また、政権や連邦裁判所に、大統領は黒人をそれほど起用しなかった。人種差別ではなく、充分に保守的な黒人エリート層が少なかったからである。連邦議会でも、黒人の議員団はレーガン政権への最も厳しい敵対者になることが多かった。

大統領選挙と同時に行われた連邦議会選挙では、下院で共和党が改選前の一六六から一八二へと議席を伸ばしたものの、民主党は多数を維持した。逆に、上院では共和党が二議席減らしたが、かろうじて多数を維持した。しかし、共和党穏健派のチャールズ・パーシー（Charles Percy）上院外交委員長の落選は、政界に衝撃を与えた。彼はレーガン政権によるサウジアラビアへのAWACS売却を強く支持し、イスラエル・ロビー団体を敵に回してしまったのである。政党支持率でも、共和党は一九八〇年の二六パーセントから八四年には三一パーセントに増加した。これに対して、民主党支持者は四四パーセントから三九パーセントに減少している。とりわけ、若年層では共和党支持が拡大していた。

かくして、リベラルはさらに敗退し、レーガンの政治基盤が強化された。すでに、この年の九月には、カナダでも進歩保守党のブライアン・マルルーニー（Brian Mulroney）が首相に就任しており、イギリス、アメリカ、カナダと、英語圏の三つの国々で「小さな政府」と市場重視の保守政権が揃ったことになる(115)。他方、のちにリベラルの再生を図るオバマは、この年にコロンビア大学を卒業して地域社会活動家になったばかりであった。レーガンの学生援助削減に反対する陳情のため、彼は初めてワシントンを訪れホワイトハウスを見た。彼がその主になるのは、四半世紀先のことである。また、民主党が女性を副大統領候補に指名したことについて、「いつかわれわれは女性大統領を、それもたぶん私の生きているうちに持つことになるだろう、と私も思う」と、レーガンは予測したが(116)、これは実現しなかった。

五　レーガン時代の映画

映画を取り巻く環境

ここで、レーガンの時代、一九八〇年代のアメリカ映画の特徴を分析し、八〇年代前半を中心に代表的な作品をいくつか紹介しておこう。

まず、ハリウッド出身の、否、二十世紀のメディアの変遷を体現するレーガン大統領は、映画の科白を巧みに用い、映画のような価値観・物語性を政治に持ち込んだ。古典的ハリウッド映画の手法を用いた、現代大統領制の再建の試みである。側近たちによるハイ・コンセプト的な視覚効果の導入が、それを補強した。

だが、ハリウッドはリンカーンやローズヴェルト、ケネディのようにレーガンを映画に描くことはなかった。当の本人がだれよりも巧みに大統領を演じているのだから、銀幕の中で他人が彼を演じる余地はなかった。そのため、レーガンの演説する映像が断片的に切り取られて、主として否定的な文脈で映画の中に挿入されることがしばしばであった。また、一九八〇年代の映画観客の多くは十二―二十四歳の若年層で、彼らは複雑な内容の政治映画を好まなかった(117)。

この「銀幕の大統領」の登場によって、セレブの政治化がいっそう進んだ。ハリウッド主流派はレーガンの大統領当選を阻止しようとし、その後も彼の政策を批判して、ますます政治的言動を増していった。たとえば、レーガンが航空管制官の組合ストライキと対峙した時、アズナー委員長下のＳＡＧはストライキを支援している。若手も台頭した。メグ・ライアン（Meg Ryan）やロブ・ロウ（Rob Lowe）は原子力発電所に反対したし、のちに保守的なロバート・ボーク（Robert Bork）の最高裁判所判事指名にも抗議した。こうした動きに触発されて、数では劣勢ながら、保守派のセレブたちもより活発になっていった(118)。

次に、映画をとりまく経済環境の変化である。

ハイ・コンセプトやブロックバスターについては、すでに述べた。大手スタジオが製作する映画一本の費用は、平均で一九七五年の二三〇万ドルから八〇年には八〇〇万ドル、そして、八六年には一七五〇万ドルと上昇していった。そのため、マーケティングにも七五〇万ドルを要するようになり、劇場公開で三〇〇〇万ドル以上の売り上げがなければ、利益が見込めないほどになる[119]。八九年公開のティム・バートン（Tim Burton）監督『バットマン』（*Batman*）にいたっては、実に二億五一〇〇万ドルの入場料を稼ぎ出した。だが、八〇年代のヒット作上位二五本のうち、アカデミー作品賞を獲得したのは、バリー・レヴィンソン（Barry Levinson）監督『レインマン』（*Rain Man*, 1988）だけで、映画の商業的成功と質との乖離《かいり》も大きくなっていった[120]。

レーガン政権のFCC委員長マーク・S・ファウラー（Mark S. Fowler）はテレビを「絵のついたトースター」と呼び、あくまでビジネスとして扱おうとした。放送電波の公認制度は廃止され、テレビ・コマーシャルが激増した。これがテレビ局の買収ブームにつながり、一九八二―八四年に売られたテレビ局の総額は五〇億ドルに達した[121]。こうした業界の規制緩和の中で、テレビ伝道師が番組を買い取り、莫大な寄付を集めるようになった。もちろん、彼らの多くはレーガンを支持していた。また、先述のトラボルタやマイケル・J・フォックス、トム・ハンクス（Tom Hanks）、ブルース・ウィリス（Bruce Willis）、ウィル・スミス（Will Smith）など、テレビから映画スターに進出する若手も増えた。

資金力を増したテレビと映画の統合が進み、さらに、両者は多国籍企業に統合されていった。一九八九年に、日本のソニーがコロンビアを、翌九〇年、松下電器産業がMCA―ユニヴァーサルを傘下に収めたことは、よく知られる。この年には、レーガンの古巣、ワーナー・ブラザースもタイム社と合併した。
ハリウッドとテレビの融合が進み、市場のグローバル化が進むにつれて、後述のように、人種や性、階級をめぐる映画の描写は保守的になっていった。より広範で一般的な観客に受容されなければならないからである。個々の俳優や監督には反レーガン派が多かったが、市場の論理はレーガンに与したことになる。

規制緩和は、映画の中でも進行した。ポール・ヴァーホーヴェン（Paul Verhoeven）監督『ロボコップ』（*RoboCop*, 1987）では、近未来のデトロイトが犯罪都市と化しており、警察は民営化されて、街全体が巨大企業に支配されている。「丘の上の輝く町」とは大きな相違である。実際に、デトロイトは二〇一三年七月に財政破綻した。

そして、一九八〇年代の終わりには、アメリカの家庭の六割以上が少なくとも一台、二割以上が一台以上のビデオテープレコーダーを保有するようになった。アメリカ人は年間にビデオテープを二〇億本借り、他に一年で六五〇〇万本を買い、その費用は六四億ドルに上った[122]。ビデオの海外市場も急速に拡大した。九〇年までには、ハリウッドは西ヨーロッパのビデオ市場を席巻するようになり、その売り上げは四五億ドルに達した[123]。この間、八六年にビデオ・ビジネスが映画産業の収入を上回り、翌年にはビデオの販売とレンタルの売り上げが映画のそれの二倍に及んでいる。ケーブルテレビやパーソナル・コンピューターなど、新しい技術も普及していった。

ビデオの刺激のせいで人間の脳に腫瘍ができ、テレビのブラウン管が女性器のように脈打つ。クローネンバーグ監督『ヴィデオドローム』（*Videodrome*, 1982）は、メディアに支配されて現実と幻想の区別のつかなくなった世界を描いている。エイズ禍とビデオの氾濫を風刺した、先駆的な作品である。

こうして、レーガンの慣れ親しんだハリウッドは、経済的・技術的にはますます過去のものとなり、ノスタルジーの対象になっていったのである。

とりわけ、ビデオの普及によって、一般の観客が映像を巻き戻したり止めたりできるようになったことは、映画の時系列を覆し、映画の読みを多様化する可能性につながった。人々は古典的ハリウッド映画を懐かしく思い、一部の映画人は意図的に模倣したが、それが前提とした単純な時間の流れや解釈はより困難になっていたのである。政治的にも、レーガンは現代大統領制の再建をめざしたが、彼を大統領に押し上げたイデオロギーの分極がそれを難しくしていた。映画的にも政治的にも、「銀幕の大統領」は、登場と同時に大きな障害に直面していたことになる。

戦争と映画

このようなコンテキストの中で、映画のテキストは社会とどのように連動していたのか。既存の研究を参考にしながら(124)、ここでは四つの分野に分けて検討してみよう。①戦争、②人種、③性、④階級である。もちろん、それぞれは密接に絡み合っているから、これはあくまで便宜的な区分である。

まず、戦争についてである。一九六九年に、「俺たちは負けたんだ」と、『イージー・ライダー』の主人公はつぶやいた。そして、八〇年代には、アメリカはソ連との冷戦、日本との貿易摩擦で、再び敗者になることを恐れていた。

先述のように、一九七八―七九年にかけて、『帰郷』『ディア・ハンター』『地獄の黙示録』と、ベトナム戦争をテーマにした名作が立て続けに発表され、アカデミー賞を多数獲得した。これ以降のベトナム戦争映画は、内容的には、①戦場での苛酷な日常、②不明確な戦争の意味、③帰還兵の孤独な生活、のいずれかを含んでいる。さらにこれらの作品は、時代的には、(a)叙事詩的、(b)コミック・ブック的、(c)ニヒリスト的、の三段階に分かれると、社会史家のウィリアム・パルマー（William J. Palmer）は言う。前記三作品は、二十世紀アメリカの戦争文学や戦争映画の伝統に即した物語中心の構成で、(a)の段階に属し、一九八〇年代半ばまでの作品の多くは(b)に属する(125)。

レーガン大統領はベトナム戦争の「大義」を語り、グレナダでは勝利を収めた。こうした大統領の言動が、ベトナム戦争に従軍して心身ともに傷ついたエリートたちに再び自信を与えた。共に海軍兵学校に学んだマケイン下院議員（一九八七年からは、アリゾナ州でゴールドウォーターの議席を継いで上院議員となる）、マクファーレン大統領補佐官、オリヴァー・ノース（Oliver North）中佐、ジョン・ポインデクスター（John Poindexter）提督、ジム・ウェッブ（Jim Webb）国防次官補（のちに海軍長官、上院議員）らもそうである。彼らは大統領の歌う「ナイチンゲールの歌」に応えて、政権の内外で国防に献身した。ナイチンゲールは一羽が歌い出すと、群れをなして歌うという(126)。だが、そのうちの何人かはのちにイラン・コントラ事件を惹起することになる。この間、一九八二年には、ベトナム帰還兵の組織によって、ワシントンにベトナム戦争記念碑が建立され、この戦争で命を落とした五万八一三二人の名前が刻まれた(127)。

そして、映画も「ナイチンゲールの歌」を歌い始めた。ただし、コミック・ブックのように。帰還兵たちの社会復帰も進み、ベトナム戦争の記憶が相対化され始めた時期である。シルベスター・スタローンによる『ランボー』シリーズや、チャック・ノリス主演／ジョセフ・ジトー（Joseph Zito）監督『地獄のヒーロー』（*Missing in Action*, 1984）は、コミック・ブック的ベトナム戦争映画の典型である。これらの作品では、タフで孤独な戦士が祖国のために大活躍する。

ジョージ・P・コスマトス（George Pan Cosmatos）監督『ランボー／怒りの脱出』（*Rambo: First Blood Part II*, 1985）では、ランボーはベトナムの捕虜収容所からアメリカ人の戦争捕虜（prisoners of war: POW）

を救出する。彼らは虐待されており、ベトナム軍の背後にはソ連軍将兵がいる。元上官から救出作戦を命じられて、「今度は勝てるのですか?」とランボーは問い掛ける。

「ナイチンゲールの歌」を唱和したマケインもベトナム戦争のPOWであったし、やはり海軍兵学校出身のリチャード・アーミテージ(Richard L. Armitage)国防次官補(のちにジョージ・W・ブッシュ政権で国務副長官)は、ベトナム戦争で「フェニックス計画」という危険なゲリラ掃討作戦に参加していたことがあり、ランボーのモデルの一人と噂されていた。彼は米軍のベトナム撤退を「妊娠させた女性を捨てて町を出ていくのに、とても似ていると気づいた」という(128)。

『ランボー/怒りの脱出』を観たレーガンは、人質事件が起これば次はどうすればよいかわかったとジョークを飛ばし(129)、スタローンとその恋人をホワイトハウスに招待した。レーガンの顔にランボーの肉体を合成させたポスターや立て看板も、各地で登場した。レーガンのファースト・ネームであるロナルドとランボーを重ねて、この合成写真は「ロンボー」(Ronbo)と呼ばれた(130)。「哲学(philosophy)以上に写真(photography)が超人(Ubermensch)を造り出す」と、ある研究者は喝破している(131)。

やがて、マッチョなランボーは、レーガン政権の第三世界政策のイコンになる。「外国では、いつもかなりの危険を感じた。カンヌでは馬鹿にされたし、第三世界に行くと嫌な感じがした」と、のちにスタローンは語っている(132)。ジャーナリストのハルバースタムにいたっては、ベトナム戦争の行方不明者(Missing in Action: MIA)の生存を確信し、この戦争の発するメッセージを逆転させたという意味で、スタローンは「映画的ジョセフ・マッカーシー」であると断じている(133)。

一九八六―八七年になると、ストーン監督『プラトーン』(*Platoon*, 1986)やキューブリック監督『フルメタル・ジャケット』(*Full Metal Jacket*, 1987)、ジョン・アーヴィン(John Irvin)監督『ハンバーガー・

ヒル』（*Hamburger Hill*, 1987）、レヴィンソン監督『グッド・モーニング、ベトナム』（*Good Morning, Vietnam*, 1987）といったベトナム戦争映画の秀作が、再び相次いで登場する。これらの映画はアメリカがベトナムで行ったことだけではなく、ベトナムがアメリカにしたこと、つまり、一九六〇年代のケネディ的な理想主義の根絶を、ニヒルに描いていた。八九年の作品だが、ストーン監督『七月四日に生まれて』（*Born on the Fourth of July*）の主人公も、「祖国が自分に何をしてくれるかではなく、自分が祖国に何ができるかを問え」というケネディの呼び掛けに応じて従軍し、理想と下半身の自由を失ったのであった。そして、それまでとは異なり、これらの作品はすべてベトナムで撮影された(134)。また、これらの作品群の登場は、後述のように、米ソ関係の変化に呼応している。

そう、ベトナム戦争の影を引きずりながら、アメリカはソ連との冷戦を戦っていた。一九八〇年代の両国は、ミラー・イメージであった。八〇年にアメリカがモスクワ・オリンピックをボイコットすると、八四年にはソ連がロサンジェルスのオリンピックをボイコットした。アメリカがベトナムの泥沼で苦しんだように、ソ連はアフガニスタンに侵攻して砂漠に足をとられていた。ソ連が大韓航空機を撃墜するとレーガンはこれを「蛮行」と非難したが、八八年にはアメリカが誤ってイランの民間航空機を撃ち落としている。また、七九年にアメリカはスリーマイル島で原子力発電所事故を経験し、八六年にソ連はチェルノブイリでそれをはるかに深刻な形で追体験した。こうした同様の経験を積み重ねることで、米ソ両国は相互理解へと進んでいくのである(135)。

一九八〇年代の半ばまでは、露骨な反共映画が数多く登場した。ジョン・ミリアス（John Milius）監督『若き勇者たち』（*Red Dawn*, 1984）は、ある日突然、ソ連、キューバ、ニカラグアがアメリカやカナダ、中国を攻撃するというもので、ワシントンDC、ネブラスカ州オマハ、カンザスシティ、それに北京も壊滅してしまう。そこで、若者たちがゲリラとなって祖国の解放のために戦うのである。チャーリー・シーン（Charlie Sheen）やジェニファー・グレイ（Jennifer Grey）ら、この映画に登場する「若き勇者たち」のほか、シーンの兄エミリオ・エステヴェス、『スター・ウォーズ』でレイヤ姫を演じたキャリー・フィッシャー（Carrie Fisher）など、八〇年代に活躍した青春スターの多くが、著名な芸能人を親に持つ。彼らのリベラルな主義主張に反して、こうしたスターの世襲化は芸能界の保守化を示していよう。「ミシシッピの田舎でアル中の父親に虐待された娘がスターになった時代には、こんなふうではなかった。この二〇年ほどの間にスターの世界は突然、驚くべき遺伝子の結合を経験した」と、リベラル派のジャーナリスト、バーバラ・エーレンライク（Barbara Ehrenreich）は述べている(136)。

シュワルツェネッガー主演／ジェームズ・キャメロン（James Cameron）監督『ターミネーター』（*The Terminator*, 1984）では、人工知能スカイネットが造反して核戦争を引き起こし、未来を支配している。さらに、この人工知能は人類による反乱軍の指導者の母親を殺すべく、「ターミネーター」という名のアンドロイドを一九八四年のロサンジェルスに送り込んでくる。一方で、人工知能による支配は「悪の帝国」を想起させるし、他方で、未来からアンドロイドがやってくるのなら、ＳＤＩの実現も夢ではなかろう(137)。

同じくシュワルツェネッガー主演／マーク・レスター（Mark Lester）監督『コマンドー』（*Commando*, 1985）では、元特殊部隊の隊長だった主人公が娘を誘拐した南米の元独裁者と戦う。中南米は共産主義との戦いの最前線の一つであった。ジトー監督とノリス主演のコンビによる『地獄のコマンド』（*Invasion U. S. A.*, 1985）でも、キューバ難民を装った共産主義ゲリラがアメリカ各地でテロを起こし、元ＣＩＡエージェントの主人公がこれに立ち向かう。原題は一九五二年の『原爆下のアメリカ』と同じである。また、同年のテイラー・ハックフォード（Taylor Hackford）監督『ホワイトナイツ 白夜』（*White Nights*）は、ソ連からアメリカに亡命した天才バレエダンサーを乗せた飛行機がシベリアに不時着し、ダンサーはソ連の国威高揚のために再び公演するよう強制される。そこで、主人公はＫＧＢの目を盗んで、レニングラードのアメリカ総領事館に亡命を企てる。ここでは、ソ連の政治体制の冷酷さや機械のような共産主義者像が強調されている。これらの作品は「反ソ・プロパガンダ」であると、ソ連外務省高官が抗議したほどである(138)。

ソ連もよほど腹に据えかねたのであろう。一九八五年には、ロシア版ランボーを登場させた。ミハエル・ツマニシヴィリ（Mikhail Tumanishvili）監督『一人ぼっちの旅』（*Solo Voyage*）である。米ソの軍縮交渉を妨害しようとするアメリカの軍産複合体の陰謀に、ソ連の兵士が独り立ち向かう。

これまで紹介してきたように、アメリカ映画は核戦争の恐怖を繰り返し描いてきた。一九八〇年代の特徴は、そこに環境問題への関心が色濃く投影されていることである。たとえば、マイク・ニコルズ（Mike Nichols）監督『シルクウッド』（*Silkwood*, 1983）は、実話をもとにして、放射能汚染が疑われる核燃料工場を舞台に、労働組合の女性活動家の半生と謎の死を描いている。リン・リットマン（Lynne Littman）監督『テスタメント』（*Testament*, 1983）は、核戦争後に、サンフランシスコの郊外に暮らす平凡な一家が放射能汚染から生き残ろうとする物語である。ジョージ・ミラー（George Miller）監督『マッドマックス』（*Mad Max*, 1979）はオーストラリアで製作され、アメリカを含む世界で大ヒットしたが、その第三作、ミラー、ジョージ・オギルヴィー（George Ogilvie）監督『マッドマックス／サンダードーム』（*Mad Max Beyond Thunderdome*, 1985）は、大国間の核戦争後の荒廃した世界に舞台を移しており、『渚にて』の延長線上にある。核戦争勃発の恐怖よりも、その後を生き延びる苦悩がテーマなのである。

規制緩和の観点から、レーガン政権は環境保護には消極的であった。政権初代の内務長官ジェームズ・ワットは、海岸部での石油会社による大規模な掘削作業を認めて、世論の反発を買った。政権二期目にも、水質浄化法（Clean Water Act）への一八〇億ドルの支出は高額すぎると、レーガン大統領は拒否権を発動した。翌一九八七年に、議会は水質管理法（Water Quality Act）を圧倒的多数で可決して、これに一矢を報いている(139)。レーガン政権の対ソ強硬路線による核戦争の恐怖だけでなく、こうした環境政策への批判と不満が、映画のコンテキストに回収されているのである。

さらに、一九八〇年代のアメリカ映画には、テロリストの恐怖もしばしば描かれている。七〇年代の多くの映画が、地震や洪水など自然災害、客船の沈没や飛行機の墜落といった事故の恐怖をテーマにしたのとは、対照的である。実際のアメリカ外交も、八〇年代には国際テロリズム対策に追われてきた。そこから、イラン・コントラ事件のような一大スキャンダルが発生した。レーガンが愛した『バック・トゥ・ザ・フューチャー』のようなコメディですら、発明家がリビアの過激派からプルトニウムを騙《だま》し取って、タイムマシンの原動力にしているのである。『ダイ・ハード』でも、ロサンジェルスの高層ビルを舞台に、主人公は西ドイツのテロリストたちと戦う。高層ビルの名前は「ナカトミ・プラザ」（実際はフォックス・プラザ、20世紀フォックスの本社ビル）で、ナカトミ商事の社長はハーヴァード大学卒業の日系アメリカ人という設定であった。日本の経済的脅威の投影である。

人種と映画

白人中産階級が郊外に移住するにつれて、大都市の中心部では黒人人口が増した。映画は市場としての彼らに迎合しながら、彼らを保守的な価値観に誘っていった。そこで、マッチョな白人男性を主人公にしながら黒人男性が彼を支えるという、異人種間の相棒ものが数多く製作された。ハックフォード監督『愛と青春の旅立ち』(*An Officer and a Gentleman*, 1982)、ウォルター・ヒル(Walter Hill)監督『48時間』(*48 Hrs.*, 1982)、マーティン・ブレスト(Martin Brest)監督『ビバリーヒルズ・コップ』(*Beverly Hills Cop*, 1984)、リチャード・ドナー(Richard Donner)監督『リーサル・ウェポン』(*Lethal Weapon*, 1987)などである。先述の『ロッキー』や『ダイ・ハード』を加えることもできる。いずれも大ヒットして、シリーズ化された。白人と黒人は反目し合いながら、やがて信頼と友情を構築していく。ただし、白人主導で。そこには、有名白人スターを登用した方が資金を調達しやすいという、経済的理由もあった。『ビバリーヒルズ・コップ』は黒人のエディ・マーフィー(Eddie Murphy)主演だが、これも、もともとはスタローン主演で企画が進んだものの、予算が膨らみすぎて、安いマーフィーが起用されたのである。旧世代のシドニー・ポワチエ同様、マーフィーやウィル・スミスは、最も白人化した(白人が受け容れやすい)黒人スターである。さらに、これらの作品のほとんどが警察官や刑事、軍人を主人公にしており、レーガン政権が強調する「法と秩序」のイメージに見事に合致していた。彼らは社会と家族と仲間を守るのである(140)。また、『リーサル・ウェポン』の白人主人公は、ベトナム戦争で特殊部隊に所属した殺しのプロという設定で、ここにも勝てなかった戦争の影が及んでいる。

ジョン・ランディス(John Landis)監督『大逆転』(*Trading Places*, 1983)も逸することができない。大富豪の老兄弟の気ままな賭のために、白人エリート社員と黒人ホームレスの人生が入れ替えられてしまう。やがて、白人と黒人は協力して、身勝手で強欲な大富豪兄弟を破産に追いやる。つまり、白人と黒人の立場、加害者(大富豪兄弟)と被害者(白人と黒人)の立場に、二重の大逆転が起こる。アメリカ社会では階級は固定化していないというメッセージである。だが、黒人に社会的地位を脅かされることへの白人の怒りこそが、レーガン・デモクラットの原動力であった。作中、白人エリートのオフィスには、星条旗とレーガン大統領の写真がさり気なく飾られている。また、当初は反目していた白人と黒人が、大富豪兄弟追い落としのゲームで協力するようすは、金融資本主義システムの吸引力の強さを示している(141)。

性と映画

先述の異人種間の相棒ものでは、総じて、白人の主人公はマッチョである。チャック・ノリスは空手の達人として知られた。シュワルツェネッガーはゴールドジム出身で、ボディービルダーから芸能界に転じた。他方、ロッキーの妻のように、周囲の女性たちは献身的に中産階級の家庭を守っている。そして、後述の社会的、経済的階級をテーマにした映画でも、男性はフィットネスに余念がなく、社会で栄達を求める女性はさまざまな困難に直面するのである。

一九七〇年代の急進的なフェミニズムへの反発という側面が、そこにはあった。八〇年代には、「フェミ・ナチ」(Femi-Nazis)という表現すら出現する(142)。一九七九年には、リドリー・スコット(Ridley Scott)監督『エイリアン』(*Alien*)が登場した。宇宙船が未知の小惑星に着陸し、そこで人体に寄生する恐るべきエイリアンと遭遇する。乗組員は次々に殺されていくが、シガニー・ウィーヴァー(Sigourney Weaver)演じる女性航海士が独りで最後まで死闘を展開する。真剣に戦う半裸の女性主人公はハリウッド初の設定であり、顔面が突起し白濁色の唾液を垂れ流す宇宙人は男性器の象徴であり、その襲撃は強姦を連想させた。この主人公は「MU　TH　UR」(つまり母)という名のコンピューターに「ビッチ」と罵りの言葉を投げ付ける。つまり、『エイリアン』はまさに、急進的フェミニズムの映画なのである(143)。恐怖と醜悪に彩られたこの作品は、およそ反『スター・ウォーズ』的でもあった。また、くだんの宇宙船は資源の探索と輸送のために航行しており、カーターを苦しめたエネルギー危機を背景にしている。だが、これと同じ一九七九年には、ロバート・ベントン（Robert Benton）監督『クレイマー、クレイマー』（*Kramer vs. Kramer*）も公開されている。ニューヨークを舞台に、仕事一筋の夫が家事と子育てに疲れた妻に突然離婚を求められる。主人公は一人息子を相手に家事と育児に打ち込むが、収入は激減する。そして、仕事で軌道に乗った妻に、息子の親権まで奪われてしまう。だが、父子の絆に気づいた妻は、二人を祝福して親権を放棄する。自立した女性は夫を失い、息子さえも失うのである。

　このように、自立した女性や、男性に優越し、男性を拘束しようとする女性は応分の報いを受ける。先述の『愛と青春の旅立ち』でも、妊娠を偽って恋人に結婚を迫った女性は、恋人の自殺という悲劇に直面する。こうした「不道徳」のゆえに、レーガン夫妻はこの映画を嫌ったし、海軍も製作に協力しなかった[144]。ニコルズ監督『ワーキング・ガール』（*Working Girl*, 1988）では、努力家の女性秘書が苦労を重ねて、ウォール街でキャリア・アップに成功するが、そこには大実業家である恋人の庇護《ひご》が働いている。逆に、秘書を踏み台にして出世しようとする女性の上司（シガニー・ウィーヴァーが演じている）は、野心と共に失墜する。あの『エイリアン』ですら、シリーズ化すると、母性愛を強調するようになる。働く女性は一九七〇年には三〇〇〇万人ほどだったが、八〇年には四〇〇〇万人を、そして、八五年には五〇〇〇万人を超えていた。こうした女性の急速な社会進出への不安感が、これらの映画の背景にあった。この間、男女差別を禁止する憲法修正第二十七条案は一九七二年に議会に承認され、さらに三五州の批准まで得ながら、批准期限までに必要な三八州に達せず、一九八二年六月に不成立となった。

　男性優位で一夫一婦制の中産階級の家庭にこそ、守られるべき価値があった。とすれば、フェミニズム同様に、否、それ以上に、同性愛はこの価値に深刻な脅威を突き付ける。すでに一九八〇年に、フリードキン監督『クルージング』(*Cruising*)が、ゲイの連続殺人事件とその潜入捜査を毒々しく描いた。かつて『國民の創生』が黒人を取り上げたときと同様に、この作品はゲイを醜悪に描いていると、人権活動家らは批判した(145)。ジェームズ・バローズ(James Burrows)監督『パートナーズ』(*Partners*, 1982)も、ゲイの殺人事件の潜入捜査で敏腕刑事がゲイの同僚とカップルを装うというコメディで、男性異性愛者のゲイへの偏見と優越感に満ちている。ゴードン・ウィリス(Gordon Willis)監督『エミリーの窓』(*Windows*, 1980)はレズビアンの嫉妬を醜悪に描いて、これも人権団体からの抗議を招いた。逆に、スピルバーグ監督『カラーパープル』(*The Color Purple*, 1985)は、原作と異なり、主人公たちのレズビアン的関係を描かず、その結果、未成年の観賞も許されて、商業的に成功した。その後も、エイズ禍の拡大と宗教右派の攻勢を受けて、ハリウッドは同性愛を異常で恐ろしいもの、軽蔑すべきものとして描くか、スピルバーグのように、それを無視し隠蔽《いんぺい》してきた。

階級と映画

監督や脚本家、俳優たちの意図とは別に、製作者は市場で最も旺盛な消費行動を示す集団に迎合せざるをえない。一九八〇年代には、それは大都市に住む専門職を持った若い上流中産階級であった(決して単なる中産階級ではない)。いわゆるヤッピーである。彼らのライフスタイルは、それ以外の人々にとっても憧れの的になった。実際、一九七〇年代以降は、大学で歴史や文学、哲学、数学などのリベラルアーツを専攻する学生数は激減し、反対にビジネスを専攻する学生数が急増していた。一九七二年の大学卒業生の七分の一がビジネス専攻であったのに対して、八三年にはそれがほぼ四分の一に達していた。逆に、哲学や文学を専攻した者は実に一パーセント以下であったという(146)。

ポール・ブリックマン（Paul Brickman）監督『卒業白書』（*Risky Business*, 1983）は、若いトム・クルーズ（Tom Cruise）を一躍スターにした青春コメディ映画である。高校生の主人公は、両親の不在中に自宅で売春パーティーを企画し、プリンストン大学の面接担当者まで籠絡《ろうらく》して、同大学に合格してしまう。もちろん、ビジネス専攻であり、ヤッピー予備軍である。主人公の父親もプリンストン大学出身で、この家庭は明らかに上流中産階級に属する。ハーバート・ロス（Herbert Ross）監督『摩天楼はバラ色に』（*The Secret of My Success*, 1987）は、カンザス州の田舎から出てきた若者が、マンハッタンの大企業でメール・ボーイをやりながらヤッピーになりすまし、ついには恋人と出世の両方を手にするという、現代版ホレイショ・アルジャーもののコメディである。明るい野心と勤勉、そして、人心掌握の術さえあれば、「多少の」逸脱は許される——これが二つのコメディに共通するメッセージである。それはレーガンの政治にも共通しよう。

「勝ち組」がいれば、「負け組」もいる。アレックス・コックス（Alex Cox）監督『レポマン』（*Repo Man*, 1984）は、ロサンジェルスを舞台に、ローン未払いの客の車を強制的に回収する取り立て屋（repossession man）が主人公である。彼らの仕事が成り立つのは、消費過剰な低所得者層が増えているからである。また、この作品では、主人公の両親がテレビ伝道師に感化されて、息子の貯金まで寄付してしまう。伝道師によると、奇特な寄付者（主人公）は「炎の戦車」（chariots of fire）に乗れるという。これは旧約聖書の預言者エリヤ（Elijah）の言葉であり、イギリス映画『炎のランナー』の原題でもある。低学歴・低所得者層が煽情《せんじょう》的な伝道に取り込まれていく世相を、コミカルに描いている。

ヤッピーにも苦悩はつきものである。利便性のよい高級マンションか郊外の豪邸か——彼らのステータス・シンボルは住宅である。ヴィクトリア朝イギリスの紳士たちが求めた世間体（respectability）と似ている。リチャード・ベンジャミン（Richard Benjamin）監督『マネー・ピット』（*The Money Pit*, 1986）は、ヤッピーの夫婦が格安でニューヨークの郊外に豪邸を購入するが、実はそれが大変な欠陥住宅だったことによる狂騒曲である。

より深刻なのは、ローレンス・カスダン監督『再会の時』（*The Big Chill*, 1983）であろう。ミシガン大学の卒業生八人が、友人の自殺を機に一五年ぶりで再会し、週末を共に過ごすことになる。彼らはかつての学生運動の同志だったが、今ではいずれもヤッピーになっている。「あの時期のことを、単なる風潮だったとは思いたくない」と、登場人物の一人が言う。だが、過ぎ去った青春はもとより、連帯感も戻らない。特に、別荘の所有者は運動靴の製造会社を経営して成功しているが、その社名は「ランニング・ドッグ」（Running Dog）、つまり、資本主義の「走狗《そうく》」なのである。「短い七〇年代」を「単なる風潮」と決め付けるところに、レーガンの政治の真髄があった。

やがて、レーガン政権二期目の国際政治と国内政治の変化が、こうしたハリウッド映画の保守的傾向に修正を迫ることになる。

◆注

（1） Address Before a Joint Session of the Congress Reporting on the State of the Union, January 26, 1982, Ronald Reagan Presidential Library. 〈https://www.reaganlibrary.gov/sites/default/files/archives/speeches/1982/12682c.htm〉

（2） Lou Cannon, *President Reagan: The Role of a Lifetime* (NY: Simon & Schuster, 1991), p. 96.

（3） Jacob Weisberg, *Ronald Reagan* (NY: Times Books, 2016), p. 84.

（4） James H. Broussard, *Ronald Reagan: Champion of Conservative America* (NY: Routledge, 2015), p. 135.

(5) H. W. Brands, *Reagan: The Life* (NY: Doubleday, 2015), p. 328.

(6) Richard Halloran, "Pentagon Draws Up First Strategy for Fighting a Long Nuclear War," *New York Times*, May 30, 1982.

(7) National Security Defense Directive 32: U. S. National Security Strategy, May 20, 1982, The Reagan Files. 〈http://www.thereaganfiles.com/nsdd-32-us-national-securit.html〉

(8) John O'Sullivan, *The President, the Pope, and the Prime Minister: Three Who Changed the World* (DC: Regnery History, 2005), pp. 185–186.

(9) *Ibid.*, pp. 171–172.

(10) チャールズ・ウィック／読売新聞社外報部訳『レーガン外交の演出者――側近ウィックの回想』（読売新聞社、一九九〇年）六二―七二頁。

(11) Paul L. Montgomery "Throngs Fill Manhattan to Protest Nuclear Weapons," *New York Times*, June 13, 1982.

(12) Douglas Brinkley, ed., *The Reagan Diaries* (NY: HarperCollins, 2007)（以下、*Diaries*), p. 77.

(13) Broussard, *op. cit.*, p. 133.

(14) 大谷伴子・松本朗・大田信良・加藤めぐみ・木下誠・前協子編『ポスト・ヘリテージ映画――サッチャリズムの英国と帝国アメリカ』（上智大学出版会、二〇一〇年）一二一―一二二頁。

(15) Brands, *op. cit.*, p. 378.

(16) ロナルド・レーガン／尾崎浩訳『わがアメリカンドリーム――レーガン回想録』（読売新聞社、一九九三年）（以下、『回想録』）四七〇頁。

(17) 千々和泰明『大使たちの戦後日米関係――その役割をめぐる比較外交論 1952―2008年』（ミネルヴァ書房、二〇一二年）二二二頁。

(18) 米国務省関係者とのインタビュー（二〇一七年二月二十八日、ワシントン）。

(19) 一九八五―八八年まで外務省北米局長を務めた、藤井宏昭氏へのインタビュー（二〇一二年九月六日、東京）。

（20） George P. Shultz, *Turmoil and Triumph: My Years As Secretary of State*（NY: Scribner's, 1993）, p. 179.
（21）『回想録』前掲、四二一―四二二頁。
（22）待鳥聡史『アメリカ大統領制の現在――権限の弱さをどう乗り越えるか』（ＮＨＫブックス、二〇一六年）八二頁、『回想録』四〇六頁。
（23）大津留（北川）智恵子「核凍結運動とＳＤＩ」アメリカ学会編『原典アメリカ史　第八巻　衰退論の登場』（岩波書店、二〇〇六年）一四五頁。
（24） Address to the Nation on Strategic Arms Reduction and Nuclear Deterrence, November 22, 1982, Ronald Reagan Presidential Library. 〈https://www.reaganlibrary.gov/sites/default/files/archives/speeches/1982/112282d.htm〉
（25） *Diaries*, p. 117.
（26） Shultz, *op. cit.*, p. 126.
（27） *Diaries*, p. 112.
（28） Paul Kengor and Patricia Clark Doerner, *The Judge: William P. Clark, Ronald Reagan's Top Hand*（San Francisco, CA: Ignatius Press, 2007）, p. 222.
（29） "Evil Empire" Speech, March 8,1983, Miller Center, University of Virginia. 〈https://millercenter.org/the-presidency/presidential-speeches/march-8-1983-evil-empire-speech〉
（30）アラン・ブルーム／菅野盾樹訳『アメリカン・マインドの終焉――文化と教育の危機』（みすず書房、一九八八年）一四七―一四八頁。
（31） Michael K. Deaver, *A Different Drummer: My Thirty Years with Ronald Reagan*（NY: HarperCollins, 2001）, p. 55.
（32） Broussard, *op. cit.*, p. 140.
（33）『回想録』七四〇頁。
（34）Ｊ・Ｌ・ガディス／河合秀和・鈴木健人訳『冷戦――その歴史と問題点』（彩流社、二〇〇七年）二五五頁。

(35) Edmund Morris, *Dutch: A Memoir of Ronald Reagan* (NY: Random House, 1999), p. 474.

(36) Address to the Nation on Defense and National Security, March 23, 1983, Ronald Reagan Presidential Library. 〈https://www.reaganlibrary.gov/sites/default/files/archives/speeches/1983/32383d.htm〉

(37) ガディス、前掲、二五六頁。

(38) Mark Feeney, *Nixon at the Movies: A Book about Belief* (Il.: University of Chicago Press, 2004), p. xii.

(39) William J. Palmer, *The Films of the Eighties: A Social History* (Il.: Sothern Illinois University Press, 1993), p. 183.

(40) "Forum: Reagan, Ted and 'Star Wars'," *Washington Times*, November 4, 2006.

(41) テラーの役割に関しては、以下を参照。William J. Broad, *Teller's War: The Top-secret Story Behind the Star Wars Deception* (NY: Simon & Schuster, 1992).

(42) H. Bruce Franklin, *War Stars: The Superweapon and the American Imagination*, Revised and Expanded ed. (Amherst, MA: University of Massachusetts Press, 2008), p. 201.

(43) Kiron K. Skinner, Annelise Anderson, and Martin Anderson, eds., *Reagan, In His Own Hand: The Writings of Ronald Reagan that Reveal His Revolutionary Vision for America* (NY: Free Press, 2001), p. 34; Douglas Brinkley, ed., *The Notes: Ronald Reagan's Private Collection of Stories and Wisdom* (NY: HarperCollins, 2011), p. 48.

(44) Weisberg, *op. cit.*, p. 89.

(45) Martin Anderson, *Revolution* (NY: Harcourt Brace Jovanovich, 1988), p. 83.

(46) "Reagan as Military Commander," *New York Times*, January 15, 1984.

(47) Richard Reeves, *President Reagan: The Triumph of Imagination* (NY: Simon & Schuster, 2005), p. 142.

(48) Frances FitzGerald, *Way Out There in the Blue: Reagan, Star Wars and the End of the Cold War* (NY: Simon & Schuster, 2000), p. 519.

(49) Franklin, *op. cit.*, p. 201–202.

(50)　ジョナサン・シェル／斎田一路・西俣総平訳『地球の運命』（朝日新聞社、一九八二年）。
(51)　*Diaries*, p. 139, p. 140.
(52)　ガディス、前掲、二三五頁。
(53)　Shultz, *op. cit.*, pp. 246–264.
(54)　Fred Kaplan, "'War Games' and Cybersecurity's Debt to a Hollywood Hack," *New York Times*, February 28, 2016.
(55)　National Security Decision Directive Number 145, National Policy on Telecommunications and Automated Information Systems Security, September 17, 1984. 〈https://fas.org/irp/offdocs/nsdd145.htm〉
(56)　*Diaryies*, p. 186.
(57)　アンドリュー・クレピネヴィッチ、バリー・ワッツ／北川知子訳『帝国の参謀――アンドリュー・マーシャルと米国の軍事戦略』（日経BP社、二〇一六年）二八四―二八六頁。
(58)　この経緯については、柳田邦男『撃墜――大韓航空機事件』上・中・下（講談社文庫、一九九一年）に詳しい。
(59)　Address to the Nation on the Soviet Attack on a Korean Civilian Airliner, September 5, 1983, Ronald Reagan Presidential Library. 〈https://www.reaganlibrary.gov/sites/default/files/archives/speeches/1983/90583a.htm〉
(60)　『回想録』七五六頁。
(61)　ウィック、前掲、八一頁。
(62)　National Security Decision Directive Number 102, September 5, 1983, U. S. Response to Soviet Destruction of KAL Airliner, Ronald Reagan Presidential Library. 〈https://www.reaganlibrary.gov/sites/default/files/archives/reference/scanned-nsdds/nsdd102.pdf〉
(63)　Weisberg, *op. cit.*, p. 59.
(64)　Smardz Zofia and Robert C. McFarlane, *Special Trust: Pride, Principle and Politics Inside the White House* (NY: Cadell & Davies, 1994), p. 263.

(65) 『回想録』五九一頁。
(66) Broussard, *op. cit.*, p. 139.
(67) ウィック、前掲、八七頁。
(68) ドゥルシラ・コーネル／吉良貴之・仲正昌樹監訳『イーストウッドの男たち――マスキュリニティの表象分析』(御茶の水書房、二〇一一年)二六五頁。
(69) 『回想録』七六四頁。
(70) Beth A. Fisher, *The Reagan Reversal: Foreign Policy and the End of the Cold War* (MO: University of Missouri Press, 1997), pp. 122–140.
(71) William J. Broad and David E. Sanger, "Obama's Youth Shaped His Nuclear-Free Vision," *New York Times*, July 4, 2009.
(72) デイヴィッド・レムニック／石井栄司訳『懸け橋（ブリッジ）――オバマとブラック・ポリティクス』上・下（白水社、二〇一四年）を参照。
(73) Address Before the Japanese Diet in Tokyo, November 11, 1983, Ronald Reagan Presidential Library. 〈https://www.reaganlibrary.gov/sites/default/files/archives/sppeches/1983/111183a.htm〉
(74) 中曽根康弘／伊藤隆・佐藤誠三郎インタビュー『天地有情――五十年の戦後政治を語る』(文藝春秋、一九九六年)四六七頁。
(75) 佐々木伸『ホワイトハウスとメディア』(中公新書、一九九二年)四九頁。
(76) Time-Life Books, eds., *Pride and Prosperity: The 80s* (VA: Time Life Education, 1999), p. 138.
(77) ジョージ・オーウェル／高橋和久訳『一九八四年〔新訳版〕』(ハヤカワ epi 文庫、二〇〇九年)。
(78) Alexandra Alter, "Trump's Rise to Presidency Helps sell Decades-Old Dystopian Stories," *New York Times Weekly Review*, February 12, 2017.
(79) Address to the Nation and Other Countries on United States–Soviet Relations, January 16, 1984, Ronald Reagan Presidential Library. 〈https://www.reaganlibrary.gov/sites/default/files/archives/speeches/1984/11684a.

htm〉

（80）ガディス、前掲、二五九頁。

（81）State of the Union Address, January 25, 1984, Miller Center, University of Virginia. 〈https://millercenter.org/the-presidency/presidential-speeches/january-25-1984-state-union-address〉

（82）『回想録』七六八頁。

（83）Address to the Nation Announcing the Reagan-Bush Candidacies for Reelection, January 29, 1984, Ronald Reagan Presidential Library. 〈https://www.reaganlibrary.gov/sites/default/files/archives/speeches/1984/12984a.htm〉

（84）ストローブ・タルボット、マイケル・R・ベシュロス／浅野輔訳『最高首脳交渉――ドキュメント・冷戦終結の内幕』上（同文書院、一九九三年）二二頁。

（85）*Diaries*, pp. 220–221.

（86）*Ibid*., p. 239.

（87）フィンレー・ルイス／冨山泰訳『大使モンデールの肖像』（日本放送出版協会、一九九四年）三二〇―三二一頁。モンデールについては他にも、Steven M. Gillon, *The Democrats' Dilemma: Walter F. Mondale and the Liberal Legacy*, Rev. ed.（NY: Columbia University Press, 1992); Walter F. Mondale with David Hage Mondale, *The Good Fight: A Life in Liberal Politics*（NY: Scribner, 2010）を参照。

（88）ルイス、前掲、三三三頁。

（89）Steven J. Ross, *Hollywood Left and Right: How Movie Stars Shaped American Politics*（NY: Oxford University Press, 2011), pp. 342–345.

（90）Ronald Brownstein, *The Power and the Glitter: The Hollywood–Washington Connection*（NY: Vintage Books, 1992), p. 293.

（91）Walter F. Mondale, Address Accepting the Presidential Nomination at the Democratic National Convention in San Francisco, July 19, 1984, The American Presidency Project. 〈http://www.presidency.ucsb.edu/ws/index.

php?pid=25972〉

(92) Debate Between the President and Former Vice President Walter F. Mondale in Louisville, Kentucky, October 7, 1984, Ronald Reagan Presidential Library. 〈https://www.reaganlibrary.gov/sites/default/files/archives/speeches/1984/100784a.htm〉

(93) Joseph Maddrey, *Nightmares in Red, White and Blue: The Evolution of the American Horror Film* (NC: McFarland, 2004).

(94) *Diaries*, p. 233.

(95) Remarks at Fudan University in Shanghai, China, April 30, 1984, Ronald Reagan Presidential Library. 〈https://www.reaganlibrary.gov/sites/default/files/archives/speeches/1984/43084e.htm〉

(96) Weisberg, *op. cit.*, p. 4.

(97) 40th Anniversary of D-Day, June 6, 1984, Miller Center, University of Virginia. 〈https://millercenter.org/the-presidency/presidential-speeches/june-6-1984-40th-anniversary-d-day〉この演説の詳細な分析と評価については，Douglas Brinkley, *The Boys of Pointe du Hoc: Ronald Reagan, D-Day, and the U. S. Army 2nd Ranger Battalion* (NY: Harper Perennial, 2006) を参照。

(98) 『回想録』四八七—四八八頁。

(99) Gil Troy, *Morning in America: How Ronald Reagan Invented in the 1980s* (Princeton, NJ: Princeton University Press, 2005), p. 153.

(100) Remarks Accepting the Presidential Nomination at the Republican National Convention in Dallas, Texas, August 23, 1984, Ronald Reagan Presidential Library. 〈https://www.reaganlibrary.gov/sites/default/files/archives/speeches/1984/82384f.htm〉

(101) Troy, *op. cit.*, p. 12.

(102) Peter L. Goldman and Tony Fuller, *The Quest for the Presidency 1984* (NY: Bantam Books, 1985), p. 413.

(103) Broussard, *op. cit.*, pp. 147–148.

(104) Troy, *op. cit.*, p. 168.

(105) ナンシー・レーガン／広瀬順弘訳『マイ・ターン――ナンシー・レーガン回想録』（読売新聞社、一九九一年）三四八頁。

(106) Troy, *op. cit.*, p. 170.

(107) Goldman and Fuller, *op. cit.*, p. 339.

(108) 『回想録』四二九―四三〇頁。

(109) Robert Dallek, *Ronald Reagan: The Politics of Symbolism, with a New Preface by the Author* (MA: Harvard University Press, 1999), p. 7.

(110) Walter Mondale Interview, May 25, 1990. 〈https://www.pbs.org/newshour/spc/debatingourdestiny/interviews/mondale.html〉

(111) ルイス、前掲、三二一頁、三三二頁。

(112) *Diaries*, p. 270.

(113) 『回想録』七八五―七八六頁。

(114) *Diaries*, p. 277, p. 296.

(115) Troy, *op. cit.*, pp. 173–174.

(116) 『回想録』四二六頁。

(117) Michael Coyne, *Hollywood Goes to Washington: American Politics on Screen* (London: Reaktion Books, 2008), p. 50.

(118) Brownstein, *op. cit.*, p. 289, p. 295.

(119) Aljean Harmetz, "Hollywood Battles Killer Budgets," *New York Times*, May 31, 1987.

(120) Robert Sklar, *Movie-Made America: A Cultural History of American Movies*, Rev. ed. (NY: Vintage Books, 1994), p. 341, p. 342.

(121) ヘインズ・ジョンソン／山口正康監修／岡達子・小泉摩耶・野中千恵子訳『崩壊帝国アメリカ――「幻想と貪欲」

のレーガン政権の内幕』上（徳間書店、一九九一年）一六八―一六九頁。

(122) 同書、一七二頁。

(123) Tino Balio, "A Major Presence in All of the World's Important Markets': The Globalization of Hollywood in the 1990s," in Steve Neale and Murray Smith, eds., *Contemporary Hollywood Cinema* (NY: Routledge, 1998), p. 60.

(124) Chris Jordan, *Movies and the Reagan Presidency: Success and Ethics* (Westport, Conn.: Praeger, 2003); Palmer, *op. cit.*; Sklar, *op. cit.*; Elizabeth G. Traube, *Dreaming Identities: Class, Gender, and Generation in 1980s Hollywood Movies* (Boulder, Co.: Westview Press, 1992); Robin Wood, *Hollywood from Vietnam to Reagan... and Beyond* (NY: Columbia University Press, 2003).

(125) Palmer, *ibid.*, p. 21.

(126) Robert Timberg, *The Nightingale's Song* (NY: Simon & Schuster, 1995). 著者も海軍兵学校の卒業生である。

(127) ワシントン記念塔がモニュメントであるのに対して、ベトナム戦争記念碑はメモリアルである。モニュメントは何かを覚えているためにあり、メモリアルは何かを決して忘れないためにある。通常、敗戦を記念してモニュメントが造られることはない。マリタ・スターケン／岩崎稔・杉山茂・千田有紀・高橋明史・平山陽洋訳『アメリカという記憶――ベトナム戦争、エイズ、記念碑的表象』（未來社、二〇〇四年）八八―九一頁。

(128) ジェームズ・マン／渡辺昭夫監訳『ウルカヌスの群像――ブッシュ政権とイラク戦争』（共同通信社、二〇〇四年）七八―八〇頁、八二頁。

(129) "Reagan Gets Idea From 'Rambo' for Next Time," *Los Angeles Times*, July 1, 1985.

(130) Sklar, *op. cit.*, p. 345.

(131) Alan Nadel, *Flatlining on the Field of Dreams: Cultural Narratives in the Films of President Reagan's America* (NJ: Rutgers University Press, 1997), p. 6.

(132) Jordan, *op. cit.*, p. 1から引用。

(133) Terry Christensen and Peter J. Haas, *Projecting Politics: Political Messages in American Films* (NY: M. E.

Sharpe, 2005), p. 176.

(134) Palmer, *op. cit.*, pp. 25–26.

(135) *Ibid.*, pp. 206–207.

(136) バーバラ・エーレンライク／中村輝子訳『われらの生涯の最悪の年』（晶文社、一九九二年）四五頁。このタイトルは、もちろん、映画『我等の生涯の最良の年』にちなんだものである。

(137) Ross, *op. cit.*, p. 375.

(138) Sandra Brown, "Seeing Red," *USA Today*, January 20, 1986.

(139) Peter B. Levy, *Encyclopedia of the Reagan–Bush Years* (Westport, Conn.: Greenwood Press, 1996), p. 139.

(140) Jordan, *op. cit.*, p. 85.

(141) *Ibid.*, p. 86.

(142) Harry M. Benshoff and Sean Griffin, *Gender and American Film: How Men and Women have Been Represented in the Hollywood Films* (Tokyo: Eihosha, 2004), p. 63.

(143) カーラ・フレチェロウ／ポップ・カルチャー研究会訳『映画でわかるカルチュラル・スタディーズ』（フィルムアート社、二〇〇一年）一四九―一五六頁。著者はさらに、自然対科学技術、「エイリアン」という他者排除のナショナリズムなどを読み取っている。ほかにも、内田樹『映画の構造分析――ハリウッド映画で学べる現代思想』（晶文社、二〇〇三年）五七―六九頁を参照。

(144) David L. Robb, *Operation Hollywood: How the Pentagon Shapes and Censors the Movies* (NY: Prometheus Books, 2004), pp. 197–203.

(145) Colin Clews, *Gay in the 80s: From Fighting Our Rights to Fighting for Our Lives* (Leicestershire, UK: Matador, 2017), p. 47.

(146) エーレンライク、前掲、五〇―五一頁。アメリカの高等教育における人文科学軽視への警鐘としては、ブルーム、前掲を参照。

第6章

任務完了！

「われわれが勝ち、彼らが負ける」

⬆「この壁を壊してください」——冷戦終結への呼び掛け（1987年6月12日，西ベルリン。© EPA＝時事）

一　「ゴルビー」登場

二期目の始まり

一九八五年一月二十一日のワシントンは、日中でもマイナス一四度と寒波に襲われていた。そのため、レーガンの二期目の大統領就任式は、連邦議会議事堂内の円形大広間で行われた。

「この祝福された地では、よりよい未来がつねにある」と、レーガンは公言した。

「四年前に私は新たな門出について語ったが、われわれはそれを達成した。だがある意味で、われわれの新たな門出は二世紀前になされた門出の続きである。アメリカ国民は二世紀前に、政府はわれわれの下僕であり、われわれ国民が認めた権力しか持ちえないことを、史上初めて宣言した」

第二代大統領のジョン・アダムス（John Adams）とジェファーソンが一八〇〇年の大統領選挙で激しく争いながら（後者の勝利に終わる）、晩年は友情を培い、奇しくも独立宣言の五十周年にあたる二六年七月四日に共に亡くなった逸話を紹介し、レーガンはアメリカの団結を呼び掛けた。さらに、大統領は財政赤字の解消と米ソ間の軍縮を訴えた。

「歴史とはつねに広がりゆくリボンです。歴史とは旅であり、われわれは旅を続けながら、かつての旅人たちを思うのです」「われわれはわが国の民主主義の象徴の中に立っています。われわれは今、過去の谺《こだま》を再び聞いています」と、レーガンは円形大広間にふさわしい時間と空間のレトリックを展開した。「将軍は、フォージ渓谷の吹雪の中で跪《ひざまず》く。孤独な大統領は、暗いホールを行き来しながら、連邦を守る戦いについて思いめぐらす。アラモの人々は、互いに大声で励まし合う。移民は西へ進みながら歌い、歌声は永遠に響き渡り、未知の空にあふれる」。将軍とはワシントン、大統領とはリンカーンである。「それはアメリカの音色です。それは希望に満ち、寛容で、理想主義的で、大胆で、立派で、公平です。それはわれわれの遺産であり、われわれの歌です。われわれは今も歌っています。どんな問題があろうと、われわれは昔も今も共にいるのです」(1)。例によって、過去と現在、未来を巧みにつなぎ、円形大広間という舞台装置の視覚効果と音響効果を活用している。

それから二週間ほど後の二月六日に、レーガン大統領は一般教書演説に臨んだ。まず、大統領は四年間の成果をあらためて強調した。

「われわれはすべての民主主義的同盟国を支援しなければならない」「アフガニスタンからニカラグアにいたるすべての大陸で、ソ連の支援する侵略に抵抗し生来の権利を守るために命がけで戦っている人々の信念を、決して裏切ってはならない」

演説の最後には、いつものように、大統領は市井の二人の女性を紹介した。一人は十年前のサイゴン陥落とともにアメリカに逃げのびた若いベトナム人で、ほどなく陸軍士官学校を卒業しようとしていた。もう一人は七十九歳になる修道女で、薬物中毒の母親たちの赤ん坊を育ててきた。この二人の人生は「信仰と意志と情熱さえあれば、アメリカでは何事も可能だということを示しています。歴史は再びわれわれに、世界の中で善をなす勢力たることを求めているのです」(2)。国内外の困難に立ち向かおうとの呼び掛けであった。

とりわけ、レーガン政権は第三世界で攻勢に出ようとしていた。すでに大統領は、ニカラグアやエルサルバドルのことを「集合的な朝鮮」(collective Korea)と呼んでいた。共産主義の脅威にさらされた最前線という意味である。その上、「テキサスにとって、エルサルバドルはマサチューセッツよりも地理的に近い」のである。

カークパトリック国連大使は、中南米のような親米の権威主義体制と共産党支配の全体主義とを区別する論陣を、かつて展開していた。前者は個人の所有権を認めており、民主主義に発展する可能性があるが、後者にはその可能性はないと、彼女は論じた(3)。

かつて、ソ連のブレジネフ書記長は、社会主義全体の団結のためなら個々の主権は制限されるという制限主権論を唱え、ブレジネフ・ドクトリンと呼ばれた。レーガン政権の第三世界政策は必ずしも体系的なものではなかったが、ブレジネフ・ドクトリンへの対抗であり、やがてレーガン・ドクトリンと呼ばれるようになった。保守派のジャーナリスト、チャールズ・クラウトハマー（Charles Krauthammer）が名づけ親とされる。

「小さな政府」実現に向けても、レーガンは強気の姿勢を示した。三月に全米ビジネス会議（American Business Conference）の参加者を前に、大統領は言い放った。「私には拒否権がある。議会が増税を試みるなら、覚悟はできている。増税について一つだけ言わせてもらおう。やってみろ。楽しませてくれ（Go ahead? Make my day)」(4)。これは『ダーティーハリー』の決め科白《ぜりふ》である。

だが、国内外の課題に果敢に挑戦するには、二期目のレーガン政権内部が不安定化していた。「トロイカ」の崩壊である。すでに一九八四年一月に、レーガンはミース大統領顧問を司法長官に指名していたが、民主党が一年以上も反対してきた。だがようやく、八五年一月に六三対三一という僅差で承認され（承認には三分の二以上の同意が必要）、二月にミースはホワイトハウスから司法省に移った。より重要なことは、ベーカー首席補佐官の転出であった。リーガン財務長官とベーカーがポストの交換を希望し、大統領は「熟考のすえ」にこれを承認した。だが、新しい首席補佐官は強引で独善的であった。「当時はこれがいかに他のスタッフの犠牲においてリーガンの権力を拡大し、私に対するアクセスを制限し、のちに問題を生むことになるものであるか、気づかないままだった」と、レーガンはこの人事を大いに後悔することになる(5)。

「ゴルビー」の魅力

そのころ、クレムリンではるかに大きな変化が生じていた。一九八五年三月に病弱のチェルネンコが死去して、共産党書記長がまた交代したのである。後任は五十四歳という若さのミハイル・ゴルバチョフであった。「午前四時に起こされ、チェルネンコが死んだことを教えられる。葬儀に出席すべきかどうかの問題がすぐ頭に浮かんだが、私の直観はノーと言った」「ゴルバチョフがソ連のトップに指名されたという報告があった」と、レーガンは三月十一日の日記に淡々と記している。「ちょっと親しくなりかけるたびに、こう次々と死なれるのでは、いったいどうやってロシア人と仕事を進められるのだろう?」と彼はナンシーに愚痴を言ったという(6)。

ゴルバチョフを最初に高く評価した西側の指導者は、「鉄の女」であった。一九八四年二月のアンドロポフの葬儀の際に、サッチャーは彼の側近だったゴルバチョフと初めて会った。若いゴルバチョフは、高齢の次期書記長チェルネンコよりはるかに魅力的であった。十二月の訪米のわずか数日前に、彼女は訪英中のゴルバチョフ夫妻を首相別邸チャッカーズに迎え入れた。ゴルバチョフは社交的である程度英語を操り、西側の政策にも通暁していた。夫人もわずかながら英語を話し、スマートな西洋風の出で立ちであった。レーガンがワシントンでグロムイコ外相に核兵器の全廃という夢を語ったほぼ同時期に、ゴルバチョフもロンドンで同様のことを話していた。しかも、彼は書記長に就任すると、エドゥアルド・シェワルナゼ（Eduard Shevardnadze）を外相に起用した。このシェワルナゼとシュルツが、それぞれの政権内の保守派と戦いながら、米ソの軍縮交渉を粘り強く推進していく。ゴルバチョフが「別れを告げて去る時、私はこの人物が次のソ連指導者になってくれればよいがと思った。なぜなら、後で記者団に述べたように、彼こそ私がいっしょに仕事のできる人物だったからだ」と、サッチャーは回想している(7)。この期待が実現したのである。ただし、「鉄の女」は「敵は魅力的であるほど危険」だということも熟知していた(8)。

チェルネンコの葬儀には、前年の軽口通りに再びブッシュとシュルツが派遣された。「だれかが死ぬと、私がそこに向かう」と、副大統領は吟唱した(9)。「ソ連はアメリカと戦おうとしたことは一度もないし、今でもそのようなつもりはない」と、新書記長はブッシュとの会談で明言した。ただし、「人権問題で、アメリカはソ連に説教できる立場にはない」とも、ゴルバチョフは付け加えた(10)。彼はソ連の主張を「いかなる（繰り返す――いかなる）前任者よりもはるかに効果的に訴えうる」と、ブッシュはホワイトハウスに打電した。「ゴルバチョフは素敵な笑顔を浮かべるが、鉄の歯を持っている」と、同席したシュルツ国務長官も述べている(11)。

アメリカで米ソ首脳会談を開こうというレーガンからの招待状を、ブッシュはゴルバチョフに手渡した。二週間後に、クレムリンから返事が届いた。核戦争回避のために交渉することに合意しつつ、場所と日時についてはあらためて協議するとの内容であった。「米ソ両国間の関係改善ばかりか、二人の人間の間の友情の基盤となるべきものに対する双方の慎重な第一歩」であった。だが、ゴルバチョフは「他のどのソ連指導者にも劣らず手ごわそうだ」「自他ともに認めるイデオローグでなければ、政治局によって選ばれることはなかったはずだ」と、レーガンは感じていた。時あたかも、下院が二一七対二一〇でMXミサイル計画をようやく承認したところである。「紙の上ではなく、面と向かってソ連側に圧力をかける」好機であった(12)。

ゴルバチョフは、ロシア革命はもとより、第二次世界大戦も直接経験していない世代に属する。この開明派のテクノクラートは、米ソ間で大胆な軍縮を進めなければ、崩壊に向かうソ連の経済と政治体制を改革できないと確信していた。オーウェルが描いた「偉大な兄弟《ビッグ・ブラザー》」による鉄の統制は、現実の世界ではすでに弛緩していた。科学技術のインフラストラクチャーでも、ソ連は大幅にアメリカの後塵を拝していた。ゴルバチョフ登場の段階で、ソ連のパソコン所有台数はわずか五万台（アメリカは三〇〇〇万台）(13)、電話の普及率も都市部で二一パーセント、農村では一桁だったという。これに、レーガンの軍拡路線が追い討ちをかけていたのである。ソ連の将来に悲観的な点では、二人の指導者の認識は期せずして一致していた。

ゴルバチョフ書記長登場に先立つ一九八五年二月に、日本では田中角栄元首相が脳梗塞で倒れた。以後、中曾根首相は田中の影響力から脱して、いっそう「大統領的首相」として振る舞うようになる。レーガンがクレムリンに交渉相手を見出したころ、中曾根は内政上の重圧から解放されたのである。

対ソ政策をめぐって、三人の女性がレーガンに大きな影響を与えた。一人は先述の「鉄の女」サッチャー首相である。二人目はナンシー夫人で、彼女もゴルバチョフに好意的であった。米ソの対決路線を是正することが、世界平和にとっても夫の政治生命にとっても重要だと、彼女は正確に理解していた。レーガンとゴルバチョフの星座の相性がいいと、ナンシーは彼女らしく夫を誘導した。そして、三人目がスーザン・マッシー（Suzanne Massie）という作家であった。彼女は決して学界の権威などではなかったが、しばしばソ連を訪問し、ロシアの文化に関する一般読者向けの著作で人気が高かった。レーガンにとっては、いわばロシア版の生きた『リーダーズ・ダイジェスト』誌だったのである。マッシーはホワイトハウスで、レーガンと一八回も会っている。ロシアの社会と文化の持つ人間味を、彼女はレーガンに倦《う》まず語った。

「信頼せよ、だが、確かめよ」(doveryai no proveryai) という、のちにゴルバチョフを悩ませるロシアの格言を大統領に教えたのも、彼女である。「彼女は、ロシアに関する優れた洞察を持った、すばらしい女性だ」と、レーガンは絶賛している(14)。

マスメディアがもてはやす「ゴルビー」の人気には、レーガンは当初懐疑的であった。むしろ、大統領は自らの魅力に多大の自信を持っていた。対ソ政策で自らの魅力を過信する点でも、彼はF・D・ローズヴェルトの衣鉢《いはつ》を継いでいた。もし共産主義国の指導者をヘリコプターに乗せてアメリカの郊外を周遊し、スーパーマーケットやモールに連れて行けば、必ず彼を転向させることができると、レーガンはつねづね語っていた。だが、「ゴルビー」は中立的な場所での会談を望んでいた。「それなら、ジュネーヴがいいだろう」と、大統領はシュルツ国務長官に告げた。来る十一月にジュネーヴで米ソ首脳会談が行われると、六月には発表された。国力と国威を背景に、レーガンとゴルバチョフが魅力を競う初の会談である。

だが、米ソ首脳会談を控えながらも、レーガン政権は三月にNSDD一六六号を承認し、アフガニスタンの閉塞状況を打破して、ソ連を放逐する覚悟を固めていた(15)。こうして、CIAはイスラーム戦士ムジャヒディーンに、スティンガー対空ミサイルなどの武器を惜しみなく供与した。二〇〇一年九月十一日の同時多発テロを首謀したオサマ・ビン・ラディン(Usāma bin Lādin)も、当時のムジャヒディーンの幹部であった。

スタローン主演/ピーター・マクドナルド(Peter MacDonald)監督『ランボー3/怒りのアフガン』(*Rambo III*, 1988)は、このアフガニスタンでの対ソ秘密工作をテーマにしており、ご丁寧にも「自由のために戦うすべてのアフガニスタンの人々」に捧げられている。この作品は、一〇一分の間に一〇八人が死ぬという過激な内容のものであった。

アフガニスタンでの秘密工作予算は当初五〇〇万ドルにすぎなかったが、レーガン政権末期には一〇億ドルに上っていた。CIA史上最大規模の秘密工作である。下院国防歳出委員会のチャールズ・ウィルソン（Charles Wilson）議員が、熱心に予算増額を働き掛けたのである。そのようすもまた、ニコルズ監督『チャーリー・ウィルソンズ・ウォー』（*Charlie Wilson's War*, 2007）に描かれている。

レーガンの〝ドレフュス事件〟

米ソ首脳会談までに、レーガン政権は多くの困難に直面した。

まず、ビットブルクである。一九八五年五月に西ドイツのボンでの先進国首脳会議ののちに、レーガン大統領はビットブルク軍人墓地を訪問することになった。ヘルムート・コール首相の強い要請による。前年のノルマンディー上陸作戦四十周年は戦勝国の行事であったため、コールは招待されなかった。第二次世界大戦終戦四十周年に際して、彼は戦勝国と敗戦国の和解を演出したかった。アメリカの中距離核戦力（Intermediate-range Nuclear Forces: INF）を西ドイツに配備するに際して、コールは絶大な貢献をしていた。レーガンはこれに報いようとしたのである。ビットブルクには、一万一〇〇〇人から成る米空軍基地もあった。アメリカと西ドイツの和解の舞台としては、適当と思われた。ディーヴァー次席補佐官らによる先遣隊の調査では、何ら問題はなかった。

ところが、大統領の訪問計画が発表されると、ビットブルクの二〇〇〇人の埋葬者の中にナチス親衛隊員四八人が含まれていると、アメリカのユダヤ人組織が抗議の声を上げた。ホロコーストの生き残りの一人で作家のエリー・ヴィーゼル（Eli Wiesel）は、ホワイトハウスでレーガンから勲章を受けた折に、「ご存じなかったのでしょう。しかし、今やだれもが知っているのです」「大統領閣下、そこはあなたの行くべき場所ではありません」と直言した。ナンシーも夫の評判を気にして、ビットブルク訪問に反対した。彼女はコール首相を恨みすらした。上院議員の半数も、退役軍人協会も、著名なキリスト教伝道師ビリー・グラハム（Billy Graham）も、この訪問に反対した。

大統領に傷をつけてしまったと、ディーヴァーは自らを責めた。「ヨーロッパで起こったことは恐ろしいことだが、四十年前の出来事だ。もしわれわれが戦争を過去のものとして和解し前進しなければ、いつも戦争ばかり考えて平和について考えられなくなってしまうよ」と、レーガンはこの側近に語った(16)。もし「ヘルムート〔コール〕が訪米の際、アーリントン国立墓地を訪ねたら、けしからんということになるのか？」とも、大統領は自問している(17)。

五月五日、レーガン夫妻はコール夫妻とともに、コンラート・アデナウワー墓所、そして、ベルゲン＝ベルゼン強制収容所跡を訪問した。この地で亡くなったアンネ・フランク（Anne Frank）を引用した上で、「彼らはここに横たわっている。希望も祈りも愛も癒《いや》しも笑いも叫びもないままに。二度とこのようなことを繰り返してはならない」と、レーガンは誓った(18)。その後、一行は手短にビットブルク軍人墓地を訪れた。批判を和らげるために、第二次世界大戦に従軍した九十一歳のマシュー・リッジウェー（Matthew Ridgway）将軍とドイツの老将軍が同行し、握手を交わした。ディーヴァーは、親衛隊員たちの墓碑が映らないように、メディアのテレビカメラを制限した。

レーガンは、この騒動を「私の〝ドレフュス事件〟」と呼んだ(19)。十九世紀末にユダヤ系のフランス陸軍将校がドイツに情報を売ったとの冤罪に問われ、フランスの国論を二分した事件のことである。だが、もし老練なベーカーが首席補佐官に留まっていれば、これほどの混乱は避けられたであろう。首相然としたリーガンのメディア対策は、明らかに後手に回った。「トロイカ」解体の影響が、早くも表れたのである。この事件の後には、「トロイカ」の最後の一人ディーヴァーもホワイトハウスを去って、高額のロビイストに転じた。

エイズの蔓延

レーガン政権にとって、この〝ドレフュス事件〟が深刻だが短期的な危機だったとすれば、静かに進行する危険もあった。エイズがそうである。一九八五年十月二日には、二枚目俳優のロック・ハドソン(Rock Hudson)がエイズで亡くなった。彼はレーガン夫妻の個人的な友人でもあった。七月の『ライフ』(*Life*)誌の表紙には、「もはやだれも、エイズから安全であるとはいえない」という見出しが躍っていた(20)。同性愛者のみならず異性愛者の間でも、この伝染病への恐怖が広がりつつある時期に、この正統派スターは世を去ったのである。「ハドソンは一九五〇年代の清潔なセクシュアリティと男らしさの偶像だった。だからハドソンは、一九七〇年代以前のアメリカ国民が同性愛にたいして考える場合、およそ同性愛者ではなさそうな人物の筆頭であった」「アメリカの男らしさを体現してきたハドソンは、いまや汚辱にまみれ、萎《な》えていこうとしている。ハドソンのような偶像が、同性愛者でありエイズでもあるという事実は、ベトナム戦争のおかげですでに大きく変わっていたアメリカの男性性の危機的な状態をさらに煽《あお》ることになった」(21)。だからこそ逆に、大統領やハリウッドは男らしさを演出し続けたのである。

既述のように、レーガンはエイズ対策を怠ってきたと、しばしば批判された。二〇〇三年にテレビ公開されたレーガンのテレビ映画『ザ・レーガン』(*The Reagan*)では、ジェームズ・ブローリン(James Brolin)演じる大統領は冷たく、「罪に生きる者は罪に死ぬ」と語っている。もちろん、これは誇張である。この映画のテレビ放送前には、レーガンを信奉する保守派が内容変更のために圧力をかけている。実際には、レーガン政権は一九八七年に一六億ドルをエイズ対策に投じている。「レーガン政権の対応が異なっていれば、科学的理解の状況が大幅に違っていたと信じる根拠はほとんどない」と指摘するゲイのエイズ専門家もいる。大統領の態度が消極的だったことは疑いないが、彼は癌《がん》や心臓疾患への対策にも熱心ではなかった（この二つの疾患はエイズよりもはるかに多くの人々の命を奪い、健康を脅かしてきた）。冷戦や経済の再生といった数少ない大問題に、彼の関心は集中していたのである。また、政権内には同性愛者に敵対的な者が多く、エイズ予防のためのコンドーム使用の奨励などは、保守派の反発を招く可能性が高かった(22)。「銀幕の大統領」の不作為を補うかのように、ハドソンの友人だった銀幕の大スター、エリザベス・テイラー（Elizabeth Taylor）は、八五年にエイズ研究財団の共同創設メンバーとなり、九三年にはエリザベス・テイラー・エイズ基金を創設した。

同性愛者に冷淡だったのは、レーガン政権だけではない。一九八六年十月には、ローマ・カトリック教会の司教教書も、個々の同性愛者の性的指向は「罪」ではないが、全般的な傾向は「道徳的悪」に向かうと述べて、同性愛者の組織をカトリック教会が支援しないよう命じた。サッチャー政権も、「無垢《むく》な」若者を危険にさらさないように、地方自治体が同性愛者の団体を積極的に支援することを禁止した(23)。反共主義を背景にポーランド支援で共同した三者は、同性愛者への対応でもほぼ足並みをそろえたのである。

イラン・コントラ事件の背景

レーガンはニカラグアの共産主義政権に対抗する反政府ゲリラ組織コントラを、「建国の父祖たちと道義的に同等の存在」とすら呼んでいた(24)。すでに、一九八二年十二月に、連邦議会はオニール議長側近のエドワード・ボランド（Edward Boland）下院議員提案による決議を可決し、CIAや国防省が政権転覆を目的にコントラを軍事支援することを禁止していた（八五年までに二度の修正決議が組み合わされ、規制は強化されていった）。にもかかわらず、大統領はこの決議がNSCスタッフまでを拘束するものではないとの認識を示し、コントラ支援のために、マクファーレン補佐官に民間資金を集めさせていた。共和党の支援者やイスラエル、台湾、サウジアラビアといった外国政府が対象である。マクファーレンはこれを、オリヴァー・ノースという海兵隊中佐に委ねた。精力的な愛国者ノース中佐は、レーガンのお気に入りとなり、「レーガンの子供たち」に列した。国防省関係者たちは、独走する彼を「元帥閣下」と揶揄《やゆ》した。ノースを中心に、ホワイトハウスの中でも一握りの集団が、この秘密に携わるようになる。暗号名「エスタブリッシュメント」である。「われわれの中のごくわずかの者が関与する複雑な事態が進行しており、それについてはこの日記にも記せない」と、八五年十二月五日にレーガンは述べている(25)。

レーガンの恣意的な拡大解釈には、より広い政治的な背景があった。一九七〇年代以降、連邦議会が外交政策や安全保障政策に干渉するようになったのみならず、裁判所も司法積極主義を採って政治に影響力を行使していた(26)。これらに対して、レーガン政権は大統領の人気を背景に、行政府の巻き返しを図っていたのである。その意味で、イラン・コントラ事件は現代大統領制の徒花《あだばな》であった。

さらに一九八四年には、七人のアメリカ人がレバノンでシーア派のテロリスト組織ヒズボラに誘拐された。ヒズボラの背後には、同じシーア派のイランがいた。そのイランはイラクと戦争中であった。カーター政権の命脈を絶った大使館人質事件以来、アメリカはイランと国交を断絶しており、イランへの武器輸出を禁止していた。特に、レーガン政権は「密封」作戦（Operation Staunch）を展開して、イランへの武器の流れを厳しく監視していた。そのため、イランは武器の枯渇に苦しんでいた。「敵の敵は味方」である。イラクを恐れるイスラエルは、イランを応援していた。そのイスラエルがマクファーレンに接触し、イランに武器を提供すれば、イランがヒズボラに圧力をかけてアメリカ人の人質を解放させる、しかも、武器の入手を望んでいるのは反ホメイニ派の穏健勢力だ、と持ち掛けたのである。

何しろ、イランへの武器輸出禁止、イラン・イラク戦争での中立、テロリストとの交渉禁止という、レーガン政権のこれまでの数々の方針からの逸脱である。シュルツ国務長官やワインバーガー国防長官らは強く反対したが、マクファーレンとケーシーCIA長官はきわめて積極的であった。大統領も人質の解放を切望していた。再び「救済ファンタジー」が首をもたげたのである。

そうした中で、一九八五年六月十四日に、アテネ発ローマ行きの一五〇人乗りの旅客機がイスラーム系テロリストにハイジャックされ、レバノンに向かった。事件は一七日間も続き、搭乗していたアメリカ人の若者が暴行の末に射殺された。この事件のようすは、テレビで逐一世界に報道され、レーガン政権に大きな衝撃を与えた。

翌月に、レーガンは結腸癌の手術を受けた。術後に、マクファーレンは大統領にイスラエルの提案を承認するよう求めた。第三者を仲介すればイランと取引したことにはならないという理解で、レーガンは軽率にも同意を与えた。「トロイカ」がいれば防いでいた事態であろう。だが、大統領就任以前にも、レーガンはアフガニスタンのムジャヒディーンへの武器供与を提唱したことがあった。「自由を守ろうとする自由な人々に武器を与えることの、何が問題なのか」と、彼は発言していた(27)。しかも、人質事件がカーターの政治生命を絶ったことを、大統領は忘れていなかった。八月には、五〇〇基余りもの対戦車ミサイルがイランの手に渡り、アメリカ人の人質が一人解放された。残りの人質も救出しなければならない。

「これを試みなければ、自分を許すことができないだろう」と、レーガンは側近に洩らしたという(28)。

やがて、ノース中佐が「うまい考え」を思い付き、「エスタブリッシュメント」がイランへの武器売却の利益を先述のコントラ支援に充当する。これがのちにイラン・コントラ事件と呼ばれるスキャンダルの背景である(29)。

ジュネーヴ会談

退院したレーガンは、ゴルバチョフとの首脳会談の準備に余念がなかった。とりわけ、彼はロシアに関するジョークの収集に情熱を傾けた。これは彼の長年の趣味でもあった。時として、側近たちはきわどいジョークに肝を冷やし、大統領の老いを憂いた。

ゴルバチョフはジョークの収集ではなく、次々に軍縮提案の攻勢をかけた。それだけ、彼は必死だったのである。だが、マクファーレン補佐官も国防省もCIAも、ソ連の意図にいたって懐疑的であった。むしろレーガン政権は、ヨーロッパに中距離ミサイル・パーシングⅡの配備を急ぎ、SDIの技術研究を進め、戦艦アイオワをバルト海にまで派遣した。アメリカが戦艦をロシアの水域にまで送るなど、冷戦を通じて前例のない挑発行為であった。第二次世界大戦で日本が降伏した際、アイオワは旗艦として東京湾に入港している。そのアイオワが四半世紀ぶりに就役したのは、レーガン政権の唱導する海軍大増強の「六〇〇隻艦隊構想」の一環である。

確かに、レーガンはソ連との核軍縮を欲していた。だが、七月の手術以降、大統領の体力と気力は低下していた。そのため、「実際的なイデオローグ」が得意とするバランス感覚が働かず、政権内の強硬派が勢いづいていた。米ソ首脳会談に反対するワインバーガーらは、情報のリークでシュルッと国務省による調整作業を妨害した。

いよいよ十一月十九日に、ジュネーヴのレマン湖畔で、レーガンとゴルバチョフは初めて相見《あいまみ》えた。レーガン政権で初、六年半ぶりの米ソ首脳会談であった。「共産主義者ナンバーワンと帝国主義者ナンバーワン」の会見と、ゴルバチョフは回想している。レーガンが大統領選挙で圧勝したことを、彼は重く受け止めていた。側近がレーガンと彼の政策を厳しく批判すると、「相手は国民に選ばれたアメリカ合衆国の大統領なんだぞ！」と、書記長はたしなめたという(30)。

先着したレーガンは、スーツ姿で「ゴルビー」を迎えた。大統領より二〇歳も若い書記長は、コートに帽子姿で寒波から身を守っていた。長身のレーガンが満面の笑みを浮かべながらゴルバチョフの肘に手を添えるようすは、両者の健康や力強さを対比的に映し出した。記者たちは「第一ラウンドは私の勝ちと判定した」と、レーガンは述べている(31)。

首脳だけの第一回の会談は一五分と予定されていたが、実に一時間に及んだ。昼食後には、レーガンはゴルバチョフをボート小屋への散歩に誘った。両首脳の魅力の競演である。「今ここにいるわれわれは、二人ともそれぞれの国のひなびた、名も知れぬ小農村に生まれた。それぞれが貧しく、つつましい家庭の出身だった。それなのに今われわれは、それぞれの母国の最高指導者であり、恐らくは第三次世界大戦を引き起こし得る、世界でただ二人の人間である」「われわれはたぶん、世界に平和をもたらすことのできるただ二人の人間であるかもしれない」と、レーガンは二人の共通点を語り、役人が作ったシナリオを無視して議論するよう提案した(32)。「もし宇宙からこの世界と人類を脅かす者がやって来れば、協力ははるかに容易になるでしょう」とも、大統領は語った。彼の愛した映画『地球の静止する日』を髣髴《ほうふつ》させる。

他方、ゴルバチョフは、ソ連のアフガニスタン侵攻をラジオで知ったと打ち明けた。新書記長は、アフガニスタン問題に自らの責任も情熱も感じてはいなかったのである。また、この「共産主義者ナンバーワン」は、たびたび神について語った。レーガンはこれにいたく感銘を受ける。もしかすると、ゴルバチョフはキリスト教徒かもしれないとすら、レーガンは思った。しかも、ゴルバチョフはレーガンの代表作『嵐の青春』も観賞していた。ボート小屋を離れる際に、大統領はゴルバチョフをワシントンに招待した。すると書記長は、それを受けた上で、レーガンをモスクワに招待したのである。ただし、「次にお会いする際には、コートを着ますか、着ませんか?」と、ゴルバチョフは確認を怠らなかった(33)。彼はオニール下院議長に似ている、とレーガンは側近に洩らした。「うかうかしていると、好きになってしまう。危ないところだ」。何しろ、オニールの代表する「大きな政府」とゴルバチョフの代表する共産主義こそが、レーガンの宿敵なのだから。

二日目の午後、レーガンはついに、ゴルバチョフにジョークを披露する誘惑に屈した。ソ連の老婆がクレムリンで面会を求め、こう告げた。「アメリカではだれもがホワイトハウスに行って、レーガンに面会し、あんたのやり方は気にくわないと言ってやれるそうですよ」。すると、ゴルバチョフが答えた。「ソ連でも同じことができますよ。ここに来て、レーガンのやり方が気にくわないと言ってもらって結構ですとも」。これはレーガンのお気に入りのジョークだったようで、彼の愛用したメモ、「ロゼッタ・ストーン」には、フォードとブレジネフの名前の同じジョークが記されている(34)。通訳が進むにつれて、ゴルバチョフは口元を緩め、落ちを聞くと大声で笑った。大統領の側近たちは動揺したが、レーガンは相手が英語を解しないと確認した。実際にはゴルバチョフはある程度の英語を理解したから、こちらが一枚上手だったのかもしれない。

両首脳は核戦争に勝者はないことで一致し、核兵器の五〇パーセント削減にさえ合意しかかった。周辺はいっそう肝を冷やした。しかし、やはりSDIが障害となった。レーガンはSDI開発に成功すれば、その技術をソ連と共有すると約束したが、研究開発の是非を議論するつもりはなかった。ソ連がどれほどまでSDIを恐れているかを知って、シュルツらは驚愕《きょうがく》した。

この米ソ首脳会談を通じて、レーガンは強い指導者、手ごわい交渉者というイメージを確立し、アメリカ国内での支持がさらに拡大した。帰国後直ちに、彼は国民への報告のために連邦議会議事堂に向かった。アンドリューズ空軍基地から大統領が夜空をヘリコプターで議事堂に向かうようすが、テレビ中継された。ワシントン記念塔を背景にした、見事な映像である(35)。大統領が帰国後すぐに議会演説するのは、一九七二年にニクソンがモスクワでブレジネフと会談して以来のことであり、今回のジュネーヴ会談が歴史的な出来事であると強調されていた。大統領は拍手喝采で議場に迎えられた。レーガンによると、ジュネーヴには三〇〇〇人もの報道陣がおり、したがって三〇〇〇種類の意見があるはずであった。だから、大統領自身が議会と国民に直接報告するというわけである。「急ぎの修理では問題は修理できない」と、レーガンは米ソ交渉の難しさを語った(36)。

転機としての一九八五年

この一九八五年は、ゴルバチョフの登場と米ソ首脳会談だけではなく、先進五カ国蔵相・中央銀行総裁会議（G5）がドル高是正を決めた九月のプラザ合意、ヨーロッパ共同体（European Community: EC）の市場統合の加速化など、国際政治経済に大きな変化が生じた年であった。アメリカ商務省の発表によると、同年のアメリカの貿易赤字は一二二一億四八〇〇万ドル（対日貿易赤字は四三五億ドル）に上っていた。また、対外債務は一〇七四億ドルとなり、第一次世界大戦が勃発した一四年以来、七一年ぶりにアメリカは債務国に転落した。

同年のハリウッド映画も、それらを敏感に反映していた。この年に公開された映画の北米での興行収入ランキングを見ると、『バック・トゥ・ザ・フューチャー』の二億一〇六九万ドル、『ランボー／怒りの脱出』の一億五〇四一万ドル、そして、『ロッキー4／炎の友情』（*Rocky IV*）の一億二七八七万ドルと続く。

これまで何度も紹介してきた『バック・トゥ・ザ・フューチャー』は、ラジオのコマーシャルで始まる。「十月は在庫セールです。ただ今、スタットラー・トヨタでは一九八五年式のトヨタ車すべてを本年最高のお買い得価格で提供します」。トヨタに代表される日本企業のアメリカ経済、世界経済での存在感が誇示されている。プラザ合意以降の急速な円高でも日本の輸出力は衰えず、ドル建てによる日本の市場価値がさらに膨れ上がった。ほどなく、これがバブル経済を惹起する。

『ランボー／怒りの脱出』は、先述のように、ベトナムを舞台に主人公が「今度は勝てるのですか？」と問う作品である。映画版「ナイチンゲールの歌」である。

スタローン監督・主演の『ロッキー4／炎の友情』では、機械のように訓練されたソ連のボクサーがロッキーの親友をリングで殺し、ロッキーはクリスマスにモスクワで行われたリターンマッチで敵を倒す。星条旗をまといながら、ロッキーはテレビカメラに向かって、アメリカにいる息子に「メリー・クリスマス！　愛しているぞ！」と叫ぶ。愛国心の高揚を図ったラストシーンである。ゴルバチョフそっくりのソ連高官も登場し、ロッキーの奮闘にこの高官も最後には立ち上がって拍手を送る。つまり、冷戦を背景にしながら、米ソ和解の兆しを取り込んでいるのである。

歴史は大きく転換しようとしていた。振り返ってみれば、レーガン政権は日本の経済的脅威もソ連の軍事的脅威も退けたことになる。しかし、一直線に進まないのが、歴史のつねでもあった。

すでに嵐の予兆はあった。年末には、マクファーレンが極度の過労のために、国家安全保障問題担当大統領補佐官を辞任した。次席補佐官のポインデクスター提督が、後任に昇格した。このポインデクスターとノース中佐の下で、イラン・コントラ事件は拡大していくのである。

二 「アナス・ホリビリス」

「エビの歩き方で」――エビは後退するような歩き方をすると、イタリア人はイメージするらしい(37)。レーガン政権にとって、一九八六年はエビの歩き方のように「歴史が後ずさりするとき」であり、「アナス・ホリビリス」であった。カーターにとって、七九年がそうであったように。

「チャレンジャー」の悲劇

一月二十八日のことである。フロリダ州のケネディ宇宙センターから、NASAがスペースシャトル「チャレンジャー」を打ち上げた。ところが、わずか七三秒後の午前十一時三十九分に高度一万七〇〇〇フィートで爆発したのである。初の一般公募で選ばれた高校教師を含む、乗組員七人が全員死亡した。それまで飛行中の宇宙飛行士が死亡したことは、一度もなかった。白煙に包まれたこの悲劇の瞬間は世界中に中継され、人々は息を呑んだ。多くの子供たちも、このようすを見ていた。打ち上げ日程にこだわったために生じた、「シックス・ナイン」(九九・九九九九パーセント)の安全確立と言われた中での大惨事であった。レーガンは滅多に感情を露《あらわ》にしなかったが、この悲報に接すると、うめき声を上げて手で顔を覆ったという。

このSFのような悪夢に、「東のハリウッド」、ホワイトハウスからの素早い対応が問われた。まず、大統領は連邦議会での一般教書演説をキャンセルした。これは史上初のことである。その上で、事故からわずか五時間後に、彼はオーヴァル・オフィスでテレビカメラに向き合った。レーガンは「七人の挑戦者」（the Challenger Seven）それぞれの名前を挙げて哀悼の意を表し、彼らは「宇宙の探検と真実の発見に貪欲でした」「未来は無償では得ることができません。人類の進歩の歴史は、すべて困難に立ち向かう戦いの歴史です」「ここで終止符が打たれるのではありません。私たちの希望の旅は続きます」と語った。ソ連を念頭に置いて、彼は「われわれの宇宙計画を隠蔽《いんぺい》しない」とも述べた。「七人の挑戦者」という表現は、犠牲者の数とスペースシャトルの名前に由来するが、黒澤明監督『七人の侍』（一九五四年）、そしてジョン・スタージェス（John Sturges）監督『荒野の七人』（*The Magnificent Seven*, 1960）をも連想させる。

さらに、大統領は三九〇年前の同じ日にパナマ沖の船上で亡くなったイギリスの探検家サー・フランシス・ドレーク（Sir Francis Drake）の勇気にふれ、ジョン・マギー（John Magee）の詩「空高く」の一節を引用してみせた。第二次世界大戦にアメリカが参戦する前に、マギーは十九歳でカナダ空軍に志願し、訓練中に事故死したアメリカ人である。

> 私たちが彼らを忘れることは決してない。今朝、彼らが旅の準備に取り組み、別れの挨拶として手を振り、「地上の束縛から離れ、神の御顔に触れんとする」最後に見せた彼らの姿を忘れることは決してない[38]。

わずか四分だが、Dデイのポワント・デュ・オックでの演説と並んで、ペギー・ヌーナンによる傑作である。大統領もマギーの詩を知っており、ヌーナンの原稿にも自ら筆を入れている。「現在を未来とアメリカの過去に結び付けるという、ロナルド・レーガンのレトリックの一貫したテーマの一つがここにあった。魅力的だが危険な大陸に向かう開拓者のイメージが、広大で無限の宇宙のビジョンと結び付けられた。レーガンにとっては、これこそ偉大なアメリカの冒険であり、自身の言葉が視聴者に受け容れられることを、彼は確信していた」(39)。テレビに映し出された悲劇をテレビ演説で癒す──「グレート・コミュニケーター」の真骨頂であった。それどころか、市民宗教としてのアメリカの愛国心に働き掛けるという意味で、大統領は「秘蹟《ひせき》」を執り行っていたと言う学者もいる(40)。

一週間後の一般教書演説でも、レーガンはあらためてチャレンジャーの犠牲者たちに弔意を述べた上で、「彼らがやりたかったことをやりとげる準備が、われわれにはある。アメリカよ、前進せよ。そして、宇宙に達せよ」と鼓舞した。さらに、大統領は「この国の命運を握る」若者たちに語り掛けた。「映画『バック・トゥ・ザ・フューチャー』に示されているように、「われわれの行き先には道が敷かれている必要はない」のです」。何しろ、一九五五年に暮らす「ドク」は、八五年にレーガンが大統領になっていると信じなかったのだから。さらに大統領によれば、十年ほど先には、ワシントン郊外のダレス空港から東京まで、二時間以内で飛行する新「オリエント急行」が開発されているかもしれなかった。「ある日、安全保障の盾が核兵器を時代遅れのものにし、人類を核の恐怖という刑務所から解放できるでしょう。アメリカは歴史的な挑戦を行い、月にたどりつきました。もう一度アメリカは挑戦をしなければなりません。われわれの戦略防衛を地球上のすべての市民にとって現実のものにするのです」(41)

もちろん、レーガンの予想した新「オリエント急行」は実現しなかった。だが、その楽天的な未来イメージはSDI推進の正当化になり、リドリー・スコット監督『ブレードランナー』(*Blade Runner*, 1982)やシュワルツェネッガー主演/キャメロン監督『ターミネーター』の描くディストピアとは、好対照であった。前者は環境破壊が進み人造人間が苛酷な労働に従事する二〇一九年の世界を描いており、先述のように、後者は未来から送り込まれた殺人アンドロイドの物語である。

相次ぐ爆発

一九八六年四月には、ヨーロッパでも爆発が続いた。まず、西ベルリンのディスコが爆破され、米兵が二人死亡し約二三〇人が負傷した。一月にレーガン政権がリビアに経済制裁を科したことへの報復と見られた。レーガンは直ちにリビア空爆を命じた。「エルドラド・キャニオン」作戦（Operation El Dorado Canyon）である。リビアの最高指導者ムアンマル・カダフィー（Muammar al-Qadafi）大佐の司令部も爆撃され、大佐の二歳になる養女が命を落としたと報じられた（カダフィ政権崩壊後に、彼女は生存していることが確認された）。アメリカも戦闘機を一機失い、乗組員二人が死亡した。だが、世論は圧倒的に空爆を支持していた。

ソ連では大爆発が起こった。四月二十六日午前一時二十三分（モスクワ時間）、キエフ北西一〇〇キロメートルに位置するチェルノブイリ原子力発電所の四号炉が爆発したのである。一〇〇〇トンもの蓋が飛び、放射線を放ちながら、火災は一〇日以上も続いた。ソ連政府がこの大惨事を公表したのは、事件から二日以上も後で、ソ連帝国の末期症状をあらためて内外に印象づけた。これを機にゴルバチョフは「グラスノスチ」（情報公開）を加速させるが、それがさらに帝国の寿命を縮めることになった。外遊先のフィリピンで、レーガンはこの事件を報告された。「例によって、ロシアは事実を公開しようとしない」と、彼は日記に綴っている(42)。

レーガンはソ連にアメリカの専門家派遣を申し出たが、ゴルバチョフは峻拒《しゅんきょ》した。これで相互査察を必要とする軍縮条約の実現はいっそう遠のいたと、アメリカの保守派たちは喜んだ(43)。マッシー女史がレーガンに、チェルノブイリとはウクライナ語で「ニガヨモギ」（苦痛という意味）だと告げた。それを聞いた大統領は、チェルノブイリの惨劇は二千年前に聖書に予言されていたと語って、側近たちを驚愕させている。この事件はハルマゲドンへの予兆ではないかと、レーガンは本気で訝《いぶか》っていたのである。

五月初頭には、レーガンは東京で開催された第十二回サミットに出席した。昭和天皇の在位六十年記念式典の直後であった。厳戒態勢下の東京で、先進諸国の首脳は経済問題のみならず、チェルノブイリ原発事故や国際テロについて声明をまとめた。中曾根首相の絶頂期である。レーガンの日記の中の中曾根への言及は、サッチャーへの言及の半分以下でコールへのそれをも下回るが、「会う度に、彼はますます印象深くなる」「首相は真の友人である」「日本が生んだ最高の首相」など、きわめて好意的な内容である(44)。

五月と六月のギャラップ社による世論調査では、ほぼ七割がレーガン大統領の仕事ぶりを是認していた。特に若年層の支持が高く、保守勢力の将来を約束していた。七月四日の独立記念日には、大統領は完成から百年を迎えた自由の女神の前で演説し、「われわれは自由の炎の維持者であり、世界のためにそれを高らかに掲げる」と、自信を持って呼び掛けた(45)。

それから三週間ほどして、レバノンでアメリカ人の人質一人が一六カ月ぶりに解放された。しかし九月、十月には、さらに二人のアメリカ人が誘拐された。前年にマクファーレンとノースは偽造パスポートでイランに飛び、穏健派と称する仲介人と人質解放の直接取引までしていた。この際、一方で彼らは、なぜかチョコレート・ケーキや聖書を手土産にしながら、他方で、自分たちの身元が知れた場合の自殺を覚悟して毒物まで携帯している。この仲介人がイラン政府に影響力を持たないことに二人はついに気づいたが、それでも十一月の中間選挙までに、もう一人でも人質が解放されることに期待をかけていたという。だが実際には、彼らの秘密工作は、イランの支援するヒズボラにとって、アメリカ人誘拐をより魅力的なものにしたにすぎなかった。

内政の成果

まず、レーガンは司法改革には成功しつつあった。大統領在職中に、彼は三七六人もの連邦判事を指名したが、上院で問題になることはほとんどなかった。最高裁判所判事でも、先述のオコナーの他に、一九八六年九月には保守派のアントニン・スカリア（Antonin Scalia）を起用し、ウィリアム・レンキスト（William Rehnquist）を連邦最高裁長官に昇格させた。共和党が上院で多数だったからこそ、可能だった人事である。こうしたレーガンによる司法の保守化は、現代大統領制を確立したローズヴェルトによる司法のリベラル化を、逆方向ながら髣髴させる。レーガンが指名した判事たちは保守的だが、総じて優秀だったことは、全米弁護士会も認めるところである。

次に、連邦議会との関係である。レーガンは超党派の支持を得て、連邦議会に大統領の立法リーダーシップを発揮した。十月には、一九八六年税制改革法（Tax Reform Act of 1986）が成立している。一三年の所得税法導入以来、これは最も重要な税制改革と、広く認められている(46)。八一年の税制改革は短期的な経済状況への対応の色彩が強かったが、今回は税法の公平と簡素化のために大統領と議会が協力したのである。下院では、共和党のジャック・ケンプと民主党のダン・ロステンコウスキ（Dan Rostenkowski）が、上院では、共和党のロバート・パックウッド（Robert Packwood）と民主党のビル・ブラッドリー（Bill Bradley）が主要な協力者であった。この改革により、六〇〇万人の低所得者とその家族が一切の所得税の納税義務を免除され、個人所得税は五〇パーセントから二八パーセントに、法人所得税も四六パーセントから三四パーセントに、それぞれ最高税率が引き下げられた。他方で、高額所得者や企業への多くの控除がなくなった。また、個人の所得税では、一四段階の税率区分が二段階に単純化されて、一番低い税率区分が一一パーセントから一五パーセントになったが、より広範な層が中間の一五パーセントの税率区分に含まれるようになった。法人税率でも、従来の五段階の区分（一五パーセント、一八パーセント、三〇パーセント、四〇パーセント、四六パーセント）が三段階（一五パーセント、二五パーセント、三四パーセント）に整理された。つまり、共和党のサプライサイド派にも民主党のリベラル派にも、合意可能な内容だったのである。

ほぼ同時期に、移民改革管理法（Immigration Reform and Control Act）も成立した。これも民主党のロマノ・マッツォリ（Romano Mazzoli）下院議員と共和党のアラン・シンプソン（Alan Simpson）上院議員による、超党派的協力の産物であった。この法律は、不法入国者を阻止するための国境警備を強化し、不法労働者の雇用主を処罰する一方で、一九八二年以降アメリカに滞在し、犯罪歴がなく、一定の英語を話す不法入国者を合法化するという内容であった。当時の不法入国者数は三二〇万人に上った。だが、巧みに処罰を避ける雇用主と不法入国者は、その後も後を絶たなかった。

また、レーガン夫妻、とりわけナンシーは、「ただノーと言おう！」と麻薬撲滅運動を展開していた。レーガン政権がニカラグアなど中南米の政治に積極的に介入した理由の一半も、大量の麻薬流入の阻止にあった。これも十月には麻薬濫用違反法（Anti-Drug Abuse Act）が成立して、従来の二倍の予算が認められた。ただし、予算の大半は麻薬の予防や治療ではなく、警察や刑務所など法執行部門に充てられた。実際、ほとんどがマリファナ関連の微罪とはいえ、同法違反で毎年七五万人が逮捕された。このため、一九八〇年には州レベルで三〇万人、連邦レベルで二万五〇〇〇人だった囚人が、一〇年後には八〇万人を超えていた。しかも、大半は黒人とヒスパニックであった。

このような内政面での成果もあったものの、十月以降、レーガンの運勢は暗転する。

レイキャビクでの挫折

まず、ゴルバチョフが再び攻勢に出た。九月末にソ連書記長はあらためて米ソ首脳会談を申し入れて、アメリカ側を驚かせたのである。レーガンとゴルバチョフがジュネーヴで約束した次回の会談は、一九八七年にワシントンで予定されていた。だが、チェルノブイリ事故を経験したゴルバチョフは、それまで待っていられなかった。ソ連経済が頼りにする原油価格も、下落を続けていた。アメリカ側は全く準備不足だったが、シュルツに熱心に後押しされて、レーガンは十月十一日にアイスランドの首都レイキャビクでゴルバチョフと会見することに合意した。成果が上がらなくても、中間選挙を前にして、国内の支持上昇には役立つだろうと見込まれたからである。

すでに一九八六年一月に、ゴルバチョフは二〇〇〇年までに核兵器を全廃する提案をレーガンに送っていた。「なぜ二〇〇〇年まで待つ必要があるのだ？」――これがレーガンの反応であり、政権内の保守派は色をなした(47)。シュルツとワインバーガーは、かろうじて弾道ミサイルの全廃には合意し、七月にレーガンはその旨の書簡をゴルバチョフに送った。八月には、FBIが国連に勤務するソ連のスパイを逮捕し、一週間後に報復としてソ連がアメリカ人のジャーナリストを逮捕した。シュルツが訪米中のシェワルナゼ外相と会見することさえ拒否するように、共和党の強硬派は求めたが、大統領は二人の逮捕者の交換と米ソ外相会談を承認した。外相会談はのべ二〇時間に及んだ。「これは交換ではない。われわれが逮捕したのはスパイであり、彼らが逮捕したのは人質だ」と、レーガンは日記に記している(48)。

こうした紆余曲折を経て、両首脳はレイキャビクに到着した。今回も、二五〇〇人ものジャーナリストが参集した。ここでゴルバチョフは大胆にも、ヨーロッパからすべてのINF撤収に応じた上、長距離の大陸間弾道ミサイルについても五〇パーセントの削減を提案した。その後、両首脳は四回にわたって合計一一時間半話し合い、さらに軍縮提案を競い合った。「われわれは驚くべき合意を取り付けようとしているのだ。時間が経つにつれ私は、何かとてつもなく大きなことが起こりつつあるように感じた」と、レーガンは回想している。同盟諸国や自国の軍部と協議することなく、両首脳は核兵器の全廃にまで合意した。レイキャビク会談が「人類史上最も核廃絶に近づいた瞬間」と称される所以《ゆえん》である。

さらに、大統領は十年後の一九九六年にレイキャビクで再会することさえ、書記長に提案した。二人がそれぞれ自国から最後の核兵器を持って来て、盛大なパーティーを開くというのである。「その時、大統領は非常に高齢で、ゴルバチョフが誰かわからないかもしれない。大統領は、「ハロー、ミハイル」と言い、ゴルバチョフは、「ロン、君かね」と言う。そして二人は最後のミサイルを打ち壊す」(49)。

だが、やはりSDIが障害になった。「もちろん、これらすべては、あなたの側がSDIを放棄するという決断次第ですがね」と、交渉の最終局面で、ゴルバチョフが再び切り出した。SDIが成功すれば、その技術をソ連と共有するとレーガンは重ねて提案したが、ゴルバチョフは相手にしなかった。SDIについては一〇年間実験室での研究に限定する――これがソ連側のぎりぎりの譲歩であった。「会談は終わりだ」「さあ行こう、ジョージ。ここを出よう」と、レーガンはシュルツに呼び掛けた。「非常に失望したし、本当に腹を立てていた」と、レーガンは珍しく怒りの感情を露にしている。レイキャビク会談は一転して、冷戦史上最も奇妙なエピソードの一つに終わった(50)。ニクソンやキッシンジャーらリアリストは、レーガンの交渉を危険で無分別と厳しく批判した。

米ソの和解を模索する中で、ソ連にはもはや冒険的な外交政策をとる経済的な余裕がないことに、レーガンは気づき始めていた。だからこそ、一九八六年二月には、フィリピンの民主化運動に直面して、レーガン政権は反共主義の盟友フェルディナンド・マルコス（Ferdinand Marcos）大統領に辞任を求めた。その後、マルコスはハワイに亡命した。

だが、南アフリカでは違った。レーガンは白人政権のアパルトヘイト（人種隔離政策）の緩和を促したものの、アパルトヘイト反対を掲げるアフリカ民族会議（African National Congress: ANC）はソ連に支援されていると考え、これに反対していた。かつてのアメリカのように、南アフリカの改革者たちは人種差別を克服しつつあると、レーガンは強弁した。大統領の頑なな姿勢に、連邦議会の黒人議員たちはいたく不満であった。彼らは一部の共和党議員の支持を得て、反アパルトヘイト法（Anti-Apartheid Act）を可決した。アメリカの南アフリカに対するすべての貿易や投資、旅行さえも禁じるものであった。これでは当の南アフリカの人々を害すると、レーガンは拒否権を発動した。しかし、上下両院は圧倒的な多数で拒否権を覆したのである。外交政策をめぐって大統領の拒否権が覆されるのは、ほぼ一世紀ぶりのことであった。現代大統領制が再び揺らぎ始めていた。

イラン・コントラ事件発覚

一九八六年十一月四日には、レーガン政権にとって最後の選挙となる中間選挙が実施された。民主党が下院では二五三から二五八に議席を増やして多数を維持し、上院では四七から五五に躍進して共和党から多数派の地位を奪った。ここに、レーガン政権下で初めて、民主党が連邦議会の上下両院を支配することになった。以後、大統領が立法リーダーシップを発揮することは困難となり、翌年には、保守派のボークを最高裁判事に指名したものの、上院に拒否されてしまう。

マクファーレンらがあれほど気にした、この中間選挙の一カ月前のことである。十月五日に、ニカラグアで一機の輸送機が撃墜された。そこには武器が満載されていた。そして、中間選挙前日には、レバノンのシリア系雑誌『アルシラー』(*Al Shiraa*)がスクープを報じた。レバノンで誘拐されたアメリカ人の解放のために、アメリカ政府がイランと秘密交渉していたというのである。しかも、両者は連動している。イラン・コントラ事件の発覚である。

十一月六日に、大統領はテレビで、イランへの武器移転とテロリストとの取引を否定した。しかし、十三日の記者会見では、レーガンは後者を否定しつつも、イラン・イラク戦争の早期終結を図るために、イランへミサイルを売却したと認めざるをえなくなった。大統領によると、それは閉鎖的なイランを開放に向かわせる一助でもあり、ニクソンの対中政策に匹敵する試みであった。レーガンはなおイスラエルの関与を否定し、むしろ一連の報道が人質の安全を害していると非難した(51)。世論調査によると、大統領の説明を信じた者は一四パーセントにすぎなかった。

司法省が内部調査を開始し、十一月二十三日には、アメリカ政府が三〇〇〇万ドル相当の武器をイランに売りながら、一二〇〇万ドルしか受領していないことが明らかになった。ミース司法長官から報告を受けて、レーガンは蒼白になった。「大統領がこれほど顔をひきつらせ厳しい表情をしたのを、私はこれまで見たことがない」「大統領はまさに想像を絶する事態に出くわした者の顔をしていた」と、その場に立ち会ったリーガン首席補佐官は言う(52)。

だが、犯罪の可能性が高いにもかかわらず、ミースの脇は甘かった。この内部調査の間にも、ノースとその秘書は徹夜で関連資料を破棄していた。自室のシュレッダーが使い過ぎで壊れると、ノースはホワイトハウスのシチュエーション・ルームのシュレッダーさえ利用した。秘書も秘書である。彼女はその他の資料を、衣服やブーツの中に隠して持ち出した。さらにノースとポインデクスターは、数千に及ぶ通信メッセージを消去しようとした(53)。

連邦議会で民主党が多数を握った今、いかに「テフロン大統領」といえども、イラン・コントラ事件への対処を誤れば、弾劾される可能性さえあった。十一月末に、ポインデクスターは辞任を強いられ、ノースは解任された。前者の後任には、経験豊富なフランク・カールッチ（Frank Carlucci）元国防副長官が起用された。とはいえ、レーガンにとって、二人は裏切り者ではなかった。大統領はヴァージニア州のモーテルに滞在するノースにわざわざ電話をかけ、慰労した上で「英雄」とすら呼んでいる(54)。

十二月に『ニューヨーク・タイムズ』紙とCBSが実施した世論調査では、レーガンの支持率は四六パーセントで、前月比で二一ポイントの減少であった。一カ月間の大統領支持率下落としては、過去半世紀で最大であった。大統領はジョン・タワー（John G. Tower）前上院議員を委員長に、エドマンド・マスキー（Edmund Muskie）元国務長官、ブレント・スコウクロフト（Brent Scowcroft）元国家安全保障問題担当大統領補佐官から成る調査委員会を発足させた。ミース司法長官も、峻厳で知られるニューヨークの弁護士ローレンス・ウォルシュ（Lawrence Walsh）を独立検察官に任命した。現代大統領制は大きく傷つきつつあった。

反レーガンのハリウッド

こうして政治不信が募る中で、ハリウッドでは、三十歳以下の人気俳優たちが「若手芸術家連合」（Young Artists United: YAU）を結成して、高校生や大学生に性や麻薬、エイズなどの問題に関心を持つよう呼び掛けていた。一応は超党派の活動だが、反レーガン色が強い。社会一般の若者が保守化しているのに、ハリウッドの若手の多くはケネディ時代に生きていた。たとえば、YAUのあるメンバーは、トニー・スコット（Tony Scott）監督の大ヒット作『トップガン』（*Top Gun*, 1986）について、主演のトム・クルーズに働き掛け、主人公が自分の軍国主義的な役割に疑問を感じるよう、シナリオを変えさせようとした。「ダメだった。『トップガン』はやはり『トップガン』だった」。彼らの多くは、一九八八年の大統領選挙に熱心に関与する(55)。

一九八六年にアカデミー作品賞を受賞したのは、オリバー・ストーン監督『プラトーン』である。ストーンは「八〇年代でおそらく最も著名な反レーガン的映画監督」で、「八〇年代は偽りで終わる時代(the era of phony endings)」と批判していた(56)。『プラトーン』は、ベトナム戦争での民間人虐殺や上官殺害を告発した作品である。

また、同年のデヴィッド・リンチ(David Lynch)監督『ブルーベルベット』(*Blue Velvet*)も、一九五〇年代を思わせる静かな田舎町の闇に潜む犯罪を描いている。主人公の若者が偶然に切り落とされた耳を発見することから、物語は始まる。ナイトクラブの美人歌手が夫と子供をギャングに拉致され、サディスティックな性的関係を強いられていた。彼女の夫の耳を、ギャングが脅迫のために切断したのである。若者は事件を解明しようとするが、彼も美人歌手に魅入られていく。かつてレーガンが出演した『嵐の青春』を連想させる。「一九八六年の大スクリーンに投射された『ブルーベルベット』の背徳的な映像世界は、繁栄と平均を志向した八〇年代アメリカ社会の見慣れた風景の傍らに〝落ちていた耳〟であった」(57)。「アナス・ホリビリス」の末に、イラン・コントラ事件も醜悪な犯罪であることが明らかになり、レーガン政治にとっての「落ちていた耳」となったのである。

三　醜聞《スキャンダル》から成功《サクセス》へ

タワー報告と謝罪

明けて一九八七年一月に、レーガンは前立腺の手術のために入院した。出血が多く、八五年の入院時よりも老人の衰弱は著しかった。それでも、大統領は上述のタワー委員会で二度にわたって証言に立った。初回には、八五年にイスラエルからイランへの武器輸出を許可したと、レーガンは最初に証言した。だが、側近との協議の後、八六年までこの武器輸出について知らなかったと、大統領は証言を修正した。しかも二度目の証言では、老人は大きな過ちを犯した。「もしタワー委員会でこの質問を受けたら、『私は驚いている』と答えてください」と、彼はメモをそのまま朗読してしまったのである。モンデールとの第一回の討論会を髣髴させる失点であった。その上、この輸出については結局何一つ覚えていないと、証言後にレーガンはタワー委員長に手紙を認めなければならなかった。かつてのMCAとの契約をめぐる証言でも、レーガンは記憶にないと連呼した。だが、七十六歳の老人の記憶喪失を咎《とが》める者はいなかった(58)。

このイラン・コントラ事件をめぐって、二月にはさらに波乱が続いた。まず、ケーシーが議会での証言の直前に脳腫瘍で倒れ、CIA長官を辞任した。彼は事件について文字通り口を閉ざしたまま、ほどなく死去する。次いで、マクファーレンが服毒自殺未遂事件を起こした。大統領に見放されたと絶望したからである。彼はジェームズ・フォレスタル（James V. Forrestal）の亡霊にとりつかれたと言う者すらあった(59)。フォレスタルは初代国防長官で、NSCの創設にも寄与したが、反共ノイローゼが高じて投身自殺を遂げた人物である(60)。

そして二月下旬には、タワー委員会が報告書を発表した。この報告書は、大統領の法的責任は問わないものの、「大統領はNSCシステムの効果的な活動に特別の責任がある」と指摘した。同報告書が厳しく批判したのは、「首相」ことリーガン首席補佐官の管理責任である(61)。

リーガン首席補佐官は、大統領があらためて記者会見を開くべきだと主張していた。だが、ナンシー夫人はそれに反対した。二人は電話で激論を交わし、リーガンが電話を一方的に切ったとマスメディアにまで報じられた。「怒った二人の人間がわれ先に受話器を叩き付けただけで、本当はどちらが勝ったのか私にはわからない」と、リーガンは回想している(62)。そもそも、リーガンが大統領を守り切れていないと、ナンシーは不満であった。タワー委員会が報告書を公表するのを待って、リーガンは首席補佐官を辞任した。上院院内総務も務めた調整型のハワード・ベーカーが、後任に起用された。しかも、大統領が首席補佐官に辞任を求める前に、この後任人事は大統領夫人側近によってリークされていた。リーガンは憤懣《ふんまん》やるかたなく、回想録でナンシーを非難し、占星術への彼女の傾倒ぶりを暴露した(63)。

三月四日に、レーガン大統領はようやくイラン・コントラ事件への責任を表明した。当初、彼は責任を表明することを渋ったが、事態のこれ以上の悪化を防ぐために、ナンシーが慫慂《しょうよう》したのである。

やや当惑気味の、人懐っこい老人の顔がテレビの画面に現れた。

「人質との交換で武器輸出は行っていないと、数カ月前に私は国民のみなさんにお話しました。私の心情や意図からすれば、依然としてそうなのですが、事実と証拠に照らすと、そうではなかったのです」

「誤りを犯した時、人は何をなすべきか。それは非難を甘受し、教訓を学び、そして再び前進を続けることです」

教訓を学んで前進すればいい——確かに、ウォーターゲート事件に際しても、レーガンはこの態度をとった。だが、今回は彼が当事者である。しかも、「グレート・コミュニケーター」にしては、いかにも歯切れの悪い謝罪である。この謝罪を起草したスピーチ・ライターによれば、レーガンの真意は、「自分はそんなことをしたつもりはないし、二度としない」ということであったという(64)。「私を信じるのか？

自分の目を信じるのか？」――往年のナンセンス喜劇で、チコ・マルクス（Chico Marx）が何もかもを否定する、有名な科白《せりふ》を思い出した者もいる(65)。

この謝罪表明の中で、大統領は人事の刷新と機密活動の報告、そしてNSCの改革を約束した。結果として、タワー委員会の報告書は、レーガン政権末期のホワイトハウスとNSCを再建する指針になったのである。

レーガンと後任のブッシュの演説を比較した二〇一五年の研究によると、前者では時とともに漠然として限られた単語の使用が多くなるが、後者にはそうした傾向は見られないという(66)。レーガンの日記も、一九八七年の記述は繰り返しが多く冗長である。この時期の心労による老化は否めなかった。それでも、レーガンは時として余裕を示した。大統領はホワイトハウスの主治医をからかって言った。「伝えておきたいことが三つあるんだ」「第一に、私の記憶には問題はない。第二は、……思い出せないな」

もちろん、厳しい見方に立てば、レーガンの言説は韜晦《とうかい》と詭弁《きべん》以外の何物でもなかった。メアリー・ハロン（Mary Harron）監督『アメリカン・サイコ』（*American Psycho*, 2000）は、一九八〇年代のウォール街を舞台にしたヤッピーたちの虚栄に満ちた生活を描いているが、ここでもレーガンの謝罪表明が挿入されている。八〇年代の虚飾と無責任、他者や社会への無関心の象徴である。ウォーターゲート事件が「帝王的大統領」の失墜につながったように、イラン・コントラ事件は現代大統領制の信頼を大きく傷つけた。

しかも、レーガン政権の違法行為は、決してイラン・コントラ事件に尽きなかった。国防省では、金融界出身のポール・セイヤー（W. Paul Thayer）副長官がインサイダー取引の容疑で辞任に追い込まれて、その後に逮捕され、一九カ月の懲役に服した。住宅都市開発省でも、違法な資金流用で多くの職員が逮捕された。「トロイカ」の一角、「魔術師マイク」ことディーヴァーも退職後に違法なロビー活動に従事し、議会と裁判所での偽証罪に問われ、三年の執行猶予と一〇万ドルの罰金刑を科せられた。立証はされなかったものの、ミース司法長官にも数々の疑惑があった。時には事実を曲げても、都合よくイメージを再構築することに、レーガンは長けていた。彼の部下たちも、多くの利益相反を隠蔽していたのである。ノース中佐の秘書による議会証言は象徴的である。「時として、書かれた法律を越えなければはならないこともありますよ」と、彼女は言ってのけた。ハリウッドのリベラル派セレブや「コントラ」幹部の子息とも、彼女は一時期交際していたという。

当然のことながら、腐敗は規制緩和の進む民間にも及んだ。悪名高い投資家のアイヴァン・ボウスキー(Ivan Boesky)が「強欲は悪いことではない」「だれもが多少は強欲だ。恥じることはない」と語ったのは、一九八六年五月にカリフォルニア大学バークレー校ビジネス・スクールの卒業式で記念講演した折であった。二〇年ほど前にレーガン知事を悩ませた、かつての過激派の巣窟である。だが、その半年後には、ウォール街の「イワン〔アイヴァン〕雷帝」は「アメリカ史上最悪のインサイダー取引」で逮捕され、司法取引の末に、三年半の懲役と一億ドルの罰金を科せられた。「現代は追い剝ぎの時代とそう変わらない」と、ある学者は嘆息した(67)。

INF合意

さて、レーガンの謝罪表明は要領を得なかったが、それでも支持率は五一パーセントと過半数にまで持ち直した。ナンシーの読みは当たった。

しかもこのころ、SDIをめぐって、米ソ双方が異なる意味で楽観的になった。一方でSDI研究の進展は著しく、第一段階の配備ならレーガン在任中にも可能かもしれないと、懐疑派のはずのワインバーガー国防長官が楽観論を唱導し始めた。大統領がますますSDIに固執し、米ソ交渉が遅延することを期待したのである。さすがにこの楽観論には、JCS議長のウィリアム・クロウ（William J. Crowe）提督ですら異論を唱えた。そこで、SDIの今後の研究開発を進めるために、連邦議会とゴルバチョフを説得する方針が、一九八七年二月半ばにNSDD261号としてまとめられた(68)。

他方で、ゴルバチョフもSDIへの認識を改めた。一九八六年に彼が反体制派の物理学者アンドレイ・サハロフ（Andrei Sakharov）博士の幽閉を解くと、SDIは「宇宙のマジノ線」にすぎず実現不可能だと、博士は書記長に進言したのである。マジノ線は戦間期にフランスがドイツとの国境に築いた防衛ラインで、ドイツ機甲師団に易々《いい》と突破された。またゴルバチョフは、アメリカ政治への理解を深め、連邦議会がSDIの研究開発のために多額の支出を易々と認めることはないと悟った。しかも、ソ連の逼迫した経済状態は軍縮を必要としていた。八七年二月末には、ゴルバチョフはINF交渉からSDIを分離することに合意した。国内で苦境にあったレーガンは、もちろんこれに飛び付いた。同床異夢の利害一致であった。

四月には、レーガンはシュルツをモスクワに派遣し、INF全廃条約の交渉にあたらせた。レーガンはかねがね「信頼せよ、だが、確かめよ」というロシアの格言を引き、ソ連の忌避する全面査察に固執してきた。ソ連はこれも受け容れた。交渉に消極的なワインバーガーら保守派は当惑した。それどころか、今度は逆に、アメリカの国防省や情報機関がソ連による全面査察を恐れるようになる。

同じころ、レーガンはニクソンをホワイトハウスに招いた。ニクソンにとっては、久々のホワイトハウスであった。しかし、イラン・コントラ事件たけなわの時期だけに、ウォーターゲート事件の主役の来訪は、秘密と言ってよかった。二人は米ソ交渉について話し合ったが、意見は対立したままであった。テレビで見るのとは異なり、レーガンがすっかり老け込んで精気を失っているようすに、ニクソンは少なからず驚愕した。レーガンを「ゴルバチョフとの個人的な会見の席に出ることを許してはならない」とまで、元大統領は憂慮した(69)。

六月初旬に、レーガンはヴェネチア・サミットに出席し、その後、西ベルリンに向かった。ベルリン市の七百五十周年であった。レーガンにとっても、民主党主導の議会を前に内政で大きな前進は期待できず、外交でも中東と中南米は鬼門になっていた。活路は米ソ関係しかなかったのである。

当然、ケネディを意識せざるをえない。一九六三年六月にケネディは西ベルリンの市庁舎で演説し、「イッヒ・ビン・アイン・ベルリーナー」(Ich bin ein Berliner) と喝破した。「私も一人のベルリン市民だ」という意味である。

どこに行こうと何をしようと、「イッヒ・ハブ・ノッホ・アイネン・コッファー・イン・ベルリン」(Ich hab noch einen Koffer in Berlin)、つまり「私はベルリンにまだ鞄を置いている (なすべき仕事がある)」と、レーガンはドイツ出身の大女優マレーネ・デートリッヒ (Marlene Dietrich) の歌を引用してみせた。さらに、「エス・ギープト・ヌーア・アイン・ベルリン」(Es gibt nur ein Berlin)、すなわち「一つのベルリンあるのみ」と彼は語った。東西ドイツを分断するブランデンブルク門の前である。「銀幕の大統領」の権威を回復するには、絶好の檜舞台であった。

前西ベルリン市長のリヒャルト・フォン・ヴァイツゼッカー (Richard von Weizsäcker) 西ドイツ大統領は、「ブランデンブルクの門が閉ざされているかぎり、ドイツ問題は未解決 (open) である」と述べた。「この門が閉ざされているかぎり、この壁の傷跡が残っているかぎり、ドイツ問題が未解決なだけではなく、全人類の自由の問題が未解決なのです」と、レーガンはそれを敷衍《ふえん》した。

そして、最も有名な科白である。「ゴルバチョフ書記長、もしあなたが平和を求めるなら、もしあなたがソ連と東ヨーロッパの繁栄を求めるなら、もしあなたが自由化を求めるなら、ここに来て門を開いてください。ゴルバチョフさん、この門を開いてください。ゴルバチョフさん、この壁を壊してください」(70)。ソ連を刺激しすぎるとして、ベーカー首席補佐官や国務省の専門家はこの呼び掛けを削除しようとしたが、レーガンは肯《がえ》んじなかった(71)。なぜなら、これは大統領自身が挿入した表現だったからである。サッチャーですら言いすぎだと感じた。しかし、レーガン自身の予想をも超えて、この叫びは二年半ほどのちに実現するのである。レーガンの叫びを聞いて、「壁を壊して体面を守らなければならない」と、ゴルバチョフは側近たちに語っていたという(72)。

レーガンの訪問には、五万人の西ドイツ人が抗議運動を展開していた。「彼らの求める政府が実現されれば、こんなことはできなくなると、彼らはわかっているのだろうか」と、大統領は演説を結んだ。かつての反核運動への返礼でもあった。

五月から、連邦議会でイラン・コントラ事件に関する両院合同公聴会が開かれていた。限定的免責特権を得て、七月にはノースとポインデクスターの双方が証言に立った。前者は海兵隊の軍服姿で『トップガン』よろしく愛国心を煽り、後者は大統領の関与を繰り返し否定した。マッカーシーを追い詰めた上院の公聴会やウォーターゲート事件の公聴会と並んで、この公聴会もテレビで長時間放映され、人々をその前に釘づけにした。だが結局、この公聴会もタワー委員会と同様の結論に達した(73)。独立検察官による捜査は続いたが、この夏を境に事件をめぐる世論の関心は急速に退潮していった。だが、それは貧困と混乱にあえぐ中南米の現実から、アメリカ人の目をそらせることにもつながったのである。

十月になると、三重苦がレーガンを襲った。

まず、最愛の妻ナンシーが癌《がん》のために、両方の乳房の切断手術を受けた。妻の手術が終わるのを待ちながら、夫は控え室で泣き続けた。幸い手術は成功した。さらに、十九日にはニューヨークで株価が暴落した。ダウ・ジョーンズ平均株価が五〇八ドル下落して、時価が二二・六パーセントも下がった。大恐慌以来最大の下げ幅であった。いわゆるブラック・マンデーである。急速なドルの下落が信認問題につながったと見られる。その上二十三日には、先述のように、ボークの最高裁判事指名を五八対四二の大差で上院が否決した。エドワード・ケネディらリベラル派による執拗な反対のためである。面目を失した大統領は、次いでダグラス・ギンズバーグ（Douglas Ginsburg）コロンビア特別区連邦控訴裁判所判事を指名したが、若いころにマリファナを吸った経験があると判明し、これも辞退に追い込まれた。ナンシー夫人の展開した麻薬撲滅運動が厳しすぎなければ、あるいは問題にならない事案だったかもしれない。結局、より穏健なアンソニー・ケネディ（Anthony Kennedy）が最高裁判事に起用された。

こうした内政での困難にもかかわらず、年末にはレーガンにも展望が開けてきた。

十一月には、対ソ強硬派のワインバーガー国防長官が、妻の病気を理由に辞任した。その他の強硬派の多くも、イラン・コントラ事件に連座して、すでに政権を追われていた。第三世界でソ連に攻勢をかける「レーガン・ドクトリン」に則りながら、結果としてイラン・コントラ事件は米ソ協調を促進することになったのである。こうして、ワシントンとモスクワとの間でも、レーガン政権の内部でも、対立が後退し、協調があたりを包むようになった。

十二月七日には、ゴルバチョフがワシントンを訪問し、翌日、レーガンとの三度目の首脳会談に臨んだ。ソ連の最高指導者の訪米は、一九七三年のブレジネフ以来一四年ぶりであった。否、公式訪問としては、実に一九五九年のニキータ・フルシチョフ以来、実に二八年ぶりのことであった。

アメリカの世論もメディアも、「ゴルビー」の魅力に釘づけになった。書記長は戦車のように巨大なソ連製リムジンから降りて、市井のアメリカ人と握手してみせた。『タイム』誌の指摘どおり、「ビデオ時代のグローバル村で両首脳が共演する外交」が展開された。ただし、主役は「ゴルビー」であり、『タイム』誌も彼を一九八七年の「今年の人」に選んでいる。「かまわないさ。私は昔エロール・フリンと共演したんだから」と、元「B級映画のエロール・フリン」はうそぶいた(74)。だが、この歓迎ムードを巧みに演出したのは、脇に回ったレーガンであった(75)。

両首脳はINF全廃条約に調印した。十二月八日の午後一時四十五分のことである。ナンシーお気に入りの占星術師が候補に挙げた時間であった。この条約による廃棄弾道ミサイル数は四一〇〇発で、米ソ保有量全体のわずか四パーセントが削減されるにすぎない。それでも核兵器の上限などを設定する単なる軍備管理ではない、史上初の核軍縮条約であった。さらに、START交渉も進行していた。

「自分は被告席に立つ被告人ではないし、あなたも検察官ではない」——ソ連の人権問題について、ゴルバチョフはレーガンを牽制した(76)。それでも、書記長は総じて陽気で精力的であった。他方、レーガンの判断力と集中力は、やはり低下していた。会談中に発言内容を認めたカードを床に落として、ゴルバチョフに拾ってもらうことさえあった。

そのため、レーガンは外交で成功しながら、得意の社交でつまずいた。またもや、大統領は書記長にお気に入りのジョークを披露した。「アメリカの大学教授がモスクワに出張した。アメリカで空港に向かう際に、タクシーの運転手が学生だと知って、卒業したら何になりたいかと、教授は尋ねた。若者はまだ決めていないと答えた。今度はモスクワに到着してタクシーに乗ると、やはり運転手は学生だった。教授は同じ質問をした。すると若者が答えた。まだ当局からの指示がありません」

首脳だけの打ち解けた会合ならともかく、閣僚や補佐官たちに囲まれた全体会議の場である。ゴルバチョフは無表情で、シュルツ国務長官がその後の会話を引き取った。この午後の会合は午前中ほど「うまくいかなかった」と、レーガンは日記に淡々と記している(77)。それどころではなかった。国務長官は後刻、「あれは大失敗でした」と大統領をたしなめた。レーガン政権最後の国家安全保障問題担当補佐官コリン・パウエル(Collin Powell)将軍も、「彼がその話を終えた時、アメリカ人は穴があったら入りたいと思った」と回想している(78)。

それでも、レーガン夫妻はゴルバチョフ夫妻を盛大に歓待した。ナンシーはゴルバチョフ夫人を驚かせるべく、ホワイトハウス中の花を日に三回交換させた(79)。レーガンは往年のプロ野球選手ジョー・ディマジオ(Joe DiMaggio)やノーベル賞作家のソウル・ベロー(Saul Bellow)、テレビ伝道師のビリー・グラハム、親友のジェームズ・スチュワートらセレブを集めて、ゴルバチョフのために華やかな公式晩餐会を催した。「暗黒の王子」と呼ばれたパール国防次官補の妻と書記長が親しげに語り合うようすは、米ソ関係の変化を雄弁に物語っていた。さらに、かつてチャイコフスキー国際コンクールで優勝したアメリカ人ピアニストのヴァン・クライバーン(Van Cliburn)が「モスクワの夜」を奏で、ゴルバチョフらが歌った。「今の歌で軍艦が二〇〇隻ほど不要になりましたね」と、著名なコラムニストのジョージ・ウィル(George Will)がクロウJCS議長に皮肉を言った(80)。「とても楽しい夜だった。われわれが条約に調印した後で、ウォール街では株価が五六ポイントも上がった」と、レーガンは日記に綴っている(81)。翌日には、自国の官僚機構をジョークの種にして楽しむまで、両首脳の関係は回復した。

ゴルバチョフもソ連大使館にアメリカの学者や文化人を招き、ソ連側との交流を促すとともに、連邦議会の議員たちと意見交換を行った。保守派の反対のために、ゴルバチョフは連邦議会で演説する機会がなかったからである。

十二月十日の午後に、ゴルバチョフ夫妻を見送るセレモニーがホワイトハウスのサウスローンで開かれ、五〇〇〇人もの見物客が集まった。突然の土砂降りが襲った。大統領に傘を差し掛けたのは黒人の執事ではなく、白人男性のアッシャー（ホワイトハウスの案内係）であった。ホワイトハウスを「地上最後のプランテーション」に見えないようにするための配慮である(82)。その後、去りゆくゴルバチョフの「戦車」に同乗したのは、ブッシュ副大統領である。「私が米ソ関係の改善を望んでいるということをご承知おき願いたい」と、ブッシュは言った。「来年の選挙運動では当選するためにいろいろなことを言ったりしなくてはならない。だが、それらは一切無視していただきたい」(83)。ホワイトハウスのイメージ戦術とブッシュの密室外交を、続けざまに「ゴルビー」は経験した。

かつてソ連はレーガンを時としてヒトラーにたとえたが、INF全廃条約に反対するアメリカの保守派の中には、大統領を一九三〇年代の宥和政策で知られるイギリスの首相ネヴィル・チェンバレン（Neville Chamberlain）にたとえる向きもあった。ゴルバチョフはこれまでのソ連の指導者とは異なると大統領が力説すると、レーガンが会ったことのあるソ連の指導者はゴルバチョフだけだ、と皮肉な保守派は応じた（実際には、レーガンは知事時代にブレジネフとも会っている）。

また、レーガンと親しいウィリアム・バックレーも、なぜ大統領がヨーロッパを赤軍の脅威にさらすのか理解に苦しむと書き、ジョージ・ウィルにいたっては、「十二月八日は冷戦の敗戦記念日になろう」と論じた。レーガンを「ソ連のプロパガンダに踊らされた愚か者以外の何者でもない」と酷評する者さえあった(84)。

それでも、レーガンが保守派だったからこそ、保守派からのこうした批判に耐え抜いてINF全廃条約を実現できたのである。保守派だけではない。ニクソンやキッシンジャーのようなリアリスト、国防省や

CIAのような官僚機構の中にも、反対派は少なくなかった。彼らにとって、この条約の締結はまさに「ロナルド・レーガンの反乱」（ジェームズ・マン）であった。レーガンの中で、ハルマゲドンへの恐怖と歴史への使命感が、支持者たちへの忠誠を上回った。そして、この「反乱」をシュルツら粘り強い交渉者たちが支えたのである。年末には、大統領の支持率は五八パーセントにまで回復していた。

反レーガン的な映画

多くの場合、映画は時差を伴って社会を反映する。レーガンにとって、前年は「アナス・ホリビリス」であった。そのため、一九八七年にハリウッドが世に送り出した代表作のいくつかは、明確に反レーガン的な傾向を示していた。

まずは、反レーガンの旗手ストーン監督の『ウォール街』（*Wall Street*）である。主人公のゴードン・ゲッコー（Gordon Gekko）はウォール街の投資家で、「欲望は善だ」と喝破する。だが、実在のボウスキー同様に、彼もインサイダー取引で逮捕される。人々は十月にブラック・マンデーを経験したばかりであり、この映画の公開（十二月）は、一九七九年の『チャイナ・シンドローム』に匹敵する、絶妙のタイミングとなった。ストーンはゲッコーが代表する資本主義の暴走とそれを許容するレーガンの政治を批判しているのだが、ゲッコーに憧れてウォール街をめざす若者がむしろ増えたという。主人公のゲッコーを演じてアカデミー主演男優賞を獲得したマイケル・ダグラス（Michael Douglas）も、ハリウッドにおける反レーガン運動の旗手であった。

アレックス・コックス監督『ウォーカー』（*Walker*）の主人公は、十九世紀半ばにニカラグアを侵略して大統領になった、実在のアメリカ人である。時代を無視して、作中にはコカコーラやマールボロ、米軍のヘリコプターまで登場する。もちろん、レーガン政権の中南米政策への痛烈な皮肉である。

先述のように、『ロボコップ』も近未来のデトロイトを舞台にして、規制緩和が進み、テクノロジーと巨大企業に支配されるようになった社会の末路を描いている。機械化されたロボコップの身体はレーガン的マッチョへの、そして、彼を改造する企業エリートは世俗的ヤッピーへの、これも痛烈な皮肉である。また、作中のニュースでは、SDIを連想させる国防用のレーザー光線が誤作動して、地球の各地を無差別攻撃している。

エイドリアン・ライン（Adrian Lyne）監督『危険な情事』（*Fatal Attraction*）では、妻子ある弁護士がキャリアウーマンと肉体関係を持つ。男は一夜限りの遊びのつもりだったが、女はそれを運命の出会いと思い込む。やがて、女は次々に異常な行動をとり、ついには男の家族にまで危害を及ぼそうとする。レーガン時代のアメリカが理想化してきた上流中産階級の家庭が、危機に直面するのである。法律も警察も彼女を阻止することができず、弁護士一家の浴室にまで危険が迫る。彼女はゲイを越えて拡散するエイズの恐怖を象徴している、と分析する者もいる(85)。

こうした反レーガン的映画の中にあっても、マッチョな「英雄」たちは大統領の味方であった。シュワルツェネッガー主演／ジョン・マクティアナン監督『プレデター』（*Predator*）は、イラン・コントラ事件が発覚してから七カ月後に公開された。中米の某国で、閣僚がソ連の支援するゲリラ部隊に誘拐され、アメリカの特殊部隊が救出に向かうが、そこで肉眼では見えない宇宙人に遭遇し、死闘を繰り広げる。一九八五年の『コマンドー』同様に、正義が手段を選べないほど中米は危険なのである。

一九八七年のアカデミー作品賞に輝いたのはハリウッド作品ではなく、イタリアの巨匠ベルナルド・ベルトルッチ（Bernardo Bertolucci）監督の大作『ラストエンペラー』（*The Last Emperor*）である。清朝最後の皇帝・溥儀《ふぎ》の生涯を描いた物語である。十九世紀末の門戸開放政策のころのように、太平洋国家アメリカはアジアの市場を必要としていた。そして一九七二年のニクソン訪中以来、アメリカにとって中国の戦略的重要性は増していた。だが、銀幕が描く中華帝国の崩壊は、現実のソ連帝国の崩壊を予兆しているようでもあった。

四　レーガン三選

大統領選の始動

一九八八年になると、アメリカ国内は大統領選挙一色になっていった。共和党では、ブッシュ副大統領が指名獲得競争の先頭を走り、上院院内総務のボブ・ドールが後を追っていた。ドールはINF全廃条約には批判的であった。ブッシュはレーガンの支持を得てその路線を継承しながら、イラン・コントラ事件への自らの関与は否定するという難しい立場にあった。浮動票の獲得を狙って、ブッシュが「より優しい国家」(kinder, gentler Nation) を唱えると、レーガン周辺からは「だれと比べて、より優しいのか」と不満が漏れた。

緒戦のアイオワ州の党員集会でブッシュがドールに敗れることは、想定の範囲であった。ドールの地元カンザス州はアイオワ州に隣接している。だが、テレビ伝道師のパット・ロバートソン (Pat Robertson) にさえ後塵を拝し三位になろうとは、ブッシュ陣営は予想だにしていなかった。次のニューハンプシャー州でまで敗れるわけにはいかない。八年前には、レーガンがアイオワでブッシュに敗れながら、「マイク戦争」の結果、ニューハンプシャーで形勢を逆転させたのである。ブッシュはドールなら増税するかもしれないとして、彼に「日和見上院議員」(Senator Straddle) とレッテルを貼った。また、ニューハンプシャー州のジョン・スヌヌ (John H. Sununu) 知事も、ブッシュ支持のために州内を積極的に遊説して回った。こうして、ニューハンプシャーは、ブッシュの手に落ちた。この功績で、スヌヌはブッシュ政権の大統領首席補佐官に迎えられる。その後も激戦が続いたが、三月以降はブッシュの優位が固まっていく。

同じころ、ゴルバチョフはアフガニスタンからのソ連軍の撤退を宣言し、五月十五日に撤退を開始し翌年二月十五日に完了するとした。INF全廃条約締結について保守派からの批判にさらされるレーガンにとっては、大きな助けとなった。大統領はチェンバレンではなく、書記長もヒトラーではなかったのである。だが、その後もレーガン政権は、アフガニスタンでムジャヒディーンに武器供与を続けた。後年、これがアメリカの首を絞めることになる。

四月に、レーガンは保守派を懐柔してブッシュを助けるべく、スピーチに対ソ強硬論を盛り込んだ。アンソニー・ドーランの筆による。そのころ、シュルツとパウエルは来るべきレーガン訪ソの準備のため、クレムリンにいた。ゴルバチョフは激怒していた。「死者が上着の裾をつかんで生者を過去に引き戻すことは許されるべきではない」。さらに、書記長はパウエル将軍に問うた。「あなたは、最強の敵がいなくなって、これからどうなさるおつもりですか」(86)。パウエルにもシュルツにも、そして、去り行くレーガンにも、この問いへの答えはなかった。

五月には、INF全廃条約の批准《ひじゅん》をめぐって、上院で審議が行われた。共和党のダン・クエール (Dan Quayle) やジェシー・ヘルムズ (Jesse Helms) のフィリバスター (長時間演説による議事妨害) にもかかわらず、二十七日に条約は九三対五の圧倒的多数で批准された。

モスクワ訪問

その翌々日に、レーガンはモスクワに旅立った。アメリカ合衆国大統領のソ連訪問としては、フォードが一九七四年十一月にウラジオストクを訪問して以来、一三年半ぶりのことであった。もちろん、レーガンにとっては人生で初めての訪ソであった。大統領専用機エアフォースワンがモスクワに近づいた。上空から見るモスクワには、ほとんど車が走っていない。ソ連の失政と衰退の表れと、レーガンは感じた。高齢の大統領は機内では虚ろだったが、空港に着くと快活に振る舞った。

モスクワ市内では、KGBの反対を押し切って、レーガンもリムジンから降りてモスクワ市民と言葉を交わした。さらに、アメリカ大使公邸での晩餐会に、大統領は数多くの人権活動家や国外移住を禁止されたユダヤ人を招待した。もはや軍縮交渉の重圧を感じずに、彼はゴルバチョフに宗教の自由を認め、ベルリンの壁を壊すよう、あらためて求めた。「友よ、その時が来た。その時が来た」と、レーガンはロシアの文豪アレクサンドル・プーシキン（Aleksandr Pushkin）を引用した。

レーガンにとって、この訪問中の最たる晴れ舞台は、モスクワ国立大学での演説であった。ロシアのエリート青年たちに向かって、彼は自由が革新を生むと説き、それを妨げる官僚制を批判した。ある民話によると、赤ん坊が生まれた時に、神様が天から降りてきてキスしてくれる。手にキスされた子供は優れた職人になり、頭にキスされた子供は賢人になる。そこで、ある老婦が訝った。「一日中座ったままで何もしない役人たちは、一体どこにキスしてもらったのかね」。会場からは、鈍い笑い声が漏れた。

また大統領は、アメリカン・ニューシネマの『明日に向って撃て！』を紹介している。主人公の二人は強盗で、警察に断崖絶壁まで追い詰められる。下には川が流れている。一人が思い切って飛び込もうと言う。もう一人が断固として拒む。「俺は泳げないんだ！」。ソ連の改革もこれに似た状況にあると、レーガンは語った。「この映画を観ていない方々のためにお教えしましょう。結局、二人は飛び込んだのです」。この「銀幕の大統領」の手にかかれば、反体制的な映画ですら自由化への教訓に変わる。

「私はゴーゴリ（Nikolai Gogol）の『死せる魂』の、終わりに近い有名な一節を思い出します。自分の国を疾走するトロイカになぞらえ、その行く先はどこだろうかとゴーゴリは問います。そして、こう書いています。「素晴らしい響きを聞かせる鈴の音以外、答えるものとてなかった」」。改革の道を進むソ連の姿がまさにそうだ、というのである。

レーガンの繰り出す言葉は、青年たちを魅了し、ゴルバチョフら当局者を当惑させた。その後の質疑応答では、ソ連のエリート学生たちは、アメリカの人種差別問題などを大統領に鋭く問い詰めている。

赤の広場では、ゴルバチョフが赤ん坊を抱き上げて、「レーガンお爺ちゃん」に握手を求めた。大統領を取り囲む一般市民の中には、若いKGBの要員が混じっていた。ウラジミール・プーチン（Vladimir Putin）である。やがてソ連の記者が、今でもソ連を「悪の帝国」だと思うかと問うた。「いや、それは別の時、別の時代の話です」と、レーガンは答えた。「遠い昔、はるか銀河の彼方で」という『スター・ウォーズ』冒頭のナレーションと重なる。

確かに、新しい時代が始まろうとしていた。「冷戦の終焉」が人口に膾炙《かいしゃ》し始めたのである。モスクワでの首脳会談直前に行われた世論調査によれば、アメリカ人の七二パーセントがゴルバチョフを「好ましい人物」と評価し、彼の支持率は八三パーセントと、実にレーガンのそれを上回っていた(87)。

ブッシュ当選

アメリカ国内では激戦が続いていた。民主党の大統領予備選では、マサチューセッツ州知事のマイケル・デュカキス（Michael Dukakis）を先頭に、テネシー州選出のアル・ゴア（Al Gore）上院議員とジェシー・ジャクソン師がその後を追っていた。だが、四月十九日にデュカキスがニューヨーク州で勝利を収めると、彼の優位がほぼ確実になった。ハート上院議員も再び名乗りを上げたが、不倫スキャンダルですぐに脱落した。前回同様に、ビーティらハリウッドのリベラル派がハートを応援していたことから、彼らの性的不道徳というイメージまでいっそう強まってしまった(88)。本命のデュカキスは北東部以外では知名度が低かったが、「マサチューセッツの奇跡」と呼ばれる経済活性化に成功した知事である。一九八六年の中間選挙の勝利やイラン・コントラ事件から、民主党の中にはこの大統領選挙は勝てるとの楽観論が強かった。「レーガン三選阻止！」と彼らは叫んだ。

五月半ばの世論調査では、デュカキスはブッシュを一七ポイントもリードしていた。そこで、バーバラ・ブッシュ（Barbara Bush）夫人の助言を受け、副大統領はエイズ患者を病院に見舞うなどして、レーガンとの微妙な差を示そうとした。また、六月にカリフォルニア州の予備選で勝利すると、ブッシュはデュカキスの愛国心を疑問視し、リベラル派のレッテルを貼って本格的な攻撃を開始した。

七月にジョージア州のアトランタで開かれた民主党大会では、デュカキスが二八七六票を獲得して、一二一八票のジャクソンを大差で下した。善戦したジャクソンの支持者たちは、彼が副大統領候補に選ばれることを期待したが、デュカキスが指名したのは、テキサス州選出のベテラン上院議員ロイド・ベンツェン（Lloyd Bentsen）であった。かつて彼は、上院議員選挙でブッシュを下したことがある。民主党のこの正副大統領候補を、メディアは「ボストン＝オースティン枢軸」と呼んだ。ケネディとジョンソンのコンビの再来というわけである。

八月には、民主党でカリフォルニア州選出のノーマン・ミネタ（Norman Mineta）下院議員と共和党のアラン・シンプソンが提出した市民的自由法案（Civil Liberties Bill）に、レーガン大統領が署名した。第二次世界大戦中に、F・D・ローズヴェルトの大統領令によって、一二万人の日系アメリカ人が土地や財産を奪われ強制収容所に隔離された。その生存者六万人に大統領が謝罪し、一人当たり二万ドルを支払うというものである。ミネタも幼少期に、この収容所生活を経験している。シンプソンがミネタに最初に出会ったのは、その施設を訪れた時だったという。上院では、共和党でカリフォルニア州選出のピート・ウィルソン（Pete Wilson）上院議員も共同提案者になった。補償金の総額は一二億五〇〇〇万ドルに上り、財政的な観点から共和党は、そしてレーガン自身も消極的であった。

それでも大統領は、日系人から成る米陸軍第四四二連隊戦闘団の戦場での活躍を絶賛し、戦時中のある若い俳優の言葉を紹介した。「アメリカの地は世界でもユニークだ。人種ではなく理想によって立つ唯一の国だからだ。多民族の背景にもかかわらず、ではなく、だからこそ、われわれは世界でこれほどの力を保持してきた。これがアメリカ流なのだ」。これはレーガン自身の発言である(89)。現代大統領制を確立した戦時大統領の誤りを、彼を模倣する「銀幕の大統領」が正したことになる。

さて、共和党大会は八月半ばにルイジアナ州ニューオーリンズで開かれた。初日の夜に、レーガンが演壇に立った。「人は大統領になるのではない。人は大統領制という制度の管理を任されるのだ」と、去りゆく大統領は語った。その後、レーガンは次々に数字を挙げながら、経済や外交での成果を誇った。会場からは「レーガン！　レーガン！」、さらには「あと四年！　あと四年！」という連呼が響き渡った。大統領はそれを制して、ブッシュを自らの路線の後継者として紹介した。「個人的な頼みがある。ギッパーのために勝ってくれ！」と、レーガンは『ニュート・ロックニー』での自身の名科白を引用してみせた(90)。

最終日には、ブッシュが指名受諾演説を行った。「広大で平和な空の星のように、数千の光のように、すばらしい多様性がアメリカ社会に広がっている」と、候補者は格調高く語った。さらに、「よく聞いてください。増税はしません」とも、ブッシュは述べた(91)。「よく聞いてください」(Read my lips)という表現は、かつてレーガンが増税への拒否権を意図した「楽しませてくれ」(Make my day)という表現を意識している。当然であろう。ブッシュの受諾演説も、ペギー・ヌーナンが手掛けている。そして、「楽しませてくれ」とは、先述のようにイーストウッド演じる『ダーティーハリー』の決め科白であった。ブッシュには、「軟弱」というイメージを否定する必要があった。当時、イーストウッドはカリフォルニア州カーメル市長を務めており、ブッシュは一時彼を副大統領候補にすることすら検討したという(92)。シュワルツェネッガーもブッシュを応援し、のちに「私は映画の中でターミネーターを演じているだけだが、マイケル・デュカキスは本物のターミネーターになるだろう」と言い放った(93)。「銀幕の大統領」を通じて、大衆文化は静かに、しかし確実に、政治的表現と政治的思考に影響を及ぼしていた。ただし、ブッシュはやがて増税せざるをえなくなり、この公約が彼の再選を阻むことになる。

人々を驚かせたのは、副大統領候補の指名である。もちろんイーストウッドではない。ブッシュはクエール上院議員を選んだ。レーガン、そして選挙参謀のジェームズ・ベーカーも一驚した。クエールは国政に経験不足ながら宗教右派を囲い込めると、ブッシュは計算したのである。ブッシュ同様、クエールも名門の出身であった。だが、これが誤った選択であったことはすぐに明らかになった。ブッシュが第二次世界大戦に志願したのとは異なり、(そして、ブッシュの長男と同様に)クエールはベトナム戦争に従軍していなかったのである。彼はブッシュ陣営のアキレス腱となる(94)。

九月になると、ブッシュがデュカキスをリードするようになった。前者は後者が国防問題で軟弱であり、環境問題でも自分ほど熱心でないと攻め立てた。そして、ウィリー・ホートン（Willie Horton）問題である。ホートンはマサチューセッツ州で第一級殺人罪の確定した囚人だが、週末に刑務所からの外出が認められていた。受刑囚の外出を認める制度は他の州にもあるが、第一級殺人罪の受刑囚にそれを認めているのは、マサチューセッツ州だけであった。民主党の予備選では、アル・ゴアがこれでデュカキスを攻撃していた。ブッシュ陣営がこの問題でネガティブ・キャンペーンを展開すると、ホートンが黒人であることから、人種差別的だとの批判も招き、結果として、この問題はますます多くの有権者の関心を集めるようになったのである。名門出身の穏健派ながら、否、そのイメージを払拭するために、ブッシュはことさら攻撃的な選挙戦術をとらざるをえなかった。デュカキスもむきになり、不似合いなヘルメットを被って戦車に乗っている映像を流して、大方の失笑を買った。

大統領候補同士の第一回の討論会は無難に終わり、副大統領候補同士の討論会では、ベンツェンが得点を稼いだ。若いクエールが自らをケネディ大統領と比較すると、「私はジャック・ケネディを知っている。ジャック・ケネディは私の友人だった。上院議員、あなたはジャック・ケネディではありません」と、ベンツェンは喝破した。そして、大統領候補同士の二回目の討論会である。自分の妻が強姦されて殺されても死刑に反対かと問われて、デュカキスは無表情に反対だと答えた。致命傷であった。彼の支持率は急落し、決して回復しなかった。

十一月八日の大統領選挙では、予想通りブッシュが勝利を収めた。得票率では五三・四パーセント対四五・六パーセント、選挙人の獲得数では四二六対一一一となった。共和党が大統領選挙で三期連勝したのは、一九二〇年代以来のことであり、現職の副大統領が大統領に当選したのは、一八三六年のマーティン・ヴァン・ビューレン（Martin Van Buren）以来のことであった。また、現在のところ、共和党がカリフォルニア州で勝利した、これが最後の大統領選挙である。「レーガンのためにも一票を入れてください」と、選挙最終日のサンディエゴまで、レーガンが応援演説を続けた成果であった(95)。下院では民主党が二六〇議席、共和党が一七五議席、上院でも民主党が五五議席、共和党が四五議席と、いずれもほとんど変化がなかった。分割政府の継続である。「初めからブッシュとクエールが勝つことはおよそ明らかで、すばらしい夜だった。十一時ごろ就寝。幸せだ」と、レーガンは日記に綴っている(96)。大統領の高い支持率が副大統領を助けたことはまちがいなく、その意味では、民主党が批判したように、これはレーガン三選でもあった。

この「三選」の直後、十一月十一日の復員軍人の日（第一次世界大戦の終戦記念日）に、レーガンはベトナム戦争記念碑で演説した。あらためて、大統領は従軍者たちを「高貴な大義のチャンピオン」と呼び、「勝つつもりがなければ、アメリカの若者を二度と再び戦場に送って死なせてはならない」と語って、絶賛された(97)。「ロンボー」による最後の歴史の清算である。

さて、レーガンには最後の晴れ舞台がいくつか用意されていた。

まず、十一月十六日には、盟友サッチャーがワシントンを訪問した。レーガンを労《ねぎら》い、次期大統領の品定めをするためである。ホワイトハウスでの晩餐会で、大統領が首相を「いかなる意味でも世界の指導者」と称賛すると、「鉄の女」は「アメリカ人とは笑いながら戦える唯一の人々である」とチャーチルの言葉を引き、「大統領閣下、あなたはその一人です。真の勇気とよきユーモアを兼ね備えていますす」と褒め称えた(98)。

さらに、十二月には国連での演説のために、ゴルバチョフがニューヨークを訪問した。INF全廃条約の調印から、ちょうど一年が経っていた。ソ連の最高首脳が国連総会で演説するのは、一九六〇年九月のフルシチョフ以来のことであった。「ゴルビー」は軍事力を外交の手段に用いることを戒め、国際関係がイデオロギーから脱却するよう求めた上で、ソ連が今後二年間で五十万人の兵力を削減し、一九九一年までに東欧から六つの戦車師団、すなわち、五万人の兵力と五千台の戦車を撤収すると表明して、世界を驚かせた(99)。

その後、レーガンはゴルバチョフをマンハッタン島の南、ニューヨーク湾内のカヴァナーズ島に招いた。ブッシュ次期大統領も一緒である。自由の女神を背後に散策するレーガン、ゴルバチョフとブッシュの姿は、冷戦の終焉を印象づけた。「実にうまくいった。これまでのどの会合よりも、すばらしい雰囲気だった。よりよい世界を構築するために、ゴルバチョフはわれわれをパートナーとみなしているように思えた」と、レーガンはその日の日記に記している(100)。

一九八八年以降の映画事情

一九八八年には、『ダイ・ハード』のような新たなタフガイも登場したものの、敵はもはやソ連ではなくテロリスト、しかも、政治目的ではなく金銭目的の自称テロリストであった。この敵役を演じたアラン・リックマン（Alan Rickman）はイギリスの俳優だが、リー・ダニエルズ（Lee Daniels）監督『大統領の執事の涙』(*Lee Daniels' The Butler*, 2013) ではレーガンを演じている。

『ランボー3／怒りのアフガン』はまだ反ソ・反共主義を全面に押し出していたが、アメリカ国内での興行収入は製作費を下回った。レーガンよりゴルバチョフの人気が高くなっていたのだから、それも当然であろう。そもそも、スタローンもシュワルツェネッガーもすでに四十歳代に突入し、アクション・ヒーローを演じ続けることが難しくなっていた。同様に、七十歳代後半のレーガンが「強いアメリカ」を代表してソ連と対峙するというタフなイメージも、おそらく限界に達していたのである。

その意味で、十歳の少年を主人公に迎えた、クリス・コロンバス（Chris Columbus）監督『ホーム・アローン』（*Home Alone*, 1990）が全世界で四億七六六八万ドルを稼ぎ出し、一九九〇年代最初の大ヒットになったことは、時代の変化を象徴していよう。四作までシリーズ化されるが、九二年公開の第二作には、ドナルド・トランプがカメオ出演している。当時彼が所有していたプラザ・ホテルが舞台だからである。

シュワルツェネッガー主演／ジェームズ・キャメロン監督『ターミネーター2』（*Terminator 2: Judgement Day*, 1991）も、マッチョなサイボーグと十一歳の少年のコンビでヒットした。映画学者のロバート・スクラー（Robert Sklar）が指摘するように、「ハード・ボディ」と「スモール・ボディ」のコンビで儲かるのなら、もっと若いヒーローを捜そうという、イデオロギーに対する商業主義の優越こそレーガン時代の映画の本質なのである(101)。

ただし、「ハード・ボディ」から「スモール・ボディ」へと主人公は交代しても、ヤッピー的な価値観は変わらなかった。『ホーム・アローン』の舞台も上流中産階級の家庭や高級ホテルであり、機知に富んだ良家の子供が粗野な大人の侵入者たちを排除する(102)。そこには越えられない階級の壁が存在する。

スピルバーグ制作総指揮／ゼメキス監督『ロジャー・ラビット』（*Who Framed Roger Rabbit*, 1988）は、子供どころか、トゥーンと呼ばれるアニメーションのキャラクターが主人公で、一九四七年のハリウッドを舞台に、彼らトゥーンが人間の実社会と共存しているという設定である。トゥーン嫌いでハードボイルド風の私立探偵（本物の人間）がトゥーンの主人公を助けるという意味では、異人種間相棒ものの変種でもある。

レーガン同様に、スピルバーグとゼメキスのコンビは、この作品で「古きよきアメリカ」をノスタルジックに再現し、ハッピー・エンドを用意している。だが、この物語では、強欲な権力者がトゥーンを絵の具に戻してしまう溶解液を発明し、彼らの街全体を解体して高速道路建設のために売却しようとしていた。溶解液の恐怖はエイズの寓意だが、その被害者たちは同情的に描かれており、個々人だけではなくコミュニティーへの脅威が示されてもいる。エイズ患者への認識の変化が反映されており[103]、レーガンの時代を象徴する強欲も批判されている。つまり、レーガン的な仕様で、レーガン的なものが揶揄されているのである。

デニス・ホッパー（Dennis Hopper）監督『カラーズ　天使の消えた街』（*Colors*, 1988）は、レーガンのお膝元、「天使の街」ロサンジェルスを舞台に、警察とギャング、ギャング間の熾烈《しれつ》な抗争を描いている。タイトルの「カラーズ」とは、さまざまな名を持つギャング組織の総称である。その背景には、「丘の上の輝く町」とはほど遠い絶望的な貧困があった。痛烈なレーガン批判である。

レーガン政権が去ってほどなく、ノーマン・ルネ（Norman René）監督『ロングタイム・コンパニオン』（*Longtime Companion*, 1990）が公開された。こちらは、一九八〇年代にエイズに向き合ったゲイのコミュニティーを正面から描いた力作である。そこには不安と恐怖とともに、愛情と友情があふれている。「大統領はエイリアン的な人気を誇っている」と、彼らはレーガンをからかっている。『ニューヨーク・タイムズ』紙が死亡記事で同性のカップルをしばしば「長年の同伴者」と婉曲に表現したのが、タイトルの由来である。

フィル・アルデン・ロビンソン（Phil Alden Robinson）監督『フィールド・オブ・ドリームス』（*Field of Dreams*, 1989）は、きわめてレーガン的な作品である。主人公はアイオワ州に住む一人の農民で、野球好きだった父親と喧嘩別れした過去がある。ある時から、「それを造れば、彼らが来る」という謎の言葉を、主人公は何度も耳にする。やがて、彼は破産の危機に直面しながら、トウモロコシ畑に野球場を造り出す。すると、そこに一九一〇年代に活躍しながら八百長事件で球界を追放されたメジャーリーガーたちの亡霊、そして最後には、彼らのファンだった亡父の姿が現れる。謎の声の主は、この父であった。野球場の建造を通じて、主人公は亡父との和解を達成する。「信仰の種を蒔き、奇跡を刈り取れ」というテレビ伝道師オーラル・ロバーツ（Oral Roberts）の教えさながらである。

この映画は、レーガンの人生や政治と同じ基盤に立っている。まず、映画の舞台はレーガンの生まれ育った中西部で、しかも、主人公と同様にレーガンも父との葛藤を抱えていた。また、レーガンは近視のために野球を得意としなかったが、ラジオで野球を実況中継して成功した。ハリウッドでは、同じく一九一〇—二〇年代に活躍したメジャーリーガーを演じたこともある。ルイス・セイラー監督『勝利チーム』（*The Winning Team*, 1952, 日本未公開）のグローバー・クリーブランド・アレキサンダー（Grover Cleveland Alexander）役である。彼の名はグローバー・クリーブランド（Grover Cleveland）大統領にちなんでいるが、レーガンはかつてこの大統領を演じたと語って、周囲を唖然《あぜん》とさせたことがある。さらに、信じる者にしか見えない亡霊の登場という、ファンタジーと現実の交錯もレーガン的である。そして何よりも、大衆文化を通じて、家族の絆や信頼、信念を称賛する点で、『フィールド・オブ・ドリームス』はレーガンの政治を体現している。

この作品には、かつて左派の作家だった黒人が登場するが、主人公と行動を共にするうちに、彼も野球に魅了されていく。しかも、黒人差別が厳然としていた時代のプロ野球に、である。こうして、白人主流の文化に従属的な黒人が同化されていく(104)。これもレーガン時代の映画の一つの定型である。

しかも、破産の淵に立ってなお、主人公は野球場の建設を確約する。「俺を信じてくれ」（Read my

lips!）。

『ロジャー・ラビット』は一九八八年の、『フィールド・オブ・ドリームス』は八九年のアカデミー賞にいくつもノミネートされた。

他方、カーペンター監督『ゼイリブ』（*They Live*, 1988）は、レーガン時代を痛烈に風刺している。貧富の格差の拡大する社会で、主人公は一介の日雇い労働者にすぎない。不思議な教会で、彼は偶然サングラスを手に入れた。それをかけると、街中に消費を促す命令文があふれ、骸骨のような宇宙人が人間を洗脳し支配している現実が浮かび上がるのである。

先述の『バック・トゥ・ザ・フューチャー PARTⅡ』は一九八九年の公開で、タイム・トラベルのために歴史が歪んだ暗黒の八五年が描かれている。主人公の住む街は貪欲な大富豪に支配されており、彼の後押しのためにニクソン政権が五期続いている。ここでは、レーガン期の現実の八五年の方が、はるかにましということになろう。明らかにこの大富豪は、トランプをモデルにしている。

このように、一九八〇年代末期から九〇年代初頭は過渡期であり、レーガン時代の終わりを反映しつつも、レーガン的な価値観を体現した映画が数多く見受けられる。

「本日世界は平和です」

さて、いよいよ一九八九年である。

レーガン大統領にとって最後の公務の一つが、フランクリン・ローズヴェルト大統領図書館への寄付者たちとの会食だったことは、象徴的である。彼はローズヴェルトを自らの英雄と呼び、国民の自信こそが重要であると説いた。かつてハリウッドもローズヴェルトに期待し、彼を応援し称賛する映画を生み出していった。そのころ、レーガンはハリウッドにたどり着き、そこで習熟した技量を活用して大統領になり、また大統領職の権威と影響力を回復し拡大しようと努めてきた。その試みも終局にいたり、カリフォルニア州セミ・ヴァレーでは、レーガン大統領図書館の建設が始まっていた。チャールトン・ヘストンが、そのための資金集めに奔走していた。そもそも大統領図書館の設置を構想したのは、ローズヴェルトであった。

イラン・コントラ事件は、最後までレーガンを悩ませた。宗教右派のファルエル牧師らは二〇〇万人もの署名を集めて、「愛国者」ノース中佐に大統領の特赦を与えるよう陳情していた(105)。シュルツ国務長官ですら、公判で国家安全保障上の機密が漏れることを恐れて、大統領に特赦を求めていた。レーガン自身も、ノースには同情的であった。しかし、最終的に大統領は特赦を与えなかった。ニクソンに特赦を与えてフォードが信頼を失ったことを、レーガンは忘れてはいなかったのである。

一月十一日の夜九時に、レーガンは国民に告別の言葉を述べた。オーヴァル・オフィスからテレビでメッセージを伝えるのは、これが三四回目、そして最後であった。

大統領は離任を「甘い悲しみ」(sweet sorrow)と呼び、オーヴァル・オフィスの窓から見えるワシントンDCの景観を語った。ワシントン記念塔やジェファーソン記念堂など、それはかつて『スミス都へ行く』で主人公が見たのと同じ光景であり、アメリカの民主主義を象徴していた。窓からの景色は海へと広がる。一九八〇年代の初頭に南シナ海で、米海軍の空母ミッドウェイがインドシナからの難民ボートを救出した。難民の一人が言った。「こんにちは、アメリカの水兵さん。こんにちは自由の人!」

次にレーガンは、八年間の成果を語り、とりわけ一九〇〇万人に新たな雇用を創出したことを最大の誇りとした。さらに大統領は、自らを「グレート・コミュニケーター」ではないと否定し、ただ偉大な事柄を伝えただけだと語った。それは二世紀にわたってアメリカで培われた経験や知恵、信念や原則である。彼にとって、レーガン革命もアメリカの価値と常識の偉大な再発見だったのである。この革命を通じて、「われわれは一国を変革しようとして、世界を変えたのです」。

「われら人民」こそが運転手であり、政府は車にすぎない。財政赤字の拡大は心残りだが、ほどなく「レーガン連隊」に代わって「ブッシュ旅団」が戦いを続ける。

かつて愛国心や民主主義的な価値は、家族や隣人によって子供たちに伝承された。そして、「映画は民主主義的な価値を祝福し、アメリカは特別だという考えを暗黙のうちに補強してきました。六〇年代の半ばを通じて、テレビも同様でした」と、レーガンは語っている。しかし、間もなく一九九〇年代を迎えようとしている。両親も大衆文化も、かつての確信を失っている。自由は特別で稀有なものであり、しかも、脆弱《ぜいじゃく》である。だからこそ、自由を再生産していかなければならない。そして、アメリカの歴史と市民の風習に、より多くの関心を注がなければならない。「丘の上の町」は輝き続けている。人々はアメリカを取り戻したのである(106)。

この演説原稿もヌーナンによる。レーガンは最後まで、「メイン・ストリート」にいる「コモンマン」として愛国心と常識を語り、伝統と未来の間に架橋しようとしていた。

それから一〇日後の一月二十日、レーガンはホワイトハウスを去って、ナンシーと共に空軍の特別機でカリフォルニア州の牧場に向かった。「今やジョージが大統領で、私は前職だ」「さて帰宅して、新生活が始まる」と、レーガンの日記は最後まで簡潔である(107)。

その日は平穏であった。「本日世界は平穏です」と、パウエル将軍は去りゆく大統領に最後の報告をした。機上では、「おめでとう、任務完了ですよ、大統領閣下」と、スタッフが声をかけた(108)。エロール・

フリンと共演した『戦場を駆ける男』のラスト・シーンを、レーガンは思い起こしたかもしれない。彼はナンシーの耳元に語り掛けた。「概して悪くなかった。まったく悪くなかった」。レーガンが上機嫌だったのも無理はない。ほどなく七十八歳になる大統領の退任時の支持率は、就任時のそれを一〇ポイント前後も上回っていた。ハリウッド流のハッピー・エンドである。

かつてオーソン・ウェルズが述べたように、「ハッピー・エンドかどうかは、物語をどこで終わらせるかによる」。『エルム街の悪夢』よろしく、後継者には内外ともに多くの課題が残されていた。また、アメリカにとっても、レーガン政権の二期八年は、ディケンズ（Charles Dickens）の『二都物語』さながらに、光明と暗黒の交差する時代であった。「アメリカの朝」は本当にやって来たのか？ 冷戦後の世界はどうなるのか？ これらの問いに対して、多くの人々はレーガンほど確信が持てずにいた。

五 晩年

引退生活

ロナルド・レーガンは、アイゼンハワー以降で二期八年を全うした初めての大統領になった。ウォーターゲート事件で失脚したニクソンは、外交問題への助言や発信を通じて、政権とメディアに影響力を行使し、熱心に復権に努めていた(109)。また、一期限りで終わったカーターは、その後も国際問題や社会問題に熱心に取り組み、「史上最高の大統領経験者」と呼ばれるようになっていた(110)。彼らに比べれば、レーガンはすでに大統領として充分な成功を収めており、より目立たない引退生活を送ろうとしていた。

ビヴァリーヒルズのベル・エアにある二五〇万ドルの高級住宅で、レーガン夫妻は暮らすことになった。

地元の有力者一八人が寄付してくれたのである。その隣家も豪邸で、一九六〇年代のテレビドラマ『じゃじゃ馬億万長者』(*The Beverly Hillbillies*, 1962-71)で主人公の邸宅に用いられたものである。また、前大統領の事務所は、あの『ダイ・ハード』に登場したフォックス・プラザ三四階のペントハウスであった。テレビと映画は、レーガンの晩年にまで長い影を落としていた。

これらとは別に、サンタバーバラ北西には、六六八エーカー(二六七ヘクタール)の広大な牧場付の別荘があった。七十七歳にして、ようやくレーガンは心おきなくカウボーイを演じられるようになった。

カリフォルニア州での快適な生活とは逆に、ホワイトハウスはレーガンにとって急速に遠いものになりつつあった。後任のブッシュとその側近たちは党内では穏健派に属し、レーガン政権では不遇をかこっていた。そのためもあって、ブッシュ政権内ではレーガンを揶揄し軽蔑する発言が横行した。ニクソン元大統領がこれを叱責し、ブッシュがレーガンに謝罪の電話をかけたほどである。

また、イラン・コントラ事件の影がまだレーガンを追い掛けていた。ポインデクスター弁護団から、前大統領は裁判での証言を求められたのである。一方で、レーガンは大統領職や大統領経験者の威信を傷つけたくなかったが、他方で、裁判の公正のためにノースに特赦を与えなかったのである。妥協の末、ワシントンではなくロサンジェルスで証人喚問が行われた。レーガンの証言は、ポインデクスター救済の役に立たなかったのみならず、本人の役にも全く立たなかった。何しろ、証人の記憶はきわめて曖昧で、三年間自分に仕えたJCS議長のヴェッシー将軍の名前さえ思い出せなかった。公開された証言の模様に、人々は「グレート・コミュニケーター」どころか、精彩のない老人の姿を見るばかりであった(11)。

もちろん、レーガンが往年の輝きを取り戻す機会もあった。一九八九年六月には、レーガン夫妻はバッキンガム宮殿に招かれ、前大統領はエリザベス女王から外国人にとって最高位のバス勲章を授けられた。

アメリカ人としては、歴史上五八人目である。もちろんサッチャー首相の推挙によるもので、とりわけ、フォークランド紛争の際の協力に報いるためであった。珍しく緊張するレーガンに、女王が耳元で囁いた。「落としてはダメですよ」(112)

同年十月には、レーガンは訪日し、プロ野球巨人・近鉄戦で始球式のマウンドに上がっている。彼が往年の名投手アレクサンダー(Pete Alexander)を演じたことを知る者は、日本にはそう多くはなかったであろう。とはいえ、バブルに踊る日本のことである。この来日時の謝金は、総額で二〇〇万ドルという法外なものであった(レーガン前大統領の通常の講演料は、一回五万ドルであった)。しかも、彼はソニーのコロンビア買収に好意を示した。大統領経験者の拝金主義を批判する声がアメリカ国内で起こった。しかしレーガンによれば、アメリカの有名俳優がトヨタの広告で三〇〇万ドルも稼いでいる。「(公職にあった)一六年間も、私は稼いでこなかったのだ」(113)

十一月九日には、ついにベルリンの壁が崩壊し始めた。レーガンの呼び掛けが実現したのである。やがて東ヨーロッパでの社会主義体制の崩壊は、ハリウッド映画の世界進出にも好機をもたらした(114)。一九九〇年六月に、訪米中のゴルバチョフがサンフランシスコに立ち寄り、旧友と朝食を共にした。その直後に、レーガンは『ニューヨーク・タイムズ』紙に寄稿し、「ゴルバチョフは自由市場の民主主義を求めると確信している」と述べた(115)。九月には、レーガン夫妻はゴルバチョフの招待に応じてモスクワを再訪し、その後に東ベルリンからブランデンブルク門をくぐって、ポーランドも訪れた。ポーランド政府はレーガンを「ペレストロイカの真の父」と称賛した。「壁の上でダンスをするのはご免だ」と、ブッシュ大統領が派手なパフォーマンスを嫌ったのとは対照的である。そのころレーガンの二冊目の自伝が出版され、アメリカでベストセラーになった。レーガンが事前に受け取った契約金は、五〇〇万ドルに上った。

他方、一九九一年一月に湾岸戦争が勃発した際には、米ソ両超大国が協力できたことを、レーガンは喜んだ。かつて彼の政権がイラン・イラク戦争でサダム・フセイン（Saddam Husayn）を支持していた事実は、もちろん等閑に付された。政界引退後も、レーガンの記憶や発言はきわめて選別的であった。

イラクへの空爆が続く中で、二月六日にレーガンは八十歳の誕生日を迎えた。一人二五〇〇ドルで一〇〇〇人もの人々が集まり、ビヴァリーヒルズで盛大な晩餐会が開かれた。チャールトン・ヘストン、エリザベス・テイラー、ジェームズ・スチュワート、ジョージ・シュルツ、キャスパー・ワインバーガーと、映画と政治のセレブが顔を揃えた。前年十一月に下野した「鉄の女」も、イギリスから駆け付けた。さすがに、ブッシュ大統領はワシントンを離れられず、ビデオで祝意を述べ、クエール副大統領を代理に差し向けた。この一晩で、レーガン大統領図書館のために二〇〇万ドルが寄付された(116)。

同年末には、ゴルバチョフがソ連の解体を宣言するようすを、レーガンは家族と共にテレビで見つめていた。「善が悪に勝利した」と「幸福な戦士」は家族に語った。ソ連の崩壊で、冷戦は名実ともに終わった。「ゴルバチョフと共に前進することを願った点で、ロナルド・レーガンは私より正しかった」と、国防長官を務めたカールッチは回想している(117)。

さらに、一九九二年五月には、レーガンはゴルバチョフを自らの牧場に招待した。すでに「ゴルビー」もクレムリンを去っている。かつて核軍縮を交渉した緊張感は、二人の間にはなかった。ナンシーはゴルバチョフ夫人のライザ（Raisa Gorbachev）を嫌っていたが、二人の夫人も笑顔で握手を交わした。牧場を案内しながら、「このフェンスはみんなロニーが作ったのよ」とナンシーが自慢した。すると、ソ連共産党の書記長だった初老の紳士が答えた。「信頼せよ、だが、確かめよ」

この年の夏に、ブッシュの地元テキサス州ヒューストンで開かれた共和党大会で、レーガンは現職大統領の再選を応援した。「一九九〇年代の変化は、私の生涯の中で、アメリカを最もダイナミックに、そして最も危険を少なくするでしょう」「アメリカ人として、われわれの英雄的な起源を決して忘れず、神のお導きを必ず求め、天与の楽観主義を決して失わないようにしましょう」と、八十一歳の前大統領は張りのある声で呼び掛けた。「レーガン！　レーガン！」「ありがとう、ロン！」という叫びが会場に横溢した(118)。しかし、ロス・ペロー（Ross Perot）という第三候補の登場のため、経済の低迷のため、そして増税という違約のため、ブッシュは再選を果たせなかった。彼の大統領職は「第二のヴァン・ビューレン」として始まり、「第二のタフト（William Taft）」として終わったことになる。一九一二年の大統領選挙では、セオドア・ローズヴェルトが共和党を去って独自に立候補したため、現職のタフトは民主党のウィルソンに敗れ、再選されなかった。『エルム街の悪夢』のフレディのように、景気はレーガンではなくブッシュに復讐したのである。下院では共和党が九議席増やしたが、それは主としてブッシュに批判的な保守派の台頭であった。ギングリッチを中心に、彼らはことさらにレーガンを崇拝し、模倣しようとした。こうしてレーガン政権三期目は失敗に終わり、超党派性どころか党内の亀裂が深まって、レーガンが再建しようとした現代大統領制は過去のものになっていった。

さらに年末には、レーガンはイギリスを訪問して、オクスフォード大学で講演した。共産主義の没落後も、「地上にはより見分けにくい悪が徘徊《はいかい》している」として、彼は「良心の軍隊」の結束を促した(119)。レーガンがレーガンらしかった、おそらく最後の演説であろう。

長い闘病と死

メキシコ滞在中の一九八九年七月にレーガンは落馬して、深刻な脳挫傷を負っていた。だが、退院時にレーガンは取材陣に帽子を振って挨拶し、半分だけ髪の剃られた頭をさらした。あわててナンシーが割って入った(120)。以後、レーガンの記憶力は著しく減退していく。九三年にはアルツハイマー病の可能性を指摘され、一年後に発症が確認されたのである。この年の八十二歳の誕生パーティーでは、レーガンは挨拶で同じ文章を二度読む誤りを犯していた。

「先日、私はアルツハイマー病を患う、数百万人のアメリカ人の一人として診断されました」「それがいつであろうと、神が私をお召しになる時、私はわが国への最大の愛とその未来への永遠の楽観主義を抱いて、去って行くでしょう」「私は今、人生の黄昏に向かう旅を始めようとしています。しかし、アメリカの前途にはつねに明るい暁があることを、私は確信しています」――一九九四年十一月五日に、「幸福な戦士」ロナルド・レーガンは手書きの最後のメッセージを国民に発した(121)。かつて「アメリカの朝」を繰り返し語った元大統領は、こうして静かに人々の追憶とイメージの世界へと去っていった。

ほどなく、レーガンの偶像化が始まった。一九九七年には「ロナルド・レーガン遺産プロジェクト」が生前から発足し、彼の誕生日である二月六日を「ロナルド・レーガン記念日」に定めるよう、全米の知事に働き掛け始めた(122)。九八年には、首都ワシントンのナショナル空港がロナルド・レーガン・ワシントン・ナショナル空港と改名された。同年には、やはりワシントンでロナルド・レーガン国際貿易センター(The Ronald Reagan Building and International Trade Center)という連邦政府のビルも完成した。また、同プロジェクトは、全米三〇六七のすべての郡に彼の名前を冠した建物や橋、公園を設置しようとしてきた。二〇〇一年三月には、米海軍の最新型原子力空母が「ロナルド・レーガン」と命名された。

他方、冷戦の終焉、議会での党派対立の激化、そして大統領自らのスキャンダルなどのため、クリントン政権期には「ポスト現代大統領制」がしばしば語られるようになった。レーガン個人は神格化されながら、彼の支えようとした制度は失墜していったのである。映画の世界でも、大統領のスキャンダルを隠蔽するために架空の戦争を捏造《ねつぞう》する、バリー・レヴィンソン監督『ウワサの真相 ワグ・ザ・ドッグ』（*Wag the Dog*, 1997）や、クリントン夫妻をモデルにしてスキャンダルまみれの大統領候補を描いたマイク・ニコルズ監督『パーフェクト・カップル』（*Primary Colors*, 1998）など、大統領の権威の失墜は明らかであった。また、より非現実な設定のローランド・エメリッヒ（Roland Emmerich）監督『インデペンデンス・デイ』（*Independence Day*, 1996）やウォルフガング・ペーターゼン（Wolfgang Petersen）監督『エアフォース・ワン』（*Air Force One*, 1997）では、大統領が大活躍するものの、あくまで追い詰められた末のことである。ティム・バートン監督『マーズ・アタック！』（*Mars Attacks!*, 1996）にいたっては、大統領は火星人に愚弄された上で殺されてしまう。誘拐や暗殺未遂など、映画の中の大統領の受難はその後も続く。

一九九八年の秋に、レーガンの故郷、あのディクソンから、若い牧師とその友人が元大統領を訪問した。牧師がローウェル公園の話をし、スタッフが「ダッチ」の救難活動に話題を向けると、ほとんど記憶を失った八十七歳の老人は、「そう、やったんだよ！」と胸を張った。周囲の人々は笑い、そしてすすり泣いた。数カ月後に、元大統領への外部からの来訪を一切受けない、とレーガン事務所は発表した(123)。以後、ナンシーがベルリンの壁以上に堅固な壁になって、夫のイメージを守り抜いた。しかし、その妻がだれなのかも、さらには自分がだれなのかさえも、レーガンにはわからなくなっていた。

二〇〇一年に九十一歳の誕生日を迎えると、レーガンは史上最も長命な大統領経験者となった。さらに、その二年後の二〇〇四年六月五日に、ロナルド・ウィルソン・レーガンはベル・エアの地で亡くなった。中国の天安門事件十五周年の翌日、ノルマンディー上陸作戦六十周年の前日と、彼らしく、自由の尊さを記念する絶妙のタイミングで亡くなったことになる。九十三歳であった。すでに四年も目を開くことのない状態だったという。

六月九日に、レーガンの遺体はワシントンに運ばれた。かつて彼が二度目の大統領就任演説を行った連邦議事堂の円形大広間に遺体は安置され、三四時間にわたって一〇万人もの人々が訪れ、最高で七時間も待たなければならなかった。十一日の国葬には、ブッシュ元大統領をはじめ、世界各国から指導者たちが馳せ参じた。ゴルバチョフ、サッチャー、カナダのマルルーニ元首相、ポーランドのワレサ（Lech Wałęsa）元大統領、それに、日本の中曾根元首相の姿もあった。故人に敬意を表して、ニューヨーク証券取引所はその日の営業を休止した。

ワシントン大聖堂で、「レーガンの子供たち」の一人、ジョージ・W・ブッシュ大統領が弔辞を読んだ。「今宵カリフォルニアの海岸に夕陽が沈み、我らが第四十代大統領を安置する時、偉大なアメリカの物語が幕を閉じようとしています」「自由はどこに種蒔きされても繁茂することに彼は楽観的であり、自由が脅かされれば、どこでもそれを守ろうと努めました」

「そして、世界的な問題に対処するにあたって、ロナルド・レーガンは真理が有する力を確信していました。悪が水平線の向こうに陣取るのを見て取るや、彼は文字通りそれを悪と呼んで憚《はばか》りませんでした」

「歴史は没個性的な潮流と不可避的な運命によって突き動かされていると、彼が政治生命をかけて戦ったイデオロギーは、倦《う》むことなく説いていました。しかし、ロナルド・レーガンは自由な人間の勇気と勝利を確信していたし、われわれもいっそうそう信じています。何故ならば、われわれは彼の中にその勇気を認めたからです」

「この強さは何に由来するのでしょうか。この勇気はいかに学ばれたのでしょうか。それは、母親とともに聖書を読む少年の信仰です。それは、手術室に横たわりながら、自分よりも先に自分を撃った男のために祈る人の信仰です。それは、恐るべき病に冒されながら、昇天を待つ人の信仰です」

「ロナルド・レーガンと彼が愛した祖国に、神のご加護があらんことを」[124]

故人の人生を簡勁《かんけい》に刻印した、ブッシュにしては出色の弔辞である。

ケーブルテレビは、レーガンの追悼番組や出演映画を、二四時間放送し続けた。インターネットでは、彼を記念する数多くの商品がオークションにかけられていた。これらのメディアは、レーガン時代の規制緩和の産物である。さらに、アレクサンダー・ハミルトンに替わってレーガンを一〇ドル紙幣のデザインに用いるよう求める、ウェブサイトまで立ち上げられた。

没後一年を経て、インターネット調査に基づくテレビ番組では、レーガンは実にリンカーン、キング牧師、ワシントンらを凌いで、「最も偉大なアメリカ人」に選ばれるにいたったのである[125]。

◆注

(1) Inaugural Address, January 21, 1985, The American Presidency Project. 〈http://www.presidency.ucsb.edu/ws/index.php?pid=38688〉
(2) State of the Union Address, February 6, 1985, Miller Center, University of Virginia. 〈https://millercenter.org/the-presidency/presidential-speeches/february-6-1985-state-union-address〉
(3) Jeane J. Kirkpatrick, "Dictatorship and Double Standards," *Commentary Magazine*, vol. 68, no. 5 (November 1979), pp. 34–45.
(4) Remarks at a White House Meeting With Members of the American Business Conference, March 13, 1985. 〈https://www.reaganfoundation.org/ronald-reagan/reagan-quotes-speeches/remarks-at-a-white-house-meeting-with-members-of-the-american-business-conference/〉
(5) ロナルド・レーガン／尾崎浩訳『わがアメリカンドリーム——レーガン回想録』(読売新聞社、一九九三年)(以下、

『回想録』六三五頁。

（6）同書、七九五頁。

（7）マーガレット・サッチャー／石塚雅彦訳『サッチャー回顧録 ダウニング街の日々』下（日本経済新聞社、一九九三年）二五頁。

（8）James Graham Wilson, *The Triumph of Improvisation: Gorbachev's Adaptability, Reagan's Engagement, and the End of the Cold War* (Ithaca, NY: Cornell University Press, 2014), p. 412.

（9）George Bush and Brent Scowcroft, *A World Transformed* (NY: Knopf, 1998), p. 4.

（10）George P. Shultz, *Turmoil and Triumph: My Years As Secretary of State* (NY: Scribner's, 1993), p. 530.

（11）*Ibid.*, p. 532.

（12）『回想録』七九六―八〇〇頁。

（13）ジョセフ・S・ナイ・ジュニア、デイヴィッド・A・ウェルチ／田中明彦・村田晃嗣訳『国際紛争――理論と歴史〔原書第10版〕』（有斐閣、二〇一七年）二一三頁。

（14）Douglas Brinkley, ed., *The Reagan Diaries* (NY: HarperCollins, 2007)（以下、*Diaries*）, p. 222.

（15）"US Policy, Programs and Strategy in Afghanistan," March 27, 1985. 〈https://fas.org/irp/offdocs/nsdd-166.pdf〉

（16）Michael K. Deaver, *A Different Drummer: My Thirty Years with Ronald Reagan* (NY: HarperCollins, 2001), p. 108.

（17）『回想録』四九〇頁。

（18）Bergen-Belsen Concentration Camp, May 5, 1985, Miller Center, University of Virginia. 〈https://millercenter.org/the-presidency/presidential-speeches/may-5-1985-bergen-belsen-concentration-camp〉

（19）『回想録』四九一頁。

（20）Edward Barnes and Anne Hollister, "Now, No One Is Safe from AIDS: The New Victims," *Life*, July 1985.

（21）マリタ・スターケン／岩崎稔・杉山茂・千田有紀・高橋明史・平山陽洋訳『アメリカという記憶――ベトナム戦争、

エイズ、記念碑的表象』（未來社、二〇〇四年）二五〇―二五一頁。

（22） James H. Broussard, *Ronald Reagan: Champion of Conservative America*（NY: Routledge, 2015）, p. 171.

（23） Colin Clews, *Gay in the 80s: From Fighting Our Rights to Fighting for Our Lives*（Leicestershire, UK: Matador, 2017）, pp. 168–169, p. 129.

（24） Jacob Weisberg, *Ronald Reagan*（NY: Times Books, 2016）, p. 95.

（25） *Diaries*, p. 374.

（26） たとえば、梅川健「レーガン政権における大統領権力の拡大――保守的法律家の憲法解釈と署名見解の制度化」日本政治学会編『年報政治学 2011-I――政治における忠誠と倫理の理念化』（木鐸社、二〇一一年）を参照。

（27） “Reagan Would Supply Arms to Rebels in Afghanistan,” *Los Angeles Times*, January 10, 1980.

（28） H. W. Brands, *Reagan: The Life*（NY: Doubleday, 2015）, p. 552.

（29） この事件については、Theodore Draper, *A Very Thin Line: The Iran-Contra Affairs*（NY: Hill and Wang, 1991）が詳しい。

（30） William C. Wohlforth, ed., *Witnesses to the End of the Cold War*（Baltimore: Johns Hopkins University Press, 1996）, p. 19.

（31） 『回想録』八二七頁。

（32） 同書、八二九頁。

（33） Jim Kuhn, *Ronald Reagan in Private: A Memoir of My Years in the White House*（NY: Sentinel, 2004）, p. 168.

（34） Douglas Brinkley, ed., *The Notes: Ronald Reagan's Private Collection of Stories and Wisdom*（NY: HarperCollins, 2011）, pp. 234–235.

（35） 佐々木伸『ホワイトハウスとメディア』（中公新書、一九九二年）五〇頁。

（36） Speech on the Geneva Summit, November 21, 1985, Miller Center, University of Virginia. 〈https://millercenter.org/the-presidency/presidential-speeches/november-21-1985-sppech-geneva-summit〉

(37) ウンベルト・エーコ／リッカルド・アマディ訳『歴史が後ずさりするとき——熱い戦争とメディア』（岩波書店、二〇一三年）の「訳者あとがき」三七五頁。

(38) Address to the Nation on the Explosion of the Space Shuttle Challenger, January 28, 1986, The American Presidency Project. 〈http://www.presidency.ucsb.edu/ws/?pid=37646〉

(39) Broussard, *op. cit.*, p. 161.

(40) Hugh Heclo, "Ronald Reagan and the American Public Philosophy," in W. Elliot Brownlee and Hugh Davis Graham, eds., *The Reagan Presidency: Pragmatic Conservatism and Its Legacies* (Lawrence: University Press of Kansas, 2003), pp. 17–37.

(41) Address Before a Joint Session of Congress on the State of the Union, February 4, 1986, The American Presidency Project. 〈http://www.presidency.ucsb.edu/ws/index.php?pid=36646〉

(42) *Diaries*, p. 408.

(43) Brands, *op. cit.*, p. 522.

(44) *Diaries*, p. 155, p. 290, p. 313.

(45) Address to the Nation on Independence Day, July 4, 1986, Ronald Reagan Presidential Library. 〈https://www.reaganlibrary.gov/sites/default/files/archives/speeches/1986/70486c.htm〉

(46) ロナルド・パールマン「米国レーガン政権下における税制改革の経験」二〇〇二年三月二十六日、税制調査会総会〈http://www.cao.go.jp/zeicho/siryou/pdf/a25kaib.pdf〉。

(47) Don Oberdorfer, *The Turn: From the Cold War to a New Era* (NY: Poseidon Press, 1991), p. 157.

(48) *Diaries*, p. 437.

(49) J・L・ガディス／河合秀和・鈴木健人訳『冷戦——その歴史と問題点』（彩流社、二〇〇七年）二六三頁。

(50) 『回想録』八八五—八八九頁。

(51) The President's News Conference, November 19, 1986, The American Presidency Project. 〈http://www.presidency.ucsb.edu/ws/index.php?pid=36748〉

(52) ドナルド・T・リーガン／広瀬順弘訳『フォー・ザ・レコード』（扶桑社、一九八八年）五七頁。

(53) Weisberg, *op. cit.*, p. 133.

(54) *Ibid.*, p. 134.

(55) Ronald Brownstein, *The Power and the Glitter: The Hollywood–Washington Connection* (NY: Vintage Books, 1992), p. 298.

(56) William J. Palmer, *The Films of the Eighties: A Social History* (Il. : Sothern Illinois University Press, 1993), p. 308.

(57) 北沢夏音監修／渡辺幻主編『80年代アメリカ映画１００ 1980▶1989』（芸術新聞社、二〇一一年）二一〇頁。

(58) Weisberg, *op. cit.*, p. 135.

(59) David Rothkopf, *Running the World: The Inside Story of the National Security Council and the Architects of American Power* (NY: PublicAffairs, 2005), p. 258.

(60) 村田晃嗣『米国初代国防長官フォレスタル——冷戦の闘士はなぜ自殺したのか』（中公新書、一九九九年）。

(61) John Tower, Edmund Muskie, and Brent Scowcroft, *The Tower Commission Report: The Full Text of the President's Special Review Board* (NY: Bantam Books, 1987).

(62) リーガン、前掲、一一二頁。

(63) 同書、四二三—四二四頁。

(64) Lou Cannon and Carl M. Cannon, *Reagan's Disciple: George W. Bush's Troubled Quest for a Presidential Legacy* (NY: PublicAffairs, 2008), p. 31.

(65) Broussard, *op. cit.*, p. 169. チコ・マルクスはマルクス兄弟の長兄。レオ・マッケリー（Leo McCarey）監督『我輩はカモである』（*Duck Soup*, 1933）の有名な科白。

(66) Visar Berisha et al., "Tracking Discourse Complexity Preceding Alzheimer's Disease Diagnosis: A Case Study Comparing the Press Conferences of Presidents Ronald Reagan and George Herbert Walker Bush," *Journal of Alzheimer's Disease*, vol. 45, no. 3 (2015).

（67） Time-Life Books, eds., *Pride and Prosperity: The 80s* (VA: Time Life Education, 1999), p. 95.

（68） National Security Decision Directive Number 261, Consultations on the SDI Program, February 18, 1987, Ronald Reagan Presidential Library. 〈https://www.reaganlibrary.gov/sites/default/files/archives/reference/scanned-nsdds/nsdd261.pdf〉

（69） ナンシー・ギブス、マイケル・ダフィー／横山啓明訳『プレジデント・クラブ――元大統領だけの秘密組織』（柏書房、二〇一三年）五一六頁。

（70） President Ronald Reagan Speech at the Brandenburg Gate, West Berlin, Germany, June 12, 1987, Air University. 〈http://www.au.af.mil/au/awc/awcgate/speeches/reagan_berlin.htm〉

（71） Howard H. Baker, Jr., Oral History, Senate Majority Leader; White House Chief of Staff, Miller Center, University of Virginia. 〈https://millercenter.org/the-presidency/presidential-oral-histories/howard-h-baker-jr-oral-history-senate-majority-leader〉

（72） James Mann, *The Rebellion of Ronald Reagan: A History of the End of the Cold War* (NY: Viking, 2009), p. 118.

（73） Daniel K. Inouye and Lee H. Hamilton, *Report of the Congressional Committees Investigating the Iran–Contra Affair: With Supplemental, Minority, and Additional Views* (NY: Random House, 1988).

（74） Jules Tygiel, *Ronald Reagan and the Triumph of American Conservatism* 2nd ed. (NY: Longman, 2006), p. 328.

（75） Mann, *op. cit.*, p. 272.

（76） 『回想録』九一三頁。

（77） *Diaries*, p. 555.

（78） Mann, *op. cit.*, p. 270. コリン・パウエル、ジョセフ・E・パーシコ／鈴木主税訳『マイ・アメリカン・ジャーニー――コリン・パウエル自伝』（角川書店、一九九五年）四三〇頁。

（79） ケイト・アンダーセン・ブラウワー／江口泰子訳『使用人たちが見たホワイトハウス――世界一有名な「家」の知

られざる裏側』（光文社、二〇一六年）一七七頁。
（80） ナイジェル・クリフ／松村哲哉訳『ホワイトハウスのピアニスト――ヴァン・クライバーンと冷戦』（白水社、二〇一七年）四六〇頁。
（81） *Diaries*, p. 555.
（82） ブラウワー、前掲、二九九頁。
（83） ストローブ・タルボット、マイケル・R・ベシュロス／浅野輔訳『最高首脳交渉――ドキュメント・冷戦終結の内幕』上（同文書院、一九九三年）一六頁。
（84） Richard Reeves, *President Reagan: The Triumph of Imagination* (NY: Simon & Schuster, 2005), p. 446.
（85） Alan Nadel, *Flatlining on the Field of Dreams: Cultural Narratives in the Films of President Reagan's America* (NJ: Rutgers University Press, 1997), pp. 184–188.
（86） パウエル、前掲、四四四頁。
（87） Frances FitzGerald, *Way Out There in the Blue: Reagan, Star Wars and the End of the Cold War* (NY: Simon & Schuster, 2000), p. 461.
（88） Steven J. Ross, *Hollywood Left and Right: How Movie Stars Shaped American Politics* (NY: Oxford University Press, 2011), p. 347–348.
（89） Remarks on Signing the Bill Providing Restitution for the Wartime Internment of Japanese-American Civilians, August 10, 1988, The American Presidency Project. 〈http://www.presidency.ucsb.edu/ws/?pid＝36240〉
（90） Remarks at the Republican National Convention in New Orleans, Louisiana, August 15, 1988, Ronald Reagan Presidential Library. 〈https://www.reaganlibrary.gov/sites/default/files/archives/speeches/1988/081588b.htm〉
（91） Address Accepting the Presidential Nomination at the Republican National Convention in New Orleans, August 18, 1988, The American Presidency Project. 〈http://www.presidency.ucsb.edu/ws/index.php?pid＝25955〉

(92) Timothy Naftali, *George H. W. Bush* (NY: Times Books, 2007), p. 61.
(93) Ross, *op. cit.*, p. 380.
(94) *Ibid.*, p. 60.
(95) ギブス、ダフィー、前掲、五二四頁。
(96) *Diaries*, p. 664.
(97) Remarks at the Veterans Day Ceremony at the Vietnam Veterans Memorial, November 11, 1988, The American Presidency Project. 〈http://www.presidency.ucsb.edu/ws/?pid=35155〉
(98) Speeches at White House State Banquet (MT & President Reagan), November 16, 1988, Margaret Thatcher Foundation. 〈http://www.margaretthatcher.org/document/107384〉
(99) Gorbachev's Speech to the U. N., December 7, 1988, From CNN Cold War. 〈https://astro.temple.edu/~rimmerma/gorbachev_speech_to_UN.htm〉
(100) *Diaries*, p. 720.
(101) Robert Sklar, *Movie-Made America: A Cultural History of American Movies*, Rev. ed. (NY: Vintage Books, 1994), p. 347.
(102) Nadel, *op. cit.*, p. 10.
(103) *Ibid.*, pp. 176-181.
(104) *Ibid.*, pp. 51-53.
(105) *Diaries*, p. 671.
(106) Farewell Address to the Nation, January 11, 1989, The American Presidency Project. 〈http://www.presidency.ucsb.edu/ws/index.php?pid=29650〉
(107) *Diaries*, p. 693.
(108) 『回想録』九四五頁、九四九―九五〇頁。
(109) マービン・カルブ／岡村黎明訳『ニクソン・メモ――大統領のメディア工作』(サイマル出版会、一九九六年)を参照。

(110) Douglas Brinkley, *The Unfinished Presidency: Jimmy Carter's Journey Beyond the White House* (NY: Viking Books, 1998); Herbert D. Rosenbaum and Alexej Ugrinsky, *Jimmy Carter: Foreign Policy and Post-Presidential Years* (Westport, CT: Greenwood Press, 1994); Rod Troester, *Jimmy Carter as Peacemaker: A Post-Presidential Biography* (Westport, CT: Praeger, 1996).

(111) Brands, *op. cit.*, pp. 710–711.

(112) "Accolade for Reagan: Honorary Knighthood," *New York Times*, June 15, 1989.

(113) Brands, *op. cit.*, pp. 707–708.

(114) 掛尾良夫『日本映画の世界進出』(キネマ旬報社、二〇一二年) 一六頁。

(115) Ronald Reagan, "I'm Convinced That Gorbachev Wants a Free-Market Democracy," *New York Times*, June 12, 1990.

(116) Brands, *op. cit.*, pp. 716–717.

(117) Frank Carlucci Oral History, Assistant to the President for National Security Affairs; Secretary of Defense, Miller Center, University of Virginia. 〈https://millercenter.org/the-presidency/presidential-oral-histories/frank-carlucci-oral-history-assistant-president-national〉

(118) Republican National Convention: President Reagan's Address at the 1992 RNC-8/17/92 〈https://www.youtube.com/watch?v=WxL3OU1dwml〉

(119) Arising from the Ashes of the Old World Order, December 4, 1992. 〈https://www.c-span.org/video/?35586-1/arising-ashes-world-order〉

(120) Brands, *op. cit.*, p. 712.

(121) Michael R. Gordon, "In Poignant Public Letter, Reagan Reveals That He Has Alzheimer's," *New York Times*, November 6, 1994.

(122) The Ronald Reagan Legacy Project: Honoring the 20th Century's Greatest President with a Memorial in

Every County in America. 〈http://www.ronaldreaganlegacyproject.org/about〉

(123) Margot Morrell, *Reagan's Journey: Lessons from a Remarkable Career* (NY: Threshold Editions, 2014), p. 280.

(124) President Bush's Eulogy at Funeral Service for President Reagan, June 11, 2004, The White House, President George W. Bush. 〈https://georgewbush-whitehouse.archives.gov/news/releases/2004/06/20040611-2.html〉

(125) Reagan voted 'greatest American,' BBC News, 28 June 2005. 〈http://news.bbc.co.uk/2/hi/americas/4631421.stm〉

終　章

比較の中の「銀幕の大統領」

⬆「ウィリアムズバーグ・サミット――1980年代の指導者たち（1983年5月28日。© CNP／時事通信フォト）

一　比較1――前任者たち

レーガンの政治的リーダーシップのスタイルや映画と政治の関係について、縦軸と横軸の比較の中で考察してみたい。縦軸は、まず大統領としてのレーガンの前任者たちとの、次いで「レーガンの子供たち」との比較である。そして横軸は、レーガンと同時代の他国の政治指導者たちとのそれである。

前任者たちとの比較として、ニクソンとカーターを取り上げよう。前者は共和党、後者は民主党であり、政治的リーダーシップのスタイルについては、いずれもレーガンと対照的であり、しかも、二人とも映画とのかかわりが深い。

両者の間にフォードがいるが、大統領在職期間が二年五カ月と短期である。しかも、自ら正副大統領に当選したわけではない。ただし、彼は共和党穏健派と超党派外交の伝統のよき担い手であった。一九七五年にベテラン記者のリチャード・リーブス（Richard Reeves）は、「リンカーンではなくフォード」という記事を書き、フォードを「悠長」「想像力に欠ける」「不明瞭」などと酷評した。その記者が九六年末にはあらためて「申し訳ありませんでした大統領閣下」という記事を書き、フォードによるニクソン恩赦を再評価した(1)。九九年には民主党のクリントン大統領がフォードに大統領自由勲章（Presidential Medal for Freedom）を授与し、また、二〇〇一年にはジョン・F・ケネディ財団がニクソン恩赦を理由に、彼を表彰している(2)。フォードはレーガン没後二年半を経た〇六年十二月に九十三歳で亡くなったが、レーガンよりも四五日長命で、大統領経験者として最高齢記録を樹立して、かつてのライバルに一矢を報いた。晩年のフォードには、超党派的な長老の趣きが備わっていた。

ニクソンとレーガン

まず、二人の政策を簡単に比べてみよう。前任者のジョンソンが内政に成果を上げながら、ベトナム戦争という外交で敗退したのとは逆に、ニクソンは外交で成功しながら、内政でつまずいた大統領である。キッシンジャーによれば、「ニクソンはセオドア・ローズヴェルト以来、最も外交政策の備えのできた大統領になった」が、「国内の平和を回復させるには、理想的な指導者とはいえなかった」(3)。それどころか、ウォーターゲート事件のために、この「帝王的大統領」は現代大統領制を揺るがせ、汚辱の中で失脚したのである。レーガンはニクソンほど外交に通じていなかったが、米ソ関係の改善に成功し、イラン・コントラ事件を引き起こしながらも人気を挽回して、国民に自信を与えた。また、ニクソンはリアリストとして国力の後退に適応しようとしたが、レーガンはその国力を回復しようと努めた。さらに、二人は共に「赤狩り」で政治的な名を上げたが、ニクソンの反共主義は多分に政治的便法であり、レーガンのそれは確信であった。しかし、両者とも反共主義者との評判を確立していたがゆえに、前者は米中接近と米ソ・デタントに、後者は米ソ核軍縮交渉に成功したのである。内政では、両者は共に「法と秩序の回復」を謳ったが、社会政策については、ニクソンはリベラルに近く、レーガンははるかに保守的であった。結果的に、ニクソンは共和党への信頼を失墜させ、レーガンはその回復を果たした。

退任後については、ニクソンは名誉回復のために執拗に政治に関与しようとしたが、レーガンは高齢で病を得たこともあり、静かに人々の追憶の中に消えていった。「歴史の確定判決は、早急に下るとはかぎらない。数年どころか数十年、数世代かかって、ようやく下ることがある。生きてその判決を聞く指導者はごく少ない」とニクソンは語り、ギリシャの哲学者ソフォクレス(Sophoklēs)の言葉を引用している。

「一日がいかにすばらしかったかは、夕刻にならねばわからない」(4)

次に、二人の政治的な人格や手法についてである。両者は同世代で、豊かとは言えない家庭に育ち、敬虔《けいけん》な母親の影響を受けた。第二次世界大戦中のレーガンの従軍経験は形ばかりだったが、ニクソンは海軍に志願し、補給士官として太平洋戦線を転戦した。また、ニクソンとレーガンは共にカリフォルニア州を政治的基盤にし、反エスタブリッシュメントの姿勢をとった。その意味で、ケネディは二人の共通の敵である。だが、ニクソンは猜疑心の強い策略家であり、しばしば人々の憎しみを煽《あお》ったが、レーガンはあくまで「幸福な戦士」として振る舞い、「グレート・コミュニケーター」として人々に夢を語った。前者は国民に憎まれ、後者は愛された。ニクソンはケネディとのテレビ討論に敗れた経験から、レーガンはラジオ、映画、テレビを通じての経験から、共にメディア対策に細心の注意を払った。

では、映画と政治の関係についてはどうか。

ニクソンはレーガン同様に映画の揺籃期に、しかも、ハリウッドの近くで生まれ育った。レーガンは俳優として銀幕を飾ったが、ニクソンは銀幕を見つめ続けた。他のどの大統領よりも。ビデオやDVDは別として、暗室の中で二時間近くも映画を観ることは、孤独で自省的な営みである。「ニクソンはいつも、自分はどんな人間なのかを自問自答しているに違いない。それは疲れるよ。私は自分自身でかまわないんだ」と、ケネディは母校ハーヴァード大学教授のジョン・ガルブレイス(John K. Galbraith)に語ったという(5)。自省的な人の特徴であろう。『パットン大戦車軍団』をはじめ、マイケル・アンダーソン(Michael Anderson)監督『八〇日間世界一周』(*Around the World in 80 Days*, 1956)やイワン・プイリエフ(Ivan Pyrev)監督『カラマーゾフの兄弟』(*Bratya Karamazovy*, 1969)などの大作を、ニクソンは繰り返し観賞している。

ハリウッドのリベラル派はニクソンを心の底から嫌っていたが、彼らにとっても、ニクソンは映画の恰好の題材であった。レーガン自身が映画のテーマになることが乏しいのとは、好対照である。また、リンカーンやケネディのほぼ全生涯が映画の対象になったのに対して、ニクソンの場合は主として一つのテーマをめぐって映画に取り上げられた。それは本人の最も忌避したいテーマ、ウォーターゲート事件である。早くも一九七六年には、『大統領の陰謀』が映画化されてヒットした。ただし、主人公は大統領を追い詰める二人の新聞記者であり、ニクソン自身は登場しない。翌年には、ニクソン側近による小説をもとに、ゲリー・ネルソン（Gary Nelson）監督『権力と陰謀 大統領の密室』（*Washington: Behind the Closed Doors*）というテレビのミニ・シリーズも公開された。さらに、九五年には、ストーン監督『ニクソン』（*Nixon*）も制作された。そのラスト近くに、ニクソンはホワイトハウスでケネディの肖像画を見つめながらつぶやく。「人々は君を見る時には理想を見て、私を見る時には現実を見るのだ」

ニクソン自身が繰り返し映画に描かれただけではない。彼は映画に悪のイメージを提供し続けた。何しろ、ニクソンはたった一人で、ウィリアム・シェークスピア（William Shakespeare）の造型した『オセロ』（*Othello*）で嫉妬を操るイアーゴ（Iago）と『十二夜』（*Twelfth Night*）の説教臭いマルヴォーリオ（Malvolio）、そして『リチャード三世』（*Richard III*）の残酷で強欲な主人公の性格とイメージを兼ね備えていたのである。フォードとカーター、そしてニクソンが並んで写っている写真を指さして、ボブ・ドールはかつてこう言った。「（フォードは）悪に見えない。（カーターは）悪に聞こえない。（ニクソンは）悪そのものだ」(6)。ベトナム戦争の敗北とウォーターゲート事件による一九七〇年代のアメリカの自信喪失と自己嫌悪を、ニクソンはだれよりも体現している。だからこそ、ベトナム戦争を扱った映画には、しばしばニクソンの映像や人形が登場し、『スター・ウォーズ』の銀河帝国皇帝にまで彼のイメージが投影されるのである。八〇年代の映画にレーガンが登場し直接批判されることは稀だったが、それは彼が「テフロン大統領」だったからという以上に、ニクソンが悪のイメージを一手に引き受けていたからである。その意味で、ニクソンはレーガンの避雷針であった。

レーガンは政界進出前に俳優として銀幕の中で活躍したが、ニクソンは大統領としてだれよりも銀幕を見つめ、ハリウッドに憎まれながらも、銀幕に題材と悪のイメージを提供し続けたのである。

カーターとレーガン

まず、政策面での比較である。カーターもレーガンも、ニクソンの挫折から台頭した。前者はニクソンの没道義的な外交を批判して人権外交を提唱し、後者は共和党穏健派の後退に勝機を得た。また、自らがジェファーソン・スミスのようなワシントン・アウトサイダーであることを、二人とも喧伝した。両者は州知事の経験を有していたが、ジョージア州知事を一期務めただけのカーターと、カリフォルニア州知事を二期務めたレーガンとでは、行政経験と人脈の幅と厚みが異なった。その差は、大統領就任後の連邦議会との関係で、すぐに明らかになった。さらに、カーターは「私は決して嘘をつかない」と公約し、ニクソン以上に国力の減退を自覚して、国民に率直にそう語ったが、レーガンは国力の回復を確信し、国民を鼓舞し続けた。前者はベトナム戦争を誤りだったと信じ、後者はそうした評価を退けた。結果的に、カーターの正直な悲観論よりもレーガンの誇張気味の楽観論を、国民は好んだ。さらに、カーターは米ソ和解と軍縮を求めながら、政権末期には米ソ関係を悪化させ（それはもっぱらソ連の責任ではあったが）、軍拡に向かわざるをえなかった。他方、レーガンは「強いアメリカ」と反共主義を語りながら、米ソ関係を改善し、史上初の核軍縮を実現した。カーターはレーガンに再選を阻まれ、退任後はアトランタに「キャンプ・デーヴィッドの個人版」たるカーター・センターを設立して、外交問題や人権問題に取り組み続け、「史上最高の大統領経験者」と呼ばれるようになった。二〇〇二年には、ノーベル平和賞も受賞している。退任後の活動については、レーガンよりも、フーヴァーやニクソンに近い。

次に、政治的な人格や手法については、どうであろうか。

カーターは、ディープサウスのジョージア州出身である。サンベルトに属する点ではカリフォルニア州と同じだが、その南部にも共和党の勢力が浸透しつつあった。また、彼はレーガンよりも一三歳若く、第二次世界大戦への従軍経験はないが、戦後すぐに海軍兵学校に学び、海軍で原子力潜水艦の開発計画に従事した。カーターは敬虔な南部バプティストであると同時に、合理的なテクノクラートでもあった。

敬虔なバプティストとして、カーターはしばしば神について語った。彼はレーガンより直截《ちょくせつ》かつ公に、自らの信仰を語った。カーターは一九六六年に知事選に落選した折に、レーガンは八一年に暗殺未遂事件を経験した際に、あらためて天命を悟った。また、両者は共に、信仰を外交政策に結び付けた。カーターにとっては人権の推進が、レーガンにとっては自由の拡大が神意であった。前者はあらゆる人間に原罪を見たが、後者はもっぱら共産主義や「大きな政府」といった思想や制度に罪を読み取った。

合理的なテクノクラートとして、カーターは細部にこだわり、しばしば大局を見失った。レーガンはその逆であった。前者は政権内で最終決定権を担保したが、後者はそれをできるだけ部下たちに移譲した。そのため、政権が進行するにつれて、カーターは政治的な柔軟性を失い、テレビを通じた国民への南部訛《なま》りの呼び掛けも魅力を失っていった。また、カーターはカジュアルなスタイルを演出し、そのために大統領の権威を犠牲にすることも厭《いと》わなかったが、レーガンは大統領職の公的な権威を守り抜こうとした。さらに、高齢のレーガンが「ロンボー」「タフガイ」と見られたのに対して、カーターは軍事力の行使に消極的で、軟弱、「永遠の反マッチョ」と目された。彼を「最初の女性大統領」と呼ぶ者さえいた(7)。

では、映画と政治の関係である。

ホワイトハウス在職中に、カーターは膨大な量の映画を観賞した。内省的な性格もあろうし、政権末期のイラン米大使館人質事件で「待つ」ことを強いられたことも関係しているかもしれない。実際、一九八〇年だけで、彼は一二〇本近くの映画を観ている。また、レーガンより一三歳若いカーターは、過激な暴力や性描写を伴う作品も観賞している。学生寮の乱痴気騒ぎを描いたジョン・ランディス監督『アニマル・ハウス』(*National Lampoon's Animal House*, 1978) や、ブレイク・エドワーズ (Blake Edwards) 監督によるセクシー・コメディ『テン』(*10*, 1979) を、敬虔な大統領がホワイトハウスで、時には賓客と、時には繰り返し観賞していたとは驚きである。

また、一九七六年と八〇年の二回の大統領選挙では、かつてケネディ兄弟を応援した層を中心に、ハリウッドのリベラル派が数多くカーターを支持した。ハリウッドだけではない。多くのレコード会社やロック・グループも彼を支援した。

しかし、カーター大統領の時代は、一方で陰謀もの映画の全盛期であり、他方でレーガン時代を予兆する「フィール・グッド」映画が台頭していた。そうした中で、この善良だが神経質な大統領、「永遠の反マッチョ」がハリウッドに話題や題材を提供することは、ほとんどなかった。わずかに、ケン・ヒューズ (Ken Hughes) 監督のコメディ・ミュージカル『結婚狂騒曲　セクステット』(*Sextette*, 1978) や、『ランボー』をパロディにしたジム・エイブラハムズ (Jim Abrahams) 監督『ホット・ショット2』(*Hot Shot! Part Deux*, 1993) などで、エド・ベーラー (Ed Beheler) という無名の俳優が何度かカーターを演じているにすぎない。いずれも端役である。その後も事情は変わらなかった。アイゼンハワー以降レーガンまでのホワイトハウスを黒人の視点から描く『大統領の執事の涙』でさえ、この南部出身の人権派大統領はアーカイブ映像でわずかに登場するのみである（フォードも同様）。

ハリウッドはF・D・ローズヴェルトやケネディを愛し、彼らを描き続けた。これに対して、ハリウッドはニクソンを憎みながら描き続け、カーターを支援したものの無視し続けたのである。レーガンはニクソンほど憎まれず、カーターほど無視されなかった。しかも、レーガン時代には、彼の価値観を体現する映画が次々に創られたし、ハリウッドのセレブたちがいっそう政治化し、ハリウッドの産業構造も変化した。単に俳優出身という意味だけでなく、この「銀幕の大統領」は映画に多大な影響を及ぼしたのである。

二　比較2──「レーガンの子供たち」

共和党の保守化

レーガンは実子たちには慕われなかったが、政治的には忠実な「子供たち」に恵まれた。

一九九四年十一月にレーガンが自らアルツハイマー症を患っていると公言してから数日後の中間選挙で、共和党が上院では五二議席、下院では二三〇議席を獲得して、共に多数を制した。とりわけ、共和党が下院を制するのは、実に四二年ぶりのことであった。民主党はトム・フォーリー（Tom Foley）下院議長まで落選し、共和党のギングリッチ院内幹事が新たにこの職を手に入れた。ギングリッチら三六七人もの共和党下院議員候補者が掲げた政策綱領「アメリカとの契約」（Contract with America）は、レーガンの八五年の一般教書演説を一部下敷きにしていた。共和党穏健派のブッシュ、さらには民主党のクリントンと大統領が続く中で、ギングリッチら共和党保守派はレーガンの過去の人気に拠り所を求めたのである。クリントンも中道に重心を置くことで「レーガン連合」を模倣したし、この中間選挙敗北後の九五年一月の一般教書演説では「大きな政府」の終焉を宣言する。

さらに、二〇〇〇年の大統領選挙では、ジョージ・W・ブッシュとジョン・マケインが共和党予備選挙を争った。前者はテキサス州知事、後者はベテラン上院議員で、共に「レーガンの子供たち」であった。

ブッシュ陣営は「思いやりのある保守主義」(compassionate conservatism)を標榜した。党内保守派の支持なしに選挙戦は勝ち抜けないが、保守派による過激なクリントン批判にすでに中道の世論は離反していた。父とギングリッチの失敗の双方から、学ぶ必要があったのである。テキサスという大きな州で超党派の政治を推進した経験、つまり、レーガンと同様の経験が強調された。また、ブッシュ候補が外交政策の構想を発表するにあたって選んだ場所は、レーガン図書館であった。

マケインは緒戦で善戦したものの、資金力と組織力でブッシュに遠く及ばず、スーパー・チューズデーの大敗で予備選挙から撤退した。その後も、彼は「ロナルド・レーガン派の保守的共和党員」を自認し、二〇〇八年の共和党大統領候補の指名を獲得する。だが、彼は民主党のオバマ候補に敗れる。歯に衣着せない「一匹狼」という点では、マケインは「レーガンの子供」である以上に「第二のゴールドウォーター」であった。実際、アリゾナ州選出の上院議員としても、彼はゴールドウォーターの後継者だったのである。

さて、二〇〇〇年の大統領選挙では、激戦の末にブッシュが民主党のゴア副大統領に勝利した。フロリダ州での開票結果が混乱し法廷闘争に持ち込まれたが、最高裁判所は五対四でブッシュに軍配を上げた。ブッシュを支持した五人の判事のうち四人までが、レーガン大統領に任用されていた。ブッシュ親子の勝利は共に、レーガンに大きく与《あずか》っている。

共和党もブッシュ家も着実に保守化し、サンベルトに向かっていた。プレスコット・ブッシュ(Prescott Bush)上院議員は、ウォール街で成功した典型的な東部エスタブリッシュメントで、共和党穏健派に属した。第四十一代大統領となるその長男は、マサチューセッツ州で生まれてイェール大学に学び、第二次世界大戦後にテキサス州に移って石油ビジネスで財を成した。彼は大戦で武勲を上げたが、東部出身の「弱虫」というイメージを払拭できず、党内保守派から信用されなかったし、真のテキサス人とも思われなかった。第四十三代大統領となるそのまた長男は、コネチカット州ニューヘイブンで生まれ、祖父や父と同様にイェール大学に学んだが、カウボーイ・ブーツを履いてハーヴァード大学ビジネススクールに赴くほど、テキサスに同化していた。彼はベトナム戦争に従軍しなかったものの、「タフガイ」のイメージになじんだし、宗教的には「ボーン・アゲイン」であり、政治的には祖父や父よりはるかに保守派に近かった(8)。この間に、テキサスをはじめとする南部には、「レーガン・デモクラット」を中心に、共和党の勢力が浸透していった。

すでにソ連は崩壊し、インフレーションは沈静化して、税率も下がっていた。逆説的だが、この成功ゆえに、共和党がアイデンティティーを維持するには、イデオロギー的によりいっそう先鋭化せざるをえなかったのであろう。しかも、経済と人口の重心はサンベルトに向かい、宗教右派も勢力を増していた。さまざまな保守勢力を合従連衡《がっしょうれんこう》させ、「強いアメリカ」や「アメリカの朝」を語ったレーガン、しかも、依然として高い人気を誇り、批判から無傷の追憶の世界に生きるレーガンは、共和党保守派にとって恰好のイコンとなったのである。こうして、かつて「ノスタルジーの政治」を駆使したレーガンが、ノスタルジーの対象となった。

二〇〇一年九月十一日に同時多発テロが発生すると、ブッシュ政権の周辺でネオコンと呼ばれる人々が勢いを増した。彼らは愛国心を喚起し、アメリカ的な価値観を絶対視し、強力な軍事力に頼った。彼らの多くは、レーガン政権末期の対ソ政策を厳しく批判していたが、レーガンの政策以上にレトリックに注目することで、今や彼らも元大統領を都合よく「英雄」に仕立て上げた。第四十三代大統領も「ネオコン」も、「自由」や「専制」「悪」といったレーガンの語彙を多用した。また、〇三年五月一日に、ブッシュ大統領がサンディエゴ沖の空母エイブラハム・リンカーンに戦闘機で着艦し、歓声に包まれながら、イラクでの主要戦闘終結宣言を発した時、彼は明らかに映画『トップガン』を意識していた。実際の大統領がレーガン時代の映画を模倣し、しかも、レーガンのように「任務完了!」と語ったのである。

しかし、レーガン政権のアフガニスタン政策がイスラーム過激派「アルカイダ」を養成してきた事実から、ブッシュや「ネオコン」は目を背けていた。やがて、イラク戦争が長期化すると、彼らは国民的支持を喪失していった。「レーガン連合を構築するには三〇年を要した。ジョージ・W・ブッシュはそれを二年で破壊したのだ」と、政治学者のジョン・ホワイト(John Kenneth White)は論じている(9)。ブッシュへの支持率は、九・一一直後の九割から、二〇〇八年には三割台にまで落ち込んでいた。これでは現代大統領制の再建どころではなかった。

この間、二〇〇四年の大統領選挙でブッシュは再選を果たしたが、同年にはマイケル・ムーア(Michael Moore)監督『華氏九一一』(*Fahrenheit 9/11*)が、翌年にはクルーニー監督『グッドナイト&グッドラック』が作られるなど、この時期にはブッシュ批判を意図した多くの政治的映画が登場した。こうした政治映画の頻出は、ハリウッドがゴールドウォーター落選に情熱を注いだ一九六四年以来の現象である。

また、ブッシュや「ネオコン」には、レーガンの包摂性や妥協の精神がおよそ欠けていた。民主党の中にも、レーガンのこうした政治的魅力を高く評価する者は少なくなかった。「レーガンは秩序を求めるアメリカ人の願いに訴えかけ、勤勉や愛国心や個々の責任や楽観主義や信仰といった伝統的な価値を認識しなおす必要を訴えた」「一生懸命働いて、法を守り、家族を大事にし、国を愛した人たちに味方するという約束によって、レーガンはアメリカの国民に、自由主義者〔リベラル〕がもはや奮い起こすことのできなくなっていた〝共通の目的〟という感覚を提供した」(10)。先述のように、オバマは、こう語っている。彼は、レーガンの郷里イリノイ州を選挙区とする。ブッシュの八年の治世ののちに、彼もまた美声と雄弁を武器に、アメリカに再び「〝共通の目的〟という感覚を提供」しようとした。その意味で、オバマも「レーガンの子供」なのである。ただし、同じ「レーガンの子供たち」たる議会共和党はオバマとそのリベラルな諸政策にきわめて敵対的であり、「〝共通の目的〟という感覚」はついに醸成されなかった。

「セレブの政治」

先述のように、「ダーティーハリー」ことクリント・イーストウッドは、一九八六年から一期二年ながらカーメルの市長を務めた。レーガン時代の末期、しかもレーガンのお膝元カリフォルニア州である。彼自身は共和党支持だが、この時は無所属で立候補して当選している。その後も、民主党の下院議員候補やカリフォルニア州知事を応援したことがある。また、二〇〇八年にはマケインを、一二年には同じく共和党のミット・ロムニー（Willard Mitt Romney）を、大統領選挙で支援している。イーストウッドは自らを「リバタリアン」と称している(11)。

他にも、一九八九―九三年まで、俳優兼脚本家のベン・ジョーンズ（Ben Jones）はジョージア州選出の下院議員を務めたし、一九八三―八六年には、映画とテレビで活躍したジャック・ケリー（Jack Kelly）もカリフォルニア州ハンティントン・ビーチの市長を務めた。

そして、シュワルツェネッガーである。彼はジョン・ウェインやイーストウッドを尊敬しており、彼らと同じく共和党支持者であった。また、ケネディ大統領の姪でテレビ・キャスターのマリア・シュライバー（Maria Shriver）と結婚したことから、シュワルツェネッガーは政界進出への関心を高めた。一九八八年と九二年の大統領選挙では、彼は熱心にブッシュ候補を応援した。ただし、この元ボディビルダーの横に並ぶと、候補者はいたって貧弱に映ってしまった。第四十一代大統領はシュワルツェネッガーを「共和党のコナン」（Conan the Republican）と呼び、九二年にフィットネスとスポーツに関する大統領諮問委員会の委員長に起用した。ジョン・ミリアス監督『コナン・ザ・グレート』（*Conan the Barbarian*, 1982）が、シュワルツェネッガーを一躍有名にした映画である。こうして「共和党のコナン」を重宝しながら、ブッシュをはじめとする党内の有力者たちは、しばしばテレビや映画の暴力性、とりわけ警察官ら法執行者を殺害することに不快感を表明していたのだから、偽善的である。何しろ『ターミネーター』では、主人公は一七人もの警察官を殺しているのである。

シュワルツェネッガーは二〇〇二年にカリフォルニア州知事選挙に立候補を企図したが、果たせなかった。ところが、州経済の悪化から、民主党のグレイ・デイヴィス（Gray Davis）知事がリコールされ、〇三年に再び選挙になった。カリフォルニア州らしく、元子役俳優のゲリー・コールマン（Gary Coleman）やポルノ雑誌『ハスラー』（*Hustler*）の創刊者ラリー・フリント（Larry Flynt）、人気作家のアリアナ・ハフィントン（Ariana Huffington）らの「セレブ」を含む、実に一三五人が立候補したが、知名度に勝るシュワルツェネッガーが圧勝した。「ガバネーター」（知事を意味するガバナーと『ターミネーター』の合成語）の誕生である。

シュワルツェネッガー自身がオーストリアからの移民であったし、共和党内では穏健派に属し（しばしば、保守派からは「ロックフェラー派」と非難された)、同性愛者の権利や人工中絶など社会問題ではむしろ民主党に近かった。このため、彼はデイヴィスに失望した民主党層からも支持を得られた。その上、シュワルツェネッガー夫妻は、メディア、とりわけエンターテイメント系のメディアを選挙戦で最大限に活用した。また、レーガンがハイエクの『隷属への道』に感化されたように、シュワルツェネッガーはノーベル経済学賞を受賞したミルトン・フリードマンと親交が深く、彼の著書『選択の自由』(*Free to Choose*)とそのテレビ番組に影響を受けた(12)。まさに、レーガンの再来である。ただし、シュワルツェネッガーはオーストリア出身であるから、憲法の規定で大統領になることはできない。

『プレデター』をはじめとする映画でシュワルツェネッガーと共演した元プロレスラーのジェシー・ベンチュラ(Jesse Ventura)は、一足早く一九九〇年にミネソタ州ブルックリンパークの市長に、そして九八年にはミネソタ独立党から州知事に当選した。彼も社会問題ではリベラルであった。ヘンリー・ポッター(Henry C. Potter)監督の往年の名作『ミネソタの娘』(*The Farmer's Daughter*, 1947)では、スウェーデンからの移民の娘が政治的腐敗に憤って下院議員選挙に立候補する。ミネソタの反骨精神と言うべきであろうか。二〇〇九年には、コメディアンのアル・フランケン(Al Franken)も同州から上院議員になっている。ミネソタ民主農民労働党(事実上、民主党)の所属である。セクシャル・ハラスメント疑惑のため、二〇一七年に彼は辞任を強いられた。

さらに、ウォーターゲート事件の特別調査委員会で弁護士として活躍したフレッド・トンプソン(Fred Thompson)は、その後数多くのテレビや映画に検事や政治家役で出演し、一九九四—二〇〇三年にはテネシー州選出の共和党上院議員を務めた。二〇〇八年には共和党の大統領予備選挙に出馬し、一時は保守派から「レーガンの再来」と期待された。

一九二〇年代以来、政治家はハリウッドのスターたちを利用しようとしてきたし、セレブたちも進んで選挙に協力し、自らの政治的主張を展開してきた。また、レーガン知事の登場以前にも、カリフォルニア州を中心に下院議員や上院議員になった例はある。七〇年代には、スポーツ選手や元宇宙飛行士らも政界に進出した。だが、レーガン大統領の誕生以降は、イーストウッドやシュワルツェネッガーら世界的に著名な大スターが政治的公職に就いた。また、カリフォルニア州にとどまらず、セレブが知事や上院議員になっていった。レーガン時代に政治とエンターテイメントの相互作用が進み、レーガンがロール・モデルを提供したことが、セレブの政界進出に拍車をかけたのである。さらに、レーガン以降オバマにいたる歴代大統領も、ハリウッドのセレブたちをさかんに政治利用しようとしてきた。

レーガンとトランプ

こうした共和党の保守化（より正確には過激化）とセレブ政治の進展が交差するところで、ドナルド・トランプが登場したと言ってよい。彼は「第二次金ぴか時代」とも言われるレーガン時代に富を築き、知名度を高めたのである。共和党の主流派が弱体化する中で、トランプは過激な発言で注目を集めた。また、彼は多くの映画にカメオ出演し、テレビのリアリティ番組に出演して知名度を高めた。その意味では、トランプも「レーガンの子供たち」の一人に属そう。「アメリカを再び偉大にしよう」(Make America Great Again!) ――そもそも、大統領選挙でのトランプ陣営のこのキャッチフレーズは、一九八〇年の大統領選挙でのレーガン陣営のそれを借用したものである。

ただし、アメリカ政治のこの反逆児は、政治上の父にもそれほど敬意を払ってはいない。レーガンは「実に如才なく巧みにふるまい、国民の心を完全につかんだ。しかし七年たった今、あのスマイルの下にはたして実体はあるのかと、人びとは疑問を感じ始めている」と、トランプはレーガン時代の一九八七年に出版した自伝に記している(13)。

また、レーガンとトランプには顕著な相違点が四つある。第一に、レーガンは神を信じ、自由や民主主義といった理想を語ったが、トランプにはそのような信仰や語彙はない。第二に、前者は共産主義や「大きな政府」といった思想や制度を厳しく批判したが、よほどのことがなければ個人を攻撃することはなかった。他方で、後者は進んで敵を設定し、また、自分に敵対する個人を激しく攻撃する。レーガンがベルリンの壁を壊すよう求めたのに対して、トランプがメキシコとの国境に壁を築くよう主張している点は、両者の相違を象徴していよう。時あたかも、国境周辺での紛争や越境者を描いたボーダー映画が増えている(14)。憎悪をかきたてる政治手法という意味では、トランプはレーガンよりニクソンに似ているかもしれない。第三に、レーガンには大統領就任に先立ち八年にわたるカリフォルニア州知事としての行政経験があったが、トランプにはその種の行政経験は皆無である。そして第四に、アメリカの経済や人口の中心がサンベルトに移動する中でレーガンは台頭したが、その過程で忘れ去られたラストベルトの有権者を動員してトランプは大統領に当選を果たした。現代大統領制を確立したF・D・ローズヴェルトは、孤立主義と闘い続けた。「アメリカ・ファースト」を唱えるトランプ大統領の登場は、現代大統領制の終焉を何よりも雄弁に物語っているのかもしれない。

それでも、レーガンとトランプには興味深い共通点がある。ハリウッド主流派との敵対関係である。レーガンは古い世代のスターたちに知己が多かったが、「赤狩り」時代の彼の言動に反発する者も少なくなかった。また、より若い世代のハリウッド主流派はケネディ的なリベラルを任じ、レーガン政権にはしばしば反発した。同様に、否、それ以上に、トランプの過激な発言にハリウッドのリベラルなセレブたちは強く反発している。中でも、トランプとメリル・ストリープ（Meryl Streep）との対立は話題になった。この大女優がトランプの「弱い者いじめ」を暗に批判すると、トランプはツイッターで彼女を「最も過大評価されている女優の一人」と非難した。このストリープやジョージ・クルーニーらリベラルなセレブたちは政治的な発言や活動に積極的だが、これもレーガンに反発した若手俳優たちの政治化に起因している(15)。

ちなみに、トランプのお気に入りの映画の一つがO・ウェルズ監督『市民ケーン』（*Citizen Kane*, 1941）だという。メディアを操る自己顕示欲の強い権力者という点で、トランプとケーンは銀幕を挟んだミラー・イメージである。ケーンが未完の豪邸ザナドゥに陣取ったように、トランプはフロリダ州にマー・ア・ラゴという別荘を構え、しばしば賓客をもてなしている。ケーンの末期の言葉「薔薇《ばら》の蕾《つぼみ》」（rose-bud）の謎を探って、この映画は展開する。アメリカも世界も、しばらくはトランプにとっての「薔薇の蕾」を問い続けることになろう。

三　比較3――盟友たち

比較の横軸として、レーガンと同時代に活躍した他国の政治指導者を検討してみよう。

ニクソンはチャーチルやシャルル・ド・ゴール（Charles de Gaulle）らとも交流があり、中国の周恩来首相のような戦略的大局観のある政治家を自らの好敵手とみなしていた。カーターは非西洋の、しかも宗教的に敬虔な指導者と親しかった。エジプトのサダト大統領や日本の大平正芳首相らである。

レーガンは、反共主義や「小さな政府」の理念を共有する西側の指導者に信を置いた。イギリスのサッチャーや西ドイツのコール、カナダのマルルーニ、そして日本の中曾根らである。ローマ法王ヨハネ・パウロ二世を加えることもできよう。

レーガンとサッチャー

とりわけ、サッチャーとの親交については、最もしばしば語られてきた。レーガンの日記でも、彼女への言及は六〇回近くに上り、先述の指導者たちの中でも突出している。二人の関係はF・D・ローズヴェルトとチャーチルの関係にたとえられ、「政治的結婚」とすら称された。もちろん、それは安穏な「結婚生活」ではなかった。SDIや対ソ政策をめぐって、二人は意見を鋭く対立させることもあった。ジョンソン大統領とハロルド・ウィルソン（Harold Wilson）首相、ニクソン大統領とエドワード・ヒース（Edward Heath）首相との関係がいずれも良好でなかったことを、サッチャーは熟知していた。米英の「特別な関係」を維持するには、特別な配慮が、それも主としてイギリス側の配慮が必要だったのである(16)。晩年になっても、サッチャーは最後の著書を「世界が多くを負うロナルド・レーガン」に捧げている(17)。

レーガンとサッチャーの政策を、簡単に比較しておこう。

二人とも、早くからハイエクの思想に触発されており、フリードマンら知的人脈を共有していた。レーガンが「強いアメリカ」を標榜したように、サッチャーもイギリス病を克服し、強いイギリスを再建しようとした。そのために、「鉄の女」は労働組合、労働党、そして、党内の「ウェット派」（煮え切らない連中）と鋭く敵対してきた。また、レーガンが暗殺未遂事件への対応で人気を高めたように、サッチャーはフォークランド紛争を勝利に導き、政権の支持基盤を固めた。軍事行動しか「他にとるべき道はありません」（There Is No Alternative: TINA）と断言して、彼女は「ティーナ夫人」（Mrs. TINA）と呼ばれるようになった。さらに、サッチャーはレーガンより早くゴルバチョフを高く評価し、米ソ交渉の再開を慫慂《しょうよう》した。だが、大胆な米ソの核軍縮はヨーロッパの安全保障を損なうと、彼女はレーガンよりも慎重な姿勢をとった。

レーガンはカーターを破り、サッチャーは労働党のジェームズ・キャラハンを倒した。二人とも、「弱い」前任者のイメージを払拭しようとした。そして、レーガンがブッシュ副大統領を後任にできたように、サッチャーも自らの内閣で外相や蔵相を歴任したジョン・メージャー（John Major）に政権を譲り渡した。しかし、ブッシュ大統領もメージャー首相も、前任者より短命に終わった。

次いで、政治的な人格や手法についてである。

レーガンもサッチャーも、都心から遠く離れた小さな町で、敬虔なキリスト教の中産階級の家庭に生まれ育った。レーガンは母から、サッチャーは父から、圧倒的な影響を受けた。サッチャーはレーガンよりも一四歳若く、カーターと同世代である。だが、彼女は地方政治家だった父親の影響で、政治的に早熟であった。レーガンもサッチャーも、第二次世界大戦を経て、自分たちの祖国の運命が大きく変わる歴史を切実に体験している。アメリカは超大国となり、イギリスは帝国たりえなくなったのである。また、レーガンはローズヴェルトを、サッチャーはチャーチルを尊敬していた。レーガンはローズヴェルトの美声と雄弁とユーモアを継承したが、サッチャーはチャーチルとそれらを共有せず、ただ、彼の不屈の闘志と決断力を受け継いだ。むしろ、レーガンがしばしばチャーチルの引用を好んだ。レーガンの話術は人々を魅了したが、サッチャーのそれは論理的ながら（否、それゆえ）傲慢《ごうまん》に響いた。

サッチャーはオクスフォード大学で化学を学び、その後に弁護士の資格も取得した。その意味で、彼女はレーガンよりエリートとしての教育と訓練を受けており、合理主義的テクノクラートであった。レーガンが共和党にあって民主党からの転向者であり、政界にあって元映画俳優であったように、サッチャーはオクスフォードや保守党にあって中産階級出身の女性であり、二人とも「よそ者」であった。レーガンがナンシーに頼ったように、サッチャーも夫デニス（Denis Thatcher）に精神的に多くを負っていた。しかも、ナンシーとデニスの関係も良好であった。

「攻撃において戦後、最も秀でた政治家の一人」と呼ばれたように、サッチャーは政敵に対してきわめて戦闘的であった(18)。個人的な争いを避けたレーガンとは、好対照である。一九八〇年の米大統領選挙では、サッチャーこそを擁立しようというジョークが、共和党保守派の中で語られたほどである。先述のように、サッチャーはカーターと同世代であり、彼の敬虔で誠実な人柄や合理的な知性には惹かれていた。カーターも労働党前政権との関係が良好だったものの、彼女の強い意志とリーダーシップには敬意を払うようになった。だが逆に、サッチャーはカーターを「大きな決断に苦悶し、細かいことに気をとられ過ぎた」と評している。しかも、彼は不運であった(19)。カーターには高邁な理想はあったが、強い信念に欠けていた。レーガンとサッチャーが何よりも共有していたのは、強い信念である。サッチャーのブレーンの一人、アルフレッド・シャーマン（Alfred Sherman）は、スペインの思想家ホセ・オルテガ・イ・ガセット（José Ortega y Gasset）を引きながら、彼女は「理想ではなく、信念の人」だと喝破している。同様に、レーガンの演説では、しばしば「私は信じている」（I believe）という表現が用いられていた(20)。また、レーガンもサッチャーも、暗殺未遂事件を経験したことで、ますます自らの天命を確信するようになった。しかも、二人とも災難に際して決して動揺しなかった。その沈着冷静ぶりから、サッチャーのことを「イギリス紳士」と呼ぶ向きすらあった(21)。そして、晩年にレーガンがアルツハイマー病を患ったように、サッチャーも血管性認知症に陥った。

さて、映画と政治の関係である。

本書で繰り返し述べてきたように、アメリカでは映画と政治、とりわけ映画と大統領は複雑な相互依存関係にある。全く同じ現象を他国に見出すことは困難だが、もちろんイギリスでも映画と政治は相互依存している。

まず、映画と首相の関係である。イギリスは君主制で、世界で最も古くから議院内閣制を採っている。映画が対象とする歴史は長いが、政治的な権威はもとより権力も、首相だけでなく国王にも分散している。イギリスには演劇の伝統があり、だれよりもウィリアム・シェークスピアが国王たちのドラマを描いてきた。映画では、古くはモーリス・エルビー（Maurice Elvey）監督『デイヴィッド・ロイド・ジョージの生涯の物語』（*The Life Story of David Lloyd George*, 1918, 日本未公開）やキャロル・リード（Carol Reed）監督『若き日のピット氏』（*The Young Mr. Pit*, 1942, 日本未公開）などで、首相が主人公として描かれている。ナポレオン（Napoléon I）と戦うピット（William Pitt the Younger）の姿に、ヒトラーと戦うイギリス人は励まされた。歴代首相の中で、最も頻繁に映画に登場するのは、もちろんチャーチルである。彼自身が映画の脚本を書こうとしたことがあったし、チャップリンとも親交があった。また、ニコラス・ハイトナー（Nicholas Hytner）監督『英国万歳！』（*The Madness of King George*, 1994）やスティーヴン・フリアーズ（Stephen Frears）監督『クィーン』（*The Queen*, 2006）、トム・フーパー（Tom Hooper）監督『英国王のスピーチ』（*The King's Speech*, 2010）など国王や女王を主人公にした作品で、首相が脇役として登場するものもある。しかし、アメリカの実在の大統領に比べれば、イギリスの実在の首相が映画に描かれることは、かなり少ない。サッチャー首相が在職中に映画に描かれたのは、ジョン・グレン（John Glen）監督による『007／ユア・アイズ・オンリー』（*For Your Eyes Only*, 1981）ぐらいであろう。ラスト・シーンで、サッチャー夫妻がわずかに登場する。サッチャーを主人公にした本格的な作品は、フィリダ・ロイド（Phyllida Lloyd）監督『マーガレット・サッチャー　鉄の女の涙』（*The Iron Lady*, 2011）を待たねばならなかった。

次に、サッチャー時代のイギリス映画についてである。当然のことながら、米英は英語を共有している。そのため、一方では、イギリスの優れた監督や人気の俳優が祖国を離れてハリウッドで活躍し、他方で、資本に勝るハリウッド映画がイギリスの映画市場を席巻してきた。映画をめぐっても、米英は「特別な関係」にある。

サッチャリズムによる規制緩和は、多くの独立プロダクション系映画の誕生に手を貸したが、映画産業全体の助けにはならなかった。しかし、サッチャー時代に流行した懐古的なヘリテージ映画は、イングリシュネスの商品化に成功し、アメリカの市場でも受容された。とりわけ、『炎のランナー』はヒットし、アメリカのケーブルテレビでも人気を博した。レーガンのお気に入りの作品でもある(22)。ジェームズ・アイヴォリー（James Ivory）監督による『眺めのいい部屋』（*A Room with a View*, 1986）や『モーリス』（*Maurice*, 1987）などが、後に続いた。いずれも階級の差を背景にしており、さらに後者は同性愛をテーマにしている。

「自由経済と強い国家」こそ、サッチャリズムの本質であった。「社会などというものはないのです。あるのは個人と家族だけです」と断言する「鉄の女」の下では、マイノリティーには生きにくい時代であった。フリアーズ監督『マイ・ビューティフル・ランドレット』（*My Beautiful Laundrette*, 1985）は、一九八〇年代のロンドンを舞台に、パキスタン移民と同性愛の問題を扱っている。この作品をはじめ、もともとテレビ用に製作された映画が劇場公開で成功する例が、この時期のイギリスでは多かった。テレビの伝統が厚く、映画が大作主義でないからである。

サッチャーはまた、ＩＲＡをはじめとするテロ組織や犯罪とも鋭く対峙した。「犯罪は犯罪であり、犯罪なのです」と、やはり彼女は喝破している。ジョン・マッケンジー（John Mackenzie）監督『長く熱い週末』（*The Long Good Friday*, 1980）は、ロンドンの都市再開発の利権を狙うマフィアとＩＲＡとの死闘を描いている。同様に、イアン・シャープ（Ian Sharp）監督『ファイナル・オプション』（*Who Dares Wins*, 1982）では、八〇年にロンドンで実際に起こったイラン大使館占拠事件を題材にして、イギリスの特殊部隊とテロ組織が壮絶な戦いを展開する。背景はヨーロッパの反核運動である。ただし、不思議なことに、サッチャーの人気を回復させたフォークランド紛争をテーマにした映画は、死んだはずの帰還兵を描いた、ポール・グリーングラス（Paul Greengrass）監督『蘇りし者』（*Resurrected*, 1989, 日本未公開）を除けば、ほとんどない。圧勝したとはいえ、遠隔地の、しかも短期の戦いだったからであろうか。

このように追ってみると、レーガン時代のアメリカ映画ほどではないにせよ、サッチャー時代のイギリス映画も、当時の政治的風潮を敏感かつ巧みに取り込んでいるようである。また、サッチャー時代以降の失業者の連帯を描いた作品として、マーク・ハーマン（Mark Herman）監督『ブラス！』（*Brassed Off*, 1996）やピーター・カッタネオ（Peter Cattaneo）監督『フル・モンティ』（*The Full Monty*, 1997）がある。さらに、マシュー・ウォーチェス（Matthew Warchus）監督『パレードへようこそ』（*Pride*, 2014）は、実話に基づき、八四年の炭鉱労働者組合と同性愛活動家たちの連帯をテーマにしている。レーガン政権同様に、サッチャー政権も同性愛者に冷淡であったが、それ以降にイギリスで同性愛をテーマにした多くの優れた映画が登場してきたことは、皮肉である。

サッチャー個人と映画、文化、そしてセレブとの関係はどうであろうか。少女時代には、彼女もハリウッド映画に憧れ、女優を夢見たこともあったという。しかし、長じてからのサッチャーは仕事一筋の人であり、およそ文化とは無縁であった。もちろん、映画俳優をはじめとするセレブとの交流もない。文化的素養を欠くという意味では、彼女はきわめて非イギリス的な保守政治家であった。たとえば、彼女の尊敬するチャーチルはノーベル文学賞受賞者であり、アマチュア画家として有名であった。イギリスのセレブ政治については、別途に慎重な検討を要するが、それが本格化するのは、「ニュー・レイバー（新しい労働党）」を唱えた若いアンソニー・ブレア（Anthony Blair）首相が「クール・ブリタニア」（Cool Britannia）を標榜して、パブリック・ディプロマシーや文化外交を推進してからのことであろう(23)。そのために、ブレア首相はダイアナ妃（Princess Diana）の人気と行動力を援用しようともした。冷戦の終焉を受けて、国連でコフィ・アナン（Kofi Annan）事務総長がセレブを次々に登用したのも、この時期である(24)。また、サッチャーは個人として強い指導者だったが、首相の権力リソースが著しく増大し、政策形成が首相官邸主導に制度化されたのも、ブレア時代である。イギリス政治の大統領化とも呼ばれる(25)。とすれば、アメリカでもイギリスでも、行政府の長の権限強化とセレブ政治の台頭に相関関係があることになろう。

もとより、サッチャーもメディア対策の重要性は理解しており、高級紙のみならず中間紙や大衆紙、タブロイド紙への対策にも腐心したし、ヘアスタイルや洋服、アクセサリー、発声の仕方にまで専門家の助言を求めた。とりわけ、名優ローレンス・オリヴィエからは、大衆に話し掛ける際の目線の動かし方で指導を受けたという(26)。とはいえ、「銀幕の大統領」と肩を並べるようすこそが、祖国と自らの威信を高める上で最も効果的な方法であることを、「鉄の女」は察知していたのであろう。

レーガンと中曾根

まず、政策についてである。二人とも「遅れてきた指導者」であった。レーガンは最後の機会をつかんで大統領になり、アイゼンハワー以後初めて二期八年を全うした。中曾根は自由民主党内のライバルたちの最後に首相の座を射止め、結果として、当時の日本では例外的に五年の長期政権を運営した。長期政権であったことで、二人は前任者たちよりもまとまった業績を上げることができた。中曾根によると、彼の政治生活は「戦後政治の総決算で、敗戦の結果失われた良きものを取り返し、日本の本来の扉を開くこと」に尽きるという(27)。レーガンが「アメリカの朝」を語り、「アメリカを再び偉大にしよう」と呼び掛けたことが想起されよう。ただし、レーガンが克服しようとしたのは、一九六〇年代以降の「大きな政府」と七〇年代のアメリカの衰退であったのに対して、中曾根は戦後すべての「総決算」を謳っていた。そのため、彼が戦前のエリートに属したこともあって、中曾根にはより復古的な色彩が強かった。

また、二人とも「小さな政府」を提唱したが、レーガンは減税に熱心であり、中曾根は行財政改革、つまり歳出削減に重点を置いていた。日本専売公社と日本国有鉄道、日本電信電話公社の三公社の民営化は、その最たるものである。だが、日本が膨大な財政赤字を抱えていることもあって、中曾根政権は消費税の導入を図って、これには失敗した。減税による個人や企業の経済活性化を期待する点で、レーガンは中曾根より個人主義的であろう。経済学者の村上泰亮によると、これは多分に文化の問題でもあった。米英の経済自由主義には長い伝統があり、国内のナショナリズムと調和しやすいが、日本ではそれが弱く、まず官僚機構や既得権益集団の抵抗を退ける必要があったからである(28)。

さらに、二人は反共主義をも共有していた。ただし、レーガンが超大国の指導者としてグローバルな観点からソ連と対峙し、「強いアメリカ」を唱えたのに対して、「非核中級国家」をめざす中曾根は、「実力以上のことはやらない」を自らの外交原則の一つにしており、また防衛力の増強に前向きであったが、それは戦略的思考というよりも、「自主独立の国民精神」といったナショナリズムの所産であった(29)。

レーガン、そしてサッチャーと同様に、中曾根は鈴木善幸という弱い前任者のイメージの払底に成功し、自らの下で大蔵大臣、自民党幹事長を務めた竹下登を後継指名することにも成功した。だが、これもレーガン、サッチャーの場合と同じく、中曾根の後任も短命に終わった。また、サッチャーと同じく、中曾根はアメリカとの強い絆が権力基盤の強化につながることを熟知しており、国内的リスクを冒してでも「日米同盟」と公言して憚《はばか》らなかった。

政治的な人格や手法はどうであったか。

中曾根はレーガンよりも七歳年少、サッチャーよりも七歳年長で、彼らと同様に、群馬県高崎市という地方都市に生まれた。中曾根の母はキリスト教に親しんでおり、彼もその影響で賛美歌を歌い聖書を読むようになったという(30)。政治家になってからも、中曾根は好んで坐禅を組んだ。この三人には、牧歌的な地域での成長、親に影響された信仰心という共通点がある。だが、中曾根の生家は「古久松」という関東有数の材木商であり、他の二人よりははるかに富裕な社会層に属していた。中曾根は旧制静岡高校から東京帝国大学法学部に進み、一九四一年に内務省に入省した。やがて、海軍経理学校にも学び、主計少佐として敗戦を迎えた。レーガンとは異なり、戦前の典型的なエリートである。しかし、レーガンやサッチャーと同様に、中曾根も戦争によって自国の国際的地位が激変する経験をした。

戦後すぐに中曾根は政界に入り、民主党、国民民主党、改進党、日本民主党に属したのちに、一九五五年の自由民主党(自民党)の結党に参加した。占領中には喪中を意味する黒のネクタイを常用し、吉田茂首相に論争を挑んだり、マッカーサー将軍に建白書を送ったりするなどして、彼は信念とパフォーマンスを巧みに組み合わせて、「青年将校」の異名をとった。中曾根は保守政治家だが、吉田に代表される保守本流とは異なる傍流であり、自民党でも少数派閥に属した。「世界史的使命感を持ったよそ者」という意味で、レーガンやサッチャーと通じる。傍流、少数派であるために、強い信念と政策を持ちながらも妥協を繰り返さざるをえず、そのため中曾根は「風見鶏」と揶揄《やゆ》された。レーガンも「実際的なイデオローグ」だったが、中曾根よりも庶民的で明るかった。それだけ、レーガンの方が老獪《ろうかい》だったのかもしれない。

派閥の領袖《りょうしゅう》となり運輸大臣という主要閣僚ポストを経験したのちも、中曾根は一九七〇年に第三次佐藤栄作内閣で自ら「志願兵」として防衛庁長官に就任した。日米関係や安全保障の重要性を意識してのことだという(31)。防衛庁長官として、彼は初の『日本の防衛』(防衛白書)を刊行し、民間有識者らによる「日本の防衛と防衛庁・自衛隊を診断する会」を立ち上げて世論の啓蒙を図る一方、自らジェット練習機に乗り込んでみせた。パフォーマンスと言われるのは承知の上だったという。

首相としては、当初は内政上の制約もあって、中曾根はまず得意の外交に活路を見出した。首相就任後最初の外遊先として、彼は韓国を電撃訪問した。日本の首相として初めての公式訪問でもあった。歓迎晩餐会で、中曾根は演説の一部を韓国語で行った。全斗煥大統領とは、日本語、韓国語で歌を歌い合った。「手づくり外交」である。また、レーガン大統領との間では「ロン・ヤス」と呼び合う信頼関係を築き、「不沈空母」といった刺激的な発言も厭《いと》わなかった。一九八三年のウィリアムズバーグ・サミットでは、中曾根は安全保障問題にも積極的に発言し、記念写真の撮影の折にはホストのレーガンの横に収まり、日本の存在感を示そうとした。「日本の首相が隅に立つのでは税金を出している国民に申し訳ない」と、彼は考えていた(32)。のちには、レーガン大統領夫妻を「日の出山荘」でもてなした。先述のように、「アメリカ人は牧場でいいわけですよ。とくにレーガンさんは馬が好きで、牧場でよく馬に乗っていたから、田舎に連れていってもいいだろうと思ったわけです」と、中曾根は回想している(33)。劇団四季の演出家、浅利慶太の知恵も借りた。また八五年にソ連でチェルネンコが死去すると、中曾根は自ら葬儀に赴き、後任のゴルバチョフとの会談を強引に取り付けた。総じて彼は、世界の中の日本を体現しようとし、主要国の指導者たちとの個人的な信頼関係を重視した。

内政では、党内基盤が脆弱《ぜいじゃく》であったことや、農家や自営業などの旧中間層から都市部の「新中間層」に支持を広げようとしたことなどから(34)、中曾根は一方で直接世論に働き掛け、他方で首相の権限を制度的に強化して、「大統領的首相」として振る舞おうとした。

すでに防衛庁長官時代から、「電通にも頼んだんです。渡辺プロとも提携して、ハナ肇さんや高橋圭三さんに来てもらって、テレビ演説の講習会をやったんです」と、中曾根は語っている(35)。ハナは有名なコメディアンであり、高橋は日本初のフリーアナウンサーで、のちに自民党から参議院選挙に出馬し一期務めた。日本版セレブ政治家、いわゆるタレント議員である。また、先述の坐禅やテニス、水泳といった、中曾根の日常生活もテレビに恰好の「絵」を提供した。身長一七八センチの中曾根は、テレビ映えがよかった。レーガン同様、彼は図表を使って、テレビでわかりやすく政策を説明しようともした。

中曾根首相は三公社の民営化を実現したが、これは鈴木内閣時代に彼が行政管理庁長官として取りまとめにあたった、第二次臨時行政調査会の提言に基づいている。この臨調は「国民の参政権の及ばない立法府としての権威」を帯びたとの指摘もある(36)。同様に一九八四年には、自由主義的な教育改革のために、中曾根首相は臨時教育審議会を設置した。さらに、八五年の靖国神社公式参拝問題でも八六年の防衛費の対国民総生産（GNP）比一パーセント枠の見直し問題でも、中曾根は首相の私的諮問機関を設置して、自らの方針を正当化し実現していった。より制度的には、中曾根首相は八六年に内閣安全保障室を設置して、初代室長に警察官僚の佐々淳行を充てた。田中角栄が病に倒れると、中曾根の政治的自由度は増して、八六年の参議院選挙に合わせて衆議院を解散し、圧勝した。そのため彼の総裁任期は一年延長され、後任をめざす竹下、安倍、宮澤喜一の「ニュー・リーダー」に対する影響力も増大した。諮問機関の活用と官邸の機能強化、そして解散権の行使——いずれも「大統領的首相」の面目躍如たるものがある。

しかし、その後のより本格的な内閣機能の強化と自民党総裁の権限を十全に活用し、靖国神社に参拝を続け、そして郵政民営化のために衆議院解散を断行したのは、小泉純一郎首相であった。その上、小泉はワン・フレーズを繰り返し、テレビを効果的に利用した。中曾根の政治手法は、小泉にいたる二十一世紀の新しい政治スタイルを準備していたのである[37]。ただし、小泉の「劇場型政治」と「ワン・フレーズ・ポリティックス」は、映画よりも彼の愛した歌舞伎の見得《みえ》に近く、イメージを超えた説明や説得には乏しい。

レーガンとは異なり、引退後の中曾根は精力的に言論活動を続け、日本の政治家には珍しく多くの回顧録を含む書物を刊行した。また、一九八八年には世界平和研究所を設立し、安全保障問題を中心に内外情勢についての研究と政策提言を行っている。引退後も吉田茂が執筆を重ね、五九年に日本国際問題研究所を設立したことを意識していよう。

では、映画と政治の関係を、まず映画と首相の関係から検討していこう[38]。

アメリカと異なり、戦前の日本映画が政治指導者を描くことは、ほとんどなかった。当然のことながら、「神聖不可侵」の天皇を映画化することは不敬罪に該当した。皇室についても同様であった。衣笠貞之助監督『日輪』(一九二五年)が、邪馬台国の卑弥呼を描いたことで物議を醸したほどである。昭和天皇については、行幸や観兵式、観艦式などの馬上や車上の姿が数本の記録映画に残っているだけだという[39]。

戦後では、亀井文夫監督が記録映画『日本の悲劇　自由の声』（一九四六年）で、昭和天皇の姿が軍服から背広に変わるところを映し出して、戦争責任を示唆した。そのため、吉田首相の要請を受けた連合国最高司令官総司令部（ＧＨＱ）から、この映画は上映中止にされてしまった（不敬罪の廃止は翌四七年）。

首相は記録映画やニュース映画にはしばしば登場したが、実在か架空かを問わず映画の登場人物になることはなかった。木下恵介監督『陸軍』（一九四四年）は陸軍のプロパガンダ映画で、日清戦争後の三国干渉を回想するシーンに陸軍大臣の山県有朋が登場する。これなどは稀有な例であろう。しかも、科白《せりふ》はない。権力が映画を利用することはあっても、映画が政治権力者を自由な素材にすることはできなかったのである。

戦後の日本映画では、三隅研次監督『巨人　大隈重信』（一九六三年）が大隈の半生を描いており、伊藤博文らも登場する。また、岡本喜八監督『日本のいちばん長い日』（一九六七年）では、ポッダム宣言受諾をめぐって、鈴木貫太郎首相が重要な脇役の一人になっている。昭和天皇も顔の映らない形で登場する（八代目松本幸四郎が演じているが、クレジットはない）。公開年の十二月二十九日に、昭和天皇はこの作品を家族と観賞していたという(40)。さらに、森谷司郎監督『小説吉田学校』（一九八三年）が、吉田首相を主人公にしている。「戦後政治の総決算」を提唱する首相の時代に、戦後政治の原点となった首相が、正面から描かれたのである。鳩山一郎、岸信介や池田勇人、佐藤栄作、そして、若き日の田中角栄や中曾根も登場する。

戦後の日本映画には、架空の首相が時折登場してきた。最大のジャンルは近未来のＳＦである。危機に際してリーダーシップが求められる点では、日米とも共通する。ただし、架空の首相たちは総じて受動的であり、それほど強いリーダーシップを発揮しない。顕著な例外は森谷監督『日本沈没』（一九七三年）である。日本沈没はまさに究極の国家的危機であり、首相は準主役として冷静かつ無私の姿勢で難局に対処する。また、山本薩夫監督『皇帝のいない八月』（一九七八年）では、自衛隊のクーデタを背景に、岸首相を連想させる元首相と佐藤を思わせる現職の首相の葛藤が描かれている。有事法制が政治的争点になっていた時期である。橋本幸治監督『ゴジラ』（一九八四年）では、日本の首相は米ソ対立の狭間で苦悩する。だが、架空の首相たちがより現実的な設定で厳しい決断を迫られるようになるのは、二十一世紀に入ってからであろう。日本が北朝鮮という具体的な脅威を「発見」したからである。また、防衛庁（当時）も広報の一環として映画の製作に積極的に協力するようになり、製作側も自衛隊の活用に商業的な利益を見出すようになった(41)。

次に、中曾根時代の日本映画の動向についてである。

先述のように、中曾根時代は角川映画の全盛期と重なる。メディアミックスを活用し、日本映画としては予算規模の大きな角川映画は、アメリカのブロックバスター方式の映画に対応していよう。作家性が強く「現代的」なアメリカン・ニューシネマとは異なり、ブロックバスター映画の多くはミステリーやSF、アクションといった古典的なジャンルに依存しており、これも、とりわけ初期の角川映画に該当する(42)。中曾根時代と重なる中期から後期にかけても、ミステリーでは澤井信一郎監督『Wの悲劇』（一九八四年）、SFでは大林監督『時をかける少女』（一九八三年）、アクションでは井筒和幸監督『二代目はクリスチャン』（一九八五年）などが、すぐに思い出されよう。ジャンルを通じた成功という意味では、イギリスのヘリテージ映画とも重なる。

しかし、中曾根時代、さらには、より広く一九八〇年代の日本映画に、強い政治性を看取することはできない。八〇年代初頭には、舛田利雄監督『二百三高地』（一九八〇年）、松林宗恵監督『連合艦隊』（一九八一年)、舛田監督『大日本帝国』(一九八二年)などの歴史大作が、相次いで作られた。だが、政治家や政治を直接のテーマにした作品は、先述の『小説吉田学校』のみであり、歴史をエンターテイメントとしてではなく批判的に検証した作品は、ドキュメンタリーの分野で小林正樹監督の長編『東京裁判』(一九八三年)や原一男監督『ゆきゆきて、神軍』(一九八七年)を数えるほどであろう。さらに、アニメ映画で宮崎駿監督『風の谷のナウシカ』(一九八四年)が地球環境問題を先取りしている以外は、同時代の政治を鋭く風刺するような作品はほとんど見当たらない。

多くの日本人にとって、ベトナム戦争は「対岸の火事」であった(43)。また一九八〇年代の日本は、大規模なテロや領土をめぐる武力衝突も経験しなかった。アメリカの大統領やイギリスの首相と違って、日本の首相が暗殺の危険にさらされることもなかった。エイズや同性愛をめぐる問題も、日本ではまだ米欧ほど深刻ではなかった。さらに、山本監督『不毛地帯』(一九七六年)を除けば、ウォーターゲート事件がその後のアメリカ映画に及ぼしたほどの影響を、ロッキード事件は日本映画には与えなかったようである。

最後に、中曾根個人と映画や文化、セレブとの関係をたどっておこう。中曾根が登場する映画は先述の『小説吉田学校』のみであり、これも多くの脇役の一人にすぎない。その後も、日本の実在の首相を主人公にした映画といえば、伊藤俊也監督『プライド 運命の瞬間《とき》』(一九九八年)のみである。しかし、この作品も東京裁判時の東条英機を描いており、首相退任後の物語である。アメリカやイギリスに比べて、日本政治の意思決定は文脈依存度が高く、戦後の首相の在任期間は総じて短く、しかも戦後日本には対外的な危機が乏しかった。つまり、映画の素材にはなりにくいのである。また、米英ではテレビが優れた政治ドラマを手掛けることが多いが、日本では放送法第四条一項二の「政治的に公平であること」という拘束があるため、とりわけ、存命の政治家をドラマにはしにくい。

敗戦前に、中曾根は先述のプロパガンダ映画『陸軍』を観て、「日本の悲劇的な運命を予感しながら」「滂沱《ぼうだ》の涙」を流したという(44)。この映画のラスト・シーンでは、田中絹代の演じる母親が、出征して行く息子を涙ながらに見送る。木下監督は親子の情愛を描くことで、国策映画にせめてもの抵抗を試みたのである。母思いだった中曾根は、このシーンに感動したのかもしれない。とはいえ、彼が映画について語ることはほとんどなかった。中曾根は俳句を詠み、坐禅を組み、東西の哲学や宗教について語った。彼が体現しているのは、大衆文化ではなくエリートの文化であった。ただし、旧制高校や海軍での生活の影響であろうか、中曾根はよく歌を歌った。歌を唱和することは、若いエリートの間のみならず、エリートと大衆との間のコミュニケーションにとっても、効果的な手段となった。なにしろ、彼は「憲法改正の歌」まで作詞し、レコード化している。

政治家としての中曾根は、「権力、とくに政治権力は、本来、文化に奉仕するものです。文化発展のため、文化創造のためのサーバント（奉仕者）なのです」と語っている(45)。彼にとって、文化は「自然的共同体」としての国民の存在証明であり(46)、庇護《ひご》すべき対象であった。大衆文化を含めた文化を、政治や外交の手段として活用するという発想は、日本の経済力の低下にともなうものである。二十一世紀になると、「クール・ブリタニア」を真似て、「クール・ジャパン」が語られるようになった。

演出家の浅利慶太や指揮者の小澤征爾ら著名な文化人とも、中曾根は交流が深かった。当時の政治家としては、これは異例であろう。他方、一九八〇年まで参議院では全国区があったため、六〇―七〇年代はタレント議員が続出したが、中曾根首相時代の八三年に全国区が廃止され、比例代表制厳正拘束名簿式が導入されたことで、タレント議員は減少した。二〇〇一年に個人名でも投票できる比例代表制非拘束名簿式に改められて、再びタレント議員が増加した。ただし、日本のタレントやテレビ・コメンテーターで政治的発言をする者には、具体的な政治活動に身を投じる者は少なく、政治家になった者でも明確な政策やイデオロギーを持っている者は少ない。また、米欧のセレブと異なり、日本のタレント政治家には、対外的な発信力やグローバル・アジェンダへの関心が著しく乏しい。グローバルに展開するセレブ外交は、圧倒的にアングロ・サクソン中心である(47)。逆に、メディア露出のみをめざすような政治家のタレント化が、日本では進んでいよう。中曾根の体現したエリート文化の後退は、政界でも顕著なのである。

「幻の橋」

レーガンを案内人に、アメリカにおける映画と政治の関係をたどる旅も、いよいよここが終着点である。そこで、長い旅路をあらためて振り返っておこう。

十九世紀の末にアメリカが世界の大国の一角を占めるようになったころ、映画が誕生した。一九一一年に生まれたロナルド・レーガンは、その映画と共に育った最初の世代に属する。アメリカが大恐慌に陥り、ヨーロッパとアジアの情勢が風雲急を告げる中で、リンカーンの再来たるF・D・ローズヴェルトが大統領に就任し、世論や議会に直接働き掛けて強いリーダーシップを発揮しようとした。現代大統領制の確立である。そのころ、ハリウッドも全盛期を迎え、スタジオ・システムと自己検閲に支えられた、観客の理解や感情移入の容易な物語性重視の古典的ハリウッド映画を量産し、あるべき大統領像を提供した。現代大統領制と映画の邂逅《かいこう》である。前者は後者にテーマを、後者は前者に支持を与えた。さらに、戦争が両者の関係を補強した。「ダッチ」と呼ばれた若者は、ラジオから聞こえてくるローズヴェルト大統領の黄金の声に励まされながら大学を卒業し、自らもラジオ局に職を得て、やがて、ハリウッドに転じた。現代大統領制と古典的ハリウッド映画の養分を、レーガンは充分に吸収したのである。

ローズヴェルトが急逝し、第二次世界大戦が終結しても、米ソ冷戦と行政府の拡大の中で、現代大統領制は維持・強化されていった。トルーマンは冷戦を戦い抜く「安全保障国家」の青写真を描いたし、アイゼンハワーはテレビを活用しながら、ホワイトハウスの影響力と権威を拡充した。さらに、ケネディはリンカーンのように凶弾に倒れて、自らを神話化した。ジョンソンは巧みな議会工作で「偉大な社会」を追求し、ニクソンは米中和解や米ソ・デタントを実現して、「帝王的大統領」とさえ呼ばれるようになった。だが同時に、ベトナム戦争とウォーターゲート事件が現代大統領制を蝕んでいった。

ハリウッドはテレビに追撃され、「赤狩り」に揺さぶられた。やがて、スタジオ・システムや自己検閲の「ヘイズ・コード」も溶解していった。そうした中で、レーガンはテレビに活路を見出そうとした。やがて彼は民主党から共和党に転向し、現代大統領制が動揺する時期に、ラジオやテレビの経験と古典的ハリウッド映画の手法を用いて、ホワイトハウスをめざしたのである。

レーガン大統領は政治にノスタルジックな価値観や物語性を導入し、その側近たちはハイ・コンセプト的な視覚効果を活用した。また、レーガン政権の発足に刺激されて、ハリウッドのセレブたちがいっそう政治化した。さらに、レーガン時代のハリウッド映画は、大統領の体現する価値を巧みに映画に盛り込みながら、市場を多角化し拡大していった。こうした映画と政治との相互作用は、単にレーガンが元B級映画俳優だったから生じたわけではない。彼はラジオ、映画、テレビという二十世紀のメディアの変遷をすべて経験していたし、カリフォルニア州を中心としたサンベルトの台頭、そして、ローズヴェルト、ケネディ以来のセレブ政治の流れをも具現していたのである。レーガンは、きわめて重層的な「銀幕の大統領」であった。それゆえに、レーガン以降の政治家たちも、彼の表現力や思想性、包摂性などを模倣しようとした。「レーガンの弟子たち」「レーガンの子供たち」である。

だが、レーガンですら、しばしば党派的対立を克服できず、一九八六年に共和党が上院で多数を失い、イラン・コントラ事件が明るみに出ると、現代大統領制の再建どころではなくなった。後任のジョージ・H・W・ブッシュは一期で退き、続くクリントンもさらなる党派的対立に苦しみ、自らスキャンダルを惹起《じゃっき》したため、「ポスト現代大統領制」が語られるようになった。レーガン時代に進行したメディアの多様化も、世論の分裂に拍車をかけた。結局、レーガンもその「子供たち」も、現代大統領制の再建を成し遂げられなかったのである。レーガン以後、ハリウッド映画による大統領の描写にも、それは反映されている。

もちろん、レーガンほど直接に映画にかかわった大統領はいない。だが、ニクソンやカーターはレーガン以上に映画を観賞し、ハリウッドはリンカーンやローズヴェルト、ケネディをレーガン以上に愛した。他方、ハリウッドはレーガン以上にカーターを無視し、ニクソンを憎んだ。

また、イギリス、そして日本でさえも映画と政治の相互作用は見られるが、アメリカ映画と大統領の関係は格別である。大統領制と君主を戴く議院内閣制という制度的な相違以上に、アメリカの大統領が民主主義的な理念を体現しているような役割を日英の首相は果たしていないという文化的な相違が大きかろう(48)。それでも、サッチャーや中曽根もメディア対策に心を砕き、「銀幕の大統領」と肩を並べることの象徴的意味を充分に理解していた。そして、その後の日英でもパブリック・ディプロマシーやセレブ政治、タレント政治家が台頭したのである。こうした比較を本格化させれば、比較政治制度論や比較政治文化論にも発展しえよう。

これまで、一方で、映画史研究は豊かな成果を上げてきたが、反権力というイデオロギーやレトリックに自縛されて、レーガンすなわちタカ派や軍国主義者といったステレオタイプに陥りがちであった。他方、政治外交史研究は映画のような大衆文化を見下し、せいぜいエピソード的な扱いしかしてこなかった。こうした断絶は、アメリカよりも日本で著しい。本書がその架橋に成功したか否かは、はなはだ疑わしい。しかし、政治と大衆文化との架橋の必要性を訴えることはできたのではないか。かつてフルシチョフがニクソンに語り、レーガンが政治的に実践しようとしたように、たとえそれが「幻の橋」であったとしても。

◆注

（1）Richard Reeves, "I'm Sorry, Mr. President," *American Heritage Magazine*, vol. 47, issue 8 (December 1996).
（2）Douglas Brinkley, *Gerald R. Ford* (NY: Times Books, 2007), pp. 157–158.
（3）ヘンリー・キッシンジャー／伏見威蕃訳『国際秩序』（日本経済新聞出版社、二〇一六年）三四四頁、三四三頁。
（4）リチャード・ニクソン／徳岡孝夫訳『指導者とは』（文藝春秋、一九八六年）三八九頁。
（5）ジョン・ケネス・ガルブレイス／都留重人監修／松田銑訳『ガルブレイス著作集⑨ 回想録』（TBSブリタニカ、一九八三年）二九三頁。
（6）Mark Feeney, *Nixon at the Movies: A Book about Belief* (IL: University of Chicago Press, 2004), p. 327, p. 328.
（7）John Mihalec, "Hair on the President's Chest," *Wall Street Journal*, May 11, 1984.
（8）Lou Cannon and Carl M. Cannon, *Reagan's Disciple: George W. Bush's Troubled Quest for a Presidential Legacy* (NY: PublicAffairs, 2008), chapter 3.
（9）*Ibid.*, p. 321.
（10）バラク・オバマ／棚橋志行訳『合衆国再生――大いなる希望を抱いて』（楓書店、二〇〇七年）三五―三六頁。
（11）イーストウッドの政治活動については、Richard Schickel, *Clint Eastwood: A Biography* (NY: Vintage, 1996) を参照。
（12）Steven J. Ross, *Hollywood Left and Right: How Movie Stars Shaped American Politics* (NY: Oxford Univer-

sity Press, 2011), chapter 9; Mark Wheeler, *Celebrity Politics* (Cambridge, UK: Polity, 2013), pp. 129–132.

（13） ドナルド・トランプ、トニー・シュウォーツ／相原真理子訳『トランプ自伝——不動産王にビジネスを学ぶ』（ちくま文庫、二〇〇八年）七九頁。

（14） 二〇一七年に日本で公開された映画に限っても、メキシコからの不法移民たちを狂信的な白人が狩りのように射殺していく、ホナス・キュアロン（Jonas Cuaron）監督『ノー・エスケープ 自由への国境』（*Desierto*, 2015）、米墨国境付近で麻薬カルテルに追われる娘を父親が守り抜く、ジャン＝フランソワ・リシェ（Jean-François Richet）監督『ブラッド・ファーザー』（*Blood Father*, 2016）、一八八六年のリオ・グランデ川流域を舞台にテキサス・レンジャーと謎の宣教師が対立する、キーラン・ダーシー＝スミス（Kieran Darcy-Smith）監督『ある決闘 セントヘレナの掟』（*The Duel*, 2016）など、ボーダー映画は数多い。

（15） 村田晃嗣「トランプ対ハリウッド——アウトサイダーの新大統領は「第二のレーガン」になれるか」『Ｖｏｉｃｅ』二〇一七年三月号を参照。

（16） Richard Aldous, *Reagan & Thatcher: The Difficult Relationship* (London: Hutchinson, 2012), p. 10.

（17） Margaret Thatcher, *Statecraft: Strategies for a Changing World* (NY: HarperCollins, 2002).

（18） 黒岩徹『闘うリーダーシップ——マーガレット・サッチャー』（文藝春秋、一九八九年）二四頁。

（19） マーガレット・サッチャー／石塚雅彦訳『サッチャー回顧録——ダウニング街の日々』上（日本経済新聞社、一九九三年）九三頁。

（20） Aldous, *op. cit.*, p. 278.

（21） 黒岩、前掲、八九頁。

（22） Leonard Quart, “The Religion of the Market: Thatcherite Politics and the British Film of the 1980s,” in Lester D. Friedman, ed., *Fires Were Started: British Cinema and Thatcherism*, 2nd ed. (London: Wallflower Press, 2006), pp. 22–24.

（23） たとえば、河島伸子・大谷伴子・太田信良編『イギリス映画と文化政策——ブレア政権以降のポリティカル・エコノミー』（慶應義塾大学出版会、二〇一二年）を参照。

(24) Andrew F. Cooper, *Louise Frechette, Celebrity Diplomacy* (Routledge, 2008), pp. 27–29.
(25) 梅川正美・阪野智一・力久昌幸編『現代イギリス政治』(成文堂、二〇〇六年) 三三頁。
(26) 戸部良一・寺本義也・野中郁次郎編『国家経営の本質――大転換期の知略とリーダーシップ』(日本経済新聞出版社、二〇一四年) 六〇頁。
(27) 中曽根康弘『自省録――歴史法廷の被告として』(新潮社、二〇〇四年) 一七頁。
(28) 村上泰亮『反古典の政治経済学 上――進歩史観の黄昏』(中央公論社、一九九二年) 四九頁。
(29) 中曽根『自省録』二九頁。大嶽秀夫『自由主義的改革の時代――一九八〇年代前期の日本政治』(中公叢書、一九九四年) 二五三頁。
(30) 中曽根康弘『政治と人生――中曽根康弘回顧録』(講談社、一九九二年) 一四頁。
(31) 同書、二三七頁。
(32) 中曽根『自省録』一二二頁。
(33) 中曽根康弘/伊藤隆・佐藤誠三郎インタビュー『天地有情――五十年の戦後政治を語る』(文藝春秋、一九九六年) 四六七頁。
(34) 村上泰亮『新中間大衆の時代――戦後日本の解剖学』(中央公論社、一九八四年) を参照。
(35) 牧太郎『中曽根とは何だったのか』(草思社、一九八八年) 二〇一頁。
(36) 同書、一三三頁。
(37) 村田晃嗣「宰相・中曽根康弘と小泉純一郎――三木〜中曽根、村山〜小泉の歴史的類比から」『中央公論』二〇〇二年二月号を参照。
(38) 村田晃嗣「映画の中の政治指導者像――日米比較」筒井清忠編『政治的リーダーと文化』(千倉書房、二〇一一年) を参照。
(39) 岩本憲児「不在と崇拝のはざまで――戦前日本映画の天皇像」岩本憲児編『映画のなかの天皇――禁断の肖像』(森話社、二〇〇七年) を参照。
(40) 『毎日新聞』二〇一四年九月九日付。

（41）須藤遙子『自衛隊協力映画――『今日もわれ大空にあり』から『名探偵コナン』まで』（大月書店、二〇一三年）を参照。

（42）長門洋平「セーラー服と機関銃とサウンドトラック盤――初期「角川映画」における薬師丸ひろ子のレコードの役割」谷川建司編『戦後映画の産業空間――資本・娯楽・興行』（森話社、二〇一六年）三二八頁。

（43）トーマス・R・H・ヘイブンズ／吉川勇一訳『海の向こうの火事――ベトナム戦争と日本 1965–1975』（筑摩書房、一九九〇年）を参照。

（44）中曽根『政治と人生』七五頁。

（45）中曽根『自省録』一六二頁。

（46）豊永郁子『新保守主義の作用――中曽根・ブレア・ブッシュと政治の変容』（勁草書房、二〇〇八年）九頁。

（47）Cooper, *op.cit.*, chapter 6.

（48）Iwan W. Morgan, ed., *Presidents in the Movies: American History and Politics on Screen* （NY: Palgrave Macmillan, 2011), p.17.

あとがき

ようやく肩の荷が降りたというのが、実感である。

旧著『レーガン――いかにして「アメリカの偶像」となったか』(中公新書、二〇一一年)を上梓してから、すでに六年余になる。まず一般向けの伝記を著してから、できるだけ早く、より本格的な研究書に着手しようと考えていた。ところが、その後に勤務先で行政職を歴任したことから、作業が大幅に遅れてしまった。その間に、レーガンや映画と政治の関係について、数多くの研究書が英語で出版された。本書の執筆にあたって、それらを大いに活用できたが、それだけ時間も要してしまった。

さらに執筆の当初は、トランプ大統領の登場など想定もしていなかった。だが途中から、レーガンとトランプの相違や共通性についても、思いをめぐらす仕儀となった。アメリカの政治的分裂は今まで以上に深刻であり、「幻の橋」の必要性も一九八〇年代の比ではない。二〇一五年には、安全保障法制をめぐって、日本も国論の激しい対立を経験した。政治外交史と文化史・映画史の関係と同様に、安全保障研究と憲法学の間にも「幻の橋」が求められよう。「リベラル」を称する政治家や知識人が、自らと異なる意見に少なからず不寛容《イリベラル》になってしまう。同様に、「保守派」も保守どころか、しばしば過激である。お互いが他者への共感(empathy)や攻撃的にならずに意見を異にする力(capacity to disagree)を失っている。他者に対して、トランプ的排斥ではなくレーガン的包摂で向き合いたいと、心から思う。グローバル化や少子化の波に呑まれて、日本の大学は心身ともに疲弊しているが、共感や寛容の精神を忘れては、知的コミュニティとしての大学は成り立たない。そこにこそ、大学の真の危機がある。

本書の脱稿後に、J・D・アーセンズ（J. D. Athens）監督『ピザ・マン』（*Pizza Man*, 1991, 日本未公開）のDVDを入手した。ハリウッドでピザの配達人が謎の殺人事件に巻き込まれるという、低予算のコメディである。レーガンや中曾根まで登場するのだが、実はトランプが事件の黒幕であった。一件落着して、主人公がつぶやく。「これで八〇年代は確実に終わった」。しかし、それから四半世紀を経て、「レーガンの子供」の一人トランプは戻ってきた。本書の関心に引き寄せれば、確実に終わったのは八〇年代ではなく現代大統領制だったのである。

いつも以上に時間だけ要して、いつものようにまとまりのない内容になってしまったが、こんな書物でも多くの方々のご教示に支えられている。日本チャップリン協会会長の大野裕之氏、同志社大学法学部准教授の飯田健氏、帝京大学法学部助教の山口航氏からは、草稿段階で貴重なコメントを頂戴した。また大学院では、受講生諸君も本書の草稿を輪読してくれた。記してお礼申し上げたい。もとより、本書のいかなる誤りも独り著者の責任による。

さらに、本書の最大の恩人は、有斐閣の青海泰司氏である。青海氏とは、筆者の処女作『大統領の挫折──カーター政権の在韓米軍撤退政策』（一九九八年）以来のおつきあいである。同氏の精緻で情熱的な編集作業に、どれほど助けられたことか。この二十年にわたって、青海氏と折にふれて仕事をご一緒できたことは、筆者にとって一生の財産である。その青海氏もほどなく退職され、本書が事実上最後の編集作品となる由である。まことに光栄なことである。処女作の際にも述べたことだが、本書が挫折するとすれば、この編集者とだけはその責を分担したいと思う。

遅筆のために、本書を直接届けることのできなかった人が、二人いる。一人は、日本経済新聞社特別編集委員だった伊奈久喜氏である。このベテラン・ジャーナリストは、二〇一六年四月に惜しまれながら六十二歳で亡くなられた。ワシントンでも東京でも京都でも、伊奈氏と過ごした折々がいつも思い出される。伊奈さんなら本書にどんな感想を寄せてくれただろうかと、残念でならない。そしてもう一人は、筆者の母・村田昌枝である。本書でレーガンの死去に筆が及んだ、ちょうどそのころの本年六月に、母は八十七歳で永眠した。帰省のたびに、母とは実家でさまざまな映画を観賞したものである。もっとも、母は大統領に関心はなく、もっぱら「寅さん」のファンであった。この二人の霊前に、拙著を捧げたいと思う。

二〇一七年十二月三十一日

村田晃嗣

◉主要参考文献

◆書籍（英語）

Aldous, Richard, *Reagan & Thatcher: The Difficult Relationship* (London: Hutchinson, 2012).

Baker, James A., III, with Steve Fiffer, *"Work Hard, Study... and Keep Out of Politics!": Adventures and Lessons from an Unexpected Public Life* (NY: G. P. Putnam's Sons, 2006).

Brands, H. W., *Reagan: The Life* (NY: Doubleday, 2015).

Brinkley, Douglas, *Gerald R. Ford* (NY: Times Books, 2007).

Brinkley, Douglas, ed., *The Notes: Ronald Reagan's Private Collection of Stories and Wisdom* (NY: HarperCollins, 2011)（*Notes* と略）.

Brinkley, Douglas, ed., *The Reagan Diaries* (NY: HarperCollins, 2007)（*Diaries* と略）.

Brinkley, Douglas, *The Unfinished Presidency: Jimmy Carter's Journey Beyond the White House* (NY: Viking Books, 1998).

Broussard, James H., *Ronald Reagan: Champion of Conservative America* (NY: Routledge, 2015).

Brownstein, Ronald, *The Power and the Glitter: The Hollywood–Washington Connection* (NY: Vintage Books, 1992).

Bush, George and Brent Scowcroft, *A World Transformed* (NY: Knopf, 1998).

Cannon, Lou, *Governor Reagan: His Rise to Power* (NY: PublicAffairs, 2003).

Cannon, Lou, *President Reagan: The Role of a Lifetime* (NY: Simon & Schuster, 1991).

Cannon, Lou, *Reagan* (NY: G. P. Putnam's Sons, 1982).

Cannon, Lou and Carl M. Cannon, *Reagan's Disciple: George W. Bush's Troubled Quest for a Presidential Legacy* (NY:

PublicAffairs, 2008).

Canon, David T., *Actors, Athletes, and Astronauts: Political Amateurs in the United States Congress* (Chicago: University of Chicago Press, 1990).

Carter, Jimmy, *White House Diary* (NY: Farrar, Straus and Giroux, 2010).

Christensen, Terry and Peter J. Haas, *Projecting Politics: Political Messages in American Films* (NY: M. E. Sharpe, 2005).

Clews, Colin, *Gay in the 80s: From Fighting Our Rights to Fighting for Our Lives* (Leicestershire, UK: Matador, 2017).

Cohen, Jeffrey E., *Presidential Leadership in Public Opinion: Causes and Consequences* (NY: Cambridge University Press, 2015).

Collins, Robert M., *Transforming America: Politics and Culture during the Reagan Years* (NY: Columbia University Press, 2009).

Cooper, Andrew F., *Louise Frechette, Celebrity Diplomacy* (Routledge, 2008).

Coyne, Michael, *Hollywood Goes to Washington: American Politics on Screen* (London: Reaktion Books, 2008).

Dallek, Robert, *Ronald Reagan: The Politics of Symbolism, With a New Preface by the Author* (MA: Harvard University Press, 1999).

Darman, Jonathan, *Landslide: LBJ and Ronald Reagan at the Dawn of a New America* (NY: Random House, 2014).

Deaver, Michael K., *A Different Drummer: My Thirty Years with Ronald Reagan* (NY: HarperCollins, 2001).

Doherty, Thomas, *Cold War, Cool Medium: Television, McCarthyism, and American Culture* (NY: Columbia University Press, 2003).

Eliot, Marc, *Reagan: The Hollywood Years* (NY: Three Rivers Press, 2008).

Evans, Thomas W., *The Education of Ronald Reagan: The General Electric Years and the Untold Story of His Conversion to Conservatism* (NY: Columbia University Press, 2006).

Farrell, John A., *Tip O'Neill and the Democratic Century* (Boston, MA: Little, Brown, 2001).

Feeney, Mark, *Nixon at the Movies: A Book about Belief* (Il.: University of Chicago Press, 2004).

FitzGerald, Frances, *Way Out There in the Blue: Reagan, Star Wars and the End of the Cold War* (NY: Simon & Schuster, 2000).

Franklin, H. Bruce, *War Stars: The Spuperweapon and the American Imagination*, Revised and Expanded ed. (Amherst, MA: University of Massachusetts Press, 2008).

Goldman, Peter L. and Tony Fuller, *The Quest for the Presidency 1984* (NY: Bantam Books, 1985).

Hart, John et al., *The Modern Presidency: From Roosevelt to Reagan* (NY: Harper & Row, 1987).

Hayward, Steven F., *Greatness: Reagan, Churchill, and the Making of Extraordinary Leaders* (NY: Crown Forum, 2006).

Hayward, Steven F., *The Age of Reagan: The Fall of the Old Liberal Order, 1964–1980* (NY: Three Rivers Press, 2001).

Jordan, Chris, *Movies and the Reagan Presidency: Success and Ethics* (Westport, Conn.: Praeger, 2003).

Kalman, Laura, *Right Star Rising: A New Politics, 1974–1980* (NY: W. W. Norton, 2010).

Kaplan, James, *Sinatra: The Chairman* (NY: Doubleday, 2016).

Kengor, Paul and Patricia Clark Doerner, *The Judge: William P. Clark, Ronald Reagan's Top Hand* (San Francisco, CA: Ignatius Press, 2007).

Langford, Barry, *Post-Classical Hollywood: Film Industry, Style, and Ideology since 1945* (UK: Edinburgh University Press, 2010).

Mann, James, *The Rebellion of Ronald Reagan: A History of the End of the Cold War* (NY: Viking, 2009).

Matthews, Chris, *Tip and the Gipper: When Politics Worked* (NY: Simon & Schuster, 2013).

McDougal, Dennis, *The Last Mogul: Lew Wasserman, MCA, and the Hidden History of Hollywood* (Mass.: Da Capo Press, 2001).

Moldea, Dan E., *Dark Victory: Ronald Reagan, MCA, and the Mob* (NY: Viking Press, 1986).

Morrell, Margot, *Reagan's Journey: Lessons from a Remarkable Career* (NY: Threshold Editions 2011).

Morris, Edmund, *Dutch: A Memoir of Ronald Reagan* (NY: Random House, 1999).

Nadel, Alan, *Flatlining on the Field of Dreams: Cultural Narratives in the Films of President Reagan's America* (NJ: Rutgers University Press, 1997).

O'Reilly, Bill and Martin Dugard, *Killing Reagan: The Violent Assault that Changed a Presidency* (NY: Macmillan, 2015).

O'Sullivan, John, *The President, the Pope, and the Prime Minister: Three Who Changed the World* (DC: Regnery History, 2005).

Palmer, William J., *The Films of the Eighties: A Social History* (Il. : Sothern Illinois University Press, 1993).

Perlstein, Rick, *The Invisible Bridge: The Fall of Nixon and the Rise of Reagan* (NY: Simon & Schuster, 2014).

Reagan, Michael with Joe Hyams, *On the Outside Looking In* (NY: Zebra, 1988).

Reagan, Ron, *My Father at 100: A Memoir* (NY: Viking, 2011).

Reagan, Ronald, *An American Life* (NY: Simon & Schuster, 1990).

Reagan, Ronald and Richard G. Hubler, *Where's the Rest of Me?* (NY: Karz-Segil Publishers, 1965).

Reeves, Richard, *President Reagan: The Triumph of Imagination* (NY: Simon & Schuster, 2005).

Robb, David L., *Operation Hollywood: How the Pentagon Shapes and Censors the Movies* (NY: Prometheus Books, 2004).

Rogin, Michael Paul, *Blackface, White Noise: Jewish Immigrants in the Hollywood Melting Pot* (Berkeley, CA: University of California Press, 1996)

Rogin, Michael Paul, *Ronald Reagan, the Movie and Other Episodes in Political Demonology* (Berkeley, CA: University of California Press, 1987).

Rollins, Peter C. and John E. O'Connor, eds., *Hollywood's White House: The American Presidency in Film and History* (Lexington, Kentucky: University Press of Kentucky, 2003).

Ross, Steven J., *Hollywood Left and Right: How Movie Stars Shaped American Politics* (NY: Oxford University Press, 2011).

Schulman, Bruce J., *The Seventies: The Great Shift in American Culture, Society, and Politics* (NY: Free Press, 2001).

Scott, Ian, *American Politics in Hollywood Film* (UK: Edinburgh University Press, 2000).

Shaw, Tony, *Hollywood's Cold War* (Edinburgh: Edinburgh University Press, 2007).

Shirley, Craig, *Rendezvous with Destiny: Ronald Reagan and the Campaign that Changed America* (Wilmington, DE: Intercollegegate Studies Institute, 2009).

Shultz, George P., *Turmoil and Triumph: My Years As Secretary of State* (NY: Scribner's, 1993).

Skinner, Kiron K., Annelise Anderson, and Martin Anderson, eds., *Reagan: A Life in Letters* (NY: Free Press, 2003).

Skinner, Kiron K., Annelise Anderson, and Martin Anderson, eds., *Reagan, In His Own Hand: The Writings of Ronald Reagan that Reveal His Revolutionary Vision for America* (NY: Free Press, 2001).

Sklar, Robert, *Movie-Made America: A Cultural History of American Movies*, Rev. ed. (NY: Vintage Books, 1994).

Smith, Gaddis, *Morality, Reason and Power: American Diplomacy in the Carter Years* (NY: Hill and Wang, 1986).

Steding, William, *Presidential Faith and Foreign Policy: Jimmy Carter the Disciple and Ronald Reagan the Alchemist* (NY: Palgrave Macmillan, 2014).

Sterling, Christopher H. and John Michael Kittross, *Stay Tuned: A History of American Broadcasting*, 3rd ed. (Mahwah, N. J.: Lawrence Erlbaum Associates, 2001).

Thatcher, Margaret, *Statecraft: Strategies for a Changing World* (NY: HarperCollins, 2002).

The Editors of Time-Life Books with Richard B. Stolley, *The American Dream: The 50s* (VA: Time-Life Books, 1998).

Thomas, Tony, *The Films of Ronald Reagan* (Secaucus, NJ: Citadel Press, 1980).

Time-Life Books, eds., *Pride and Prosperity: The 80s* (VA: Time-Life Education, 1999).

Troy, Gil, *Morning in America: How Ronald Reagan Invented the 1980s* (Princeton, NJ: Princeton University Press, 2005).

Tygiel, Jules, *Ronald Reagan and the Triumph of American Conservatism*, 2nd ed. (NY: Longmar, 2006).
Vaughn, Stephen, *Ronald Reagan in Hollywood: Movies and Politics* (NY: Cambridge University Press, 1994).
Weisberg, Jacob, *Ronald Reagan* (NY: Times Books, 2016).
Wheeler, Mark, *Celebrity Politics* (Cambridge, UK: Polity, 2013).
Wilentz, Sean, *The Age of Reagan: A History 1974–2008* (NY: Harper, 2008).
Wills, Garry, *John Wayne's America* (NY: Simon & Schuster, 1997).
Wills, Garry, *Nixon Agonistes: The Crisis of the Self-Made Man* (Boston: Houghton Mifflin, 1969).
Wills, Garry, *Reagan's America: Innocents at Home* (NY: Doubleday, 1988).
Wood, Robin, *Hollywood from Vietnam to Reagan...and Beyond* (NY: Columbia University Press, 2003).
Wright, Harold Bell, *That Printer of Udell's: A Story of the Middle West* (NY: Pelican, 1996).
Zelizer, Julian E., *Jimmy Carter* (NY: Times Books, 2010).

◆書籍（日本語）

アメリカ学会編『原典アメリカ史　第八巻　衰退論の登場』（岩波書店、二〇〇六年）。

アレン、F・L／藤久ミネ訳『オンリー・イエスタディ――1920年代・アメリカ』（ちくま文庫、一九九三年）。

五十嵐武士『政策革新の政治学――レーガン政権下のアメリカ政治』（東京大学出版会、一九九二年）。

ウィック、チャールズ／読売新聞社外報部訳『レーガン外交の演出者――側近ウィックの回想』（読売新聞社、一九九〇年）。

ヴィリリオ、ポール／石井直志・千葉文夫訳『戦争と映画――知覚の兵站術』（平凡社ライブラリー、一九九九年）。

ウォーカー、ジェシー／鍛原多惠子訳『パラノイア合衆国――陰謀論で読み解く《アメリカ史》』（河出書房新社、二〇一五年）。

ウッドワード、ボブ／池央耿訳『ヴェール――CIAの極秘戦略　1981–1987』上・下（文藝春秋、一九八八年）。

ウッドワード、ボブ／新庄哲夫訳『権力の失墜――大統領たちの危機管理』上・下（日本経済新聞社、二〇〇〇年）。

梅川健『大統領が変えるアメリカの三権分立制――署名時声明をめぐる議会との攻防』（東京大学出版会、二〇一五年）。

エプスタイン、エドワード・J／塩谷紘訳『ビッグ・ピクチャー――ハリウッドを動かす金と権力の新論理』（早川書房、二〇〇六年）。

エーレンライク、バーバラ／中村輝子訳『われらの生涯の最悪の年』（晶文社、一九九二年）。

オーウェル、ジョージ／高橋和久訳『一九八四年〔新訳版〕』（ハヤカワepi文庫、二〇〇九年）。

大嶽秀夫『自由主義的改革の時代――一九八〇年代前期の日本政治』（中公叢書、一九九四年）。

大谷伴子・松本朗・大田信良・加藤めぐみ・木下誠・前協子編『ポスト・ヘリテージ映画――サッチャリズムの英国と帝国アメリカ』（上智大学出版会、二〇一〇年）。

オニール、ティップ、ウィリアム・ノバック／土田宏・鬼頭孝子訳『下院議長オニール回想録――アメリカ政治の裏と表』（彩流社、一九八九年）。

オバマ、バラク／棚橋志行訳『合衆国再生――大いなる希望を抱いて』（楓書店、二〇〇七年）。

カーター、ジミー／飼牛万里訳『少年時代』（石風社、二〇〇三年）。

カーター、ジミー／日高義樹監修／持田直武・平野次郎・植田樹・寺内正義訳『カーター回顧録』上・下（日本放送出版協会、一九八二年）。

ガディス、J・L／河合秀和・鈴木健人訳『冷戦――その歴史と問題点』（彩流社、二〇〇七年）。

加藤幹郎『映画ジャンル論――ハリウッド的快楽のスタイル』（平凡社、一九九六年）。

加藤幹郎『映画とは何か――映画学講義』（文遊社、二〇一五年）。

カミングス、ブルース／渡辺将人訳『アメリカ西漸史――《明白なる運命》とその未来』（東洋書林、二〇一三年）。

亀井俊介『ハックルベリー・フィンのアメリカ――「自由」はどこにあるか』（中公新書、二〇〇九年）。

カーランスキー、マーク／来住道子訳／越智道雄監修『1968――世界が揺れた年』（ソニー・マガジンズ、二〇〇六年）。

カリル、クリスチャン／北川知子訳『すべては1979年から始まった――21世紀を方向づけた反逆者たち』（草思社、二〇一五年）。

川島浩平『人種とスポーツ――黒人は本当に「速く」「強い」のか』（中公新書、二〇一二年）。

川本徹『荒野のオデュッセイア――西部劇映画論』（みすず書房、二〇一四年）。

北沢夏音監修／渡辺幻主編『80年代アメリカ映画100　1980▼1989』（芸術新聞社、二〇一一年）。

木谷佳楠『アメリカ映画とキリスト教――120年の関係史』（キリスト新聞社、二〇一六年）。

北野圭介『ハリウッド100年史講義――夢の工場から夢の王国へ〔新版〕』（平凡社新書、二〇一七年）。

キッシンジャー、ヘンリー／伏見威蕃訳『国際秩序』（日本経済新聞出版社、二〇一六年）。

ギブス、ナンシー、マイケル・ダフィー／横山啓明訳『プレジデント・クラブ――元大統領だけの秘密組織』（柏書房、二〇一三年）。

クレイグ、ゴードン・A、アレキサンダー・L・ジョージ／木村修三・五味俊樹・高杉忠明・滝田賢治・村田晃嗣訳『軍事力と現代外交――歴史と理論で学ぶ平和の条件』（有斐閣、一九九七年）。

黒岩徹『闘うリーダーシップ――マーガレット・サッチャー』（文藝春秋、一九八九年）。

黒川修司『赤狩り時代の米国大学――遅すぎた名誉回復』（中公新書、一九九四年）。

ゴルバチョフ、ミハイル／工藤精一郎・鈴木康雄訳『ゴルバチョフ回想録』上・下（新潮社、一九六一年）。

齋藤嘉臣『文化浸透の冷戦史――イギリスのプロパガンダと演劇性』（勁草書房、二〇一三年）。

榊原胖夫・加藤一誠『アメリカ経済の歩み』（文眞堂、二〇一一年）。

佐々木伸『ホワイトハウスとメディア』（中公新書、一九九二年）。

佐々木卓也『アイゼンハワー政権の封じ込め政策――ソ連の脅威、ミサイル・ギャップ論争と東西交流』（有斐閣、二〇〇八年）。

サッチャー、マーガレット／石塚雅彦訳『サッチャー　私の半生』上・下（日本経済新聞社、一九九五年）。

サッチャー、マーガレット／石塚雅彦訳『サッチャー回顧録　ダウニング街の日々』上・下（日本経済新聞社、一九九三年）。

佐藤卓己『現代メディア史』（岩波書店、一九九八年）。

ジョンソン、ヘインズ／山口正康監修／岡達子・小泉摩耶・野中千恵子訳『崩壊帝国アメリカ――「幻想と貪欲」のレーガン政権の内幕』上・下（徳間書店、一九九一年）。

スカル、デイヴィッド・J／栩木玲子訳『モンスター・ショー――怪奇映画の文化史』（国書刊行会、一九九八年）。

スクラー、ロバート／鈴木主税訳『アメリカ映画の文化史――映画がつくったアメリカ』上・下（講談社学術文庫、一九九五年）。

スターケン、マリタ／岩崎稔・杉山茂・千田有紀・高橋明史・平山陽洋訳『アメリカという記憶――ベトナム戦争、エイズ、記念碑的表象』（未來社、二〇〇四年）。

須藤遙子『自衛隊協力映画――『今日もわれ大空にあり』から『名探偵コナン』まで』（二〇一三年、大月書店）。

ストックマン、デイヴィッド・A／阿部司・根本政信訳『レーガノミックスの崩壊――レーガン大統領を支えた元高官の証言』（サンケイ出版、一九八七年）。

スピークス、ラリー、ロバート・パック／椋田直子・石山鈴子訳『スピーキング・アウト――レーガン政権の内幕』（扶桑社、一九八八年）。

スミス、ジェフリー／安藤優子訳『ウーマン・イン・パワー――世界を動かした女マーガレット・サッチャー』（フジテレビ出版、一九九一年）。

大学教育社編『新訂現代政治学事典』（ブレーン出版、一九九八年）。

タルボット、ストローブ、マイケル・R・ベシュロス／浅野輔訳『最高首脳交渉――ドキュメント・冷戦終結の内幕』上・下（同文書院、一九九三年）。

タルボット、ストローブ／加藤紘一ほか訳『米ソ核軍縮交渉――成功への歩み』（サイマル出版会、一九九〇年）。

チャップリン、チャールズ／中野好夫訳『チャップリン自伝 下――栄光の日々』（新潮文庫、一九九二年）。

塚田幸光『シネマとジェンダー――アメリカ映画の性と戦争』（臨川書店、二〇一〇年）。

筒井清忠編『政治的リーダーと文化』（千倉書房、二〇一一年）。

デイヴィス、パティ／青木純子訳『長い長いさようなら――アルツハイマーと闘った父、レーガン元大統領に捧げる手記』（竹書房、二〇〇五年）。

デイヴィス、パティ／矢倉尚子訳『大統領の令嬢』（集英社文庫、一九八六年）。

ディケンズ／池央耿訳『二都物語』上（光文社古典新訳文庫、二〇一六年）。

デイビス、パティ／玉置悟訳『わが娘を愛せなかった大統領へ――虐待されたトラウマを癒すまで』（KKベストセラーズ、一九九六年）。

土志田征一『レーガノミックス――供給経済学の実験』(中公新書、一九八六年)。

戸部良一・寺本義也・野中郁次郎編『国家経営の本質――大転換期の知略とリーダーシップ』(日本経済新聞出版社、二〇一四年)。

トランプ、ドナルド、トニー・シュウォーツ/相原真理子訳『トランプ自伝――不動産王にビジネスを学ぶ』(ちくま文庫、二〇〇八年)。

ナイ、ジョセフ・S/藤井清美訳『大統領のリーダーシップ――どの指導者がアメリカの絶対優位をつくったか?』(東洋経済新報社、二〇一四年)。

ナイ、ジョセフ・S・ジュニア、デイヴィッド・A・ウェルチ/田中明彦・村田晃嗣訳『国際紛争――理論と歴史〔原書第10版〕』(有斐閣、二〇一七年)。

内藤篤『ハリウッド・パワーゲーム――アメリカ映画産業の「法と経済」』(TBSブリタニカ、一九九一年)。

ナヴァスキー、ヴィクター・S/三宅義子訳『ハリウッドの密告者――一九五〇年代アメリカの異端審問』(論創社、二〇〇八年)。

永井陽之助『冷戦の起源――戦後アジアの国際環境』(中央公論社、一九七八年)。

中曽根康弘『自省録――歴史法廷の被告として』(新潮社、二〇〇四年)。

中曽根康弘『政治と人生――中曽根康弘回顧録』(講談社、一九九二年)。

中曽根康弘/伊藤隆・佐藤誠三郎インタビュー『天地有情――五十年の戦後政治を語る』(文藝春秋、一九九六年)。

中西信男『アメリカ大統領の深層――最高権力者の心理と素顔』(有斐閣選書、一九八八年)。

ニクソン、リチャード/徳岡孝夫訳『指導者とは』(文藝春秋、一九八六年)。

西川賢『分極化するアメリカとその起源――共和党中道路線の盛衰』(千倉書房、二〇一五年)。

ハイエク、F・A/西山千明訳『隷属への道』(春秋社、一九九二年)。

パウエル、コリン、ジョセフ・E・パーシコ/鈴木主税訳『マイ・アメリカン・ジャーニー――コリン・パウエル自伝』(角川書店、一九九五年)。

蓮實重彦『ハリウッド映画史講義――翳りの歴史のために』(筑摩書房、一九九三年)。

長谷川功一『アメリカSF映画の系譜――宇宙開拓の神話とエイリアン来襲の神話』（リム出版新社、二〇〇五年）。

服部龍二『中曽根康弘――「大統領的首相」の軌跡』（中公新書、二〇一五年）。

ハルバースタム、ディヴィッド／金子宣子訳『ザ・フィフティーズ――1950年代アメリカの光と影 第1部』（新潮OH！文庫、二〇〇二年）。

ハルバースタム、デイヴィッド／金子宣子訳『ザ・フィフティーズ――1950年代アメリカの光と影 第3部』（新潮OH！文庫、二〇〇二年）。

ハンチントン、サミュエル／鈴木主税訳『文明の衝突』（集英社、一九九八年）。

平野健一郎『国際文化論』（東京大学出版会、二〇〇〇年）。

フォード、ジェラルド・R／関西テレビ放送編『フォード回顧録――私がアメリカの分裂を救った』（サンケイ出版、一九七九年）。

福井次郎『マリリン・モンローはなぜ神話となったのか――マッカーシズムと1950年代アメリカ映画』（言視舎、二〇一二年）。

藤本一美・浅野一弘『日米首脳会談と政治過程――1951年～1983年』（龍渓書舎、一九九四年）。

ブッシュ、ジョージ／吉澤泰治訳『石油に賭ける男 ジョージ・ブッシュのパックス・アメリカーナ――米大統領の自叙伝』（ダイナミックセラーズ、一九九一年）。

ブッシュ、ジョージ・W／藤井厳喜訳『ジョージ・ブッシュ――私はアメリカを変える』（扶桑社、二〇〇〇年）。

ブッシュ、ローラ／村井理子訳『ローラ・ブッシュ自伝――脚光の舞台裏』（中央公論新社、二〇一五年）。

ブラウワー、ケイト・アンダーセン／江口泰子訳『使用人たちが見たホワイトハウス――世界一有名な「家」の知られざる裏側』（光文社、二〇一六年）。

フリードリック、オットー／柴田京子訳『ハリウッド帝国の興亡――夢工場の一九四〇年代』（文藝春秋、一九九四年）。

フルブライト、J・W／勝又美智雄訳『権力の驕りに抗して――私の履歴書』（日本経済新聞社、一九九一年）。

ブルーム、アラン／菅野盾樹訳『アメリカン・マインドの終焉――文化と教育の危機』（みすず書房、一九八八年）。

フレチェロウ、カーラ／ポップ・カルチャー研究会訳『映画でわかるカルチュラル・スタディーズ』（フィルムアート社、二〇〇一年)。

フロドン、ジャン＝ミシェル/野崎歓訳『映画と国民国家』(岩波書店、二〇〇二年)。

ヘイグ、アレクサンダー・M・Jr/住野喜正訳『ヘイグ回想録《警告》――レーガン外交の批判』上・下(現代出版、一九八四年)。

牧太郎『中曽根とは何だったのか』(草思社、一九八八年)。

待鳥聡史『アメリカ大統領制の現在――権限の弱さをどう乗り越えるか』(NHKブックス、二〇一六年)。

マン、ジェームズ/渡辺昭夫監訳『ウルカヌスの群像――ブッシュ政権とイラク戦争』(共同通信社、二〇〇四年)。

宮本陽一郎『アトミック・メロドラマ――冷戦アメリカのドラマトゥルギー』(彩流社、二〇一六年)。

宮本陽一郎『モダンの黄昏――帝国主義の改体とポストモダニズムの生成』(研究社、二〇〇二年)。

村上泰亮『新中間大衆の時代――戦後日本の解剖学』(中央公論社、一九八四年)。

村上泰亮『反古典の政治経済学 上――進歩史観の黄昏』(中央公論社、一九九二年)。

村田晃嗣『アメリカ外交――苦悩と希望』(講談社現代新書、二〇〇五年)。

村田晃嗣『現代アメリカ外交の変容――レーガン、ブッシュからオバマへ』(有斐閣、二〇〇九年)。

村田晃嗣『大統領の挫折――カーター政権の在韓米軍撤退政策』(有斐閣、一九九八年)。

村田晃嗣『米国初代国防長官フォレスタル――冷戦の闘士はなぜ自殺したのか』(中公新書、一九九九年)。

村田晃嗣『レーガン――いかにして「アメリカの偶像」となったか』(中公新書、二〇一一年)。

吉見俊哉『メディア文化論――メディアを学ぶ人のための15話』(有斐閣アルマ、二〇〇四年)。

吉本光宏『陰謀のスペクタクル――〈覚醒〉をめぐる映画論的考察』(以文社、二〇一二年)。

ラ・ロシュフコー/二宮フサ訳『ラ・ロシュフコー箴言集』(岩波文庫、一九八九年)。

リーガン、ドナルド・T/広瀬順弘訳『フォー・ザ・レコード』(扶桑社、一九八八年)。

ルイス、フィンレー/冨山泰訳『大使モンデールの肖像』(日本放送出版協会、一九九四年)。

ルドルフ、F/阿部美哉・阿部温子訳『アメリカ大学史』(玉川大学出版部、二〇〇三年)。

レーガン、ナンシー/広瀬順弘訳『マイ・ターン――ナンシー・レーガン回想録』(読売新聞社、一九九一年)。

レーガン、ロナルド／尾崎浩訳『わがアメリカンドリーム――レーガン回想録』（読売新聞社、一九九三年）（『回想録』と略）。

レーガン、ロナルド、ナンシー・レーガン／金原瑞人・中村浩美訳『世界でいちばん愛しい人へ――大統領から妻への最高のラブレター』（PHP研究所、二〇〇一年）。

ワインバーガー、キャスパー・W／角間隆監訳『平和への闘い』（ぎょうせい、一九九五年）。

ワプショット、ニコラス／久保恵美子訳『ケインズかハイエクか――資本主義を動かした世紀の対決』（新潮社、二〇一二年）。

ワプショット、ニコラス／久保恵美子訳『レーガンとサッチャー――新自由主義のリーダーシップ』（新潮選書、二〇一四年）。

◆論文、演説など（英語）

Huntington, Samuel P., "The Clash of Civilizations?," *Foreign Affairs*, vol. 72, no. 3 (Summer 1993).
Novak, Matt, "Every Single Movie That Jimmy Carter Watched at the White House," September 15, 2015. 〈https://paleofuture.gizmodo.com/every-single-movie-that-jimmy-carter-watched-at the whi-1728538092〉
Rommel-Ruiz, Bryan, "Redeeming Lincoln, Redeeming the South: Representations of Abraham Lincoln in D. W. Griffith's *The Birth of Nation* (1915) and *Historical Scholarship*," in Peter C. Rollins and John E. O'Connor, eds., *Hollywood's White House: The American Presidency in Film and History* (Lexington, Kentucky: University Press of Kentucky, 2003), pp. 76-95.

◆論文、演説など（日本語）

入江昭「国際政治における文化と権力」『中央公論』一九七九年二月号。

梅川健「レーガン政権における大統領権力の拡大――保守的法律家の憲法解釈と署名見解の制度化」日本政治学会編『年報政治学 2011-I――政治における忠誠と倫理の理念化』（木鐸社、二〇一一年）。

カジン、マイケル「アメリカにおけるポピュリズムの歴史――ポピュリズムと政治的進化」『フォーリン・アフェアーズ・リポート』二〇一六年十一月号。

ケナン、ジョージ・F／新井康三郎訳「一九四六年二月二十二日のモスクワからの電報（抜粋）」ジョージ・F・ケナン／奥畑稔訳『ジョージ・F・ケナン回顧録――対ソ外交に生きて』下（読売新聞社、一九七三年）付録C。

纐纈厚「軍国主義」（militarism）『新訂現代政治学事典』。

スカル、デイヴィッド・J／栩木玲子訳「ドライヴ・インは死霊と仲良し」スカル、デイヴィッド・J／栩木玲子訳『モンスター・ショー――怪奇映画の文化史』（国書刊行会、一九九八年）。

谷川冬二「大飢饉と移民」風呂本武敏編『アイルランド・ケルト文化を学ぶ人のために』（世界思想社、二〇〇九年）。

筒井清忠「現代における「政治」と「文化」」筒井清忠編『政治的リーダーと文化』（千倉書房、二〇一一年）。

西川賢「二重の敗戦――ゴールドウォーターと穏健派の戦い（一九六四年）」西川賢『分極化するアメリカとその起源――共和党中道路線の盛衰』（千倉書房、二〇一五年）。

蓮實重彦「豪華絢爛を遠く離れて――「B級映画」をめぐって」蓮實重彦『ハリウッド映画史講義――翳りの歴史のために』（筑摩書房、一九九三年）。

宮本陽一郎「ギャングスターと『最高の検閲官』――古典ギャング映画小史」宮本陽一郎『モダンの黄昏――帝国主義の改体とポストモダニズムの生成』（研究社、二〇〇二年）。

村田晃嗣「映画の中の政治指導者像――日米比較」筒井清忠編『政治的リーダーと文化』（千倉書房、二〇一一年）。

村田晃嗣「宰相・中曽根康弘と小泉純一郎――三木〜中曽根、村山〜小泉の歴史的類比から」『中央公論』二〇〇二年二月号。

村田晃嗣「トランプ対ハリウッド――アウトサイダーの新大統領は「第二のレーガン」になれるか」『Voice』二〇一七年三月号。

村田晃嗣「ロナルド・レーガン研究――政治的魅力の源泉を問う」『同志社法學』（梅津實教授古稀記念号）三四七号（二〇一一年六月）。

◆新聞、雑誌、URLなど

Los Angeles Times
New York Times
Washington Post

Economist
Newsweek
Time
Wall Street Journal

Miller Center, University of Virginia
https://millercenter.org/
Ronald Reagan Presidential Library
https://www.reaganlibrary.gov/
The American Presidency Project, University of California, Santa Barbara
http://www.presidency.ucsb.edu/
The Reagan Files
http://www.thereaganfiles.com/

◉事項索引◉

●ア　行

●カ　行

●サ　行

●タ　行

●ナ　行

●ハ　行

●マ　行

●ヤ　行

●ラ　行

●ワ　行

●アルファベット

◉人名索引◉

●ア 行

●カ　行

エリヤ（Elijah）　429

エルビー（Maurice Elvey）　542

エーレンライク（Barbara Ehrenreich）
　422

オーウェル（George Orwell）　400, 447

大隈重信　551

大林宣彦　273, 552

大平正芳　538

岡本喜八　551

オギルヴィー（George Ogilvie）　423

オコナー（Sandra Day O'Connor）　60,
　333, 465

小澤征爾　554

オズワルド（Lee Harvey Oswald）　206

オニール（Thomas P. O'Neill, Jr.）　18,
　267, 327, 338, 345, 349, 370, 379, 395,
　396, 413, 452, 457

オバマ（Barack Obama）　16, 17, 61, 66,
　307, 397, 530, 533, 536

オフィーニー（Sean Aloysius O'Feeney）
　→フォード，J.

オブライエン（Pat O'Brien）　82, 90, 351

オリヴィエ（Laurence Kerr Olivier）
　130, 545

オリーガン（Michael O'Regan）　→レーガ
　ン，マイケル（曾祖父）

カー（Clark Kerr）　231

カウフマン（Philip Kaufman）　402

カークパトリック（Jeane Kirkpatrick）
　333, 375, 444

カザン（Elia Kazan）　130, 131, 177

カスダン（Lawrence Kasdan）　359, 430

カストロ（Fidel Castro）　205

ガセット（José Ortega y Gasset）　541

カーソン（Johnny Carson）　323

カーター（James Earl "Jimmy" Carter,
　Jr.）　13, 22, 55, 259–269, 276, 278,
　296–300, 303, 305–317, 319, 321, 327,

329, 330, 335, 336, 338, 341, 342, 348,
349, 350, 355, 371, 373, 377, 381, 390,
395, 408, 427, 453, 460, 502, 522, 525–
529, 538, 540, 541, 557

カダフィー（Muammar al-Qadafi）
　463

カッシウス（Cassius Longinus）　174

カッタネオ（Peter Cattaneo）　544

カーティス，M.（Michael Curtiz）　84,
　97, 99, 100, 129

カーティス，T.（Tony Curtis）　196

ガーファンクル（Art Garfunkel）　247

ガーフィールド，J.（John Garfield）
　101, 136, 343

ガーフィールド，J. A.（James A.
　Garfield）　42

カーペンター（John Howard Carpenter）
　357, 499

亀井文夫　551

ガーランド（Judy Garland）　196

カーリー（James M. Curley）　38

カールッチ（Frank Carlucci）　471, 505

ガルブレイス（John K. Galbraith）
　524

カルマン（Laura Kalman）　269

木内信胤　302

岸信介　551, 552

ギッシュ（Lillian Gish）　51, 141

キッシンジャー（Henry A. Kissinger）
　305, 405, 468, 483, 523

ギップ（George Gipp）　89

衣笠貞之助　550

木下恵介　551, 554

キャグニー（James Cagney）　82, 90, 93,
　312

キャッシュ（Johnny Cash）　313

ギャディス（John L. Gaddis）　390

キャノン，C. M.（Carl M. Cannon）　19

キャノン，L.（Lou Cannon）　15, 16, 19,
　44, 76, 328

ギャビン(John Gavin)　332
キャプラ(Frank Capra)　8, 94, 177, 304, 351
キャメロン(James Cameron)　422, 462, 496
キャラハン(James Callaghan)　301, 540
キューカー(George Cukor)　119
キューブリック(Stanley Kubrick)　201, 215, 247, 343, 420
キング, H.(Henry King)　95
キング, M. L.(Martin Luther King, Jr.)　207, 233, 240, 298, 341, 343, 397, 403, 510
ギングリッチ(Newt Gingrich)　60, 371, 506, 529, 530
ギンズバーグ(Douglas Ginsburg)　480
クエール(Dan Quayle)　487, 492–494, 505
クッチェル(Thomas Kuchel)　219
グッドマン(Benny Goodman)　68
クーパー(Gary Cooper)　134
クライバーン(Van Cliburn)　482
グラインド(Nick Grinde)　81
クラウトハマー(Charles Krauthammer)　444
クラーク, B.(Bob Clark)　335
クラーク, W. P.(William P. Clark)　227, 230, 329, 376, 388
グラハム(Billy Graham)　450, 482
グラント, C.(Cary Grant)　94
グラント, L.(Lee Grant)　136
クリーヴァー, B.(Benjamin Cleaver)　53
クリーヴァー, M.(Margaret Cleaver)　53, 57, 66, 74, 91
クリストファー(George Christopher)　219, 220
クーリッジ(Calvin Coolidge)　51, 52, 68, 152, 325, 326, 350
グリフィス(D. W. Griffith)　6, 7, 50, 51, 70, 96
クリフォード(Clark Clifford)　342
クリーブランド(Grover Cleveland)　498
グリーン(Alfred Green)　177
グリーングラス(Paul Greengrass)　544
クリントン, H. R.(Hillary R. Clinton)　210, 312, 508
クリントン, W. J.(William J. Clinton)　50, 205, 264, 344, 507, 508, 522, 529, 530, 557
クルーズ, J.(James Cruze)　70
クルーズ, T.(Tom Cruise)　429, 471
グールディング(Edmund Goulding)　83
クルーニー(George Clooney)　174, 532, 538
グレイ(Jennifer Grey)　422
クレイヴン(Wes Craven)　404
クレイマー(Stanley Kramer)　181, 238
クレマンソー(Georges Clemenceau)　215
グレン, J.(John Glen)　542
グレン, J. H. (John H. Glenn)　198, 402
クレンナ(Richard Crenna)　344
クロウ(William J. Crowe)　477, 482
黒澤明　277
クロスビー(Bing Crosby)　173
クロースランド(Alan Crosland)　76
クローネンバーグ(David Cronenberg)　180, 391, 417
グロムイコ(Andrei Gromyko)　393, 412, 445
クロムウェル(John Cromwell)　70
クロンカイト(Walter Cronkite)　153, 329
ケイリー(William Keighley)　82

●サ　行

ケーシー（William Casey）　304, 331, 355, 356, 373, 454, 473

ケナン（George F. Kennan）　134

ケネディ，A.（Anthony Kennedy）　480

ケネディ，E.（Edward Kennedy）　308, 310, 313, 355, 358, 386, 402, 413, 480

ケネディ，ジャクリーン（Jacqueline Kennedy）　198, 201, 204, 205, 312, 335

ケネディ，ジョセフ（Joseph Kennedy）　37, 156, 172

ケネディ，J. F.（John F. Kennedy）　36–38, 71, 153, 155, 156, 171, 173, 174, 196–201, 203–210, 221, 237, 298, 313, 334, 340, 341, 358, 415, 421, 478, 490, 493, 524, 525, 528, 529, 534, 537, 556, 557

ケネディ，P.（Patrick Kennedy）　36

ケネディ，R.（Robert Kennedy）　156, 198, 200, 233–236, 358

ゲーブル（Clark Gable）　94, 141, 219

ケリー（Jack Kelly）　533

ケンプ（Jack Kemp）　281, 371, 465

ゴア（Al Gore）　490, 493, 530

小泉純一郎　550

ゴーゴリ（Nikolai Gogol）　489

コスター（Henry Koster）　160

コスマトス（George Pan Cosmatos）　419

コックス（Alex Cox）　429, 484

ゴッドフリー（Peter Godfrey）　131

コッポラ（Francis F. Coppola）　274, 276

コーディナー（Ralph Cordiner）　164

コナリー（John Connally, Jr.）　303, 305, 332

小林正樹　553

コリンズ（Robert M. Collins）　297

コール（Helmut Kohl）　396, 449, 450, 464, 539

ゴールドウォーター（Barry Goldwater）　172, 209–219, 235, 247, 303, 309, 312, 316, 318, 405, 419, 530, 532

ゴルバチョフ，M.（Mikhail Gorbachev）　19, 20, 60, 445–448, 455–459, 463, 467, 468, 477–483, 487–489, 494, 495, 504, 505, 509, 540, 549

ゴルバチョフ，R.（Raisa Gorbachev）　505

コールマン（Gary Coleman）　534

コロンバス（Chris Columbus）　496

ゴンパース（Samuel Gompers）　340

サイモン，N.（Neil Simon）　313

サイモン，P.（Paul Simon）　247

佐々淳行　550

サダト（Muḥammad Anwar al-Sādāt）　296, 345, 538

サッチャー，D.（Denis Thatcher）　541, 543

サッチャー，M.（Margaret Thatcher）　20, 22, 55, 169, 280, 300–302, 338, 347, 348, 373–375, 395, 396, 445–447, 452, 464, 479, 494, 504, 509, 538–545, 547, 548, 557

佐藤栄作　548, 551, 552

ザナック（Darryl F. Zanuck）　95

サハロフ（Andrei Sakharov）　477

サファイア（William Safire）　352

サーマク（Anton J. Cermack）　72

サーモンド（Strom Thurmond）　345

サリンジャー（Pierre Salinger）　217

澤井信一郎　552

サント（Gus Van Sant）　271

シアーズ（John Sears）　303

シェークスピア（William Shakespeare）　525, 542

ジェファーソン（Thomas Jefferson）　8,

18, 35, 135, 168, 171, 199, 319, 322, 326, 382, 442
シェリダン(Ann Sheridan)　99
シェル(Jonathan Schell)　389
シェワルナゼ(Eduard Shevardnadze)　445, 446, 467
シグール(Gaston Sigur)　380
重光葵　100
シーゲル(Don Siegel)　37, 179, 202
シーザー(Julius Caesar)　174
シドー(Max von Sydow)　373
ジトー(Joseph Zito)　419, 422
シナトラ(Frank Sinatra)　196, 198, 245, 312, 323, 373, 413
シャーウッド(Robert Sherwood)　74
ジャクソン，A.(Andrew Jackson)　18
ジャクソン，G.(Glenda Jackson)　373
ジャクソン，H.(Henry Jackson)　393
ジャクソン，J.(Jesse Jackson)　402, 403, 490
ジャクソン，M.(Michael Jackson)　398
ジャック　→レーガン，J. E.
シャープ(Ian Sharp)　544
シャフナー(Franklin Schaffner)　207, 208, 239, 336
シャーマン，A.(Alfred Sherman)　541
シャーマン，V.(Vincent Sherman)　139
ジュイソン(Norman Jewison)　238
周恩来　538
シュート(Nevil Shute)　181
シュミット(Harrison Schmitt)　199
シュライバー(Maria Shriver)　534
ジュラン(Nathan Juran)　142
シュルツ(George P. Shultz)　13, 226, 376, 377, 379, 390, 393, 394, 400, 446, 448, 454, 455, 458, 467, 468, 477, 482, 484, 487, 500, 505
シュレシンジャー(John Schlesinger)　241
シュローダー(Patricia Schroeder)　352
シュワイカー(Richard Schweiker)　257, 258, 332
シュワルツェネッガー(Arnold Schwarzenegger)　22, 240, 249, 422, 426, 462, 485, 492, 495, 496, 534–536
ショー(Irwin Shaw)　136
昭和天皇　247, 464, 550, 551
ジョーダン，C.(Chris Jordan)　344
ジョーダン，M.(Michael Jordan)　407
ジョルソン，A.(Al Jolson)　51, 77
ジョーンズ，B.(Ben Jones)　533
ジョーンズ，J. R.(James R. Jones)　378
ジョンストン(Eric Johnston)　129, 139
ジョンソン，C.(Clark Johnson)　344
ジョンソン，H.(Haynes Johnson)　326
ジョンソン，L. B.(Lyndon B. Johnson)　18, 42, 149, 209–211, 214, 233, 237, 267, 311, 312, 490, 523, 539, 556
シルク(Leonard Silk)　352
シーン，C.(Charlie Sheen)　422
シーン，M.(Martin Sheen)　234, 313
シンクレア(Upton Sinclair)　7
ジンネマン(Fred Zinnemann)　177
シンプソン(Alan Simpson)　466, 491
スカリア(Antonin Scalia)　465
スカル(David J.Skal)　179
スクラー(Robert Sklar)　173
スコウクロフト(Brent Scowcroft)　471
スコセッシ(Martin Scorsese)　273, 343
スコット，R.(Ridley Scott)　426, 462

●タ　行

スコット，T.(Tony Scott)　471

鈴木貫太郎　551

鈴木善幸　43, 44, 302, 373, 547, 549

スタイン(Jules Stein)　82, 161, 201, 223

スタインベック(John Steinbeck)　71

スタージェス(John Sturges)　461

スターリン(Iosif Stalin)　70, 100, 174

スタローン(Sylvester Stallone)　240, 276–278, 344, 419, 420, 425, 448, 459, 495

スチュワート(James Stewart)　8, 85, 94, 208, 220, 245, 323, 482, 505

スティーブンソン(Adlai Stevenson)　152, 154, 156, 207

ストックマン(David Stockman)　311, 330–332, 353, 378

ストライサンド(Barbra Streisand)　237

ストリープ(Meryl Streep)　538

ストローバー，D. H.(Deborah Hart Strober)　14

ストローバー，G. S.(Gerald S. Strober)　14

ストーン(William Oliver Stone)　318, 420, 472, 484, 525

スヌヌ(John H. Sununu)　487

スピークス(Larry Speaks)　346, 347, 395

スピルバーグ(Steven Spielberg)　90, 93, 272, 277, 278, 406, 428, 496

スプリングスティーン(Bruce Springsteen)　410

スミス，A. E.(Alfred E. Smith)　60, 61

スミス，G.(Gaddis Smith)　265

スミス，H.(Hedrick Smith)　328

スミス，W.(Will Smith)　416, 425

スワンソン(Gloria Swanson)　37

セイヤー(W. Paul Thayer)　475

セイラー(Louis Seiler)　87, 498

ゼメキス(Robert Zemeckis)　85, 118, 496

ソフォクレス(Sophoklēs)　523

ソルジェニーツィン(Aleksandr Solzhenitsyn)　255

ソレル(Herbert Sorrel)　124

孫子　169

ダイアナ妃(Princess Diana)　545

ダイク(Dick Van Dyke)　237

高橋圭三　549

ダグラス，H. G.(Helen Gahagan Douglas)　119, 149, 249

ダグラス，マイケル(Michael Douglas)　484

ダグラス，メルヴィン(Melvyn Douglas)　149, 249

竹下登　547, 550

ターケル(Studs Terkel)　96

巽孝之　343

タトル(Holmes Tuttle)　218, 219, 230

ターナー(Frederick Jackson Turner)　39

田中角栄　251, 447, 550, 551

田中絹代　554

田中清玄　302

タニー，G.(Gene Tunney)　48

タニー，J.(John Tunney)　249

ダニエルズ(Lee Daniels)　495

タフト(William Taft)　44, 506

ダーマン(Jonathan Darman)　18

ダレス(John F. Dulles)　175

ダレック(Robert Dallek)　57

ダーロウ(David Darlow)　393

タワー(John G. Tower)　471, 473

チェイス(Chevy Chase)　257

チェイニー(Dick Cheney)　257

チェルネンコ(Konstantin Chernenko)

xii

43, 44, 401, 412, 445, 446, 549

チェンバレン（Neville Chamberlain）
483, 487

チミノ（Michael Cimino）　275

チャーチ（Frank Church）　317

チャーチル（Winston Churchill）　20,
66, 100, 128, 151, 212, 298, 322, 374, 383,
412, 494, 538–540, 545

チャップリン（Charles Chaplin）　51, 72,
136, 542

趙紫陽　404

全斗煥　338, 548

筒井清忠　9

ツマニシヴィリ（Mikhail Tumanishvili）
423

ディーヴァー（Michael Deaver）　245,
327, 328, 353, 400, 449–451, 475

デイヴィス，B.（Bette Davis）　83, 313

デイヴィス，G.（Gray Davis）　534, 535

デイヴィス，J.（Joseph Davis）　100

デイヴィス，L.（Loyal Davis）　141, 142,
229

デイヴィス，N.（Nancy Davis）　→レーガ
ン，ナンシー

デイヴィス，P.（Patti Davis）　→レーガ
ン，P. A.

デイヴィス，S.（Sammy Davis, Jr.）
196, 198

ディギンス（John Patrick Diggins）
19

ディキンソン（Angie Dickinson）　202,
313

ディケンズ（Charles Dickens）　502

ディズニー（Walt Disney）　134, 178

ディズレーリ（Benjamin Disraeli）　225

ディマジオ（Joe DiMaggio）　482

テイラー，E.（Elizabeth Taylor）　452,
505

テイラー，R.（Robert Taylor）　75, 134,
201, 202

テイラー，Z.（Zachary Taylor）　264

ディラン（Bob Dylan）　259

デイリー（Richard J. Daley）　236

デ・コルドヴァ（Frederick De Cordova）
158

テート（Sharon Tate）　243

デートリッヒ（Marlene Dietrich）　478

デ・ニーロ（Robert De Niro）　343

デ・パルマ（Brain De Palma）　358

デューイ（Thomas Dewey）　152, 217

デュカキス（Michael Dukakis）　489,
490, 492, 493

テラー（Edward Teller）　387, 388, 390

デラハンティ（Tom Delahanty）　348

デンプシー（Jack Dempsey）　48

テンプル（Shirley Temple）　131, 132

トウェイン（Mark Twain）　39, 49, 64,
167, 245

東条英機　553

鄧小平　296

トクヴィル（Alexis de Tocqueville）
382

ド・ゴール（Charles de Gaulle）　538

ドーシー（Tommy Dorsey）　68

トッド（Richard Todd）　139, 140

ドナー（Richard Donner）　273, 278, 425

ドブルイニン（Anatoly Dobrynin）
329, 380

トーマス（Dylan Thomas）　259

ドミトリク（Edward Dmytryk）　130,
131, 135, 136

トラボルタ（John Travolta）　278, 416

ドーラン（Anthony Dolan）　374, 384,
487

トランプ（Donald Trump）　22, 310, 312,
314, 496, 499, 536–538

トランボ（Dalton Trumbo）　123, 135,
136, 201

ドール（Robert J. "Bob" Dole）　258,
263, 264, 486, 525

599

xiii

トルーマン（Harry S Truman） 20,
　125–127, 148, 150, 152, 153, 177, 182,
　196, 326, 556
トレイシー（Spencer Tracy） 38, 90,
　141, 142, 238, 304
ドレーク（Sir Francis Drake） 461
トロイ（Gil Troy） 17
トロツキー（Lev Trotsky） 374
ドワン（Allan Dwan） 118
トンプソン（Fred Thompson） 535

●ナ　行

ナイ（Gerald Nye） 86
中曾根康弘　22, 46, 60, 94, 234, 273, 302,
　377, 380, 398, 447, 464, 509, 539, 546–
　555, 557
ナジモヴァ（Alla Nazimova） 141
ナッシュ（Terre Nash） 389
ナポレオン（Napoléon I） 542
ニクソン（Richard M. Nixon） 17, 18,
　22, 45, 88, 117, 132–133, 135, 149, 150,
　152, 154–156, 170–173, 182, 196–200,
　207, 210, 219, 233–238, 243, 246–253,
　258, 260, 264, 269, 270, 274, 275, 296,
　303, 304, 318, 329, 330, 335, 336, 341,
　385, 389, 404–406, 458, 468, 470, 477,
　483, 486, 499, 500, 502, 503, 522–527,
　529, 537–539, 556–558
ニコルズ（Mike Nichols） 238, 423, 427,
　449, 508
ニコルソン（Jack Nicholson） 247
西山千明　302
ニーチェ（Friedrich Nietzsche） 314
ニーバー（Reinhold Niebuhr） 261
ニモイ（Leonard Nimoy） 237
ニュースタット（Richard Neustadt）
　204
ニュートン（Wayne Newton） 312
ニューマン，K.（Kurt Neumann） 180
ニューマン，P.（Paul Newman） 237,
　386
ヌーナン（Peggy Noonan） 144, 406,
　461, 492, 501
ネグレスコ（Jean Negulesco） 122
ネルソン（Gary Nelson） 525
ノース（Oliver North） 419, 453, 454,
　460, 464, 470, 471, 476, 479, 500
ノフチガー（Lyn Nofziger） 296, 356
ノーラスティ（Cyrus Nowrasteh） 344
ノーランド（William Knowland） 219
ノリス（Chuck Norris） 240, 419, 422,
　426

●ハ　行

パー（Jerry Parr） 340, 343
ハイエク（Friedrich August von Hayek）
　169, 170, 301, 535, 539
ハイトナー（Nicholas Hytner） 542
パイプス（Richard Pipes） 372, 376
パウエル，C.（Collin Powell） 482, 487,
　501
パウエル，D.（Dick Powell） 84, 99,
　298
バーガー（Warren Berger） 320
パーカー（Alan Parker） 309
バーグマン（Ingrid Bergman） 99, 100
パクラ（Alan J. Pakula） 274
パーシー（Charles Percy） 414
橋本幸治　552
ハースト（William R. Hearst） 70
筈見有弘　97
蓮實重彦　243
パーソンズ（Louella Parsons） 82, 92
バダム（John Badham） 278, 390
パックウッド（Robert Packwood） 465
ハックフォード（Taylor Hackford）
　423, 425
バックリー（William Buckley, Jr.） 60
バックレー（William F. Buckley, Jr.）
　202, 203, 374, 483

人名索引　598

パッテン(Gilbert Patten)　52
ハーディング(Warren G. Harding)　47, 51, 68, 80
ハート(Gary Hart)　402, 490
バート(Richard Burt)　376
ハドソン，H.(Hugh Hudson)　375
ハドソン，R.(Rock Hudson)　451
鳩山一郎　551
バートン(Tim Burton)　416, 508
ハナ肇　549
バーバー(James Barber)　204
ハフィントン(Ariana Huffington)　534
ハーマン(Mark Herman)　544
ハミルトン(Alexander Hamilton)　168, 212, 510
ハメット(Dashiell Hammett)　136
原一男　553
ハリス(Ed Harris)　402
ハリソン(Benjamin Harrison)　73
バーリン(Irving Berlin)　98, 99
ハル(Cordell Hull)　86
パール(Richard Perle)　376
バルザック(Honoré de Balzac)　40
パールスタイン(Rick Perlstein)　18
ハルバースタム(David Halberstam)　155, 420
パルマー(William J. Palmer)　419
パーレビ(Muḫammad Riḍā Pahlawī)　296
バローズ，E. R.(Edgar Rice Burroughs)　52
バローズ，J.(James Burrows)　428
ハロン(Mary Harron)　475
パワー(Tyrone Power)　93
ハンクス(Tom Hanks)　416
バーンスタイン(Walter Bernstein)　137, 216
ハンチントン(Samuel P. Huntington)　10
ハンフリー(Hubert Humphrey)　126, 236, 237, 259, 260, 409
ピアース(Samuel Pierce)　332
ピジョン(Walter Pidgeon)　161
ヒス(Alger Hiss)　150
ヒース(Edward Heath)　539
ピックフォード(Mary Pickford)　52
ヒッチコック(Alfred Hitchcock)　386, 392
ピット(William Pitt the Younger)　542
ビーティ(Warren Beatty)　207, 247, 313, 402, 490
ヒトラー(Adolf Hitler)　3, 69, 72, 391, 483, 487, 542
ヒュージング(Ted Husing)　48
ヒューズ(Ken Hughes)　528
ビューレン(Martin Van Buren)　493, 506
ヒル，G. R.(George Roy Hill)　223
ヒル，W.(Walter Hill)　425
ヒンクリー(John Hinckley, Jr.)　342, 347
ビン・ラディン(Usāma bin Lādin)　448
ファウラー(Mark S. Fowler)　416
ブーアスティン(Daniel J. Boorstin)　197
ファルエル(Jerry Falwell)　311, 500
フィッシャー(Carrie Fisher)　422
フィッツジェラルド(Frances FitzGerald)　354
プイリエ(Ivan Pyrev)　524
フーヴァー(Herbert Hoover)　61, 99, 264, 266, 316, 319, 410, 527
フェアバンクス(Douglas Fairbanks)　51, 52
フェラーロ(Geraldine Ferraro)　403, 410
フォスター(Jodie Foster)　274, 342

フォックス(Michael J. Fox)　118, 416
フォード，B.(Betty Ford)　261
フォード，G.(Gerald Ford)　67, 101, 252–258, 261–264, 269, 274, 275, 296, 303, 305, 308, 327, 329, 332, 341, 356, 408, 457, 488, 500, 522, 525, 529
フォード，H.(Harrison Ford)　277
フォード，J.(John Ford)　37, 70, 71, 94, 148, 277, 300
フォーリー(Tom Foley)　529
フォールヒス(Jerry Voorhis)　133
フォレスタル(James V. Forrestal)　104, 473
フォンダ，H.(Henry Fonda)　207, 208, 216, 242
フォンダ，J.(Jane Fonda)　242, 403
フォンダ，P.(Peter Fonda)　242
溥儀　486
福沢諭吉　398
プーシキン(Aleksandr Pushkin)　488
ブース(John Booth)　220
フセイン(Saddam Husayn)　505
プーチン(Vladimir Putin)　489
ブッシュ，B.(Barbara Bush)　490
ブッシュ，G. H. W.(George H. W. Bush)　223, 303–305, 327, 332, 338, 342, 345, 346, 356, 379, 380, 401, 408, 446, 475, 483, 486, 487, 490–495, 501, 503–506, 509, 510, 529, 534, 540, 557
ブッシュ，G. W.(George W. Bush)　19, 22, 128, 306, 407, 413, 420, 509, 530–533
ブッシュ，L.(Laura Bush)　173, 205
ブッシュ，P.(Prescott Bush)　531
フーパー(Tom Hooper)　542
ブライアン，W. J.(William Jennings Bryan)　213
ブラウン，C.(Clarence Brown)　121
ブラウン，E. G.(Edmund G. "Pat" Brown)　199, 219–222, 228, 233, 235, 249
ブラウン，G. B.(Gerald "Jerry" Brown, Jr.)　249, 341, 378
ブラウン，W.(Wernher von Braun)　178, 216
ブラッドリー(Bill Bradley)　281, 465
フランク(Anne Frank)　450
フランケン(Al Franken)　535
フランケンハイマー(John Frankenheimer)　206, 208, 233
ブランズ(H. W. Brands)　16, 214, 337
フランチェスコ(Francesco d'Assisi)　302
フリアーズ(Stephen Frears)　542, 543
ブリックマン(Paul Brickman)　429
ブリッジス，ジェームズ(James Bridges)　297
ブリッジス，ジョン(John Briggs)　271
ブリッジス，L.(Lloyd Bridges)　136
ブリット(May Britt)　198
フリードキン(William Friedkin)　345, 427
フリードマン(Milton Friedman)　301, 535, 539
フリードリック(Otto Friedrich)　134
フリン(Errol Flynn)　84, 93, 94, 481, 501
ブリーン(Joseph Breen)　80, 242
ブリンクリー(Douglas Brinkley)　13
フリント(Larry Flynt)　534
ブール(Pierre Boulle)　239
フルシチョフ(Nikita S. Khrushchev)　18, 480, 495, 558
フルブライト(J. William Fulbright)　342, 344
ブルーム(Allan Bloom)　383
ブレア(Anthony Blair)　545
フレイザー(Barnard J. Fraser)　56
ブレジネフ(Leonid Brezhnev)　330,

355, 374, 378-380, 444, 457, 458, 480, 483
ブレジンスキー(Zbigniew Brzezinski) 373
ブレスト(Martin Brest) 425
ブレディ(James Brady) 332, 346, 347, 348
プレミンジャー(Otto Preminger) 174, 207
フロイト(Sigmund Freud) 44
フロスト(Robert L. Frost) 38
フロム(Erich Fromm) 179
ブローリン(James Brolin) 451
ブーン(Pat Boone) 312
ヘイグ(Alexander M. Haig, Jr.) 329, 330, 332, 346, 347, 355, 375-377
ヘイズ(William Hays) 80, 129
ヘイリー(Alexander Haley) 277
ベイレンソン(Laurence Beilenson) 255
ペイン(Thomas Paine) 168, 306
ベーカー，H. H.(Howard H. Baker, Jr.) 303, 304, 354
ベーカー，J. A.(James A. Baker III) 326, 328, 331, 332, 341, 345, 346, 353, 400, 408, 444, 450, 474, 479, 492
ベギン(Menachem Begin) 296, 356
ペキンパー(Sam Peckinpah) 241
ベーコン(Lloyd Bacon) 78, 82, 89
ヘストン(Charlton Heston) 239, 240, 314, 323, 373, 500, 505
ペーターゼン(Wolfgang Petersen) 508
ペック(Gregory Peck) 121, 130
ヘップバーン(Katharine Hepburn) 125, 141, 142, 238
ペテロ(Petros) 382
ヘナベリー(Joseph Henabery) 6
ベニー(Jack Benny) 118
ヘミングウェイ(Ernest Hemingway) 202
ベーラー(Ed Beheler) 528
ベラフォンテ(Harry Belafonte) 198
ベラマン(Henry Bellamann) 40
ベリー(John Berry) 137
ベル(Terrel Bell) 333
ベルトルッチ(Bernardo Bertolucci) 485
ヘルムズ(Jesse Helms) 487
ベロー(Saul Bellow) 482
ペロー(Ross Perot) 506
ペン，A.(Arthur Penn) 238, 241
ペン，L.(Leo Penn) 136
ペン，W.(William Penn) 382
ベンジャミン(Richard Benjamin) 430
ベンチュラ(Jesse Ventura) 535
ベンツェン(Lloyd Bentsen) 490, 493
ベントン(Robert Benton) 427
ベンヤミン(Walter Benjamin) 3
ヘンリー(Patrick Henry) 212
ポインデクスター(John Poindexter) 419, 459, 470, 471, 479, 503
ボウスキー(Ivan Boesky) 476
ボウルウェア(Lemuel Boulware) 164, 165
ボガート(Humphrey Bogart) 81, 83, 99, 121
ボーク(Robert Bork) 415, 469, 480
ホークス(Howard Hawks) 101
ホッジス，J.(Joy Hodges) 74
ホッジス，M.(Michael Hodges) 279
ポッター(Henry C. Potter) 535
ホッパー(Dennis Hopper) 241, 497
ボードリヤール(Jean Baudrillard) 325
ホートン(Willie Horton) 493
ホープ(Bob Hope) 173, 323, 373
ホフスタッター(Richard Hofstadter) 275
ホメイニ(Ayatollah Ruhollah

●マ　行

Khomeini) 296

ポラック（Sydney Pollack） 137, 274

ポランスキー（Roman Polanski） 243

ボランド（Edward Boland） 452

ボルカー（Paul Volcker） 381

ホールデン（William Holden） 84, 85, 138

ホルブルック（Hal Holbrook） 315

ホワイト（John Kenneth White） 532

ホワイトフィールド（George Whitefield） 167, 168

ポワチエ（Sidney Poitier） 198, 239, 425

ホーン（Goldie Hawn） 313

マイケル →レーガン，マイケル（長男）

マイナー（Steve Miner） 146

マギー（John Magee） 461

マクガヴァン（George McGovern） 247, 248, 259, 317

マクティアナン（John McTiernan） 37, 485

マクドナルド，L.（Larry McDonald） 392

マクドナルド，P.（Peter MacDonald） 448

マクナミー（Graham McNamee） 48, 64

マクファーレン（Robert McFarlane） 388–390, 394, 419, 453–455, 459, 464, 469, 473

マケイン（John McCain） 378, 394, 419, 422, 530, 533

マーシャル（George C. Marshall） 150

マシューズ（Chris Matthews） 18

マスキー（Edmund Muskie） 471

マスコーニ（George Moscone） 271

舛田利雄 552, 553

松尾芭蕉 398

マツォリ（Romano Mazzoli） 466

マッカーサー，D.（Douglas MacArthur） 61, 148, 258

マッカーサー，P.（Peter MacArthur） 64, 66

マッカーシー，E.（Eugene McCarthy） 237

マッカーシー，J.（Joseph McCarthy） 119, 149, 150, 156, 173–175, 182, 420, 479

マッカーシー，T.（Tim McCarthy） 348

マッキンタイア（James McIntyre） 230

マッキンレー（William McKinley） 343

マックイーン（Steve McQueen） 160, 180

マッケンジー（John Mackenzie） 544

マッシー（Suzanne Massie） 447, 463

松林宗恵 552

松本幸四郎 551

マディソン（James Madison） 168

マーティン（Dean Martin） 312, 323

マーティンソン（Leslie H. Martinson） 207

マドンナ（Madonna） 182

マーフィー，E.（Eddie Murphy） 425

マーフィー，G.（George Murphy） 98, 99, 152, 153, 217, 224, 249

マルクス，C.（Chico Marx） 475

マルクス，K.（Karl Marx） 172

マルコス（Ferdinand Marcos） 468, 469

マルルーニー（Brian Mulroney） 414, 509, 539

マロー（Edward R. Murrow） 173, 174, 181

マン，A.（Anthony Mann） 239

マン，J.（James Mann） 19

マンスフィールド（Michael Mansfield）

人名索引 594

●ヤ　行

●ラ　行

xviii

377

ミース（Edwin Meese III）　60, 227, 318, 327, 328, 341, 353, 444, 470, 476

三隅研次　551

ミーゼス（Ludwig von Mises）　169

ミネタ（Norman Mineta）　490, 491

宮崎駿　553

宮澤喜一　550

ミラー，A.（Arthur Miller）　45, 136, 181

ミラー，D.（David Miller）　274

ミラー，グレン（Glenn Miller）　68

ミラー，ジョージ（George Miller）　423

ミリアス（John Milius）　421, 534

ミルク（Harvey Milk）　271

ミルズ（C. Wright Mills）　205

ムーア，M.（Michael Moore）　532

ムーア，M. T.（Mary Tyler Moore）　313

ムッソリーニ（Benito Mussolini）　3, 70

村上泰亮　546

メイヤー，L.（Louis B. Mayer）　7, 88, 98, 99, 129, 134

メイヤー，N.（Nicholas Meyer）　391

メインウェアリング（Daniel Mainwaring）　180

メージャー（John Major）　540

メジャーズ（Lee Majors）　313

メンデルック（George Mendeluk）　315

モイニハン（Daniel Patrick Moynihan）　341

モリス（Edmund Morris）　16

盛田昭夫　90

森谷司郎　551

モルガン（J. P. Morgan）　163

モレッティ（Bob Moretti）　246

モンゴメリー，E.（Elizabeth Montgomery）　313

モンゴメリー，R.（Robert Montgomery）　126, 153, 313

モンテスキュー（Charles Louis de Montesquieu）　225

モンデール（Walter Mondale）　127, 260, 264, 298, 402–404, 408–413, 473

モンロー（Marilyn Monroe）　181, 204

山県有朋　551

山本薩夫　552, 553

吉田茂　302, 547, 548, 550, 551

ヨハネ・パウロ二世（Johannes Paulo II）　20, 345, 347, 539

ライアン（Meg Ryan）　415

ライス（Grantland Rice）　67

ライト，F. L.（Frank Lloyd Wright）　153

ライト，H. B.（Harold Bell Wright）　52, 53

ライト，J.（Jim Wright）　349

ライン（Adrian Lyne）　485

ラ・カーバ（Gregory La Cava）　69

ラケット（Edith Luckett）　141

ラスキ（Harold J. Laski）　74

ラスク（Dean Rusk）　238

ラッセル，B. A. W.（Bertrand A. W. Russell）　179

ラッセル，C.（Chuck Russell）　180

ラッセル，H. J.（Harold J. Russell）　130

ラッファー（Arthur Laffer）　270

ラトフ（Gregory Ratoff）　129

ラファティ（Kevin Rafferty）　389

ララ
イン（Pablo Larrain）　205

ラ・ロシュフコー（François VI, duc de La Rochefoucauld）　167

ランカスター（Burt Lancaster）　237

ランディス（John Landis）　425, 528

リー（Vivian Leigh）　75

593

リーガン（Donald Regan） 331, 346, 444, 445, 450, 473, 474

リズバーガー（Steven Lisberger） 389

リチャート（William Richert） 275

リックマン（Alan Rickman） 495

リッジウェー（Matthew Ridgway） 450

リッチー（Michael Ritchie） 249

リット（Martin Ritt） 137

リットマン（Lynne Littman） 423

リード（Carol Reed） 542

リーブ（Christopher Reeve） 278, 279

リーフェンシュタール（Leni Riefenstahl） 408

リーブス（Richard Reeves） 522

リュミエール，A.（August Lumière） 2

リュミエール，L.（Louis Lumière） 2

リンカーン（Abraham Lincoln） 6, 15, 18, 19, 57, 69, 71, 73, 151, 206, 213, 220, 306, 316, 320, 322, 332, 339, 343, 345, 370, 398, 415, 443, 510, 525, 555–557

リンチ（David Lynch） 472

リンドバーグ（Charles Lindbergh） 68, 86

ルイス，A.（Andrew Lewis） 257, 332

ルイス，C.（Carl Lewis） 407

ルイス，J.（Jerry Lewis） 118

ルイス，S.（Sinclair Lewis） 99

ルーカス（George Lucas） 87, 276–279, 385

ルース，A.（Anita Loos） 7

ルース，B.（Babe Ruth） 384

ルドルフ（Frederick Rudolph） 55

ルネ（Norman René） 497

ルメイ（Curtis LeMay） 208, 237

ルメット（Sidney Lumet） 216

ルロイ（Mervyn LeRoy） 75, 140

レイ（Nicholas Ray） 176, 240

レヴィンソン（Barry Levinson） 416, 421, 508

レーガン，J. E.（John Edward Reagan） 39, 41–43, 45, 46, 48–50, 60–62, 65, 91, 92, 145

レーガン，J. M.（John Michael Reagan） 38, 39

レーガン，J. N.（John Neil Reagan） 41, 128, 201

レーガン，マイケル（Michael Reagan, 曾祖父） 35, 36, 38

レーガン，マイケル（Michael Reagan, 長男） 102, 145, 146

レーガン，モリーン（Maureen Reagan） 92, 145

レーガン，ナンシー（Nancy Reagan） 140–144, 166, 202, 205, 218, 224, 227, 230, 321, 324, 327, 331, 334, 341, 345, 370, 371, 380, 384, 400, 401, 411, 412, 445, 447, 450, 466, 473, 474, 476, 479–482, 502, 505, 507, 508, 541

レーガン，ネリ（Nelle Reagan） 40–46, 52, 92, 138, 145, 151, 321

レーガン，P. A.（Patricia Anne Reagan） 143, 146, 223, 321, 374, 379

レーガン，R. P.（Ronald Prescott "Ron" Reagan） 146, 256, 411

レーガン，R. W.（Ronald Wilson Reagan） 1, 2, 5, 12–22, 33, 35, 38–40, 42–46, 48–50, 53–60, 63–67, 72–76, 79–92, 94–103, 118–128, 131–140, 142–153, 155, 156, 158, 159, 161–173, 176, 178, 179, 182, 195, 199–204, 207–215, 217–232, 234–236, 240, 242–258, 260, 262–264, 266, 267, 269–271, 276, 278–280, 296–326, 328–345, 347–359, 370–375, 377–418, 420, 421, 424, 425, 427, 429, 430, 441–484, 486–492, 494–508, 510, 522–533, 535–541, 544, 546–548, 550, 555–558

レーガン，W.（William Reagan） 39

●ワ　行

xx

レスター，M.(Mark Lester)　422

レスター，R.(Richard Lester)　279

レストン(James Reston)　254

レッドフォード(Robert Redford)　249

レーニン(Vladimir Lenin)　169, 387

レモン(Jack Lemmon)　313, 335

レンキスト(William Rehnquist)　465

ロイド(Phyllida Lloyd)　543

ロウ(Rob Lowe)　415

ローギン(Michael Rogin)　16, 44, 133

ロジャーズ，G.(Ginger Rogers)　301

ロジャーズ，W.(Will Rogers)　120, 252

ロジャーズ，W. P.(William P. Rogers)　388

ロス(Herbert Ross)　429

ローズヴェルト，F. D.(Franklin D. Roosevelt)　5, 8, 16, 18, 61, 62, 66, 69–74, 78, 86, 93, 95, 97, 98, 100, 103, 122, 127, 129, 132, 134, 140, 150, 152, 154, 170, 175, 197, 204, 206, 208, 209, 213, 235, 265, 278, 298, 306, 310, 311, 314, 319, 324, 333, 339, 349, 352, 390, 409, 415, 448, 465, 491, 499, 500, 529, 537, 539, 540, 555–557

ローズヴェルト，F. D., Jr.(Franklin D. Roosevelt, Jr.)　91

ローズヴェルト，J.(James Roosevelt II)　122

ローズヴェルト，T.(Theodore Roosevelt)　5, 18, 44, 71, 246, 343, 506, 523

ロステンコウスキ(Dan Rostenkow)　465

ローソン(John Howard Lawson)　123, 135

ローチ(Jay Roach)　201

ロックウェル(Norman Rockwell)　45

ロックニー(Knute Rockne)　89–91

ロックフェラー(Nelson Rockefeller)　210, 235, 236, 252

ロッジ(John Davis Lodge)　119, 218

ロッセン(Robert Rossen)　131

ロバーツ，M.(Margaret Roberts)　→サッチャー，M.

ロバーツ，O.(Oral Roberts)　498

ロバートソン，C.(Cliff Robertson)　207

ロバートソン，P.(Pat Robertson)　486

ロビンズ(Anne Frances Robbins)　→レーガン，ナンシー

ロビンソン，E. G.(Edward G. Robinson)　125, 136

ロビンソン，P. A.(Phil Alden Robinson)　497

ローフォード(Peter Lawford)　171, 196, 207

ローマン(Willy Loman)　45

ロムニー，G.(George Romney)　234, 235

ロムニー，W. M.(Willard Mitt Romney)　533

ロメロ(George A. Romero)　240

ロング(Huey Long)　131

ワイズ(Robert Wise)　179, 242, 279

ワイズバーグ(Jacob Weisberg)　16

ワイマン(Jane Wyman)　83, 91, 118, 121, 122, 130, 132, 138, 139, 145, 147

ワイラー(William Wyler)　130, 131, 176

ワイルダー(Billy Wilder)　121

ワインバーガー(Casper Weinberger)　210, 227, 330, 331, 346, 356, 376, 377, 390, 392, 395, 454, 455, 467, 476, 477, 480, 505

ワゴナー(Garland Waggoner)　55, 56, 89

ワシントン, B. T.(Booker T. Washington)　58

ワシントン, G.(George Washington)　71, 319, 322, 370, 382, 443, 510

ワッサーマン(Lew Wasserman)　82, 90, 94, 123, 158, 160–162, 165, 201, 208, 209, 223, 269, 273, 323

ワット(James Watt)　333, 424

ワーナー, H.(Harry Warner)　77, 78, 79

ワーナー, J.(Jack Warner)　77–79, 81, 82, 88, 91, 94, 95, 120, 129, 134, 153, 157, 220, 319, 355

ワーナー, S.(Sam Warner)　77

ワレサ(Lech Wałęsa)　509

◉映画索引◉

※ 「テレフィルム」や「テレビ映画」なども含む。
※ 洋画のタイトルは，原則として日本初公開時の邦題。ただし，日本未公開の作品については筆者が邦訳した。

●ア　行

●カ　行

●サ　行

●タ　行

●ナ　行

●ハ 行

●マ 行

●ヤ　行

●ラ　行

●ワ　行

◉関連年表◉

年月日	事　項
1911 年 2 月 6 日	イリノイ州タンピコで，ジョンとネリの次男として生まれる
1914 年 7 月 28 日	第一次世界大戦始まる
1927 年	ローウェル公園でアルバイトとして水難救助員を務める
1928 年	ユーレカ大学に入学
1929 年 10 月 24 日	ニューヨーク株式市場大暴落（世界大恐慌始まる）
1932 年	ユーレカ大学卒業。アイオワ州ダヴェンポートのラジオ局に就職
1937 年	ハリウッドでワーナー・ブラザーズと 7 年契約
1939 年 9 月 1 日	第二次世界大戦始まる
1940 年 1 月 26 日	女優ジェーン・ワイマンと結婚
	映画『ニュート・ロックニー』でジョージ・ギップ役を熱演
1942 年	映画『嵐の青春』に出演，高評価を得る
1947 年 3 月	映画俳優組合（SAG）委員長に就任
1948 年 6 月	ワイマンと離婚
1950 年 2 月 9 日	マッカーシー上院議員，国務省内に共産党員がいると演説
6 月 25 日	朝鮮戦争始まる
1952 年 3 月 4 日	ナンシー・デイヴィスと再婚
1954 年 9 月 26 日	『ゼネラル・エレクトリック劇場』の司会者に起用される
1960 年	大統領選挙で共和党ニクソン候補を応援
1962 年	正式に共和党に転向
1963 年 11 月 22 日	ケネディ大統領暗殺される
1964 年	映画『殺人者たち』が最後の出演作に
1965 年	最初の自伝『僕の残り半分はどこだ？』出版
2 月 7 日	北爆開始，ベトナム戦争拡大
1966 年 11 月 8 日	カリフォルニア州知事選挙で圧勝
1968 年 4 月 4 日	キング牧師暗殺される
	ヘイズ・コードが廃止され，代わってレイティング・システムが導入される
1970 年	カリフォルニア州知事に再選される
1972 年 2 月	ニクソン大統領訪中，米中共同声明
1974 年 8 月 9 日	ウォーターゲート事件でニクソン大統領辞任
1976 年 8 月	大統領予備選挙共和党大会で，フォードに僅差で敗れる
1979 年 11 月 4 日	イラン米大使館人質事件起こる
12 月 27 日	ソ連がアフガニスタンに軍事侵攻

1980年11月4日	大統領選挙で現職大統領カーターに圧勝
1981年1月20日	第40代米大統領に就任
3月30日	暗殺未遂事件に遭遇し，生死をさまよう
1983年3月8日	福音派キリスト教徒全国大会で「悪の帝国」演説
23日	テレビで戦略防衛構想（SDI）を発表
5月28日	ウィリアムズバーグ・サミット開幕
9月1日	ソ連による大韓航空機撃墜事件起こる
10月25日	米軍がグレナダに侵攻
1984年7月28日	ロサンジェルス・オリンピック開幕
11月6日	大統領選挙でモンデールに圧勝し再選される
1985年3月11日	ゴルバチョフがソ連共産党書記長に選出される
11月19日	ゴルバチョフとジュネーヴで会談
1986年1月28日	スペースシャトル「チャレンジャー」爆発
4月26日	ソ連のチェルノブイリ原子力発電所4号炉が爆発
5月4日	東京サミット開幕
10月11日	ゴルバチョフとレイキャビクで会談
11月3日	イラン・コントラ事件発覚
4日	中間選挙の結果，民主党が上下両院で多数を占める
1987年6月12日	西ベルリン・ブランデンブルク門前での演説で，ゴルバチョフにベルリンの壁取り壊しを呼び掛ける
10月19日	ニューヨーク株式市場大暴落（ブラック・マンデー）
12月8日	ゴルバチョフがワシントンを訪問し，INF全廃条約に調印
1988年5月29日	モスクワ訪問
11月8日	ブッシュ副大統領が次期大統領に当選
1989年1月11日	告別演説
20日	ブッシュ大統領就任。レーガン夫妻，カリフォルニア帰郷
11月9日	ベルリンの壁取り壊し始まる
1994年11月5日	アルツハイマー病を患っていることを公表
2004年6月5日	死去（享年93）

●著者紹介

村田 晃嗣（むらた　こうじ）

1964年　神戸市に生まれる。

1987年　同志社大学法学部卒業。

1991-95年　米国ジョージ・ワシントン大学留学。

1995年　神戸大学大学院法学研究科博士課程修了。

広島大学総合科学部専任講師，同助教授，同志社大学法学部助教授を経て，現職。その間，同志社大学長（2013-16年）。

現　在　同志社大学法学部教授（国際関係論，特にアメリカ外交・安全保障政策研究専攻），博士（政治学）。

著書に『大統領の挫折――カーター政権の在韓米軍撤退政策』（有斐閣，1998年，アメリカ学会清水博賞・サントリー学芸賞受賞），『米国初代国防長官フォレスタル――冷戦の闘士はなぜ自殺したのか』（中公新書，1999年），『アメリカ外交――苦悩と希望』（講談社現代新書，2005年），『現代アメリカ外交の変容――レーガン，ブッシュからオバマへ』（有斐閣，2009年），『レーガン――いかにして「アメリカの偶像」となったか』（中公新書，2011年）など。

銀幕《ぎんまく》の大統領《だいとうりょう》ロナルド・レーガン ◉現代大統領制《げんだいだいとうりょうせい》と映画《えいが》

Ronald Reagan, President of the Silver Screen: US Modern Presidency and Motion Pictures

2018年3月10日　初版第1刷発行

著　者　村　田　晃　嗣

発行者　江　草　貞　治

発行所　株式会社　有　斐　閣

郵便番号　101-0051

東京都千代田区神田神保町2-17

電話　(03)3264-1315〔編集〕

(03)3265-6811〔営業〕

http://www.yuhikaku.co.jp/

印刷・株式会社理想社／製本・大口製本印刷株式会社

ISBN 978-4-641-14923-6